"十二五"国家重点图书出版规划项目

中国现代化报告 2013

——城市现代化研究

何传启　主编

中国现代化战略研究课题组　编
中国科学院中国现代化研究中心

北京大学出版社
PEKING UNIVERSITY PRESS

图书在版编目(CIP)数据

中国现代化报告.2013,城市现代化研究/何传启主编.—北京:北京大学出版社,2014.3
ISBN 978-7-301-24020-5

Ⅰ.①中… Ⅱ.①何… Ⅲ.①现代化建设-研究报告-中国-2013②城市现代化-研究报告-中国-2013 Ⅳ.①D61②F299.21

中国版本图书馆 CIP 数据核字(2014)第 046159 号

书　　名：	中国现代化报告2013——城市现代化研究
著作责任者：	何传启　主编
责 任 编 辑：	黄　炜
标 准 书 号：	ISBN 978-7-301-24020-5/F·3892
出 版 发 行：	北京大学出版社
地　　　址：	北京市海淀区成府路 205 号　100871
网　　　址：	http://www.pup.cn
新 浪 微 博：	@北京大学出版社
电 子 信 箱：	zpup@pup.pku.edu.cn
电　　　话：	邮购部 62752015　发行部 62750672　编辑部 62752021　出版部 62754962
印　刷　者：	北京大学印刷厂
经　销　者：	新华书店
	850 毫米×1168 毫米　16 开本　26.5 印张　732 千字
	2014 年 3 月第 1 版　2014 年 3 月第 1 次印刷
定　　　价：	85.00 元

未经许可,不得以任何方式复制或抄袭本书之部分或全部内容。
版权所有,侵权必究
举报电话:010-62752024　电子信箱:fd@pup.pku.edu.cn

中国现代化战略研究课题组

顾　问

　　周光召　院　士　中国科学院
　　成思危　教　授　全国人大常委会
　　路甬祥　院　士　中国科学院
　　徐冠华　院　士　国家科学技术部
　　白春礼　院　士　中国科学院
　　许智宏　院　士　北京大学
　　陈佳洱　院　士　国家自然科学基金委员会
　　李主其　教　授　国家自然科学基金委员会
　　郭传杰　研究员　中国科学院
　　方　新　研究员　中国科学院

组　长

　　何传启　研究员　中国科学院中国现代化研究中心

成　员（按姓氏笔画为序）

　　于维栋　研究员　中共中央办公厅调研室
　　马　诚　研究员　中国科学院生物科学与技术学部
　　方竹兰　教　授　中国人民大学经济学院
　　叶　青　副　研　中国科学院中国现代化研究中心
　　刘　雷　副　研　中国科学院中国现代化研究中心
　　刘细文　研究员　中国科学院国家科学图书馆
　　刘洪海　编　审　中国科学院国家纳米科技中心
　　朱庆芳　研究员　中国社会科学院社会学研究所
　　毕晓梅　博　士　中国科学院中国现代化研究中心
　　汤锡芳　编　审　中国科学院国家纳米科技中心
　　吴述尧　研究员　国家自然科学基金委员会
　　张　凤　研究员　中国科学院发展规划局
　　李　宁　副教授　美国东华盛顿大学
　　李泊溪　研究员　国务院发展研究中心
　　杜占元　研究员　国家教育部
　　杨重光　研究员　中国社会科学院城市与环境研究中心
　　邹力行　研究员　国家开发银行研究院
　　陈　丹　研究员　中国科学院国家科学图书馆

陈永申	研究员	国家国有资产管理局
胡志坚	研究员	国家科学技术部中国科技发展战略研究院
赵西君	副　研	中国科学院中国现代化研究中心
赵学文	研究员	国家自然科学基金委员会
郗小林	研究员	中国工程院研究室
程　萍	教　授	国家行政学院
董正华	教　授	北京大学世界现代化进程研究中心
谢文蕙	教　授	清华大学经济管理学院
裘元伦	研究员	中国社会科学院欧洲研究所
靳　京	助　研	中国科学院中国现代化研究中心

序 一

2007年世界城市人口首次超过农村人口，2011年中国城市人口首次超过农村人口。从人口分布角度看，城市社会已经成为人类社会的主体部分，人类发展进入城市时代。

根据中共十八大提出的"新型城镇化"和"创新驱动发展战略"，借鉴世界城市化的历史经验，中国城市发展将进入质量与规模并重、经济与环境双赢发展、城市化与城市现代化协调发展的新阶段。2013年中央城镇化工作会议提出了城镇化建设的六项任务，包括优化城镇布局、提高城镇建设水平等。中国城市化和城市现代化的成效，将与中国复兴梦的进程息息相关。

关于世界城市发展，联合国有三份系列报告。(1)联合国经社理事会人口局主持的《世界城市化展望报告》系列，1988年以来每两年发表一次，提供世界城市和农村人口数据。(2)联合国人类住区规划署主持的《全球人类住区报告》系列，1986年首次发表，2001年以来报告主题分别是：全球化世界中的城市、贫民窟的挑战、城市住房金融、加强城市安全、规划可持续城市、城市与气候变化、可持续交通规划。(3)联合国人类住区规划署主持的《世界城市现状报告》系列，2001年以来主题分别是：全球化和城市文化、千年发展目标与城市可持续性、和谐城市、为了所有人的城市：弥合城市鸿沟、城市的繁荣等。这些报告系统分析了世界城市化进程的趋势和挑战，提出了政策建议，可为我国城市发展提供国际借鉴。

今年中国科学院中国现代化研究中心完成的《中国现代化报告2013：城市现代化研究》是它的第13本系列报告。这本报告讨论了世界和中国的城市化和城市现代化问题，主要包括三个方面内容。(1)系统分析1700~2100年期间世界城市化和城市现代化的事实和前景，归纳和探讨世界城市现代化的历史经验。(2)简要讨论20世纪以来城市化和城市现代化研究的主要观点和政策含义，阐述城市化和城市现代化的若干原理。(3)理性分析中国城市化和城市现代化的客观事实和未来前景，提出中国城市现代化路线图和政策建议等。此外，这本报告还完成了2010年世界现代化评价和中国地区现代化评价。

《中国现代化报告2013》认为，目前中国城市发展需要关注三个方面。首先，新型城镇化与城市现代化协调发展，城区现代化与郊区现代化协调发展，城市现代化与农村现代化协调发展，实现城市发展模式现代化。其次，提高城市生产力，包括提高城市劳动生产率、城市资本生产率、城市创新能力和城市贡献比等，实现城市生产现代化。其三，提高城市生活质量，包括丰富物质文化生活、改善城市环境和公共服务等，实现城市生活现代化。

城市现代化是国家现代化的主体工程,国家现代化是中国复兴的必由之路。中国城市现代化的任务超过发达国家的总和。相信上述研究报告,可为宏观决策提供重要参考信息。

为了中国梦的实现,让我们群策群力。

中国科学院院长

2013 年 12 月

序 二[*]

首届世界现代化论坛:现代化与全球变化,于2013年8月8日至9日在北京举行。论坛学术委员会成员来自12个国家,包括捷克共和国、芬兰、德国、意大利、韩国、荷兰、中国、波兰、罗马尼亚、俄罗斯、英国和美国。参加论坛的学者,围绕会议主题进行了深入讨论,形成了若干共识。

(1) 现代化是18世纪以来人类文明的一种深刻变化;它既包括政治、经济、社会、文化各个领域从传统向现代的巨大转变,目前也包括人的全面发展和自然环境的合理保护。现代化是一个世界现象和国际潮流,它发源于先行国家,然后发生在全世界,但在社区层次有一些例外。

(2) 在18至21世纪期间,世界现代化进程大致分为两大阶段。其中,第一次现代化包括从农业经济向工业经济、农业社会向工业社会的转变;第二次现代化包括从工业经济向知识经济、工业社会向知识社会的转变等。第一次现代化通常被称为经典现代化;第二次现代化则是一种新型现代化,有些学者称其为后现代化、继续现代化或再现代化等。

(3) 在世界现代化过程中,根据《联合国宪章》序言和第一章所倡导的原则,所有国家,不分大小,不分贫富,一律平等和自治,一律享有追求和平、安全、发展和幸福的权利,享有自主选择发展道路和发展模式的权利;与此同时,这种权利的实现,不应建立在牺牲他国权利和破坏生态系统的基础之上。

(4) 在世界现代化过程中,根据国家的人均收入、人文发展和现代化水平,所有国家可以分为两组:发达国家和发展中国家;与此同时,有些国家在不同方面同时具有一些发达的和欠发达的特征,文化多样性永久和普遍地存在。在几十年里,发达国家有可能下降为发展中国家,发展中国家有可能上升为发达国家,这种转变有一定规律性。

(5) 现代化研究是一门交叉科学,可以促进人们对现代化现象的认识,回答人们关心的问题,例如:什么是现代化?什么是现代性?哪些国家是现代化国家?发达国家如何保持发达水平?发展中国家如何成为发达国家?

(6) 现代化研究已有60多年历史,产生了许多理论,例如,经典现代化理论、后现代化理论、生态现代化理论、反思性现代化理论、多元现代性理论和第二次现代化理论等。它们从不同角度阐述了世界现代化的特征和原理。

---

[*] 代序。全文为"现代化论坛宣言——首届世界现代化论坛的综合公告",2013年8月于北京。

(7) 现代化既是一个过程,又是一种状态。从政策角度看,它既是不同国家现代化的世界先进水平,又是追赶或保持这种先进水平的过程,同时文化具有多元性。目前世界各国都在自觉或不自觉地经历某种现代化过程,如果愿意都可以把现代化作为一个国家目标。

(8) 当今世界,现代化的驱动力,不再只是物质生产,而且包括人类对美好生活的不懈追求,包括人类的创造性、技术创新和制度创新等。这种创造性和创新,由教育和科学所激发。文化多样性是创造、创新和发展的源泉之一;公民个人、公民社会、企业组织和政府部门都可以在其中发挥作用。

(9) 为促进现代化研究和现代化进程,需要成立世界现代化学会(IMA),定期举办世界现代化论坛(IMF),建立开放获取的现代化科学刊物(JMS)。

<table>
<tr><td>阿尔伯特·马蒂内利[①]
首届世界现代化论坛学术
委员会联合主席</td><td>何传启[②]
首届世界现代化论坛组委会主席、
学术委员会联合主席</td></tr>
</table>

[①] 阿尔伯特·马蒂内利教授,意大利米兰大学政治科学与社会学系荣誉教授、联合国教科文组织社会科学理事会理事长、国际社会学学会前主席(1998~2002)。

[②] 何传启研究员,中国科学院中国现代化研究中心主任,中国现代化战略研究课题组组长。

前　言

2001年既是公元第三千年的纪元,也是中国"第三步战略"的起点。

2001年开始出版的《中国现代化报告》(以下简称《报告》),先后得到国家自然科学基金委员会、国家科技部和中国科学院的资助,得到课题组顾问们的关怀和指导,受到国内外一些著名学者的充分肯定,受到国内外一些重要媒体的持续关注,特此感谢!

2010年中国科学院前院长周光召院士题词:为可持续发展的现代化奋斗;中国科学院前院长路甬祥院士题词:研究现代化规律,创新现代化理论,促进现代化建设。2011年中国工程院前院长宋健院士亲笔指导:你们近几年出版的《中国现代化报告》,非常好,对各界极有参考价值,很有思想性。国家科技部前部长徐冠华院士为《报告》作序:系统和科学地研究现代化,全面揭示现代化的客观规律,是中国科学家的一个历史责任。北京大学前校长、国家自然科学基金委员会前主任陈佳洱院士为《报告》作序:中国现代化研究既是关系国家目标和国家长远发展的重大基础研究,又是跨学科、跨领域和跨部门的综合研究,值得社会各界给予关注和支持。

2011年美国杜克大学社会学荣誉教授图亚江(E. Tiryakian)说:《报告》覆盖的领域很广,而且毫无疑问,它代表了这些领域的世界先进水平。在东亚兴起的新一轮现代化进程中,你们正在发挥引领作用。国际社会学协会前主席、意大利米兰大学政治科学与社会学系马蒂内利教授(A. Martinelli)说:《报告》采用自然科学与社会科学相结合的研究方法,这种方法是促进现代化研究的有效方法。欧洲科学院院士、波兰社会学家莫拉斯基教授(W. Morawski)等说:将在大学讲课时使用这份《报告》。俄罗斯科学院通讯院士拉宾教授(N. Lapin)借鉴《报告》的研究方法,发现2010年俄罗斯有19个地区已进入第二次现代化,有64个地区处于第一次现代化。

2001年以来,先后有280多家中国媒体对《报告》进行报道或评论;美国、英国、德国、韩国和澳大利亚等国家的媒体进行了多次报道。2008年香港《中国评论通讯社》说:《中国现代化报告》的影响力很大,对政府长远政策的制定、对社会精英的思考模式、对社会舆论的理论引导、对民意的启发,都具有无法低估的作用。2011年元月《科学时报》头版报道:现代化科学是民族复兴基础。2011年10月根据国家新闻出版总署有关文件,《中国现代化报告》被列入"十二五"国家重点出版规划400种精品项目(第77项"中国发展报告系列")。

迄今为止,《中国现代化报告》已经走过了12年历程。《报告》前12年的主题依次是:现代化与评价、知识经济与现代化、现代化理论与展望、地区现代化、经济现代化、社会现代化、生态现代化、国际现代化、文化现代化、世界现代化、现代化科学和农业现代化。它们分别涉及现代化理论研究、分层次现代化、分领域现代化和分部门现代化研究等。

今年《报告》的主题是城市现代化研究,属于分层次现代化研究。关于城市史、城市经济学、城市发展和城市现代化研究,已有大量高水平学术文献。关于地区现代化研究和分领域现代化研究,同样有大批高质量的研究成果。这些研究既为本项研究提供了学术指引,也为本报告完成提供了坚实基础。本项研究侧重定量研究和国际比较研究,其主要目的有四个:(1)为研究城市现代化现象提供历史事实;(2)为研究城市现代化理论提供一种框架;(3)为中国城市现代化提供世界背景;(4)为中国城市现代化提供一些政策建议。

2007年是人类发展的一个关键点,世界城市人口比例首次超过50%,城市社会成为人类社会的主体部分。2011年是中国发展的一个关键点,中国城市人口比例首次超过50%,城市社会成为中国社会的主体。城市现代化研究具有全球意义。一般而言,城市现代化是从传统城市向现代城市的转变,它包括城市生活、结构、制度和观念的现代化,包括城市经济、社会、政治、文化、环境和市民的现代化,包括城市形态和功能、建筑和住房、基础设施、公共服务、公共管理和国际联系的现代化等。城市现代化内涵宏富,涉及学科众多。要在有限篇幅里,全面分析每一个方面,是一个几乎没有办法完成的挑战。我们关注对中国城市有借鉴意义的方面。

本《报告》主要包括四个部分:首先,系统分析1700～2100年期间世界城市现代化的现实和前景。其次,系统分析城市现代化研究的主要观点和基本原理。其三,简要分析中国城市现代化的事实和前景,提出中国城市现代化路线图。其四,完成2010年世界现代化评价。

本《报告》和前12本《报告》一样,世界现代化评价注意了如下几个方面:

(1) 有限目标。现代化是动态的和综合的,涉及人类生活各个领域的深刻变化。世界现代化评价仅对经济、社会、文化和环境现代化进行评价,没有涉及政治领域的现代化。

(2) 评价方法的科学性。现代化评价是对一个非线性大系统的动态过程进行评价,评价方法包括定性评价、定量评价和综合评价等。基于目前的条件,本报告采用定量评价。

(3) 评价指标的合理性。选择评价指标有四个原则:其一,具有代表性的关键指标,避免指标相互重叠;其二,可以获得连续的官方统计数据,避免随机波动;其三,具有可比性,能够反映发展水平;其四,对评价指标进行相关性分析,保证指标的合适性和逻辑一致性。

(4) 评价数据的权威性和一致性。评价数据采用国际权威机构和官方统计机构公布的数据;其中,世界现代化评价以世界银行的《2013年世界发展指标》网络数据库的系列数据为基本数据来源,中国地区现代化评价以《2012年中国统计年鉴》的系列数据为基本数据来源。

(5) 评价结果的相对性和客观性。本《报告》的数据来源是权威的,现代化评价方法没有采用"加权系数",减少人为因素的影响,评价结果具有连续可比性。影响现代化的因素很多,评价结果更多反映一种趋势。在分析和引用结果时,要非常慎重。

本项研究得到中国科学院中国现代化研究中心理事会的大力支持。中国科学院文献情报中心和北京同响时代现代化管理咨询中心给予了许多帮助。北京大学出版社在很短时间内完成了《报告》的编辑出版工作。特此,向有关领导、单位、学者及工作人员表示诚挚的谢意!

本《报告》是集体劳动的成果。《报告》综述、第一、第二、第三和第四章由何传启执笔,附录由张凤和杨重光执笔;课题组对《报告》内容进行了多次讨论和修改。

本《报告》包含430多张图表和大量数据,在处理过程中难免出现遗漏和错误;有些观点只是一家之言。敬请读者随时联系,不吝赐教。我们将不断改进工作和提高研究质量。

世界是变化的。在变化的世界中,不变和慢变,无异于退步。

何传启
中国现代化战略研究课题组组长
中国科学院中国现代化研究中心主任
2013年12月12日

目　录

综述　城市文明的世界前沿 ··· i

上篇　城市现代化研究

第一章　世界城市现代化的基本事实 ·· 4
第一节　城市现代化的研究方法 ·· 5
一、城市现代化研究的基本概念 ·· 5
二、城市现代化研究的一般方法 ·· 13
三、城市现代化研究的坐标分析法 ··· 14
第二节　世界城市现代化的时序分析 ······································ 21
一、世界城市六个系统的时序分析 ··· 22
二、世界城市六个领域的时序分析 ··· 35
三、世界城市四个要素的时序分析 ··· 47
第三节　世界城市现代化的截面分析 ······································ 52
一、世界城市六个系统的截面分析 ··· 53
二、世界城市六个领域的截面分析 ··· 59
三、世界城市四个要素的截面分析 ··· 69
第四节　世界城市现代化的过程分析 ······································ 76
一、世界城市现代化的历史进程 ·· 76
二、城市现代化过程中的城市化 ·· 84
三、世界城市现代化的前景分析 ·· 91
本章小结 ··· 97

第二章　世界城市现代化的理论研究 ······································· 110
第一节　城市现代化的相关研究 ·· 110
一、城市经济学 ··· 110
二、城市化研究 ··· 111
三、城市发展研究 ·· 112
第二节　城市现代化的专题研究 ·· 113
一、城市现代化的基础研究 ··· 114
二、城市现代化的实证研究 ··· 115
三、城市现代化的应用研究 ··· 116
第三节　城市现代化的理论分析 ·· 117
一、现代化理论与城市现代化 ·· 117

二、城市化理论与城市现代化 ………………………………………………………… 121
　　三、城市现代化的一般理论 …………………………………………………………… 127
第四节　城市现代化的政策研究 …………………………………………………………… 151
　　一、城市现代化的政策取向 …………………………………………………………… 151
　　二、城市现代化的战略选择 …………………………………………………………… 153
　　三、城市现代化的政策措施 …………………………………………………………… 156
本章小结 ………………………………………………………………………………………… 157

第三章　中国城市现代化的理性分析 …………………………………………………… 162

第一节　中国城市现代化的时序分析 ……………………………………………………… 163
　　一、中国城市六个系统的时序分析 …………………………………………………… 164
　　二、中国城市六个领域的时序分析 …………………………………………………… 175
　　三、中国城市四个要素的时序分析 …………………………………………………… 184
第二节　中国城市现代化的截面分析 ……………………………………………………… 188
　　一、中国城市六个系统的截面分析 …………………………………………………… 188
　　二、中国城市六个领域的截面分析 …………………………………………………… 193
　　三、中国城市四个要素的截面分析 …………………………………………………… 195
第三节　中国城市现代化的过程分析 ……………………………………………………… 200
　　一、中国城市现代化的历史进程 ……………………………………………………… 200
　　二、中国城市现代化的国际比较 ……………………………………………………… 208
　　三、中国城市现代化的前景分析 ……………………………………………………… 210
第四节　中国城市现代化的战略分析 ……………………………………………………… 214
　　一、中国城市现代化的目标分析 ……………………………………………………… 214
　　二、中国城市现代化的路线图 ………………………………………………………… 216
　　三、中国城市现代化的战略要点 ……………………………………………………… 219
本章小结 ………………………………………………………………………………………… 235

下篇　世界和中国现代化评价

第四章　2010年世界和中国现代化指数 ………………………………………………… 246

第一节　2010年世界现代化指数 …………………………………………………………… 246
　　一、2010年世界现代化的总体水平 …………………………………………………… 247
　　二、2010年世界现代化的国际差距 …………………………………………………… 253
　　三、2010年世界现代化的国际追赶 …………………………………………………… 254
第二节　2010年中国现代化指数 …………………………………………………………… 256
　　一、2010年中国现代化的总体水平 …………………………………………………… 256
　　二、2010年中国现代化的国际差距 …………………………………………………… 259
　　三、2010年中国现代化的国际追赶 …………………………………………………… 259

第三节　2010年中国地区现代化指数 ··· 259
　　一、2010年中国地区现代化的总体水平 ····································· 259
　　二、2010年中国地区现代化的国际差距 ····································· 263
　　三、2010年中国地区现代化的国际追赶 ····································· 265
本章小结 ·· 265

技术注释 ·· 267
参考文献 ·· 275
数据资料来源 ·· 291

附　录

附录一　城市现代化研究的资料集 ·· 295
附录二　世界现代化水平评价的数据集 ·· 324
附录三　中国地区现代化水平评价的数据集 ·· 366

图　表　目　录

图一　　城市变迁和城市现代化的路线图 ·· 3
图1-1　城市现代化犹如一场没有止境的、城市发展的国际马拉松比赛 ················ 4
图1-2　城市现代化的研究对象 ·· 5
图1-3　城市内涵和外延的操作性界定 ·· 6
图1-4　城市的两种类型(示意图) ·· 7
图1-5　国家现代化过程中人口聚居结构的变迁(示意图) ···························· 10
图1-6　18世纪以来国家现代化过程中的城市化和城市现代化(示意图) ················ 10
图1-7　国家现代化过程中人口的城乡互动(双向流动和动态平衡) ···················· 11
图1-8　城市现代化的研究对象(示意图) ·· 12
图1-9　现代化现象的过程分析 ·· 14
图1-10　城市现代化研究的一种分析框架 ·· 21
图1-11　1810~2000年纽约市婴儿死亡率的变化 ···································· 25
图1-12　1975~2000年美国新单户家庭的平均住房面积 ······························ 28
图1-13　美国城市供水系统数量的增加 ·· 29
图1-14　英国城市地下综合管廊的截面示意图 ······································ 30
图1-15　城市公共服务、公共管理和基础设施的关系 ································ 31
图1-16　1890~1990年美国119个城市的平均人口密度 ······························ 34
图1-17　1980~2010年美国10个都市区的人均收入 ·································· 36

图 1-18	2001~2010 年美国 10 个都市区制造业增加值比例	36
图 1-19	2010 年美国 366 个都市区农业增加值比例与人均 GDP 之间显著负相关	38
图 1-20	2010 年美国 366 个都市区制造业增加值比例与人均 GDP 之间没有显著关系	39
图 1-21	2010 年美国 366 个都市区服务业增加值比例与人均 GDP 之间没有显著关系	39
图 1-22	1500~2010 年城市化的变化趋势	40
图 1-23	1960~2010 年最大城市人口比例的变化	40
图 1-24	1950~2010 年比较发达地区的城市结构（人口结构）	41
图 1-25	1950~2010 年比较不发达地区的城市结构（人口结构）	41
图 1-26	英国选民占全部成年人口的百分比	42
图 1-27	1960~2005 年政府消费比例	43
图 1-28	1870~2006 年成人识字率的变化	44
图 1-29	1980~2002 年人均城市废物	45
图 1-30	1980~2002 年纸和纸板循环利用率	45
图 1-31	1960~2000 年 CO_2 排放密度（CO_2 排放/GDP）	45
图 1-32	1981~2010 年北京市居民平均预期寿命的变化	46
图 1-33	1850~2001 年综合入学率的变化趋势	48
图 1-34	1685~1851 年英国城市曼彻斯特的人口变化	75
图 1-35	1950~2050 年世界城市化的结构	92
图 1-36	1950~2050 年世界城市体系的结构	96
图 1-37	1950~2050 年比较发达地区城市体系的结构	96
图 1-38	1950~2050 年比较不发达地区城市体系的结构	97
图 2-1	城市现代化的学科定位	110
图 2-2	城市发展与城市现代化的时间差（示意图）	113
图 2-3	18 世纪以来城市发展与城市现代化的交叉（示意图）	113
图 2-4	城市化过程的 S 形曲线	122
图 2-5	美国经济变化与城市发展的主要阶段	123
图 2-6	殖民统治与殖民城市化阶段的时期比较	124
图 2-7	1790~2000 年美国城镇位序与规模的分布	124
图 2-8	2010 年 128 个国家人均国民收入与城市化率的关系	125
图 2-9	18 世纪以来城市化与城市现代化的关系矩阵	127
图 2-10	城市现代化是城市变迁与现代化的交集	130
图 2-11	达到世界前沿的两条路径	132
图 2-12	城市变迁和城市现代化的坐标	133
图 2-13	城市现代化过程的结构模型	135
图 2-14	城市要素现代化的超循环模型	135
图 2-15	城市要素创新的主要路径	136
图 2-16	城市要素选择的多样性	136
图 2-17	城市要素传播的多样性	136
图 2-18	城市要素退出的多样性	137

图 2-19	城市和城市现代化的二重性	137
图 2-20	现代城市的三个来源	137
图 2-21	城市经济的一种系统结构(示意图)	138
图 2-22	国家现代化的地理结构(示意图)	139
图 2-23	城市转型的主要路径	140
图 2-24	城市国际互动的主要路径	140
图 2-25	城市水平的国际地位的几种状态(马尔科夫链)	140
图 2-26	城市现代化过程的动力因素	144
图 2-27	城市现代化过程的创新驱动模型	144
图 2-28	城市现代化过程的三新驱动模型	145
图 2-29	城市现代化过程的双轮驱动模型	145
图 2-30	城市现代化过程的联合作用模型	145
图 2-31	城市现代化过程的创新扩散模型	145
图 2-32	城市现代化过程的竞争驱动模型	146
图 2-33	城市现代化过程的经济和社会驱动模型	146
图 2-34	21世纪城市现代化的三条路径	147
图 2-35	城市空间变化的三条路径	148
图 2-36	城市现代化的几种模式(示意图)	150
图 2-37	综合城市现代化的要素配方的变化(示意图)	153
图 2-38	城市政策创新的生命周期	156

图 3-1	21世纪中国城市现代化的路径选择——城市现代化的运河路径	162
图 3-2	城市现代化研究的一种分析框架	163
图 3-3	1973~2012年中国城市摩天大楼(高度超过152米的非住宅大楼)的数量	166
图 3-4	1973~2012年中国城市摩天大楼(高度超过152米的非住宅大楼)的最大高度	167
图 3-5	1985~2010年中国城市人均生活用水	173
图 3-6	1985~2010年中国城市人口密度	174
图 3-7	1978~2010年中国城镇居民人均可支配收入	176
图 3-8	1950~2010年中国的城市结构(人口结构)	179
图 3-9	1978~2010年中国城镇居民家庭恩格尔系数	185
图 3-10	中国城市现代化路线图的运河路径	217
图 3-11	中国城市现代化路线图的战略要点	220
图 3-12	1950~2050年中国城市化和新型城市化(城镇化和郊区化)	221
图 3-13	2010~2050年中国城市体系的城市人口分布估算(一)	223
图 3-14	2010~2050年中国城市体系的城市人口分布估算(二)	224

图二	现代化评价的结构	245
图 4-1	2010年世界现代化水平的坐标图	246
图 4-2	2010年中国第一次现代化的特点	257
图 4-3	2010年中国第二次现代化的特点	258

图 4-4	2010年中国地区第一次现代化程度	260
图 4-5	2010年中国地区第二次现代化指数	262
图 4-6	2010年中国地区综合现代化指数	262
图 a	第一次现代化阶段评价的信号指标变化	270

表 1-1	1300~1950年世界城市化水平的估计	4
表 1-2	城市现代化的研究范围与研究单元的研究矩阵	5
表 1-3	中国国家图书馆收藏的城市研究图书	6
表 1-4	设立城市的人口标准(最低限额)	7
表 1-5	西方国家城市概念的多样性	8
表 1-6	18世纪以来城市现代化与城市化的一般关系	9
表 1-7	城市现代化研究的研究内容的分类	12
表 1-8	城市现代化研究的结构矩阵	13
表 1-9	现代化研究的坐标分析方法	15
表 1-10	文明时间与历史时间的对照表	15
表 1-11	人类历史上的文明范式及其代表性特征	16
表 1-12	人类历史上的城市范式及其代表性特征(举例)	16
表 1-13	2010年世界和中国的城市体系结构	18
表 1-14	城市现代化研究的分析变量	20
表 1-15	城市变量的性质和分类	21
表 1-16	1700~2010年城市六个系统的变迁(城市层次)	22
表 1-17	2010年世界城市数量的一种估计	23
表 1-18	城市综合指标的变化趋势	23
表 1-19	城市功能的变迁	23
表 1-20	1992年美国城市的八大集群(根据主导产业的聚类)	24
表 1-21	美国城市形态的变迁	25
表 1-22	城市建筑和住房的变化趋势	26
表 1-23	西方现代建筑文化的变迁	26
表 1-24	19世纪以来摩天大楼的高度竞赛和1985年北美城市的摩天大楼分布(超过152米高楼)	27
表 1-25	2010年美世公司(Mercer)城市生活质量排名	27
表 1-26	美国城市的住房价格和房价收入比	28
表 1-27	城市设施的变化趋势	29
表 1-28	城市公共服务的变化趋势	31
表 1-29	城市公共管理的变化趋势	33
表 1-30	城市公共管理的发展阶段(一种分析模型)	33
表 1-31	城市国际联系的变化趋势	34
表 1-32	1700~2010年城市六个领域的变迁(国家层次)	35
表 1-33	城市经济的变化趋势	36

表号	标题	页码
表 1-34	2001~2010 年美国都市 GDP 占全国 GDP 的比例	37
表 1-35	2001~2010 年美国都市区经济的产业结构	37
表 1-36	1969~2010 年美国都市区劳动力的就业结构	38
表 1-37	城市社会的变化趋势	40
表 1-38	1960~2010 年不同国家城市人口比例的变迁	41
表 1-39	1950~2000 年欧洲城市的郊区化(郊区人口占城市人口的比例)	41
表 1-40	城市政治的变化趋势	42
表 1-41	美国城市政治的发展阶段	43
表 1-42	城市文化的变化趋势	44
表 1-43	1981~2001 年加入教会组织人口的百分比	44
表 1-44	城市环境的变化趋势	45
表 1-45	城市居民的变化趋势	46
表 1-46	1700~2010 年城市四个要素的变迁	47
表 1-47	发达国家职工工作时间的缩短	47
表 1-48	1984~2004 年美国自治市的地方政府形式(人口超过 2500 的自治市)	48
表 1-49	文化设备和电信技术的重要发明	49
表 1-50	1700~2010 年世界城市人口比例的变迁	49
表 1-51	1950~2010 年世界城市体系的规模结构	50
表 1-52	1950~2010 年比较发达地区和比较不发达地区的城市人口分布(占城市人口比例)	50
表 1-53	20 世纪发达国家的郊区化(郊区人口占全国人口比例)	51
表 1-54	城市制度的变迁(举例)	51
表 1-55	城市观念的变迁(举例)	52
表 1-56	世界城市和美国城市体系	53
表 1-57	1999 年美国主要大都市区的住房调查	54
表 1-58	1993 年和 1998 年城市房价收入比和房租收入比	55
表 1-59	提供城市住房和拥有产权的比例	55
表 1-60	1998 年城市基础设施的普及率	56
表 1-61	1998 年发达国家和发展中国家的城市供水服务	56
表 1-62	1998 年城市公共管理合作模式的参与比例	57
表 1-63	1998 年地方政府的自治权力	57
表 1-64	美国城市政府的收入和支出	58
表 1-65	城市交通的时间和各出行模式所占比例	58
表 1-66	2001 年国际联系指标与人均国民收入的特征关系	59
表 1-67	2001 年经济指标与人均国民收入的特征关系	60
表 1-68	2001~2010 年美国 366 个都市区的分组(根据制造业增加值/GDP 分组)	60
表 1-69	2001~2010 年美国 366 个都市区的分组(根据服务业增加值/GDP 分组)	61
表 1-70	2001 年美国大都市的产业集聚(举例)	61
表 1-71	美国主要产业的就业分布和产业分类	61
表 1-72	美国都市的创新活动和创新优势(举例)	62
表 1-73	1998 年发达国家和发展中国家的城市经济水平的国际差距	62

表格	标题	页码
表 1-74	2001年社会指标与人均国民收入的特征关系	63
表 1-75	2010年世界城市的分布	64
表 1-76	1998年发达国家和发展中国家的城市社会水平的国际差距	64
表 1-77	1998年发达国家和发展中国家的城市性别不平等	64
表 1-78	1993年和1998年发达国家和发展中国家的城市社会的家庭贫困率	65
表 1-79	1998年发达国家和发展中国家的城市犯罪及其犯罪控制	65
表 1-80	2001年美国地方政府的组织形式	66
表 1-81	1970~1999年主要国家公务员占全体就业人员的比例	66
表 1-82	1998年发达国家和发展中国家的城市政府的财务和权限	66
表 1-83	2001年文化指标与人均国民收入的特征关系	67
表 1-84	2001年生态指标与人均国民收入的特征关系	67
表 1-85	世界上633个城市的地理位置(2011年人口超过75万的城市)	68
表 1-86	世界上633个城市的自然灾害和分布(2011年人口超过75万的城市)	68
表 1-87	城市灾害管理和环境规划	68
表 1-88	1998年发达国家和发展中国家的城市废物的处理和循环利用	69
表 1-89	2010年美世(Mercer)城市生活质量排世界前50名的城市和国家分布	69
表 1-90	2010年世界城市体系的结构	70
表 1-91	2000年不同城市的人口结构和郊区人口比例	70
表 1-92	1996年美国大都市区的蔓延程度	71
表 1-93	1970年世界城市体系的结构	72
表 1-94	1970年不同城市的人口结构和郊区人口比例	72
表 1-95	1300~1900年期间世界城市化和城市体系的估计	73
表 1-96	1700~2000年世界大城市	73
表 1-97	1500~1800年欧洲城市化水平和城市体系的估计	74
表 1-98	1700~2000年城市生活的变迁	75
表 1-99	部分国家现代经济增长的起点和工业化水平	76
表 1-100	1500~1800年欧洲国家的城市化水平	77
表 1-101	世界现代化和人类文明的主要阶段	78
表 1-102	世界现代化进程的阶段划分	78
表 1-103	世界现代化的两大阶段和六次浪潮	78
表 1-104	世界城市化的主要阶段	79
表 1-105	世界城市现代化的两大阶段和六次浪潮	79
表 1-106	1950~2010年发达国家的城市化率	85
表 1-107	1960~2010年发达国家城市化的模式(一)	86
表 1-108	1960~2010年发达国家城市化的模式(二)	87
表 1-109	1950~2010年发达国家城市化的模式(三)	88
表 1-110	美国16个州城市化的比较(城市人口占总人口的比例)	89
表 1-111	1950~2010年发展中国家的城市化和类型	89
表 1-112	1960~2010年发展中国家城市化的模式(一)	90
表 1-113	1960~2010年发展中国家城市化的模式(二)	90

表 1-114	1950～2010 年发展中国家城市化的模式(三)	90
表 1-115	1950～2010 年发展中国家城市化的模式(四)	91
表 1-116	1950～2050 年世界的城市化率	92
表 1-117	1950～2050 年世界城市化的模式	92
表 1-118	人类文明发展的内在逻辑	93
表 1-119	1950～2050 年世界城市体系的规模结构	95
表 1-120	1950～2050 年比较发达地区和比较不发达地区的城市人口分布(占城市人口比例)	97
表 2-1	城市经济学的文献检索	110
表 2-2	城市化研究的文献检索	111
表 2-3	城市发展研究的文献检索	112
表 2-4	经济发展、经济增长和经济进步的关系	112
表 2-5	1998 年世界六个地区的城市发展指数	113
表 2-6	城市现代化研究的文献检索	114
表 2-7	城市发展各阶段的特征比较	115
表 2-8	国家和地区层次城市现代化的实证研究	116
表 2-9	城市层次的城市现代化的实证研究	116
表 2-10	城市现代化与经典现代化理论	118
表 2-11	城市化过程的阶段划分	122
表 2-12	2010 年城市化率与经济结构和经济效率的关系	125
表 2-13	城市化的基本类型	126
表 2-14	发达国家城市化类型与人均土地资源的关系	126
表 2-15	发达国家人均土地资源与城市化类型的关系	126
表 2-16	广义城市现代化理论的结构	127
表 2-17	广义城市现代化的一般理论	127
表 2-18	城市现代化的五层涵义	129
表 2-19	城市现代化的多种操作性定义	129
表 2-20	城市现代化的概念模型	129
表 2-21	城市现代化的两个判据和四个标准	130
表 2-22	城市现代化的基本类型	131
表 2-23	城市现代化的基本要求	131
表 2-24	城市变迁和城市现代化的周期表——城市形态的变化	132
表 2-25	城市现代化过程的 12 个特点	134
表 2-26	广义城市现代化的两个阶段	134
表 2-27	第二次现代化理论的 10 个基本原则	135
表 2-28	城市现代性(内容和特征举例)	141
表 2-29	城市现代化的前沿变化	141
表 2-30	城市现代化过程的动力模型	144
表 2-31	城市现代化的组合模式(举例)	149
表 2-32	城市现代化的主要路径	151

表 2-33	城市现代化战略与城市发展战略的比较（城市层次）	153
表 2-34	城市现代化目标的制定方法	154
表 2-35	城市现代化规划的制定方法	155
表 3-1	1800～2100 年中国城市化和城市体系	162
表 3-2	1900～2010 年中国城市化进程和城市规模结构	163
表 3-3	中国城市共性功能的国际比较	164
表 3-4	中国城市个性功能的国际比较	164
表 3-5	2011～2012 年中国 11 个城市的生活质量和综合竞争力排名的国际比较	165
表 3-6	2011～2012 年中国城市综合竞争力排名的国际比较	165
表 3-7	1980～2010 年中国城市人均住房面积	166
表 3-8	中国城市建筑的国际比较	166
表 3-9	1990～2010 年中国城市基础设施	167
表 3-10	1990～2010 年中国城市清洁饮水（自来水）普及率的国际比较	168
表 3-11	1990～2010 年中国城市卫生设施（抽水马桶）普及率的国际比较	168
表 3-12	1960～2010 年中国普通电话普及率的国际比较	168
表 3-13	1980～2012 年中国移动电话（手机）普及率的国际比较	169
表 3-14	1980～2012 年中国互联网普及率的国际比较	169
表 3-15	1960～2010 年中国医疗条件的国际比较	170
表 3-16	1992～2011 年中国医疗条件的国际比较	170
表 3-17	1960～2010 年中国医疗条件的国际比较	170
表 3-18	1960～2010 年中国人均电力消费的国际比较	171
表 3-19	1960～2010 年中国人均能源消费的国际比较	171
表 3-20	1970～2010 年中国公共教育经费占 GDP 比例的国际比较	172
表 3-21	1995～2010 年中国卫生经费占 GDP 比例的国际比较	172
表 3-22	1995～2010 年中国人均卫生经费的国际比较	172
表 3-23	1995～2010 年中国公费医疗占全部医疗费用比例的国际比较	173
表 3-24	1960～2010 年中国人均交通能耗的国际比较	173
表 3-25	1960～2010 年中国轿车普及率的国际比较	174
表 3-26	2003～2010 年中国公路汽车密度的国际比较	175
表 3-27	1980～2010 年中国劳动生产率（GDP/劳动力）的国际比较	176
表 3-28	2001～2010 年北京与美国都市区的经济结构的比较	177
表 3-29	1960～2010 年中国百万级城市人口比例的国际比较	177
表 3-30	1960～2010 年中国最大城市人口比例的国际比较	178
表 3-31	2001～2010 年北京与美国都市区的就业结构的比较	178
表 3-32	1990～2010 年中国政府收入比例的国际比较	179
表 3-33	1960～2010 年中国政府消费比例的国际比较	180
表 3-34	1990～2010 年中国城镇家庭文化消费	180
表 3-35	1970～2010 年中国家庭消费比例的国际比较	181
表 3-36	中国城市离婚率的国际比较	181

表 3-37	1960~2010 年中国人均 CO_2 排放的国际比较	182
表 3-38	1990~2010 年中国城市废水处理率的国际比较	182
表 3-39	中国城市废物处理率的国际比较	183
表 3-40	1990~2010 年中国空气中可吸入颗粒物浓度(PM10)的国际比较	183
表 3-41	1961~2010 年中国老龄人口比例的国际比较	183
表 3-42	1960~2010 年中国城市人口比例和人口结构的国际比较	184
表 3-43	1990~2010 年中国城镇居民年末平均每百户家庭拥有的耐用消费品拥有量（城市生活"三化"）	185
表 3-44	1990~2010 年中国城镇家庭的人均收入和消费结构	185
表 3-45	1960~2010 年中国人平均预期寿命的国际比较	186
表 3-46	1700~2010 年中国城市化率的国际比较	187
表 3-47	1950~2010 年中国城市体系的规模结构	187
表 3-48	中国建筑的四种分类	189
表 3-49	中国和美国城市的摩天大楼	190
表 3-50	中国城市住房的国际比较	191
表 3-51	2010 年中国城市基础设施的国际比较	191
表 3-52	2010 年中国城市公共服务的国际比较	192
表 3-53	2010 年中国交通管理的国际比较	193
表 3-54	2010 年中国城市六个领域的国际比较	194
表 3-55	2010 年中国城市生活的基本情况	196
表 3-56	2010 年中国城市体系结构的国际比较	197
表 3-57	1970 年中国城市生活的国际比较	198
表 3-58	1970 年中国城市体系结构的国际比较	198
表 3-59	1900 年中国的城市人口	199
表 3-60	1600~1800 年中国的城市人口	199
表 3-61	中国现代化的历史阶段	200
表 3-62	中国现代化的类型和特点	201
表 3-63	中国现代化的主要动力	201
表 3-64	中国现代化的路径和模式	202
表 3-65	中国国家图书馆收藏的三种图书	202
表 3-66	中国城市现代化的起步	203
表 3-67	1500~2012 年中国城市化率的国际比较	204
表 3-68	中国城市现代化的发展阶段	204
表 3-69	1900~2010 年中国城市人口比例与工业增加值比例的差别	206
表 3-70	1960~2008 年中国农业和工业劳动生产率的差距	207
表 3-71	2008 年中国城市现代化水平的国际比较	208
表 3-72	2000~2008 年中国城市现代化速度的国际比较	209
表 3-73	1800~2012 年中国城市化率的国际差距	209
表 3-74	2012 年中国城市化率的国际年代差	210
表 3-75	21 世纪中国综合城市现代化指数的三种估算	211

表 3-76	21世纪中国人口、城市人口和城市化率的估算	211
表 3-77	1950～2050年中国城市体系的规模结构	212
表 3-78	2000～2050年中国人口空间结构的情景分析	212
表 3-79	中国144个城市的自然灾害和分布（2011年人口超过75万的城市）	214
表 3-80	21世纪中国城市现代化的政策目标的时间分解（一种可选的方案）	215
表 3-81	中国城市现代化路线图的战略目标	216
表 3-82	中国城市现代化路线图的监测指标体系	218
表 3-83	中国城市现代化路线图综合指标的动态监测	218
表 3-84	中国城市现代化路线图四大要素的动态监测	218
表 3-85	中国城市现代化路线图六个领域的动态监测	219
表 3-86	中国城市现代化路线图六个系统的动态监测	219
表 3-87	城市战略现代化的主要途径	220
表 3-88	中国城市战略现代化的政策建议	221
表 3-89	2010～2050年中国城市体系现代化的一种估算	223
表 3-90	2010～2050年中国城市体系的城市规模分布估算	223
表 3-91	2010～2050年中国城市体系现代化的住房估算	224
表 3-92	2010年中国城市人口自然增长率	224
表 3-93	提高城市生产力和贡献比的主要途径	227
表 3-94	提高中国城市生产力和贡献比的政策建议	227
表 3-95	提高城市生活质量的主要途径	229
表 3-96	提高城市生活质量的政策建议	229
表 3-97	2010～2050年中国城市的新增人口	230
表 3-98	2010年中国城市老龄人口和家庭住房	230
表 3-99	2010～2020年中国全面小康社会的缺口估算和对策分析	231
表 3-100	免费开放的消夏文化节制度	232
表 3-101	中国《全程社会保障指南》（概要）	234
表 3-102	中国《城市生活指南》（提纲）	235
表 3-103	家庭收入与房价、房租的计算方法（举例）	235
表 3-104	现代化城市的基本特点（举例）	241
表 4-1	世界现代化指数的组成	247
表 4-2	2000～2010年的世界现代化进程	247
表 4-3	2000～2010年根据第二次现代化水平的国家分组	247
表 4-4	2010年国家现代化的水平与阶段的关系	248
表 4-5	22个发达国家的现代化指数	248
表 4-6	26个中等发达国家的现代化指数	249
表 4-7	38个初等发达国家的现代化指数	250
表 4-8	45个欠发达国家的现代化指数	252
表 4-9	2009年处于第二次现代化发展期的国家	253
表 4-10	2010年世界现代化的前沿国家	253

表 4-11	2010年世界现代化的后进国家	254
表 4-12	世界现代化水平的国际差距	254
表 4-13	2000~2010年世界现代化的国际地位发生变化的国家	255
表 4-14	1960~2010年世界现代化的国际地位发生变化的国家	255
表 4-15	世界现代化的国家地位的转移概率(马尔科夫链分析)	256
表 4-16	2000~2010年中国现代化指数	257
表 4-17	2000~2010年中国第二次现代化指数	258
表 4-18	1980~2010年中国综合现代化指数	259
表 4-19	2010年中国地区现代化指数	260
表 4-20	中国内地地区完成第一次现代化的时间估算	261
表 4-21	2014年中国内地不同区域的现代化水平的比较	262
表 4-22	2010年中国内地地区现代化的前沿水平和国际比较	264
表 4-23	1990~2010年中国内地地区现代化的地区差距	264
表 4-24	1990~2010年中国内地地区现代化的国际差距	264
表 4-25	2010年中国34个地区现代化的阶段和不平衡性	265

表 a	《中国现代化报告2003》的国家分组	268
表 b	第一次现代化评价指标的标准值(1960年工业化国家指标平均值)	269
表 c	第一次现代化信号指标的划分标准和赋值	270
表 d	第二次现代化信号指标的标准和赋值	272
表 e	第二次现代化评价指标	272
表 f	综合现代化评价指标	273
表 g	城市现代化指数的估算方法	274

综述 城市文明的世界前沿

城市是文明的载体,是文化的中心。世界上最早的城市大约出现于公元前8000年前,最早的城市化大约出现于公元前3500年前,城市现代化可以追溯到18世纪。在18~21世纪期间,世界城市人口增加,城市人口比例上升,大城市人口比例上升,小城市人口比例下降(表1)。世界城市现代化在纵向和横向两个维度向前推进。2007年世界城市人口比例首次超过50%,2011年中国城市人口比例首次超过50%,世界和中国都进入城市社会成为社会主体的发展阶段。城市现代化研究具有全球意义。

表1 1700~2100年世界城市化和城市体系

项 目	1700	1800	1900	1950	2000	2020	2050	2100
城市人口比例								
世界平均值/(%)	10	9	16	29	47	56	67	83
比较发达地区的平均值/(%)	11	11	30	55	74	80	86	93
比较不发达地区的平均值/(%)	10	8	9	18	40	51	64	81
世界城市人口结构								
大城市人口比例/(%)	—	4	10	24	36	44	54	—
中城市人口比例/(%)	—	2	8	9	9	11	13	—
小城市人口比例/(%)	—	94	82	67	55	46	33	—

注:(1)城市人口比例(城市化率)指城市人口占总人口的比例。不同国家城市人口设置标准和城市分类有所不同,而且标准和分类是变化的。城市化率的国际可比性是有限的。

(2)城市人口比例数据,1700~1900年数据为估计值(Bairoch,1988),此期间的"城市人口"指居民超过5000人的城镇人口,不同学者的估计有所不同;1950~2000年数值为实际值,2020~2050年数值为预测值(United Nations,2012)。2100年数值为本报告的估算。

(3)大城市(人口超过100万的城市)人口比例指大城市人口占全部城市人口的比例,中城市(人口为50万~100万的城市)人口比例指中城市人口占全部城市人口的比例,小城市(人口少于50万的城市)人口比例指小城市人口占全部城市人口的比例。

(4)世界城市人口结构数据,1950~2010年数据为实际值,2020年数值为预测值(United Nations,2012)。其他数据为本报告的估算和预测。"—"表示没有数据。

(5)2012年,世界人口约为70.5亿,世界城市人口约为37亿,世界城市人口比例约为53%;中国人口约为13.5亿,城市人口(包括镇人口)约为7亿,城市人口比例约为52%。

城市现代化是城市和城市体系的现代化,是现代化的一种表现形式。一般而言,城市现代化是18世纪以来城市文明的一种前沿变化,它包括从传统城市向现代城市和发达城市的转型过程及其国际竞争,包括城市政治、经济、社会、文化、环境和市民的现代化,包括城市形态和功能、建筑和住房、基础设施、公共服务、公共管理和国际联系的现代化,包括城市生活、城市结构、城市制度和城市观念的现代化等。在过去200多年里,城市现代化改变了人类生活方式,塑造了世界地理版图。本报告探讨世界城市现代化的事实和原理,以及中国城市现代化的理性选择。

一、世界城市现代化的基本事实

一般而言,城市是以非农业人口为主的人类聚居地,它不仅具有一定的人口规模和人口密度,而且具有相应的法律地位、基础设施、公共服务、公共管理和社会功能。本报告对世界城市现代化进行时序分析、截面分析和过程分析,时间跨度为400年(1700~2100年),分析内容涉及城市四个要素、六个领域和六个系统等。

1. 城市功能等六个系统现代化的基本事实

首先,城市功能和形态。城市功能可以大致分为共性功能和个性功能,前者反映城市共性,后者反映城市特色。城市共性功能的演变,具有一些普遍特征。城市个性功能与城市规模、自然条件和历史沿革等有关。根据城市功能不同,城市可以分为六级:世界城市、国际城市、国家中心城市、区域中心城市、普通城市和镇。

城市形态与城市的地理条件、经济和社会结构有关,与交通技术和发展阶段有关。根据城市人口密度和建筑形态,城市可以分为三类:密集型、分散型和中间型城市。根据城市规模,城市分为超大、特大、大型、中型和小型城市等。城市体系的形态,最初是一个个分离的城市(中心地),后来逐步形成城市圈、城市群、城市带、城市延绵区、大都市区、城市网络等多种地理分布形态。

其次,城市建筑和住房。城市建筑和住房的结构和状态,既反映城市风格,也反映城市发展水平和生活水平。在有些时候,城市典型建筑成为一个城市的主要标识。城市建筑质量提高是一个长期过程,城市最高建筑、建筑密度和建筑风格等的变迁具有阶段性。在发展中城市,贫民窟仍然大量存在。

20世纪以来,城市人均住房面积具有上升的趋势,人均住房面积、住房间数和房价的国际差别很大。根据联合国的人居环境调查,20世纪90年代工业化国家城市单元房房价中间值为家庭平均年收入的5倍左右,发展中国家城市为8倍左右,美国城市为3倍左右,合理值为3~5倍;工业化国家城市单元房平均月租为家庭平均月收入的20%左右,发展中国家城市为30%左右,美国为25%左右。根据联合国的人居环境调查,20世纪90年代发展中国家城市私有和私租住房约占80%,公租房约占10%,转型国家城市公租房约占25%,拉美国家的无房者将近3%。

其三,城市基础设施。城市基础设施是城市公共服务的基础,直接反映城市发展的硬件水平。大致可以分为两类:硬性和软性基础设施。19世纪以来城市基础设施不断发展和完善。例如,现代城市给排水系统是19世纪开始形成的;1863年世界第一条城市地铁在英国伦敦市投入运营,2010年世界上大约有160多个城市拥有城市地铁;19世纪法国、英国和德国等兴建地下综合管沟,将地下管道集成为"综合管廊"(公共沟),统一布局和管理。随着技术进步,城市基础设施与时俱进,目前城市地下管线包括20多种管网,所有城市都面临基础设施的挑战。

其四,城市公共服务。城市公共服务指城市公共部门等向城市公众提供公共产品和公共服务,直接反映城市发展的软件水平。公共服务的发展具有多样性、阶段性、递进性、延续性、差异性、决策民主化和社会化、国际差别大等特点。从服务内容看,城市公共服务大致经历了三个阶段:有限的公共服务、系统的公共服务、公共服务社会化和均等化。从服务方式看,城市公共服务大致经历了三个阶段:政府供应为主、政府供应和社会组织参与、政府购买服务和市场化。

其五,城市公共管理。城市管理是对城市公共利益、公共事务和公共部门等的管理,直接反映城市发展的管理水平。城市公共服务、公共管理和基础设施是高度交叉的。城市管理的发展大致经历了行政管理、公共管理和公共治理三个阶段。

21 世纪发达国家的城市管理,从公共管理走向公共治理,公民个人、公民社会、企业组织和政府部门,都参与城市公共治理,建设智慧城市和绿色城市。公共治理与传统公共管理相比有一些新特点,例如,权力分散化、目标管理、合同外包、企业化管理、政府间合作和服务导向等。

其六,城市国际联系。城市国际联系的多少和质量,反映城市竞争力和影响力,反映城市国际化程度,影响城市生活质量。城市国际联系发生在各个领域。随着全球化、国际化和信息化的推进,世界已成为一个"地球村",但国际联系分布不均。

2. 城市经济等六个领域现代化的基本事实

首先,城市经济。城市经济是一种混合经济,包括都市农业、工业经济、服务经济和知识经济等。20 世纪发达国家城市经济占国民经济比例达到 90% 左右。

城市经济产业结构与经济效率之间的关系比较复杂,不同城市的产业集聚和产业特色有所不同。根据宏观经济结构特点,城市经济主要有四种类型。① 制造业主导型(制造业比例超过 30%),② 服务业主导型(服务业比例超过 80%),③ 都市农业型(农业超过工业),④ 综合经济型(工业和服务业基本相当)。

城市经济增长的主要来源包括:资本深化(劳动力人均资本增加)、人力资本增长(劳动力人均知识和技能增加)、技术进步和规模经济等。根据城市经济增长动力,城市经济分为四类:创新驱动型、投资驱动型、规模驱动型和多轮驱动型。

其次,城市社会。20 世纪发达国家城市人口占全国人口比例达到 80% 左右,城市社会逐步成为国家社会的主体。城市公共教育、公共卫生和社会福利全面发展,城市贫困现象长期存在,城市犯罪现象在发达国家和发展中国家普遍存在,城市性别不平等现象普遍存在,城市就业率和失业率长期波动等。

其三,城市政治。城市政治具有很大多样性。大城市、中城市和小城市的城市治理,具有不同特点;不同文化背景和不同发展水平国家的城市治理,具有不同特点。联合国人类住区规划署认为,城市治理是个人和组织、公共和私人规划和管理城市的方法总和,是协调各种冲突和不同利益,进行合作的持续过程。

其四,城市文化。城市文化既有共性也有多样性。城市文化与城市发展水平有紧密关系,与城市特色和城市竞争力有紧密关系等。不同城市的文化产业发展水平不同。随着物质生活的满足,文化生活成为人们的日常追求。文化生活方式和生活质量,影响城市居民的生活质量和城市竞争力等。

18世纪以来,随着文化设施和信息技术的发明和创新,城市文化生活发生了很大变化。19世纪出现的电话和电影,20世纪出现的电视和互联网等,极大地改变了城市文化生活的面貌。科技进步不断更新现代文化的内涵,改变人们的文化生活。科研机构一般主要集中在城市;但是,并非每个城市都有科研机构。

其五,城市环境。环境问题是所有城市面临的共同难题,而且与城市发展水平有关。一般而言,目前发达城市的环境保护和治理,已经取得很大进展,更多是保持优良环境的可持续性;发展中城市的环境问题非常严峻,更多是污染防治,减少和治理各种污染,改善空气质量。例如,20世纪末城市废水和废物处理率,发展中国家分别约为35%和46%,发达国家分别是94%和78%。

城市环境变化,不仅与地理条件、科技水平、产业结构和经济发展有关,而且与环境政策、生产和消费模式有很大关系。1992年世界银行的《世界发展报告》检验了环境退化和人均收入的关系,发现城市颗粒物浓度和城市SO_2浓度与城市人均收入的关系曲线,为倒U形曲线。这就是所谓的环境库兹涅茨曲线。

其六,城市居民。城市居民既是城市现代化的行为主体,也是城市现代化的受益者。18世纪以来,城市人口增长率,因城市而异;城市人口流动性比较大。20世纪以来,城市居民的平均预期寿命延长,城市社会老龄化。目前有些发达城市老龄人口比例已超过20%。20世纪以来,城市离婚率上升,儿童肥胖率上升等。

3. 城市生活等四个要素现代化的基本事实

首先,城市生活。城市生活泛指发生在城市的人类生活,涉及生活条件、生活方式、生活质量和生活观念等。18世纪以来,城市生活条件和生活方式从机械化、电气化到信息化,不同国家和不同城市的生活水平和生活质量有很大差别。

19世纪以来,发达国家城市职工的休闲时间不断增加,家庭平均规模变小,家庭结构多样化,医疗和养老保险覆盖率提高,宗教活动长期存在,私人汽车普及率提高,娱乐和社会活动多样化;城市居民识字率提高,文化消费不断增长等。20世纪以来,电影、电视和网络文化,极大地丰富了市民文化生活。

在1700~2000年期间,城市生活发生了很大变化。但是,城市生活的变化,不是一首优美流畅的田园牧歌,而是一部起伏跌宕的交响乐。大量历史资料显示,18和19世纪是部分城市的"黑暗时代",那些城市特别是工业城镇生活条件很差,工业和生活污染、传染病、犯罪、卖淫、拥挤和贫民窟现象普遍存在等。

其次,城市结构。根据联合国《世界城市化展望2011》和有关资料估算,2010年世界城市约有12.8万个,其中,大城市449个,中城市513个,小城市约有12.7万多个;大城市包括超大城市(人口超过1000万的城市)23个、特大城市(人口500万~1000万的城市)38个和大型城市(人口100万~500万的城市)388个。

在1950~2010年期间,世界大城市人口比例从23%上升到38%,中城市人口比例约为9%至10%,小城市人口比例从67%下降到51%。在世界范围内,城市人口向大城市集中。不同国家和城市的中心城市和郊区人口比例有很大差别。2000年美国郊区人口比例约为50%,欧洲郊区人口比例约为22%。

其三,城市制度。制度是规范人类行为的规章、程序、伦理道德和习俗的集合。城市制度的变迁是复杂的和有序的,存在很大的时代差异、国别差异、地区差异和城市差异。知识社会、工业社会和农业社会的城市制度有很大差别。

其四,城市观念。城市观念是城市文化的重要内容。城市观念的变迁是复杂的和不同步的,存在很大的时代差异、国别差异和城市差异。知识社会、工业社会和农业社会的城市观念有很大差别。

4. 世界城市现代化的历史进程

城市现代化研究,不能只见树木不见森林。城市现代化既包括城市四个要素、六个领域和六个系统的现代化,也包括国家、地区和城市层次的城市现代化。不同层次的城市现代化,既有共性,又有差别。

首先,世界上城市现代化大致起步于18世纪60年代。在18~21世纪期间,城市现代化的世界前沿过程,大致包括两大阶段和六次浪潮,两大阶段分别是第一次城市现代化和第二次城市现代化。不同国家和不同城市的城市现代化是不同步的。

其次,2008年综合城市现代化指数最高的国家分别是:美国、日本、丹麦、瑞典、德国、芬兰、爱尔兰、澳大利亚、法国、奥地利。

其三,科技革命的影响。18世纪以来,世界科技发生了三次技术革命,包括蒸汽机与机械革命、电力与运输革命、电子与信息革命;世界经济发生了三次产业革命,包括机械化、电气化、自动化和信息化;它们深刻改变了城市的经济结构和生活方式。在21世纪里,信息革命还会持续一段时间,新生物学和再生革命、新物理学和时空革命有可能先后发生,它们将对城市现代化产生重大影响。

5. 城市现代化过程中的城市化

世界城市化可以大致分为两大阶段:传统城市化和现代城市化。传统城市化大约有5000年历史(约公元前3500年~约公元1750年)。现代城市化大约有200多年历史,可分为工业城市化、社会城市化和服务城市化三个小阶段。

在1950~2010年期间,根据城市人口比例的高低,发达国家城市化可大致分为三种类型:高度城市化,2010年城市人口比例超过90%;中度城市化,2010年城市人口比例为80%~90%;低度城市化,2010年城市人口比例低于80%。

在1960~2010年期间,根据城市体系人口结构变化,世界城市化可大致分为三种模式:大城市主导型城市化(2010年大城市人口占全国人口比例超过40%);小城市主导型城市化(2010年小城市人口占城市人口比例超过70%);中间型城市化。

在地区层次上,地区城市化具有多样性。例如,在20世纪里,美国50个州中,多数州的城市化与美国城市化是一致的,但是,缅因州、阿拉巴马州、俄克拉荷马州等先后发生城市人口比例下降,佛蒙特州、西弗吉尼亚州和密西西比州等城市化率低于50%;2000年城市化率最高的州城市化率达91%,最低为38%。

6. 世界城市现代化的历史经验

世界城市现代化起源于18世纪,已有200多年历史。但在19世纪以前,除少数城市外,多数城市的发展缺少规划;20世纪以来,城市规划成为城市发展的基本手段。20世纪的城市现代化,具有系统设计和技术驱动的双重特点。

首先,城市现代化既是一个世界现象和国际潮流,也是一种社会选择。在过去200多年里,绝大多数国家、地区和城市选择了城市现代化,只有少数社群例外。

其次,城市现代化与现代城市化是一个伴生现象,属于现代化过程的两个不同侧面。一般而言,现代城市化是社会现代化的一个主要内容,主要指现代化过程中社会人口居住结构的变化,包括城市数量增加、城市人口和城市人口比例的扩大等;城市现代化是地区现代化的一种表现形态,主要指从传统城市向现代城市的转型,包括城市文明水平和城市生活质量的提高。当然,这种划分是相对的。城市化有极限,城市现代化没有止境。

其三,城市现代化具有双重任务。城市既是文明的标志、文化的中心、财富的象征和创新的前沿,也是犯罪的温床、贫困的泥潭、污染的源头和拥挤的空间。城市现代化既要扩展和提升城市文明的光明面——城市发展的四个进步:文明、文化、财富和创新;也要抑制或消除城市文明的阴暗面——城市发展的四个挑战:犯罪、贫困、污染和交通堵塞等,就是消除"城市病"现象。

其四,城市建筑和住房现代化是一个长期任务。随着科技进步和生活水平提高,城市建筑从城市规划、建筑设计、建筑材料、建筑技术、建筑质量和建筑文化都在发生变化,城市居住文化、住房要求和住房质量都在与时俱进。

其五,城市基础设施现代化是一个长期挑战。现代城市需要现代基础设施。基础设施从规划和建设,到运营和维护,是一个长期过程。基础设施的质量和满意度,是衡量城市现代化的一个硬指标。

其六,城市公共服务现代化是一个热点问题。城市服务是现代城市的一个基本功能,而且是不断增长的功能。它的服务对象不仅是城市居民,而且包括非城市居民。城市公共服务的质量和满意度,同样是衡量城市现代化的一个硬指标。

其七,城市公共管理现代化是一个关键问题。城市管理的演进是一个长期过程,从行政管理、公共管理到新公共管理。一般而言,公共管理并没有标准模式或最佳模式,公共管理现代化的道路是漫长的。

其八,城市环境治理现代化是一个国际潮流。现代城市的环境压力,与城市人口规模和密度成正比,与城市经济结构和密度正相关。工业城市化和社会城市化阶段,城市环境污染成为一个社会公害,环境治理逐步受到关注。服务城市化阶段,随着环境意识、生活质量提高和经济结构转型,城市环境治理走向良性轨道。

其九,城市交通现代化是一个世界性的难题。现代城市的交通压力,同样与城市人口密度和城市人口规模成正比,与城市经济密度和经济结构正相关。每个城市的交通问题,都需要专题研究。城市交通现代化,是没有止境的。

其十,城市现代化需要合理保护和利用传统文化。城市既是传统文化的载体,也是现代文化的前沿。文化创新是城市现代化的活力来源。同时,传统建筑文化与城市特色紧密相关。城市现代化不是对传统文化的全面否定,而是合理利用。

二、世界城市现代化的基本原理

城市现代化是一个客观现象。但迄今为止,关于城市现代化研究,没有系统的理论阐述。这里我们将现代化科学的基本原理应用于城市现代化。

1. 城市现代化的操作性定义

在现代化科学里,城市现代化没有统一定义,但有多种操作性定义。

定义一,城市现代化是18世纪以来城市文明的一种前沿变化和国际竞争,是现代城市的形成、发展、转型和国际互动的前沿过程,是城市要素的创新、选择、传播和退出交替进行的复合过程,是追赶、达到和保持世界城市先进水平的国际竞争和国际分化等;达到和保持世界城市先进水平的城市是发达城市,其他城市是发展中城市,城市地位可以发生变化。

定义二,城市现代化是城市发展的世界先进水平,以及追赶或保持这种世界先进水平的行为和过程。

定义三,城市现代化是城市发展、城市转型、城市国际互动的交集。

概括地说,城市现代化是18世纪以来城市文明的一种深刻变化,它既包括城市政治、经济、社会、文化等各个领域从传统向现代的转变,目前也包括城市环境的优质化和城市居民的全面发展、城市生产力和生活质量的提高、城市国际地位和城市体系的变化等。在18~21世纪期间,城市现代化的前沿过程大致分为第一次城市现代化和第二次城市现代化两个阶段,两次城市现代化的协调发展是综合城市现代化;22世纪城市还会有新变化。

城市现代化既是一种文明变迁,也是一种国际竞争;既需要国内视角,也需要国际视角;既有城市进步,也有副作用;既有共性,也有多样性;既有城市结构趋同,也有城市经济分化;城市现代化不是一劳永逸的,而是不进则退。

2. 城市现代化的过程

城市现代化过程大致分为两类:前沿过程是发达国家的城市现代化,追赶过程是发展中国家的城市现代化。它们既有联系又有区别,而且相互影响。

第一次城市现代化(1760~1970年)是从传统城市向现代城市、从农业社会的城市向工业社会的城市的转型,它包括从手工业城市向工业化城市、封建城市向民主城市、宗教城市向世俗城市、军事城市向市民城市的转型等。它包括城市劳动生产率、土地生产率和居民收入水平的提高,城市建筑、住房和基础设施的不断完善,城市公共服务和公共管理的理性化和民主化等。

第二次城市现代化(1970~2100年)是从现代城市向发达城市、从工业社会的城市向知识社会的城市的转型,它包括从工业城市向信息城市(数字城市和智慧城市)、经济城市向生态城市(绿色城市和低碳城市)、生产型城市向服务型城市、资本密集型城市向知识密集型城市、粗放型城市向节约型城市的转型等。它包括城市生活质量、创造力和竞争力的提高,城市建筑、住房和基础设施的智能化和绿色化,城市公共服务和公共管理的人性化和公平性等。

综合城市现代化(1970～2100年)是发展中国家的一种路径选择,是两次城市现代化的协调发展和持续向第二次城市现代化转变,它包括两次城市转型(从传统城市向现代城市、从现代城市向发达城市的转型)的联动和持续向发达城市转变,包括城市的三化整合(工业化＋信息化＋绿色化)和八化协调(工业化、信息化、城市化、郊区化、绿色化、智能化、民主化和福利化),包括城市生产率和市民收入的提高,社会福利和生活质量的改善,城市建筑、住房和基础设施的智能化和绿色化,城市公共服务和公共管理的民主化和信息化,城市竞争力和城市地位的提高等。

3. 城市现代化的结果

城市现代化的结果包括城市现代性、特色性、多样性和副作用的形成,包括城市生产率和生活质量提高、城市生态变化和市民全面发展;包括城市建筑、住房和基础设施的改善;城市公共服务和公共管理的民主化和理性化,包括城市前沿、城市体系和城市状态的变化等。不同国家、地区和城市的城市现代化的结果既有共性又有差异;两次城市现代化的结果是不同的。

在城市层次上,城市现代化的标准包括:城市生产力和生活质量、城市基础设施、公共服务、公共管理、城市环境和市民发展水平等,达到当时世界先进水平。城市现代化是动态的。今天发达城市,明天有可能下降为发展中城市,反之亦然。

从政策角度看,城市现代化的主要目标包括:提高城市生产力和生活质量,实现城市的环境优美和市民的全面发展;发达国家、地区和城市的政策目标是保持世界先进水平,发展中国家、地区和城市的政策目标是追赶和达到世界先进水平。

4. 城市现代化的动力

城市现代化的动力因素非常多,主要因素包括城市创新、城市竞争、城市适应、城市交流、公共利益和市场需求等。在发达城市,城市创新作用比较突出;在发展中城市,城市交流作用比较突出。城市现代化的制约因素亦有不少。

城市现代化动力模型包括:创新驱动模型、双轮驱动模型、联合作用模型、四步超循环模型、创新扩散模型、创新溢出模型、竞争驱动模型、经济和社会驱动模型、城市生产力函数、要素优化模型等。城市生产率与城市技术、劳动力人均资本和人均技能成正比,与先进技术、优质资产和优质劳动力比例成正比。

根据城市收支平衡模型,城市生产和消费影响城市发展。城市第一产出是城市为城外居民生产和提供的产品和服务的净收入,城市第二产出是城市为城内居民生产和提供的产品和服务的净收入;城市第一消费是城市居民购买城外生产和提供的产品和服务的消费支出,城市第二消费是城市居民购买城内生产和提供的产品和服务的消费支出;城市贡献比是城市第一产出与城市第一消费之比。城市第一产出大于城市第一消费,城市贡献比大于1,这是城市发展的一个重要条件。

5. 城市现代化的模式

城市现代化是一个历史过程,具有时间跨度和发展路径。不同国家、地区和城市的城市现代化,有自己的发展路径和阶段模式。

21世纪城市现代化大致有三条基本路径:第一次城市现代化路径、第二次城市现代化路径和综合城市现代化路径。发达国家、地区和城市,可以选择第二次城市现代化路径,发展中国家、地区和城市,可以选择三种路径中的一种路径。

城市现代化没有标准模式,没有最佳模式,只有合适模式。一般而言,第一次城市现代化的模式选择,更多受自身条件的影响,大约有24种模式;第二次城市现代化的模式选择,更多受科技水平和国际环境的影响,大约有27种模式;综合城市现代化的模式选择,更多受国际环境和政策预期的影响,大约有33种模式。

6. 城市现代化的政策选择

从战略角度看,城市现代化目标包含三类目标:共性目标、个性目标和减少副作用。共性目标包括完成两次城市现代化,追赶、达到或保持城市现代化的世界先进水平。个性目标包括形成、保持和扩展自己的特色,强化竞争优势等。不同国家、地区和城市的个性目标有所不同,不同时期减少副作用的要求也是不同的。

城市政策创新和措施选择,一般遵循五个原则:有利于城市生产力的解放和提高、有利于城市社会的公平和进步、有利于市民生活质量提高和市民全面发展、有利于城市生态系统的平衡和稳定、有利于城市科技进步和提高国际竞争力等。

三、中国城市现代化的理性选择

中国是城市文明的发源地之一,中国原始城市大致出现于4000多年前。中国城市现代化的起步,可以追溯到19世纪中叶。在19~20世纪期间,中国一直是世界上人口最多的国家,中国城市现代化的任务超过发达国家的总和。

1. 中国城市六个系统现代化的基本事实

首先,城市功能和形态。中国城市功能与城市行政地位正相关,行政地位越高,行政功能越强。目前,中国城市的首要功能是行政功能,然后是经济功能和服务功能等。行政和经济功能比较强,服务和文化功能比较弱,是中国城市功能的特点。

现代中国城市,既是计划经济的产物,也是行政管理的产物。在现行体制下,城市政府的目标和追求趋同,城市空间结构趋同,城市建设结构趋同,城市建筑文化趋同,标志性建筑和摩天大楼大量涌现,形成"千城一面"的社会印象。

其次,城市建筑和住房。2010年中国城市建筑,既有获得各种建筑奖励的精品建筑,也有"豆腐渣工程",优质建筑与劣质建筑并存。在一些传统文化名城,仿古建筑大量涌现。根据"摩天城市网"的统计,在中国大陆内地58座城市中,2012年有摩天大楼488座,在建和待建摩天大楼743座,合计1231座。

2001年中国城市房价收入比(住宅房价中间值与家庭平均年收入之比)约为6倍,高于发达国家(1998年工业化国家平均为5.8倍,2000年美国平均约为3倍)。目前北京等一线城市房租收入比(住房平均月租占家庭平均月收入的比例)达到40%,高于发达国家(1998年工业化国家平均为19%,2000年美国平均约为26%)。

其三,城市基础设施。不同方面发展水平有所差别。例如,2010年中国城市自来水普及率约为98%,接近发达国家平均水平,但自来水质量没有达到直接饮用标准;部分城市的排水设施比较落后,城市内涝现象比较普遍;卫生设施普及率低于世界平均水平,大约26%的城市居民没有抽水马桶;2010年中国通信基础设施基本达到世界平均水平,但中国城市地下基础设施的整体水平比较低等。

其四,城市公共服务。中国政府提出了九类基本公共服务,城市公共服务发展不均衡。例如,2010年中国能源服务接近世界平均水平,公共教育服务低于世界平均水平,医疗卫生服务水平低于世界平均水平等。

其五,城市公共管理。城市公共管理是一个复杂问题,以城市交通管理为例。2010年中国家庭轿车普及率约为发达国家的10%,公路汽车密度约为美国的50%,城市人口密度大约相当于1990年美国城市平均水平。但是,中国城市交通堵塞现象,从大型城市蔓延到中型城市。城市交通管理水平不高,是一个重要原因。

其六,城市国际联系。在经济全球化和改革开放的政策背景下,中国城市具有加强国际联系的强大动力。目前,中国城市的国际联系比较多,国际社会联系和文化联系比较少,一些条件比较好的城市与许多国家的城市建立了友好城市关系等。

2. 中国城市六个领域现代化的基本事实

首先,城市经济。2010年中国城市经济是一种混合经济,包括都市农业、工业经济、服务经济和知识经济等。2010年中国城市经济效率低于世界平均水平,城市服务经济的发展落后于发达国家。中国政府已经提出了新型工业化和创新驱动战略等,中国城市经济发展模式,正在向市场化、全球化和绿色化转变等。

其次,城市社会。中国城市化率低于世界平均水平,但城市社会部分指标已达到世界平均水平,如每千个新生儿的死亡率,2010年中国约为14个,美国为6个,英国为4个,世界平均为37个。目前,中国城市社会的不平等现象比较普遍,社会改革势在必行。中国政府提出了和谐社会与新型城镇化等。

其三,城市政治。中国城市政治具有中国特色,与发达国家和其他发展中国家有所不同。统计数据显示,2010年中国政府收入占GDP比例低于世界平均值。

其四,城市文化。2010年中国城市文化既有共性又有多样性。共性部分包括科学文化和生态文化等,多样性部分涉及文化观念和文化习惯等。例如,消费观念,2010年中国家庭消费比例在世界上排倒数第8位(158个国家和地区有统计数据),家庭消费比例约为世界平均值的57%。中国科研活动主要集中在大中城市等。

其五,城市环境。2010年中国城市废水处理率约为77%,城市废物处理率为64%。中国城市平均空气质量低于世界平均水平,例如,中国空气中可吸入颗粒物(PM10)浓度高于世界平均值;许多城市出现雾霾天气,PM2.5浓度严重超标。

其六,城市居民。2010年中国城市平均进入老龄社会。2010年城市老龄人口比例约7.7%,镇老龄人口比例约8%,农村老龄人口比例约10%。2010年中国城市新增人口多数来自农村;许多来自农村的新增城市人口,没有获得"市民待遇"等。

3. 中国城市四个要素现代化的基本事实

首先,城市生活。目前,中国大中城市和发达地区的城市生活具有电气化、信息化和国际化等特点。2010年中国城市电视、空调和移动电话(手机)的家庭拥有率已经达到100%,洗衣机、电冰箱和热水器家庭拥有率分别达到97%、97%和85%,电脑家庭拥有率达到71%,汽车家庭拥有率约为13%。

2010年中国城镇家庭人均收入达到21000多元人民币,人均消费性支出达到13000多元人民币,城镇家庭恩格尔系数约为36%,中国人平均预期寿命约为74.9岁,比世界平均值多4.6岁。中国城市生活质量的部分指标达到世界平均水平。

其次,城市结构。根据《2011年中国城市统计年鉴》,2010年中国拥有城市657个,其中,大城市125个,中城市108个,小城市424个;大城市人口约占全部城市人口的43%,中城市人口约占12%,小城市人口约占45%。在1950～2010年期间,中国大城市人口比例上升,中城市人口比例上升,小城市人口比例下降。

其三,城市制度。19世纪以来,中国城市逐步从封建城市向大众城市、从传统城市向现代城市转变,城市制度的演进有快有慢。例如,经济制度从传统经济、计划经济到市场经济,20世纪采用"户籍制度"和"计划生育制度"等。

其四,城市观念。目前,中国城市观念已是开放多元。例如,摩天大楼、文明城市、宜居城市、卫星城市、创新城市、绿色城市、生态城市、低碳城市、花园城市、世界城市、国际城市、数字城市、智慧城市、城市群、城市带、城市圈等。在一定程度上,中国城市已经成为世界城市发展观念的一个"大拼盘"。

4. 中国城市现代化的基本事实

中国城市现代化大约起步于19世纪中期,大致可以追溯到1860年,比发达国家大约晚了100年。19世纪中期以来,中国城市现代化大致分为三个阶段:清朝末年的城市现代化起步、民国时期的局部城市现代化、新中国的全面城市现代化。

目前,中国城市现代化水平为世界初等发达水平,处于发展中国家的中间位置。2008年中国综合城市现代化指数为45,排世界131个国家的第79位,低于世界平均水平和中等收入国家平均水平。在2000～2008年期间,中国综合城市现代化指数与高收入国家平均值和世界平均值的差距都在缩小。

2012年中国城市化率,比英国、德国和比利时大约落后100多年,比美国和法国大约落后80多年,比日本、瑞典、意大利和西班牙落后约60年,比芬兰、俄罗斯和墨西哥约落后50年,比巴西和波兰约落后40多年,比韩国落后约35年。

5. 中国城市现代化的主要特点

首先,中国城市现代化遵循世界城市现代化的基本规律。其次,中国城市现代化是一种后发追赶型城市现代化。其三,中国城市现代化是一种工业化优先型城市现代化。其四,中国城市现代化是一种城乡分割型城市现代化。其五,中国城市现代化的任务超过发达国家的总和,国际经验不足以解决中国问题。其六,中国城市现代化面临双重压力,需要选择适合自己的路径。其七,中国部分城市的城市现代化面临资源枯竭或资源不足(如缺水等)的挑战。其八,中国城市现代化不能忽视制度和观念现代化。其九,中国城市现代化不能忽视城市差异和文化多样性。其十,中国城市现代化是中华民族伟大复兴的一个决定性因素。

6. 中国城市现代化的前景分析

如果参考 1990～2008 年年均增长率估算,中国综合城市现代化指数有可能在 2030～2050 年期间超过世界平均水平,在 21 世纪末超过高收入国家平均水平。

根据联合国《世界城市化展望 2011》和相关估算,2050 年中国城市总数有可能达到 1632 个,其中,大城市 338 个,中城市 358 个,小城市 936 个;大城市人口比例约为 60%,中城市人口比例 19%,小城市人口比例 21%;在 2010～2050 年期间,新增城市约为 975 个,其中,大城市 213 个,中城市 250 个,小城市 512 个。

根据联合国和《中国现代化报告 2006》的估算,2050 年中国城市人口比例约为 77%～81%,城市人口约 11～12 亿;如果把城市郊区农村人口(社区人口)和镇人口定义为郊区人口,那么,2050 年郊区人口比例约 30%～50%,中心城市(城市连续建成区)人口比例约 30%～50%,其他(非城市和郊区)乡镇人口比例约 20%。

7. 中国城市现代化路线图

中国城市现代化路线图的基本思路是:根据综合城市现代化原理,加速从传统城市向现代城市和发达城市的转型,迎头赶上发达国家城市现代化的世界先进水平;在 2050 年前,基本实现城市现代化,达到城市现代化的世界中等发达水平,城市现代化水平进入世界前 40 名;在 21 世纪末,达到城市现代化的世界先进水平,全面实现城市现代化,城市居民全面享受世界先进水平的生活质量。

在 21 世纪前 50 年,中国城市现代化需要全方位的推进,需要关注三个重点。其一,加快城市战略转型,建设绿色智慧城市;其二,提高城市生产力和城市贡献比(率),建设创新型城市;其三,提高城市生活质量,建设发达宜居城市。简单地说,三个重点分别是城市战略现代化、城市生产现代化和城市生活现代化。

关于中国城市现代化的政策措施,提出三个方面的十五条建议。

- 城市战略现代化方面:

(1) 实施新型城市化战略,城市化与城市现代化协调发展,建立城乡平衡社会;
(2) 研制城市体系现代化规划,促进城区、郊区和城市系统的协调发展;
(3) 研制基础设施现代化规划,全面优化地下基础设施,建设绿色智慧城市;
(4) 实施城区现代化工程,启动城区现代化试点,建设发达现代城市;
(5) 实施郊区现代化工程,启动郊区现代化试点,建设发达城市郊区。

- 城市生产现代化方面:

(6) 研制城市产出指南,提高城市生产力和城市贡献比(率);
(7) 实施城市创新工程,完善新产品统计制度,建设创新型城市;

(8) 研制制造业现代化指南，发展高技术产业，提高城市生产力；

(9) 研制服务业现代化指南，发展现代服务业，提高城市竞争力；

(10) 大力发展文化产业，加速文化产业现代化，提高城市影响力。

- 城市生活现代化方面：

(11) 实施三项工程（市民待遇工程、社区养老工程和家庭小康工程），提高物质生活水平，建设文明城市；

(12) 全面提高文化生活品质，促进文化生活现代化，建设魅力城市；

(13) 研制清洁城市规划，实施绿色发展战略，建设生态文明和清洁城市；

(14) 研制《全程社保指南》，建立先进福利制度，建设新型福利社会；

(15) 研制《城市生活指南》，促进生活方式现代化，建设发达宜居城市。

实施新型城市化战略，走质量与规模并重、经济与环境双赢、城市化与城市现代化协调发展的新路，要求实现城市发展模式的六个转变：从简单城市化向城市化与城市现代化协同推进转变，从城市优先向城市现代化与农村现代化协同推进转变，从城区优先向城区现代化与郊区现代化协调发展转变，从工业化优先向新型工业化与新型城市化协调发展转变，从工业和经济优先向工业与服务业协调发展、经济与环境双赢转变，从重视地面设施向地面基础设施和地下基础设施并重转变。

一个现代化城市，一般会具有一些基本特点，例如，城市建筑优质美观，城市服务公平高效，城市生活舒适便利；城市环境世界一流，城市收入世界一流，城市福利世界一流等；而且这些特点是与时俱进的。

四、世界和中国现代化评价

世界现代化指数反映世界 131 个国家、不同组国家和世界平均的现代化水平，包括世界第一次现代化实现程度、第二次现代化指数和综合现代化指数。它体现世界现代化在经济、社会、知识和生态等领域的综合水平。

1. 2010 年世界现代化水平

2010 年，美国等 30 个国家已经进入第二次现代化，约占国家样本数的 23%；巴西等 42 个国家全面完成第一次现代化，马来西亚等 27 个国家基本实现第一次现代化，全面完成和基本实现第一次现代化的国家约占国家样本的 53%。

2010 年，美国等 22 个国家属于发达国家，意大利等 27 个国家属于中等发达国家，中国等 38 个国家属于初等发达国家，印度等 44 个国家属于欠发达国家。

2010 年第二次现代化指数排名世界前 10 的国家是：美国、丹麦、瑞典、芬兰、日本、韩国、德国、挪威、新加坡、澳大利亚。

2. 2010 年中国现代化水平

2010 年中国属于初等发达国家，处于发展中国家中的中间水平。

2010 年中国第一次现代化程度为 92%，第二次现代化指数为 47，综合现代化指数为 46；分别在世界 131 个国家中排第 62 位、第 59 位和第 70 位。

3. 2010年中国地区现代化水平

2010年,第一次现代化实现程度达到或超过90%的地区有15个,它们是:北京、上海、天津、浙江、江苏、广东、福建、辽宁、山东、湖北、内蒙古、重庆、宁夏、吉林和山西;中国香港、澳门和台湾已经完成第一次现代化。

如果京、津、沪、港、澳、台不参加排名,2010年第二次现代化指数排名前10的地区是:江苏、浙江、广东、辽宁、陕西、山东、福建、黑龙江、湖北、吉林。

城市是一个有机体,从城市边界到城市内涵都在发生变化,城市数据的历史可比性和横向可比性具有争议,这些必然影响城市研究的精确性。城市研究历史悠久,城市研究文献汗牛充栋。本报告是城市研究的一个视角,希望能为城市科学研究添砖加瓦。

本报告的研究结果和政策建议,谨供参考。不妥之处,敬请指正。

中国现代化战略研究课题组　中国科学院中国现代化研究中心
2013年12月12日

上 篇

城市现代化研究

城市是文明的载体,是历史的缩影。

城市是文化的中心,是创新的前沿。

在地球上,人类居住地点主要有两类:城市和农村。在过去6000年里,城市人口比例上升,农村人口比例下降。在过去300年里,伴随工业化进程,现代城市化进程加快,传统城市向现代城市转型。在过去30多年里,伴随知识化和信息化进程,郊区化进程加快,工业化城市向知识化城市转型。一般而言,城市化是社会现代化的组成部分,城市现代化是地区现代化的组成部分。《中国现代化报告2004》讨论了地区现代化,《中国现代化报告2006》讨论了社会现代化,本报告专题研究城市现代化(图一)。城市研究源远流长,经典文献层出不穷。我们从现代化角度研究城市变迁,只是城市研究的一个视角。

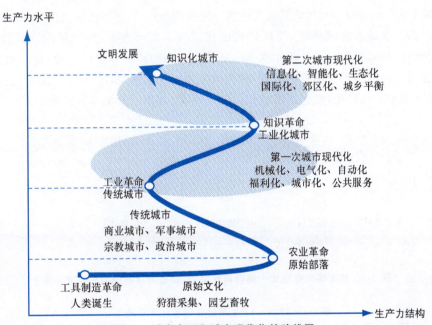

图一 城市变迁和城市现代化的路线图

注:城市变迁不仅包括城市化和城市现代化,而且包括郊区化、逆城市化、城市退化和城市衰落等。人类文明诞生的主要标志包括农业、文字、城市和国家的发明等。人类文明曾经发生过四次革命,文明中轴发生了三次转换,形成四个时代和四种基本社会形态,每个时代和每种社会的生产力结构不同,坐标的刻度不同。结构刻度采用劳动力结构数值:原始社会为农业劳动与狩猎采集劳动之比,农业社会为狩猎采集劳动与农业劳动之比,工业社会为工业劳动与农业劳动之比,知识社会为工业劳动与知识劳动之比。

第一章 世界城市现代化的基本事实

城市是文明的标志,是财富的象征。有些学者认为,世界上最早的原始城市,可能出现于新石器时代的中东地区;从底格里斯河和幼发拉底河流域,到地中海的东海岸,再到埃及的尼罗河谷地,构成所谓的"新月沃地",是城市文明的摇篮;最早的城市文明和城市化的遗迹,主要分布在四个地区,即美索不达米亚、埃及、印度河峡谷和中国黄河流域;美索不达米亚,位于现在的伊拉克境内的两河流域,拥有城市化的最早期遗址,其时期大约是公元前3500年(芒福德,2005;科特金,2006;诺克斯,迈克卡西,2009;莫里斯,2011)。

在公元前3500年至18世纪期间,地球上的城市数量增加,城市规模扩大,城市人口比例上升,城市功能和形态不断演化,传统城市化进程非常缓慢(表1-1)。18世纪的工业革命,既加速了现代城市化进程,也带来了城市现代化。城市现代化是现代化的一种表现形式,它包括已有城市和新建城市的现代化,并伴随着新城建设、老城和新城扩张,即现代城市化过程。迄今为止,关于城市现代化,没有统一定义。根据现代化科学的解释,城市现代化犹如一场城市发展的国际马拉松比赛;跑在前面的城市成为发达城市,跑在后面的城市成为发展中城市,两类城市之间可以转换(图1-1)。在本报告里,城市现代化指城市和城市系统的现代化,它包括城市整体的现代化、城市分领域和分系统的现代化等(图1-2)。

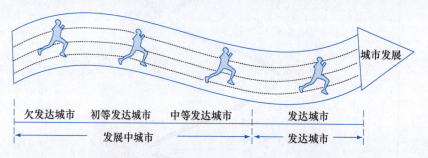

图1-1 城市现代化犹如一场没有止境的、城市发展的国际马拉松比赛

表1-1 1300~1950年世界城市化水平的估计　　　　　　　单位:%

项　目	1300	1500	1700	1800	1900	1950
戴维斯和赫茨的估计	—	—	—	3.0	13.6	29.8
多夏迪斯和巴巴奥诺的估计	—	7.6	5.0	6.2	18.0	31.5
格洛曼的估计	4.1~5.3	4.6~5.6	5.0~5.8	5.0~5.5	13.2~14.0	28.0~29.2
贝罗克的估计	9.0	9.4	9.8	9.0	16.0	25.6
未来发达世界	9.0	9.2	10.8	10.8	29.7	46.1
未来第三世界	9.0	9.5	9.5	8.3	9.1	15.7
非洲	4.0	5.0	3.9	4.0	5.5	12.0
美洲	8.2	8.4	11.4	12.3	28.5	47.9
亚洲	10.2	10.7	10.9	9.1	9.3	14.9
欧洲	9.5	9.6	10.8	10.4	30.2	42.9

资料来源:Bairoch,1988.

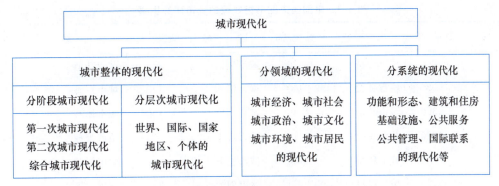

图 1-2 城市现代化的研究对象

注:综合城市现代化是两次城市现代化的协调发展。

第一节 城市现代化的研究方法

城市现代化是城市和城市系统现代化的一种简称,它与地区现代化和社会现代化的交叉比较多。城市现代化研究的研究单元可以是世界、国家、地区和城市等,研究的地理范围,可以是世界、国家、地区或单个城市,它们组成一个研究矩阵(表1-2)。

18世纪以来,城市化是一个世界潮流。2007年世界城市人口首次超过农村人口,人类社会迈入城市社会成为社会主体的发展阶段。城市现代化成为一个世界性的复杂现象,需要多角度、多层次、多学科和综合的系统研究。城市现代化研究是一种国际性的跨学科研究。

表 1-2 城市现代化的研究范围与研究单元的研究矩阵

		研究范围			
		全球范围	国家范围	地区范围	城市范围
研究单元（层次）	世界层次	全球范围以世界为单元的城市现代化	—	—	—
	国家层次	全球范围以国家为单元的城市现代化	某国以国家为单元的城市现代化	—	—
	地区层次	全球范围以地区为单元的城市现代化	某国以地区为单元的城市现代化	某地区以地区为单元的城市现代化	—
	城市层次	全球范围以城市为单元的城市现代化	某国以城市为单元的城市现代化	某地区以城市为单元的城市现代化	某个城市的现代化

注:本表地区指国家内部的一级行政地区,一般包括城市和农村。在很多国家,城市也是一个行政地区。一般而言,全球范围的城市现代化研究,更多关注整体性和规律性问题,更多属于基础性研究(阐释性研究);国家和地区范围的城市现代化研究,更多关注宏观问题,更多属于应用性研究(实证性研究)或政策性研究;城市范围的城市现代化研究,更多关注具体问题,更多属于政策性或对策性研究。这种划分是相对的。

一、城市现代化研究的基本概念

城市现代化是现代化的一个重要方面,城市现代化研究是现代化研究的一个重要分支。

1. 城市现代化的词义分析

没有城市,就没有城市现代化。城市现代化包含两个单词:城市和现代化。

(1) 什么是城市

城市是一个古老现象,城市研究文献浩瀚(表1-3)。但迄今为止,城市没有统一定义。

表 1-3 中国国家图书馆收藏的城市研究图书

题名	数量/部	题名	数量/部	题名	数量/部	题名	数量/部
城市	11 000	城市经济	670	城市生活	240	城市功能	33
城市化	980	城市社会	490	城市结构	120	城市形态	66
城市发展	1300	城市政治	36	城市制度	100	城市体系	96
城市规划	1300	城市文化	310	城市观念	12	城市管理	850
城市地理	58	城市环境	440	城市生态	280	城市服务	97
城市史	120	城市居民	73	城市创新	210	城市建筑	430
城市现代化	110	城市竞争力	100	城市生活质量	6	城市基础设施	36

注:检索方式:题名搜索;检索时间:2013-3-29。

关于城市定义,至少有30多种(谢文蕙,邓卫,1999)。有学者认为:城市是达到了一定规模和密度的、聚集了各种非农业人口(包括文化精英)的人类聚居地(Sjoberg,1965)。

一般而言,城市是非农业人口为主的人类聚居地,它不仅具有一定的人口规模和人口密度,而且具有相应的法律地位、基础设施、公共服务、公共管理和社会功能(图1-3)。

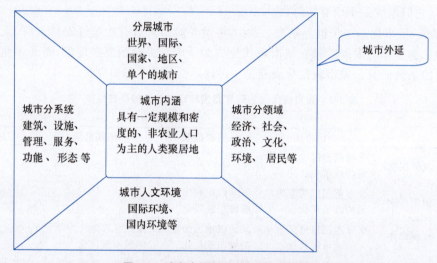

图 1-3 城市内涵和外延的操作性界定

在定义城市时,不同国家关于人口规模、人口密度和人口结构的要求有所不同(表1-4,附表1-1-1)。例如,根据美国人口普查局的规定,城市最小规模是2500人,城区人口密度超过1000人/平方英里,郊区人口密度超过500人/平方英里(诺克斯,迈克卡西,2009);日本规定,城市最小规模是50 000人,60%以上人口居住在城区,或60%以上人口从事或依靠制造业、商业和其他城市产业(United Nations,2012)。

表 1-4 设立城市的人口标准(最低限额)

国　　家	人口低限	国　　家	人口低限
瑞典、丹麦	200	斯洛文尼亚、中非共和国	3000
巴布亚新几内亚	500	越南、科特迪瓦	4000
加拿大、澳大利亚、新西兰	1000	比利时、斯洛伐克、印度、约旦	5000
爱尔兰、巴拿马	1500	英国、瑞士、意大利、西班牙、希腊	10 000
法国、挪威、捷克、葡萄牙	2000	荷兰、叙利亚、尼日利亚	20 000
美国、墨西哥	2500	日本、韩国	50 000

注:人口密度标准:德国,超过 150 人/平方千米;加拿大,超过 400 人/平方千米;美国,城区超过 1000 人/平方英里,郊区超过 500 人/平方英里。人口结构标准:以色列要求 60% 以上家庭从事非农业,日本要求 60% 以上居民从事或依靠制造业、商业和城市相关行业。综合标准:印度要求,人口超过 5000 人,75% 以上的男性劳动力从事非农业,人口密度超过 400 人/平方千米或 1000 人/平方英里。1 平方英里=2.599 平方千米。

资料来源:United Nations, 2012.

在有些国家,城市是一种行政区划,是以城市命名的一个行政地区,包括城市的城区(一个或多个城区)、城市管辖的郊区和农村;有时候,城区被称为为中心城市。在有些国家,城市更多是一种地理单元或统计单元,是一个具有自治功能的、非农业人口为主的人类聚居地(或人类社区),主要包括城区和一个有限的周边近郊区(图 1-4,附表 1-1-1)。

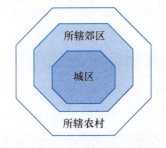 

行政城市 = 城区 + 所辖郊区 + 所辖农村　　　地理城市 = 城区 + 近郊区

图 1-4 城市的两种类型(示意图)

注:这里,城区一般指"连绵不断"的城市建成区。城区与郊区的分界线是变化的,有时是模糊的。关于郊区,没有统一定义。这里,郊区指城市连绵建成区外的、城市通勤可达的、与城市经济紧密联系的区域。

- 如果城市是一个行政地区,关于城市的统计数据,实际上是一个行政地区的统计数据。这种统计数据是城市自身数据和城市辖区数据的"综合",不能准确反映城市自身的发展水平和状态。在城市自身数据难以获得时,用城市地区的统计数据来代替,往往会低估城市自身发展水平。在这种情况下,进行城市比较时要非常谨慎,因为不同城市的市区和辖区的比例有很大差别,有些城市市区比例很大,有些城市辖区比例很大,而且辖区往往是变化的。
- 如果城市是一个地理单元或统计单元,关于城市的统计数据,可以反映城市自身的发展水平和状态。此时的城市数据,会受到"郊区规模"的一定影响,而且郊区是变化的。

目前,关于城市的历史统计数据,一方面相对比较少,一方面国际可比性和历史可比性比较差。主要原因有四个。其一,不同国家关于城市的定义或规定有差别;其二,在许多国家,城市定义或规定是变化的;其三,城市自身是变化的,包括城市规模、城市边界和城市功能等的变化;其四,城市数量比较庞大,城市形态和城市观念多样化等(表 1-5)。

表1-5 西方国家城市概念的多样性

项目	镇 town	城市 city	自治市 municipality	都市区 metropolitan
基本含义	一个具有地名的、与周围农村明显不同的、具有城市部分特点、紧凑的定居地	一个主要从事非农业的、人口规模较大的、人口密度较高的、相对永久的定居地	一个具有法人地位的、具有城市主要特点的政治单元	一个具有较大规模的核心区（中心城市或姐妹城市）以及空间相连、具有较强经济和社会联系的地区
政治特点	一般没有法人地位，具有自治的行政机构，重要性比城市小	具有法人地位，具有行政机构、法律或历史地位，重要性超过镇和村	具有法人地位，通常是自治的（自治政府）	一个城市化的统计区域，区域内的地方政府相对独立。美国都市区包括一个或多个完整的县
经济特点	具有周期性的集市	主要从事非农业，包括工业、商业、文化、教育等	同城市	城市经济和郊区经济的互动和"二元结构"，城市为商业中心
社会特点	具有比较高的人口密度的城市化区域	高度组织化的人口中心，具有公共基础设施、街道、交通、卫生设施等	同城市	城市和城市化的郊区，城区人口密度高，郊区人口密度低，城区和郊区人口的互动和"二元结构"
地理特点	规模比城市要小，比乡村要大	具有连续建成区，房子密度较大，具有郊区	同城市	一个核心区，具有通勤可达的郊区和远郊区

注：关于镇、城市和自治市的规定和特点，有时候它们是交叉的；不同国家有不同规定和特色。

(2) 什么是现代化

现代化研究已经有60多年历史，但迄今为止，现代化没有统一定义。

- 现代化科学认为：现代化是18世纪工业革命以来的一种世界现象，是现代文明的一种前沿变化和国际竞争，它包括现代文明的形成、发展、转型和国际互动，文明要素的创新、选择、传播和退出，以及追赶、达到和保持世界先进水平的国际竞争和国际分化；达到和保持世界先进水平的国家是发达国家，其他国家是发展中国家，两类国家之间可以转换。

- 简单地说，现代化是从传统文明向现代文明的转变；它既是一个过程（一个转型过程），又是一种结果（完成转型后的状态）。在18～21世纪期间，世界现代化的前沿过程可以分为两个阶段。其中，第一次现代化是从农业经济和农业社会向工业经济和工业社会的转变；第二次现代化是从工业经济和工业社会向知识经济和知识社会的转变。22世纪还会有新变化。

现代化发生在人类文明的所有层次和所有领域，分领域和分层次现代化是交叉的。

(3) 什么是城市现代化

城市现代化是现代化的一种表现形式，是地区现代化的一种类型。

目前，关于城市现代化，没有统一的定义（表1-2）。

- 现代化科学认为：城市现代化是18世纪工业革命以来城市和城市系统的一种前沿变化和国际竞争，它包括现代城市的形成、发展、转型和国际互动，城市要素的创新、选择、传播和退出，以及追赶、达到和保持世界城市先进水平的国际竞争和国际分化；达到和保持世界城市先进水平的城市是发达城市，其他城市是发展中城市，两类城市之间可以转换。

- 通俗地说，城市现代化是从传统城市形态向现代城市形态、从传统城市文明向现代城市文明的转变过程及其深刻变化,它包括城市的经济、社会、政治、文化、环境和居民六个领域的现代转型,包括城市的建筑、基础设施、公共管理、公共服务、功能和形态六个方面的现代转型,包括城市的生活、结构、制度和观念四大要素的现代转型等。城市现代化是一个持续的转变过程,是不断从已有文明向更高级文明的转变过程。

(4) 城市现代化与城市化

18世纪以来,城市现代化与城市化是两个相互关联、有所差别的并行过程(表1-6)。城市现代化,既发生在单个城市,也发生在地区、国家和世界范围内。城市化,发生在地区、国家或世界范围内,一般不发生在单个"地理城市"。如果说"某个城市的城市化",那么,这个城市是一个"行政城市",包括城区、郊区和农村(图1-4),其实它是一个地区。

表1-6 18世纪以来城市现代化与城市化的一般关系

		城市文明水平和城市生活质量		
		提高	不变	下降
城市人口数量和城市人口比例	扩大	城市现代化、优质城市化	简单城市化	城市退化、低级城市化
	不变	城市现代化	城市停滞	城市衰退
	下降	城市现代化、逆城市化	逆城市化	城市衰落

注:相对而言,城市现代化是一个城市现代转型的过程,包括城市生产力和生活质量提高等;城市化是一个城市数量增加的过程,包括城市人口数量增加和城市人口比例上升等;逆城市化(de-urbanization)是一个大城市人口向乡镇迁移的过程,大城市人口下降。很多时候,城市现代化过程也包括城市规模扩大,城市化过程也包括城市文明水平的提高,它们是交叉的。18世纪英国新工业城市,生活质量低于农村。

首先,城市化可以有两种理解。狭义城市化指人口向城市集中的过程,包括城市数量增多、城市人口增加和城市人口比例上升。城市化大致分为两类:① 传统城市化,公元前3500年~公元18世纪中期的城市化;② 现代城市化,18世纪以来的城市化(表1-1)。广义城市化指从农业文明向城市文明的转变和城市文明的扩散,包括狭义城市化、城市文明在农村地区和城市郊区的扩散等。《中国现代化报告2004》的实证研究显示:如果把城市化理解为从农业文明向城市文明转变的形式,那么,地区城市化是必须的。如果把城市化定义为城市人口比重的增加,那么,地区城市化有很大弹性。生活在农村也可以享受城市文明。郊区化既是城市文明的扩散,又是城市文明的新发展,而且有较大弹性。

在本报告里,如果没有特别说明,"城市化"采用狭义概念,一般指"现代城市化"。

其次,两者有差别。城市现代化大约起步于18世纪,城市化可以追溯到公元前3500年前。相对而言,城市现代化是城市文明水平和生活质量提高的过程,城市化是城市数量和人口比例扩大的过程。城市化有极限,城市现代化没有止境。

其三,两者紧密相伴。一般而言,人类的聚居地大致分为城市和农村两大类。在传统农业社会,传统城市化比较慢,城市人口比例一般低于20%;在现代工业社会,现代城市化比较快,城市人口比例一般超过50%;目前发达国家(知识社会),城市人口比例一般超过80%(图1-5)。18世纪以来,城市化和城市现代化,相伴并存,是现代化的两个组成部分。

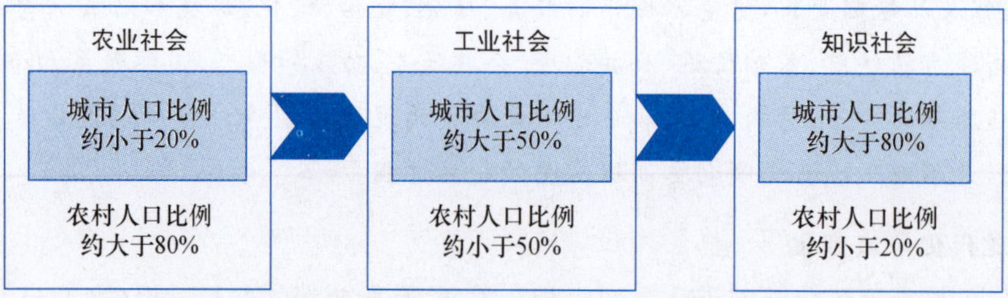

图 1-5 国家现代化过程中人口聚居结构的变迁（示意图）

注：1700年荷兰和比利时的城市人口比例分别约为34%和24%（Vries, 1984）。在13世纪后期，欧洲有大约3000个城市，容纳了大约420万人口，约占欧洲人口的15%～20%（诺克斯, 迈克卡西, 2009）。

城市现代化，一般包括已有城市的现代化和新建城市的现代化，它伴随着已有城市的城市扩展、新建城市和新建城市的城市扩展，后者属于城市化的范畴（图1-6）。

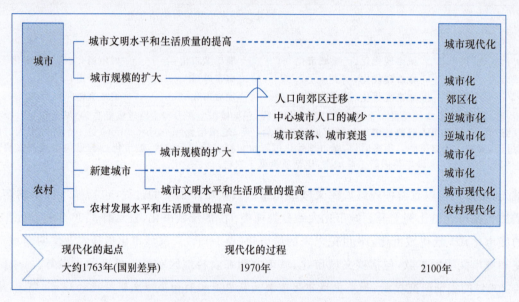

图 1-6 18世纪以来国家现代化过程中的城市化和城市现代化（示意图）

注：城市现代化包括已有城市和新建城市的现代化，按现代化规律建设新城和城市扩展（现代城市化）等。

其四，两者关系复杂，需要分层次和分阶段讨论。

- 在城市（行政城市）层次上，在城市现代化过程中，城市规模有可能扩大，即城市化和城市现代化并行；城市规模也有可能缩小，出现"逆城市化"，即"逆城市化"和城市现代化并行。例如，20世纪后期，美国大城市人口向乡镇迁移等。有时候，甚至发生城市衰落和废弃。
- 在地区层次上，在地区的城市现代化过程中，在18～19世纪，城市化伴随着城市现代化；20世纪以来，有些地区继续进行城市化，有些地区则出现"郊区化"、"逆城市化"、局部的城市衰落、"城市复兴"和"城市更新"等，达到城乡动态平衡等。
- 在国家层次上，在国家的城市现代化过程中，在18～19世纪，城市化伴随着城市现代化；20世纪以来，国家的有些地区继续进行城市化，有些地区则出现"郊区化"、"逆城市化"、局部的城市衰落、"城市复兴"和"城市更新"等，达到城乡动态平衡等（图1-7）。

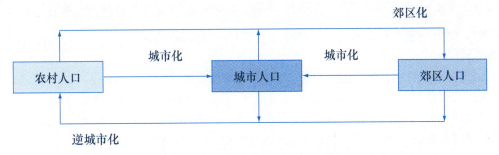

图 1-7 国家现代化过程中人口的城乡互动(双向流动和动态平衡)

注:如果把郊区看成是城市的一个组成部分,那么,农村人口向郊区迁移是一种城市化,同时也是一种郊区化。有些学者认为,城市人口向郊区迁移,也是逆城市化的一种表现形式。

(5) 城市现代化与农村现代化

一般而言,城市现代化与农村现代化是交叉的。主要原因有两个。

其一,城市和农村是国家的组成部分,而国家是一个有机整体,特别是政治领域等。

其二,农村现代化受城市现代化的影响很大;在一定程度上,农村现代化是现代城市文明向农村的扩散,当然农村现代化也有自己的特点。

(6) 城市现代化与地区现代化

一个地区,如果包括城市和农村,那么,地区现代化包括城市现代化和农村现代化。

如果把城市定义为一个行政区域,那么,城市现代化属于一种行政地区的地区现代化。《中国现代化报告2004:地区现代化之路》对此进行了系统研究。

如果把城市定义为具有一定规模和人口密度的非农业人口的聚居地(地理城市),城市现代化属于一种"地理单元"的地区现代化,属于真正意义的城市现代化。

城市现代化研究,应该聚焦真正意义的城市现代化。否则,就与地区现代化研究重复。

(7) 城市现代化与国家现代化

首先,从人口角度看,城市现代化与国家现代化紧密相关。

- 国家人口＝国家的城市人口＋国家的农村人口。
- 国家现代化＝国家的城市现代化＋国家的农村现代化。
- 国家的城市现代化＝国家现代化－国家的农村现代化。
- 国家的农村现代化＝农业现代化＋农民现代化＋农村的"城市化改造"等。
- 在国家现代化过程中,城市人口比例逐步上升,先后超过50%和达到80%左右;农村人口比例下降;农业比例和农民比例下降,先后到10%和2%左右。在一定程度上,农业和农民现代化都与城市现代化有关,农村现代化是现代城市文明(城市现代化)的一种扩散。从人口比例和重要性角度看,城市现代化是国家现代化的主体部分,是地区现代化的主体部分。

其次,从内容角度看,城市现代化与国家现代化高度交叉。

- 一般而言,国家、城市和农村的现代化,都包括经济等六个领域的现代化。
- 国家现代化:国家的经济、社会、政治、文化、环境和国民的现代化。
- 城市现代化:城市的经济、社会、政治、文化、环境和城市居民的现代化。
- 农村现代化:农村的经济、社会、政治、文化、环境和农村居民的现代化。
- 城市现代化与国家现代化,在经济等六个领域,有很大的共性。《中国现代化报告2011:现代化科学概论》等已经讨论了经济、社会、政治、文化、环境和个人六个领域的现代化。

城市现代化研究,需要关注城市的本身特点。否则,就会发生重复。

2. 城市现代化的研究对象

显而易见,城市现代化现象,是城市现代化研究的研究对象。

城市现代化现象是 18 世纪以来的一个客观的历史现象,包括城市变迁和城市国际竞争等;但并非所有的城市变迁和城市国际竞争都属于城市现代化。一般而言,城市现代化研究重点关注 18 世纪以来城市变迁的世界前沿、达到前沿的过程、国际竞争和国际分化(图 1-8)。

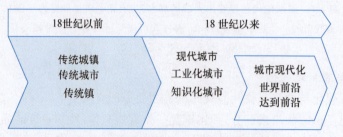

图 1-8 城市现代化的研究对象(示意图)

具体而言,城市现代化的研究对象是城市和城市系统的现代化,包括城市整体(分阶段和分层次)的现代化、城市分领域的现代化、城市与现代化的互动等(图 1-2)。

3. 城市现代化的研究内容

城市现代化现象是一种复杂的世界现象,可以和需要从不同角度进行研究。根据研究的目的和性质的不同,可以对城市现代化研究的研究内容进行分类(表 1-7)。

表 1-7 城市现代化研究的研究内容的分类

分类的依据	研究内容的描述
概念研究	现代城市的世界前沿的形成、发展、转型、国际互动等 现代城市要素的创新、选择、传播、退出等
分领域研究	六个领域:城市经济、社会、政治、文化、环境和居民的现代化
分系统研究	六个系统:功能和形态、建筑和住房、基础设施、公共服务、公共管理、国际联系的现代化
过程和行为研究	四个方面:城市现代化的过程、结果(阶段性)、动力、模式 四个要素:城市生活、结构、制度、观念的现代化 相互作用:城市不同领域、不同要素的相互作用等
结果研究	四种结果:城市的现代性、特色性、多样性、副作用 四种分布:城市的地理结构、国际结构(水平结构和国家分层)、人口结构、系统结构等
问题研究	理论问题:城市的世界前沿、长期趋势、文明转型、国际分化等 应用问题:城市的国际竞争、国际经验、国际追赶、前沿创新等
研究性质	基础研究:城市的世界前沿和前沿变化的特征和规律,城市发达的科学原理等 应用研究:城市达到和保持世界前沿的方法和途径,城市发达的基本方法等 开发研究:城市现代化的战略、规划和政策等

注:分领域研究,既是研究对象,又是研究内容。

4. 城市现代化研究的研究矩阵

首先,研究范围与研究单元的研究矩阵。一般而言,城市现代化的实证研究,需要明确研究范围和研究单元,它们可以组成一个研究矩阵(表 1-2)。

其次,研究对象与研究内容的研究矩阵(表1-8)。城市现代化的研究对象是城市和城市系统的现代化,包括城市六个领域的现代化等;研究内容包括城市现代化的四个方面,包括城市四个要素和六个系统的现代化等。它们可以组成不同的研究矩阵。

表1-8 城市现代化研究的结构矩阵

研究内容		研究对象		
		城市和城市系统	城市的经济、社会、政治、文化、环境和居民	其 他
		城市现代化	城市六个领域的现代化	外部环境等
四个方面	过程结果动力模式	城市现代化的过程、结果、动力和模式	城市六个领域的现代化的过程、结果、动力和模式	城市现代化的外部环境、相互作用、时空分布等
四个要素	生活结构制度观念	城市生活、城市结构、城市制度和城市观念的现代化	城市六个领域的生活、结构、制度和观念的现代化	—
六个系统	功能建筑设施服务管理联系	城市功能和形态、建筑和住房、基础设施、公共服务、公共管理、国际联系的现代化	城市六个领域的功能、建筑、基础设施、公共服务、公共管理、国际联系的现代化	—

注:其他矩阵:四个方面与四个要素的矩阵,四个方面与六个系统的矩阵,四个要素与六个系统的矩阵等。城市现代化的研究对象还包括分阶段和分层次的城市现代化等。城市现代化的研究内容还有许多,例如,城市现代化的前沿分析、趋势分析、前沿过程分析、追赶过程分析、国际竞争分析、国际城市差距分析、城市现代化要素和不同领域之间的相互作用、城市现代化与现代化的关系等。

二、城市现代化研究的一般方法

城市现代化研究是现代化研究的一个组成部分,可以沿用现代化研究的研究方法。

1. 城市现代化研究的方法论

城市现代化研究,大致有五种研究视角和方法论。

首先,从科学角度研究城市现代化,可以采用实证主义的研究方法,揭示城市现代化的客观事实和基本规律,建立客观的和没有偏见的因果模型。

其次,从人文角度研究城市现代化,可以采用阐释主义的研究方法,描述城市现代化的意义和关联,建构城市现代化现象的话语和理念。

其三,从政策角度研究城市现代化,可以采用现实主义的研究方法,归纳城市现代化现象的因果关系和价值导向,提出城市现代化的解释模型和政策建议。

在现代化科学里,实证研究、阐释研究和实用研究的区分是相对的,有些时候会交替采用三种方法论,有些时候会同时采用三种方法论。一般而言,实证研究提供现代化现象的事实和原理,阐释研究提供现代化现象的意义和关联,实用研究提供现代化现象的选择和建议。

其四,从未来学角度研究城市现代化,分析城市现代化的趋势,预测它的未来。

其五,从批判角度研究城市现代化,分析和批判城市现代化的现行理论、实践和失误,提出改进的对策和建议等。

2. 城市现代化研究的主要方法

城市现代化研究是一种交叉研究,自然科学和社会科学的诸多研究方法,都可以作为它的研究方法。例如,观察、调查、模拟、假设、心理分析、统计分析、定量分析、定性分析、模型方法、理论分析、比较分析、历史分析、文献分析、过程分析、情景分析和案例研究等。

(1) 城市现代化现象的前沿分析

前沿分析包括城市现代化的世界前沿的识别、比较和变化分析等。通过分析世界前沿的特征、水平和变化等,研究城市前沿的变化规律和城市发达的基本原理。

(2) 城市现代化现象的过程分析

过程分析包括城市现代化过程的类型、阶段、特点、内容、原理、动力、路径和模式分析等(图1-9)。城市现代化过程的阶段分析,旨在识别和描述它的主要阶段和阶段特征等,分析方法包括定性和定量分析等。它的阶段划分,应该与经济现代化过程的阶段划分相协调。

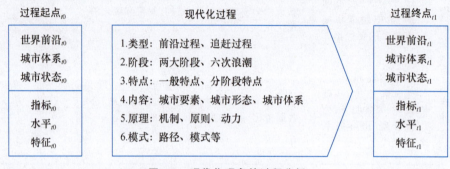

图1-9 现代化现象的过程分析

注:文明要素包括文明的行为、结构、制度和观念等。

城市现代化过程的结果分析。过程的结果与它的时间跨度紧密相关,与起点截面和终点截面(或分析截面)紧密相关。在不同历史截面,城市现代化的世界前沿、城市体系和城市状态有所不同,它的指标、水平和特征有所不同;通过两个截面的宏观和微观层次的比较,可以分析在两个截面之间的城市现代化的主要结果。截面比较包括定量和定性比较等。一般而言,城市现代化过程的结果是时间的函数,城市现代性是时间的函数。

在起点截面a和终点截面b之间,城市现代化进程的结果=截面b-截面a。

简化的数学表达式:$f_{b-a} = f_b - f_a$

其中,f为城市现代化状态函数,f_{b-a}为状态变化,f_b为截面b的状态,f_a为截面a的状态。

(3) 城市现代化现象的案例分析

世界城市数量庞大,城市规模千差万别。案例研究可以加深对城市现代化的认识,总结城市现代化的模式和经验,提供国际借鉴和参考。

三、城市现代化研究的坐标分析法

现代化研究的坐标分析方法是现代化科学的一种常用方法,它主要包括三个步骤和六个部分(表1-9)。其主要特点是:时序分析与截面分析相结合,定量分析与定性分析相结合,分析方法和结果表达的模型化、图形化、数量化、系统性、实证性和科学性等。三个步骤和六个部分相互关联和相互支持,形成现代化的连续的、系列的时间坐标图和截面分布图,从而相对直观和系统地刻画现代化的进程和分布。这种方法可应用于城市现代化研究。

表1-9　现代化研究的坐标分析方法

序号	主要步骤	六个部分	注　释
1	建立坐标系	现代化的坐标体系	确定坐标系的横坐标和纵坐标
2	变量分析	范式分析、定量评价、时序分析和截面分析	分析现代化的各种变量
3	表达结果	现代化的坐标图和路径图	将分析结果标记到坐标系上

1. 建立城市现代化的坐标体系

城市现代化的坐标体系是坐标分析的核心内容,包括城市变迁和城市现代化的时间表、周期表、坐标系和路线图等。城市变迁和城市现代化的坐标系由横坐标和纵坐标组成。横坐标可以是历史时间、文明时间等,纵坐标可以是城市现代化水平、城市现代化指标水平等。文明时间是根据人类文明的"前沿轨迹"所标识的一种时间刻度(表1-10)。

表1-10　文明时间与历史时间的对照表

文明时间	历史时间(大致时间)	文明时间	历史时间(大致时间)
原始文化时代	250万年前～公元前3500年	工业文明时代	1763～1970年
起步期	250万年前～20万年前	起步期	1763～1870年
发展期	20万年前～4万年前	发展期	1870～1913年
成熟期	4万年前～1万年前	成熟期	1914～1945年
过渡期	1万年前～公元前3500年	过渡期	1945～1970年
农业文明时代	公元前3500年～公元1763年	知识文明时代	1970～2100年
起步期	公元前3500年～公元前500年	起步期	1970～1992年
发展期	公元前500年～公元618年	发展期	1992～2020年
成熟期	公元618年～1500年	成熟期	2020～2050年
过渡期	1500年～1763年	过渡期	2050～约2100年

注:历史时间指自然的物理时间,文明时间指根据人类文明的"前沿轨迹"所标识的一种时间刻度。

在世界上,不同国家都采用统一的历史时间;但是,在同一历史时间,不同国家可能处于不同的文明时间。历史时间好比人的生物年龄,文明时间好比人的生理年龄。对于走在人类文明前列的国家,文明时间可能与历史时间是一致的;对于后进国家,文明时间与历史时间是不一致的。例如,2000年,美国处于知识文明时代,一些非洲国家处于农业文明时代。

如果将城市现代化进程评价、时序分析、截面分析、范式分析和一般过程分析的结果,标记在城市现代化的坐标系里,就可以构成城市现代化的坐标图、路线图等。城市现代化的坐标图和路线图,既有基本图,也有分阶段、分层次、分部门、分专题和分指标的分解图,它们组成一个城市现代化的坐标图和路线图的系统,全方位地表征城市现代化的进程和分布。

2. 城市现代化的坐标分析的四种方法

(1) 城市现代化研究的范式分析

一般而言,城市现代化研究不仅要有单要素分析,而且要有整体分析。不能只见树木不见森林。城市现代化研究的整体分析,就是分析它的整体变化。那么,如何分析城市现代化的整体变化呢?目前没有通用方法。现代化研究,借鉴科学哲学的"范式"概念,分析现代化的"范式"变化,建立现代化研究的范式分析。城市现代化研究也可以采用范式分析。

美国科学哲学家库恩在《科学革命的结构》一书中提出了"范式"的概念,认为成熟科学的发展模式是"科学范式Ⅰ——科学革命——科学范式Ⅱ"。简单地说,科学范式指科学共同体公认的范例,包括定理、理论和应用等。在科学发展史上,一种科学范式代表一种常规科学(成熟的科学),从一种科学范式向另一种科学范式的转变就是科学革命。在科学哲学领域,尽管还存在争议,范式和科学革命被认为是解释科学进步的一种有力理论。

借鉴库恩的"范式"思想,可以把与经济、社会、政治、文化、环境管理和个人行为的典型特征紧密相关的"文明类型"理解为一种"文明范式"(表1-11)。依据这种假设,文明发展可以表述为"文明范式Ⅰ——文明转型——文明范式Ⅱ",或者"文明类型Ⅰ——文明转型——文明类型Ⅱ"。这样,可以抽象地认为,文明发展表现为文明范式的演变和交替,现代化表现为现代文明范式的形成和转变。反过来说,可以用文明范式和范式转变为分析框架,讨论文明特征和现代化特征的定性变化。

表1-11 人类历史上的文明范式及其代表性特征

项目	原始文化	农业文明	工业文明	知识文明
大致时间	人类诞生~ 公元前3500年	公元前3500年~ 公元1763年	公元1763年~ 1970年	1970年~ 约2100年
经济特征	狩猎采集	农业经济	工业经济	知识经济
社会特征	原始社会	农业社会	工业社会	知识社会
政治特征	原始民主	专制政治	民主政治	民主政治、绿色政治
文化特征	原始文化	农业文化	工业文化	网络文化
个人特征	部落生活方式	农村生活方式为主	城市生活方式为主	物理和网络生活方式
环境特征	自然崇拜 部落互动	适应自然 国际关系等	征服自然 国际战争等	人与自然互利共生 国际依赖等

注:本表的四种文明范式分类,是文明范式分类的一种分类方式。

城市现代化研究的范式分析,可以参考现代化研究的文明范式分析。依据城市生产力水平和结构进行分类,人类城市主要有四种基本类型:原始城市、传统城市、初级现代城市和高级现代城市(1-12)。它们既是城市变迁的不同历史阶段的形态,又同时存在于现今世界;其中,关于原始城市,我们看到的是它们的遗址。

表1-12 人类历史上的城市范式及其代表性特征(举例)

项目	原始城市	传统城市	初级现代城市 (工业化城市)	高级现代城市 (知识化城市)
大致时间	公元前8000年~ 公元前3500年	公元前3500年~ 公元1763年	公元1763年~ 1970年	1970年~ 约2100年
城市功能	防卫、贸易等	政治、军事、贸易、生产、文化等	经济、政治、文化等,共性功能、特殊功能	服务、文化、经济、政治等,共性功能、特殊功能
城市围墙	一般有,土墙	一般有,石墙	一般无,开放的	开放的
城市建筑	原始建筑、土木、石块	传统建筑、石木、砖瓦、铜铁	现代建筑、高层建筑、标准化、电气化、混凝土	多元建筑、绿色化、智能化、信息化、宜居、无障碍
基础设施	广场、圣祠、集市、仓库、防卫设施等	广场、寺庙、市场、仓库、防卫设施等	广场、交通、能源、水电、卫生、电讯、公园等	广场、交通、能源、水电、卫生、环境、通信、公园等

(续表)

项　目	原始城市	传统城市	初级现代城市（工业化城市）	高级现代城市（知识化城市）
公共服务	防卫、宗教等	防卫、治安、宗教、娱乐等	教育、卫生、邮电、文化、治安、社会福利等	教育、卫生、信息、文化、治安、社会福利等
公共管理	"城主统治"	封建统治、税收管理等	民主管理、城市规划、土地管理、预算管理等	民主治理、城市规划、市政管理、应急管理等
国际联系	无	比较少、贸易、移民	比较多、投资、移民等	国际化、网络化、全面联系
城市政治	原始政治	专制政治	民主政治、法制化	民主政治、绿色政治
城市经济	原始经济	手工业和商业	工业、服务业	知识产业、工业、服务业
城市社会	原始社会	封建社会、家族社会	公民社会、工业社会	公民社会、网络社会
城市文化	原始文化	传统文化	大众文化、工业文化	网络文化、绿色文化
城市环境	自然环境	自然环境、生活污染	生活污染、工业污染	环境友好、废物处理
城市居民	原始人、原始生活	传统人、传统生活	现代人、理性人、城市生活机械化、电气化等	知识人、自由人、城市生活网络化、国际化等

注：本表城市范式分类是一种分类方式，反映城市变迁的世界前沿轨迹。现代建筑是达到国家或地区建筑标准、具有供水、供电和卫生设施等的建筑。有些城市包含都市农业，但所占比例一般比较小。

资料来源：芒福德，2005；诺克斯、迈克卡西，2009；莫里斯，2011.

一般而言，城市变迁是不同步的，城市内部发展也是不平衡的。当某个城市进入某种基本城市形态时，它的内部可以存在一些生产力水平比基本城市形态的生产力水平更低或者更高的城市形态；它们的规模相对较小，可以统称为亚城市形态。城市的基本形态和亚城市形态是相对的，不是绝对的，可以相互转换。

(2) 城市现代化研究的定量评价

城市现代化是一种城市变化，包括定性变化和定量变化。其中，定量变化可以定量评价。例如，《中国现代化报告》提出了一批现代化过程的定量评价模型，包括第一次现代化、第二次现代化、综合现代化、地区现代化、经济现代化、社会现代化、文化生活现代化、生态现代化和国际现代化等的评价方法。城市现代化的定量评价，已经有不少的研究文献。

(3) 城市现代化研究的时序分析

城市现代化研究的时序分析是现代化坐标分析的重要内容。它旨在通过分析比较城市现代化的时间序列数据、特征、资料和变化，揭示城市现代化的长期趋势及其变化规律。时序分析主要用于城市现代化的历史进程研究，可以作为一种趋势分析。

首先，选择分析指标。一般选择关键指标进行分析。可以从三个方面选择：城市现代化的综合指标，城市生活、结构、制度和观念现代化，城市建筑、设施、服务和管理现代化等。生活和结构指标，多数是定量指标；制度和观念指标，多数是定性指标。

其次，选择分析的国家样本。目前，世界上有190多个国家。如果条件许可，可以对每一个国家进行时序分析。或者根据研究目的，可以选择若干国家进行时序分析。

其三，选择分析的时间范围。一般的时间跨度约为300年（1700年至今）。

其四，采集和建立分析指标的时序数据和资料。一般而言，定量指标采用权威部门的统计数据或著名学术机构的相关数据；定性指标应采用比较科学客观的研究资料。

其五，系统分析现代化的定量指标的变化和长期趋势等。

其六，系统分析现代化的定性指标的长期趋势和特征等。

(4) 城市现代化研究的截面分析

城市现代化研究的截面分析是现代化坐标分析的重要内容。它旨在通过分析比较城市现代化的不同时间截面的数据、特征、资料和变化,揭示或阐释城市现代化的结构特征及其规律等。截面分析主要用于城市现代化的现状研究和历史进程研究。

首先,选择分析变量。同时序分析一样,从三个方面选择关键指标进行分析。

其次,选择分析国家和国家分组。世界范围的城市现代化研究的截面分析,可以包括全部国家(有数据的国家)。为便于表述截面特征,可以对国家进行分组,并计算每组国家的特征值。除按国家经济水平分组外,还可以按国家现代化水平和城市现代化水平分组。

其三,选择分析截面。可以根据研究目的和需要选择截面。

其四,采集和建立分析指标的截面数据和资料。一般而言,定量指标采用权威部门的统计数据或著名学术机构的相关数据;定性指标应采用比较科学客观的研究资料。

其五,定量分析需要计算每组国家某个变量的"特征值"。计算方法大致有三种:"中值法"、"平均值法"和"回归分析法"。《中国现代化报告》采用第二种方法——算术平均值法。

其六,单个截面的系统分析。主要分析截面的结构特征、水平特征和性质特征,包括国家经济水平与现代化变量的截面"特征关系"和统计关系,制度和观念的截面特征等。关于截面特征的分析,可以是定性、定量或综合分析。

其七,多个截面的比较分析。两个或多个截面之间的比较,包括结构比较、水平比较、特征比较和性质比较等,还可以计算分析指标的变化速率等。

3. 城市现代化的坐标分析的分析变量

(1) 选择分析变量的原则

由于城市现代化的研究对象非常复杂,一项研究不可能对它的所有方面和全部过程进行分析。比较合理和有效的方法是选择有限的关键变量进行分析。分析变量的选择,需要考虑三个因素:具有学术或政策意义,便于国际比较和分析,可以获得连续数据或资料。

选择分析变量,还需要考虑研究对象的共性和差别。

首先,城市规模大小不一(表1-13)。中小城市和大城市之间,既有共性,也有很多差别。一般而言,共性指标和个性指标都很重要。但是,关于小城市的研究,没有必要面面俱到。

表1-13 2010年世界和中国的城市体系结构

项目	小型城市	中型城市	大型城市	特大城市	超大城市
人口规模	少于50万	50万~100万	100万~500万	500万~1000万	超过1000万
不同类型城市的城市数量/个					
世界	—	513	388	38	23
中国	—	141	80	10	4
不同类型城市的城市人口占全部城市人口的比例/(%)					
世界	51	10	21	7	10
中国	44	15	23	10	8

注:加和不等于100,是因为四舍五入的原因。后同。
资料来源:United Nations, 2012.

其次,关于小城市和单个城市的现代化研究,需要特别重视直观指标,如城市的建筑和住房、基础设施、公共管理、公共服务和城市功能等,它们是人们日常看得见的指标。

其三,关于大中城市以及某个地区、国家和世界范围的城市现代化研究,既要分析直观指标,更要关注统计指标,如城市的经济、社会、政治、文化、环境和居民等。

(2) 分析变量的性质

城市现代化研究的分析变量,包括定量和定性指标、共性和个性指标。

- 定量指标是可以定量分析的指标,包括综合指标、总量指标、人均指标、结构指标、效率指标、增长率指标、前沿指标、平均指标、末尾指标和差距指标等。定量指标多数可以通过统计资料获得数据;没有统计数据的定量指标(新现象),需要专题研究或城市调查。
- 定性指标是可以定性分析的指标。一般而言,制度和观念变化是定性指标,可以定性分析,缺少统计数据。有些时候,定性指标可以通过城市调查,转换成相应的定量指标。
- 共性指标是反映城市现代化的共性、普遍特征和要求的指标,如城市劳动生产率和城市居民人均收入等,多数为定量指标。
- 个性指标是反映城市现代化的个性、特殊性和多样性的指标,多数为定性指标,如城市补贴制度等;部分为定量指标,如城市人均资源等。

一般而言,人均指标、结构指标、效率指标和共性指标,可以用于城市现代化的定量评价;总量指标、增长率指标、定性指标和个性指标,可以用于城市现代化的特征分析。

(3) 分析变量的类型

根据长期趋势和变化特点的不同,分析变量大致分为 8 种类型。

① 上升变量:有些变量随时间而上升,其数值会发生短期波动。
② 下降变量:有些变量随时间而下降,其数值会发生短期波动。
③ 转折变量:有些变量经历上升和下降(或者下降和上升)两个阶段。
④ 波动变量:有些变量长期在一定范围内波动,趋势很平缓。
⑤ 随机变量:有些变量的变化是随机的。
⑥ 地域变量:有些变量的变化趋势存在明显的地域差异和多种形式,没有统一趋势。
⑦ 稳定变量:有些变量的变化幅度非常小,或几乎没有明显变化,如土地资源等。
⑧ 饱和变量:在上升或下降变量中,有些变量的数值已经饱和或接近饱和,数值不再发生变化或变化不大。例如,许多城市的小学普及率已经达到 100%。

一般而言,上升和下降变量可以用于现代化评价,转折变量和波动变量用于政策分析。

2004 年联合国人类住区规划署(简称人居署)发表了《城市指标指南》(UN-HABITAT,2004),提出了五个方面的城市指标:住房、社会发展和消除贫困、环境管理、经济发展和政府治理,包括 20 个关键指标、9 个定性指标和 13 个扩展指标。这些指标分为城市层次的城市指标、国家层次的城市指标、国家的相关指标。城市层次的城市指标:适用于单个城市的指标,如城市的房价收入比;国家层次的城市指标:适用于国家的城市化区域(包括单个城市)的指标,如安全饮水普及率;国家的相关指标:与城市相关的指标,如房产权、房地产金融政策等。

世界银行的《世界发展指标》、联合国的《人居统计数据》和《联合国人居署城市数据》包括 800 多个指标,其中许多指标适用于城市。根据指标代表性和数据可获得性,结合中国国情,本报告选择 12 组 146 个指标,作为城市现代化研究的分析变量(表 1-14,附表 1-1-2)。这些指标分别与城市生活、城市结构、城市制度和城市观念等有比较紧密的关系。关于城市层次和国家层次的指标分类和指标分组,是相对的,有部分交叉。

表 1-14 城市现代化研究的分析变量

性质	指标分组	数量	指标举例
城市层次的城市指标（主要适用于单个城市的指标）	功能和形态	8	城市功能、城市形态、城市现代化指数、城市人类发展指数、城市生活质量指数、城市宜居指数、城市创新能力指数、城市竞争力指数
	建筑和住房	12	城区建筑密度、城区平均容积率、城市最高建筑、城市建筑质量、城市街道景观、人均城市建筑面积、人均公共建筑面积、人均绿地面积、人均住房建筑面积、人均住房房间数、住房拥挤比例、城市房价收入比
	基础设施	13	人均城市道路面积、轿车普及率、电力普及率、燃气普及率、城市排水系统、安全饮水普及率、公共教育基础设施、卫生设施普及率、每千人医院病床数、公共文化设施、电话普及率、电视普及率、互联网普及率
	公共服务	15	公共交通服务、人均电力消费、人均能源消费、人均生活用水、有机食品比例、公共教育费比例、公共教育费占政府支出比例、公共卫生费比例、公费医疗比例、医生比例、护士比例、社区医疗服务、移动电话普及率、信息消费比例、科技投入比例
	公共管理	12	城市人口、城市人口增长率、城区人口密度、公共管理质量、城市规划质量、企业注册所需时间、获得许可证所需时间、平均上班路途时间、城市交通堵塞、妇女就业比例、城市职工平均工资、城市最低工资比例
	国际联系	13	人均国际贸易、国际贸易比例、人均文化贸易、人均外国投资、外国投资比例、出境旅游比例、入境旅游比例、外籍人口比例、人均国际通话、国际会议、跨国公司、国际组织、国际友好城市
国家层次的城市指标（适用于国家的城市化区域的指标）	城市经济	16	人均GDP、人均GDP增长率、劳动生产率、人均国民收入、人均可支配收入、人均购买力、农业增加值比例、工业增加值比例、服务业增加值比例、制造业增加值比例、农业劳动力比例、工业劳动力比例、服务业劳动力比例、高技术出口比例、企业管理水平、新企业比例
	城市社会	16	城市人口比例、百万级城市人口比例、最大城市人口比例、郊区人口比例、家庭平均规模、小学入学率、中学入学率、大学入学率、失业率、不稳定就业比例、基尼系数、城市贫困人口比例、医疗保险覆盖率、养老保险覆盖率、城市犯罪率、城市自杀率
	城市政治	9	民主化程度、选举投票比例、社会组织化、政府雇员比例、政府收入比例、政府支出比例、政府消费比例、政府债务比例、转移支付比例
	城市文化（科技）	11	成人识字率、城市文化遗产保护、城市文化产业比例、研究人员比例、科技论文比例、发明专利比例、信教人口比例、妇女避孕率、离婚率、家庭消费比例、文化消费比例
	城市环境	11	城市灾害防治、建成区绿化率、城市空气质量、人均城市废物、CO_2排放密度、有机废水排放密度、能源消费密度、废纸循环利用率、生活废水处理率、固体废物处理率、家庭废物收集比例
	城市居民（人口）	10	平均预期寿命、老龄人口比例、劳动力文化素质、艾滋病感染率、总和生育率、童工比例、婴儿死亡率、儿童死亡率、儿童肥胖率、恩格尔系数

注：指标分类和分组是相对的。例如，住房指标与公共服务和公共管理都有关，教育指标与公共服务、公共管理和城市社会都有关，环境指标与公共管理和公共服务有关等，每个指标只出现一次。功能和形态是综合指标，其他综合指标（合成指标），如城市人类发展指数、生活质量指数和竞争力指数等，也归入这组。

第二节 世界城市现代化的时序分析

世界城市现代化的时序分析,是对其全过程的时间序列数据和相关资料进行分析,试图归纳城市现代化的客观事实和基本特征,时间跨度约为 300 年(1700~2010 年)。本节重点讨论三个内容:世界城市现代化的四个要素、六个领域和六个系统的时序分析(图 1-10)。事实上,它们是城市现代化研究的三个不同分析角度,它们的内容既高度交叉,又相互影响。有些城市发展指标,缺少城市层次统计数据,采用国家层次数据代替,会产生一定的系统误差。

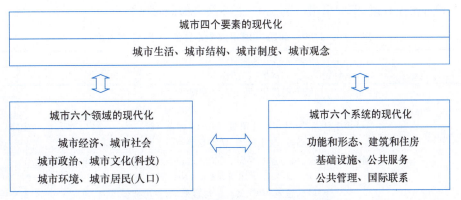

图 1-10 城市现代化研究的一种分析框架

注:城市四个要素、六个领域和六个系统的现代化,是城市现代化研究的三个分析角度。在一定程度上,① 城市四个要素现代化是六个领域和六个系统现代化的一种概括性表述;② 六个领域和六个系统现代化是四个要素现代化的具体化;③ 六个领域与六个系统的内容既高度交叉,又相互作用。例如,城市生活包括城市的经济、社会、政治和文化生活等,涉及城市住房、基础设施、公共服务和公共管理等;城市社会与城市公共服务和公共管理等有交叉,城市环境与城市基础设施、公共服务和公共管理等有交叉等。

关于城市四个要素现代化和六个领域现代化的时序和截面分析,可以分别参考之前出版的《中国现代化报告》和相关文献的有关内容。例如,关于城市经济生活、经济结构、经济制度、经济观念和经济特征的时序和截面分析,可参考《中国现代化报告 2005:经济现代化研究》的相关分析;关于城市社会生活、社会结构、社会制度、社会观念和社会特征的时序和截面分析,可参考《中国现代化报告 2006:社会现代化研究》的有关内容;关于城市政治生活、政治结构、政治制度、政治观念和政治特征的时序和截面分析,可参考《中国现代化报告 2010:世界现代化概览》和《现代化科学:国家发达的科学原理》的相关内容;关于城市文化生活、文化结构、文化制度、文化观念和文化特征的时序和截面分析,可参考《中国现代化报告 2009:文化现代化研究》的有关内容;关于城市环境行为、环境结构、环境制度、环境观念和环境特征的时序和截面分析,可参考《中国现代化报告 2007:生态现代化研究》的有关内容;关于城市国际行为、国际关系结构、国际制度、国际观念和国际关系特征的变迁,可参考《中国现代化报告 2008:国际现代化研究》的相关内容等。

世界城市现代化的时序分析,鉴别城市变量的发展趋势和基本性质(表 1-15)也是重要内容。根据性质不同,城市变量大致分为:水平变量、特征变量、交叉变量、状态变量和阶段变量等。水平变量反映城市"发展水平",具有很好的国际和历史可比性。特征变量反映城市特点,不反映城市"发展水

表 1-15 城市变量的性质和分类

变量分类	变量的特点	变量的举例
水平变量	反映"发展水平",不反映城市特色。国际可比性好,历史可比性好	城市劳动生产率、城市居民人均收入等
特征变量	不反映"发展水平",反映城市特色。历史可比性好	城市人口密度、建成区绿化率等
交叉变量	与"发展水平"和城市特色都有关。历史可比性好	工业增加值比例、制造业增加值比例等
状态变量	与"发展水平"无关,与"发展状态"有关。具有一定历史和国际可比性	失业率、GDP 增长率等
阶段变量	与"发展水平"和"发展阶段"都有关。具有一定历史和国际可比性	基尼系数、能源消费密度等

平"。交叉变量同时与城市的发展水平和特点都有关。状态变量与"发展水平"无关,与"发展状态"有关。阶段变量与"发展水平"和"发展阶段"都有关。

一、世界城市六个系统的时序分析

世界城市六个系统的时序分析,更多具有"微观分析"的特点,是城市层次的城市现代化研究的一个重点。它关注城市现代化的"直观印象"或"亲身体验"。这里选择城市层次的73个指标进行分析(表1-16)。根据联合国城市化数据(United Nations,2012),2010年世界大中城市约有962个(人口超过50万的城市),小城市估计约有12万多个(人口少于50万的城市)(表1-17)。由于城市数量庞大、城市数据和可比性有限,下面采用举例说明,而不是全面的时序分析。

表1-16 1700~2010年城市六个系统的变迁(城市层次)

方面	城市发展指标				长期趋势和特点
	18世纪	19世纪	1900~1970年	1970~2010年	
功能和形态(综合指标)			城市现代化、城市人的发展		上升,城市差异
				城市创新能力	上升,城市差异
			城市生活条件、城市生活质量(18~19世纪下降)		先降后升,城市差异
			城市功能、城市形态、城市竞争力		城市差异
建筑和住房			城市最高建筑、城市建筑质量、人均城市建筑面积、人均公共建筑面积、人均住房建筑面积、人均住房房间数		上升,城市差异
			城区建筑密度、城区平均容积率、住房拥挤比例		先升后降,城市差异
			城市街道景观、人均绿地面积、城市房价收入比		城市差异
基础设施			安全饮水普及率、卫生设施普及率、电力普及率、电话普及率		上升,城市差异
			轿车普及率、燃气普及率、城市排水系统、每千人医院病床数、公共教育基础设施、公共文化设施、电视普及率		上升,波动,城市差异
				互联网普及率	上升,城市差异
			人均城市道路面积		城市差异
公共服务			公共交通服务、人均电力消费、人均能源消费、人均生活用水、公共教育费比例、公共教育费占政府支出比例、公共卫生费比例、公费医疗比例、医生比例、护士比例		上升,城市差异
				社区医疗服务、科技投入比例	上升,城市差异
				移动电话普及率、信息消费比例、有机食品比例	上升,城市差异
公共管理			城市人口(有些城市先升后降)、城市职工平均工资、城市最低工资比例		上升,城市差异
			公共管理质量、城市规划质量、平均上班路途时间、城市交通堵塞(有些城市先升后降)、妇女就业比例		上升,城市差异
			城区人口密度		先升后降,城市差异
				企业注册所需时间、获得许可证所需时间	下降,城市差异
			城市人口增长率		波动,城市差异
国际联系			人均国际贸易		上升,城市差异
				外籍人口比例、人均外国投资、人均文化贸易、人均国际通话、出境旅游比例、入境旅游比例、跨国公司、国际会议、国际组织	上升,城市差异
			国际贸易比例、外国投资比例、国际友好城市		城市差异

注:城市六个系统现代化可在多个层次(表1-2)上讨论。这里在城市层次上讨论,以城市为单元。指标分组是相对的,有些指标是交叉的,每个指标只出现一次。有些指标既反映基础设施,也反映公共服务,如工程性基础设施(交通设施、能源设施、给排水设施、信息设施、环境设施和防灾设施等)和社会性基础设施(卫生设施、教育设施、文化设施、商业设施、金融设施、体育设施、旅游设施、社会福利设施和市政设施等)。

表 1-17 2010 年世界城市数量的一种估计

项目	城市的数量和结构		人口 50 万以下城市:城市数量的估计(按美国经验值估算)					
城市人口规模	50 万以上	50 万以下	50 万以下	25 万~50 万	10 万~25 万	5 万~10 万	1 万~5 万	0.2 万~1 万
城市人口/千	1 732 264	1 826 313	1 826 313	219 158	292 210	273 947	584 420	456 578
城市人口比例/(%)	48.7	51.3	51.3	6.2	8.2	7.7	16.4	12.8
城市数量/个	962	—	127 130	731	1948	3914	29 221	91 316

注:城市人口少于 50 万的城市人口分布,参照美国五级城市 1920 年、1960 年和 1990 年三年平均数估算,五级城市人口比例分别约为 12%、16%、15%、32% 和 25%(Kim,2000);五级城市人口平均数分别按 30 万、15 万、7 万、2 万和 0.5 万进行估算。数值差异为计算中四舍五入的结果。

1. 城市功能和形态(综合指标)的时序分析

城市功能和形态是反映城市变迁的一种综合指标。其他综合指标还有很多,例如各种合成指标(城市生活质量和竞争力等),反映城市某个方面发展。这里选择 8 个指标进行讨论。

(1) 城市功能和形态(综合指标)的变化趋势

变化趋势:4 个指标属于上升变量,2 个属于转折变量,2 个属于波动变量(表 1-18)。

指标性质:5 个指标属于水平变量,3 个指标属于交叉变量(表 1-18)。关于城市现代化、城市人类发展指数、城市生活质量、城市竞争力和城市创新能力,已有很多文献。不同城市的发展水平和城市特色是不同的,提高发展水平、生活质量和竞争力是共性问题。

表 1-18 城市综合指标的变化趋势

变量性质	上升变量	转折变量	波动变量
水平变量	城市现代化、城市人的发展、城市创新能力	城市生活条件、城市生活质量	
交叉变量	城市功能		城市形态、城市竞争力

(2) 城市功能和城市形态(综合指标)变化的特点

首先,城市功能的变迁(表 1-19)。关于城市功能没有统一定义。一般而言,城市功能指城市在人类事务中发挥的主要作用,包括在经济、社会、政治、文化和生态等方面所发挥的作用。城市功能可以大致分为共性功能和特殊功能,前者反映城市共性,后者反映城市特色。

表 1-19 城市功能的变迁

功能		农业社会的城市	工业社会的城市	知识社会的城市
共性功能	功能结构	政治功能和贸易功能为主 生产功能和文化功能为辅	经济功能和社会功能为主 政治功能和文化功能并存	服务功能和文化功能为主 政治功能和生态功能并存
	影响因素	地理位置、自然条件	资源、分工、集聚	创新、信息化、全球化
特殊功能	功能特点	功能具有多样性	大型城市:综合性功能;中型城市:功能多样化;小型城市:功能有特色和专业化	
	影响因素	地理位置、自然条件	城市规模、地理条件、自然资源、城市定位、城市传统和历史沿革	

城市共性功能的演变,具有一些普遍特征。例如,在农业社会时期,政治功能和贸易功能是主导的,生产功能和文化功能是辅助的,地理位置和自然条件等对城市功能影响比较大;在工业社会时期,经济功能和社会功能逐步成为主导的功能,自然资源、经济分工和人口集聚(城市规模)等对城市功能影响比较大;在知识社会早期(目前),服务功能和文化功能逐步成为主导的功能,创新、信息化和全球化等对城市功能影响比较大。

城市特殊功能的演变,同样具有一定规律性。一般而言,城市特殊功能与城市规模、地理条件、自然资源、城市定位、城市传统和历史沿革有关。大型城市,城市功能是综合性的。中型城市,城市功能是多样的。小型城市,城市功能是特色的和专业化的。例如,美国学者(Black,Henderson,1997)根据 317 个都市区的就业结构,把美国城市分为 8 大集群和 55 类(表 1-20)。

表 1-20 1992 年美国城市的八大集群(根据主导产业的聚类)

序号	聚类分组	聚类数	城市数	平均人口/万	主要类型	代表城市(州名)
1	服装和食品	8	48	12.1~91.5	纺织、服装、食品、农业	丹维尔(弗吉尼亚州) 弗雷斯诺(加利福尼亚州)
2	木材产品	4	14	11.0~20.8	家具、造纸、木材	希科里(北卡罗来纳州) 塞勒姆(俄勒冈州)
3	电子工业	5	20	11.4~71.2	计算机、电子、电子机械、仪器	圣何塞(加利福尼亚州) 罗切斯特(北卡罗来纳州)
4	重制造业	8	48	17.5~96.5	机械、钢、重型制造、初级金属、运输设备	皮奥里亚(伊利诺伊州) 加里(印第安纳州) 威奇托(堪萨斯州)
5	石油和化工	5	19	14.5~24.6	非金属采矿、石油天然气、化工	霍马(路易斯安那州) 里奇兰(华盛顿州)
6	市场中心	6	52	128.5~267.3	金融服务、综合服务、商业服务、综合制造	纽约(纽约州) 菲尼克斯(亚利桑那州) 芝加哥(伊利诺伊州)
7	健康和旅店	9	72	14.8~53.0	健康服务、饮食服务、旅游服务	艾奥瓦市(艾奥瓦州) 拉斯维加斯(内华达州)
8	服务中心	10	44	15.4~116.9	保险、运输、教育、商业服务	布卢明顿(伊利诺伊州) 特伦顿(新泽西州)

资料来源:Black,Henderson,1997.

其次,城市形态的变化。关于城市形态变迁研究已有不少文献(林奇,2003;万斯,2007;科斯托夫,2008;莫里斯,2011)。一般而言,城市形态是城市的空间结构和存在形态,包括城市内部功能布局、城市外部几何形态、城市建筑空间组织和形貌等。每一个城市,都有自己的城市形态和形态变迁史。

法国学者认为(Salat,2012):城市形态由城市的空间和社会模式所构成,涉及城市的网络、建筑空间和虚空间,与观察城市时的分辨率有关,可划分为六个层次,它们相互影响:

- 第一层:城市人类及其活动。社会交往影响城市结构,城市是交流和活动的场所。
- 第二层:城市街道和公路网。道路布局是城市交通的基础设施,影响其覆盖区域。
- 第三层:城市地块划分。地块的组织和安排方式,对建成区形态起着决定性作用。
- 第四层:建设基地的地形地貌。地形影响城市道路格局,影响建筑布局。
- 第五层:土地利用和活动场所分布。影响人口流动、交通能耗、建筑要素的分布等。
- 第六层:三维视角看待城市。风、阳光和气候因素的影响等。

美国学者(诺克斯,迈克卡西,2009)分析了美国、发达国家和发展中国家的城市形态变迁,发现有比较大的差别。他们认为,美国城市形态变迁可以分为六个时期(表 1-21),可以大致分为三个阶段:商业城市、工业城市和信息城市(大都市区)。

表 1-21 美国城市形态的变迁

城 市	时 间	城市变迁	城市的内部结构	城市交通
商业城市	1840 年以前	商业城市	经济：城市中心—紧凑，各业混合，与住房混杂 社会：城市中心—精英区—混合区—边缘区 外貌：城区，郊区很小或无	步行城市
工业城市	1840～1875	早期工业	经济：CBD（中央商务区）—批发和轻工业区 社会：CBD—低收入区—中收入区—高收入区 外貌：中心城区—郊区—工业卫星城、摩天大楼 面积：中心城区:郊区≈1:1	马车、铁路 电车、地铁 电力城市
工业城市	1875～1920	工业城市		
大都市区	1920～1945	郊区填充	经济：CBD—批发和轻工业—外围商业和工业区 社会：CBD—低档和中档社区—高档社区和近郊区 外貌：中心城区—城市化郊区—工商卫星城、摩天大楼 面积：中心城区:郊区≈1:5	汽车、公交车 高速公路、飞机
大都市区	1945～1972	城市蔓延		
大都市区	1973 年以来	信息城市	经济：CBD—区域中心—工业园区—专业功能区 社会：CBD—低收入区＋中收入区＋高收入区 外貌：中心城区—多样的专业功能区—边缘城市 面积：中心城区:郊区≈1:10	汽车、高速公路、 城铁、飞机、 步行

注：本表是根据美国学者（诺克斯，迈克卡西，2009）有关观点的整理，面积比例是估计数。

城市形态与城市的地理特征、经济结构和社会结构有关，与交通技术、通讯技术和发展阶段有关。例如，根据城市交通布局，城市形态有方格形、环形、放射形、带形、扇形、树枝形等；根据城市地理特征，城市形态有环湖型、滨河型、港口型、山地型、盆地型、平原型等。

其三，城市体系的形态。城市体系的形态，最初是一个个分离的城市（中心地），后来逐步形成城市带、城市群、城市圈、城市延绵区、大都市区、城市网络等多种地理分布形态。

其四，18 世纪以来，城市生活条件和生活质量先降后升（图 1-11），城市差异很大。

其五，20 世纪以来，城市人的发展、创新能力、居住环境和国际竞争力受到更多重视等。

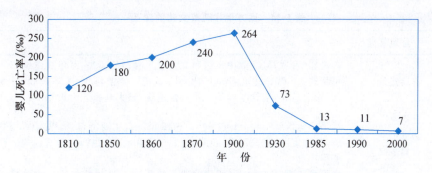

图 1-11 1810～2000 年纽约市婴儿死亡率的变化
注：1810 年婴儿死亡率为 120‰～145‰。婴儿死亡率与生活质量成反比。
资料来源：芒德福，2005；网上资料整理.

2. 城市建筑和住房的时序分析

城市建筑指城市区域的各种建筑。如果按照建筑用途分类，城市建筑包括居住建筑、公共建筑、工业建筑和农业建筑等；如果按建筑层次分，城市建筑包括低层、多层、中高层、高层和超高层建筑。如果按空间位置分类，城市建筑包括地上建筑（地面建筑和空中建筑）和地下建筑。这里简要讨论 10 个指标的变化。

(1) 城市建筑和住房的变化趋势

变化趋势:6个指标属于上升变量,3个属于转折变量,3个属于波动变量(表1-22)。

指标性质:4个指标属于水平变量,6个属于交叉变量,2个属于特征变量(表1-22)。

表1-22 城市建筑和住房的变化趋势

变量性质	上升变量	转折变量	波动变量
水平变量	城市建筑质量、人均住房建筑面积、人均住房房间数	住房拥挤比例	
特征变量			城市街道景观、城市房价收入比
交叉变量	城市最高建筑、人均城市建筑面积、人均公共建筑面积	城区建筑密度、城区平均容积率	人均绿地面积

注:不同城市的建筑的差异非常大。本表的变化趋势仅指城市建筑的一般趋势,例外情况很多。

(2) 城市建筑和住房变化的特点

首先,城市建筑质量提高是一个长期过程。建筑物平均使用寿命是建筑质量的一个关键指标。城市建筑质量和环保质量越高,建筑物"无障碍"和智能化程度越高,现代化水平越高。

其次,城市最高建筑和平均高度变迁具有阶段性。在第一次现代化过程中(约1763~1970年),建筑高度是一个城市标志,许多城市的最高建筑的高度不断提高,建筑平均高度也提高。在第二次现代化过程中(约1970~2100年),建筑高度已经不是一个追求目标,建筑质量和舒适性成为普遍追求,城市建筑多样化和优质化,建筑平均高度下降。

其三,城市建筑密度和平均容积率变化具有阶段性。在第一次现代化过程中,许多城市的建筑密度和平均容积率不断提高。在第二次现代化过程中,城市人口郊区化,大型城市"空心化"现象比较普遍,建筑密度和平均容积率下降。

其四,城市建筑风格的变迁具有阶段性。例如,欧洲城市建筑从古典建筑、巴洛克建筑、洛可可建筑、新古典主义、现代建筑到后现代建筑(表1-23)。

表1-23 西方现代建筑文化的变迁

时间	建筑文化	注释
18世纪前	古典建筑	古希腊、古罗马、欧洲中世纪和文艺复兴时期的建筑,城堡式建筑。 哥特式(Gothic)建筑盛行于12~15世纪。主要特点:尖塔高耸,外观雄伟,直升线条,彩色玻璃,装饰华丽等。代表性建筑:意大利米兰大教堂
18世纪	巴洛克 洛可可 古典主义	巴洛克建筑(Baroque)流行于17~18世纪。主要特点:构思宏伟,张扬个性,追求动感,装饰富丽,雕刻浮雕,色彩强烈,庄重和对称,曲线代替直线等。代表性建筑:圣彼得广场
19世纪	洛可可 新古典主义 早期现代建筑	洛可可建筑(Rococo)是继巴洛克风格后的一种建筑风格。主要特征:造型和装饰采用"贝壳形",常用不对称手法,追求华美和闲适,华丽精巧,细腻烦琐,色彩明快,象牙白和金色是流行色。代表性建筑:丹麦皇宫 古典主义建筑指采用古希腊、古罗马、欧洲中世纪和文艺复兴时期的建筑风格的建筑,以古典柱式为基础,建筑造型严谨,内部装饰丰富多彩。新古典主义是不断变化的,主要特点是古典与现代的结合,浅色为主,装饰相对简化,追求一种轻松、清新、典雅的气氛

(续表)

时间	建筑文化	注释
1900~1970年	现代建筑	体现时代特征,从功能出发,讲究造型比例适度,空间结构明确美观,外观明快和简洁;运用新材料、新技术,建造适应现代生活的建筑,很少使用装饰。包括早期的折中主义、工艺美术运动、新艺术运动、维也纳学派、芝加哥学派、德意志制造联盟和20世纪上半叶的表现派、未来派、风格派、构成派和整体规划等流派
1970年以来	后现代建筑	在建筑中重新引进了装饰花纹和色彩,借鉴历史意义,但不复古。包括国际主义、粗野主义、典雅主义和高技术派等流派

注:建筑风格主要有:哥特式建筑、巴洛克建筑、洛可可建筑、条木式建筑、园林式建筑和概念式建筑等。
资料来源:中国现代化战略研究课题组,中国科学院中国现代化研究中心,2009.

其五,城市建筑与城市文化紧密相关。美国和亚洲国家的部分城市追求最高建筑,部分城市既有高层建筑又有生活质量,欧洲国家城市更加追求生活质量。19世纪以来摩天大楼的建筑高度,由美国和亚洲城市不断刷新(表1-24)。2010年生活质量最高的城市,则大部分是欧洲城市(表1-25),奥地利、瑞士和德国城市表现突出。1989年美国30多个城市拥有超过500英尺(166.7米)的高楼300多座,其中,纽约市、芝加哥市、休斯顿市、达拉斯市、旧金山市、波士顿市和洛杉矶市的高楼超过10座,其他城市都少于10座(万斯,2007)。加拿大多伦多市、蒙特利尔市和卡尔加里市,美国旧金山市和波士顿市,既有高楼又有较高生活质量。

表1-24　19世纪以来摩天大楼的高度竞赛和1985年北美城市的摩天大楼分布(超过152米高楼)

建成年代	摩天大楼的名称	所在城市	楼板高度	楼层数	现状	北美城市	高楼数量	生活质量排名
1885	家庭保险大楼	芝加哥	54.9米	12	已毁	纽约	117	49
1890	世界大楼	纽约	94.2米	20	已毁	芝加哥	39	45
1901	费城大会堂	费城	167米	9	尚存	休斯顿	26	—
1909	大都会人寿保险大楼	纽约	213.4米	50	尚存	达拉斯	18	—
1931	帝国大厦	纽约	381米	102	尚存	旧金山	15	32
1972	世界贸易中心	纽约	417米	110	已毁	波士顿	13	37
1974	西尔斯大楼	芝加哥	442米	108	尚存	洛杉矶	13	—
1998	双峰塔	吉隆坡	452米	88	尚存	多伦多	10	16
2004	台北101大楼	台北	480米	101	尚存	卡尔加里	5	28
2008	上海环球金融中心	上海	492米	104	尚存	蒙特利尔	3	21
2010	哈利法塔	迪拜	828米	160	尚存			

注:根据网上资料整理。生活质量排名为2010年美世公司(Mercer)的城市生活质量排名。

表1-25　2010年美世公司(Mercer)城市生活质量排名

排名	城市名称	所属国家	年份	人口/万	人口密度/(人·平方千米$^{-1}$)	外国人口比例/(%)	交通	地位
1	维也纳	奥地利	2011	173.1	4002	38.8	地铁	政治经济文化中心
2	苏黎世	瑞士	2011	37.6	4092	31	—	金融中心,交通中心
3	日内瓦	瑞士	2012	19.2	12 130	47.8	—	金融中心,外交中心
4	温哥华	加拿大	2011	60.4	5249	52	城铁	国家最大工业中心
5	奥克兰	新西兰	2011	139.7	2900	67.6	城铁	国家经济中心
6	杜塞尔多夫	德国	2011	59.2	2730	18	—	国际商业和金融中心
7	法兰克福	德国	2011	69.2	2785	25	地铁	德国金融中心,交通中心
8	慕尼黑	德国	2011	137.8	4440	22	地铁	德国金融和出版中心

(续表)

排名	城市名称	所属国家	年份	人口/万	人口密度/(人·平方千米⁻¹)	外国人口比例/(%)	交通	地位
9	伯尔尼	瑞士	2011	12.6	2436	23.2	—	
10	悉尼	澳大利亚	2011	462.7	2058	31.7	地铁	金融和经济中心
11	哥本哈根	丹麦	2012	55.8	6300	22.2	地铁	政治、经济和金融中心
34	巴黎	法国	2009	223.4	21 196	20	地铁	世界城市,政治经济文化中心
39	伦敦	英国	2011	817.3	5206	37	地铁	世界城市,政治经济文化中心
40	东京	日本	2011	1318.6	6000	2.9	地铁	世界城市,政治经济文化中心
49	纽约	美国	2011	824.5	10 430	36	地铁	世界城市,政治经济中心

注：根据网上资料整理。

其六，城市建筑的使用结构和土地利用具有多样性。不同城市具有不同特点。一般而言，人均住房建筑面积和人均公共建筑面积，具有上升的趋势等。例如，20世纪以来，美国城市人均住房面积提高（图1-12）。

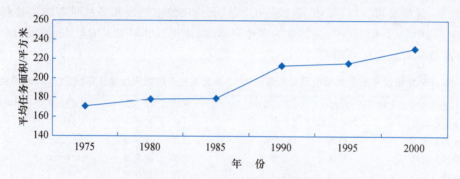

图 1-12　1975～2000年美国新单户家庭的平均住房面积

资料来源：格莱泽,卡恩,2012.

其七，城市住房产权结构的变化。20世纪以来，欧洲发达国家的城市住房，私有住房比例先降后升，公共住房比例先升后降。20世纪70年代，英格兰、法国和德国的公共住房比例达到20%～30%，意大利约为10%，瑞士约为5%。70年代以来，公共住房比例有所下降。

20世纪，美国城市自有住房比例则是不断提高的。1940年约为40%，1960年为60%，1980年约为66%，2000年约为68%（诺克斯,迈克卡西,2009）。

其八，20世纪城市房价在上升（表1-26），没有住房者（无家可归者）始终存在等。

表 1-26　美国城市的住房价格和房价收入比

年份	1950	1960	1970	1980	1990	2000	注
独户自有住房中值/美元	44 600	58 600	65 300	93 400	101 100	119 600	2000年不变价格
毛租金占家庭月收入比例/(%)	17.9	19.7	21	25	26.4	25.5	
年份	1975	1980	1990	1995	2000	2002	
现有住房售价中值/美元	117 595	127 843	131 450	127 560	145 670	161 043	2002年不变价格
抵押付款月付占家庭月收入比例/(%)	20.8	31.7	24.4	19.9	21.3	20.8	
房价中值与家庭年收入比/倍	2.4	2.8	2.6	2.6	2.7	3.1	

资料来源：诺克斯,迈克卡西,2009.

3. 城市基础设施的时序分析

城市基础设施是城市的"硬性基础设施"和"软性基础设施"的总称。硬性基础设施包括给排水系统、能源系统、交通系统、通信系统、环保系统、地球观测网络等，多数为公共基础设施。软性基础设施包括市政设施、经济设施（如金融和工业园等）、社会设施（如教育、医疗和社会福利系统等）、文化设施、体育设施和娱乐设施等。这里讨论 12 个指标的变化。

（1）城市设施的变化趋势

变化趋势：12 个指标属于上升变量，1 个指标属于波动变量（表 1-27）。

指标性质：10 个指标属于水平变量，2 个属于交叉变量，1 个属于特征变量（表 1-27）。

表 1-27 城市设施的变化趋势

变量性质	上升变量	下降变量	波动变量
水平变量	电力普及率、燃气普及率、安全饮水普及率、城市排水系统、卫生设施普及率、每千人医院病床数、轿车普及率、电话普及率、电视普及率、互联网普及率		
特征变量			人均城市道路面积
交叉变量	公共教育基础设施、公共文化设施		

注：更多基础设施指标的变化趋势，请参考《中国现代化报告 2005：经济现代化研究》、《中国现代化报告 2006：社会现代化研究》和《中国现代化报告 2008：文化现代化研究》。

（2）城市基础设施变化的特点

首先，城市给排水系统的发展。水是城市的生命源泉。虽然古代城市已有供水和排水系统，但现代城市给排水系统是 19 世纪开始形成的。英国自 1812 年开始形成了具有一定规模的城市供水系统。1848 年英国"公共卫生法令"规定：新建房屋必须辟出厕所，并安装抽水马桶。美国城市供水系统也是在 19 世纪后期发展起来的（图 1-13）。随着供水技术提高，部分发达国家城市自来水已经达到可以直接饮用的质量；根据网上有关资料，这些国家大致包括美国、加拿大、英国、法国、德国、奥地利、瑞士、瑞典、意大利、澳大利亚、日本、韩国和新加坡等。

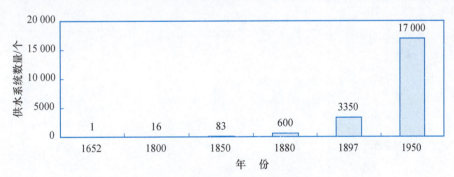

图 1-13 美国城市供水系统数量的增加

资料来源：百度文库. 2013. 美国城市供水系统发展史.
http://wenku.baidu.com/view/e327a1c24028915f804dc218.html.

城市排水系统是收集、输送、处理和排放城市污水和雨水的系统。英国伦敦下水道系统建成于 1865 年，实际长度约 2000 千米，位于地下 3 米深处。法国巴黎城市下水道系统建于 19 世纪中期，全长 2300 多千米，位于地下 50 米深处。日本东京下水道（地下河）深达 60 米。

其次，城市能源设施的发展。能源设施是城市的动力系统。现代能源包括煤炭、石油、天然气和电力等。煤炭应用的历史非常悠久,但17世纪以来它成为许多城市的主要能源。18世纪发明蒸汽机,可以将热能转换为动能。19世纪电力和石油的应用,带来新能源设施。20世纪能源技术有新突破,如核能、太阳能和潮汐能利用等,丰富了人们的选择。21世纪可再生能源受到重视,新能源技术会不断出现,能源利用效率会不断提高。

其三,交通基础设施的发展。交通是城市的动脉系统。18世纪的城市交通,主要是步行、马车和运河船只等。19世纪的城市交通,包括步行、马车、蒸汽船、自行车、公共汽车、地铁和有轨电车等。1863年世界第一条城市地铁在英国的伦敦投入运营。20世纪的城市交通是一种立体交通,包括轮船、自行车、私人汽车、公共汽车、电车、地铁和飞机等,高速公路、立交桥和人行道等。根据维基百科网上资料,2010年世界上大约有160多个城市拥有城市地铁。

其四,通信基础设施的发展。通信是城市的神经系统。18世纪的城市通信,主要是邮政。19世纪出现了传真、电报、电话和无线电。20世纪出现了广播、电视、移动电话、寻呼机、卫星通讯、全球定位系统、电子计算机、互联网、手机、电子邮件和短信服务等。

其五,地下基础设施的发展。地下基础设施是现代城市的一个典型特征,虽然它处于地下。供水管道、排水管道、供暖管道、供电管道、供气管道和电信管道、地铁和地下通道等,都是地下基础设施的常见部分。随着技术进步,城市基础设施与时俱进,目前城市地下管线包括20多种管网。19世纪开始,法国、英国和德国等兴建地下综合管沟,将地下管道集成为"综合管廊"(公共沟),统一布局和管理(图1-14)。20世纪,美国、西班牙、俄罗斯、匈牙利和日本等国家也采用地下综合管沟。公共沟或共同沟(utility tunnel),指将设置在地面、地下或架空的各类公用缆线和管道集中容纳于一体,并留有供检修人员行走通道的隧道结构。

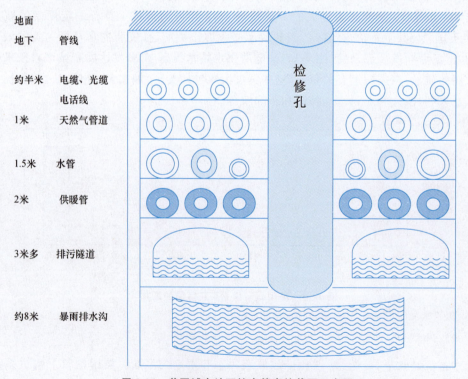

图1-14 英国城市地下综合管廊的截面示意图

注:根据西尔弗曼(2008)的《地下世界》绘制。水管包括上水管、下水管(污水管)和排水管等。地下世界还包括建筑物的地基部分、地铁、地下通道等。

4. 城市公共服务的时序分析

根据网上维基百科,公共服务是政府为全体公民提供的服务,可以通过公共部门直接提供,也可以通过政府资助的私人部门提供。公共服务具有公共产品(public good)的性质。公共服务不包括公共产品的生产,但可涉及公共产品的提供。纯粹的公共产品,指一个人消费这种物品,不会导致其他人对该种物品的消费的减少;同时,每一个人都有使用这种物品的权利。公共物品一般具有四个特点:消费的非竞争性、受益的非排他性、效用的不可分割性、经营的非营利性。有些产品,如教育和医疗服务等,非竞争性和非排他性不充分,属于准公共产品。

城市公共服务指城市公共部门(包括政府部门和非营利组织等)向城市公众提供公共产品和公共服务。公共服务大致包括六大类:设施性、经济性、社会性、政治性、文化性和环保性公共服务等。城市公共服务、公共管理和基础设施是高度交叉的(图1-15)。

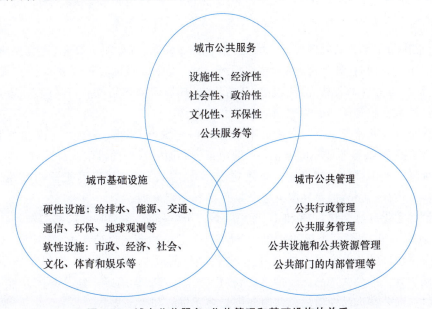

图1-15 城市公共服务、公共管理和基础设施的关系

(1) 城市公共服务的变化趋势

城市公共服务内涵很丰富,而且在不断发展。这里讨论15个指标的变化。

变化趋势:15个指标属于上升变量(表1-28)。

指标性质:10个指标属于水平变量,5个指标属于交叉变量(表1-28)。

表1-28 城市公共服务的变化趋势

变量性质	上升变量	下降变量	波动变量
水平变量	公共交通服务、人均电力消费、人均能源消费、人均生活用水、有机食品比例、医生比例、护士比例、社区医疗服务、移动电话普及率、信息消费比例		
特征变量			
交叉变量	公共教育费比例、公共教育费占政府支出比例、公共卫生费比例、公费医疗比例、科技投入比例		

(2) 城市公共服务变化的特点

首先,阶段性。从服务内容看,城市公共服务大致经历了三个阶段:有限的公共服务、系统的公共服务、公共服务社会化和均等化。从服务方式看,城市公共服务大致经历了三个阶段:政府供应为主、政府供应和社会组织参与、政府购买服务和市场化。

其次,多样性。目前发达国家的城市公共服务大致包括六大类。

- 设施性公共服务:电力、天然气、供水系统、公共交通、通信、公园、气象服务等。
- 经济性公共服务:就业服务、技术推广、自由贸易区等。
- 社会性公共服务:教育、医疗卫生、消防、公共安全、公共住房、社会保障等。
- 政治性公共服务:军队、外交、法律执行、选举服务、城市规划、应急管理等。
- 文化性公共服务:公共广播、公共图书馆、公共博物馆、公共档案馆、基础科学研究等。
- 环境性公共服务:环境保护、废物管理、防灾减灾、环境规划等。

中国政府提出的基本公共服务包括九大类:基本公共教育、劳动就业服务、社会保险、基本社会服务、基本医疗卫生、人口和计划生育、基本住房保障、公共文化体育和残疾人基本公共服务;广义公共服务包括与生活环境关联的公共交通、通信、公用设施、环境保护等领域的公共服务,以及保障安全需要的公共安全、消费安全和国防安全等领域的公共服务。

其三,递进性。公共服务是逐步发展起来的。18世纪城市公共服务很少。19世纪是公共服务兴起的世纪,20世纪是公共服务成熟的世纪,21世纪是公共服务转型的世纪。

其四,延续性。城市某种公共服务一旦建立,如果没有特别原因,就可能长期存在。虽然服务方式和服务内容可以发生变化,但该种服务会长期存在和不断发展。

其五,决策民主化和社会化。18和19世纪的城市公共服务,主要是政府部门和慈善组织提供的。20世纪以来,政府部门、非营利组织和社会大众,都参与公共服务的讨论和选择。

其六,分类供应。纯公共产品比较少,包括政治性公共服务、城市规划、公共安全、消防、气象、公共广播、环境保护等。准公共产品比较多,包括教育、医院、基础设施等。纯公共产品性质的公共服务一般由政府提供,准公共产品性质的公共服务则是多元供应和市场化。

5. 城市公共管理的时序分析

城市管理是一种公共管理,是对城市公共利益、公共事务和公共部门等的管理,一般包括公共行政管理、公共服务管理、公共设施管理、公共资源管理、公共部门的内部管理等。公共事务一般指那些涉及社会全体(或多数)成员的公共利益和公共需求的事务,包括社会问题、公共项目、公共物品和公共资源的相关事务等。公共部门是提供公共产品和公共服务的部门,包括政府部门、政府建立或授权的公共机构和企业、非营利组织和国际组织等。此处的公共行政管理是狭义的概念,特指扣除公共服务、公共设施、公共资源管理和公共部门内部管理后的公共管理,主要涉及城市规划、公共政策、公共项目、社会问题和应急管理等。

城市政治与城市行政(城市管理)是不同的。美国第28任总统、公共行政学之父威尔逊认为:政治与行政是分离的;政治机构与私人机构可以进行比较分析;通过采用企业式的管理和日常操作,可以提高行政效率;通过培训公务员和收益评估,可以改善行政效益。

(1) 城市公共管理的变化趋势

虽然城市公共管理内涵丰富,但迄今没有统一定义。这里讨论12个指标的变化。

变化趋势:8个指标属于上升变量,2个属于下降变量,1个属于转折变量,1个属于波动变量(表1-29)。

指标性质:6个指标属于水平变量,5个属于交叉变量,1个属于状态变量(表1-29)。

表1-29 城市公共管理的变化趋势

变量性质	上升变量	下降变量	转折变量、波动变量
水平变量	城市人口(有些城市下降)、城市职工平均工资、公共管理质量、城市规划质量	企业注册所需时间、获得许可证所需时间	
交叉变量	城市最低工资比例、平均上班路途时间、城市交通堵塞(有些城市先升后降)、妇女就业比例		城区人口密度
状态变量			城市人口增长率

(2) 城市公共管理变化的特点

首先,阶段性。城市管理大致经历了行政管理、公共管理和公共治理三个阶段,大致分别对应于农业社会、工业社会和知识社会的城市管理(表1-30)。19世纪前(农业社会和工业社会早期),传统城市管理主要是行政管理,行为主体主要是政府部门。19世纪以来的工业城市,城市公共服务和公共设施不断扩展,城市管理不仅有行政管理,而且出现了大量专业化的公共服务管理和公共设施管理,城市管理的行为主体包括政府部门、非营利机构和专业人士等,可以简称为城市公共管理。20世纪80年代以来,信息技术和新公共管理理论出现并受到重视,电子政务和信息民主改变了城市公共管理的许多方面,政府部门、私人部门和公民社会成为城市公共管理的参与者和协商者,许多发达城市的城市管理进入"城市公共治理"阶段。

表1-30 城市公共管理的发展阶段(一种分析模型)

项目	传统城市的管理	工业城市的管理	信息城市的管理
大致时间	19世纪前	19世纪~20世纪70年代	20世纪80年代以来
管理模式	行政管理、管制 政治支配行政	公共管理、民主 政治与行政分离	公共治理、协商民主 政治与行政互动
管理对象	行政事务、行政部门	公共事务、公共部门	公共利益、公共事务、公共部门
行为主体	政府部门	政府部门、非营利机构、专业人士	政府部门、私人部门、公民社会
管理目标	权力、稳定、效率	安全、平等、效率、效益	公平、公正、效率、效益、质量
管理技术	传统管理	科学管理、目标管理 官僚化、办公自动化 公共行政学、公共管理理论	公共治理、信息化、电子政务 合作网络、市场机制、质量管理 新公共管理理论、新制度经济学
城市特色	商业城市、步行城市	电力城市、汽车城市、摩天大楼	数字城市、智慧城市、宜居城市

其次,民主化。18世纪以来,城市管理逐步从专制管理走向民主管理。

其三,专业化。19世纪以来,城市政治与城市行政分离,城市管理走向专业化。

其四,信息化。20世纪以来,信息技术改变了城市生活,城市管理走向信息化和智能化。

其五,绿色化。20世纪以来,环境运动和生活质量诉求,城市管理走向绿色化和生态化。

其六,科学化。19世纪以来,政策分析和绩效评价受重视,城市管理走向科学化和定量化。

其七,多样性。城市有大小,管理有难易。城市政府结构和组织模式、城市公共服务和公共物品的数量、城市政府规模大小等,都有很大差异。城市治理模式很多,例如,精英模式、新精英模式、管理者模式、多元模式、超多元模式、合作模式等(诺克斯,迈克卡西,2009)。

其八,其他特点。例如,城市人口密度大致经历上升和下降两个阶段。在1890~1950年期间,美国城市人口密度上升;在1960~1990年期间,美国城市人口密度下降(图1-16)。城市人口管理模式会发生相应的变化。

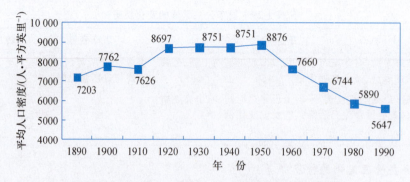

图1-16　1890～1990年美国119个城市的平均人口密度

注：城市为人口超过25 000人的城市。

资料来源：Kim，2002。

6. 城市国际联系的时序分析

城市国际联系的多少和质量，既反映城市竞争力，也影响城市生活质量。具有丰富和优质国际联系的城市，无疑具有更高的国际地位和国际影响力，城市发展水平也比较高。国际联系包括经济、社会、政治、文化、环境和人员等方面的联系。这里选择部分指标进行讨论。

（1）城市国际联系的变化趋势

变化趋势：10个指标属于上升变量，3个指标属于波动变量（表1-31）。

指标性质：5个指标属于水平变量，6个属于交叉变量，2个属于特征变量（表1-31）。

表1-31　城市国际联系的变化趋势

变量性质	上升变量	下降变量	波动变量
水平变量	人均国际贸易、人均文化贸易、人均国际通话、国际会议、国际组织		
特征变量			国际贸易比例、外国投资比例
交叉变量	外籍人口比例、出境旅游比例、入境旅游比例、跨国公司、人均外国投资		国际友好城市

注：更多国际指标的变化趋势，请参考《中国现代化报告2008：国际现代化研究》。

（2）城市国际联系变化的特点

首先，国际经济联系。18世纪以来，国际贸易、国际投资和跨国企业增长，城市差异大。

其次，国际社会联系。18世纪以来，国际移民和国际组织的数量增长，城市差异大。

其三，国际政治联系。20世纪以来，国际友好城市的数量增长，城市差异大。

其四，国际文化联系。20世纪以来，国际旅游和国际会议数量增长，城市差异大。

其五，国际环境联系。20世纪以来，国际环境合作增加，特别是边境城市。

其六，国际人员联系。20世纪以来，国际电信联系加强，互联网拉近了城市距离。

其七，国际联系分布不均。有些城市聚集了众多跨国公司的总部，成为世界城市，如纽约和伦敦等。有些城市，聚集了众多国际组织的总部，成为国际城市，如苏黎世和日内瓦等。有些国家的城市，特别是发展中国家边远地区的中小城市，几乎没有什么国际联系。

二、世界城市六个领域的时序分析

世界城市六个领域的时序分析,更多具有"宏观分析"的特点,是国家层次的城市现代化研究的一个重点。世界银行《世界发展指标》和联合国《人居统计数据》包括800多个发展指标,除农村发展指标外,其他指标多数适用于城市现代化的六个领域。这里选择国家层次73个指标进行分析(表1-32),它们分别与城市生活、结构、制度和观念有关。由于数据获取困难和报告篇幅有限,我们更多采用举例说明,而不是全面的时序分析。

表 1-32 1700~2010 年城市六个领域的变迁(国家层次)

方面	城市发展指标				长期趋势和特点
	18 世纪	19 世纪	1900~1970 年	1970~2010 年	
城市经济		人均 GDP、人均国民收入、人均可支配收入、人均购买力、劳动生产率、服务业增加值比例、服务业劳动力比例			上升,国别差异
				企业管理水平、新企业比例	上升,国别差异
			工业增加值比例、制造业增加值比例、工业劳动力比例		先升后降,国别差异
			农业增加值比例、农业劳动力比例		下降,国别差异
				高技术出口比例	波动,国别差异
			人均 GDP 增长率		波动,国别差异
城市社会		城市人口比例、百万级城市人口比例、小学入学率、中学入学率、大学入学率			上升,国别差异
			郊区人口比例、医疗保险覆盖率、养老保险覆盖率		上升,国别差异
			家庭平均规模、不稳定就业比例、城市贫困人口比例		下降,国别差异
			基尼系数		先升后降,国别差异
			最大城市人口比例、失业率、城市犯罪率、城市自杀率		波动,国别差异
城市政治			民主化程度、社会组织化、转移支付比例		上升,国别差异
			政府雇员比例、政府收入比例、政府支出比例、政府消费比例		先升后降,国别差异
			选举投票比例、政府债务比例		波动,国别差异
城市文化（科技）			成人识字率、城市文化遗产保护、文化消费比例		上升,国别差异
				城市文化产业比例	上升,国别差异
			研究人员比例、科技论文比例、发明专利比例、妇女避孕率、离婚率		上升,波动,国别差异
			信教人口比例(有些城市下降)、家庭消费比例		波动,国别差异
城市环境			人均城市废物、废纸循环利用率、生活废水处理率、固体废物处理率、家庭废物收集比例		上升,国别差异
			城市空气质量		先降后升,国别差异
			CO_2 排放密度、有机废水排放密度、能源消费密度		先升后降,国别差异
			城市灾害防治、建成区绿化率		国别差异
城市居民		平均预期寿命(18 和 19 世纪部分城市预期寿命下降)、老龄人口比例、劳动力素质			上升,国别差异
				艾滋病感染率、儿童肥胖率	上升,国别差异
			婴儿死亡率、儿童死亡率		先升后降,国别差异
			童工比例、总和生育率、恩格尔系数		下降,国别差异

注:城市六个领域现代化可在多个层次(表1-2)上讨论。这里主要在国家层次上讨论,以国家为单元,少数指标以城市为单元。指标分组是相对的。有些指标有多种意义,如人均可支配收入,既可以作为经济指标,也可以作为社会指标;每个指标只出现一次。

1. 城市经济的时序分析

(1) 城市经济的变化趋势

变化趋势:9 个指标属于上升变量,2 个指标属于下降变量,3 个指标属于转折变量,2 个指标属于波动变量(表1-32)。

指标性质:8 个指标属于水平变量,1 个指标为特征变量,4 个指标属于交叉变量,1 个指标属于状态变量,2个指标属于阶段变量(表1-33)。其中,城市人均收入(图1-17)和制造业增加值比例(图1-18)的变化,可以分别反映水平变量和特色变量的特点。城市人均收入是水平变量,长期上升,短期波动。城市制造业增加值比例是特征变量,不同城市有不同特点。

表1-33 城市经济的变化趋势

变量性质	上升变量	下降变量	转折变量、波动变量
水平变量	人均GDP、人均国民收入、人均可支配收入、人均购买力、劳动生产率、服务业劳动力比例	农业增加值比例、农业劳动力比例	
特征变量			制造业增加值比例
交叉变量	服务业增加值比例、企业管理水平、新企业比例		高技术出口比例
状态变量			人均GDP增长率
阶段变量			工业增加值比例、工业劳动力比例

注:更多经济指标的变化趋势,请参考《中国现代化报告2005:经济现代化研究》。

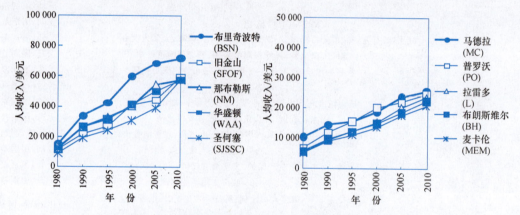

图1-17 1980~2010年美国10个都市区的人均收入

注:都市区名称为简写。10个都市区包括2010年人均收入最高的5个和最低的5个。
数据来源:BEA,2012.

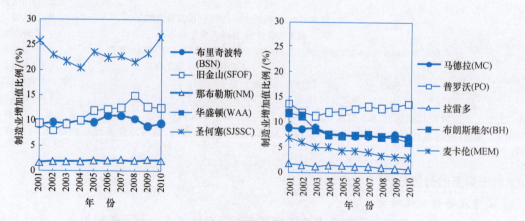

图1-18 2001~2010年美国10个都市区制造业增加值比例

注:10个都市区同图1-11。华盛顿都市区没有制造业增加值比例的数据。
数据来源:BEA,2012.

(2) 城市经济变化的主要特点

首先,城市经济逐步成为国民经济的主体。18世纪以来,城市经济占国民经济的比例不断提高。20世纪末,发达国家城市经济占国民经济比例达到90%左右(表1-34)。

表1-34 2001~2010年美国都市GDP占全国GDP的比例

年 份	2001	2002	2003	2004	2005	2006	2007	2008	2009	2010
比例/(%)	89.7	89.7	89.5	89.5	89.7	89.8	89.8	89.7	89.8	89.6

其次,城市产业结构变化具有多样性(表1-35)。在国家层次上,城市经济中农业比例下降,服务业比例上升;20世纪下半叶,高技术产业成为城市经济的一个生产点。在城市层次上,有些城市的城市经济,经历了工业化和非工业化两个阶段;有些城市,服务经济始终是主体。

表1-35 2001~2010年美国都市区经济的产业结构   单位:%

产业		2001	2002	2003	2004	2005	2006	2007	2008	2009	2010
农业		0.6	0.5	0.6	0.7	0.6	0.5	0.6	0.6	0.5	0.6
采矿		1.0	0.9	1.0	1.1	1.3	1.5	1.5	1.9	1.4	1.6
公共事业		1.6	1.6	1.6	1.7	1.5	1.7	1.7	1.7	1.8	1.8
建筑		4.8	4.7	4.7	4.7	4.9	4.9	4.7	4.3	3.8	3.4
制造业		12.3	12.0	11.6	11.8	11.7	11.7	11.5	10.9	10.7	11.2
运输		2.9	2.8	2.8	2.9	2.9	2.9	2.8	2.8	2.7	2.7
批发		6.3	6.0	6.0	6.0	6.0	6.0	6.0	6.0	5.7	5.7
零售		6.7	6.7	6.8	6.6	6.5	6.4	6.2	5.7	5.7	5.7
信息		4.7	5.1	4.9	5.1	5.0	4.8	4.9	4.9	4.9	4.9
金融和保险		8.7	8.6	8.6	8.3	8.7	8.8	8.4	8.1	8.8	9.0
房地产		13.5	13.5	13.4	13.2	13.2	13.1	13.4	13.8	14.0	13.4
其他服务		25.7	26.0	26.2	26.3	26.3	26.4	27.0	27.3	27.6	27.7
政府		11.3	11.6	11.8	11.6	11.5	11.4	11.4	11.8	12.4	12.2
小计	农业	0.6	0.5	0.6	0.7	0.6	0.5	0.6	0.6	0.5	0.6
	工业	19.7	19.1	18.9	19.3	19.4	19.7	19.4	18.9	17.7	18.0
	服务业	79.7	80.4	80.5	80.0	80.0	79.8	80.0	80.5	81.7	81.4
合计		100.0	100.0	100.0	100.0	100.0	100.0	100.0	100.0	100.0	100.0

注:工业包括采矿、公共事业、建筑和制造业。政府包括联邦政府、军队和地方政府。
数据来源:BEA,2012.

其三,城市就业结构变化具有阶段性,农业劳动力比例下降,服务业劳动力比例上升;工业劳动力比例和制造业劳动力比例先升后降(先工业化、后非工业化),但城市之间差异很大。20世纪末,有些国家服务业劳动力占城市劳动力比例达到80%左右(表1-36)。

表 1-36　1969～2010 年美国都市区劳动力的就业结构　　　　　　　　　　　　　单位：%

产业		1969	1970	1975	1980	1985	1990	1995	2000	2005	2010
农业		2.7	2.7	2.7	2.6	2.3	2.1	2.2	2.1	1.2	1.2
采矿		0.5	0.5	0.6	0.8	0.8	0.6	0.4	0.3	0.4	0.5
公共事业		—	—	—	—	—	—	—	—	0.3	0.3
建筑		5.0	4.9	4.7	4.9	5.2	5.2	5.1	5.6	6.3	5.0
制造业		23.0	21.9	18.9	18.1	15.6	13.6	12.2	10.8	7.9	6.5
运输*		5.5	5.6	5.2	5.1	4.9	4.9	4.9	5.1	3.9	3.6
批发		4.9	5.0	5.2	5.3	5.2	5.1	4.9	4.8	10.7	10.1
零售		14.8	15.1	15.5	15.7	16.3	16.4	16.8	16.2	3.3	3.2
信息		—	—	—	—	—	—	—	—	2.2	2.0
金融和保险**		7.0	7.2	8.0	8.3	8.2	8.3	8.0	8.4	5.1	5.9
房地产		—	—	—	—	—	—	—	—	4.3	4.5
其他服务		19.0	19.3	21.4	22.8	26.0	28.8	31.1	33.0	41.1	43.5
政府		17.5	17.7	17.8	16.5	15.4	15.1	14.4	13.5	13.4	13.8
	联邦政府	3.5	3.4	3.2	2.8	2.6	2.5	2.1	1.8	1.7	1.8
	军队	3.9	3.7	2.8	2.3	2.3	2.0	1.6	1.3	1.2	1.2
	地方政府	10.1	10.6	11.9	11.4	10.5	10.6	10.7	10.4	10.5	10.7
小计	农业	2.7	2.7	2.7	2.6	2.3	2.1	2.2	2.1	1.2	1.2
	工业***	28.5	27.3	24.2	23.8	21.6	19.3	17.7	16.8	14.9	12.3
	服务业	68.8	70.0	73.1	73.7	76.0	78.5	80.1	81.1	83.9	86.5
合计		100.0	100.0	100.0	100.0	100.0	100.0	100.0	100.0	100.0	100.0

注：1969～2000 年期间的数据，* 运输业数据包括运输和公共事业，** 2000 年前金融和保险数据包括金融、保险和房地产，*** 工业数据包括采矿、建筑和制造业。政府包括联邦政府、军队和地方政府。
数据来源：BEA，2012.

其四，产业结构与经济效率之间的关系比较复杂。例如，2010 年美国 366 个都市的相关性分析显示，都市农业增加值比例与人均 GDP 之间显著负相关（图 1-19，$R=-0.2557$，$P=0.01$），制造业增加值比例和服务业增加值比例与人均 GDP 之间没有显著关系（图 1-20 和 图 1-21）等。

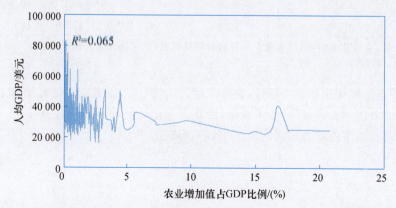

图 1-19　2010 年美国 366 个都市区农业增加值比例与人均 GDP 之间显著负相关

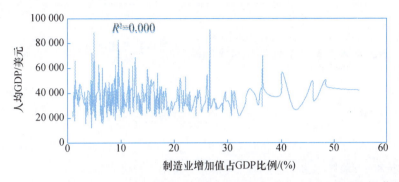

图 1-20 2010 年美国 366 个都市区制造业增加值比例与人均 GDP 之间没有显著关系

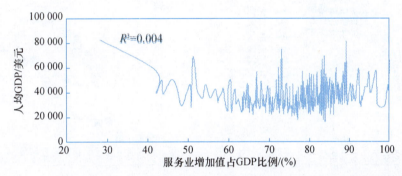

图 1-21 2010 年美国 366 个都市区服务业增加值比例与人均 GDP 之间没有显著关系

其五,城市经济中的非正规经济(Informal Economy)长期存在。非正式经济部门包括各种不受规章和报酬体系约束的经济部门,包括合法的和非法的。合法活动包括家务劳动、临时建筑工人、在家工作、街头贸易和个人服务等。非法活动包括毒品买卖、卖淫和走私等。

其六,城市经济效率的国际差距持续扩大。18 世纪以来,发达国家与发展中国家的劳动生产率和人均国民收入的差距持续扩大,这种现象同样反映在发达城市与发展中城市之间等。

2. 城市社会的时序分析

(1) 城市社会的变化趋势

变化趋势:8 个指标属于上升变量,3 个指标属于下降变量,1 个指标属于转折变量,4 个指标属于波动变量(表 1-32)。

指标性质:9 个指标属于水平变量,3 个指标属于交叉变量,1 个指标属于特征变量,3 个指标为状态变量(表 1-37)。其中,城市人口比例(图 1-22)和最大城市人口比例(图 1-23)的变化,可以分别反映水平变量和特征变量的特点。城市人口比例是水平变量,长期上升,短期波动。最大城市人口比例是特征变量,不同国家有不同特点。

表 1-37　城市社会的变化趋势

变量性质	上升变量	下降变量	转折变量、波动变量
水平变量	城市人口比例、百万级城市人口比例、小学入学率、中学入学率、大学入学率、医疗保险覆盖率、养老保险覆盖率	不稳定就业比例、城市贫困人口比例	
特征变量			最大城市人口比例
交叉变量	郊区人口比例	家庭平均规模	基尼系数
状态变量			失业率、城市犯罪率、城市自杀率

注：更多社会指标的变化趋势，请参考《中国现代化报告2006：社会现代化研究》。

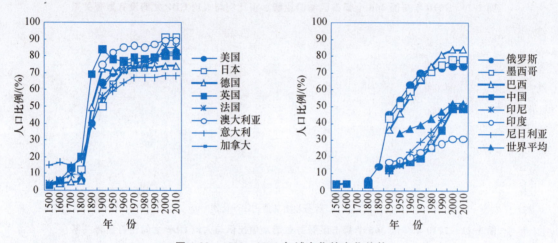

图 1-22　1500～2010 年城市化的变化趋势

资料来源：麦迪森 2003，World Bank，2012.

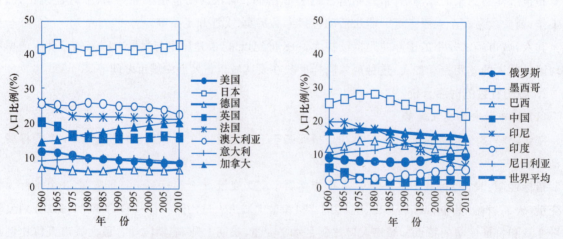

图 1-23　1960～2010 年最大城市人口比例的变化

数据来源：World Bank，2012.

(2) 城市社会变化的主要特点

首先，城市社会逐步成为国家社会的主体。18世纪以来，城市人口占全国人口的比例不断提高。20世纪以来，发达国家城市人口占全国人口比例达到80%左右（表1-38）。

表 1-38　1960～2010 年不同国家城市人口比例的变迁　　　　　　　　　　　　单位:%

项目	1960	1970	1980	1990	2000	2010
高收入国家	64	69	72	74	77	80
中等收入国家	25	29	33	38	43	49
低收入国家	11	15	19	22	24	28
世界平均	34	37	39	43	47	52

数据来源:World Bank,2012.

其次,城市社会的结构变化具有多样性。从人口流动角度看,城市社会变迁主要有四种类型。① 先城市化,后逆城市化。② 先城市化,后郊区化。③ 先城市化,后城市化和郊区化并进。④ 持续城市化,城市持续扩大。

在国家层次上,城市社会分为三类:大型城市社会(人口超过百万)、中型城市社会(人口为 50 至 100 万)和小型城市社会(人口少于 50 万)。20 世纪以来,大型城市社会的人口比例提高,达到 40% 左右;中型城市社会的人口比例,在 10% 左右波动;小型城市社会的人口比例下降,达到 50% 左右(图 1-24 和图 1-25)。

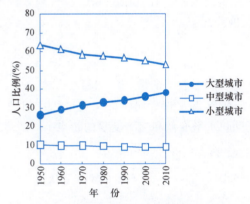

图 1-24　1950～2010 年比较发达地区的城市结构(人口结构)

数据来源:United Nations,2012.

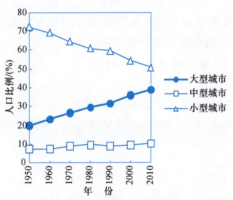

图 1-25　1950～2010 年比较不发达地区的城市结构(人口结构)

数据来源:United Nations,2012.

在城市层次上,城市社会分为两类:中心城市社会和城市郊区社会。20 世纪以来,在大中城市,郊区社会人口和人口比例提高,部分中心城市人口和人口比例下降。2000 年,欧洲人口超过 20 万的 185 个城市,郊区人口占城市人口的比例达到 53%(表 1-39)。城市社会出现"二元结构":城区社会和郊区社会。城市经济形成"二元结构":城区经济和郊区经济。

表 1-39　1950～2000 年欧洲城市的郊区化(郊区人口占城市人口的比例)　　　　　单位:%

项目	1950	1960	1970	1980	1990	2000
欧洲 185 个城市的郊区化	42	44	47	50	52	53
德国 34 个城市郊区化	47	48	50	51	51	52
英国 34 个城市郊区化	39	42	46	48	49	48
法国 30 个城市郊区化	53	56	61	65	68	68
意大利 23 个城市郊区化	32	31	34	38	41	44

注:根据欧洲 16 个国家 2000 年人口超过 20 万的 185 个城市的人口数据的计算结果。其中,欧洲 185 个城市的郊区化指欧洲 185 个城市的郊区人口占 185 个城市总人口的比例;德国 34 个城市郊区化指 34 个城市的郊区人口占 34 个城市总人口的比例;其他类推。

资料来源:Gales,2002.

其三，城市公共教育的发展。19世纪以来，城市公共教育从6年义务教育逐步扩展到9年义务教育和12年义务教育。20世纪以来，职业教育和高等教育得到大发展。

其四，城市公共卫生的发展。在18~19世纪，城市公共卫生发展缓慢。19世纪后期以来，城市公共卫生的发展比较快。目前，发达城市和发展中城市的公共卫生差距比较大。

其五，城市社会福利的发展。在18~19世纪，城市社会福利非常有限。20世纪以来，城市社会福利的覆盖率和福利水平都有较大提高。目前，社会福利的国际差距比较大。

其六，城市贫困现象长期存在。例如，在1960~2002年期间，美国贫困人口比例一直在相同的水平波动，大约为12%~15%；2002年，一个典型四口之家的贫困标准是18 400美元，按这个标准统计，美国有近3500万人处于贫困之中，其中，大约70%的贫困人口居住在大都市里（诺克斯，迈克卡西，2009）。

其七，城市就业率和失业率长期波动。失业率与城市状态和经济周期有关。

其八，城市犯罪现象长期存在。城市犯罪与城市发展水平关系不明显，与城市状态有关。

其九，城市社会的支撑体系。18世纪以来，城市社会逐步形成八大支撑体系：基础设施（工程性基础设施）、教育服务、卫生服务、文化服务、商业和金融服务、社会福利、社区服务和市政管理等。不同国家城市社会八大体系的形成时间和发展水平比较大的差别等。

3. 城市政治的时序分析

(1) 城市政治的变化趋势

变化趋势：3个指标属于上升变量，4个为转折变量，2个属于波动变量（表1-32）。

指标性质：3个指标属于水平变量，1个指标属于特征变量，5个指标属于交叉变量（表1-40）。民主化程度（图1-26）和政府消费比例（图1-27）的变化，可反映水平变量和交叉变量的特点。

表1-40 城市政治的变化趋势

变量性质	上升变量	下降变量	转折变量、波动变量
水平变量	民主化程度、社会组织化、转移支付比例		
特征变量			政府债务比例
交叉变量			政府雇员比例、政府收入比例、政府支出比例、政府消费比例、选举投票比例

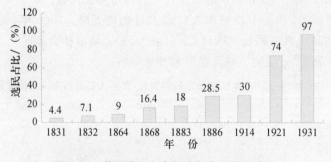

图1-26 英国选民占全部成年人口的百分比

资料来源：Dahl，1998.

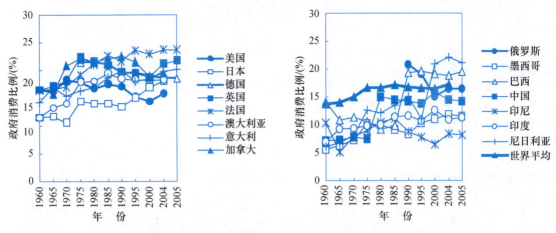

图 1-27　1960～2005 年政府消费比例

数据来源：World Bank，2007.

(2) 城市政治变化的主要特点

首先，城市民主化是一个长期过程。美国学者诺克斯和迈克卡西（2009）认为，18 世纪以来，美国城市治理和城市政治的演变，大致可以分为六个阶段（表 1-41），城市治理走向民主化和企业化，城市服务走向私有化。城市治理涉及三个主要群体：政府、私人部门和公民社会。政治权力不仅存在于政府和正式组织内部，也存在于政府外部。联合国人居署（UN-HABITAT）认为，城市治理是个人和组织、公共和私人规划和管理城市的方法总和，是协调各种冲突和不同利益，进行合作的持续过程。它既包括正式制度，也包括非正式行动和社会资本。

表 1-41　美国城市政治的发展阶段

时　间	阶　段	特　点
1790～1840	重商城市的放任自由主义时代	地方家族式的治理，政府力量薄弱，提供卫生和法制
1840～1840	地方性社会主义和机器政治	工业城市早期，家长式作风的治理，管理权限扩大
1875～1920	推动主义和政治改革	工业城市时代，吸引投资者，专家管理城市事务
1920～1945	大都市区碎化和支持增长联盟	中产阶级的郊区化，改革家和蓝领选民的合作
1945～1973	城市作为增长机器和服务的供应者	提供更多福利和服务，促进城市更新，种族政治
1973 年以来	财政危机和企业化政治	中心城市财政危机，城市治理企业化，公共服务私有化

资料来源：诺克斯，迈克卡西，2009。

其次，城市政治具有很大多样性。大型城市、中型城市和小型城市的治理，具有不同特点；发达国家和发展中国家的城市治理，不同文化背景的城市治理，具有不同特点。

其三，环境政治成为城市政治的重要内容。在 19 世纪，城市环境问题就引起人们的注意。20 世纪以来，环境政治日益成为城市政治的一个中心议题等。

4. 城市文化的时序分析

(1) 城市文化的变化趋势

变化趋势：9 个指标属于上升变量，2 个指标属于转折或波动变量（表 1-32）。

指标性质：3 个指标属于水平变量，6 个指标属于交叉变量，2 个指标属于特征变量（表 1-42）。其中，成人识字率（图 1-28）和信教人口比例（表 1-43）的变化，可以分别反映水平变量和特征变量的特点。关于城市文化设施和文化服务的有关指标，将在本节第三部分讨论。

表1-42 城市文化的变化趋势

变量性质	上升变量	下降变量	转折变量、波动变量
水平变量	成人识字率、文化消费比例、城市文化产业比例		
特征变量			信教人口比例、家庭消费比例
交叉变量	城市文化遗产保护、研究人员比例、科技论文比例、发明专利比例、妇女避孕率、离婚率		

注：更多文化指标的变化趋势，请参考《中国现代化报告2009：文化现代化研究》。

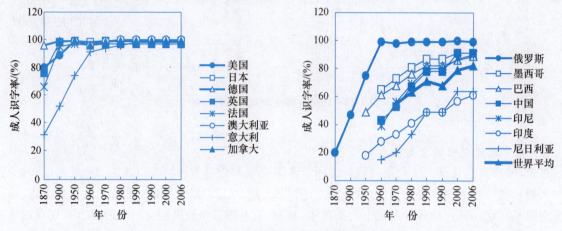

图1-28 1870～2006年成人识字率的变化

数据来源：World Bank 2007；米切尔，2002.

表1-43 1981～2001年加入教会组织人口的百分比　　　　单位：%

国家	1981/82	1990/91	1995/97	1999/2001	国家	1981/82	1990/91	1995/97	1999/2001
美国	93.8	77.3	79	78.5	俄罗斯	—	34.2	54.4	50.5
日本	96.3	33.3	34.7	44.4	墨西哥	—	84.8	78.4	80.6
德国	—	69.4	51.2	60.4	巴西	—	88	88	—
英国	90.7	57.8	—	83.1	中国	—	3.2	—	6.1
法国	73.8	61.5	—	57.5	印度尼西亚	—	—	—	100
加拿大	89.4	74.1	—	68.6	印度	—	98.9	96.6	93.3
澳大利亚	96.6	NA	81.1	—	尼日利亚	—	94.7	98.2	99.3
意大利	93.6	85.2	—	82.2					

数据来源：ARDA，2008.

(2) 城市文化变化的主要特点

首先，城市文化变迁既有共性也有多样性。在文化设施、文化产业、文化消费、经济文化、环境文化、电视文化和网络文化等方面，城市文化具有较多共性。在语言、文学、艺术、宗教、哲学、家庭和文化观念等方面，城市文化存在较大多样性。

其次，城市文化变迁与文化设施创新紧密相关。18世纪以来，随着文化设施和信息技术的发明和创新，城市文化生活发生了很大变化。19世纪出现的电话和电影，20世纪出现的电视和互联网等，极大地改变了城市文化生活的面貌。

其三，城市文化变迁与科技创新紧密相关。城市文化包括传统文化和现代文化。现代化过程中的城市文化变迁，主要是从传统文化向现代文化的转型。现代文化的基本内容和观念，与现代科技进步直接相关。科技进步不断更新现代文化的内涵，改变人们的文化生活。

一般而言，科研机构主要集中在城市；但是，并非每个城市都有科研机构。

其四,城市文化影响城市生活质量。随着物质生活的满足,文化生活成为人们的日常追求。文化生活方式和生活质量,影响城市居民的生活质量和城市竞争力等。

5. 城市环境的时序分析

城市环境包括国际和国内环境,包括人文和自然环境。这里讨论自然环境。

(1) 城市环境的变化趋势

变化趋势:6个指标属于上升变量,4个属于转折变量,1个属于波动变量(表1-32)。

指标性质:5个指标属于水平变量,5个指标属于交叉变量,1个指标属于特征变量(表1-44)。其中,人均城市废物(图1-29)、废纸循环利用率(图1-30)和CO_2排放密度(图1-31)的变化,可以分别反映上升变量和转折变量的特点。城市排放密度先升后降,不同城市有不同特点。

表1-44 城市环境的变化趋势

变量性质	上升变量	下降变量	转折变量、波动变量
水平变量	人均城市废物、废纸循环利用率、生活废水处理率、固体废物处理率、家庭废物收集比例		
特征变量			建成区绿化率
交叉变量	城市灾害防治		城市空气质量、CO_2排放密度、有机废水排放密度、能源消费密度

注:更多环境指标的变化趋势,请参考《中国现代化报告2007:生态现代化研究》。

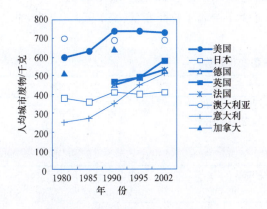

图1-29 1980~2002年人均城市废物
资料来源:OECD 2004.

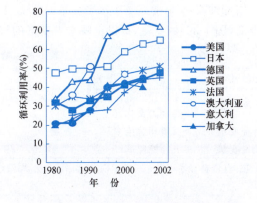

图1-30 1980~2002年纸和纸板循环利用率
资料来源:OECD 2004.

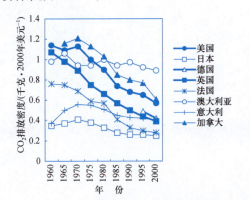

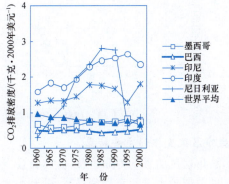

图1-31 1960~2000年CO_2排放密度(CO_2排放/GDP)
资料来源:World Bank,2005.

(2) 城市环境变化的主要特点

首先,城市环境问题始终存在,但在 18~20 世纪期间日益突出。18 世纪以前,城市环境问题主要是生活废水和废物等随机排放引发的,主要是公共卫生问题。18 世纪以来,随着煤炭、煤气、石油和化学合成材料的广泛应用,城市生活和工业经济的废物、废气、废水、有毒和有害物质的排放,城市环境问题逐步成为影响城市居民生活的一个关键因素。

其次,城市环境变迁与城市生活方式紧密相关。在很大程度上,城市环境问题是人为的。它与人们的生活方式有关,与现代科技有关,与企业生产方式有关。

其三,城市环境变迁的库兹涅茨曲线(EKC)普遍存在。1992 年世界银行的《世界发展报告》检验了环境退化和人均收入的关系,发现城市颗粒物浓度和城市 SO_2 浓度与城市人均收入的关系曲线,为倒 U 形曲线。这就是所谓的环境库兹涅茨曲线。

《中国现代化报告 2007》发现:① 温室气体排放、空气污染、有机废水污染与经济增长的关系,部分国家的经验符合 EKC,部分国家不符合 EKC。② 人均城市废物、人均家庭废物与经济增长的关系,绝大多数样本国家的数据不符合 EKC,它们的人均废物排放在增加。

环境变化,不仅与经济发展有关,而且与环境政策、生产模式和消费模式有很大关系。

6. 城市居民的时序分析

(1) 城市居民的变化趋势

变化趋势:5 个指标属于上升变量,3 个属于下降变量,2 个属于转折变量(表 1-32)。

指标性质:8 个指标属于水平变量,1 个属于交叉变量,1 个属于特征变量(表 1-45)。其中,平均预期寿命(图 1-32)的变化,可以反映水平变量的特点。

表 1-45 城市居民的变化趋势

变量性质	上升变量	下降变量	转折变量
水平变量	平均预期寿命、老龄人口比例、劳动力文化素质	童工比例、总和生育率、恩格尔系数	婴儿死亡率、儿童死亡率
特征变量	艾滋病感染率		
交叉变量	儿童肥胖率		

注:有资料显示,18~19 世纪部分欧洲城市平均预期寿命下降。

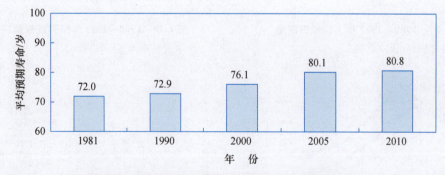

图 1-32　1981~2010 年北京市居民平均预期寿命的变化

(2) 城市居民变化的主要特点

首先,城市居民的平均寿命延长,城市社会老龄化。

其次,城市劳动力受教育程度提高,劳动力文化素质提高,童工比例下降。

其三,工业城市婴儿死亡率和儿童死亡率,18 世纪上升,20 世纪以来下降。

其四,20 世纪以来,城市结婚率下降,儿童肥胖率上升。

其五,20世纪后期以来,有些城市艾滋病感染率上升等。

三、世界城市四个要素的时序分析

世界城市现代化四个要素的时序分析(表1-46),属于整体性和理论性研究,是世界层次的城市现代化研究的一个重点。前面的分析已经涉及城市生活和城市结构的许多指标。这里进行一些简要的定性归纳,并用一些例子进行说明;虽不尽完备,但可加深认识。

表1-46　1700~2010年城市四个要素的变迁

方面	城市变量				长期趋势和特点
	18世纪	19世纪	1900~1970年	1970~2010年	
城市生活	城市的经济、社会、政治、文化生活等的变迁				有共性,国别、市别和时代的差异
城市结构	城市内部结构、城市体系结构、城市化等的变迁				有共性,国别、市别和时代的差异
城市制度	城市的政治、经济、社会、文化、环境、住房、人口制度等的变迁				有共性,国别、市别和时代的差异
城市观念	城市的政治、经济、社会、文化、环境、住房、人口观念等的变迁				有共性,国别、市别和时代的差异

1. 城市生活的时序分析

城市生活是相对于农村生活的一种生活形态,泛指发生在城市的人类生活,涉及生活条件、生活方式、生活质量和生活观念等,包括经济生活、社会生活(家庭生活)、政治生活和文化生活等。城市生活的变迁,可以通过反映城市生活的发展指标来测度。一般而言,城市生活可以从定量和定性两个角度进行分析,这里主要从定性角度进行讨论。

概括地说,城市生活条件与市民收入、城市住房、基础设施和技术进步有关,城市生活方式与工作模式、消费结构、公共服务、公共管理和生活观念有关;18世纪以来城市生活经历了机械化、电气化和信息化等阶段,城市生活水平和生活质量的国际差距和城际差距都非常大。

(1) 城市经济生活

城市经济生活指人们参加各类城市经济活动,涉及劳动、劳动时间、劳动类型、劳动收入、投资、贸易、储蓄、购物和纳税等。虽然不同城市经济生活有所不同,但具有一些共同特点。

例如,19世纪以来,发达国家城市职工的劳动时间不断减少(表1-47),劳动安全性先降后升;童工比例下降,妇女就业比例上升;农业比例下降,服务业比例上升,采矿业、制造业和金融业的国别差异和城市差异比较大;人均国民收入增加,但国家和城市间差别很大等。

表1-47　发达国家职工工作时间的缩短

国家	就业人员每年工作时间/小时						就业人员每年工作时间(折合为天数)/天					
	1870	1913	1950	1973	1990	1998	1870	1913	1950	1973	1990	1998
荷兰	2964	2605	2208	1751	1347	1389	329	326	276	219	168	174
挪威	2945	2588	2101	1721	1460	1428	327	324	263	215	183	179
英国	2984	2624	1958	1688	1637	1489	332	328	245	211	205	186
法国	2945	2588	1926	1771	1539	1503	327	324	241	221	192	188
意大利	2886	2536	1997	1612	1500	1506	321	317	250	202	188	188
德国	2841	2584	2316	1804	1566	1523	316	323	290	226	196	190
瑞典	2945	2588	1951	1571	1508	1582	327	324	244	196	189	198
美国	2964	2605	1867	1717	1594	1610	329	326	233	215	199	201
加拿大	2964	2605	1967	1788	1683	1663	329	326	246	224	210	208
日本	2945	2588	2166	2042	1951	1758	327	324	271	255	244	220

注:工作时间和工作天数的折算:1870年按每天工作9小时计算,1913~1998年按每天工作8小时计算。
资料来源:麦迪森,2003。

(2) 城市社会生活

城市社会生活指人们参加各类城市社会活动,涉及家庭生活、学习、卫生、宗教、交通、休闲娱乐、旅游和各种社会组织活动。不同城市社会生活有所不同,但也有一些共性。

例如,19世纪以来,家庭平均规模变小,家庭结构多样化,学习参与率提高(图1-33),医疗保险覆盖率提高,宗教活动长期存在,私人汽车普及率提高,娱乐和社会活动多样化等。

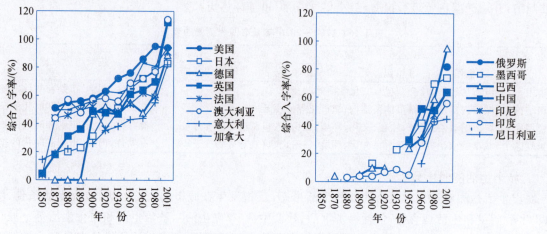

图1-33　1850~2001年综合入学率的变化趋势

注:综合入学率=在校学生总数÷6~24岁人口数。

资料来源:1850~1980年数据:米切尔2002;2001年数据:UNDP 2003.

(3) 城市政治生活

城市政治生活指人们参加各类城市政治活动,涉及政党、选举、投票、城市立法、城市司法、城市管理、群众运动和其他政治组织活动。不同城市政治生活有所不同,但也有共性。

例如,19世纪以来,城市政治民主化,城市管理多样化(表1-48);平等、自由和法治等现代政治理念,日益成为城市政治生活的基本准则;政党活动和周期性选举,成为常见的政治活动;工人罢工、市民集会、游行和抗议活动等,在一些国家的城市成为常见现象等。

表1-48　1984~2004年美国自治市的地方政府形式(人口超过2500的自治市)

政府组织形式	自治市的数量(个)和比例(%)					
	1984	1988	1992	1996	2000	2004
市长+议会	3686(56%)	3686	3635	3319	2988	3089(44%)
城市经理+议会	2290(35%)	2356	2441	2760	3302	3453(49%)
委员会	176(3%)	168	168	154	143	145(2%)
镇民大会	370(6%)	363	363	365	334	338(5%)
镇民代表大会	81(1%)	82	79	70	65	63(1%)

注:根据美国国家统计局的资料,2012年美国有19 519个自治市、16 360个镇、3138个县、50个州和华盛顿特区(首都);有381个大都市区、536个小都市区。

资料来源:诺克斯,迈克卡西,2009.

(4) 城市文化生活

城市文化生活指人们参加各类城市文化活动,涉及新闻、文学、艺术、表演、体育、广播、电影、电视、网络文化和其他文化活动。不同城市文化生活有所不同,但也有很多共性。

例如,19世纪以来,城市居民识字率提高;文化设备不断创新(表1-49),文化消费不断增长等。20

世纪以来,电影、电视和网络文化,极大丰富了市民文化生活。

表1-49 文化设备和电信技术的重要发明

文化设备	大致年份	电信技术	大致年份
银板照相机	1839	传真	1843
留声机	1876	电报	1844
电影	1894	电话	1876
广播	1906	无线电	1894
收音机	1910	电子计算机	1946
电动扬声器	1924	移动电话	1947
电视机	1924	寻呼机	1956
卡拉OK机	1971	人造卫星	1957
数码相机	1975	互联网	1969
家用录像机	1976	电子邮件	1971
随身听	1978	手机	1973
激光唱机	1979	个人电脑	1977
便携式摄像机	1983	笔记本电脑	1981
DVD播放机	1995	短信服务(SMS)	1992

资料来源:网上资料汇编。注:有些发明是多人或多个公司分别完成的,有些技术经历了长期的发展;有些发明的发明者和发明时间存在争议,本表所列的发明时间是其中的一种观点,仅供参考。

2. 城市结构的时序分析

城市结构一般指城市各种结构要素相互关系和相互作用的形式和方式,主要包括经济结构、社会结构、政治结构、文化结构、环境结构、人口结构和空间结构等。其中,经济结构包括产业结构、企业结构、技术结构、投资结构、流通结构、分配结构和消费结构等,空间结构涉及城市密度、城市布局和城市形态等。城市结构的变迁,可以通过反映城市结构的发展指标来测度(表1-14)。城市六个领域现代化的时序分析,将包括城市六个领域的结构变化(前面已有讨论)。这里主要从空间结构角度,简要讨论城市化、城市体系结构和城市内部结构。

(1) 城市化

从人口学和地理学角度看,城市化指人口向城市集中的过程,实质是伴随国民经济和劳动力就业的非农业化(工业化和服务化)过程的人口向城市积聚和农民的"市民化"。城市化的衡量指标是:城市人口占总人口的比例,简称城市人口比例。城市化是一个古老现象,已有约6000年历史。19世纪以来,城市化进程逐步加快;20世纪更是城市化的世纪(表1-50)。

表1-50 1700~2010年世界城市人口比例的变迁 单位:%

地区	1700	1800	1900	1950	1960	1970	1980	1990	2000	2010
世界	9.8	9.0	16.0	29.4	33.6	36.6	39.4	43.0	46.7	51.6
比较发达地区	10.8	10.8	29.7	54.5	60.9	66.6	70.1	72.3	74.1	77.5
北美地区	—	—	—	63.9	69.9	73.8	73.9	75.4	79.1	82.0
西欧地区	—	—	—	63.8	67.9	71.5	72.7	74.1	75.7	79.5
比较不发达地区	9.5	8.3	9.1	17.6	21.8	25.3	29.5	34.9	40.1	46.0
最不发达地区	—	—	—	7.4	9.5	13.0	17.2	21.0	24.3	28.1

资料来源:1700~1900年数据:Bairoch,1988. 1950~2010年数据:United Nations,2012.

(2)城市体系结构

城市体系结构包括城市规模结构、城市水平结构和城市地理结构等。在20世纪后50年里,人口超过百万的大型城市从75个增加到355个,大型城市人口占全部城市人口比例从23%上升到36%;人口为50万至100万的中型城市从102个增加到396个,中型城市人口占全部城市人口比例约为9%至10%;人口在50万以下的小城市,它的人口占全部城市人口比例从67%下降到55%(表1-51)。在世界范围内,城市人口向大型城市集中。

表1-51 1950~2010年世界城市体系的规模结构

项　　目	城市人口规模	1950	1960	1970	1980	1990	2000	2010
城市个数/个	1000万以上	2	2	2	4	10	17	23
	500万~1000万	4	10	15	19	19	27	38
	100万~500万	69	94	128	173	237	311	388
	50万~100万	102	128	186	245	299	396	513
占城市人口比例/(%)	1000万以上	3	3	3	4	6	8	10
	500万~1000万	3	6	8	8	6	7	7
	100万~500万	17	17	18	19	20	21	21
	50万~100万	9	9	9	10	9	9	10
	50万以下	67	65	62	59	58	55	51

注:占城市人口比例指某类城市的总人口占全部城市人口的比例。加和不等于100,是因为四舍五入,后同。
资料来源:United Nations,2012.

在不同发展水平的地区,城市规模结构有大致相同的趋势(表1-52)。人口50万以下小城市,占城市人口比例为50%左右;人口100万至500万的大城市,占城市人口比例为20%左右。

表1-52 1950~2010年比较发达地区和比较不发达地区的城市人口分布(占城市人口比例)

地　　区	城市人口规模	1950	1960	1970	1980	1990	2000	2010
比较发达地区	1000万以上	5.3	5.5	5.9	5.8	8.5	9.7	10.8
	500万~1000万	4.5	7.3	7.1	6.8	4.0	4.1	5.5
	100万~500万	16.4	16.1	18.5	20.4	21.6	22.2	21.6
	50万~100万	10.3	10.0	9.9	9.4	9.2	8.9	8.9
	50万以下	63.4	61.1	58.5	57.6	56.7	55.1	53.1
比较不发达地区	1000万以上	0	0	0	2.5	5.1	8.0	9.6
	500万~1000万	1.7	5.2	8.9	9.1	7.5	7.7	8.2
	100万~500万	18.4	18.1	17.6	17.9	19.0	20.3	21.2
	50万~100万	7.6	7.5	9.0	9.8	8.9	9.6	10.3
	50万以下	72.4	69.2	64.6	60.7	59.5	54.4	50.7
最不发达地区	1000万以上	0	0	0	0	0	6.4	6.4
	500万~1000万	0	0	0	0	6.2	3.4	5.8
	100万~500万	8.9	6.9	10.8	16.8	20.0	21.8	24.3
	50万~100万	0	4.4	8.9	11.7	10.9	7.9	7.7
	50万以下	91.1	88.7	80.3	71.4	62.9	60.5	55.9

资料来源:United Nations,2012.

(3)城市内部结构

城市内部结构涉及很多方面和指标,如经济、社会、政治、文化、人口和建筑结构等,涉及城市六个领域和六个系统的指标(表1-14),前面已有分析。从城市人口居住结构角度看,发达国家人口郊区化是 20 世纪以来城市内部人口结构的一个发展趋势,2000 年美国郊区人口占全国人口比例达到 50%,欧洲郊区人口占全国人口比例达到 22%(表 1-53)。

表 1-53　20 世纪发达国家的郊区化(郊区人口占全国人口比例)　　单位:%

国　家	1910	1920	1930	1940	1950	1960	1970	1980	1990	2000
美国	7	9	14	15	23	31	38	45	46	50
加拿大	—	—	—	—	—	—	—	—	—	39
法国	—	—	—	—	20	22	26	28	28	29
英国	—	—	—	—	22	24	25	26	25	25
德国	—	—	—	—	26	20	21	21	21	20
意大利	—	—	—	—	9	10	12	13	14	15
欧洲	—	—	—	—	17	18	20	21	22	22

注:美国郊区化指人口超过 10 万的城市的郊区人口占全国总人口的比例;2000 年,美国 30% 人口生活在中心城市,50% 的人口生活在中心城市的郊区,20% 人口生活在农村和小城镇。欧洲国家的郊区化是根据欧洲 16 个国家 2000 年人口超过 20 万的 185 个城市的人口数据的计算结果;其中,欧洲郊区化指欧洲 16 个国家 185 个城市的郊区人口占 16 个国家总人口的比例,德国、英国、法国和意大利等 4 个国家郊区化指这些国家人口超过 20 万的城市的郊区人口占全国人口的比例。

资料来源:Hobbs,Stoops,2002;Gales,2002.

3. 城市制度的时序分析

根据制度经济学家的观点(诺思,1999),制度是规范人类行为的规章、程序、伦理道德和习俗的集合。城市制度有两种理解,其一是狭义城市制度,指城市内部建立的各种制度,如政治、经济、社会和文化制度等;其二是广义城市制度,指与城市相关的各种制度,包括国家、地方政府、城市政府制定的各种相关制度、各种组织制定的相关制度等。

关于城市制度的学术文献不少(表 1-3,麦吉尔,2009;摩根,英格兰,佩利塞罗,2011)。一般而言,城市制度的变迁是复杂的和有序的,存在很大的时代差异、国别差异、地区差异和城市差异。全面分析城市制度需要很大篇幅,这里简要列举它的一些特点(表 1-54)。

表 1-54　城市制度的变迁(举例)

项　目	原始社会	农业社会	工业社会	知识社会
大致时间	人类诞生~公元前 3500 年	公元前 3500 年~公元 1763 年	公元 1763 年~1970 年	1970 年~2100 年
政治	原始民主	专制、封建制度	民主化、民主政治	多样化、民主政治
经济	—	私有制、行会制度	市场化、企业制度	全球化、知识经济
社会	氏族制	家族制、封建制度	福利化、义务教育	网络化、知识社会
文化	原始宗教	文化控制、宗教制度	文化检查、文化市场	市场化、网络文化
环境	—	—	污染防治	环境保护、生物多样性
居民	部落习俗	奴隶、平民、贵族制	公民制度、职业制度	国际公民、终身学习
功能形态	—	防卫、贸易性、封建设计	生产性、城市规划	服务性、城市规划
建筑住房	—	传统建筑习俗、宗教性	标准化、城市规划	特色化、城市规划
基础设施	—	防务、市政设施	公共基础设施	公共基础设施
公共服务	—	救助、慈善	公共服务、非营利	公共服务、非营利
公共管理	—	行政管理	公共管理、法制	公共治理、法制
国际联系	—	不规范	国际协议	国际协议、民间合作

4. 城市观念的时序分析

城市观念有两种理解,其一是狭义城市观念,指城市内部的观念,涉及城市政治、经济、社会、文化和环境等的观念;其二是广义城市观念,指全社会关于城市的观念,涉及狭义城市观念和与城市有关的观念。城市观念的变化体现在三个层面,其一是学术思想层面——城市思想的变迁,其二是城市规范层面——城市伦理的变化,其三是城市政策层面——城市制度的变化。上面讨论了城市制度,城市伦理需要专门研究,这里主要讨论城市思想观念的演变。

城市观念是城市文化的重要内容。关于城市文化和城市观念,已经有不少学术文献(表1-3,芒福德,2009)。一般而言,城市观念的变迁是复杂的和不同步的,存在很大的时代差异、国别差异和城市差异。全面分析城市观念需要很大篇幅,下面简要列举它的一些特点(表1-55)。

表 1-55 城市观念的变迁(举例)

项 目	原始社会	农业社会	工业社会	知识社会
大致时间	人类诞生~公元前3500年	公元前3500年~公元1763年	公元1763年~1970年	1970年~2100年
政治	原始民主	专制的、宗教的	民主的、公共的	个性化、国际化
经济	—	地区主义	国家主义、功利性	全球主义、绿色化
社会	平等的	稳定的、家族的	福利化、公共卫生	网络化、绿色化
文化	共享的	宗教的、传统主义	世俗的、现代主义	网络化、后现代主义
环境	—	适应自然	控制自然、控制污染	生态平衡、保护环境
居民	部落习俗	保守的、等级的	开放的、平等的	个性化、幸福感
功能形态	防卫、贸易	传统城、贸易城	工业城、生产性	信息城、服务性
建筑住房		传统的	标准的、现代的	智能化、绿色化
基础设施		安全性	公共、高效、便捷	公共、舒适、无障碍
公共服务		分级的、慈善的	公共、平等、效率	公平、效益、质量
公共管理	—	管制、稳定	民主、效率	治理、协商
国际联系	—	比较少	经济的、社会的	全方位互动、国际化

注:城市形态反映城市观念,城市形态具有多样性。例如:城堡、皇城、商业城、港口城、电力城、工业城(摩天大楼)、广亩城市(大城市离心化,人们居住在低密度的半乡村环境的房子里,建立在汽车和大生产建筑技术基础上)、田园城市(花园城市)、绿带城市、大都市、数字城市、低碳城市、智慧城市等。

第三节 世界城市现代化的截面分析

世界城市现代化的截面分析,是对其全过程的关键时期的截面数据和资料进行分析,时间跨度约为300年(1700~2010年),分析对象可以选择5个历史截面(1700年、1800年、1900年、1970年和2010年),并以2010年截面为重点。具有18~19世纪数据和资料的城市非常少。本节采用举例法,讨论世界城市现代化的四个要素、六个领域和六个系统的截面特点。

根据联合国资料估算,2010年世界城市超过12万个(表1-17),其中,约3.6万个分布在比较发达地区,约9.2万个分布在比较不发达地区;世界城市化水平约52%,城市人口约35亿,其中,约25%生活在发达国家,75%生活在发展中国家。不同地区的城市特征既有共性又有差别。反映世界城市现代化截面特征的指标非常多,这里主要关注有明显政策涵义的指标;有些指标非常重要,但缺少城市层次统计数据,采用国家层次数据代替,会带来一定的系统误差。

一、世界城市六个系统的截面分析

世界城市六个领域的截面分析,可以用 2010 年截面为代表。一般而言,2010 年截面反映知识时代早期的城市特征,可以采用 2000~2010 年期间的数据。

1. 世界城市功能和形态的 2010 年截面

首先,城市功能与城市的国际和国内地位有关。有学者认为,根据经济功能,城市可以分为四级:世界城市、区域控制中心、专业化生产性服务业中心、依赖型中心(表 1-56)。

表 1-56　世界城市和美国城市体系

城市分级		功能和特点	主要城市
世界城市	世界城市	全球金融、生产体系和商业服务的组织管理者,国际生产、销售和金融的控制点	12 个城市:伦敦、纽约、东京、芝加哥、洛杉矶、巴黎、布鲁塞尔、法兰克福、苏黎世、圣保罗(南美)、新加坡、香港
	次级世界城市(国际城市)	国际政府、大型企业、金融服务、商品市场、国际组织等的集聚	23 个城市:休斯顿、迈阿密、旧金山、华盛顿特区、多伦多、曼彻斯特、柏林、鹿特丹、维也纳、米兰、马德里、莫斯科等
区域控制中心	美国区域枢纽中心	拥有高度集中的大型企业总部、金融服务、生产性服务公司的密集网络,重要的教育、医疗和公共部门的集中。有些是制成品批发集散中心	19 个中心:亚特兰大、巴尔的摩、波士顿、辛辛那提、克利夫兰、哥伦布、达拉斯、丹佛、迈阿密、费城、菲尼克斯、西雅图等
	美国次区域枢纽中心		16 个中心:得梅因、小石城、孟菲斯、盐湖城、里士满等
专业化生产性服务业中心	美国专业化生产性服务业中心	依赖于世界城市和枢纽中心,拥有特定产业的企业总部、研发机构和生产中心	第一组:制造业:匹兹堡、圣何塞等 第二组:政府或教育中心:奥尔巴尼、奥斯汀、麦迪森等
依赖型中心	美国依赖型中心	它们的资产一般受全球、国家和区域控制中心的指挥。多为小城市,有少数例外	传统制造业中心:布法罗、罗克福德等 工业/军事中心:汉斯维尔、圣地亚哥等 矿产/工业中心:德卢森、查尔斯顿 度假/疗养/居住中心:阿尔伯克基、奥兰多、拉斯维加斯等

资料来源:诺克斯,迈克卡西,2009.

其次,城市功能与城市规模有紧密关系。一般而言,大城市的管理功能和服务功能比较突出,小城市的生产功能比较突出。根据城市经济功能的不同,可以把城市分为三种:

- 管理型城市:又称综合型城市,大型企业总部集聚,金融管理中心,一般为大型城市;
- 服务型城市:服务型企业和服务机构集聚,生产型企业比较少,一般为专业化城市;
- 生产型城市:生产型企业集聚,服务型企业比较少,一般为小城市。

其三,城市形态具有多样性。根据城市土地利用特点,城市可以分为两类:普通城市和田园城市。根据城市规模,城市分为超大、特大、大型、中型和小型城市等。根据城市人口密度和建筑形态,城市可以分为三类:密集型、分散型和过渡型城市。

- 密集型城市:人口和建筑密集,高层建筑密集,如芝加哥、纽约等;
- 分散型城市:人口和建筑高度分散,人口密度较低,如洛杉矶等;

- 过渡型城市：人口、建筑和高楼密度，处于密集型和分散型之间。

关于城市发展的综合指标，如宜居城市指数、文明城市指数、城市生活质量、城市创新能力、城市竞争力和城市影响力等，都与城市功能和形态有一定的关联。

2. 世界城市建筑和住房的 2010 年截面

一般而言，城市典型建筑成为一个城市的主要标识，城市住房质量反映一个城市的生活水平。城市建筑和住房的结构和状态，既反映城市风格，也反映城市发展水平。

首先，城市建筑具有多样性。城市建筑是建筑文明发展的一个缩影。在世界各地的城市里，我们可以看到古典建筑、现代建筑和后现代建筑，可以看到摩天大楼、标准化办公楼、购物中心、中央商业区、联排住宅和郊区别墅，可以看到公共设施如娱乐场和公园等。

其次，城市建筑反映城市的文化特色。虽然城市建筑具有一些共性特点，如基础设施和建筑材料等，但城市建筑风格有比较大的差别。例如，在传统城市，城市建筑更多反映了传统文化的许多特点，如古典主义和宗教色彩；在工业城市，城市建筑充分体现了现代文化的特点，如标准化和简捷；在信息城市，城市建筑包含更多后现代文化的特点，如新古典主义、生态建筑、绿色建筑和智能化建筑等。当然，这种划分是相对的。事实上，许多城市是各种建筑文化的综合体，只是它在某个方面更为突出，这种突出就成为该城市的一种文化特色。

其三，城市贫民窟建筑大量存在。在发展中国家，城市贫民窟仍然大量存在。贫民窟建筑一般是临时的和低质量的。事实上，在 18 世纪、19 世纪和 20 世纪上半叶，发达国家的城市贫民窟现象同样普遍存在。不同国家和城市消除城市贫民窟的做法和时间有很大差别。

其四，城市住房面积的国际差异很大。城市人均住房面积和住房间数的国际差别很大。例如，人均住房面积，东京不到 17 平方米，马德里不到 29 平方米，巴黎不到 39 平方米，美国主要大都市中心城市约为 55 平方米（格莱泽，卡恩，2012）。美国城市人均住房面积较大（表 1-57）。

表 1-57 1999 年美国主要大都市区的住房调查

项 目	单元房平均面积/平方米	人均面积/平方米	卧室/个	浴室/个	独户住房比例/(%)
中心城市	195.0	55.1	2.56	1.32	35
城市郊区	237.7	63.4	3.03	1.61	70

注：主要大都市区包括：亚特兰大、波士顿、芝加哥、达拉斯、底特律、休斯顿、洛杉矶、纽约、费城、旧金山和华盛顿特区。

资料来源：格莱泽，卡恩，2012.

其五，城市住房房价收入比有很大差别。根据联合国的人居环境调查（UN-Habitat，2002），发达国家城市房价收入比约为 5（4～6），即单元房价中值为家庭平均年收入的 5 倍，发展中国家城市平均房价收入比约为 8（4～13），合理值为 3～5 倍；发达国家城市平均房租收入比约为 19%，即单元房平均月租为家庭平均月收入的 19%，发展中国家城市的平均房租收入比约为 30%（18%～46%）；美国平均房价收入比在 3 倍左右，平均房租收入比为 25% 左右（表 1-58）。

表 1-58　1993 年和 1998 年城市房价收入比和房租收入比

地　区	城市/个	国家/个	房价收入比/倍（单元房价中值/家庭平均年收入）		房租收入比/(%)（单元房月租金/家庭平均月收入）	
			1993 年	1998 年	1993 年	1998 年
工业化国家	9	17	4.4	5.8	18.9	19.1
发展中国家	155	153	—	8.3	—	30.4
转型国家	36	24	12.2	6.8	4.4	18.2
亚太地区	28	34	9.4	11.3	23.7	34.4
拉美国家	48	33	3.8	5.4	20.2	31.4
阿拉伯国家	14	17	9.7	10.9	17.8	45.4
非洲	29	45	6.9	12.5	27.3	39.5
美国	—	—	2.7(1990)	3.1(2000)	26.4(1990)	25.5(2000)

注：1993 年和 1998 年城市样本，有所不同。以美国为参照，其数据来源见表 1-26。
资料来源：UN-Habitat, 2002; Flood, 2001.

其六，城市住房的供给和产权有很大差别。根据联合国的人居环境调查，发展中国家城市私有和私租住房约占 80%，公租房约占 10%，转型国家城市公租房约占 25%（表 1-59）。具有房屋产权法规的城市，发展中国家约为 77%，发达国家只有 67%，亚太国家达到 94%。拉美国家的无房者将近 3%。

表 1-59　提供城市住房和拥有产权的比例　　　　　　　　　　　　　　　　单位：%

地　区	自有房	抵押房	私租房	公租房	转租房	无房	其他	房屋产权
工业化国家	—	—	—	—	—	—	—	67
发展中国家	57.1	4.0	17.2	10.3	1.4	1.6	9.4	77
转型国家	60.7	2.6	4.4	25.0	0.3	1.2	5.8	71
亚太地区	61.4	3.6	23.4	0.9	0.3	1.5	8.9	94
拉美国家	60.6	5.5	19.2	3.1	0.9	2.9	7.8	75
阿拉伯国家	—	—	—	—	—	—	—	79
非洲	40.8	3.4	31.3	5.2	4.5	1.0	13.8	79

注：资料来源同表 1-58。

3. 世界城市基础设施的 2010 年截面

城市基础设施是城市公共服务的基础，直接反映城市发展的"硬件水平"。《中国现代化报告 2005：经济现代化研究》、《中国现代化报告 2006：社会现代化研究》、《中国现代化报告 2009：文化现代化研究》和《中国现代化报告 2007：生态现代化研究》，分析了世界经济、世界社会、世界文化和生态领域的 2001 年截面，包括许多基础设施指标，它们反映了不同基础设施指标与人均国民收入的特征关系，主要结果适用于城市基础设施。

首先，城市基础设施的主要指标与人均国民收入正相关。

其次，所有城市都面临基础设施的挑战。有些城市的主要挑战是基础设施供应不足，有些则是基础设施严重老化和年久失修，有些是两者都有。

其三，非洲国家城市基础设施的国际差距最大。1998 年非洲城市，大约 52% 的家庭没有自来水，69% 的家庭没有下水道，46% 的家庭没有电力供应，85% 的家庭没有电话（表 1-60）。

表 1-60　1998年城市基础设施的普及率　　　　　　　　　　　　　　　　　单位：%

地　区	供水	排污	电力	电话	*供水	*排污	*电力	*电话
工业化国家	99.6	99.7	100.0	99.5	—	—	—	—
发展中国家	75.8	64.0	86.5	52.1	37.2	19.8	59.1	25.4
转型国家	91.1	89.6	99.2	73.5	33.6	28.8	60.7	29.7
亚太地区	65.9	58.0	94.4	57.1	38.3	7.4	75.7	25.4
拉美国家	83.7	63.5	91.2	51.7	57.9	30.3	84.7	32.0
阿拉伯国家	79.1	65.9	91.8	42.0	35.7	21.5	35.9	30.0
非洲	48.4	30.9	53.9	15.5	19.1	7.4	20.3	2.9

注：资料来源同表1-58。供水为家庭自来水普及率。*为非正式居住地的基础设施普及率。

4. 世界城市公共服务的2010年截面

城市公共服务是城市吸引力的重要因子，直接反映城市发展的"软件水平"。

首先，城市公共服务有四个主要目标：效率、效果、公平和回应性（摩根，英格兰，佩利塞罗，2011）。很显然，不同城市的表现差别很大。一般而言，发达城市的表现比较好，四个目标比较均衡；发展中城市差异比较大，四个目标实现程度有差别。

- 效率：在给定投入或资源条件下，追求产出的最大化。过程导向，不关注目标和反应。
- 效果：关注服务目标的实现程度。结果导向，不关注投入成本或资源使用。
- 公平：有多个系统，如机会公平、服务水平同等、回报公平（纳税与服务的对等）等。
- 回应性：公共服务符合市民的要求和预期目标。这是最难完成的任务。

其次，城市供水和排水服务。发达国家和发展中国家的城市供水和排水服务存在很大差距（表1-60，表1-61）。发展中国家，大约26%的城市家庭没有供水服务，大约40%的非正式城市居住地的家庭没有供水服务；大约36%的城市家庭没有下水道，大约80%的非正式城市居住地的家庭没有下水道。发达国家城市家庭供水和排水服务达到99%以上。

表 1-61　1998年发达国家和发展中国家的城市供水服务

地　区	家庭供水服务比例/(%)		水消费/[升·(人·天)$^{-1}$]	
	正式居住地	非正式住居地	正式居住地	非正式住居地
工业化国家	99.7	—	215	—
发展中国家	88.9	57.6	158	45
转型国家	97.3	57.5	186	27
亚太地区	94.8	89.1	224	56
拉美国家	89.1	66.8	178	84
阿拉伯国家	88.0	42.7	190	66
非洲	73.5	40.0	50	23

注：资料来源同表1-58。供水服务包括家庭自来水和在居家200米距离内有供水（管道或水井等）。

其三，其他城市公共服务。城市公共服务包括设施性、经济性、社会性、政治性、文化性和环保性公共服务等。在不同方面，发达国家和发展中国家之间都存在比较大差距或差别。

5. 世界城市公共管理的2010年截面

城市公共管理是城市竞争力的重要环节，直接反映城市发展的管理水平。

首先，城市公共管理的合作模式。根据联合国的人居环境调查，发达国家和发展中国家的城市政府，都注意与公民社会的合作，都重视政府与民间的伙伴关系，并加强地方政府间的合作（表1-62）。在有些方面，发达国家城市表现较好，在有些方面发展中国家城市表现较好。

表1-62　1998年城市公共管理合作模式的参与比例

地 区	提前知道转移支付/(%)	公民社会介入新路建议/(%)	公民社会介入区域调整/(%)	公民社会介入主要公共项目/(%)	城市有公私部门伙伴关系/(%)	接受援助/(%)	地方政府协会/(%)	城市间合作/(%)
工业化国家	67	78	78	78	67	0	78	67
发展中国家	65	57	60	63	63	14	68	70
转型国家	85	74	68	85	71	21	79	85
亚太地区	59	59	88	71	59	18	59	71
拉美国家	60	50	48	60	46	17	52	54
阿拉伯国家	64	50	50	36	71	0	71	64
非洲	52	52	59	52	83	7	83	83

注：资料来源同表1-58。

其次，城市政府的自治权。根据联合国的人居环境调查，发达国家的城市自治权高于发展中国家，但拉美国家城市自治权较高；阿拉伯国家城市自治权最低（表1-63）。

表1-63　1998年地方政府的自治权力

地 区	独立设立税收	独立设立收费	独立借款	独立签订合同
工业化国家	1.33	1.56	1.67	1.89
发展中国家	0.99	1.02	0.98	1.45
转型国家	1.09	1.12	1.56	1.76
亚太地区	0.65	0.88	0.76	1.29
拉美国家	1.55	1.36	1.1	1.77
阿拉伯国家	0.36	0.5	0.57	0.86
非洲	0.66	0.76	0.48	1.03

注：资料来源同表1-58。独立程度分级：2为完全独立，0为完全不独立（完全没有相应权力）。

其三，城市财政和预算管理。在收入方面，美国城市大约70%经费收入来自城市自身，30%经费收入来自联邦政府和州政府的转移支付；税收、收费和使用者付费是城市内部收入的主要来源，财产税约占城市税收收入的50%；州政府的转移支付约占城市收入的22%（表1-64）。

在支出方面，美国城市大约20%经费支出用于公共安全，20%经费用于交通和环境管理，18%经费用于教育和公共健康，10%经费用于公园和公共福利，7%经费用于行政管理，6%经费用于偿还债务利息（表1-64）。

表 1-64 美国城市政府的收入和支出

收入项目	1991~1992年度	2001~2002年度	支出项目	1991~1992年度	2001~2002年度
总收入	100	100	总支出	100	100
自身收入	71.7	70.2	公共安全	20.2	20.9
税收	43.6	42.0	交通	10.9	11.4
财产税	23.1	20.4	环境	11.0	10.2
营业税	11.6	12.4	教育与图书馆	12.5	13.6
所得税	5.8	5.3	医院和健康	6.0	5.6
其他	3.1	3.9	公园和娱乐	4.8	5.4
收费和用者付费	28.1	28.2	公共福利	5.5	4.5
			住房和社区发展	4.9	4.4
政府转移	28.3	29.8	政府行政	7.2	7.4
联邦政府	4.6	5.3	负债利息	7.3	5.5
州政府	21.3	21.9	其他	9.6	11.1

资料来源:摩根,英格兰,佩利塞罗,2011.

其四,城市交通管理。城市交通堵塞是许多城市的一个通病。城市交通管理是一个严峻挑战。根据联合国的人居环境调查,发展中国家城市上班路上平均时间超过发达国家,亚太地区城市上班路上平均时间最长(表1-65)。发达国家城市乘私车出行比例超过50%,发展中国家平均不到20%,但阿拉伯国家达到41%。发展中国家乘公交车出行比例达到42%,发达国家仅为21%。

表 1-65 城市交通的时间和各出行模式所占比例　　　　　　　　　　　　单位:%

地区	平均通勤时间/分钟	私车	摩托车	火车等	公交车	自行车	步行	其他
工业化国家	27	50.3	0.0	8.2	20.6	6.5	10.6	0.8
发展中国家	32.3	17.5	5.0	7.5	41.8	3.4	16.1	7.1
转型国家	29.8	15.1	4.3	17.3	41.7	1.9	15.4	1.5
亚太地区	42.1	16.0	15.2	4.9	27.1	0.7	21.9	13.1
拉美国家	30.7	21.2	3.0	3.0	43.8	4.7	15.0	11.0
阿拉伯国家	28	41.0	1.6	0.0	41.2	0.2	7.7	8.7
非洲	34.1	13.6	2.8	2.1	47.4	6.4	17.4	7.0

注:资料来源同表1-58。

其五,其他城市管理。城市公共管理内涵非常丰富,如人力资源管理、城市规划管理、城市土地管理、应急管理、社会管理、经济管理和环境管理等。在不同方面,发达国家和发展中国家之间都存在比较大差别。新公共管理与传统公共管理相比有一些新特点,例如,权力分散化、目标管理、合同外包、企业化管理、政府内部竞争、政府间合作和服务导向等。

新公共管理的要点(Hood,1991):

- 专业化管理:由专业人员进行管理,即时管理。
- 目标管理:重视实际成果,项目管理,产出控制。
- 绩效管理:明确目标,明确标准,科学评价。

- 网络管理:部门分权,打破本位主义,加强政府间合作。
- 质量管理:引入市场竞争机制,降低成本,提高服务质量。
- 企业化管理:借用企业管理的原理和方法。
- 科学管理:提高资源的利用效果。

新公共管理的特征(Farnham,Horton,1996):

- 战略管理:采用战略管理原则来分析政策目标和议题,理性处理问题。
- 组织重构:政策制定与政策执行分离,结构扁平化,合理授权,控制服务质量。
- 科学评价:设立发展指标和绩效标准,依据测量和比较结果,做出新的决策。
- 调整文化:采用与社会需求、市场需求和企业价值相适合的管理文化。
- 人力资源管理:寻求员工的支持和参与,持续推进组织与结构的变革。
- 服务导向:根据人民的真正需求,提供公共服务。
- 契约关系:建立公共部门与社会公众的契约关系。

6. 世界城市国际联系的 2010 年截面

城市国际联系是城市影响力的关键因素,直接反映城市发展的国际化水平。

《中国现代化报告 2005:经济现代化研究》、《中国现代化报告 2006:社会现代化研究》、《中国现代化报告 2009:文化现代化研究》、《中国现代化报告 2007:生态现代化研究》和《中国现代化报告 2008:国际现代化研究》,分析了世界经济、世界社会、世界文化、生态环境和国际关系领域的 2001 年截面,包括各个领域的国际联系指标,它们反映了不同国际联系指标与人均国民收入的特征关系,主要结果适用于城市国际联系(表 1-66)。

表 1-66 2001 年国际联系指标与人均国民收入的特征关系

方　面	正相关的变量	负相关的变量	相关性不显著的变量
经济	人均国际贸易、人均外国投资		国际贸易比例
社会	外籍人口比例、人均国际通话		
文化	人均文化贸易		
其他	出境旅行比例、入境旅游比例		

资料来源:中国现代化战略研究课题组,中国科学院中国现代化研究中心,2008.

首先,城市国际联系发生在几乎所有领域。国际联系包括经济、社会、政治、文化、环境和人员联系等。随着全球化、国际化和信息化的推进,世界已经成为一个"地球村"。

其次,城市国际联系的城市差别很大。一般而言,发达城市国际联系比较多,发展中城市国际联系比较少;首都城市国际联系比较多,地方城市(特别是发展中国家的地方城市)国际联系比较少;大城市的国际联系比较多,中小城市的国际联系比较少。

其三,国际联系的地区分布和国家分布不均衡。有些城市聚集了众多跨国公司的总部和外籍人口,有些城市聚集了众多国际组织的总部,有些城市几乎没有什么国际联系等。

二、世界城市六个领域的截面分析

世界城市六个领域的截面分析,以 2010 年截面为代表。一般而言,2010 年截面反映 21 世纪初的城市特征,可以采用 2000~2010 年期间的数据。

1. 世界城市经济的 2010 年截面

城市经济学是一门交叉学科,对城市经济特征有专门研究。《中国现代化报告 2005:经济现代化研究》分析了世界经济的 2001 年截面,反映了不同经济指标与人均国民收入的特征关系,主要结果适用于城市经济(表 1-67)。

表 1-67 2001 年经济指标与人均国民收入的特征关系

方面	正相关的变量	负相关的变量	没有显著关系的变量
经济效率	人均 GDP、劳动生产率、农业生产率、工业生产率、服务业生产率、能源使用效率	—	GDP 增长率、人均 GDP 增长率、农业增长率、工业增长率、服务业增长率、失业率
经济结构	服务业增加值比例、劳动力素质(成人识字率、成人平均受教育年数、受过高等教育的劳动力比例)	农业增加值比例、物质产业增加值比例	工业增加值比例、制造业增加值比例、外国直接投资
流通和分配	人均国际贸易、收入分配的公平性、政府收入比例、政府税收收入比例	通货膨胀率、平均关税率、基尼系数	国际贸易依存度
消费和储蓄	转移支付比例、储蓄率、教育投入比例、卫生投入比例、科技投入比例	消费率、存款利率、国际债务	投资率、实际利率、政府债务

资料来源:中国现代化战略研究课题组,中国科学院中国现代化研究中心,2005.

首先,世界城市经济是一种混合经济,包括农业经济、工业经济、服务经济和知识经济等。发达城市的经济特征包括服务密集、知识密集、信息密集、资本密集、中高技术、高生产率、环境友好和创新驱动等,发展中城市的经济特征包括生产密集、劳动密集、资源密集、中低技术、低生产率、环境退化、规模驱动和投资驱动等。

其次,城市经济结构具有多样性。根据宏观经济结构特点,城市经济主要有四种类型。① 制造业主导型(制造业比例超过 30%),② 服务业主导型(服务业比例超过 80%),③ 都市农业型(农业超过工业),④ 综合经济型(工业和服务业基本相当)。

例如,美国在 2001~2010 年期间,制造业增加值占城市经济比例超过 30% 的都市区为 19~39 个,低于 10% 的都市区约有 106~130 个(表 1-68);服务业增加值占城市经济比例超过 80% 的都市区为 157~195 个,小于 60% 的都市区有 18~24 个(表 1-69);大约有 3~9 个都市区农业增加值比例超过工业增加值比例;大约有 9~14 个都市区工业和服务业比例基本相当。

表 1-68 2001~2010 年美国 366 个都市区的分组(根据制造业增加值/GDP 分组) 单位:个

制造业/GDP	2001	2002	2003	2004	2005	2006	2007	2008	2009	2010
>50%	1	2	2	3	4	3	4	1	1	1
40%~50%	8	6	5	5	6	6	5	8	6	7
30%~40%	28	31	27	24	23	24	18	10	15	18
20%~30%	62	63	60	66	64	62	70	71	63	64
10%~20%	132	130	129	126	133	132	125	121	125	122
<10%	110	106	115	118	113	112	121	129	130	123
没有数据	25	28	28	24	23	27	23	26	26	31

数据来源:BEA,2012.

表 1-69 2001~2010 年美国 366 个都市区的分组(根据服务业增加值/GDP 分组)　单位:个

服务业/GDP	2001	2002	2003	2004	2005	2006	2007	2008	2009	2010
>90%	37	42	39	35	36	40	32	38	48	57
80%~90%	120	128	133	127	129	128	139	144	147	138
70%~80%	109	100	103	108	112	106	107	107	104	44
60%~70%	76	74	72	76	65	68	65	54	49	44
50%~60%	17	19	14	13	16	17	13	14	15	16
<50%	7	3	5	7	8	7	10	9	3	7

数据来源:BEA,2012.

其三,城市经济的专业化和产业特色。一般而言,大型城市是综合性的,中型城市和小型城市是专业性的。不同城市的产业集聚和产业特色有所不同(表 1-70)。城市经济中的非正式经济(informal economy)和非正式就业现象,普遍存在,不同城市有所差别。

表 1-70 2001 年美国大都市的产业集聚(举例)

产　品	都市区	2001 年就业人数	就业人数占本地区就业人数的比例/(%)
信息技术	圣何塞,加利福尼亚州	92 453	10.15
航空发动机	哈特福德,康涅狄格州	14 207	15.81
金融服务	纽约,纽约州	316 922	9.36
家具	黑克瑞,北卡罗来纳州	31 714	8.92
生物制药	纽瓦克,新泽西州	21 619	8.23
精密仪器	波士顿,马萨诸塞州	77 637	10.38
服务和旅游	拉斯维加斯,内华达州	182 681	7.16

资料来源:奥莎利文,2008.

目前,美国科技和专业服务、企业管理、信息、教育、金融、行政和废物管理、房地产、批发和运输等产业主要分布在城市;休闲和娱乐、建筑、健康和社会援助、住宿和餐饮、个体经营和零售贸易等产业主要分布在城市与农村之间的过渡地区(近郊和远郊);粮食及畜牧、其他农业和采矿业等产业主要分布在农村,制造业和政府服务也主要分布在农村(表 1-71)。今天的美国经济,农村是制造业商品净输出地,大城市是净输入地(霍姆斯,史蒂文斯,2012)。

表 1-71 美国主要产业的就业分布和产业分类

产业驻地	占全部就业比例/(%)	主要产业
农村地区	26.4	粮食及畜牧,其他农、林、渔及狩猎,采矿,制造业,市政设施,政府
过渡地区	47.4	零售贸易,个体经营,住宿和餐饮,健康关怀及社会援助,建筑,其他企业,艺术、休闲和娱乐,其他服务(除公共管理外)
城市地区	26.2	仓储运输,批发贸易,房地产及租赁,辅助企业,行政、后勤、废物管理和治理服务,金融保险,教育服务,信息,公司和企业管理,专业、科学和技术服务

注:产业分类是根据主要行业的区位商和城市化水平分类。首先,把主要行业的就业分布从城市到农村,按地理特征平均分为四等份(四个区位)。其次,统计每个行业在每个区位的区位商(0~4)。其三,计算每个行业的城市化水平,城市化水平=农村区位商(第四区位)-城市区位商(第一区位)。其四,产业分类。农村部门:城市化水平在 -0.36 以下;过渡部门:-0.22~0.20;城市部门:城市化水平在 0.57 以上。

资料来源:霍姆斯,史蒂文斯,2012.

其四,城市经济的动力来源和创新特色。城市经济增长的主要来源包括:资本深化(劳动力人均资本的增加)、人力资本增长(劳动力人均知识和技能的增加)、技术进步(包括管理进步)和规模经济(奥莎利文,2008)。根据城市经济增长的主要动力不同,可以把城市经济分为四类:创新驱动型、投资驱动型、规模驱动型和多轮驱动型。

- 创新驱动型城市:经济增长的主要原因,不是投资增加,不是人口增加,不是城市规模扩大,而是创新产品的增加(表1-72)。
- 投资驱动型城市:经济增长的主要原因:投资增加,固定资产增加。
- 规模驱动型城市:经济增长的主要原因:城市人口增加,产业集聚。一般而言,城市人口规模扩大1倍,城市生产率大约会提高3%~8%(罗森塔尔,斯特兰奇,2012)。
- 多轮驱动型城市:经济增长的原因涉及多个方面,如资本深化、人力资本、技术进步和规模经济,每个方面的贡献都没有明显的优势。

表1-72 美国都市的创新活动和创新优势(举例)

都市区	创新数/个	每万人创新数	产 业	产业创新总数/个	都市区及创新数
旧金山-奥克兰	477	8.886	计算机	787	圣何塞,166
波士顿-劳伦斯	345	8.686	控制仪表	464	波士顿,45
纽约-北新泽西	735	4.191	收音机/电视机	311	圣何塞,58
费城-威明顿	205	3.609	半导体	168	圣何塞,53
达拉斯-沃思堡	88	3.002	电力测量设备	114	圣何塞,22
哈特福德	30	2.959	药品	116	纽瓦克,27
洛杉矶-阿纳海姆	333	2.869	外科器械	101	纽瓦克,20
水牛城-尼加拉河	35	2.816	高附加值管件	81	阿纳海姆,6
克里夫兰-阿克伦	77	2.717	电子元器件	72	圣何塞,19
芝加哥-盖瑞	203	2.558	泵及泵设备	68	费城,8

资料来源:奥德查,费尔德曼,2012.

其五,城市经济的国际差距比较明显。发达城市和发展中城市之间的经济差距,主要表现在四个方面:经济效率的差距(如劳动生产率、土地生产率、资源使用效率等)、经济结构的差距(如高附加值产业、高技术产业、就业结构等)、技术水平的差距(如先进技术比例、落后技术比例)和环境效益的差距(如环境友好的产业、工业污染控制、能源节约等)等。

根据联合国的人居环境调查(UN-Habitat,2002),发达国家城市人均产出和家庭平均收入约为发展中国家的7倍和6倍,发达国家城市非正式就业率和失业率低于发展中国家(表1-73)。

表1-73 1998年发达国家和发展中国家的城市经济水平的国际差距

地 区	国家人均GDP/美元	城市人均产出/美元	家庭平均收入/美元	非正式就业率/(%)	失业率/(%)
工业化国家	22 501	22 103	26 273	3	8
发展中国家	2670	2988	4761	37	12

(续表)

地区	国家人均GDP/美元	城市人均产出/美元	家庭平均收入/美元	非正式就业率/(%)	失业率/(%)
转型国家	2541	2905	3591	21	9
亚太地区	4742	6182	9101	33	8
拉美国家	3350	3226	5623	39	13
阿拉伯国家	2752	3170	5850	65	11
非洲	441	729	1637	54	23

注：资料来源同表1-58。

2. 世界城市社会的2010年截面

《中国现代化报告2006：社会现代化研究》分析了世界社会的2001年截面，反映了不同社会指标与人均国民收入的特征关系，部分结果适用于城市社会（表1-74）。

表1-74 2001年社会指标与人均国民收入的特征关系

方面	正相关的变量	负相关的变量	没有显著关系的变量
人口	老龄人口比例、外籍人口比例	出生率、人口抚养比、总和生育率	
卫生	预期寿命、医生/千人、护士/千人、病床/千人、公共卫生费/GDP、人均公共卫生费、人均医疗总费用	婴儿死亡率、儿童死亡率、艾滋病感染率、恩格尔系数	
教育	中学入学率、大学入学率、预期受教育年数、人均公共教育费用	成人文盲率	小学入学率
工作	具有大学学历劳动力比例、成人平均受教育年数、最低月工资	每周劳动时间、儿童工作比例、基尼系数	失业率、妇女失业率
贫困		绝对贫困人口比例	长期失业率
休闲娱乐	每年休闲天数、出国旅游比例		
社会保障	养老保险覆盖率、医疗保险覆盖率		
公共安全	毒品犯罪		犯罪率、自杀率

注：本表部分内容适用于城市居民和基础设施的截面分析。
资料来源：中国现代化战略研究课题组，中国科学院中国现代化研究中心，2006.

首先，城市社会的发展水平的国际差距比较大。2010年世界大约28%的城市分布在比较发达地区，大约72%的城市分布在比较不发达地区（表1-75）。发达地区城市发展水平一般比较高，发展中地区城市发展水平一般比较低，发展中地区也有发展水平比较高的城市。根据城市发展水平的不同，可以把城市大致分为发达城市和发展中城市。一般而言，发达城市的社会特征包括知识化、信息化、网络化、数字化、智能化、国际化和环境友好等，发展中城市的社会特征包括工业化、民主化、信息化、网络化和环境保护等。

表 1-75　2010 年世界城市的分布

城市人口规模	城市数量/个			城市结构/(%)			城市分布/(%)		
	世界	比较发达地区	比较不发达地区	世界	比较发达地区	比较不发达地区	世界	比较发达地区	比较不发达地区
大城市	449	118	331	0.35	0.33	0.36	100	26.3	73.7
中城市	513	127	386	0.40	0.36	0.42	100	24.8	75.2
小城市	127 129	35 380	91 749	99.25	99.31	99.23	100	27.8	72.2
合计	128 091	35 625	92 466	100	100	100	100	27.8	72.2

注：大城市为人口超过100万的城市，中城市为人口50万至100万的城市，小城市为人口在50万以下的城市。小城市数量估计见表1-17。

其次，城市社会具有多样性。根据城市规模不同，城市社会主要有三种类型：① 大型城市社会，② 中型城市社会，③ 小型城市社会。2010年世界城市大约有12万多个，其中，大城市约占0.35%，中城市约占0.40%，小城市约占99.25%（表1-75）。

其三，城市社会的国际差距（表1-76）。城市社会的国际差距是全方位的，包括居民收入、生活条件、生活水平和生活质量等。有些指标的国际差距扩大，如居民收入等；有些指标的国际差距缩小，如平均预期寿命等。开放性指标，国际差距扩大。结构性指标，国际差距缩小。

表 1-76　1998 年发达国家和发展中国家的城市社会水平的国际差距

地　　区	5岁以下儿童死亡率/(%)	平均预期寿命/岁	成人识字率/(%)	综合入学率/(%)
工业化国家	0.9	77.6	97.6	88.4
发展中国家	5.8	65.6	79.2	65.9
转型国家	2.4	67.3	95.2	79.1
亚太地区	4.4	67.4	82.5	71.2
拉美国家	3.6	70.9	82.1	69.6
阿拉伯国家	5.7	68.2	69.1	57.7
非洲	14.6	52.7	58.8	45.1

注：资料来源同表1-58。

其四，城市性别不平等现象普遍存在（表1-77）。有些指标，女性比男性好，例如，女性寿命比男性长，工业化国家女性大学入学率高于男性等。有些指标，女性比男性差，例如，女性识字率低于男性，有些发展中国家女性大学入学率低于男性，女性在立法机构的比例普遍低于男性（除转型国家以外），女性收入低于男性，女性失业率和非正式就业比例高于男性等。

表 1-77　1998 年发达国家和发展中国家的城市性别不平等

地　　区	平均预期寿命/岁		成人识字率/(%)		大学入学率/(%)		立法机构成员/(%)	
	女性	男性	女性	男性	女性	男性	女性	男性
工业化国家	80.8	76.8	98.7	99.5	61.3	50.2	43.9	56.1
发展中国家	66.3	61.9	77.6	82.7	42.7	39.6	24.4	75.6
转型国家	69.8	61.4	94.1	95.5	59.1	50.0	50.6	49.4
亚太地区	70	70.5	88.1	91.8	62.8	64.5	16.7	83.3
拉美国家	69.6	65.6	70.6	71.5	26.0	23.2	23.0	77.0
阿拉伯国家	64.5	61.9	77.1	89.0	17.5	18.1	14.2	85.8
非洲	55.5	52.9	47.3	62.0	11.4	14.5	9.2	90.8

注：资料来源同表1-58。

其五，城市贫困现象普遍存在（表 1-78）。1993~1998 年，发展中国家城市贫困率上升，特别是转型国家和非洲国家，非洲贫困率最高；发达国家和部分发展中国家的城市贫困率下降；发达国家和发展中国家城市女性家庭贫困率上升，但有少数例外。

表 1-78 1993 年和 1998 年发达国家和发展中国家的城市社会的家庭贫困率

地　区	家庭贫困率/(%)		女户主家庭贫困率/(%)	
	1993 年	1998 年	1993 年	1998 年
工业化国家	11.9	8.0	1.5	8.8
发展中国家	23.4	25.2	25.5	29.8
转型国家	18.3	22.2	13.7	18.1
亚太地区	14.7	14.2	3.5	16.3
拉美国家	26.9	25.4	38.4	36.7
阿拉伯国家	8.1	15.4	4.0	14.0
非洲	37.5	40.9	32.2	40.0

注：资料来源同表 1-58。

其六，城市犯罪现象普遍存在（表 1-79）。城市犯罪现象在发达国家和发展中国家普遍存在，城市犯罪与城市发展水平之间没有显著关系。城市社会状态和城市管理水平，与城市犯罪有一定关联。一般而言，社会状态良好，犯罪预防政策有力，犯罪就会减少。

表 1-79 1998 年发达国家和发展中国家的城市犯罪及其犯罪控制

地　区	危险区域/(%)	学校暴力/(%)	暴力防范/(%)	犯罪防范/(%)	武器控制/(%)	受害者援助/(%)
工业化国家	0	67	100	100	100	100
发展中国家	29	37	65	80	84	61
转型国家	29	26	71	88	94	35
亚太地区	12	53	59	94	100	82
拉美国家	48	54	69	67	69	60
阿拉伯国家	7	0	57	86	86	71
非洲	17	31	62	83	86	72

注：资料来源同表 1-58。学校暴力比例指发生学校暴力事件的城市比例。

一般而言，发达城市的主要挑战是社会问题，如家庭多样化、高离婚率、国际移民、吸毒和犯罪、城市相对贫困；发展中城市的挑战是全方位的，包括经济和环境问题，也包括社会和政治问题，特别是城市贫困和贫民窟现象比较普遍等。

3. 世界城市政治的 2010 年截面

首先，城市政府可以大致分为两种类型：集权型和民主型。集权型政府的行政首长是上级政府任命的，对上级政府负责。民主型政府的行政首长是民主选举产生的，对选民负责。

其次，城市政治具有很大多样性。不同国家和不同规模的城市，城市政治各有特色，城市政府组织形式有所差别。例如，美国城市政府的组织形式大致有五种类型，其中，市长和议会制、城市经理和议会制是比较普遍的；10 万人以上城市，采用市长和议会制、城市经理和议会制；10 万人以下的城镇，少数城镇采用委员会、镇民大会和镇民代表大会制（表 1-80）。

表 1-80 2001 年美国地方政府的组织形式

人口	市长+议会		城市经理+议会		委员会		镇民大会		镇民代表大会	
	数量	占比(%)	数量	占比(%)	数量	占比(%)	数量	占比(%)	数量	占比(%)
	1600	38	2248	53	49	1.2	236	5.6	38	0.9
100万以上	1	0.05	2	0.05						
10万~100万	48	1.12	87	2.09						
1~10万	550	12.95	1025	24.15	21	0.49	64	1.51	25	0.67
1万以下	1001	23.83	1134	26.72	28	0.67	172	4.05	13	0.3

资料来源:诺克斯,迈克卡西,2009.

其三,城市政府改革是一个世界潮流。20世纪80年代以来,发达国家的城市政府改革不断深化,新公共管理理论受到重视,权力分散化、公共服务私有化和业务外包现象比较普遍。

其四,信息技术正在改变城市政治的运作规则,网络民主和网络媒体的影响扩大。

其五,城市政府规模差别比较大,不同国家公务员比例有所不同等(表1-81)。

表 1-81 1970~1999 年主要国家公务员占全体就业人员的比例 单位:%

国家	1970	1980	1990	1999	国家	1970	1980	1990	1999
瑞典	20.9	30.7	32.0	31.2	美国	16.0	16.4	15.4	14.6
挪威	17.7	24.1	28.6	30.8	德国	11.2	14.6	15.1	12.3
丹麦	17.0	28.0	29.6	30.0	荷兰	11.5	13.8	13.2	12.2
法国	—	20.5	20.4	21.3	日本	7.7	8.8	8.1	8.3
英国	18.1	21.2	19.5	12.6					

资料来源:沃尔曼,波科特,2010.

其六,城市政府的收支和权限,各有不同。一般而言,发达国家城市政府有较大行政权力,阿拉伯国家和非洲国家城市政府的权力比较小(表1-82)。

表 1-82 1998 年发达国家和发展中国家的城市政府的财务和权限

地区	政府收入/(美元/人)	政府支出/(美元/人)	上级政府可以关闭城市政府/(%)	上级政府可以罢免城市议员/(%)	城市政府有独立审计/(%)	城市政府可以招标/(%)	城市政府可以惩罚错误/(%)	城市政府可以公布利息/(%)
工业化国家	2280	2270	22	22	89	100	89	78
发展中国家	248	158	37	30	73	84	83	63
转型国家	276	173	26	21	76	85	79	76
亚太地区	591	465	35	18	82	82	71	59
拉美国家	129	83	17	23	67	79	85	48
阿拉伯国家	483	66	64	57	86	86	86	71
非洲	58	53	72	45	69	90	90	69

资料来源:UN-Habitat,2002;Flood,2001.

4. 世界城市文化的 2010 年截面

《中国现代化报告 2009：文化现代化研究》分析了世界文化的 2001 年截面，反映了不同文化指标与人均国民收入的特征关系，部分结果适用于城市文化（表 1-83）。

表 1-83　2001 年文化指标与人均国民收入的特征关系

领　　域	正相关的变量	负相关的变量	相关性不显著的变量
纯粹文化	成人识字率、科技论文、发明专利	信教人口比例	主要宗教、节日假日数
文化设施	图书馆藏书率、电视普及率、个人电脑普及率、宽带网普及率、人均互联网带宽		
文化产业	文化增加值比例、文化就业比例、文化消费比例、人均看电影次数		文化贸易比例、技术贸易比例
文化交流	国际文化公约、国际移民比例、外国留学生比例、人均出境旅游费用、人均入境旅游收入、人均文化贸易		电影进口比例

注：本表部分内容适用于城市居民和基础设施的截面分析。
资料来源：中国现代化战略研究课题组，中国科学院中国现代化研究中心，2009.

首先，城市文化既有共性也有多样性。文化共性主要反映在文化设施、文化产业、文化消费、经济文化、环境文化、电视文化和网络文化等方面。文化差异主要反映在语言、文艺、宗教、家庭和文化观念等方面。

其次，不同城市的文化产业发展水平不同。一般而言，发达城市文化产业很繁荣，有些城市文化产业成为支柱产业；发展中城市的文化产业发展缓慢。

其三，城市文化与城市发展水平有紧密关系，与城市生活水平有紧密关系，与城市特色和城市竞争力有紧密关系等。一般而言，这种关系多数是正相关的，也有一些例外情况。

5. 世界城市环境的 2010 年截面

《中国现代化报告 2007：生态现代化研究》分析了世界环境的 2001 年截面，反映了不同生态指标与人均国民收入的特征关系，部分结果适用于城市环境（表 1-84）。

表 1-84　2001 年生态指标与人均国民收入的特征关系

领　　域	正相关的变量	负相关的变量	相关性不显著的变量
生态环境	人均温室气体排放、人均 CO_2 排放、人口密度、人均生态压力		人均森林面积、人均淡水资源、环保投入比例
生态经济	工业能源效率、废物循环利用率、土地生产率、淡水生产率	经济资源密度、经济能源密度、经济废气密度	
生态社会	城市废水处理率、人均城市废物、人均生活用水	城市 SO_2 排放、空气颗粒物浓度	电力使用效率、可再生能源比例

注：本表部分内容适用于城市居民、基础设施和公共服务的截面分析。
资料来源：中国现代化战略研究课题组，中国科学院中国现代化研究中心，2007.

首先，环境问题是所有城市面临的共同难题，而且与城市发展水平有关。一般而言，目前发达城市的环境保护和治理，已经取得很大进展，更多是保持环境可持续性；发展中城市的环境问题形势非常严峻，更多是污染防治，减少和治理各种污染。

其次，城市环境问题与城市资源有关。资源型城市、缺水型城市、生产型城市和服务型城市，环境问题有所不同。资源型和缺水型城市，污染问题比较突出。

其三,城市环境与城市地理位置有关(表1-85)。北方和南方城市,热带和寒带城市,内陆和沿海城市,平原和山区城市,城市环境问题既有一些共性,也有比较大的差别。

表1-85 世界上633个城市的地理位置(2011年人口超过75万的城市)

地理位置	城市数量/个	城市比例/(%)	地区类型	城市数量/个	城市比例/(%)
沿海城市	243	38.4	干旱地区	27	4.3
内地城市	390	61.6	半干旱地区	106	16.7
			极度干旱地区	10	1.6
			干燥和半湿润地区	79	12.5
			非干旱地区	411	64.9

资料来源:United Nations, 2012.

其四,城市自然灾害存在很大差异(表1-86)。2011年人口超过75万的城市中,大约有259个城市没有严重自然灾害,有374个城市具有比较严重的自然灾害。主要灾害包括飓风、干旱、地震、洪水、滑坡和火山等。

表1-86 世界上633个城市的自然灾害和分布(2011年人口超过75万的城市)

灾害程度	城市/个	灾害程度	城市/个					
			飓风	干旱	地震	洪水	滑坡	火山
一级灾害	276	1~4级	80	176	51	198	0	0
二级灾害	88	5~7级	39	126	33	83	30	2
三级灾害	10	8~10级	68	134	39	224	6	4
无灾害	259	无	446	197	510	128	597	627

资料来源:United Nations, 2012.

其五,城市环境管理存在很大差异。在发展中国家,大约71%的城市制定了抗震抗灾的房屋标准,68%的城市有灾害分布图,61%的城市有灾害保险,54%的城市有环境规划(表1-87)。

表1-87 城市灾害管理和环境规划

地区	建筑抗灾标准/(%)*	灾害分布图/(%)	灾害保险/(%)	公共建筑强制保险/(%)	战略规划/(%)	环境规划/(%)
工业化国家	100	89	78	67	67	67
发展中国家	71	68	61	21	73	54
转型国家	79	76	71	18	88	79
亚太地区	65	65	53	29	88	82
拉美国家	65	75	59	17	58	33
阿拉伯国家	86	71	36	21	50	43
非洲	69	48	69	24	79	48

注:* 具有抗飓风和抗地震的建筑法的城市比例,其他类推。资料来源同表1-58。

其六,城市废物处理存在很大差异。在发展中国家,城市废水和废物处理率分别约为35%和46%,废物循环利用率约4%;在发达国家,它们分别是94%、78%和19%(表1-88)。

表 1-88　1998 年发达国家和发展中国家的城市废物的处理和循环利用

地　区	废水处理率/(%)	固体废物处理率/(%)	固体废物循环利用率/(%)
工业化国家	94.3	78.0	18.9
发展中国家	34.6	46.4	3.7
转型国家	64.8	24.5	4.6
亚太地区	33.7	58.9	7.7
拉美国家	19.8	66.3	2.6
阿拉伯国家	32.0	44.3	4.0
非洲	21.7	31.4	1.5

注：资料来源同表 1-58。

6. 世界城市居民的 2010 年截面

《中国现代化报告 2006：社会现代化研究》和《中国现代化报告 2009：文化现代化研究》分别分析了世界社会和文化的 2001 年截面，反映了不同社会指标、文化指标与人均国民收入的特征关系，部分结果适用于城市居民（表 1-67，表 1-74）。

首先，城市人口老龄化是一个普遍现象，有些发达城市老龄人口比例已经超过 20%。

其次，城市人口素质与城市教育和经济发展水平正相关（表 1-74）。

其三，发达城市外籍人口比例比较高，国际移民和国际劳工比例比较高。

其四，发展中城市贫困人口比例比较高（表 1-78），发展中国家大型城市的贫困率很高。

其五，城市人口流动性比较大，发达城市人口流动性更大。

其六，城市人口增长率，因城市而异等。

三、世界城市四个要素的截面分析

世界城市四个要素的截面分析选择 5 个截面为对象，重点是 2010 年截面。其中，1700 年、1800 年和 1900 年截面，反映从传统城市向现代城市的转变过程的截面特点，1970 年截面反映现代城市的特征；2010 年截面大致可以反映信息城市的特征。

1. 世界城市四个要素的 2010 年截面

一般而言，2010 年截面反映 21 世纪初的特征，可以采用 2000～2010 年期间的数据。

（1）世界城市生活的 2010 年截面

城市生活包括经济、社会、政治、文化和家庭生活等，已经具有信息化、绿色化和国际化等特点。不同城市的生活质量有很大差别。2010 年生活质量最高的 50 个城市分布在欧洲、美洲、亚洲和大洋洲的 22 个国家（表 1-89）；生活质量排世界前 10 名的城市分别位于：奥地利（1 个）、瑞士（3 个）、新西兰（1 个）、加拿大（1 个）、德国（3 个）和澳大利亚（1 个）。

表 1-89　2010 年美世（Mercer）城市生活质量排世界前 50 名的城市和国家分布

国　家	数　量	城市和排名	国　家	数　量	城市和排名
德国	7	杜塞尔多夫(6)、法兰克福(7)、慕尼黑(7)、柏林(17)、汉堡(24)、斯图加特(30)	丹麦	1	哥本哈根(11)
美国	7	火奴鲁鲁(31)、旧金山(32)、波士顿(37)、芝加哥(45)、华盛顿(45)、纽约(49)、西雅图(50)	芬兰	1	赫尔辛基(35)
澳大利亚	6	悉尼(10)、墨尔本(18)、珀斯(21)、堪培拉(26)、阿德莱德(32)、布里斯班(36)	爱尔兰	1	都柏林(26)
加拿大	5	温哥华(4)、渥太华(14)、多伦多(16)、蒙特利尔(21)、卡尔加里(28)	意大利	1	米兰(41)
日本	3	东京(40)、神户(41)、横滨(41)	卢森堡	1	卢森堡(19)

(续表)

国家	数量	城市和排名	国家	数量	城市和排名
瑞士	3	苏黎世(2)、日内瓦(3)、伯尔尼(9)	荷兰	1	阿姆斯特丹(13)
法国	2	巴黎(34)、里昂(38)	挪威	1	奥斯陆(24)
新西兰	2	奥克兰(4)、惠灵顿(12)	葡萄牙	1	里斯本(45)
西班牙	2	巴塞罗那(44)、马德里(48)	新加坡	1	新加坡(28)
奥地利	1	维也纳(1)	瑞典	1	斯德哥尔摩(20)
比利时	1	布鲁塞尔(15)	英国	1	伦敦(39)

(2)世界城市结构的2010年截面

2010年世界城市体系中,超大城市23个,特大城市38个,大型城市388个,中型城市513个,小型城市大约有12万多个,小型城市人口约占全部城市人口的51%(表1-90)。

表1-90　2010年世界城市体系的结构

项目	城市数量/个			城市人口比例/(%)			备注
城市人口规模	世界	比较发达地区	比较不发达地区	世界	比较发达地区	比较不发达地区	
1000万以上	23	6	17	21.4	10.8	9.6	超大城市
500万~1000万	38	8	30	9.9	5.5	8.2	特大城市
100万~500万	388	104	284	7.5	21.6	21.2	大型城市
50万~100万	513	127	386	9.9	8.9	10.3	中型城市
50万以下*	127 129	35 380	91 749	51.3	53.1	50.7	小城市
合计	128 091	35 625	92 466	100	100	100	

注:*50万人口以下为小城市,数量为估计数,估计方法见表1-17。
资料来源:United Nations, 2012.

目前城市内部结构差别比较大。例如,不同城市的中心城市和郊区人口比例有很大差别,2000年巴黎郊区人口占78%,伦敦占21%(有人认为2001年为61%),维也纳占16%;巴黎郊区有458个社区,伦敦郊区有107个社区,维也纳郊区有47个社区(表1-91)。

表1-91　2000年不同城市的人口结构和郊区人口比例

城市	中心城区	大都市区	郊区比例/(%)	社区数	城市	中心城区	大都市区	郊区比例/(%)
巴黎	2 121 499	9 849 666	78	458	芝加哥	2 896 016	9 157 540	68
伦敦	7 262 467	9 160 487	21	107	辛辛那提	331 285	1 979 202	83
布鲁塞尔	133 812	4 423 523	97	171	休斯顿	1 953 820	4 669 571	58
维也纳	1 625 265	1 928 221	16	47	洛杉矶	3 694 820	16 373 645	77
慕尼黑	1 167 864	1 576 104	26	34	旧金山	776 733	7 039 362	89
法兰克福	635 237	1 439 695	56	31	西雅图	563 374	3 554 760	84
苏黎世	334 649	985 624	66	87	多伦多	2 481 494	4 682 897	47
日内瓦	172 989	506 660	66	64	蒙特利尔	1 039 534	3 426 350	70
东京	8 130 408	12 059 237	33	—	温哥华	545 671	1 986 965	73
悉尼	455 869	4 041 381	89	—	圣保罗	10 009 231	18 701 000	46

注:郊区人口比例=100×(大都市人口−中心城人口)÷大都市人口。社区数为大都市区内社区(community)个数。悉尼数据为1999年数据。有人认为(Stanilov, Scheer, 2004),2001年伦敦郊区人口比例为61%。
资料来源:Gales, 2002; Stanilov, Scheer, 2004.

1996年，美国150个主要大都市区，平均约34%的人口居住在距离城市中央商务区(CBD)5英里半径之内，平均约36%的人口居住在距离中心商务区10英里半径之外；平均约43%的就业分布在距离中央商务区5英里半径之内，平均约30%的就业分布在距离中央商务区10英里半径之外；大约10%的城市，超过80%的就业分布在距离中央商务区5英里半径以外(表1-92)。

表1-92　1996年美国大都市区的蔓延程度

150个主要大都市统计区(MSA)		平均值	标准差	大都市区	就业率(3英里内)(%)	大都市区	就业加权密度/(人/平方英里)
人口百分比/(%)(距离CBD)	3英里半径内	18.26	10.82	蔓延程度最低的城市		蔓延程度最低的城市	
	5英里半径内	34.72	15.71	旧金山	48.3	纽约	108 177
	10英里半径内	63.95	16.51	普罗维登斯	46.76	芝加哥	40 682
就业率(距离CBD)/(%)	3英里半径内	25.71	12.33	纽约	46.58	旧金山	34 620
	5英里半径内	42.59	18.09	斯普林菲尔德	41.99	波士顿	20 050
	10英里半径内	70.18	18.53	泽西城	41.76	华盛顿	15 263
MSA平均人口密度/(人/平方英里)		2952	3696	蔓延程度最高的城市		蔓延程度最高的城市	
MSA平均就业密度/(人/平方英里)		3900	9867	洛杉矶	7.3	弗雷斯诺	1386
MSA人口总密度/(人/平方英里)		1008	1782	纽黑文	10.47	图森	1542
离CBD的人均距离/英里		7.88	2.97	圣何塞	11.41	大急流城	1574
上班者离CBD的平均距离/英里		6.93	3.27	阿纳海姆	13.84	圣克鲁	1654
—		—	—	劳德代尔堡	14.86	斯普林菲尔德	1987

注：CBD为城市中央商务区。平均人口密度和平均就业密度，是以邮区加权平均密度定义的。

150个大都市区的平均就业密度为3900人/平方英里，但城市差别很大(表1-92)。旧金山、普罗维登斯和纽约是密集型都市，距离中央商务区3英里半径内的就业比例超过46%；洛杉矶、纽黑文和圣何塞是分散型都市，距离中央商务区3英里半径内的就业比例低于12%。纽约、芝加哥和旧金山的就业密度最高，弗雷斯诺、图森和大急流城的就业密度最低。

(3) 世界城市制度的2010年截面

城市制度包括城市六个领域的制度等(表1-54)。2010年世界城市发展不平衡，有些城市已经进入信息城市阶段，有些城市处于工业城市阶段，有些城市属于传统城市。它们的城市制度，可以分别参考知识社会、工业社会和农业社会的城市制度(表1-54)。当然，传统城市也会受到工业化和信息化的影响，多少会包含一些工业城市和信息城市的制度。

(4) 世界城市观念的2010年截面

城市观念包括城市六个领域的观念等(表1-55)。2010年世界城市发展不平衡，它们分别处于信息城市、工业城市或传统城市阶段。它们的城市观念，可以分别参考知识社会、工业社会和农业社会的城市观念(表1-55)。当然，这种分析是相对的。传统城市也会受到工业化和信息化的影响，或多或少包含工业城市和信息城市的一些观念。

2. 世界城市四个要素的1970年截面

(1) 世界城市生活的1970年截面

1970年发达城市属于工业化城市，其他城市属于半工业化城市或传统城市。在发达国家的城市里，学生运动、妇女运动、民权运动、环境运动和工人罢工此起彼伏，石油危机的阴影在逼近。在发展中国家的城市里，贫民窟和城市贫困现象蔓延，城市生活两极分化。

工业城市已经拥有发达的工业文明，包括机械化、电气化和自动化的生活方式，享受电影和电视等娱乐活动,中产阶级已经迁移到城市郊区,高速公路和快速交通连接城市和郊区。

1970年城市生活,没有个人电脑,没有手机,没有互联网,没有电子邮件和电子商务等。

(2) 世界城市结构的1970年截面

1970年世界城市体系中,超大城市2个,特大城市15个,大型城市128个,中型城市186个,小型城市大约有5万多个,小型城市人口约占全部城市人口的62%(表1-93)。不同城市郊区人口比例有差别,例如,1970年巴黎郊区人口占71%,伦敦18%,维也纳13%(表1-94)。

表1-93 1970年世界城市体系的结构

项目	城市数量/个			城市人口比例/(%)			备注
城市人口规模	世界	比较发达地区	比较不发达地区	世界	比较发达地区	比较不发达地区	
1000万以上	2	2	—	3	6	—	超大城市
500万~1000万	15	6	9	8	7	9	特大城市
100万~500万	128	66	62	18	19	18	大型城市
50万~100万	186	95	91	9	10	9	中型城市
50万以下*	57 967	27 329	30 639	62	59	65	小城市
合计	58 298	27 498	30 801	100	100	100	

注:*50万人口以下为小城市,数量为估计数,估计方法见表1-17。
资料来源:United Nations,2012.

表1-94 1970年不同城市的人口结构和郊区人口比例

城市	中心城区	大都市区	郊区比例/(%)	城市	中心城区	大都市区	郊区比例/(%)
巴黎	2 493 449	8 721 288	71	维也纳	1 620 599	1 857 776	13
伦敦	7 452 400	9 143 134	18	慕尼黑	1 293 649	1 555 822	17
布鲁塞尔	161 589	4 211 301	96	法兰克福	698 610	1 416 566	51
曼彻斯特	549 650	4 396 167	87	苏黎世	423 357	926 932	54
伯明翰	1 014 670	2 540 609	60	日内瓦	173 724	383 028	55

资料来源:Gales,2002.

(3) 世界城市制度的1970年截面

1970年世界城市发展不平衡,有些城市处于工业城市阶段,有些城市属于传统城市。它们的城市制度,可以分别参考工业社会和农业社会的城市制度(表1-54)。当然,传统城市也会受到工业化的影响,多少会包含一些工业城市的制度,如城市规划和福利制度等。

(4) 世界城市观念的1970年截面

1970年世界城市发展不平衡,它们分别处于工业城市或传统城市阶段。它们的城市观念,可以分别参考工业社会和农业社会的城市观念(表1-55)。当然,这种分析是相对的。传统城市也会受到工业化的影响,或多或少包含工业城市的一些观念,如公共交通和法制观念等。

3. 世界城市四个要素的其他截面

现代城市化可以追溯到1700年前后。在1700~1900年期间,世界城市数量和城市人口数量增加,城市化水平提高(表1-95),但许多城市的生活水平下降(图1-11)。主要原因是工业和生活污染、住房拥挤和公共基础设施的缺失,传染病不断侵蚀城市生活等。

表 1-95 1300～1900 年期间世界城市化和城市体系的估计

项目		1300	1500	1700	1800	1900
城市化	城市人口/百万	41	45	68	87	260
	城市化水平/(%)	9.0	9.4	9.8	9.0	16.0
城市体系	大型城市/个	—	—	—	2	11
	中型城市/个	1	2	7	5	38
	小型城市/个	46	52	69	79	243
	合计/个	47	54	76	86	292

注：在本表中，城市人口指居民在 5000 人以上的城镇的人口。其中，小型城市：人口为 10 万～50 万；中型城市：人口为 50 万～100 万；大型城市：人口 100 万以上。

资料来源：Bairoch，1988。

(1) 世界城市四个要素的 1900 年截面

根据法国学者贝罗克（Bairoch，1988）的估计，1900 年城市人口规模超过 10 万的城市大约有 290 多个，超过 50 万和少于 100 万的城市大约有 38 个，超过 100 万的城市约有 10 多个；如果以居民超过 5000 人为城市标准，那么，1900 年世界城市化水平大约为 16%（表 1-95）。

1900 年世界大城市分布在欧洲、美洲和亚洲（Gales，2002）（表 1-96）。

表 1-96 1700～2000 年世界大城市

1700	人口/万	1800	人口/万	1900	人口/万	1950	人口/万	2000	人口/万
大城(Ayutthaya)	100	北京	110	伦敦	648	纽约	1230	东京	2790
君士坦丁堡	70	伦敦	96	纽约	344	伦敦	870	孟买	1810
东京(江户)	69	巴黎	84	巴黎	268	东京	690	圣保罗	1780
北京	65	广州	80	柏林	189	巴黎	540	上海	1720
伦敦	55	东京(江户)	69	维也纳	175	莫斯科	530	纽约	1660
巴黎	53	君士坦丁堡	57	芝加哥	170	上海	530	墨西哥城	1640
京都	40	那不勒斯	43	东京	150	莱茵-鲁尔	500	北京	1420
大阪	38	杭州	39	科尔卡塔	148	布宜诺斯艾利斯	500	雅加达	1410
艾哈迈达巴德	38	大阪	38	圣彼得堡	144	芝加哥	490	拉各斯	1350
杭州	30	京都	38	曼彻斯特	126	科尔卡塔	440	洛杉矶	1310

注：根据网上资料整理。1700～1900 年期间城市人口数据，不同学者的估计数有比较大的差别。大城(Ayutthaya)为泰国的古代国都。艾哈迈达巴德为印度城市。

1900 年世界上只有少数发达国家（欧洲和北美地区）的部分城市具有工业文明的特征，享受工业文明的生活方式，拥有公共基础设施（公共交通、供排水系统和电力系统等）、公共卫生和公共教育等，拥有民选政府和民主观念等，其他多数城市仍然是传统城市。

1900 年城市生活，没有空调，没有广播，没有收音机，没有电影和电视等。

(2) 世界城市四个要素的 1800 年截面

根据法国学者贝罗克（Bairoch，1988）的估计，1800 年城市人口规模超过 10 万的城市大约有 86 个，超过 50 万和少于 100 万的城市大约有 5 个，超过 100 万的城市大约有 2 个；如果以居民超过 5000

人为城市标准,那么,世界城市化水平大约为 9%(表 1-95)。

1800 年欧洲是世界上城市化水平最高的地区。根据佛里斯(Vries,1984)的估计,1800 年欧洲拥有城市 900 多个(以居民超过 5000 人为城市标准),其中,居民超过 10 万的城市有 17 个,居民超过 1 万和低于 10 万的城市有 340 多个;如果以居民超过 5000 人为城市标准,欧洲城市化水平约为 13%,如果以居民超过 1 万人为城市标准,欧洲城市化水平约为 10%(表 1-97)。

表 1-97　1500～1800 年欧洲城市化水平和城市体系的估计

	项目	1500	1600	1700	1750	1800
城市化	城市人口*/百万	3.44	5.93	7.47	8.93	12.22
	城市化水平*/(%)	5.6	7.6	9.2	9.5	10.0
	城市人口**/百万	5.91	8.42	9.72	11.70	15.92
	城市化水平**/(%)	9.6	10.8	11.9	12.4	13.0
城市体系	城市规模:10 万～99.9 万人	4	8	11	12	17
	城市规模:1 万～9.9 万人	150	212	213	249	347
	城市规模:5000～9000 人	363	366	331	407	544
	合计/个	517	586	555	668	908

注:* 城市人口指居民在 1 万人以上的城镇的人口。** 城市人口指居民在 5000 人以上的城镇的人口。
资料来源:Vries,1984.

1800 年世界大城市主要分布在欧洲和亚洲(表 1-96)。除了一些工业城镇,如英国曼彻斯特和伯明翰等,世界绝大多数城市,几乎没有多少工业文明的特点,都属于传统城市。早期现代工业包括纺织工业和蒸汽机应用等,先出现在英国乡村,然后向城市汇聚。18 世纪以来工业城镇的兴起和发展,不同于传统的商业城市,被称为工业城市化(霍恩伯格,利斯,2009)。

- 1800 年前后,欧洲乡村制造业十分普遍。每一主要乡村都有原工业区,或靠近河流或在高地,生产纺织品、金属和其他小五金配件(霍恩伯格,利斯,2009)。
- 1809 年,当伦敦人口为 100 万时,这个大城市的大部分地区,只有房屋的地下室才有水。有些地区,一周仅 3 天有水(芒福德,2005)。
- 在新的工业城市,连最基本的一些市政服务设施都没有。新的城市综合体里主要的组成部分是工厂、铁路和贫民窟。这三大部分组成了工业城镇(芒福德,2005)。
- 在 1820～1900 年之间,大城市里的破坏和混乱情况,简直与战场一样。这种破坏和混乱的程度,与该城市拥有的设备和劳动大军数量成正比例(芒福德,2005)。
- 1781 年第一家棉花工厂在英国的曼彻斯特建立。棉纺工业在曼彻斯特周围的乡镇生产,而棉产品和行业组织和产品出售则在曼彻斯特市。在 1760～1851 年期间,曼彻斯特市人口从 3 万多增长到 30 多万(图 1-34)。恩格斯在《英国工人阶级的状况》(1845)一书中,分析和描述了 1843 年的曼彻斯特——一个工业城市的形态(万斯,2007)。
- 在 19 世纪大部分时间里,整个欧洲的城市死亡率通常高于乡村。1841 年出生在英格兰萨里的男子平均寿命为 44 岁,而出生在伦敦的男子平均寿命只有 35 岁(霍恩伯格,利斯,2009)。

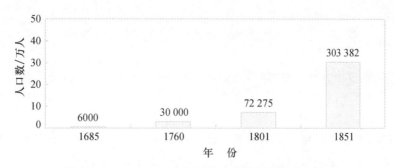

图 1-34 1685~1851 年英国城市曼彻斯特的人口变化

资料来源：芒福德，2005．

1800 年的城市生活，没有汽车和火车，没有自行车，没有电力和电灯，没有电话和公园等。

1800 年的城市制度，除部分工业城镇外，基本属于农业社会的城市制度（表 1-54）。

1800 年的城市观念，除部分工业城镇外，基本属于农业社会的城市观念（表 1-55）。

(3) 世界城市四个要素的 1700 年截面

根据法国学者贝罗克（Bairoch，1988）的估计，1700 年城市人口规模超过 10 万的城市大约有 76 个，超过 50 万和少于 100 万的城市大约有 7 个；如果以居民超过 5000 人为城市标准，那么，世界城市化水平大约为 9.8%（表 1-95）。

根据佛里斯（Vries，1984）的估计，1700 年欧洲拥有城市 550 多个（以居民超过 5000 人为城市标准），其中，居民超过 10 万的城市有 10 多个，居民超过 1 万和低于 10 万的城市有 210 多个；如果以居民超过 5000 人为城市标准，欧洲城市化水平约为 11.9%，如果以居民超过 1 万人为城市标准，欧洲城市化水平约为 9.2%（表 1-97）。

1700 年世界没有一个城市，拥有工业文明的特点，都属于传统城市或商业城市。

1700 年的城市生活，几乎没有自来水和废水处理，没有高层楼房，没有现代工厂和机器等。

1700 年的城市制度和观念，属于农业社会的城市制度（表 1-54）和城市观念（表 1-55）。

在 1700~2000 年期间，城市生活发生了巨大变化（表 1-98）。但是，城市生活的变化，不是一首优美流畅的田园牧歌，而是一部起伏跌宕的交响乐。大量历史资料显示，18 和 19 世纪是部分城市的"黑暗时代"，那些城市特别是工业城镇生活条件很差，工业和生活污染、传染病、犯罪、卖淫、拥挤和贫民窟现象普遍存在，公共基础设施缺乏，城市平民生活水平不高。

表 1-98　1700~2000 年城市生活的变迁

	1700	1800	1900	2000
给排水	少数城市有	部分城市有	工业化城市有	绝大多数城市有
能源	木柴、煤炭	煤炭、木柴	电力、煤炭、煤气	电力、天然气、煤炭
交通	步行、马车、木船	步行、马车、木船	电车、汽车、铁路、自行车	电车、汽车、地铁、步行
通信	邮政	邮政	邮政、电报、电话、传真	电话、移动电话、电子邮件等
娱乐	广场、剧院等	广场、剧院等	广场、剧院、公园等	电影、电视、网络游戏等
特点	没有废水处理、高层楼房、现代工厂和机器等	没有汽车、火车、自行车、电力、电灯和电话等	没有广播、收音机、电视、电影、移动电话和互联网等	没有木柴、马车、木船、电报等

第四节 世界城市现代化的过程分析

世界城市现代化的过程分析,时间跨度约为 400 年(1700～2100 年)。分析内容可以根据需要有所选择(图 1-9)。由于篇幅有限和系统数据获取困难,我们简要讨论世界城市现代化的历史进程(1700～2010 年)和未来前景(2010～2100 年)。

城市现代化研究,不能只见树木不见森林。前面两章分析了城市现代化的四个要素、六个领域和六个系统的变迁,涉及 140 多个城市指标,这里讨论城市现代化的整体过程。

一、世界城市现代化的历史进程

世界城市现代化的历史进程,指从它的起步到目前的历史过程。世界城市现代化的进程研究,时间跨度约为 300 年;分析内容包括世界整体的城市现代化、世界城市三大方面(四个要素、六个领域和六个系统)的现代化、世界城市现代化的空间分布等。关于世界城市三大方面的现代化,前面已有专门分析。这里重点讨论世界整体的城市现代化。

世界整体的城市现代化是一个多系统的历史过程,需要和可以从多个角度进行分析(图 1-9)。下面简要讨论它的起点、阶段、内容和特点。

1. 世界城市现代化的起点和阶段

关于城市现代化的起点和阶段,迄今没有统一认识。

(1) 世界城市现代化的起点

城市现代化是城市的现代化。但是,城市的起点,并不是城市现代化的起点。因为,城市是一个古老现象,已有几千年历史;现代化是一个现代现象,只有几百年历史。世界城市现代化的起点,与现代经济发展和世界现代化紧密相关。

首先,现代经济增长的起点。城市现代化是从传统城市向现代城市的转型,现代城市的出现就是城市现代化的起点。然而,现代城市的形成,并不是一天完成的。一般而言,现代城市与传统城市的差别,发生在各个领域;但最早的差别,可能出现在经济领域。从这个角度看,现代经济增长的起点,可以看成是现代城市和城市现代化启动的一个参考点。

欧洲国家和美国,现代经济增长的起点,最早大致发生在 18 世纪下半叶(表 1-99)。

表 1-99 部分国家现代经济增长的起点和工业化水平

国 家	大致起点	城市化率/(%)	人均 GNP 增长率/(%)	工业化水平*	国 家	大致起点	城市化率/(%)	人均 GNP 增长率/(%)	工业化水平*
英国**	1765	17	0.6	高	挪威	1850	9	1.0	平均
法国	1780	12	1.1	高	丹麦	1850	15	1.7	低
比利时	1790	18	1.0	高	意大利	1850	20	0.6	低
瑞士	1790	6	1.2	高	西班牙	1850	18	0.4	低
美国	1790	5	1.2	高	俄罗斯	1860	8	0.8	平均
德国	1830	10	1.2	高	葡萄牙	1880	16	0.6	低
奥地利	1830	7	0.6	平均	保加利亚	1880	8	0.8	低
荷兰	1850	39	0.9	低	希腊	1880	20	0.8	低
瑞典	1850	7	1.2	高	罗马尼亚	1880	12	0.7	低

注:* 指 1914 年或 1950 年左右工业化水平,用人均制造业增加值来衡量。** 英国城市化率为 1750 年数值。
资料来源:库兹涅茨,1999。Bairoch,1988.

其次,世界现代化的起点。关于世界现代化的起点大致有三种主要观点。其中,第三种观点得到较多支持。《中国现代化报告》认为,18世纪工业革命可以作为世界现代化的起点。

- 16~17世纪的科学革命是世界现代化的起点;
- 17~18世纪的启蒙运动是世界现代化的起点;
- 18世纪的英国工业革命和法国大革命是世界现代化的起点。

其三,世界城市现代化的起点。英国现代经济增长的起点大约是18世纪60年代(表1-99),英国工业革命的起点大约是18世纪60年代前后,世界现代化的起点大致是18世纪60年代前后。所以,我们可以把世界城市现代化的起点,大致定在18世纪60年代前后。

事实上,世界城市化可以大致分为两大阶段:传统城市化和现代城市化。其中,传统城市化大约有5000多年历史(约公元前3500年~约公元1750年),现代城市化大约有200多年历史(约1750年以来)(表1-100)。一般而言,现代城市化与城市现代化是一个伴生现象(图1-6),现代城市化的起点与城市现代化的起点是基本一致的。

表1-100　1500~1800年欧洲国家的城市化水平　　　　　　　　　　　　　　单位:%

地　区	1500	1550	1600	1650	1700	1750	1800	1850	1890
荷兰	15.8	15.3	24.3	31.7	33.6	30.5	28.8	29.5	33.4
比利时	21.1	22.7	18.8	20.8	23.9	19.6	18.9	20.5	34.5
英国	3.1	3.5	5.8	8.8	13.3	16.7	20.3	40.8	61.9
意大利	12.4	12.8	18.0	14.0	13.4	14.2	14.6	20.3	21.2
葡萄牙	3.0	11.5	14.1	16.6	11.5	9.1	8.7	13.2	12.7
法国	4.2	4.3	5.9	7.2	9.2	9.1	8.8	14.5	25.9
西班牙	6.1	8.6	11.4	9.5	9.0	8.6	11.1	17.3	26.8
德国	3.2	3.8	4.1	4.4	4.8	5.6	5.5	10.8	28.2
瑞士	1.5	1.5	2.5	2.2	3.3	4.6	3.7	7.7	16.0

注:城市化水平为居民超过1万人的城市人口占国家人口的比例。英国数据为英格兰和威尔士的数据。1550~1750年意大利数据为北部、中部和南部的简单平均数。
资料来源:Vries,1984.

(2) 世界城市现代化的主要阶段

世界城市现代化的阶段划分,应该与世界现代化的阶段划分相协调,因为城市现代化是世界现代化的组成部分。当然,它们并非完全同步,而且存在国家差异。

首先,关于世界现代化的阶段划分没有统一认识。一般而言,阶段划分可以依据它的前沿轨迹和特征进行。事实上,人类文明的历史阶段和社会阶段的划分,都是依据人类文明进程的前沿轨迹和特征进行的(何传启,2010)。当然研究角度不同,认识会有所差别。

迄今为止,关于世界现代化的阶段划分大致有七种观点(表1-101,表1-102)。《中国现代化报告》认为,在18~21世纪期间,根据现代化进程的前沿特征和水平划分,世界现代化进程可以分为第一次现代化和第二次现代化两大阶段,两个阶段的分界点大约是1970年前后(知识和信息革命);第一次现代化包括三次浪潮,第二次现代化也包括三次浪潮,世界现代化过程包括两大阶段和六次浪潮(表1-103);其中,第五次和第六次浪潮是一种预测。

表 1-101 世界现代化和人类文明的主要阶段

相关学者	公元前			公元				
	250万年	3500年	元年	1500年	1750年	1970年	2000年	2100年
Black, 1966	原始社会		农业社会		现代化 →			
Bell, 1973	前工业社会				工业社会		后工业社会 →	
Inglehart, 1997	传统社会				现代社会		后现代社会 →	
	传统社会				现代化		后现代化 →	
Beck, Giddens, Lash, 1994	传统社会				工业社会		风险社会 →	
	传统社会				简单现代化		反思性现代化 →	
何传启, 1999	原始社会		农业社会		工业社会		知识社会 →	
	原始社会		农业社会		第一次现代化		第二次现代化 →	

表 1-102 世界现代化进程的阶段划分

阶段划分	内容	备注
三次浪潮	第一次浪潮(1780~1860年)、第二次浪潮(19世纪下半叶至20世纪初)和第三次浪潮(20世纪下半叶)(罗荣渠,1993)	经典现代化的内部阶段
四个阶段	现代性的挑战、现代化领导集团的巩固、社会和经济转型、社会整合(Black,1966)	
五个阶段	经济成长的五个阶段:传统社会、为起飞创造前提条件阶段、起飞阶段、向成熟推进阶段和大众消费阶段(Rostow,1960);后来增加了第六个阶段:生活质量阶段	
四个时期	准备时期、转变时期、高级现代化时期和国际一体化时期(Black,1976)	
两大阶段	经典现代化和后现代化(现代社会和后现代社会)(Crook, Pakulski, Waters, 1992; Inglehart, 1997) 简单现代化和反思性现代化(工业社会和风险社会)(Beck,1986; Beck, Giddens, Lash,1994) 第一次现代化和第二次现代化(工业社会和知识社会)(何传启,1998a,b,1999,2003)	两次现代化

表 1-103 世界现代化的两大阶段和六次浪潮

两大阶段	六次浪潮	大致时间	经济现代化	社会现代化	文化现代化
第一次现代化 工业化、城市化、民主化、理性化、福利化、流动化	第一次	1763~1870	第一次产业革命	城市化、社会分化流动	启蒙运动、文化专业化
	第二次	1870~1945	第二次产业革命	电气化、普及义务教育	工业文化、文化商业化
	第三次	1946~1970	第三次产业革命	福利化、普及中等教育	大众传播、消费文化
第二次现代化 知识化、信息化、生态化、全球化、个性化、多元化	第四次	1970~2020	知识和信息革命	网络化、普及高等教育	网络文化、生态文化
	第五次	2020~2050	新生物学革命	仿生化、创生、再生	仿生文化、自然文化
	第六次	2050~2100	新物理学革命	体验化、新能源、新运输	全球文化、宇宙文化

注:依据现代化前沿轨迹的内涵和特征进行划分。第五和第六次浪潮是一种预测。不同国家的现代化进程是不同步的,不同国家的现代化阶段划分可以有所差别。对于先行国家,六次浪潮是先后发生的。对于后发国家,可以两次或多次浪潮的内容同时发生,可以把几次浪潮的内容压缩在同一个时期进行。

资料来源:中国现代化战略研究课题组,中国科学院中国现代化研究中心,2009.

其次,世界现代城市化的主要阶段。城市化是一个漫长过程,包括传统城市化和现代城市化两大阶段(表1-1)。现代城市化起步于18世纪60年代,大致可以分为工业城市化、社会城市化和服务城市化三个小阶段(表1-104)。一般而言,传统城市化可以称为商业城市化,因为它主要是商业和政治需求驱动的;工业城市化主要是工业化驱动的,社会城市化则是工业化和社会转型的联合作用,服务城市化则是服务化和信息化的联合作用等。

表1-104 世界城市化的主要阶段

项目	传统城市化 (商业城市化)	现代城市化		
		工业城市化	社会城市化	服务城市化
大致时间	公元前3500年~公元1750年	约1760~1870年	约1870~1970年	约1970~2100年
城市化水平	一般小于10%	约10%~30%	约30%~60%	约60%以上
郊区化水平	—	一般小于5%	约5%~30%	约30%以上
主要特点	城市人口和城市人口比例增长缓慢,城市人口比例波动,农业比例变化比较小	城市人口和住宅持续增长,城市人口比例增长缓慢或波动,农业比例快速下降(非农业化)	城市人口和住宅快速增长,城市人口比例快速增长,郊区人口比例开始增长	城市人口比例上升比较慢,郊区人口比例上升比较快,城乡动态平衡,工业比例下降(非工业化)
增长动力	商业和政治需求、劳动分工、农业生产率提高	工业化、工业生产率提高	工业化和社会转型	服务化、信息化、全球化、环境保护、现代化转型

注:依据世界城市化前沿轨迹的划分,有一些例外;而且,国家城市化进程有先有后。例如,商业城市化阶段,荷兰的城市化水平曾达到34%,比利时曾达到24%(表1-100)。美国学者认为(诺克斯、迈克卡西,2009),美国商业城市化时期约为1790~1840年,工业城市化时期约为1840~1920年,社会城市化时期约为1920~1972年,服务城市化时期约为1972年以来(特别是1983年以来信息城市的发展)。

其三,世界城市现代化的主要阶段。城市现代化,涉及城市经济、城市社会和城市文化的现代化,涉及现代城市化。城市现代化的主要阶段,需要与世界经济、社会和文化现代化的主要阶段相协调,需要与现代城市化的主要阶段相协调。

参照世界经济、社会、政治和文化现代化的阶段划分,在18~21世纪期间,世界城市现代化的前沿过程大致包括两大阶段和六次浪潮,它们有不同特点(表1-105)。

表1-105 世界城市现代化的两大阶段和六次浪潮

两大阶段	六次浪潮	大致时间	六次浪潮的主要内容
第一次城市现代化 工业化、机械化、电气化、福利化、城市化	第一次	1760~1870	工业化、机械化、民主化、理性化、基础设施、工业城市化
	第二次	1870~1945	电气化、专业化、民主化、基础设施、普及义务教育、社会城市化
	第三次	1946~1970	自动化、标准化、福利化、普及中等教育、公共服务、公共管理
第二次城市现代化 信息化、生态化、智能化、国际化、郊区化	第四次	1970~2020	信息化、生态化、郊区化、普及高等教育、公共治理、服务城市化
	第五次	2020~2050	智能化、国际化、个性化、仿生化、创生和再生、公共治理
	第六次	2050~2100	体验化、自然化、个性化、新能源、新运输、公共治理

注:六次浪潮的划分和内容是相对的,有些内容在几次浪潮中都出现,但重点可能有所不同。第五次和第六次浪潮是一种预测。

2. 世界城市现代化的主要内容

世界城市现代化包括城市四个要素、六个领域和六个系统的现代化(图1-10)。《中国现代化报告》讨论了经济、社会、政治、文化、生态和国际关系的现代化,相关内容适用于城市现代化。这里按照历史时间,按两大阶段和六次浪潮的顺序,简要介绍它的主要过程。

(1) 世界第一次城市现代化的三次浪潮

首先,城市现代化的第一次浪潮(约1760~1870年)。主要指第一次产业革命期间的城市发展,主要发生在欧洲大陆,典型特征是工业城市化,包括工业化、机械化、理性化、民主化、社会流动、发展初等教育、建立公共卫生、建立社会救济和社会保障制度、建设城市基础设施等。但有些工业城市,生活环境恶劣,生活质量下降(图1-11)。

- 英国是城市现代化的先行者。例如,最早的现代工业,可能出现于18世纪的英国乡镇,随后向城市集中;1812年英国开始形成一定规模的城市供水系统,1847年实行了10小时工作制,1848颁布了《公共卫生法》,1863年开通伦敦城市地铁,1866年颁布《环境卫生法》等。
- 城市生活的进步。随着经济和科学的发展,理性和世俗生活方式逐步成为城市社会的主流,社会趋向平等和开化。铁路的修建、汽船航运的开通、电报的应用,人们生活逐渐便利。
- 城市生活的艰难。在第一次浪潮中,既有经济和社会的进步,也有许多阴暗面。例如,城市犯罪现象普遍存在,童工现象大量存在,贫困窟和住房拥挤是常见现象,城市自然死亡率和婴儿死亡率高于农村,城市公共卫生设施非常简陋和短缺等。
- 经济和社会危机时有发生。罢工运动此起彼伏,商业投机和经济欺诈行为屡见不鲜等。

其次,城市现代化的第二次浪潮(约1870~1945年)。主要指第二次产业革命和两次世界大战期间世界城市的前沿变化,典型特征是社会城市化,包括电气化、机械化、专业化、民主化、社会运动、普及初等义务教育、发展公共卫生、建立社会保险制度、建设城市基础设施、城市生活水平和生产力提高等。城市现代化扩展到欧洲、美洲和亚洲等广大地区。

- 城市生活的进步。第一次产业革命期间发生的社会变化在继续,社会分化和社会流动继续发展,阶级分化和专业化在发展。德国、英国和法国先后实行免费初等义务教育。20世纪初福特的T型汽车开始进入家庭,改变了许多人的生活方式。电话、无线电广播和留声机使家庭文化生活丰富起来。电灯照亮了城市的夜空,电影开始吸引观众。
- 城市生活的艰难。城市工人体会到经济波动周期带来的痛苦,经济危机严重影响人们的生活。技术的发展使一些熟练工人失去工作,失去土地的农民在城里找不到工作,住房拥挤,社会保障制度还没有完全建立,失业工人的生活非常艰苦,工人罢工浪潮不断。
- 现代城市规划起步。1868年德国颁布了《道路红线法》,揭开现代城市规划的序幕,1891年德国颁布《分级建筑法令》。1890年英国颁布《工人阶层住宅法》,1909年颁布《住房与城市规划法案》。
- 现代教育和保险制度的建立。19世纪末以来,英国和德国等先后制定了一系列现代法规。例如,英国法律有《初等教育法》(1870年)、《教育法》(1906年)、《儿童法》和《养老金法》(1908年)、《劳工介绍法》(1909年)和《国民保险法》(1911年);德国法律有《普通学校法》(1872年)、《工人疾病保险法》(1883年)、《事故保险法》(1884年)、《养老保险法》(1889年)和《帝国保险法》(1911年);法国初等教育法——《费里法》(1882年)等。

在两次世界大战期间,城市现代化并没有停止。例如,在1914~1945年期间,许多工业化国家完成了普及初等义务教育的任务,开始了普及中等教育和发展职业教育与高等教育的进程;家庭机械化和电气化取得很大进展,1930年美国汽车普及率达到173辆/千人,电话普及率达到163部/千人;法国在20年代建立了退休制度,德国在30年代形成一套医疗、养老、失业和工伤保险为主要内容的保险体系,瑞典在30年代开始制定现代保险制度,包括病残保险、失业救济和家庭福利补助等,美国1935年制定《社会保障法》,确立联邦政府在社会保障中的领导作用,建立养老和失业保险等制度等。

其三,城市现代化的第三次浪潮(约1946~1970年)。主要指第三次产业革命期间世界城市的前沿变化,典型特征是社会城市化和郊区化,包括家庭机械化和电气化、社会福利化、技术自动化、公共服务体系化、普及中等教育和发展高等教育等。同时,城市环境议题和少数民族问题等引发新的社会改革。城市现代化扩展到大多数的发展中国家。

- 城市生活的进步。自动化的工业技术,极大地改善了人们的生活。中产阶级成为社会主体。专业化的发展使每个人的作用减少,相互之间的依存度增大。中等教育逐步普及,有些国家如美国等普及12年义务教育(包括中等教育),高等教育开始快速发展。广播、电视和电影将大量信息传达给大众,新闻媒介对每个人的生活的作用和影响越来越大。
- 城市生活的困境。城市化带来的问题充分暴露,如城市贫困、城市犯罪、环境污染、空气质量不好、住房拥挤和交通堵塞等,人们开始大规模逃离城市。
- 工业城市的新变化。工业化不再是城市化的动力,但城市化仍在进行,郊区化已经开始。城市人口增长率下降,性关系的多样化,结婚率下降和离婚率上升等。家庭的许多功能被日益发展的社会保障体系所取代,家庭小型化和多样化。社会运动多样化,包括少数民族权益、妇女儿童权益、劳工权益运动和罢工等。
- 福利社会的建立。1944年国际劳工大会发表《费城宣言》,倡导社会保障;1952年国际劳工组织发表《社会保障最低标准公约》。20世纪60年代,世界上有120个国家实行了不同程度的社会保障制度,英国、德国、法国、瑞典等国家建成福利国家。
- 发展中国家的城市现代化,尽管每个国家都有一些自己的特点,但总体上是重复了工业化国家城市现代化的早期历程,同时又采用了当代科学技术和社会制度,包含一些当代社会要素;包括城市化、工业化、机械化、电气化、理性化、民主化、福利化、普及初等教育等。
- 在某种意义上,发展中国家的城市现代化,是世界城市现代化的历史与现实的复合体;不同发展中国家的城市现代化的成就和问题,是不完全相同的,但贫困和犯罪是普遍存在的。

(2) 世界第二次城市现代化的三次浪潮

首先,城市现代化的第四次浪潮(约1970~2020年)。受高技术、信息革命和生态革命的影响,世界城市前沿发生深刻变化。首先,高技术和服务经济的发展,改变了城市经济结构,高技术园区和工业园区兴起。其次,信息革命引发城市的信息化、数字化和智能化。其三,生态革命引发生态城市和绿色城市的兴起。其四,知识经济和知识社会的兴起,带动城市经济的知识和生态转型。经济发展的高技术、信息化、智能化、生态化和服务化,形成了所谓的第四次产业革命。迄今为止,第四次浪潮的典型特征是服务城市化,包括信息化、网络化、智能化、郊区化、国际化、绿色化、个性化、普及高等教育和终身学习等。

- 城市生活的信息化和绿色化。信息技术的应用和普及,城市生活的网络化、数字化、全球化和多样化,信息和网络普及率快速提高,网络社会逐步形成。城市文化遗产保护受到重视。休闲时间大大增加,娱乐活动多样化,国际旅游比较普遍。环境保护成为社会共识,生态建设成为社会行为,绿色生产、绿色消费和绿色服务大为普及,生态意识和绿色运动成为社会运动的新特点。
- 城市社会的知识化。知识性劳动者比例超过生产性劳动者比例,也超过服务性劳动者比例;新知识成为社会变迁、社会流动和社会分化的根本动力。在普及中等教育的同时,高等教育大发展,迅速由大众化高等教育进入普及高等教育的阶段;终身学习和网络学习逐步普及,学习社会在成长。

- 城市经济的创新化。创新意识和创新效率提高,科研人员占劳动力比例提高,企业创新普及程度提高,创新活动社会化,国家创新系统成为社会政策的有力工具。
- 居住结构的动态平衡。郊区化发展迅速,大城市的居民大量外移,迁到郊区、小城镇和农村地区;同时,城市化在发展,农村居民继续进入城市,部分郊区人口回流城市;城市化和非城市化的两股人流,逐步达到动态平衡;郊区居民比例,超过中心城市和农村。
- 城市生活的困境。信息化带来信息鸿沟,知识化带来知识鸿沟,城市贫富差距扩大。原来的城市问题,如城市贫困、城市犯罪、住房拥挤和交通堵塞等,继续存在。
- 工业城市的新变化。如人口老龄化,福利政策和社会保障制度的改革,罢工运动逐步下降和阶级冲突逐步淡化,组织结构的扁平化,家庭结构的多样化等。
- 发展中国家的城市现代化,既包括前三次浪潮的内容,也包括第四次浪潮的内容;有些国家和城市的城市现代化,包含较多的前三次浪潮的内容,第四次浪潮的内容比较少;有些国家和城市的城市现代化,前三次浪潮的内容基本完成,包含第四次浪潮的内容比较多。
- 世界范围的城市现代化的第四次浪潮将是一个混合物。既有发达城市的第四次浪潮,也有发展中城市的前四次浪潮的混合体。随着全球化的推进,第四次浪潮的内容将覆盖全球。

其次,城市现代化的第五次浪潮预计发生在2020~2050年期间。它以新生物学和再生革命为基础,以生物经济社会形成为特征,社会观念发生革命性变化。生命控制技术、信息转换技术、人格信息包技术、智能仿真人技术、仿生技术、创生技术和再生技术等,将带来所谓的第五次产业革命,成为经济增长的新火车头。

- 网络空间成为人类生活的"新家园"。在物理空间里,人们可以通过电子设备随时进入网络空间。人们在网络空间的逗留时间越来越长,活动越来越多,包括办公、科研、购物、查资料、诊病、订票、开会讨论、上学上课、看书看报、旅游探险、看电影和电视、发表论文和观点、推销产品等等,在物理空间的许多活动都可在网络空间里完成。
- 人脑的信息加工和处理机理被破译,连接人脑和电脑的"信息转换器"将被发明,信息转换器将实现人脑与电脑之间知识和信息的直接双向交换。信息转换器将帮助人们直接从网络上获得所需要的知识和信息。人类意识被解码,人脑被电脑备份,"人格信息包"被发明。人格信息包是包含人生信息和自主意识的"软件包"或"数字人"。
- 新生物学和再生革命将发生,在生命科技、信息科技和纳米科技的交叉领域将取得重大突破,人体的体外再生和体外生殖将成为现实,人类将获得三种新的"生存形式",即网络人、仿生人和再生人,人类将获得某种意义的"永生"。两性智能人进入家庭,将改变家庭模式和社会结构。人类将根据自己的需要设计和生产新的动物、植物和微生物产品。
- 数字化技术和通信技术的发展,计算速度、网络速度和储存技术的提高,人们可随时随地获得他需要的知识和信息,知识和信息成为像空气和水一样的"物质",随处可得。这样,知识创新就成为经济增长和社会进步的决定因素。知识创新不仅包括科学知识和技术知识创新,也包括文化、观念、思想、价值观、设计、生活体验等创新。
- 人工智能大显身手,越来越多工作岗位被智能机器人替代。最先被替代的工作是以体力劳动为主、重复性、机械性、接触有毒有害物质和有危险的工作;其次是一些以知识为基础的工作也将移交给智慧的机器人,如文秘、律师、医生、工程师、政府官员等的部分工作;其三,服务性工作更是人工智能的用武之地。
- 文化产业蓬勃发展,自然意识日益浓厚。情感、体验、思想、故事、设计、观念、方式等将商业化,人们更加珍视动物、植物、生态和环境,绿色运动将得到普遍的支持。

其三,城市现代化的第六次浪潮预计发生在 2050~2100 年期间。它以新物理学和时空革命为基础,以文化经济社会形成为特征,人类的制造和运输技术发生革命性变化,时间和空间观念发生革命性变化,文化生活和情感体验将主导社会经济。新能源、新运输、超级制造系统、太空生产系统和宇宙旅行等,将带来所谓的第六次产业革命。

- 城市经济将进入知识经济的高级阶段,经济的非物质化和知识化继续发展,文化产业成为主导产业。为精神活动、情感体验、价值观、个性发展、娱乐探险等提供服务的产品将大行其道。
- 经济发展不再依赖于自然物质资源,而是决定于人类的创造力,决定于人类创造"内容"的质量和效率,非物质化的经济逐步成为经济发展主流。
- 经济活动和社会生活呈现"合二为一"的趋势。在非物质化经济中文化产业是主角。在世界市场上,相同的物质产品随处可见,人们享受的物质文明逐步趋同,文化产品大有一统世界市场的势头,一些文化和价值观将消失。
- 越来越多人认识到,文化多样性是人类非物质文明进步的基础。文化多样性保护将进一步促进文化产业的发展,工作和休闲之间的界线将变得模糊,工作如同"游戏",休闲包含"创造",创新成为经济和生活的核心内容。

3. 世界城市现代化的现实水平

城市现代化水平,可以在国家、地区和城市层次上进行评价。

在国家层次上,2008 年综合城市现代化指数最高的国家分别是:美国、日本、丹麦、瑞典、德国、芬兰、爱尔兰、澳大利亚、法国、奥地利;最低的国家分别是:埃塞俄比亚、安哥拉、马拉维、乍得、乌干达、莱索托、越南、刚果共和国、斯里兰卡、尼泊尔(附表 1-1-4)。

目前,世界大约有 12 万多个城市。城市层次的现代化水平评价,需要专题研究。

4. 世界城市现代化的主要特点

关于世界城市现代化的特点,可以和需要从不同角度进行分析。

首先,城市现代化是一个世界现象和国际潮流。在过去 300 年里,绝大多数国家、地区和城市,选择了城市现代化,只有少数社群拒绝现代化。

其次,城市现代化与现代城市化是一个伴生现象,属于现代化过程的两个不同侧面。它们既有区别,又相互交叉,起步时间基本一致。一般而言,现代城市化是社会现代化的一个主要内容,主要指现代化过程中社会人口居住结构的变化,包括城市规模、城市人口和城市人口比例的扩大等;城市现代化是地区现代化的一种表现形态,主要指从传统城市向现代城市的转型,包括城市文明水平和城市生活质量的提高。当然,这种划分是相对的。

其三,城市现代化是一个多维过程。它既不是一首田园牧歌,也不是一曲辛酸悲歌,而是一部命运交响曲。在城市现代化过程中,既有经济发展和居民收入提高,也有经济危机和失业风险;既有社会进步和生活水平提高,也有环境恶化和城市贫困。在 18~19 世纪,许多工业城市的生活质量低于农村地区和全国平均水平。

其四,城市现代化具有双重任务。城市既是文明的标志、文化的中心、财富的象征和创新的前沿,也是犯罪的温床、贫困的泥潭、污染的源头和拥挤的空间。城市现代化既要扩展和提升城市文明的光明面——城市发展的四个进步:文明、文化、财富和创新;也要抑制或消除城市文明的阴暗面——城市发展的四个挑战:犯罪、贫困、污染和交通堵塞。

其五,城市建筑和住房现代化是一个长期任务。随着科技进步和生活水平提高,城市建筑从城市规划、建筑设计、建筑材料、建筑技术、建筑质量和建筑文化都在发生变化,城市居住文化、住房要求和住房质量都在与时俱进。

其六,城市基础设施现代化是一个长期挑战。现代城市需要现代基础设施。基础设施从规划和建设,到运营和维护,是一个长期过程。许多基础设施,一旦建成,就长期存在,需要维护和更新。基础设施的质量和满意度,是衡量城市现代化的一个硬指标。

其七,城市公共服务现代化是一个热点问题。城市服务是现代城市的一个基本功能,而且是不断增长的功能。它的服务对象不仅是城市居民,而且包括非城市居民(流动人员和城市周边地区)。城市公共服务的质量和满意度,同样是衡量城市现代化的一个硬指标。

其八,城市公共管理现代化是一个关键问题。城市管理的演进是一个长期过程,从行政管理、公共管理到新公共管理,不仅反映了管理思想的演进,而且反映了实际管理的变化。然而,公共管理并没有标准模式或最佳模式,公共管理现代化的道路是漫长的。

其九,城市环境治理现代化是一个国际潮流。现代城市的环境压力,与城市人口的规模和密度成正比,与城市经济的结构和密度正相关。工业城市化和社会城市化阶段,城市环境污染成为一个社会公害,环境治理逐步受到社会关注。服务城市化阶段,随着环境意识、生活质量提高和经济结构转型,城市环境治理走向良性轨道。

其十,城市交通现代化是一个世界性的难题。现代城市的交通压力,同样与城市人口密度和城市人口规模成正比,与城市经济密度和经济结构正相关。每个城市的交通问题,都需要专题研究。城市交通现代化,是没有止境的。

其十一,城市现代化需要合理保护和利用传统文化。城市既是传统文化的载体,也是现代文化的前沿。文化创新是城市现代化的活力来源。同时,传统建筑文化与城市特色紧密相关。城市现代化不是对传统文化的全面否定,而是合理利用。

其十二,城市现代化水平可以大致反映国家或地区现代化水平。如果城市人口占总人口比例超过50%(城市化率超过50%),那么,城市现代化水平可以大致反映它所在国家或地区的现代化水平。当然,城市现代化水平一般高于国家或地区现代化的平均水平。

城市现代化具有现代化的一些普遍特点,例如,长期性、复杂性、不平衡性、不同步性、局部可逆性、风险性、进步性、部分指标的国际分化、部分指标的国际趋同、副作用等。

二、城市现代化过程中的城市化

城市现代化包括城市的空间扩张(现代城市化)和质量提升(城市现代化)。一般而言,城市空间扩张和质量提升,都具有一定的时代特性;城市空间扩张具有较大的地理特性,就是城市多样性,城市质量提升具有较多的共性,就是城市现代性。前面讨论了世界城市现代化的历史进程,这里简要讨论世界城市现代化过程中的城市化。

1. 发达国家的城市化

首先,根据城市化率的高低,1950~2010年期间发达国家城市化可以大致分为三种类型:高度城市化、中度城市化和低度城市化(表1-106)。当然,由于不同国家关于城市的人口标准不同,这种分类是相对的。

表 1-106　1950～2010 年发达国家的城市化率　　　　　　　　　　单位：%

类型	国家	1950	1960	1970	1980	1990	2000	2010	年均增长率
高度城市化	新加坡	99	100	100	100	100	100	100	0.01
	比利时	91	93	94	95	96	97	98	0.11
	以色列	71	77	84	89	90	91	92	0.43
	日本	53	63	72	76	77	79	91	0.88
中度城市化	澳大利亚	77	82	85	86	85	87	89	0.24
	丹麦	68	74	80	84	85	85	87	0.41
	新西兰	73	76	81	83	85	86	86	0.29
	法国	55	62	71	73	74	77	85	0.73
	瑞典	66	73	81	83	83	84	85	0.43
	芬兰	43	55	64	72	79	82	84	1.11
	韩国	21	28	41	57	74	80	83	2.29
	荷兰	56	60	62	65	69	77	83	0.65
	美国	64	70	74	74	75	79	82	0.41
	加拿大	61	69	76	76	77	80	81	0.47
	英国	79	78	77	79	78	79	80	0.01
低度城市化	挪威	50	50	65	71	72	76	79	0.75
	西班牙	52	57	66	73	75	76	77	0.67
	德国	68	71	72	73	73	73	74	0.13
	瑞士	44	51	57	57	73	73	74	0.85
	意大利	54	59	64	67	67	67	68	0.39
	奥地利	64	65	65	65	66	66	68	0.10
	爱尔兰	40	46	52	55	57	59	62	0.73
对照	高收入国家	54	64	69	72	74	77	80	0.65
	中等收入国家	18	25	29	33	38	43	49	1.72
	低收入国家	7	11	15	19	22	24	28	2.21
	世界平均	29	34	37	39	43	47	52	0.94

注：年均增长率为 1950～2010 年的年均增长率(%)。由于不同国家城市标准不同，这种分类是相对的。
资料来源：United Nations, 2012；World Bank, 2012.

- 高度城市化，城市化率超过 90%，包括比利时、以色列和日本等 4 个国家。
- 中度城市化，城市化率为 80%～90%，包括美国、英国和法国等 11 个国家。
- 低度城市化，城市化率低于 80%，包括德国、意大利、奥地利等 7 个国家。

其次，根据最大城市人口占全部城市人口比例的高低，1960～2010 年期间发达国家的城市化可以大致分为三种模式：集中型城市化、过渡型城市化和分散型城市化（表 1-107）。

表 1-107　1960～2010 年发达国家城市化的模式（一）

类型	国家	最大城市人口占全部城市人口的比例/(%)					
		1960	1980	1990	2000	2005	2010
集中型城市化	新加坡	99	100	99	100	100	95
	比利时	46	41	48	48	47	47
	以色列	42	41	42	42	42	43
	日本	51	48	46	44	41	40
过渡型城市化	澳大利亚	24	30	30	32	33	37
	丹麦	27	24	29	32	33	33
	新西兰	36	31	31	29	30	30
	法国	38	26	24	24	24	25
	瑞典	34	38	33	27	25	24
	芬兰	32	22	22	23	23	23
	韩国	26	26	25	24	24	22
	荷兰	26	21	22	21	21	21
	美国	20	20	21	21	20	20
	加拿大	14	16	18	19	20	20
分散型城市化	英国	18	18	18	18	18	18
	挪威	14	16	15	16	16	16
	西班牙	15	14	15	16	16	16
	德国	20	16	15	16	16	15
	瑞士	8	9	9	9	9	8
	意大利	11	9	9	8	8	8
	奥地利	13	10	9	8	8	8
	爱尔兰	6	5	6	6	6	6
对照	高收入国家	19	19	20	19	19	19
	中等收入国家	16	16	15	14	13	13
	低收入国家	30	32	34	34	34	33
	世界平均	18	18	17	16	16	16

资料来源：World Bank, 2012.

- 集中型城市化：最大城市人口占城市人口比例超过 40%，包括新加坡、比利时等 4 个国家。
- 过渡型城市化：最大城市人口占城市人口比例为 20%～40%，包括韩国、法国等 10 个国家。
- 分散型城市化：最大城市人口占城市人口比例小于 20%，包括英国、德国等 8 个国家。

其三，根据大城市（人口超过百万的城市）的人口占全国人口比例的高低，1960～2010 年期间发达国家的城市化可大致分为三种模式：大城市主导型、过渡型和非大城市主导型城市化（表 1-108）。

表 1-108　1960~2010 年发达国家城市化的模式(二)

类型	国家	2010年人口/百万	大城市(人口超过百万的城市)的人口占全国人口的比例/(%)					
			1960	1980	1990	2000	2005	2010
大城市主导型城市化	新加坡	5.08	99	100	99	100	100	95
	澳大利亚	22.30	54	61	60	61	60	58
	以色列	7.62	47	46	56	58	58	57
	日本	127.45	32	43	46	47	48	50
	韩国	49.41	21	42	51	49	48	47
	美国	309.35	39	41	42	43	44	45
	加拿大	34.13	30	37	40	42	43	44
过渡型城市化	新西兰	4.37	19	25	25	28	29	32
	英国	62.23	31	27	26	26	26	26
	爱尔兰	4.47	23	27	26	26	25	25
	西班牙	46.07	16	22	22	24	24	24
	法国	65.08	22	22	22	22	22	22
	丹麦	5.55	28	21	20	20	21	21
	芬兰	5.36	10	14	18	20	20	21
	奥地利	8.39	23	20	20	19	20	20
非大城市主导型城市化	比利时	10.90	16	17	17	17	18	18
	意大利	60.48	16	19	19	18	17	17
	瑞士	7.83	10	11	15	15	15	15
	瑞典	9.38	11	12	12	14	14	14
	荷兰	16.62	16	13	13	13	12	12
	德国	81.78	8	8	8	8	8	8
对照	高收入国家	1127.92	—	—	—	—	—	—
	中等收入国家	4966.66	10	13	14	16	17	18
	低收入国家	799.80	4	7	8	10	10	11
	世界	6894.38	13	16	17	18	19	20

资料来源:World Bank, 2012.

- 大城市主导型城市化:大城市人口占全国人口比例超过 40%,包括日本、韩国、美国等 7 个国家。
- 过渡型城市化:大城市人口占全国人口比例为 20%~40%,包括英国、西班牙、法国等 8 个国家。
- 非大城市主导型城市化:大城市人口占全国人口比例小于 20%,包括意大利、德国等 6 个国家。

其四,根据小城市(人口小于 50 万的城市)的人口占全部城市人口比例的高低,1950~2010 年期间发达国家的城市化可以大致分为三种模式:小城市主导型、过渡型和非小城市主导型城市化(表 1-109)。

表 1-109　1950~2010 年发达国家城市化的模式（三）

类型	国家（类型）	2010年人口/百万	小城市（人口少于50万的城市）人口占全部城市人口的比例/(%)						
			1950	1960	1970	1980	1990	2000	2010
小城市主导型城市化	荷兰(1)	16.62	58	62	67	73	76	79	80
	德国(2)	81.78	79	76	78	78	79	80	78
	挪威(3)	4.89	100	68	75	78	78	77	77
	瑞典(2)	9.38	84	85	76	86	85	84	76
	丹麦(1)	5.55	58	62	65	74	76	76	75
	芬兰(3)	5.36	100	100	83	80	78	76	75
	奥地利(1)	8.39	63	64	67	69	69	71	70
	瑞士(3)	7.83	100	80	80	80	79	79	70
过渡型城市化	比利时(2)	10.90	65	59	66	66	67	66	66
	法国(2)	65.08	61	63	63	63	63	61	65
	新西兰(3)	4.37	100	100	72	71	70	68	63
	爱尔兰(1)	4.47	46	49	50	52	54	56	60
	西班牙(3)	46.07	72	69	63	63	62	60	59
	英国(1)	62.23	49	50	54	58	59	59	59
	意大利(3)	60.48	63	61	55	54	53	53	56
非小城市主导型城市化	日本(3)	127.45	54	49	44	42	38	38	43
	加拿大(3)	34.13	65	64	55	42	39	38	37
	美国(3)	309.35	51	46	42	41	40	37	33
	澳大利亚(3)	22.30	52	38	34	29	30	31	28
	韩国(3)	49.41	52	40	31	28	26	21	23
	以色列(3)	7.62	100	54	57	56	20	21	16
对照	欧洲	331.94	69	69	68	68	68	68	67
	比较发达地区	na	63	61	59	58	57	55	53
	较不发达地区	na	72	69	65	61	59	54	51
	最不发达地区	na	91	89	80	71	63	61	56
	世界	6894.38	67	65	62	59	58	55	51

注：(1) 小城市扩张型城市化，(2) 小城市波动型城市化，(3) 小城市收缩型城市化。
资料来源：United Nations, 2012.

- 小城市主导型城市化：小城市人口占城市人口比例超过70%，包括荷兰、丹麦等8个国家。
- 过渡型城市化：小城市人口占城市人口比例为50%~70%，包括法国、西班牙等7个国家。
- 非小城市主导型城市化：小城市人口占城市人口比例小于50%，包括美国、韩国等6个国家。

其五，根据1950~2010年期间小城市人口比例的变化，发达国家的城市化可以分为三种模式：小城市扩张型(1)、小城市波动型(2)和小城市收缩型城市化(3)（表1-109）。

- 小城市扩张型城市化：小城市人口比例上升，包括荷兰、英国等5个国家。
- 小城市波动型城市化：小城市人口比例波动，包括德国、法国等4个国家。
- 小城市收缩型城市化：小城市人口比例下降，包括美国、韩国等12个国家。

其六，在地区层次上（国家内部的地区），地区城市化具有很大多样性。在20世纪里，美国50个州中，多数州的城市化与美国国家城市化是一致的，但是，缅因州、阿拉巴马州、俄克拉荷马州等先后发生城市人口比例下降，其中，佛蒙特州、西弗吉尼亚州和密西西比州等城市人口比例低于50%；2000

年城市化率最高达91%,最低为38%(表1-110)。

表1-110 美国16个州城市化的比较(城市人口占总人口的比例) 单位:%

地 区	1900	1910	1920	1930	1940	1950	1960	1970	1980	1990	2000
美国	40	46	51	56	57	64	70	74	74	75	79
佛蒙特州	22	28	31	33	34	36	39	32	34	32	38
缅因州	34	35	39	40	41	52	51	51	48	45	40
西弗吉尼亚州	13	19	25	28	28	35	38	39	36	36	46
密西西比州	8	12	13	17	20	28	38	45	47	47	49
阿肯色州	9	13	17	21	22	33	43	50	52	54	53
阿拉巴马州	12	17	22	28	30	44	55	59	60	60	55
新罕布什尔州	47	52	57	59	58	58	58	56	52	51	59
俄克拉荷马州	7	19	27	34	38	51	63	68	67	68	65
阿拉斯加州	25	10	6	13	24	27	38	57	64	68	66
密苏里州	36	42	47	51	52	62	67	70	68	69	69
密歇根州	39	47	61	68	66	71	73	74	71	71	75
宾夕法尼亚州	55	60	65	68	67	71	72	72	69	69	77
俄亥俄州	48	56	64	68	67	70	73	75	73	74	77
纽约州	73	79	83	84	83	86	85	86	85	84	88
罗得岛州	88	91	92	92	92	84	86	87	87	86	91
马萨诸塞州	86	89	90	90	89	84	84	85	84	84	91

数据来源:中国现代化战略研究课题组等,2004.

2. 发展中国家的城市化

首先,根据城市化率的高低,以及城市化与工业化的关系,1950~2010年期间发展中国家城市化可以大致分为三种类型:过度城市化、中级城市化和初级城市化(表1-111)。一般而言,发展中国家城市化起步晚和水平低,发展中国家城市化分类标准与发达国家有差别。

表1-111 1950~2010年发展中国家的城市化和类型

类 型 (发达国家)	类 型 (发展中国家)	城市化率/(%)	国家数量/个						
			1950	1960	1970	1980	1990	2000	2010
高度城市化	过度城市化	大于90	0	0	0	1	1	3	4
中度城市化		80~90	0	1	2	3	5	4	5
低度城市化	中级城市化	70~80	1	2	3	3	7	8	11
		60~70	2	2	5	13	10	17	21
		50~60	3	9	13	14	22	21	19
	初级城市化	小于50	103	95	86	75	64	56	49

- 过度城市化,2010年前城市化率超过80%,城市化大大超前于工业化,约有1~9个国家。
- 中级城市化,2010年前城市化率为50%~80%,可能有两种情形(城市化与工业化基本协调,城市化略超前于工业化),约有6~51个国家。
- 初级城市化,2010年前城市化率低于50%,可能有三种情形(城市化落后于工业化,城市化与工业化基本协调,城市化超前于工业化),约有49~103个国家。

其次，根据最大城市人口占全部城市人口比例的高低，1960~2010年期间发展中国家的城市化可以大致分为三种模式：集中型城市化、过渡型城市化和分散型城市化（表1-112）。

表1-112 1960~2010年发展中国家城市化的模式（一）

类 型	最大城市人口占城市人口的比例/(%)	国家数量/个					
		1960	1980	1990	2000	2005	2010
集中型城市化	大于40	32	37	34	32	34	27
中间型城市化	20~40	54	52	56	52	50	37
分散型城市化	小于20	22	19	18	24	24	24

- 集中型城市化：最大城市人口占城市人口比例为40%以上，约有27~37个国家。
- 过渡型城市化：最大城市人口占城市人口比例为20%~40%，约有37~56个国家。
- 分散型城市化：最大城市人口占城市人口比例为20%以下，约有18~24个国家。

其三，根据大城市（人口超过百万的城市）的人口占全国人口比例的高低，1960~2010年期间发展中国家的城市化可大致分为三种模式：大城市主导型、过渡型和非大城市主导型城市化（表1-113）。

表1-113 1960~2010年发展中国家城市化的模式（二）

类 型	百万城市人口占全国人口的比例/(%)	国家数量/个					
		1960	1980	1990	2000	2005	2010
大城市主导型城市化	大于40	2	4	3	3	3	4
过渡型城市化	20~40	15	25	26	30	30	31
非大城市主导型城市化	小于20	61	49	49	45	45	43

- 大城市主导型城市化：大城市人口占全国人口的40%以上，约有2~4个国家。
- 过渡型城市化：大城市人口占全国人口的20%~40%，约有15~31个国家。
- 非大城市主导型城市化：大城市人口占全国人口的20%以下，约有43~61个国家。

其四，根据小城市（人口小于50万的城市）的人口占全部城市人口比例的高低，1950~2010年期间发展中国家的城市化可以大致分为三种模式：小城市主导型、过渡型和非小城市主导型城市化（表1-114）。

表1-114 1950~2010年发展中国家城市化的模式（三）

类 型	小城市人口占全部城市人口比例/(%)	国家数量/个						
		1950	1960	1970	1980	1990	2000	2010
小城市主导型城市化	大于90	75	66	51	32	20	13	9
	80~90	5	6	5	7	7	9	6
	70~80	11	13	11	12	14	16	16
过渡型城市化	60~70	8	12	18	22	24	21	15
	50~60	5	5	11	18	25	25	29
非小城市主导型城市化	小于50	5	7	13	18	19	25	34

- 小城市主导型城市化：小城市人口占城市人口比例超过70%，约有32~91个国家。
- 过渡型城市化：小城市人口占城市人口比例为50%~70%，约有13~44个国家。
- 非小城市主导型城市化：小城市人口占城市人口比例小于50%，约有5~34个国家。

其五，根据 1950～2010 年期间小城市人口比例的变化，发展中国家的城市化可以分为三种模式：小城市扩张型、小城市波动型和小城市收缩型城市化（表 1-115）。

表 1-115　1950～2010 年发展中国家城市化的模式（四）

类　　型	国家（举例）	城市化率/(%)						
		1950	1960	1970	1980	1990	2000	2010
小城市扩张型城市化	葡萄牙	23	24	19	15	22	30	35
	乌拉圭	31	37	41	42	44	47	47
小城市波动型城市化	泰国	60	60	60	63	65	68	60
	罗马尼亚	84	84	83	82	83	83	83
小城市收缩型城市化	肯尼亚	100	100	54	66	65	53	56
	墨西哥	76	66	60	54	46	39	33

- 小城市扩张型城市化：小城市人口占城市人口比例上升，包括葡萄牙、乌拉圭等 11 个国家。
- 小城市波动型城市化：小城市人口占城市人口比例波动，包括泰国、罗马尼亚等 12 个国家。
- 小城市收缩型城市化：小城市人口占城市人口比例下降，包括墨西哥、肯尼亚等 86 个国家。

三、世界城市现代化的前景分析

关于世界城市现代化的前景分析，带有科学猜想或科学预测的性质。在本报告里，世界城市现代化的前景分析，时间跨度为 90 年（2010～2100 年），分析对象包括世界城市现代化的整体前景、世界城市三大方面（四个要素、六个领域和六个系统）的前景等。这种前景分析，只是讨论一种可能性，而不是精确预见，有一定参考意义。

1. 世界城市现代化的整体前景

世界城市现代化的整体前景分析需要专题研究。这里主要讨论两个问题：21 世纪世界城市化的趋势和城市现代化的前景。显然这种讨论是非常初步的。

（1）21 世纪世界城市化的趋势分析

联合国的《世界城市化展望 2011》分析了世界城市化的发展趋势（United Nations，2012）。

首先，21 世纪人类社会将全面进入城市社会。如果把城市人口占总人口比例超过 50% 作为城市社会的判断标准，那么，21 世纪人类社会将全面进入城市社会。例如，2010 年世界城市化率达到 52%，世界平均进入城市社会；2020 年比较不发达地区城市化率达到 51%，它们平均进入城市社会；2035 年非洲城市化率达到 50%，进入城市社会等（表 1-116）。

其次，21 世纪前 50 年城市化速度快于 20 世纪后 50 年。在 1950～2000 年期间，世界城市化率提高 17 个百分点。在 2000～2050 年期间，世界城市化率将提高 20 个百分点。

其三，21 世纪世界城市化将主要发生在比较不发达地区。21 世纪前 50 年，比较不发达地区城市化率将提高 24 个百分点；比较发达地区城市化率仅提高 12 个百分点。

其四，21 世纪世界城市化具有地区差异性。21 世纪前 50 年与 20 世纪后 50 年相比，城市化速度较快的地区包括非洲和亚洲，城市化速度较慢的地区包括欧洲、美洲和大洋洲。

其五，21 世纪世界城市化水平的国际差距仍然非常明显。比较不发达地区与比较发达地区相比，城市化水平平均落后 70 年左右。世界平均水平与发达国家平均水平相比，城市化平均水平平均落后 60 年左右。

其六，2050 年城市化率超过 80% 的国家将达到 40 多个，城市化率低于 80% 的国家将为 80 多个。

其中,城市化率为50%～80%的国家有70多个,城市化率低于50%的国家约有15个(表1-117)。

表1-116 1950～2050年世界的城市化率　　　　　　　　　　　　　　　　单位:%

地　区	1950	2000	2010	2015	2020	2025	2030	2035	2040	2045	2050	增长*	增长**
世界	29	47	52	54	56	58	60	62	64	65	67	18	20
比较发达地区	54	74	77	79	80	81	82	83	84	85	86	20	12
较不发达地区	18	40	46	49	51	54	56	58	60	62	64	22	24
非洲	14	36	39	41	43	45	48	50	53	55	58	22	22
亚洲	17	37	44	48	50	53	56	58	60	62	64	20	27
欧洲	51	71	73	74	75	76	77	79	80	81	82	20	11
北美地区	64	79	82	83	84	85	86	87	87	88	89	15	10
拉美地区	41	75	79	80	81	83	83	84	85	86	87	34	12
大洋洲	62	70	71	71	71	71	71	72	72	72	73	8	3

注:增长* = 2000年城市化率 - 1950年城市化率。增长** = 2050年城市化率 - 2000年城市化率。
资料来源:United Nations,2012。

表1-117 1950～2050年世界城市化的模式

类　型	城市化率/(%)	国家数量/个									
		1950	2000	2010	2015	2020	2025	2030	2035	2040	2045	2050
高度城市化	大于90	2	6	8	8	10	11	11	11	13	14	15
中度城市化	80～90	0	9	15	17	17	19	25	25	24	27	27
低度城市化	70～80	5	18	16	17	21	21	23	28	29	31	36
(中级城市化)	60～70	8	20	24	22	23	24	19	17	23	18	17
	50～60	9	22	18	23	19	15	14	19	18	21	21
初级城市化	小于50	107	56	50	44	41	41	39	31	24	20	15

注:在1950～2010年期间,如果发展中国家城市化率超过80%,则为过度城市化。这是相对的。

其七,世界城市化的结构将发生变化。例如,21世纪城市化率超过50%的国家持续上升,城市化率低于50%的国家持续下降(图1-35)。1950年城市化率超过50%的国家有24个,2040年达到107个;1950年城市化率低于50%的国家有107个,2040年下降为24个。

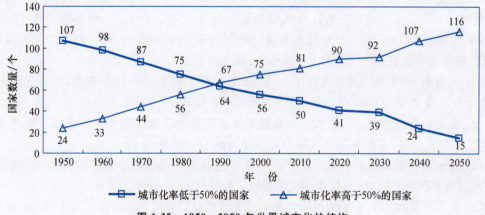

图1-35 1950～2050年世界城市化的结构

其八,21世纪后50年世界城市化的趋势可能发生根本性变化。有学者预测,21世纪将先后发生两次新科技革命,包括新生物学和再生革命、新物理学和时空革命(何传启,2012)。两次科技革命将带来全新的思想观念、生活方式和生产方式,人类社会结构和社会制度将发生革命性变化。世界人口城市化和集中化趋势可能发生逆转,进入社区化和分散化阶段。

(2) 21世纪世界城市现代化的前景分析

21世纪世界城市现代化的前景分析,可以在国家、地区和城市层次上分别讨论。

首先,城市现代化的理论基础。目前,世界现代化理论主要有六大流派,包括经典现代化理论、后现代化理论、生态现代化理论、反思性现代化理论、多元现代性理论和第二次现代化理论。城市现代化是现代化的一种表现形式,所以它们都与城市现代化有关。

根据第二次现代化理论(何传启,1999,2013),从人类诞生到21世纪末,人类文明发生了四次意义深远的革命,相应产生了四个时代,每一个时代的文明挑战和成就是不同的,文明发展具有内在逻辑(表1-118)。从农业文明向工业文明转变是第一次现代化,从工业文明向知识文明转变是第二次现代化。2010年世界现代化的状况是两次现代化并存,世界前沿已经进入第二次现代化的发展期,世界平均处于第一次现代化。在21世纪里,如果人类文明的历史逻辑没有本质改变,那么,人类文明将继续推进知识文明,世界现代化将继续是两次现代化并存,世界前沿将逐步达到第二次现代化的光辉彼岸。

表1-118 人类文明发展的内在逻辑

项目	原始文化时代	农业文明时代	工业文明时代	知识文明时代
大致时间	250万年前~公元前3500年	公元前3500年~1763年	1763年~1970年	1970年~2100年
竞争和挑战	人与自然的竞争 采集食物的困难	生存的竞争 生产食物的困难	财富的竞争 物质生活的需要	发展的竞争 精神生活的需要
主要的成就	发明工具和文化 人类的社会化	发明农业和国家 基本解决食物问题	现代工业和国际体系 基本满足物质生活需要	信息、生物和空间技术 主要满足精神生活需要
存在的问题	食物的自然依赖	土地资源的有限	环境破坏、资源不足	新知识不足、健康长寿
文明的迁移	人类发源于非洲	农业文明主要发源于亚洲	工业文明发源于欧洲	知识文明主要发源于北美

注:本表是举例说明。关于四个时代的竞争特点有不同观点。例如,原始文化是人与动物竞争,农业文明是人与自然环境竞争(食物竞争或土地竞争),工业文明是人与机器竞争(市场竞争或资源竞争),知识文明是人与人竞争(信息竞争或知识竞争)。原始文化是人与动物的生存竞争,农业文明是人与人的生存竞争等。

其次,城市现代化的路径选择。如果没有发生世界性的重大危机,21世纪世界现代化的路径将是20世纪的延续。21世纪世界现代化路径将是混合路径,或者说是几种路径的集合。主要路径包括:发达国家的第二次现代化路径、发展中国家的第一次现代化路径、第二次现代化路径和综合现代化路径等。综合现代化路径是两次现代化的协调发展,并持续向第二次现代化和知识文明的转型过程。21世纪世界城市现代化的路径将是世界现代化路径在城市现代化过程中的体现,分别发生在城市、地区和国家三个层次上。

国家层次的城市现代化路径。发达国家的发达城市无疑将继续沿用第二次现代化路径。发展中国家的城市,将有三种选择:第一次现代化路径、第二次现代化路径和综合现代化路径;事实上,很少有城市会拒绝第二次现代化;所以,实际上,发展中国家的城市,有可能选择第二次现代化路径或综合现代化路径。

地区层次的城市现代化路径。如果地区是一个包括城市和农村的行政区域,地区城市现代化的路径选择,可以参考国家城市现代化的路径选择。如果地区是一个城市地区,地区城市现代化的路径选择,可以参考城市层次的城市现代化的路径选择。

城市层次的城市现代化路径。可以根据城市发展水平、发展阶段、经济和地理特点,选择适合自己的城市现代化路径和模式。基本路径仍然有三条:第一次现代化路径、第二次现代化路径和综合现代化路径;但在具体做法上,可以有很大灵活性和多种组合。

其三,城市现代化的水平分析。在21世纪中期,绝大多数国家的城市化率将超过50%(图1-33),绝大多数国家城市现代化水平将反映或部分代表国家现代化水平。《中国现代化报告2010:世界现代化概览》分析了21世纪世界现代化的水平,分析结果可以适用城市现代化。

国家层次的城市现代化水平。国家层次的城市现代化水平,将高于或大致相当于国家现代化的平均水平。发达国家,城市现代化水平与国家现代化水平大致相当。发展中国家,城市现代化水平将高于国家现代化水平。

地区层次的城市现代化水平。在包括城市和农村的地区,发达地区的地区现代化水平与城市现代化水平大致相当,发展中地区的城市现代化水平将高于地区现代化水平。

城市层次的城市现代化水平。世界城市约有12万多个,每个城市都需要专题研究。

2. 世界城市三大方面现代化的前景分析

世界城市三大方面现代化的前景分析需要专题研究。一般而言,发达国家和发展中国家城市现代化的前景会有所不同,21世纪前50年和后50年的前景会有所不同。这里简要讨论21世纪前50年的可能前景。

(1) 世界城市六个系统现代化的前景分析

首先,城市功能和形态。可以从如下七个角度来看。

城市的共性功能:发达国家的城市,服务和文化功能为主,政治和环境功能并存。发展中国家的城市,经济和社会功能为主,政治和文化功能并存。

城市功能的六种分级:世界城市、国际城市、国家中心城市、区域中心城市、普通城市和镇。

城市功能的三种类型:管理型、服务型和生产型。大型城市的功能将主要是管理型和服务型,中小城市的功能将多数是生产型或服务型,也会有例外。

城市功能的专业化:金融中心、交通中心、物流中心、生产中心、服务中心等。

城市内部形态:没有标准模式,没有最佳模式,田园城市或自然城市将受到更多重视。

城市外观形态:两种趋势将同时存在,一是郊区化和分散化,一是城市化和集中化,它们与建筑技术、信息技术和交通技术的进步一起,塑造出不同的城市外观形态。

城市体系形态:继续多样化,超大城市、特大城市、大型城市、中型城市和小型城市将同时存在,城市圈、城市群、城市带、城市绵延区、大都市区和单个城市将同时存在。

其次,城市建筑和住房。可以从如下三个角度进行分析。

城市建筑:建筑质量和建筑文化受到更多关注,智能化、绿色化和人性化受重视。

城市住房:人均住房面积会增加;但在发展中国家,城市贫民窟将继续存在。

住房价格:住房价格将继续上涨,但房价收入比和房租收入比将趋向合理水平。

其三,城市基础设施。可以从设施种类和设施发展角度进行分析。

城市基础设施的类型:① 硬性基础设施:给排水、能源、交通、通信、环保设施等;② 软性基础设施:市政设施、工业园、金融、医疗、教育、科技、文化、体育和娱乐设施等。

城市基础设施的发展:需要不断建设、维护和运营,它们将更加科学、高效和合理。在发达国家,城市基础设施的市场化和民营化,将继续受到重视。

其四,城市公共服务。可以从服务类型和发展方向角度进行讨论。

城市公共服务的类型:设施性服务、经济性服务、社会性服务、政治性服务、文化性和环保性服务等。城市公共服务、公共管理和基础设施既高度交叉,又相互支撑。

城市公共服务的发展:丰富服务内涵,提高公共服务的效率、质量、公平和满意度。

其五,城市公共管理。发达国家和发展中国家有所差别。

发达国家的城市管理:新公共管理,从公共管理走向公共治理,公民个人、公民社会、企业组织和政府部门,都参与城市公共治理,建设智慧城市。

发展中国家的城市管理:从行政管理走向公共管理,城市管理的民主化、专业化、信息化、智能化、绿色化、生态化、人性化和科学化,建设现代城市和智慧城市。

其六,城市国际联系。城市国际联系将会发生在全部领域,但其分布仍将是不均衡的。发达国家城市的高度国际化,发展中国家的中小城市的国际化程度将仍然比较低。

(2)世界城市六个领域现代化的前景分析

2010年世界城市人口占世界人口比例达到52%,标志着人类社会已经迈入城市社会。

世界城市六个领域现代化,包括政治、经济、社会、文化、环境和个人领域的现代化,将是世界六个领域现代化的一种"简化版"。特别是发达国家,城市六个领域现代化与国家六个领域现代化是基本一致的。发展中国家,城市六个领域现代化将代表国家六个领域现代化的先进水平,农村六个领域现代化水平一般低于国家六个领域现代化水平。

《中国现代化报告2010:世界现代化概览》系统分析了21世纪世界现代化的前景,包括世界六个领域现代化的前景,其主要观点基本适用于世界城市六个领域现代化。

(3)世界城市四个要素现代化的前景分析

首先,城市生活。它涉及方方面面,这里讨论政治、经济、社会和文化生活。

城市政治生活。政治民主化和管理多样化。自由、自愿、平等、法治、廉洁、高效和透明,成为城市政治生活的基本准则。社团活动、政党活动、选举活动是普遍现象。市民集会、游行罢工和抗议活动等,在有些国家和有些城市成为日常生活的组成部分等。

城市经济生活。劳动时间继续减少,休闲时间继续增加。物质产业(工业和农业)和普通服务业比例下降,知识产业比例上升。人均收入上升,但国际收入差距扩大等。

城市社会生活。家庭结构多样化,平均预期寿命延长。终身学习、知识消费和绿色消费,成为社会时尚。社会福利覆盖率提高。宗教活动普遍存在,城市犯罪和贫困继续存在等。

城市文化生活。文化生活继续多样化和个性化。网络文化、创新文化、休闲文化和生态文化,成为文化潮流。文化生活需求增长,文化产业日益繁荣,文化与经济部分融合等。

其次,城市结构。城市结构涉及多种结构,这里简要讨论城市体系的结构。

城市数量结构。2050年左右,人口超过百万的城市将达到1200个左右,其中,人口超过千万的超大城市将达到50个左右;人口在50万到100万的城市将超过1400个(表1-119)。

表1-119 1950~2050年世界城市体系的规模结构

项目	城市人口规模	1950	2000	2010	2015	2020	2025	2030	2040	2050
城市个数/个	1000万以上	2	17	23	29	35	37	39	44	49
	500万~1000万	4	27	38	40	48	59	68	92	123
	100万~500万	69	311	388	449	506	572	646	824	1052
	50万~100万	102	396	513	587	647	750	852	1100	1420

(续表)

项　　目	城市人口规模	1950	2000	2010	2015	2020	2025	2030	2040	2050
占城市人口比例/(%)	1000万以上	3	8	10	11	13	14	14	15	15
	500万～1000万	3	7	7	7	8	9	9	10	11
	100万～500万	17	21	21	23	23	24	25	27	28
	50万～100万	9	9	10	10	11	11	11	12	13
	50万以下	67	55	51	48	46	42	40	36	33

注：占城市人口比例指某类城市的总人口占全部城市人口的比例。加和不等于100，是因为四舍五入。
资料来源：United Nations，2012.

城市比例结构。2050年前后，人口超过百万的城市的城市人口占全部城市人口比例将达到54%左右，人口为50万至100万的中型城市的人口占全部城市人口比例约为13%，人口在50万以下的小城市的人口占全部城市人口比例下降到33%（表1-120，图1-36）。

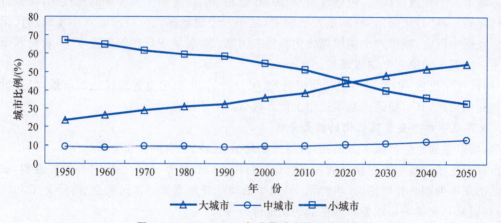

图1-36　1950～2050年世界城市体系的结构

城市比例结构的地区差异。比较发达地区和比较不发达地区，城市比例结构的变化趋势大致相同（图1-37，图1-38）。2050年前后，比较发达地区，人口超过百万的城市的城市人口占全部城市人口比例将达到52%左右，人口在50万以下的小城市的人口占全部城市人口比例下降到35%；比较不发达地区，人口超过百万的城市的城市人口占全部城市人口比例将达到56%左右，人口在50万以下的小城市的人口占全部城市人口比例下降到31%（表1-120）。

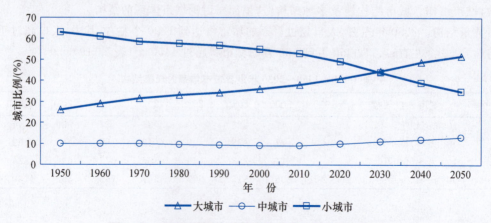

图1-37　1950～2050年比较发达地区城市体系的结构

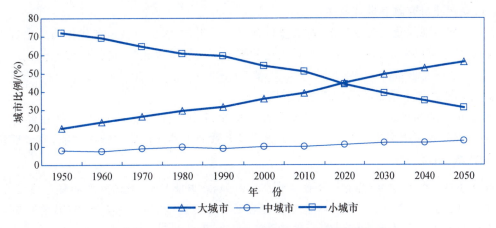

图 1-38　1950～2050 年比较不发达地区城市体系的结构

表 1-120　1950～2050 年比较发达地区和比较不发达地区的城市人口分布（占城市人口比例）　单位：%

地　　区	城市人口规模	1950	2000	2010	2015	2020	2025	2030	2040	2050
比较发达地区	1000 万以上	5	10	11	12	12	13	14	16	16
	500 至 1000 万	5	4	6	6	9	8	9	11	14
	100 万至 500 万	16	22	22	21	20	22	22	22	22
	50 万至 100 万	10	9	9	10	10	11	11	12	13
	50 万以下	63	55	53	51	49	47	44	39	35
比较不发达地区	1000 万以上	0	8	10	11	13	14	14	15	15
	500 至 1000 万	2	8	8	7	7	9	9	10	10
	100 万至 500 万	18	20	21	23	24	25	26	28	31
	50 万至 100 万	8	10	10	10	11	11	12	12	13
	50 万以下	72	54	51	48	44	41	39	35	31

注：占城市人口比例指某类城市的总人口占全部城市人口的比例。加和不等于 100，是因为四舍五入。

资料来源：United Nations, 2012.

其三，城市制度。根据第二次现代化理论，人类社会可以分为四个发展阶段：原始社会、农业社会、工业社会和知识社会。农业社会、工业社会和知识社会的城市制度有很大不同（表 1-54）。2010 年发达国家已经进入知识社会，发展中国家处于工业社会或农业社会。

一般而言，发达城市将采用知识社会的城市制度；发展中城市将采用工业社会或知识社会的城市制度，并向知识社会的城市制度转变。

其四，城市观念。同城市制度一样，农业社会、工业社会和知识社会的城市观念有很大不同（表 1-55）。一般而言，发达城市将采用知识社会的城市观念；发展中城市将采用工业社会或知识社会的城市观念，并向知识社会的城市观念转变。

本 章 小 结

如果说，发达国家早期的城市现代化是一种自然演化，那么，发展中国家的城市现代化，既可能是一种自然模仿，也可能是一项系统工程。在 19 世纪以前，除少数城市外，多数城市的发展缺少规划；20 世纪以来，城市规划成为城市发展的基本手段。20 世纪的城市现代化，具有系统设计和技术驱动的双重特点。2007 年世界城市人口比例首次超过 50%，人类社会进入城市社会成为社会主体的发展阶段。城市现代化研究具有全球意义。

本章关于城市现代化的时序分析、截面分析和过程分析,加深了对城市现代化的历史进程和发展趋势的认识,从中可以发现和归纳出城市现代化的基本事实和历史经验,提供城市现代化理论的历史基础。

1. 城市功能等六个系统现代化的基本事实

首先,城市功能和形态。城市功能指城市在人类事务中发挥的主要作用,包括在经济、社会、政治、文化和生态等方面所发挥的作用。城市功能可以大致分为共性功能和特殊功能,前者反映城市共性,后者反映城市特色。

- 城市共性功能的演变,具有一些普遍特征。例如,在农业社会,政治功能和贸易功能是主导的;在工业社会,经济功能和社会功能逐步成为主导的功能;在知识社会早期(目前),服务功能和文化功能逐步成为主导的功能。
- 城市特殊功能的演变,同样具有一定规律性。一般而言,城市特殊功能与城市规模、地理条件、自然资源、城市定位、城市传统和历史沿革有关。大型城市,城市功能是综合性的。中型城市,城市功能是多样的。小型城市,城市功能是特色的和专业化的。
- 根据城市功能的不同,城市可以分为六级:世界城市、国际城市、国家中心城市、区域中心城市、普通城市和镇;根据经济功能的不同,城市可以分为三种:管理型、服务型和生产型。
- 21世纪的发展趋势:发达国家的城市,服务和文化功能为主,政治和环境功能并存;发展中国家的城市,经济和社会功能为主,政治和文化功能并存;大型城市的经济功能将主要是管理型和服务型,中小城市的经济功能将多数是生产型或服务型,也会有例外。

城市形态是城市的空间结构和存在形态,包括城市内部功能布局、城市外部几何形态、城市建筑空间组织和形貌等。城市形态与其地理特征、经济和社会结构有关,与交通通讯技术和发展阶段有关。城市形态具有多样性。

- 根据城市人口密度和建筑形态,城市可以分为三类:密集型、分散型和过渡型城市。
- 根据城市土地利用特点,城市可以分为两类:普通城市和田园城市。
- 根据城市规模,城市分为超大、特大、大型、中型和小型城市等。
- 21世纪两种趋势将同时存在,一是郊区化和分散化,一是城市化和集中化,它们与建筑技术、信息技术和交通技术的进步一起,塑造出不同的城市外观形态。

城市体系的形态。城市体系的形态,最初是一个个分离的城市(中心地),后来逐步形成城市圈、城市群、城市带、城市绵延区、大都市区、城市网络等多种地理分布形态。

其次,城市建筑和住房。城市建筑和住房的结构和状态,既反映城市风格,也反映城市发展水平和生活水平。在有些时候,城市典型建筑成为一个城市的主要标识。

- 城市建筑质量提高是一个长期过程。21世纪,城市建筑质量和环保质量越高,建筑物"无障碍"和智能化程度越高,现代化水平越高。
- 城市最高建筑和平均高度的变迁具有阶段性。在第一次现代化过程中(约1763~1970年),建筑高度是一个城市标志,许多城市的最高建筑的高度不断提高,建筑平均高度也提高。在第二次现代化过程中(约1970~2100年),建筑高度已经不是一个追求目标,建筑质量和舒适性成为普遍追求,城市建筑日趋多样化和优质化。
- 城市建筑密度和平均容积率的变化具有阶段性。在第一次现代化过程中,许多城市的建筑密度和平均容积率不断提高。在第二次现代化过程中，城市人口郊区化，大型城市"空心化"现象比较普遍，建筑密度和平均容积率下降。

- 城市建筑反映城市的文化特色，城市建筑风格的变迁具有阶段性。例如，欧洲城市建筑，从古典建筑、巴洛克建筑、洛可可建筑、新古典主义、现代建筑到后现代建筑。
- 在发展中城市，贫民窟仍然大量存在。贫民窟建筑一般是临时的和低质量的。事实上，在18世纪、19世纪和20世纪上半叶，发达国家的城市贫民窟现象同样普遍存在。
- 人均住房建筑面积和人均公共建筑面积具有上升的趋势。城市人均住房面积和住房间数的国际差别很大。例如，人均住房面积，东京不到17平方米，马德里不到29平方米，巴黎不到39平方米，美国主要大都市中心城市约为55平方米。
- 根据联合国的人居环境调查，20世纪90年代发达国家城市单元房价格中间值为家庭平均年收入的5倍左右，发展中国家城市为8倍左右，美国城市为3倍左右，合理值为3～5倍；发达国家城市单元房平均月租为家庭平均月收入的20%左右，发展中国家城市为30%左右，美国为25%左右。
- 根据联合国的人居环境调查，20世纪90年代发展中国家城市私有和私租住房约占80%，公租房约占10%，转型国家城市公租房约占25%。拉美国家的无房者将近3%。

其三，城市基础设施。城市基础设施是城市公共服务的基础，直接反映城市发展的硬件水平。城市基础设施的主要指标与人均国民收入正相关。

- 城市基础设施可以分为两类：① 硬性基础设施：给排水、能源、交通、通信、环保设施等；② 软性基础设施：市政设施、工业园、金融、医疗、教育、科技、文化、体育和娱乐设施等。
- 水是城市的生命源泉。虽然古代城市已有供水和排水系统，但现代城市给排水系统是19世纪开始形成的。英国伦敦下水道系统建成于1865年，实际长度约2000千米，位于地下3米深处。
- 能源设施是城市的动力系统。17世纪以来煤炭成为许多城市的主要能源。18世纪发明蒸汽机，可以将热能转换为动能。19世纪电力和石油的应用，带来新能源设施。20世纪能源技术有新突破，如核能、太阳能和潮汐能利用等。21世纪可再生能源受到重视，新能源技术会不断出现。
- 交通是城市的动脉系统。18世纪的城市交通，主要是步行、马车和运河船只等。19世纪的城市交通，包括步行、马车、自行车和公共交通等。20世纪的城市交通则是立体化、智能化和绿色化的交通。1863年世界第一条城市地铁在英国的伦敦投入运营。2010年世界上大约有160多个城市拥有城市地铁。
- 通信是城市的神经系统。18世纪的城市通讯，主要是邮政。19世纪出现了传真、电报、电话和无线电。20世纪出现了广播、电视、卫星通讯、全球定位系统、移动电话、互联网和电子邮件等。
- 城市地下基础设施是现代城市的一个典型特征，虽然它处于地下。19世纪开始，法国、英国和德国等兴建地下综合管沟，将地下管道集成为"综合管廊"（公共沟），统一布局和管理。随着技术进步，城市基础设施与时俱进，目前城市地下管线包括20多种管网。
- 所有城市都面临基础设施的挑战。有些城市的主要挑战是基础设施供应不足，有些则是基础设施严重老化和年久失修，有些是两者都有。
- 城市基础设施的发展：基础设施需要不断建设、维护和运营，它们将更加科学、高效和合理。在发达国家,城市基础设施的市场化和民营化,将继续受到重视。

其四,城市公共服务。城市公共服务指城市公共部门等向城市公众提供公共产品和公共服务。城市公共服务是城市吸引力的重要因子,直接反映城市发展的软件水平。

- 多样性。目前发达国家的城市公共服务大致包括六大类:设施性、经济性、社会性、政治性、文化性和环保性公共服务等。
- 阶段性。从服务内容看,城市公共服务大致经历了三个阶段:有限的公共服务、系统的公共服务、公共服务社会化和均等化。从服务方式看,城市公共服务大致经历了三个阶段:政府供应为主、政府供应和社会组织参与、政府购买服务和市场化。
- 递进性。公共服务是逐步发展起来的。18世纪城市公共服务很少。19世纪是公共服务兴起的世纪,20世纪是公共服务成熟的世纪,21世纪是公共服务转型的世纪。
- 延续性。城市某种公共服务一旦建立,如果没有特别原因,就可能长期存在。虽然服务方式和服务内容可以发生变化,但该种服务会长期存在和不断发展。
- 差异性。纯公共产品性质的公共服务一般由政府提供,准公共产品性质的公共服务则是多元供应和市场化。纯公共产品比较少,包括政治性公共服务、城市规划、公共安全、消防、气象、公共广播、环境保护等。准公共产品比较多,包括教育、医院、基础设施等。
- 决策民主化和社会化。18和19世纪的城市公共服务,主要是政府部门和慈善组织提供的。20世纪以来,政府部门、非营利组织和社会大众,都参与公共服务的讨论和选择。
- 公共服务的国际差距很大。例如,发展中国家,大约26%的城市家庭没有供水服务,大约36%的城市家庭没有下水道;发达国家城市家庭供水和排水服务达到99%以上。
- 城市公共服务的发展:丰富服务内容,提高公共服务的效率、质量、公平和满意度。

其五,城市公共管理。城市管理是一种公共管理,是对城市公共利益、公共事务和公共部门等的管理。城市公共管理是城市竞争力的重要环节,直接反映城市发展的管理水平。城市公共服务、公共管理和基础设施是高度交叉的。

- 城市管理的发展阶段:大致经历了行政管理、公共管理和公共治理三个阶段,大致分别对应于农业社会、工业社会和知识社会的城市管理。19世纪前,传统城市管理主要是行政管理,行为主体主要是政府部门。19世纪以来的工业城市,城市管理的行为主体包括政府部门、非营利机构和专业人士等,可以简称为城市公共管理。20世纪80年代以来,信息技术和新公共管理理论出现并受到重视,许多发达城市的城市管理进入"城市公共治理"阶段。
- 城市管理的发展趋势:① 民主化,18世纪以来城市管理逐步从专制管理走向民主管理;② 专业化,19世纪以来城市政治与城市行政分离,城市管理走向专业化;③ 科学化,19世纪以来政策分析和绩效评价受重视,城市管理走向科学化和定量化;④ 信息化,20世纪以来信息技术改变了城市生活,城市管理走向信息化和智能化;⑤ 绿色化,20世纪以来环境运动和生活质量诉求,城市管理走向绿色化和生态化等。
- 城市管理的多样性。城市有大小,管理有难易。城市政府结构和组织模式、城市公共服务和公共物品的数量、城市政府规模大小等,都有很大差异。城市治理模式很多,例如,精英模式、新精英模式、管理者模式、多元模式、超多元模式、合作模式等。
- 城市财政和预算管理。例如,在收入方面,美国城市大约70%经费收入来自城市自身,30%经费收入来自联邦政府和州政府的转移支付;在支出方面,美国城市大约20%经费支出用于公共安全,20%经费用于交通和环境管理,18%经费用于教育和公共健康,10%经费用于公园和公共福利,7%经费用于行政管理,6%经费用于偿还债务利息。
- 城市人口和规划管理。城市人口密度大致经历上升和下降两个阶段。例如,在1890~1950年期间,美国城市人口密度上升;在1960~1990年期间,美国城市人口密度下降。
- 城市交通管理。城市交通堵塞是许多城市的一个通病。根据联合国的人居环境调查,发展中国家城市上班平均时间超过发达国家,亚太地区城市上班平均时间最长。
- 21世纪发达国家的城市管理:新公共管理,从公共管理走向公共治理,公民个人、公民社会、企业组织和政府部门,都参与城市公共治理,建设智慧城市和绿色城市。新公共管理与传统公共管理相比有一些新特点,例如,权力分散化、目标管理、合同外包、企业化管理、政府内部竞争、政府间合作和服务导向等。
- 21世纪发展中国家的城市管理:从行政管理走向公共管理,城市管理的民主化、专业化、信息化、智能化、绿色化、生态化、人性化和科学化,建设现代城市和智慧城市。

其六,城市国际联系。城市国际联系的多少和质量,既反映城市竞争力和影响力,反映城市发展的国际化水平,也影响城市生活质量。具有丰富和优质国际联系的城市,无疑具有更高的国际地位和国际影响力,城市发展水平也比较高。

- 城市国际联系发生在各个领域,如经济、社会、政治、文化、环境和人员联系等。随着全球化、国际化和信息化的推进,世界已经成为一个"地球村"。
- 国际联系的发展趋势。18世纪以来,国际贸易、国际投资和跨国企业增长,国际移民和国际组织的数量增长,城市差异大。20世纪以来,国际友好城市的数量增长,国际旅游和国际会议数量增长,国际环境合作增加,特别是边境城市,城市差异大;国际电信联系加强,互联网拉近了城市距离。
- 国际联系的地理分布不均衡。有些城市聚集了众多跨国公司的总部,成为世界城市,如纽约和伦敦等。有些城市,聚集了众多国际组织的总部,成为国际城市,如苏黎世和日内瓦等。有些国家的城市,特别是发展中国家边远地区的中小城市,几乎没有什么国际联系。
- 21世纪,城市国际联系将会发生在全部领域,但其分布仍将是不均衡的。发达国家城市的高度国际化,发展中国家的中小城市的国际化程度仍将比较低。

2. 城市经济等六个领域现代化的基本事实

首先,城市经济。城市经济是一种混合经济,包括农业经济、工业经济、服务经济和知识经济等。发达城市的经济特征包括服务密集、知识密集、信息密集、资本密集、中高技术、高生产率、环境友好和创新驱动等,发展中城市的经济特征包括生产密集、劳动密集、资源密集、中低技术、低生产率、环境退化、规模驱动和投资驱动等。

- 城市经济逐步成为国民经济的主体。18世纪以来,城市经济占国民经济的比例不断提高。20世纪发达国家城市经济占国民经济比例达到90%左右。
- 根据宏观经济结构特点,城市经济主要有四种类型:① 制造业主导型(制造业比例超过30%);② 服务业主导型(服务业比例超过80%);③ 都市农业型(农业超过工业);④ 综合经济型(工业和服务业基本相当)。城市经济的"二元结构":城区经济和郊区经济。
- 城市经济的专业化和产业特色。一般而言,大型城市是综合性的,中型城市和小型城市是专业性的。不同城市的产业集聚和产业特色有所不同。
- 目前,美国科技和专业服务、企业管理、信息、教育、金融、行政和废物管理、房地产、批发和运输等产业主要分布在城市;休闲和娱乐、建筑、健康和社会援助、住宿和餐饮、个体经营和零售贸易等产业主要分布在城市与农村之间的过渡地区(近郊和远郊);粮食及畜牧、其他农业和采矿业等产业主要分布在农村,制造业和政府服务也主要分布在农村。
- 城市经济中的非正规经济长期存在。非正式经济部门包括各种不受规章和报酬体系约束的经济部门,包括合法的和非法的。
- 城市产业结构变化具有多样性。在城市层次上,有些城市的城市经济,经历了工业化和非工业化两个阶段;有些城市,服务经济始终是主体。
- 城市就业结构变化具有阶段性,农业劳动力比例下降,服务业劳动力比例上升;工业劳动力比例和制造业劳动力比例先升后降(先工业化、后非工业化),但城市之间差异很大。
- 产业结构与经济效率之间的关系比较复杂。例如,2010 年美国 366 个都市的相关性分析显示,都市农业增加值比例与人均 GDP 之间显著负相关,制造业增加值比例和服务业增加值比例与人均 GDP 之间没有显著关系等。
- 城市经济增长的主要来源包括:资本深化(劳动力人均资本的增加)、人力资本增长(劳动力人均知识和技能的增加)、技术进步(包括管理进步)和规模经济等。
- 根据城市经济增长主要动力的不同,可以把城市经济分为四类:创新驱动型、投资驱动型、规模驱动型和多轮驱动型。
- 发达城市与发展中城市之间的经济差距,主要表现在四个方面:经济效率的差距(如劳动生产率、土地生产率、资源使用效率等)、经济结构的差距(如高附加值产业、高技术产业、就业结构等)、技术水平的差距(如先进技术比例、落后技术比例)和环境效益的差距(如环境友好的产业、工业污染控制、能源节约等)等。
- 城市经济效率的国际差距持续扩大。18 世纪以来,发达国家与发展中国家的劳动生产率和人均国民收入的差距持续扩大,这种现象同样反映在发达城市与发展中城市之间等。

其次,城市社会。2010 年世界大约 28% 的城市分布在比较发达地区,大约 72% 的城市分布在比较不发达地区。根据城市发展水平不同,可以把城市大致分为发达城市和发展中城市。一般而言,发达城市社会特征包括知识化、信息化、网络化、数字化、智能化、国际化和环境友好等,发展中城市社会特征包括工业化、民主化、信息化、网络化和环境保护等。

- 城市社会逐步成为国家社会的主体。18 世纪以来,城市人口占全国人口的比例不断提高。20 世纪发达国家城市人口占全国人口比例达到 80% 左右。
- 根据城市规模不同,城市社会可以分为三种类型:大型城市社会、中型城市社会和小型城市社会。2010 年世界城市大约有 12 万多个,其中:大城市(人口超过百万)约占 0.35%,中城市(人口为 50 至 100 万)约占 0.40%,小城市(人口少于 50 万)约占 99.25%。
- 20 世纪以来,大型城市社会的人口比例提高,达到 40% 左右;中型城市社会的人口比例,在 10% 左右波动;小型城市社会的人口比例下降,达到 50% 左右。
- 根据城市人口的地理分布,城市社会分为两类:中心城市社会和城市郊区社会。20 世纪以来,在大、中城市,郊区社会人口和人口比例提高,部分中心城市人口和人口比例下降。2000 年,欧洲人口超过 20 万的 185 个城市,郊区人口占城市人口的比例达到 53%。城市社会出现"二元结构":城区社会和郊区社会。
- 从人口流动角度看,城市社会变迁主要有四种类型:①先城市化,后逆城市化;②先城市化,后郊区化;③先城市化,后城市化和郊区化并进;④持续城市化,城市持续扩大。
- 城市公共教育的发展。19 世纪以来,城市公共教育从 6 年义务教育逐步扩展到 9 年义务教育和12年义务教育。20世纪以来,职业教育和高等教育得到大发展。
- 城市公共卫生的发展。在18～19世纪,城市公共卫生发展缓慢。19世纪后期以来,城市公共卫生的发展比较快。目前,发达城市和发展中城市的公共卫生差距比较大。
- 城市社会福利的发展。在18～19世纪,城市社会福利非常有限。20世纪以来,城市社会福利的覆盖率和福利水平都有较大提高。目前,社会福利的国际差距比较大。
- 城市贫困现象长期存在。例如,在1960～2002年期间,美国贫困人口比例一直在相同的水平波动,大约为12%～15%;1993～1998年,发展中国家城市贫困率上升,特别是转型国家和非洲国家,非洲贫困率最高;发达国家和部分发展中国家的城市贫困率下降;发达国家和发展中国家城市女性家庭贫困率上升,但有少数例外。
- 城市犯罪现象在发达国家和发展中国家普遍存在,城市犯罪与城市发展水平之间没有显著关系。城市社会状态和城市管理水平,与城市犯罪有一定关联。一般而言,社会状态良好,犯罪预防政策有力,犯罪就会减少。
- 城市性别不平等现象普遍存在。有些指标,女性比男性好,例如,女性寿命比男性长,工业化国家女性大学入学率高于男性等。有些指标,女性比男性差,例如,女性识字率低于男性,有些发展中国家女性大学入学率低于男性,女性在立法机构的比例普遍低于男性(除转型国家以外),女性收入低于男性,女性失业率和非正式就业比例高于男性等。
- 城市就业率和失业率长期波动。失业率与城市状态和经济周期有关。
- 城市社会的国际差距是全方位的,包括居民收入、生活条件、生活水平和生活质量等。有些指标的国际差距扩大,如居民收入等;有些指标的国际差距缩小,如平均预期寿命等。开放性指标,国际差距扩大。结构性指标,国际差距缩小。

其三,城市政治。城市政治具有很大多样性。大型城市、中型城市和小型城市的治理,具有不同特点;不同文化背景和不同发展水平国家的城市治理,具有不同特点。联合国人居署认为,城市治理是个人和组织、公共和私人规划和管理城市的方法总和,是协调各种冲突和不同利益,进行合作的持续过程。

- 现代城市政府可以大致分为两种类型:集权型和选举型。集权型政府的行政首长是上级政府任命的,对上级政府负责。选举型政府的行政首长是民主选举产生的,对选民负责。
- 不同国家和不同规模的城市,城市政治各有特色,城市政府组织形式有所差别。例如,美国城市政府的组织形式大致有五种类型,其中,市长和议会制、城市经理和议会制是比较普遍的;10万人以上城市,采用市长和议会制、城市经理和议会制;10万人以下的城镇,少数城镇采用委员会、镇民大会和镇民代表大会制。
- 城市民主化是一个长期过程。例如,18世纪以来,美国城市治理和城市政治的演变,大致可以分为六个阶段,城市治理走向民主化和企业化,城市服务走向私有化。
- 环境政治成为城市政治的重要内容。在19世纪,城市环境问题就引起人们的注意。20世纪以来,环境政治日益成为城市政治的一个中心议题。
- 信息技术正在改变城市政治的运作规则,网络民主和网络媒体的影响扩大。
- 城市政府改革是一个世界潮流。20世纪80年代以来,发达国家的城市政府改革不断深化,新公共管理理论受到重视,权力分散化、公共服务私有化和业务外包现象比较普遍。
- 城市政府规模差别比较大,不同国家公务员比例有所不同等。
- 城市政府的收支和权限,各有不同。一般而言,发达国家城市政府有较大行政权力等。

其四，城市文化。城市文化既有共性也有多样性。文化共性主要反映在文化设施、文化产业、文化消费、经济文化、科学文化、环境文化、电视文化和网络文化等方面。文化差异主要反映在语言、文艺、宗教、家庭和文化观念等方面。

- 城市文化与城市发展水平有紧密关系，与城市生活水平有紧密关系，与城市特色和城市竞争力有紧密关系等。一般而言，这种关系多数是正相关的，也有一些例外情况。
- 不同城市的文化产业发展水平不同。一般而言，发达城市文化产业很繁荣，有些城市文化产业成为支柱产业；发展中城市的文化产业发展缓慢。
- 城市文化影响城市生活质量。随着物质生活的满足，文化生活成为人们的日常追求。文化生活方式和生活质量，影响城市居民的生活质量和城市竞争力等。
- 城市文化变迁与文化设施创新紧密相关。18世纪以来，随着文化设施和信息技术的发明和创新，城市文化生活发生了很大变化。19世纪出现的电话和电影，20世纪出现的电视和互联网等，极大地改变了城市文化生活的面貌。
- 城市文化变迁与科技创新紧密相关。城市文化包括传统文化和现代文化。现代化过程中的城市文化变迁，主要是从传统文化向现代文化的转型。现代文化的基本内容和观念，与现代科技进步直接相关。科技进步不断更新现代文化的内涵，改变人们的文化生活。
- 一般而言，科研机构主要集中在城市；但是，并非每个城市都有科研机构。

其五，城市环境。环境问题是所有城市面临的共同难题，而且与城市发展水平有关。一般而言，目前发达城市的环境保护和治理，已经取得很大进展，更多是保持环境可持续性；发展中城市的环境问题形势非常严峻，更多是污染防治，减少和治理各种污染。

- 城市环境问题始终存在。18世纪以来，城市生活和工业经济的废物、废气、废水、有毒和有害物质的排放，城市环境问题逐步成为影响城市居民生活的一个关键因素。
- 城市环境问题与城市资源有关。资源型城市、缺水型城市、生产型城市和服务型城市，环境问题有所不同。资源型和缺水型城市，污染问题比较突出。
- 城市环境与城市地理位置有关。北方和南方城市，热带和寒带城市，内陆和沿海城市，平原和山区城市，城市环境问题既有一些共性，也有比较大的差别。
- 城市环境变迁与城市生活方式紧密相关。在很大程度上，城市环境问题是人为的。它与人们的生活方式有关，与现代科技有关，与企业生产方式有关。
- 城市环境变迁的库兹涅茨曲线（EKC）普遍存在。1992年世界银行的《世界发展报告》检验了环境退化和人均收入的关系，发现城市颗粒物浓度和城市SO_2浓度与城市人均收入的关系曲线，为倒U形曲线。这就是所谓的环境库兹涅茨曲线。
- 城市环境变化，不仅与经济发展有关，而且与环境政策、生产模式和消费模式有很大关系。
- 2011年人口超过75万的城市中，大约有259个城市没有严重自然灾害的，有374个城市具有比较严重的自然灾害。主要灾害包括龙卷风、干旱、地震、洪水、滑坡和火山等。
- 在发展中国家，城市废水和废物处理率分别约为35%和46%，废物循环利用率约4%；在发达国家，它们分别是94%、78%和19%。

其六，城市居民。城市居民既是城市现代化的行为主体，也是城市现代化的受益者。

- 18世纪以来，城市人口增长率，因城市而异，或上升，或下降，或波动。
- 20世纪城市人口流动性比较大，发达城市人口流动性更大。

- 20世纪发达城市,外籍人口比例比较高,国际移民和国际劳工比例比较高。
- 20世纪发展中城市,贫困人口比例比较高,发展中国家大型城市的贫困率很高。
- 18世纪以来,城市劳动力受教育程度提高,劳动力文化素质提高,童工比例下降。城市人口素质与城市教育和经济发展水平正相关。
- 19世纪以来,城市居民的平均寿命延长,城市社会老龄化。目前有些发达城市老龄人口比例已经超过20%。
- 工业城市婴儿死亡率和儿童死亡率,18世纪上升,20世纪以来下降。
- 20世纪以来,城市结婚率下降,儿童肥胖率上升。
- 20世纪后期以来,有些城市艾滋病感染率上升等。

3. 城市生活等四个要素现代化的基本事实

首先,城市生活。城市生活是相对于农村生活的一种生活形态,泛指发生在城市的人类生活,包括经济、社会、政治、文化和家庭生活等,涉及生活条件、生活方式、生活质量和生活观念等。不同城市的生活质量有很大差别。

- 概括地说,城市生活条件与市民收入、城市住房、基础设施和技术进步有关,城市生活方式与工作模式、消费结构、公共服务、公共管理和生活观念有关;18世纪以来城市生活经历了机械化、电气化和信息化等阶段,城市生活水平和生活质量的国际差距和城际差距都非常大。
- 城市经济生活。19世纪以来,发达国家城市职工的劳动时间不断减少,劳动安全性先降后升;童工比例下降,妇女就业比例上升;农业劳动比例下降,服务业劳动比例上升,采矿业、制造业和金融业的国别差异和城市差异比较大;人均收入增加,但国家和城市间差别很大等。
- 城市社会生活。19世纪以来,家庭平均规模变小,家庭结构多样化,学习参与率提高,医疗保险覆盖率提高,宗教活动长期存在,私人汽车普及率提高,娱乐和社会活动多样化等。
- 城市政治生活。19世纪以来,城市政治民主化,城市管理多样化;平等、自由和法治等现代政治理念,日益成为城市政治生活的基本准则;政党活动和周期性选举,成为常见的政治活动;工人罢工、市民集会、游行和抗议活动等,在一些国家的城市成为常见现象等。
- 城市文化生活。19世纪以来,城市居民识字率提高,文化消费不断增长等。20世纪以来,电影、电视和网络文化,极大丰富了城市居民的文化生活。

在1700~2000年期间,城市生活发生了很大变化。但是,城市生活的变化,不是一首优美流畅的田园牧歌,而是一部起伏跌宕的交响乐。大量历史资料显示,18和19世纪是部分城市的"黑暗时代",那些城市特别是工业城镇生活条件很差,工业和生活污染、传染病、犯罪、卖淫、拥挤和贫民窟现象普遍存在,公共基础设施缺乏,城市平民生活水平不高。

其次,城市结构。城市结构一般指城市各种结构要素相互关系和相互作用的形式和方式,主要包括经济结构、社会结构、政治结构、文化结构、环境结构、人口结构和空间结构等。这里主要从空间结构角度,简要讨论城市体系结构和城市内部结构。

- 在20世纪后50年里,大城市(人口超过百万)从75个增加到355个,大城市人口占全部城市人口比例从23%上升到36%;中城市(人口为50万至100万)从102个增加到396个,中城市人口占全部城市人口比例约为9%至10%;小城市(人口在50万以下)的人口占全部城市人口比例从67%下降到55%。在世界范围内,城市人口向大型城市集中。
- 2010年世界城市体系中,超大城市23个,特大城市38个,大型城市388个,中型城市513个,小型城市大约有12万多个,小型城市人口约占全部城市人口的51%。

- 从城市人口居住结构角度看,发达国家人口郊区化是20世纪以来城市内部人口结构的一个发展趋势,2000年美国郊区人口占全国人口比例达到50%,欧洲郊区人口占全国人口比例达到22%。
- 不同城市的中心城市和郊区人口比例有很大差别。2000年巴黎郊区人口占78%,伦敦占21%(有人认为2001年为61%),维也纳占16%;巴黎郊区有458个社区,伦敦郊区有107个社区,维也纳郊区有47个社区。
- 1996年美国150个主要大都市区,人口居住结构平均为:34%在距离中央商务区5英里半径以内,30%在5英里至10英里半径之中,36%在10英里半径之外;就业分布结构平均为:43%就业分布在距离中央商务区5英里半径之内,27%在5英里至10英里半径之中,30%在距离中央商务区10英里半径之外。大约10%的城市,超过80%的就业分布在距离中央商务区5英里半径以外。
- 1996年美国150个大都市区的平均就业密度为3900人/平方英里,但城市差别很大。旧金山、普罗维登斯和纽约是密集型都市,距离中央商务区3英里半径内的就业比例超过46%;洛杉矶、纽黑文和圣何塞是分散型都市,距离中央商务区3英里半径内的就业比例低于12%。
- 2050年左右,人口超过百万的城市将达到1200个左右,其中,人口超过千万的超大城市将达到50个左右;人口在50万到100万的城市将超过1400个。
- 2050年前后,大城市(人口超过百万)的城市人口占全部城市人口比例将达到54%左右,中城市(人口为50万至100万)的人口占全部城市人口比例约为13%,小城市(人口在50万以下)的人口占全部城市人口比例下降到33%。

其三,城市制度。制度是规范人类行为的规章、程序、伦理道德和习俗的集合。城市制度有两种理解:其一是狭义城市制度,指城市内部建立的各种制度;其二是广义城市制度,指与城市相关的各种制度。城市制度的变迁是复杂的和有序的,存在很大的时代差异、国别差异、地区差异和城市差异。知识社会、工业社会和农业社会的城市制度有很大差别。

其四,城市观念。城市观念有两种理解,其一是狭义城市观念,指城市内部的观念;其二是广义城市观念,指全社会关于城市的观念,涉及狭义城市观念和与城市有关的观念。城市观念是城市文化的重要内容。城市观念的变迁是复杂的和不同步的,存在很大的时代差异、国别差异和城市差异。知识社会、工业社会和农业社会的城市观念有很大差别。

4. 世界城市现代化的历史进程

城市现代化研究,不能只见树木不见森林。城市现代化既包括城市四个要素、六个领域和六个系统的现代化,也包括国家、地区和城市层次的城市现代化。不同层次的城市现代化,既有共性,又有差别。世界城市现代化的历史进程,指从它的起步到目前的历史过程。这里我们简要讨论它的大致起点、主要阶段、基本内容和主要特点。

- 世界城市现代化的起点。英国现代经济增长和工业革命的起点大约是18世纪60年代,世界现代化的起点大致是18世纪60年代前后。所以,我们可以把世界城市现代化的起点,大致定在18世纪60年代前后。
- 世界城市现代化的主要阶段,需要与世界经济、社会和文化现代化的主要阶段相协调。参照世界经济、社会、政治和文化现代化的阶段划分,在18～21世纪期间,世界城市现代化的前沿过程大致包括两大阶段和六次浪潮,两大阶段为第一次和第二次城市现代化。
- 城市现代化的第一次浪潮(约1760～1870年)。主要指第一次产业革命期间的城市发展,主要发生在欧洲大陆,典型特征是工业城市化,包括工业化、机械化、理性化、民主化、社会流动、发展初等教育、建立公共卫生、建立社会救济和社会保障制度、建设城市基础设施等。但有些工业城市,生活环境恶劣,生活质量下降。

- 城市现代化的第二次浪潮(约1870~1945年)。主要指第二次产业革命和两次世界大战期间世界城市的前沿变化,典型特征是社会城市化,包括电气化、机械化、专业化、民主化、社会运动、普及初等义务教育、发展公共卫生、建立社会保险制度、建设城市基础设施、城市生活水平和生产力提高等。城市现代化扩展到欧洲、美洲和亚洲等广大地区。在两次世界大战期间,城市现代化并没有停止。
- 其三,城市现代化的第三次浪潮(约1946~1970年)。主要指第三次产业革命期间世界城市的前沿变化,典型特征是社会城市化和郊区化,包括家庭机械化和电气化、社会福利化、技术自动化、公共服务体系化、普及中等教育和发展高等教育等。同时,城市环境议题和少数民族问题等引发新的社会改革。城市现代化扩展到大多数的发展中国家。
- 城市现代化的第四次浪潮(约1970~2020年)。受高技术、信息革命和生态革命的影响,世界城市前沿发生深刻变化。首先,高技术和服务经济的发展,改变了城市经济结构,高技术园区和工业园区兴起。其次,信息革命引发城市的信息化、数字化和智能化。其三,生态革命引发生态城市和绿色城市的兴起。其四,知识经济和知识社会的兴起,带动城市经济的知识和生态转型。经济发展的高技术、信息化、智能化、生态化和服务化,形成了所谓的第四次产业革命。迄今为止,第四次浪潮的典型特征是服务城市化,包括信息化、网络化、智能化、郊区化、国际化、绿色化、个性化、普及高等教育和终身学习等。
- 城市现代化的第五次浪潮,预计发生在2020~2050年期间。它以新生物学和再生革命为基础,以生物经济社会形成为特征,社会观念发生革命性变化。生命控制技术、信息转换技术、人格信息包技术、智能仿真人技术、仿生技术、创生技术和再生技术等,将带来所谓的第五次产业革命,成为经济增长的新火车头。
- 城市现代化的第六次浪潮,预计发生在2050~2100年期间。它以新物理学和时空革命为基础,以文化经济社会形成为特征,人类的制造和运输技术发生革命性变化,时间和空间观念发生革命性变化,文化生活和情感体验将主导社会经济。新能源、新运输、超级制造系统、太空生产系统和宇宙旅行等,将带来所谓的第六次产业革命。
- 2008年综合城市现代化指数最高的国家分别是:美国、日本、丹麦、瑞典、德国、芬兰、爱尔兰、澳大利亚、法国、奥地利。
- 世界城市现代化的特点,可以和需要从不同角度进行分析。首先,城市现代化是一个世界现象和国际潮流。其次,城市现代化与现代城市化是一个伴生现象,属于现代化过程的两个不同侧面。其三,城市现代化是一个多维过程。其四,城市现代化具有双重任务。其五,城市建筑和住房现代化是一个长期任务。其六,城市基础设施现代化是一个长期挑战。其七,城市公共服务现代化是一个热点问题。其八,城市公共管理现代化是一个关键问题。其九,城市环境治理现代化是一个国际潮流。其十,城市交通现代化是一个世界性的难题。其十一,城市现代化需要合理保护和利用传统文化。其十二,城市现代化水平可以大致反映国家或地区现代化水平。
- 城市现代化具有现代化的一些普遍特点,例如,长期性、复杂性、不平衡性、不同步性、局部可逆性、风险性、进步性、部分指标的国际分化、部分指标的国际趋同、副作用等。

5. 城市现代化过程中的城市化

世界城市化可以大致分为两大阶段：传统城市化和现代城市化。传统城市化大约有5000多年历史（约公元前3500年～约公元1750年），现代城市化大约有200多年历史（约1750年以来）。19世纪以来，城市化进程逐步加快；20世纪更是城市化的世纪。1700年世界城市人口比例约为10%，1800年约为9%，1900年约为16%，2000年约为46%，2010年约为52%。

- 现代城市化起步于18世纪60年代，大致可以分为工业城市化、社会城市化和服务城市化三个小阶段。工业城市化主要是工业化驱动的，社会城市化则是工业化和社会转型的联合作用，服务城市化则是服务化和信息化的联合作用等。
- 根据城市化率的高低，1950～2010年期间发达国家城市化可以大致分为三种类型：高度城市化，城市化率超过90%；中度城市化，城市化率为80%～90%；低度城市化，城市化率低于80%。
- 根据城市化率的高低，以及城市化与工业化的关系，1950～2010年期间发展中国家城市化可以大致分为三种类型：过度城市化，2010年前城市化率超过80%，城市化大大超前于工业化，约有1～9个国家；中级城市化，2010年前城市化率为50%～80%，约有6～50多个国家；初级城市化，2010年前城市化率低于50%，约有49～103个国家。
- 根据最大城市人口占全部城市人口比例的高低，1960～2010年期间，世界城市化可以大致分为三种模式：集中型城市化，最大城市人口比例超过40%；过渡型城市化，最大城市人口比例为20%～40%；分散型城市化，最大城市人口比例小于20%。
- 根据大城市（人口超过百万）的人口占全国人口比例和小城市（人口少于50万）占全部城市人口比例的高低，1960～2010年期间，世界城市化可大致分为三种模式：大城市主导型城市化，大城市人口比例超过40%；过渡型城市化，大城市人口比例为20%～40%，小城市人口比例为50%～70%；小城市主导型城市化，小城市人口比例超过70%。
- 根据1950～2010年期间小城市人口比例的变化，世界城市化可以分为三种模式：小城市扩张型城市化，小城市人口比例上升；小城市波动型城市化，小城市人口比例波动；小城市收缩型城市化，小城市人口比例下降。
- 在地区层次上，地区城市化具有多样性。例如，在20世纪里，美国50个州中，多数州的城市化与美国国家城市化是一致的，但是，缅因州、阿拉巴马州、俄克拉荷马州等先后发生城市化率下降，佛蒙特州、西弗吉尼亚州和密西西比州等城市化率低于50%；2000年城市化率最高的州城市化率达91%，最低为38%。
- 21世纪前50年城市化速度快于20世纪后50年。在1950～2000年期间，世界城市化率提高17个百分点。在2000～2050年期间，世界城市化率将提高20个百分点。
- 21世纪世界城市化将主要发生在比较不发达地区。21世纪前50年，比较不发达地区城市化率将提高24个百分点；比较发达地区城市化率仅提高12个百分点。
- 21世纪世界城市化水平的国际差距仍然非常明显。比较不发达地区与比较发达地区相比，城市化水平平均落后70年左右。世界平均水平与发达国家平均水平相比，城市化水平平均落后60年左右。
- 2050年城市化率超过80%的国家将达到40多个，城市化率低于80%的国家将为80多个。
- 21世纪后50年世界城市化的趋势可能发生根本性变化。世界人口城市化和集中化趋势可能发生逆转，进入社区化和分散化阶段。
- 《中国现代化报告2004》的实证研究显示："如果把城市化理解为从农业文明向城市文明转变

的形式,那么,地区城市化是必须的。如果把城市化定义为城市人口比重的增加,那么,地区城市化有很大弹性。生活在农村也可以享受城市文明。郊区化既是城市文明的扩散,又是城市文明的新发展,而且有较大弹性。"

6. 世界城市现代化的前景分析

21世纪世界城市现代化的前景分析,可以在国家、地区和城市层次上分别讨论。

- 城市现代化的理论基础。目前,世界现代化理论主要有六大流派,包括经典现代化理论、后现代化理论、生态现代化理论、反思性现代化理论、多元现代性理论和第二次现代化理论。城市现代化是现代化的一种表现形式,所以它们都与城市现代化有关。
- 城市现代化的路径选择。如果没有发生世界性的重大危机,21世纪世界现代化的路径将是20世纪的延续。21世纪世界现代化路径将是混合路径,包括:发达国家的第二次现代化路径、发展中国家的第一次现代化路径、第二次现代化路径和综合现代化路径等。综合现代化路径是两次现代化的协调发展,并持续向第二次现代化和知识文明的转型过程。21世纪世界城市现代化的路径将是世界现代化路径在城市现代化过程中的体现,分别发生在城市、地区和国家三个层次上。
- 城市现代化的水平分析。在21世纪中期,绝大多数国家的城市化率将超过50%,绝大多数国家城市现代化水平将反映或部分代表国家现代化水平。《中国现代化报告2010:世界现代化概览》分析了21世纪世界现代化的水平,分析结果可以适用城市现代化。
- 城市层次的城市现代化水平。世界城市约有12万多个,每个城市都需要专题研究。

第二章 世界城市现代化的理论研究

城市是人类文明的一个重要标志。城市化是文明发展的一种表现形式。城市现代化是18世纪以来城市文明的一种前沿变化和国际竞争,是从传统城市文明向现代城市文明的转变。城市现代化研究既是现代化科学的一个组成部分(图2-1),也与城市研究和城市化研究有很多交叉。城市和农村是人类的两种居住地,城市和农村现代化属于一种地区现代化。

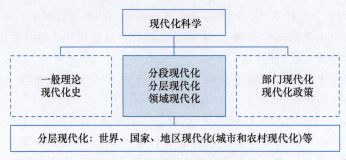

图 2-1 城市现代化的学科定位

第一节 城市现代化的相关研究

城市现代化的相关研究,主要涉及城市经济学、城市社会学、经济地理学、城市化研究、城市发展研究和城市史研究等,而且它们是高度交叉的。这里简要介绍几个概念和相互关系。

一、城市经济学

城市经济学是经济学的一个分支学科,学术文献非常多(表2-1)。例如,以"城市经济学"为书名的图书,美国国会图书馆收录了190多种,中国国家图书馆收录了190种。显然,关于城市经济学的全面文献综述需要专门研究,这里简要讨论它与城市现代化的关系。

表 2-1 城市经济学的文献检索

检索方法	论文/篇			图书/种	
	WOS	CAJD(核心期刊)	维普(全部期刊)	美国国会图书馆	中国国家图书馆
篇名/书名检索	208	20	167	191	190
主题词/关键词检索	6889	171/106	195	1114	200

注:WOS 为"web of sciences"网络数据库。它包括三个库:科学引文数据库(SCI),收录1899年以来的数据;社会科学引文数据库(SSCI),收录1996年以来的数据;会议文献引文数据库(CPCI-S),收录1990年以来的数据。CAJD 为 CNKI 的中国学术期刊网络出版总库,收录1915年以来的数据。维普为维普中文科技期刊数据库,收录1989年以来的数据。(以下同。)英文检索词为"urban economics"。中文检索词为"城市经济学"。检索没有时间期限。检索时间:2013-9-24。

1. 城市经济学概念

根据维基百科,城市经济学是宏观经济学的一个分支学科,是关于城市区域的经济学研究。它采用经济学方法,分析城市的经济问题和公共政策,如城市发展的资源配置和空间结构、土地利用、基础设施、交通、住房和住房政策、公共财政和城市化等。

有人认为,城市经济学诞生于20世纪60年代,1965年美国学者汤姆逊的《城市经济学导言》问世,标志着城市经济学的诞生;20世纪80年代,城市经济学被引入中国。

2. 城市经济学与城市现代化

城市经济学与城市发展和城市化紧密相关,后者与城市现代化有很多交叉。

一般而言,城市经济学与城市现代化的关系,大致有三个方面。

首先,城市经济现代化是城市现代化的重要组成部分和主要动力。

其次,城市经济学和城市经济现代化是相互促进的。

其三,城市经济学和城市现代化也是相互促进的。

二、城市化研究

城市化是一个古老现象,学术文献非常多(表2-2)。例如,以"城市化"为书名的图书,美国国会图书馆收录了1800多种,中国国家图书馆收录了约1000种。关于城市化研究的全面文献综述需要专门研究,这里简要讨论它与城市现代化的关系。

表2-2 城市化研究的文献检索

检索方法	论文/篇			图书/种	
	WOS	CAJD(核心期刊)	维普(核心期刊)	美国国会图书馆	中国国家图书馆
篇名/书名检索	4558	6475	333	1864	1000
主题词/关键词检索	15246	22930(9321)	590	9205	910

注:栏目名称注同表2-1。英文检索词为"urbanization,urbanisation"。中文检索词为"城市化"。检索没有时间期限。检索时间:2013-9-24。

1. 城市化概念

关于城市化的定义,前面已有讨论。一般而言,城市化既是城市区域、城市人口和城市人口比例增长的过程,也是城市文化和城市生活方式扩张的过程。根据联合国《2005年城市化展望报告》,世界城市人口占总人口的比例1900年约为13%,1950年约为29%,2000年约为47%,2008年超过50%;2050年预计将达到67%,发达地区的城市人口比例将达到86%。

关于城市化起点有不同认识。有人认为,城市化已经有6000年历史。公元前3500年以来,世界城市化可以大致分为两大阶段:传统城市化和现代城市化。现代城市化可以简称为城市化,指18世纪以来的城市化,它与现代化、工业化和理性化紧密相关。

2. 城市化与城市现代化

城市化与城市现代化的关系,大致有三个方面。

首先,城市化与城市现代化有一个时间差。传统城市化起步于公元前3500年左右,与城市现代化没有关系。现代城市化起步于18世纪,是城市现代化的重要组成部分和主要动力。

其次,现代城市化和城市现代化是相互促进的(图1-6)。

其三,现代城市化与城市现代化是相互交叉的(表1-6)。

三、城市发展研究

20世纪以来,城市发展研究受到重视,学术文献非常多(表2-3)。例如,以"城市发展"为书名的图书,美国国会图书馆收录了2300多种,中国国家图书馆收录了1500多种。显然,关于城市发展研究的文献综述需要专门研究,这里简要讨论它与城市现代化的关系。

表2-3 城市发展研究的文献检索

检索方法	论文/篇			图书/种	
	WOS	CAJD(核心期刊)	维普(核心期刊)	美国国会图书馆	中国国家图书馆
篇名/书名检索	1787	1692	130	2320	1500
主题词/关键词检索	5826	11282(5689)	165	4378	1100

注:栏目名称注同表2-1。英文检索词为"urban development"。中文检索词为"城市发展"。检索没有时间期限。检索时间:2013-9-24。

1. 城市发展的概念

城市发展涉及城市和发展两个概念。关于发展,目前没有统一定义。法国经济学家佩鲁在《新发展观》一书中提出了"整体的、综合的、内生的发展观"[1],产生了广泛的社会影响。佩鲁认为:发展不同于增长,也不同于进步。增长是规模的扩大,进步是收益的一般扩大,发展涉及结构的优化;经济发展需要从三个层次来把握:整体内部各组成部分之间的联结、各部门之间的作用和相互作用、各种形式的人力资源都有机遇获得效力和能力。

"一般而言,发展是与增长和进步紧密相关的。增长指系统在规模和数量等方面的扩大,进步是对系统在结构改善、手段改进等方面的总的阐述。增长和进步不等于发展,发展包含增长和进步,发展是增长和进步的协同效应(表2-4)。"(何传启,1992)

表2-4 经济发展、经济增长和经济进步的关系

		经济质量和效益的变化		
		上升	不变	下降
经济总量和规模的变化	扩大	增长×进步	增长	增长×退步
	不变	进步	停滞	退步
	缩小	进步×负增长	负增长	负增长×退步

资料来源:何传启,1992.

如果上述观点成立,那么有两种经济发展观。狭义的经济发展等于经济增长和经济进步的交集,广义的经济发展等于经济增长、经济进步和狭义的经济发展的总和。

城市发展不仅包括城市规模扩大和城市经济发展,而且包括城市社会发展、政治发展、文化发展、环境发展和人的发展等。18世纪以来,城市发展与城市现代化有高度交叉。

联合国人居署1997年开发了城市发展指数(City Development Index),2001年完成了全球六个地区162个城市的城市发展指数评价(表2-5)。城市发展指数包括五个分指数:城市生产率指数、基础设施指数、废物管理指数、健康指数和教育指数。

---

[1] 佩鲁. 1987. 新发展观. 张宁,丰子义译. 北京:华夏出版社,1~22.

表 2-5　1998 年世界六个地区的城市发展指数

地　区	城市发展指数	城市生产率指数	城市基础设施指数	城市废物管理指数	城市健康指数	城市教育指数
高工业化国家	96.23	90.6	99.21	100	94.26	97.1
转型地区	78.59	71.62	90.64	55.93	85.8	88.94
拉美地区	66.25	62.93	70.42	39.5	82.71	75.68
亚太地区	65.35	62.9	67.75	44.4	78.27	73.43
阿拉伯国家	64.55	66.52	69.79	45.87	77.18	63.39
非洲国家	42.85	49.69	36.17	26.04	50.39	51.96

资料来源：United Nations，2002.

2. 城市发展与城市现代化

首先，城市发展与城市现代化之间有一个时间差。一般而言，城市发展是公元前 3500 年以来的一种城市变迁，城市现代化则是 18 世纪以来的一种城市变迁（图 2-2）；城市发展包括传统城市和现代城市的发展，城市现代化包括现代城市的形成、发展、转型和国际互动等。

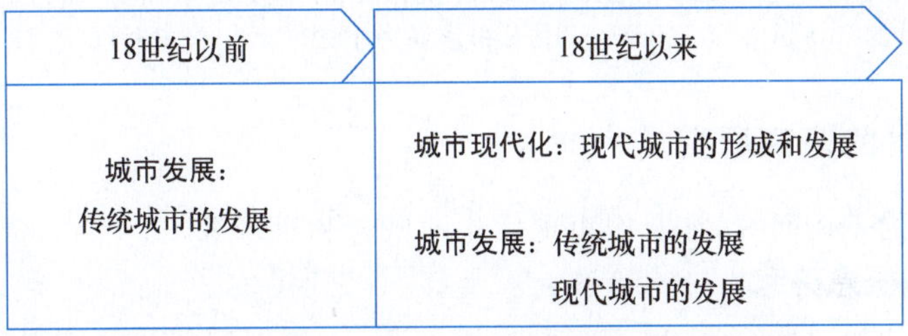

图 2-2　城市发展与城市现代化的时间差（示意图）

其次，城市发展与城市现代化有大量交叉。18 世纪以前的城市发展不属于城市现代化。18 世纪以来，现代城市的发展属于城市现代化，传统城市的发展不属于城市现代化（图 2-3）。

图 2-3　18 世纪以来城市发展与城市现代化的交叉（示意图）

其三，城市发展研究与城市现代化研究有一定交叉。城市发展研究是发展研究的一个分支，有些发展理论可以适用于城市现代化研究，例如，城市化理论的一些观点等。

第二节　城市现代化的专题研究

城市现代化的专题研究，是把城市现代化作为一个研究课题进行的学术研究。这种研究从何时开始，没有统一认识。目前的研究，大致分为三大类：城市现代化的基础研究（阐释性研究）、实证研究和应用研究。这些研究的主要目的可以分为两类：学术目的——探索城市现代化的特征、本质和原理；应用目的——寻求促进和实现城市现代化的政策工具。当然，上述分类是相对的，有些研究是综合性的，有些研究有所侧重但兼顾其他。城市现代化的相关文献，在处理城市现代化的时候有三种做法。其一,直接用城市现代化概念,但不对城市现代化做解释或定义。其二,根据自己的理解,解释城市现代化的含义,但不规范。其三,根据相关文献或城市变迁的事实,给出城市现代化的定义。关于城市现代化的阐释,迄今没有统一认识。

目前,城市现代化研究的中文文献比较多,外文文献比较少(表2-6);而且它们的数量远远少于城市发展研究的文献(表2-3)。例如,美国国会图书馆收录的图书,以"城市发展"为书名的图书2300多种,以"城市现代化"为书名的图书2种;中国国家图书馆收录的图书,以"城市发展"为书名的图书1500多种,以"城市现代化"为书名的图书40多种,前者是后者的30多倍。在中文学术文献中,有些学者常常采用"城市发展"概念,有些学者经常采用"城市现代化"或"城市化"概念。下面简介有关工作。

表 2-6 城市现代化研究的文献检索

检索方法	论文/篇			图书/种	
	WOS	CAJD(核心期刊)	维普(全部期刊)	美国国会图书馆	中国国家图书馆
篇名/书名检索	5	145	479	2	45
主题词/关键词检索	19	855(391)	1365	3	9

注:栏目名称注同表2-1。英文检索词为"urban modernization"。中文检索词为"城市现代化"。检索没有时间期限。美国国会图书馆收录的"urban modernization"图书的作者为中国学者。检索时间:2013-9-24。

一、城市现代化的基础研究

关于城市现代化的基础研究,涉及城市现代化的概念和机理等。

1. 城市现代化的概念研究

关于城市现代化的概念研究,大致有三种思路。其一,根据现代化过程城市变迁的事实,抽象出城市现代化的概念。其二,根据学术文献的有关内容,归纳或推导出城市现代化的概念。其三,根据社会理想或个人理想,阐释城市现代化的概念。当然,有些时候是综合研究。关于城市现代化,迄今没有统一定义,这里介绍几种观点供讨论。

顾朝林、黄春晓和吴骏莲(2000)认为:城市现代化,是指随着现代生产力的进步,经济、政治、文化、社会结构的优化,城市生产条件及生活质量逐步提高、改善的过程。

朱铁臻(2002)认为:所谓城市现代化,是指城市的经济、社会及生活方式等由传统社会向现代社会发展的历史转变过程,它是一个全面发展的概念。

饶会林(2002)认为:城市现代化是城市化的必然要求和发展的新阶段,城市现代化所反映和要求的是城市发展质量方面的提高过程,城市现代化是城市经济高效益化、城市社会文明化、城市环境优质化和城市管理科学化(也就是城市经济现代化、城市社会现代化、城市环境质量现代化和城市管理现代化)的集合,城市现代化的重要物质条件是在科学规划指导下的城市建设。

阎小培和翁计传(2002)认为:城市现代化是指随着科技创新和体制改革,城市的就业和经济活动逐渐市场化、信息化,城市管理科学民主化,居民物质文化生活不断改善,城市居民素质不断提高,城市经济效益、社会效益和环境效益高度统一的过程。它包括城市基础设施现代化、城市管理科学化、城市功能多样化、居民生活高度社会化、生态环境园林化、城市经济高效化、产业结构高级化、城市居民现代化。

2. 城市现代化的机理研究

关于城市现代化的机理研究,包括城市现代化过程的阶段、特征、动力和标准等。中国学者在这方面有大量研究工作。这里介绍几项工作。

谢文蕙和邓卫(1999)认为：城市发展可以分为四个阶段：前工业社会、工业社会、后工业社会和信息社会的城市(表 2-7)，处于不同阶段的城市，其发展具有不同的特征和内涵。

表 2-7 城市发展各阶段的特征比较

历史阶段	前工业社会的城市（前工业城市）	工业社会的城市（近代城市、工业城市）	后工业社会的城市（现代城市、后工业城市）	信息社会的城市（信息化城市）
经济功能	手工生产集中地、农产集散地	机器大工业中心、商业贸易中心	第三产业中心、功能多元化	信息流通、管理和服务中心
城市建设	市政设施简陋、生活条件落后	市政设施完备、生活条件改善	市政设施现代化、生活条件较优越	城市信息化、园林化、宜人
发展状况	规模较小、数量很少	规模扩张、数量猛增	规模数量稳定、形成大都市连绵区	超级城市群与城市离心化共存
城乡关系	城乡分离、相对封闭	城乡对立、差距拉大	城乡融合、差距缩小	城乡一体化

资料来源：谢文蕙，邓卫，1999.

杨重光(2004)认为：城市化存在工业化时代的城市化和信息化时代的城市化。这两种城市化的动力机制、经济结构、社会结构、文化内涵、空间形态和城市特征是不相同的。与此相联系，现代化也存在第一次现代化和第二次现代化，第一次现代化即以工业化为基础、标准和特征的现代化。因此，城市现代化的标准必须体现工业化城市化与信息化的城市化，第一次现代化和第二次现代化的时代性特征和综合性特征。

张鸿雁(2002)认为：城市现代化水平高的国家和地区，无不是现代化发展水平较高的国家；城市现代化是城市社会结构变迁的形式和目的，城市社会结构变迁是城市现代化的另类解释；城市现代化与城市社会结构变迁具有"共容性"，城市社会结构的变迁与城市现代化构成一个共生体，没有城市社会结构的进化式的变迁，也就没有城市现代化的过程。

丁任重和吴波(2012)认为：城市现代化有五个特征，包括规模适度、空间结构合理、城市产业高级化、城市扩张形成城市群、国际化、城市居民生活舒适。

姚士谋和汤茂林(1999)认为：城市现代化主要有六个方面的标志，包括城市规划科学合理化、城市基础设施的现代化、城市生态环境园林化、城市科学技术高层次化、城市人民生活高度社会化、各种资源利用的高度信息化。

二、城市现代化的实证研究

城市现代化的实证研究，是对城市现代化过程或现象进行直接研究。这种研究以学术目的为主，旨在探索城市现代化的基本原理和客观规律，或者检验城市现代化理论的真实性。如果这种研究基于应用目的，那么，它就属于城市现代化的应用研究。

城市现代化的实证研究和理论研究的划分是相对的。如果实证研究归纳出城市现代化的概念，那么，这种实证研究具有理论研究的性质。如果理论研究是基于城市变迁的客观事实，那么，这种理论研究具有实证研究的性质，可能是一种间接的实证研究。

1. 国家和地区层次的城市现代化研究

例如，关于中国、英国、希腊和阿根廷的城市现代化研究，关于中国沿海地区、江苏和山东的城市现代化的研究等(表 2-8)。2008 年 10 月在巴西的圣保罗市举行的"日本和巴西的城市现代化与当代文化"学术讨论会，来自日本和巴西的 20 多位学者出席了会议。

表 2-8 国家和地区层次城市现代化的实证研究

编号	国　家	著作/论文的作者
1	中国的城市现代化	孙革,1996;陈颐,1998;邱国盛,2002;鲍宗豪,2003;杨重光,2007
2	英国的城市现代化	陆伟芳,2006;刘景华,2011
3	阿根廷的城市现代化	Walter, RJ. 1986; Lewis, CM. 1986
4	希腊的城市现代化	Hastaoglou-Martinidis, V., Kafkoula K., Papamichos, N. 1993
5	中国沿海中小城市的现代化	张卫国,2003
6	中国山东城市现代化	宿鹏,2004
7	中国江苏城市现代化	韦统郡,2012

2. 城市层次的城市现代化研究

例如,关于中国的北京、上海、苏州、扬州、济南、昆明、青岛、澳门、台湾等的城市现代化,土耳其的伊斯坦布尔市的现代化,埃及的开罗市的现代化等(表 2-9)。

表 2-9 城市层次的城市现代化的实证研究

编号	城　市	国　家	著作/论文的作者
1	苏州现代化	中国	张海林,1999
2	北京现代化	中国	陈剑,夏沁芳,2003
3	上海现代化	中国	车效梅,2003
4	扬州现代化	中国	叶美兰,2004
5	济南现代化	中国	李平生,赵秀芳,2004;张同功,2011
6	昆明现代化	中国	龙东林,2005
7	广州现代化	中国	刘金石,石弘华,2006
8	青岛现代化	中国	任银睦,2007;张同功,2011
9	澳门现代化	中国	杨允中,2007
10	台湾现代化	中国	Wu, Ping-Sheng,2010
11	伊斯坦布尔的现代化	土耳其	车效梅,2008
12	开罗的现代化	埃及	车效梅,2003

三、城市现代化的应用研究

城市现代化的应用研究,是把城市现代化作为一种客观事实,把现代化理论作为一种理论框架,并运用这种理论去研究或指导城市现代化。它可以大致分为三个方面。其一,城市现代化的定量研究,包括城市现代化水平评价、城市竞争力评价、城市生活质量评价和城市创新能力评价等。其二,城市现代化的政策研究,包括城市现代化战略、政策分析和农业政策制定等。其三,城市现代化的跨领域应用,如把它作为其他领域研究的分析背景等。

1. 城市现代化的评价研究

关于城市现代化评价指标体系的研究,有比较多的文献,例如,苏明君(1998),姚士谋、汤茂林(1999),朱英明、姚士谋、李玉见(2000),Flood(2001),厉有为(2001),朱铁臻(2001),陈剑(2001),杨青、张莉萍(2005),张爱珠、章友德(2006),徐衡、许凌、计志鸿(2006),罗清泉(2010),陈柳钦(2011),

发达城市现代化评价指标体系研究课题组、李萍(2011),杨琴(2012),倪鹏飞(2003),连玉明(2006)等。

关于城市现代化的水平评价,学术文献亦比较多,例如,顾朝林、黄春晓、吴骏莲(2000),马扬、马静、陈刚、张玉璐(2001),李瑕、胡磊(2002),朱艳科、杨辉耀(2002),詹正茂、陈刚(2003),林皆敏(2006),耿建敏、张瑞兰、龙文研(2007),甄江红、杜淑芳(2008),赵茜(2009),高文杰、高旭(2010)等。

2. 城市现代化的政策研究

关于城市现代化的发展战略研究的文献有许多,例如,中国城市现代化进程的五大战略(范恒山,2003)、城市化与城市现代化(吴良镛,2003)、中国城市化与现代化发展研究报告(皇甫晓涛,2004)、中国城市现代化战略研究(杨重光,2004)、江苏农村城镇化和城市现代化的战略与对策研究(顾介康,2000)、城市的现代化与可持续发展(李梦白,1999)等。

关于城市现代化政策研究的文献很多,例如,城市现代化建设中的工业文化遗产保护与合理利用(程萍,2010)、城市现代化中的历史文化保护问题(李平生,赵秀芳,2004)、数字城市:城市现代化的基础(李京文,甘德安,2002)、中国现代化进程中城市信息化研究(杨学文,2007)、外资区域聚集与区域城市现代化的联动效应(龙飞,程永生,2007)、城市现代化视野下我国政府公共服务供给研究(马志强,张蕾,2011)、地下空间与城市现代化发展(童林旭,2005)等。

第三节 城市现代化的理论分析

城市现代化是现代化的一种表现形式,是城市尺度的现代化。城市现代化既有现代化的共性,遵循现代化科学的一般规律,又有一些特殊性,需要专门研究。城市现代化与城市化既有交叉,又有不同。关于城市现代化的理论解释,目前并没有统一认识。这里先简要介绍现代化理论和城市化理论与城市现代化的关系,然后重点讨论城市现代化的一般理论。

一、现代化理论与城市现代化

20世纪50年代以来,世界现代化研究先后出现三次浪潮:现代化研究、后现代化研究和新现代化研究,涌现了一批理论,如经典现代化理论、后现代化理论、生态现代化、反思现代化理论(再现代化理论)、多元现代性理论和第二次现代化理论等。这些现代化理论,虽然没有关于城市现代化的专门阐述,但或多或少都适用于城市现代化。

1. 经典现代化理论与城市现代化

经典现代化理论诞生于20世纪50～60年代。它是对18世纪工业革命以来世界现代化进程的一种理论阐述。这种理论认为,现代化是一个从传统农业社会向现代工业社会转变的历史过程。经典现代化理论,一方面阐述了现代化过程的特点和规律,一方面阐述了现代化过程的结果——现代性;现代性是对现代化过程的结果的一种理论概括。经典现代化理论包括一般理论和分支理论,而且有不同流派。它的分支理论包括政治现代化、经济现代化、社会现代化、文化现代化、人的现代化和比较现代化理论等,它们分别阐述了不同领域现代化的特点和规律。

经典现代化理论,不仅适用于国家,也适用于地区。城市和农村,是人类居住的两大类地区。随着城市化进程,城市人口比例不断上升,城市现代化成为国家现代化的主体部分。经典现代化理论,也就越来越适用于城市现代化,但关于农村现代化的专门论述则需另当别论(表2-10)。

表 2-10 城市现代化与经典现代化理论

经典现代化理论	在城市现代化领域的适用性	在农村现代化领域的适用性
一般理论	基本适用,"不涉及"农村现代化	基本适用,"不涉及"城市现代化
政治现代化	完全适用	完全适用
经济现代化	基本适用,突出工业现代化	基本适用,突出农业现代化
社会现代化	基本适用,"不涉及"农村社会现代化	基本适用,"不涉及"城市社会现代化
文化现代化	基本适用,保留城市特色	基本适用,保留农村特色
人的现代化	完全适用	完全适用

如果参照经典现代化理论,经典城市现代化是一个从传统城市向现代城市转变的历史过程,包括城市政治、经济、社会、文化和居民从传统向现代的转变等。

2. 后现代化理论与城市现代化

后现代化理论出现于 20 世纪 70~80 年代。早在 20 世纪 60 年代,发达国家出现了三种新现象:① 经济发展从工业化转入"非工业化",工业经济比例持续下降,服务经济比例持续上升;② 社会发展从城市化转入"非城市化"(或逆城市化),城市人口向郊区和乡镇迁移;③ 环境保护运动兴起,后现代文化蔓延。显然,经典现代化理论不能解释这些新变化。20 世纪 70 年代以来,学者们纷纷探索发达工业国家的未来发展,未来学和后现代化理论引起广泛关注。

后现代化理论并不是一个完整的理论体系,而是关于后工业社会、后现代主义和后现代化研究的一个思想集合。德国慕尼黑大学贝克教授认为后现代化是"第二次启蒙"[①]。后现代化理论主要有三个来源:对经典现代化和现代性的批判性重构(后现代主义和后现代性)、后工业社会的未来学展望、后物质主义和后现代文化的实证研究等。

后现代化理论认为,人类社会的发展可以分为三个阶段:前工业社会、工业社会和后工业社会;从前工业社会向工业社会的转变是现代化,从工业社会向后工业社会的转变是后现代化。

事实上,城市是人类文明发展的前沿,后现代化理论阐述的思想和现象,最先主要出现在城市,然后扩散到农村。所以,后现代化理论完全适用于城市现代化。

如果参照后现代化理论,城市现代化包括两个阶段,第一阶段的城市现代化是从前工业社会城市向工业社会的城市的转变,第二阶段的城市现代化是从工业社会的城市向后工业社会的城市的转变,这种转变发生在城市政治、经济、社会、文化和居民等各个方面。

3. 新现代化理论与城市现代化

新现代化理论指在 20 世纪 80~90 年代涌现的各种新的现代化理论,如生态现代化理论、反思性现代化(再现代化)理论、多元现代性理论和第二次现代化理论等。20 世纪 70 年代以来,发达国家出现了三种新现象:① 高技术革命,知识经济兴起;② 信息革命,社会信息化和网络化;③ 环境运动兴起,环境保护受到广泛关注。而且这些新现象,不仅局限在发达国家,而是迅速向世界扩散,有些发展中国家加入大潮流。显然,这些新变化,不仅超出了经典现代化理论的解释能力,而且超越了后现代化理论的基本范畴。它们需要新的理论解释。

新的现代化理论,从不同角度研究世界现代化的新进展;而且有些理论,如反思现代化理论和第二次现代化理论等,试图覆盖现代化的全过程,解释现代化全过程的基本原理。当然,后现代化理论也是关于现代化全过程的一种理论解释。这里简要介绍它们与城市现代化的关系。

---

① 贝克,威尔姆斯. [2000] 2001. 自由与资本主义. 路国林译. 杭州:浙江人民出版社,217~241.

首先,生态现代化理论与城市现代化。

20世纪80年代德国学者胡伯提出的生态现代化理论(Huber,1985),已经成为发达国家的环境社会学的一个主要理论。《中国现代化报告2007》系统阐述了广义生态现代化理论的基本原理。生态现代化是国家现代化与自然环境的一种互利耦合,它要求采用预防和创新原则,推动经济增长与环境退化脱钩,实现经济与环境的双赢、人类与自然的互利共生。生态现代化是现代环境意识和生态文化引发的现代化模式的生态转型,追求经济有效、社会公正和环境友好的发展。一般而言,现代环境意识和生态文化,以现代生态科学、环境科学、经济科学和生态现代化理论为基础,提倡高效低耗、高品质低密度、无毒无害、清洁安全、循环节约、公平双赢、绿色生产、绿色消费、预防创新和健康环保,主张谁污染谁付费、谁受益谁监督和谁渎职谁受罚,反对资源浪费、环境污染、生态破坏和超量消费,努力实现经济发展与环境退化的完全脱钩、社会进步与环境进步的良性耦合、人类与自然的互利共生(何传启,2007)。

现代化的生态转型发生在所有方面,生态现代化理论完全适用于城市现代化。

如果参照生态现代化理论,城市现代化包括两个阶段,第一阶段的城市现代化是从传统城市向现代城市的工业化转变,第二阶段的城市现代化是从现代城市向生态城市的绿色化转变,这种绿色转变发生在城市政治、经济、社会、文化和居民等各个领域,主要是环境管理方面。

其次,反思性现代化理论与城市现代化。

1986年德国学者贝克的《风险社会——走向新的现代性》德文版问世。他在书中提出了后来产生广泛影响的两个概念:风险社会和反思现代化[①]。随着英文版《风险社会》(Beck,1992)和《反思现代化》(Beck,Giddens,Lash,1994)的出版,这两个概念在国际学术界迅速传播。

贝克认为:在19世纪,普通现代化分解了农业社会的结构,建立了工业社会;与此相似,今天的反思现代化正在分解工业社会,并产生另一种现代性。这种新出现的现代性就是风险社会(Beck,1992)。反思现代化就是一个工业社会的创造性破坏的时代,创造性破坏的行为主体不是革命,不是危机,而是西方现代化的胜利(Beck,1994)。

反思现代化理论的主要观点包括:① 世界现代化包括两个阶段,即普通现代化和反思现代化。② 普通现代化是从传统社会向工业社会的转变,反思现代化是从工业社会向风险社会的转变,反思现代化是现代化的现代化——再现代化。③ 反思现代化可以理解为工业社会的必然性的解体,被迫去寻找和发明新的必然性;新的相互依赖,甚至是全球性相互依赖;个性化和全球化是反思现代化的两个方面。④ 从一个社会时代向另一个社会时代的转变,能够通过没有预先设计的、非政治的和各种论坛的促进来实现。新社会并不总是在痛苦中诞生。⑤ 工业社会的现代性是普通现代性,风险社会的现代性是反思现代性;普通现代性是第一现代性,反思现代性是第二现代性等。贝克认为,普通现代性指1800～1950年的工业社会的特征。普通现代性是一个半现代状态,它包含着反现代的因素,阻止进一步的现代化。普通现代化只走完现代化一半的历程。反思现代性指风险社会的特点,如社会不平等的个性化、不确定性、风险全球化、民主对话、结构性失业、部分雇佣和工作安全性的退化等(Beck,1992)。

风险社会的特征是普遍存在的,反思性现代化理论可以用于城市现代化。

如果参照反思性现代化理论,城市现代化包括两个阶段,第一阶段的城市现代化是从农业社会的

---

① 原文为 Reflexive Modernization。有多种翻译:反思现代化、反射现代化、自反性现代化、再现代化。

城市向工业社会的城市的转变,第二阶段的城市现代化是从工业社会的城市向风险社会的城市的转变,这种转变发生在城市政治、经济、社会、文化和居民等各个方面。

其三,多元现代性理论与城市现代化。

20世纪90年代以来,文化多样性和文化多元化引起广泛关注。这种思想在现代化研究领域产生了共鸣,"多元现代性"逐步成为一个时髦的学术词汇。多元现代性理论认为:① 现代性应当被视为一种独特文明,具有独特的制度和文化特征。现代性的核心是对世界一种或多种阐释方式的形成和发展,是一种本体论图景、一种独特的文化方案的形成和发展,与一套或几套新的制度形态的发展相结合,空前的开放性和不确定性是其核中之核。② 现代性的制度模式和意识形态模式的持续的可变性表明,现代性的历史,最好看作是现代性的多元文化方案、独特的现代制度模式以及现代社会的不同自我构想不断发展、形成、构造和重构的一个故事——多元现代性的故事。③ "多元现代性"有几种含义。第一,现代性和西方化不是一回事,西方模式或现代性模式不是唯一的、"真正的"现代性;尽管相对于其他现代性而言,西方模式出现比较早,而且是并将继续是其他模式至关重要的参照点。第二,多元现代性不是"固定不变"的,而是不断变化的。④ 现代性的这些不同文化方案和制度模式,是通过几种因素之间的持续互动构成的。第一种因素是这些社会的宇宙观和社会结构,第二个因素是这些文明的历史经验和制度模式,第三个因素是现代性的新文化和政治方案的国际互动,第四个因素是与人口结构、经济和政治变化相关的内部紧张和矛盾。⑤ 现代性文化方案的关键核心,涉及人的能动性和自主性,强调个人自由与制度自由领域的不断扩大,人的活动、创造性、自主性领域的不断扩展。⑥ 文化多样性的分析,并不否认现代化和工业社会趋同的早期理论包含着高度真实的因素——大多数现代社会在制度面貌的某些最基本方面的确趋同。例如,在社会组织方面,如产业关系和现代城市问题等是趋同的;在某些意识形态方面,如平等和政治参与等是趋同的。但是,不同现代社会在提出和解决这些问题的方式方面有很大差异(艾森斯塔特,2006)。

多元现代性理论,主要适用于城市现代化的政治和文化领域。

如果参照多元现代性理论,城市现代性是多元的,城市文化和制度具有多样性。

其四,第二次现代化理论与城市现代化。

第二次现代化理论是中国学者何传启提出来的(何传启,1998,1999,2013)。这种理论把18世纪到21世纪的世界现代化进程分为第一次现代化和第二次现代化两个阶段,如果说,第一次现代化是以发展工业经济、建设工业社会为特征的经典现代化,那么,第二次现代化是以发展知识经济、建设知识社会为特征的新现代化。

首先,从人类诞生到21世纪末,人类文明进程包括四个时代和十六个阶段。四个时代分别是工具时代、农业时代、工业时代和知识时代,每一个时代都包括起步期、发展期、成熟期和过渡期等四个阶段。在人类文明进程中,经济和社会发展水平、生产力和生活质量在不断提高,但发展方向发生了三次转折;不同时代和不同阶段人类文明有不同特征,不同国家和不同民族有不同表现,人类文明发展的不同方面有不同的规律和特点。

其次,现代化指18世纪工业革命以来人类文明所发生的深刻变化,它包括从传统政治向现代政治、传统经济向现代经济、传统社会向现代社会、传统文化向现代文化转变的历史过程及其变化;它既发生在先行国家,也存在于后进国家追赶世界先进水平的过程中。概括地说,现代化是现代文明的形成、发展、转型和国际互动的复合过程,是文明要素的创新、选择、传播和退出交互进行的复合过程;它遵循10个基本原理:进程不同步、分布不均衡、结构稳定性、地位可变迁、路径可选择、行为可预期、需求递进、效用递减、状态不重复和中轴转换原理。

其三,世界现代化进程可以分为两个阶段。从18世纪到21世纪末,世界现代化过程可以大致分为两大阶段;其中,第一次现代化指从农业时代向工业时代、农业经济向工业经济、农业社会向工业社会、农业文化向工业文化的转变过程和深刻变化,第二次现代化指从工业时代向知识时代、工业经济向知识经济、工业社会向知识社会、工业文化向知识文化的转变过程和深刻变化;第二次现代化不是人类历史的终结,将来还有新的发展。

其四,两次现代化是紧密相关的。在同一个国家,第一次现代化奠定了第二次现代化的物质和社会基础;第二次现代化在许多方面是对第一次现代化的消除和"反向"(有些是对传统性的"回归"),在某些方面是对第一次现代化的继承和发展,在有些方面是新发生的(知识和制度创新);两次现代化的协调发展则是综合现代化。在不同国家之间,两次现代化相互影响和竞争,在公平贸易条件下两次现代化相互促进,在不公平贸易条件下两次现代化相互制约。

其五,两次现代化有不同规律、特点和发展范式。第一次现代化的主要特点是工业化、专业化、城市化、福利化、流动化、民主化、法治化、分化与整合、理性化、世俗化、大众传播和普及初等教育等。第二次现代化的主要特点是知识化、分散化、网络化、全球化、创新化、个性化、多样化、生态化、信息化、民主的、理性的和普及高等教育等。在第一次现代化过程中,经济发展是第一位的,物质生产扩大物质生活空间,满足人类物质追求和经济安全。在第二次现代化过程中,生活质量是第一位的,知识和信息生产扩大精神生活空间,满足人类幸福追求和自我表现;物质生活质量可能趋同,但精神和文化生活将高度多样化。

其六,两次现代化的动力是不同的,第二次现代化的动力是知识创新、制度创新和专业人才。在第一次现代化过程中,工业化、城市化和民主化的相互作用导致经济、社会、政治和文化结构的变化,从而推动现代化进程。在第二次现代化过程中,知识创新和制度创新导致新的科学和技术;新的科学和技术导致新的经济和社会,新的经济和社会导致新的现代化;制度创新和知识创新还会导致新的政治和文化;新的政治和文化促进新的现代化;新的现代化会促进新的知识创新和制度创新;知识创新和制度创新的相互作用推动了现代化进程。

第二次现代化理论,基本适用于城市现代化,但要"删除"农村现代化的专门阐述。

如果参照第二次现代化理论,城市现代化包括两个阶段,第一阶段的城市现代化是从农业社会的城市向工业社会的城市的转变,第二阶段的城市现代化是从工业社会的城市向知识社会的城市的转变,这种转变发生在城市政治、经济、社会、文化、环境和居民等各个方面。

二、城市化理论与城市现代化

城市化既是一个古老现象,又是一个当代潮流。关于城市化的研究,来自城市经济学、城市地理学、城市发展研究和城市化研究等。迄今为止,关于城市化没有统一的系统理论阐述。这里假设,城市化理论是关于城市化现象的一组理论阐述,并讨论它与城市现代化的关系。

1. 城市化理论

城市化理论至少应该包括城市化的定义、过程、结果、动力和类型等内容。

(1) 城市化的定义

关于城市化,没有统一定义。

狭义而言,城市化是城市数量增加和城市人口比例上升的过程。

广义而言,城市化包括城市数量增加、城市人口比例上升、城市文明的扩散等。

在国家层次上,城市化率等于城市人口占全国人口的百分比。

$$城市化率 = \frac{城市人口}{全国人口} \times 100\%$$

(2) 城市化的过程

城市化的过程涉及城市化的起点、阶段和特征等。

首先,关于城市化的起点,大致有两种观点。第一种观点:城市化是公元前3500年以来的一个历史进程。第二种观点:城市化是18世纪工业革命以来的一个历史过程。

我们认为,18世纪以前的城市化是传统城市化,18世纪以来的城市化是现代城市化。

其次,关于城市化的阶段,可以从不同角度进行描述(表2-11)。

表2-11 城市化过程的阶段划分

划分依据	城市化的阶段	参考文献
城市化率	初期、中期、后期	谢文蕙,邓卫,1999
城市化内涵	传统城市化(18世纪前)、现代城市化(18世纪以来)	本报告(表1-104)
城市化动力	商业城市化、工业城市化、社会城市化、服务城市化	本报告(表1-104)
人口流动方向(1)	城市化、城市化和郊区化、城乡动态平衡	本报告
人口流动方向(2)	城市化、城市化和郊区化、逆城市化和城市更兴	本报告

根据城市化率的变化,城市化过程大致分为三个阶段(谢文蕙,邓卫,1999)。

- 城市化初期:城市化水平低于30%,城市化速度比较慢;
- 城市化中期:城市化水平为30%~70%,城市化速度非常快;
- 城市化后期:城市化水平高于70%,城市化速度比较慢。

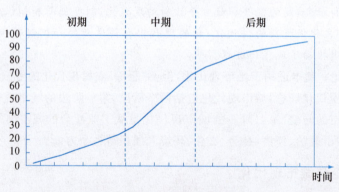

图2-4 城市化过程的S形曲线

注:1979年美国学者诺瑟姆(R. M. Northam)发现,城市化的轨迹可以概括为一条被拉平的S形曲线。
资料来源:谢文蕙,邓卫,1999.

城市化过程的数学模型(谢文蕙,邓卫,1999):

$$Y = 1/(1 + Ce^{-rt})$$

其中,Y 为城市化率;C 为常数,反映城市化起步先后,值越小起步越早;r 为常数,反映城市化速度快慢,值越大速度越快;t 为时间。

其三,关于城市化的特征。不同国家城市化的过程有所不同,特征也有差别。发达国家和发展中国家的城市化过程和特征,既有共性,又有很大差别。例如,美国城市化过程,大致分为三个阶段:自已竞争阶段的城市化(商业城市化)、工业资本主义阶段的城市化(工业城市化)和发达资本主义的城市化(服务城市化)(图2-5);殖民地区的城市化过程,大致分为商业殖民阶段的城市化、工业殖民阶段的城市化、晚期殖民主义、独立早期和新殖民主义阶段的城市化(图2-6)。

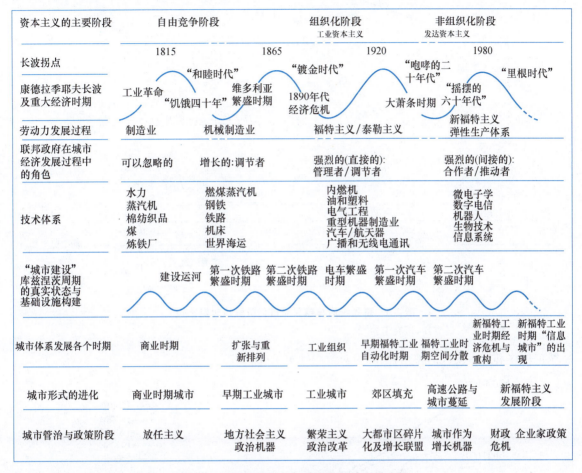

图2-5 美国经济变化与城市发展的主要阶段

资料来源:诺克斯,迈克卡西,2009.

(3) 城市化的结果

城市化的结果涉及城市和城市体系的变化。首先,城市经济成为国民经济的主体,城市社会成为现代社会的主体。其次,城市数量扩大,最大城市的人口规模从百万人口增加到千万人口。其三,城市体系的变化,从单一城市(地理中心)到城市群和城市带等。其四,城市政治成为国家政治的中心。其五,城市环境成为一个核心环境议题。其六,城市文化成为国家和地区的主流文化。其七,城市人口超过农村人口,城市基础设施和社会保障日益庞大。其八,城市问题成为一个重要议题,如住房、交通、犯罪、贫困等。

1949年齐普夫(G. K. Zipf)发现了"位序-规模法则",即在城市体系中,城市规模和城市大小排位的关系,可以用一个简单公式来表达(诺克斯,迈克卡西,2009):

$$P_i = P_1/R_i$$

其中,i是城市编号,P_i是城市i的人口数,P_1是城市体系中最大城市的人口数,R_i是城市i在按城市人口规模排序后的排位。

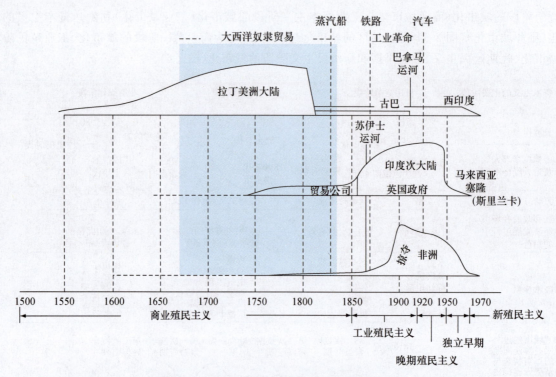

图 2-6 殖民统治与殖民城市化阶段的时期比较

资料来源：诺克斯，迈克卡西，2009.

城市位序和城市规模的关系，表现为对数线性关系（图 2-7）。

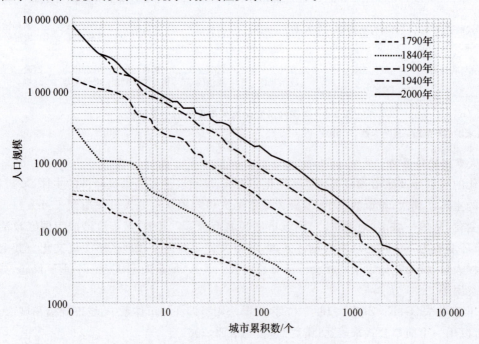

图 2-7 1790~2000 年美国城镇位序与规模的分布

资料来源：诺克斯，迈克卡西，2009.

在一个城市体系中,城市规模和它们的等级之间的总体关系是相对稳定的,但也有例外。在有些城市体系中,最大城市的人口规模过大,不太符合"位序-规模法则",可以称为"首位城市",如英国伦敦人口规模是第二大城市伯明翰的7倍(诺克斯,迈克卡西,2009)。

(4)城市化的动力

城市化的动力,在不同阶段有所不同。

首先,经济增长是城市化的根本动力。一般而言,在商业城市化阶段,农业生产率提高和商业发展是城市化的主要动力;在工业城市化阶段,工业化和农业生产率提高是城市化的主要动力;在社会城市化阶段,工业化和社会转型是城市化的主要动力;在服务城市化阶段,服务业和信息化是城市化的主要动力。

其次,城市增长受很多因素的影响,包括政治、经济、社会、文化、技术、人口和地理等。

其三,现代城市化既是现代化的一个内涵,又受现代化的驱动。

1962年美国学者布莱恩·贝利发现,一个国家的经济发展水平与城市化程度之间存在某种关系。2010年人均国民收入与城市化率之间存在显著正相关的关系(图2-8)。

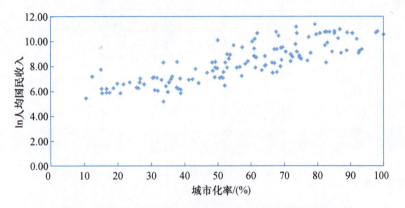

图2-8　2010年128个国家人均国民收入与城市化率的关系

注:$R^2=0.7056$,人均国民收入的对数值与城市化率显著相关。

它们之间的关系模型为(谢文蕙,邓卫,1999):

$$Y = a\ln X + b$$

其中,Y为城市化率,ln为自然对数,X为人均国民收入,a和b为常数,为回归系数。

城市化率与经济结构的关系也非常明显(表2-12)。一般而言,城市化率与农业增加值占GDP比例之间是负相关,与服务业增加值比例之间是正相关。

表2-12　2010年城市化率与经济结构和经济效率的关系

地　　区	人均国民收入/美元	城市化率/(%)	农业增加值比例/(%)	工业增加值比例/(%)	服务业增加值比例/(%)
高收入国家	38 811	80	1.3	24	75
中等收入国家	3728	49	9.4	36	55
低收入国家	533	28	25.7	25	49
世界平均值	9076	52	2.8	26	71

(5)城市化的类型

城市化的类型可以从不同角度进行描述(表2-13)。本报告第一章第四节讨论了发达国家和发展中国家的城市化,发现它们的异同。在发达国家中,人均土地资源比较丰富的国家,一般选择低度城市化或中度城市化；人均土地资源比较紧缺的国家，一般选择高度城市化或中度城市化(表 2-14)。在地区层面，地区城市化具有很大多样性和弹性(表 1-110)。

表 2-13 城市化的基本类型

划分依据	城市化的类型
起步先后和原因	先发型城市化、后发型城市化、主动型城市化、被动型城市化、追赶型城市化
城市化率	高度城市化、中度城市化、低度城市化
城市化与工业化关系	过度城市化、适度城市化、低度城市化
最大城市人口比例	集中型城市化、过渡型城市化、分散型城市化
大小城市人口比例	大城市主导型城市化、过渡型城市化、小城市主导型城市化
小城市变化	小城市扩张型城市化、小城市波动型城市化、小城市收缩型城市化

表 2-14 发达国家城市化类型与人均土地资源的关系

类型	国家	2010年人口/百万	城市化率/(%)			人均国土面积/公顷		人均农业用地/公顷	
			1960	2000	2010	1960	2000	1961	2000
高度城市化	比利时	10.90	93	97	98	0.33	0.30	—	0.14
	日本	127.45	63	79	91	0.40	0.30	0.07	0.04
中度城市化	法国	65.08	62	77	85	1.20	0.93	0.75	0.50
	韩国	49.41	28	80	83	0.40	0.21	0.08	0.04
	荷兰	16.62	60	77	83	0.36	0.26	0.20	0.12
	美国	309.35	70	79	82	5.33	3.41	2.44	1.47
	英国	62.23	78	79	80	0.47	0.41	0.37	0.29
低度城市化	西班牙	46.07	57	76	77	1.66	1.25	1.08	0.74
	德国	81.78	71	73	74	0.49	0.43	0.26	0.21
	意大利	60.48	59	67	68	0.60	0.53	0.41	0.27

注：城市化率数据见表 1-106。

在 1960～2010 年期间，发达国家的人均土地资源，与他们选择集中型或分散型城市化、大城市主导型或小城市主导型城市化、小城市扩张型或小城市收缩型城市化，经过统计分析没有发现它们之间的显著关系，国家差别非常大(表 2-15)。

表 2-15 发达国家人均土地资源与城市化类型的关系

国家	人口/百万	2000年人均国土面积/公顷	2000年人均农业用地/公顷	城市化类型和2010年最大城市人口占全部城市人口的比例/(%)		城市化类型和2010年大城市(人口超过百万的城市)人口占全国人口的比例/(%)		城市化类型和2010年小城市(人口少于50万的城市)的人口占全部城市人口的比例/(%)	
韩国	49.41	0.21	0.04	过渡型	22	大城市主导型	47	非小城市主导型	23
荷兰	16.62	0.26	0.12	过渡型	21	非大城市主导型	12	小城市主导型	80
日本	127.45	0.30	0.04	集中型	40	大城市主导型	50	非小城市主导型	43
比利时	10.90	0.30	0.14	集中型	47	非大城市主导型	18	过渡型	66
英国	62.23	0.41	0.29	分散型	18	过渡型	26	过渡型	59
德国	81.78	0.43	0.21	分散型	15	非大城市主导型	8	小城市主导型	78
意大利	60.48	0.53	0.27	分散型	8	非大城市主导型	17	过渡型	56
法国	65.08	0.93	0.50	过渡型	25	过渡型	22	过渡型	65
西班牙	46.07	1.25	0.74	分散型	16	过渡型	24	过渡型	59
美国	309.35	3.41	1.47	过渡型	20	大城市主导型	45	非小城市主导型	33
加拿大	34.13	32.45	2.20	过渡型	20	大城市主导型	44	非小城市主导型	37
澳大利亚	22.30	40.42	23.78	过渡型	37	大城市主导型	58	非小城市主导型	28

注：城市化类型分组数据见表 1-107、表 1-108、表 1-109。

2. 城市化理论与城市现代化的关系

首先,城市化理论涉及传统城市化和现代城市化,现代城市化与城市现代化有交叉。

其次,关于现代城市化的理论阐述,可以作为城市现代化理论的一个组成部分。

其三,高质量城市化与城市现代化是一致的,低质量城市化不属于城市现代化(图 2-9)。

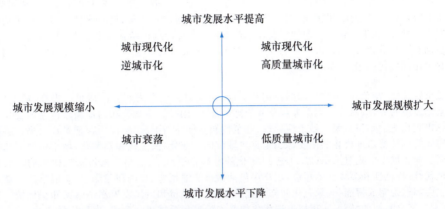

图 2-9　18 世纪以来城市化与城市现代化的关系矩阵

三、城市现代化的一般理论

在《现代化科学:国家发达的科学原理》一书中,何传启阐述了现代化科学的基本结构和现代化的一般理论,它们可以应用于城市现代化。广义城市现代化理论包括一般理论、分支理论和相关理论等(表 2-16),这里重点讨论它的一般理论(表 2-17)。

表 2-16　广义城市现代化理论的结构

分　类	理　论	主要内容
一般理论	核心理论	城市现代化的定义、过程、结果、动力和模式等 城市生活、城市结构、城市制度和城市观念的现代化
分支理论	分阶段理论 分层次理论 分领域研究 分系统研究	第一次城市现代化、第二次城市现代化、综合城市现代化 世界、国家、地区、城市等的城市现代化 城市政治、经济、社会、文化、环境和人的现代化 城市形态和功能、建筑和住房、基础设施、公共服务、公共管理的现代化
相关理论	其他现代化理论 其他相关理论	经典现代化理论、后现代化理论、生态现代化理论、第二次现代化理论等 城市发展理论、城市经济学、城市地理学、城市化理论、发展经济学等

表 2-17　广义城市现代化的一般理论

方　面	基本内容
定义	城市现代化是 18 世纪工业革命以来城市文明的一种深刻变迁和国际竞争,它包括现代城市的形成、发展、转型和国际互动,城市要素的创新、选择、传播和退出,以及追赶、达到和保持世界城市先进水平的国际竞争和国际分化等

(续表)

方面	基本内容
过程	城市现代化是一个复杂的历史过程,包括城市发展、城市转型、国际城市竞争、国际城市分化和城市分层,包括城市生活、城市结构、城市制度和观念的变化,包括城市发展的世界前沿以及达到和保持世界前沿的行为和过程等。在18~21世纪期间,城市现代化过程的前沿轨迹可以分为两大阶段,其中,第一次城市现代化是从传统城市向现代城市、从手工业城市向工业化城市的转型过程和深刻变化,它的主要特点包括工业化、民主化、理性化、福利化和高质量城市化等;第二次城市现代化包括从现代城市向发达城市、从工业化城市向知识化城市的转型,目前特点包括信息化、智能化、绿色化、知识化和城乡动态平衡等;两次城市现代化的协调发展是综合城市现代化。22世纪城市现代化还会有新变化。它遵循现代化的10个基本原则
结果	城市现代性、特色性、多样性和副作用的形成,包括城市生产力和生活质量的提高、城市建筑、住房和基础设施的改善、城市公共服务和公共管理的发展、国际城市地位和国际城市体系的变化等。第一次城市现代化的结果是第一城市现代性、特色性和多样性的形成,副作用包括城市污染、贫困和犯罪等;完成第一次城市现代化的主要标志是完成城市的工业化、民主化和福利化,城市生产率和市民收入达到工业化城市的先进水平(20世纪60年代的世界先进水平)。第二次城市现代化的结果是第二城市现代性、特色性和多样性的形成,副作用包括城市交通堵塞、贫困和犯罪等;完成第二次城市现代化的主要标志是完成智能化、绿色化和知识化,城市生活质量和市民发展水平达到知识化城市的先进水平(未来某个时间的)等。实现城市现代化的基本标准包括城市生产率、市民生活质量、城市制度和观念等达到当时世界先进水平等
动力	城市现代化的动力因素包括创新、竞争、适应、交流、公共利益和市场需求,包括经济增长、农业发展、工业化、民主化、信息化、绿色化、全球化和合理预期,包括自然资源禀赋、技术进步、制度进步、城市结构、城市环境、城市政策和国际城市体系变化等。动力模型包括:创新驱动、三新驱动、双轮驱动、联合作用、四步超循环、创新扩散、创新溢出、竞争驱动、经济和社会驱动、城市生产力函数、要素优化模型等。城市化有多种动力模型。不同国家、地区、城市和不同阶段的动力有所不同
模式	城市现代化的路径和模式是多样的,具有路径和资源依赖性,受城市资源禀赋、文化传统和国际环境的影响;在21世纪有三种基本路径:第一次城市现代化路径、第二次城市现代化路径和综合城市现代化路径;城市现代化的模式具有多样性,不同客观条件的国家、地区和城市,可以创造或选择不同模式,不同发展阶段可以有不同模式

注:关于现代城市没有统一定义。一般而言,现代城市包括初级现代城市和高级现代城市。初级现代城市指完成工业化、民主化和福利化的工业城市,以20世纪60年代工业化国家的工业城市为代表。高级现代城市指完成智能化、绿色化和知识化的智慧城市,目前以发达国家的智慧城市为代表,它还在发展过程中。

1. 城市现代化的定义

城市现代化是城市和城市体系的现代化,是地区现代化的组成部分,是现代化的一种表现形式。第一章第一节和第二章第二节已经介绍了城市现代化的一些定义和内涵,这里继续讨论它的六个问题:操作性定义、范畴、标准、类型、要求和性质。

(1) 城市现代化的操作性定义

城市现代化没有统一定义。一般而言,城市现代化既是一种状态,现代城市的世界先进水平;又是一个过程,达到和保持世界城市先进水平的过程。城市现代化大致有五层涵义(2-18),五层涵义进行组合,可以产生多种操作性定义(表2-19);它们之间有交叉。

定义一,城市现代化是18世纪以来城市文明的一种前沿变化和国际竞争,是现代城市的形成、发展、转型和国际互动的前沿过程,是城市要素的创新、选择、传播和退出交替进行的复合过程,是追赶、达到和保持世界城市先进水平的国际竞争和国际分化等;达到和保持世界城市先进水平的城市是发达城市,其他城市是发展中城市,城市地位可以发生变化。

定义二,城市现代化是城市文明的世界前沿,以及达到和保持世界前沿的行为和过程。

定义三,城市现代化是城市发展、城市转型、城市国际互动的交集。城市发展包括城市扩张和城市进步(表 2-20)。

表 2-18 城市现代化的五层涵义

	城市现代化的基本涵义
一种变迁	城市现代化是 18 世纪以来城市文明的一种前沿变化,它包括城市生活、城市结构、城市制度和城市观念等的前沿变化等
一个过程	城市现代化是一个系统过程,在 18 到 21 世纪的 400 年里,城市现代化可以分为第一次城市现代化和第二次城市现代化两大阶段;22 世纪还有新变化
一种状态	城市现代化是 18 世纪以来城市发展的世界先进状态
一种转型	城市现代化是一种城市转型,包括从传统城市向现代城市、从现代城市向发达城市的转型
一种竞争	城市现代化是一种国际竞争,包括国际的城市合作、城市交流和城市竞争。城市现代化既发生在现代化的先行国家,也发生在后进国家,国际城市互动发生在不同国家之间

表 2-19 城市现代化的多种操作性定义

序号	城市现代化的多种定义	特点
1	城市现代化是从传统城市向现代城市的转型过程和深刻变化,它包括城市政治、经济、社会、文化、生态和人的现代化,包括城市形态和功能、建筑和住房、基础设施、公共服务、公共管理和国际联系的现代化,包括城市生活、城市结构、城市制度和城市观念的现代化等	通俗的
2	城市现代化是 18 世纪以来城市文明的一种前沿变化,它包括城市的机械化、电气化、自动化、信息化、智能化、绿色化、民主化、理性化、福利化、城市化和郊区化等,它发生在现代化的先行国家和后进国家里	强调变化
3	城市现代化是一个长期的和全球的过程,它包括城市生活、城市结构、城市制度和城市观念等的两次转变、城市生产力和生活质量的提高以及追赶、达到和保持城市发展的世界先进水平的国际互动	强调过程
4	城市现代化是从传统城市文明向现代城市文明的转变,它既包括城市政治、经济、社会和文化等各个领域从传统向现代的转变,目前也包括城市环境的优质化和城市居民的全面发展等	强调转型
5	城市现代化是现代城市的世界先进水平以及追赶、达到和保持世界先进水平的行为和过程	政策分析
6	城市现代化是现代城市的形成、发展、转型和国际互动的前沿过程,是城市要素的创新、选择、传播和退出交互进行的复合过程,是追赶、达到和保持世界城市先进水平的国际竞争和国际分化	理论分析

表 2-20 城市现代化的概念模型

项目	内容
假设一	城市扩张指城市规模、城市人口和城市人口比例的扩大
假设二	城市进步指城市生产率和生活质量的提高、城市制度和观念的进步
假设三	城市转型指从传统城市向现代城市、进而向发达城市的转型(新旧城市形态的交替转变)
假设四	国际城市地位变化指城市发展水平和城市竞争力的国际地位变化
推论一	城市发展=城市扩张+城市进步+城市扩张×城市进步
推论二	城市现代化=城市发展×城市转型×国际城市竞争和国际城市地位变化

概括地说,城市现代化是18世纪以来城市文明的一种深刻变化,它既包括城市政治、经济、社会、文化等各个领域从传统向现代的转变,目前也包括城市环境的优质化和城市居民的全面发展、城市生产力和生活质量的提高、城市国际地位和国际城市体系的变化等。

在18~21世纪期间,城市现代化的前沿过程可以大致分为第一次城市现代化和第二次城市现代化,两次城市现代化的协调发展是综合城市现代化,综合城市现代化主要适合于发展中城市和发展中国家。22世纪城市还会有新变化。

(2) 城市现代化的基本范畴

城市现代化是城市文明的一种变迁,但并非所有的城市变迁都属于城市现代化。一般而言,城市现代化有时间限制(18世纪以来)和性质限制(现代城市发展和转型等)。

城市现代化的内涵:城市现代化是18世纪工业革命以来城市文明的一种前沿变化和国际竞争,它包括现代城市的形成、发展、转型和国际互动,城市要素的创新、选择、传播和退出,以及追赶、达到和保持世界城市先进水平的国际竞争、国际分化和国家分层等。

城市现代化的外延:城市现代化包括世界、国家和地区的城市现代化和单个城市的现代化,包括城市生活、城市结构、城市制度和城市观念的现代化,包括城市政治、经济、社会、文化、生态和人的现代化,包括城市功能和形态、建筑和住房、基础设施、公共服务、公共管理和国际联系的现代化;包括城市现代化的时空分布和国际城市体系的变化等。

(3) 城市现代化的判断标准

城市现代化是城市变迁的一个组成部分,是现代化与城市变迁的一个交集(图2-10)。那么,如何识别这个交集,判断哪些城市变迁属于城市现代化呢?这就需要建立城市现代化的判断依据和判断标准。城市变迁没有时间和性质限制,现代化有时间和性质限制,显然,时间和性质可以作为判断依据的主要指标。时间是一个判断依据,18世纪是分界线。性质是一个判断依据,可以参考现代化的三个标准,同时保持城市特色。现代化的三个标准是:有利于生产力的解放和提高、有利于社会的公平和进步、有利于人类的自由解放和全面发展。

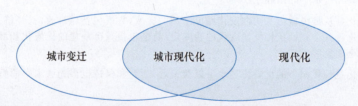

图2-10　城市现代化是城市变迁与现代化的交集

城市现代化的四个标准是:有利于城市生产力和生活质量的提高、有利于城市社会的公平和进步、有利于城市居民的全面发展、有利于城市生态系统的平衡和安全(表2-21)。

表2-21　城市现代化的两个判据和四个标准

项目	属于城市现代化的城市变迁	不属于城市现代化的城市变迁
时间判据	18世纪以来的城市变迁,同时满足性质判据的标准	18世纪以前的城市变迁
性质判据	属于城市发展和转型的城市变迁,满足下列标准	属于城市倒退和反向适应的城市变迁,满足下列标准
判断标准	标准一:有利于城市生产力和生活质量的提高 标准二:有利于城市社会的公平和进步 标准三:有利于城市居民的全面发展 标准四:有利于城市生态系统的平衡和安全	标准一:不利于城市生产力和生活质量的提高 标准二:不利于城市社会的公平和进步 标准三:不利于城市居民的全面发展 标准四:不利于城市生态系统的平衡和安全

注:第四个标准仅适合于1970年以来的城市现代化,不适合于1970年前的城市现代化。

(4) 城市现代化的主要类型

城市现代化有不同类型(表2-22)。不同类型的城市现代化具有不同特点。

表2-22 城市现代化的基本类型

	分类依据	城市现代化的类型
1	分阶段	第一次城市现代化、第二次城市现代化、综合城市现代化等
2	分领域	城市政治、经济、社会、文化、环境和市民的现代化等
3	分内容	城市生活、城市结构、城市制度、城市观念的现代化等 城市功能和形态、建筑和住房、基础设施、公共服务、公共管理和国际联系的现代化
4	分层次	世界、国家、地区、单一城市的城市现代化等
5	启动先后 水平高低	先发型城市现代化、跟进型城市现代化、后发型城市现代化 发达国家的城市现代化、发展中国家的城市现代化
6	知识来源	创新型(内源的)、跟进型(混合的)、学习型(外源的)、被迫型(外源的)

(5) 城市现代化的基本要求

不同类型的城市现代化,不仅有不同特点,而且有不同要求。例如,第一次城市现代化和第二次城市现代化的要求就是不同的。概括地说,第一次城市现代化的基本要求是:城市工业化、民主化、福利化、提高城市生产力和生活水平等;第二次城市现代化的基本要求是:城市信息化、绿色化、知识化、提高城市生活质量和城市竞争力等(表2-23)。

表2-23 城市现代化的基本要求

第一次城市现代化的要求	第二次城市现代化的要求
城市工业化:城市经济的机械化和电气化	城市信息化:城市经济和社会的信息化、智能化
城市民主化:城市政治的民主化和理性化	城市绿色化:城市生产和生活的绿色化、生态化
城市福利化:城市社会的福利化和大众化	城市知识化:城市经济的知识化、创造力和竞争力
提高生活水平:提高城市生产力和居民收入水平	提高生活质量:提高城市生活质量和促进居民的全面发展

(6) 城市现代化的基本性质

一般而言,城市现代化具有二重性。

其一,从城市变迁和城市转型角度看,在城市层次上,每一个城市的城市现代化都会进步和有可能成功,但城市进步有快慢,城市水平有高低,成功时间有先后;在国家和地区层次上,城市现代化都有可能成功,但成功有先后,水平有高低,城市现代化是不同步的。

其二,从世界前沿和国际竞争角度看,在城市层次上,只有部分城市能够达到和保持世界先进水平,不同城市成功的概率有差异;在国家和地区层次上,同样只有部分国家和地区的城市能够达到和保持世界先进水平。关于城市现代化的成功概率,需要专题研究。

城市现代化既是一种文明变迁,也是一种国际竞争;既需要国内视角,也需要国际视角;既有城市进步,也有副作用;既有共性,也有多样性;既有国际城市趋同,也有国际城市分化;城市现代化不是一劳永逸的,而是不进则退。

2. 城市现代化的过程

城市现代化是一个历史过程。关于它的起点和终点,目前没有统一认识。一般而言,在18～21世纪期间,城市现代化过程可以分为两大阶段,不同阶段有不同特点,不同国家的阶段划分有所不同;城市现代化过程可以分为两种类型:城市现代化的前沿过程(路径1和路径2)和追赶过程(路径3和路径4);两类过程既有联系又有区别,而且相互影响(图 2-11)。

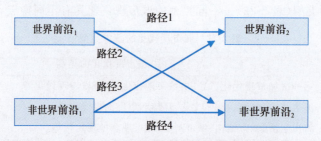

图 2-11 达到世界前沿的两条路径

这里简要讨论城市现代化过程的阶段、特点和原理,它的动力和模式将在后面讨论。

(1) 城市现代化过程的阶段

城市现代化是现代化的一种表现形式。第二次现代化理论提出的人类文明进程的周期表、坐标系和路线图,可以为分析城市现代化过程提供历史和理论背景。参照人类文明进程的周期表、坐标系和路线图,可以建立城市变迁和城市现代化的周期表(表 2-24)、坐标(图 2-12)和路线图(图一),它们为分析城市现代化过程的阶段提供了工具。

表 2-24 城市变迁和城市现代化的周期表——城市形态的变化

文明时间(起始年)	文明进程	城市变迁和城市形态(要点举例)	城市现代化
工具时代(起步~公元前 3500 年)	原始文化(原始社会)	原始社会的城市(原始城市)	
起步期(250 万年前)	旧石器早期	自由迁徙,穴居	(工具制造革命、原始文化)
发展期(20 万年前)	旧石器中期	氏族,迁徙,穴居	
成熟期(4 万年前)	旧石器晚期	部落,搭盖棚屋	
过渡期(1 万年前)	新石器时代	手工业,村庄,原始土城	(原始农业革命、刀耕火种)
农业时代(公元前 3500~1763 年)	农业文明(农业社会)	农业社会的城市(传统城市)	
起步期(公元前 3500 年)	古代文明	古代城市,石城,城邦,都城	(农业革命、传统城市化)
发展期(公元前 500 年)	古典文明	古典城市,城堡,商业或宗教城市	
成熟期(公元 618 年)	东方文明、欧洲中世纪	中世纪城市,大城市,城市体系	
过渡期(1500 年)	欧洲文艺复兴	近代城市,门户城市,城市体系	
工业时代(1763~1970 年)	工业文明(工业社会)	工业社会的城市(现代城市)	
起步期(1763 年)	第一次工业革命	早期工业城市,工业化,机械化	第一次城市现代化
发展期(1870 年)	第二次工业革命	电力城市,电气化,民主化	工业革命,现代城市化
成熟期(1914 年)	家庭机械电器化	汽车城市,郊区化,摩天大楼	工业化、民主化、福利化
过渡期(1946 年)	第三次产业革命	工业城市,大都市区,福利化	
知识时代(1970~2100 年)	知识文明(知识社会)	知识社会的城市(知识城市)	
起步期(1970 年)	第一次信息革命	信息城市,生态化,逆城市化	第二次城市现代化
发展期(1992 年)	第二次信息革命	智慧城市,智能化,城乡平衡	知识革命,城乡动态平衡
成熟期(2020 年)	新生物学革命	多元城市,个性化,社区化	信息化、绿色化、智能化
过渡期(2050 年)	新物理学革命	立体城市,敏捷舒适的城市	

注:文明时间、文明进程、城市变迁和城市形态,都是基于人类文明前沿的时间轨迹的描述。人类文明进程是不同步的,文明前沿与文明末尾的差距在扩大。不同阶段的特点是相对的,有许多交叉。

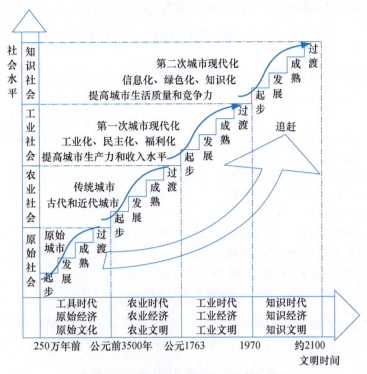

图 2-12 城市变迁和城市现代化的坐标

一般而言,城市现代化是一个长期的历史过程,而且不同国家的城市现代化是不同步的。在 18～21 世纪期间,世界城市现代化的前沿轨迹可以分为第一次和第二次城市现代化两大阶段;第一次和第二次城市现代化两大阶段都分别包括起步、发展、成熟和过渡四个小阶段(表 2-24 和图 2-12)。根据技术特点,第一次城市现代化过程包括三次浪潮,第二次城市现代化将包括三次浪潮。城市现代化过程包括两大阶段和六次浪潮(表 1-105)。

第一次城市现代化是从传统城市向现代城市、从农业社会的城市向工业社会的城市的转型,它包括从手工业城市向工业化城市、封建城市向民主城市、宗教城市向世俗城市、军事城市向市民城市的转型等。它包括城市劳动生产率、土地生产率和居民收入水平的提高,城市建筑、住房和基础设施的不断完善,城市公共服务和公共管理的理性化和民主化等。

第二次城市现代化是从现代城市向发达城市、从工业社会的城市向知识社会的城市的转型,它包括从工业城市向信息城市(数字城市和智慧城市)、经济城市向生态城市(绿色城市和低碳城市)、生产型城市向服务型城市、资本密集型城市向知识密集型城市、单一性城市向多元化城市、粗放型城市向节约型城市的转型等。它包括城市生活质量、创造力和竞争力的提高,城市建筑、住房和基础设施的智能化和绿色化,城市公共服务和公共管理的人性化和公平性等。

如果说,第一次城市现代化是初级城市现代化,是从传统城市向初级现代城市的转变;那么,第二次城市现代化是高级城市现代化,是从初级现代城市向高级现代城市的转变;两次城市现代化的协调发展是综合城市现代化。

(2) 城市现代化过程的特点

城市现代化过程的特点,可以从不同角度和不同层次来讨论。

首先,城市现代化过程的整体特点。城市现代化过程的整体特点大致有 12 个(表 2-25)。城市现代化具有现代化的一些普遍特点,例如,长期性、复杂性、不平衡性、不同步性、局部可逆性、风险性、进步性、部分指标的国际分化、部分指标的国际趋同、副作用等。

表 2-25　城市现代化过程的 12 个特点

编号	特点
1	城市现代化是一个世界现象和国际潮流
2	城市现代化与现代城市化是一个伴生现象,属于现代化过程的两个不同侧面
3	城市现代化是一个多维过程。它既不是一首田园牧歌,也不是一曲辛酸悲歌,而是一部命运交响曲
4	城市现代化具有双重任务,既要扩展和提升城市文明的光明面,也要抑制或消除它的阴暗面
5	城市建筑和住房现代化是一个长期任务
6	城市基础设施现代化是一个长期挑战
7	城市公共服务现代化是一个热点问题
8	城市公共管理现代化是一个关键问题
9	城市环境治理现代化是一个国际潮流
10	城市交通现代化是一个世界性的难题
11	城市现代化需要合理保护和利用传统文化
12	城市现代化水平可以大致反映国家或地区现代化水平

其次,城市现代化过程的分阶段特点。在 18～21 世纪的 400 年里,城市现代化过程可以分为第一次城市现代化和第二次城市现代化两大阶段。两个阶段的特点有所不同(表 2-26)。

表 2-26　广义城市现代化的两个阶段

项目	第一次城市现代化	第二次城市现代化
时间	约 1763～1970 年	约 1970～2100 年
内容	从手工业城市向工业化城市转变	从工业化城市向知识化城市转变
政治	民主化、法制化、管理多样化	个性化、多元化
经济	工业化、机械化、电气化、自动化等	知识化、信息化、绿色化、服务化、高技术等
社会	城市化、家庭小型化、福利化	信息化、智能化、家庭多样化、城乡平衡、国际化
文化	理性化、世俗化、大众传播	网络化、产业化、多元化
环境	城市污染、环境治理	环境友好、生态平衡
市民	提高识字率、普及初等教育	普及高等教育、人的全面发展
功能	经济和社会功能为主	服务和文化功能为主
建筑	标准化、机械化、电气化、自动化	信息化、智能化、绿色化和人性化
设施	工业化的公共基础设施	信息化和绿色化的公共基础设施
服务	公共服务体系	公共服务的均等化、多元化
管理	民主管理、城市规划等	民主治理、应急管理等
国际联系	投资、移民等	国际化、网络化等
基本要求	提高城市生产率和居民收入	提高城市生活质量和竞争力
副作用	城市污染、绝对贫困、犯罪等	城市交通堵塞、信息鸿沟、相对贫困、犯罪等

(3) 城市现代化过程的原理

关于城市现代化过程的原理,可能会见仁见智。城市现代化是 18 世纪工业革命以来城市文明的一种前沿变化和国际竞争,包括城市内涵、城市形态和城市国际体系的变化等(图 2-13)。城市现代化的基本原理不仅包括城市内涵、城市形态和城市国际体系变化的主要机理和基本原则,还包括它们的动力和模式等;它遵循现代化一般原理。关于动力和模式将在后面讨论。

图 2-13　城市现代化过程的结构模型

首先,现代化原理在城市系统的应用。城市现代化是现代化在城市系统的反映,它必然遵循现代化的基本原理。第二次现代化理论认为,现代化遵循 10 个基本原理(表 2-27),分别涉及现代化的行为、路径、进程、分布、结构、结果、需求、效用、状态和中轴。它们同样适用于城市现代化,当然,不同原理的适应性可能有所差别。

表 2-27　第二次现代化理论的 10 个基本原理

原　理	内容或解释	备　注
进程不同步	现代化的进程是不同步的,不同国家、领域和要素的现代化进程都是不同步的	
分布不均衡	现代化的分布是不均衡的,现代化的空间、领域和要素的横向和纵向分布都不均衡	国际体系
结构稳定性	现代化的分布结构是相对稳定的,发达国家比例小于 20%,发展中国家比例大于 80%	
地位可变迁	现代化的国际地位是可以变化的,发达国家降级概率约 10%,发展中国家升级概率约 5%	
行为可预期	现代化的行为是可以部分预期的,行为决策具有有限的理性(有限理性原理)	
路径可选择	现代化的路径是可选择的,路径选择受自身历史和条件的制约(路径依赖性)	文明内容
需求递进	现代化的社会需求是递进的,需求Ⅰ—满足—需求Ⅱ(马斯洛的需求层次理论)	
效用递减	现代化的政策效用是递减的,创新Ⅰ—效用变化—创新Ⅱ,效用周期,效用固化	
状态不重复	现代化的状态是变化的,变化是不重复的,状态Ⅰ—变迁—状态Ⅱ	文明形态
中轴转变	现代化的中轴是变化的,不同领域有不同中轴(贝尔的中轴原理)	

资料来源:何传启,2010.

其次,城市内涵现代化的主要机理。城市内涵包括各种城市要素,如城市生活、结构、制度和观念等。一般而言,城市内涵现代化是城市要素的创新、选择、传播和退出交互进行的复合过程,它包括城市要素的创新、选择、传播的双向循环和城市要素的可逆退出过程,这些过程共同组成一个超循环(图2-14)。这些过程的突出特征是多样性,同时有两重性。

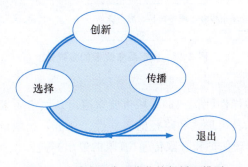

图 2-14　城市要素现代化的超循环模型

——城市要素创新具有多样性(图 2-15)。城市要素创新是城市要素现代化的一种形式和一种路径,是城市现代化的一种形式和一种路径,具有形式和路径的多样性。例如,城市行为创新、城市生活创新、城市技术创新、城市知识创新、城市结构创新、城市制度创新、城市观念创新和城市要素的组合创新等。每一种要素创新都是多路径的。

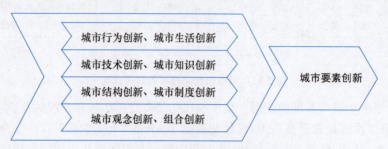

图 2-15　城市要素创新的主要路径

注:知识创新包括科学发现、技术发明、知识创造和新知识首次应用,技术创新指技术发明的首次成功商业应用,制度创新是创立一种新城市制度。

——城市要素选择具有多样性(图 2-16)。城市要素选择是城市要素现代化的一个重要环节,是城市现代化的重要内容,具有路径和标准的多样性。例如,① 社会选择,重视城市的国家利益和城市利益;② 市场选择,重视市场需求和商业利益;③ 个体选择,重视个人需求等。

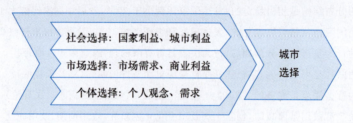

图 2-16　城市要素选择的多样性

——城市要素传播具有多样性(图 2-17)。城市要素传播是城市要素现代化的一种形式和一种路径,是城市现代化的一种形式和一条路径,具有形式和路径的多样性。例如,① 城市科普和创新扩散;② 城市交流、城市合作和城市移民;③ 城市投资、城市贸易和城市竞争等。

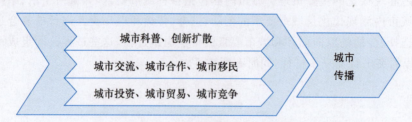

图 2-17　城市要素传播的多样性

——城市要素退出具有多样性(图 2-18)。城市要素退出是城市要素现代化的一种形式和一种路径,是城市现代化的一条路径,具有形式和路径的多样性。例如,① 城市要素的遗失和放弃;② 城市要素遗产化;③ 城市要素的合理保护和有限传递(有限的退出)等。

图 2-18　城市要素退出的多样性

——城市现代化的二重性：既要维护国家利益和城市利益，又要提高城市生产力和国际竞争力。城市现代化过程有两个导向：公共利益和市场需求（图 2-19）。它们体现在城市要素的创新、选择、传播和退出的每一个决策过程中。

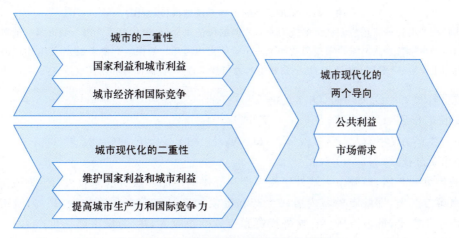

图 2-19　城市和城市现代化的二重性

其三，城市形态现代化的主要机理。一般而言，城市形态现代化是现代城市的形成、发展、转型和国际互动的前沿过程，每个方面都具有路径、内容或形式的多样性。

——现代城市形成有三条路径（图 2-20）。现代城市形成是城市形态现代化的重要内容。现代城市的形成与传统城市、城市要素创新、城市要素扩散和城市交流紧密相关。

图 2-20　现代城市的三个来源

——现代城市发展有四个标准（表 2-21）。现代城市发展是一种现代城市变迁，是城市现代化的一个重要组成部分。在 21 世纪，满足城市现代化的四个标准的城市变迁，才属于城市现代化，才属于现代城市发展。这里介绍现代城市发展的两个模型。

① 城市发展的收支平衡模型。如果把某个城市看成一个经济体，城市经济与城市外部环境可以构成一个经济系统（图 2-21）。城市的生产与消费、收入与支出，将影响城市发展。

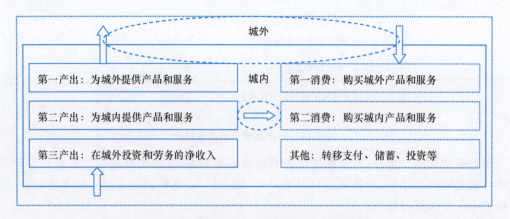

图 2-21 城市经济的一种系统结构(示意图)

注:根据城市产出的最终用户和城市消费的商品来源的价值流划分,城市第一产出与城市第一消费构成一个价值流外循环,城市第二产出与城市第二消费构成一个价值流内循环。根据生产要素划分,要素生产力包括全要素生产力、劳动生产力、资本和土地生产力,全要素生产力与技术进步、资源配置和规模效益有关。

假设:城市收入 $I_e = O_1 + O_2 + (O_3 - I_o) + T_i$

城市支出 $E = C_1 + C_2 + (D + I_t) + T_o$

城市生产力 $P = (O_1 + O_2)/N, P_1 = O_1/N, P_2 = O_2/N, P_3 = O_3/N$

城市贡献比(率)$C_r = O_1/C_1$

其中,O_1 为城市第一产出,即城市为城外居民生产和提供的产品和服务的净收入,P_1 为城市第一生产力;O_2 为城市第二产出,即城市为城内居民生产和提供的产品和服务的净收入,P_2 为城市第二生产力;O_3 为城市第三产出,即城市居民在城外投资和劳务的净收入,P_3 为城市第三生产力;I_o 为城外居民收入,即城外居民在城内投资和劳务的净收入;T_i 为外来转移支付等的收入;C_1 为城市第一消费,即城市居民购买城外生产和提供的产品和服务的消费支出;C_2 为城市第二消费,即城市居民购买城内生产和提供的产品和服务的消费支出;D 和 I_t 分别为城市居民的储蓄和投资;T_o 为对外转移支付和税收转移等的支出,N 为城市人口。

假设:城市收支达到平衡,则有

$$O_1 + O_2 + (O_3 - I_o) + T_i = C_1 + C_2 + (D + I_t) + T_o \tag{1}$$

$$O_2 = C_2 \tag{2}$$

即,城市第二产出=城市第二消费。

根据方程式(1),假设:$T_i = 0$,$T_o = 0$,或 $T_i = T_o$,则有

$$O_1 + (O_3 - I_o) = C_1 + (D + I_t)$$

$$D + I_t = O_1 + (O_3 - I_o) - C_1 \tag{3}$$

即,城市储蓄和投资=城市第一产出+(城市第三产出-城外居民收入)-城市第一消费。

根据方程式(3),假设:$D = 0$,$I_t = 0$,则有

$$O_1 = C_1 - (O_3 - I_o) \tag{4}$$

即,城市第一产出=城市第一消费-(城市第三产出-城外居民收入)。

根据方程式(3),假设:$O_3 = 0$,$I_o = 0$,或 $O_3 = I_o$,则有

$$D + I_t = O_1 - C_1 \tag{5}$$

即,城市储蓄和投资=城市第一产出-城市第一消费。

根据方程式(5),如果城市第一产出与城市第一消费相等,则城市储蓄和投资为零。

由此可以推出,城市发展的条件和路径:

$$\begin{cases} 城市收入和产出的变化大于零:\Delta I_n>0, \Delta O_1>0, \Delta O_2>0, O_3>0; \\ 城市支出和消费的变化大于零:\Delta E>0, \Delta C_1>0, \Delta C_2>0; \\ 城市各种生产力的变化大于零:\Delta P>0, \Delta P_1>0, \Delta P_2>0, P_3>0; \\ 城市贡献比(率)大于1:城市第一产出大于城市第一消费,即 O_1>C_1。 \end{cases}$$

相对而言,城市第一产出影响城市发展,城市第二产出影响城市生活,城市第三产出影响城市财富,城市第一产出超过城市第一消费是城市发展的重要条件之一。

② 城市现代化的城乡二元模型。一般而言,国家由城市与农村两个部分组成,国家现代化水平与城市和农村现代化水平有关,与城市和农村人口比例有关(图 2-22)。

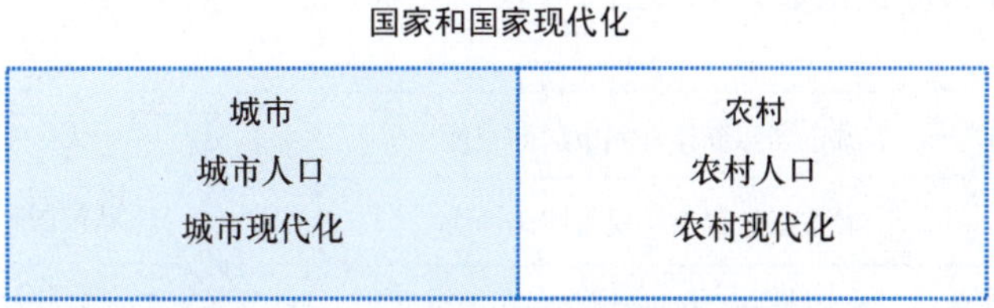

国家和国家现代化

城市	农村
城市人口	农村人口
城市现代化	农村现代化

图 2-22 国家现代化的地理结构(示意图)

假设: $M_n = M_u \times P_u + M_r \times P_r$

$M_r = (M_a \times M_f \times R_{uor})^{1/3}$

其中,M_n 为国家现代化水平指数,M_u 为国家的城市现代化水平指数,P_u 为城市人口占全国人口比例;M_r 为国家的农村现代化水平指数,P_r 为农村人口占全国人口比例;M_a 为国家的农业现代化水平,M_f 为国家的农民现代化水平,R_{uor} 为农村城市化改造的水平。

国家现代化水平,等于城市现代化水平乘以城市人口比例,加上农村现代化水平乘以农村人口比例。一般而言,农村现代化水平等于农业现代化水平、农民现代化水平和农村的城市化改造水平的几何平均值。

根据上面的假设,可以推出:

$$M_u = (M_n - M_r \times P_r)/P_u \tag{6}$$

城市现代化水平等于:国家现代化水平减去农村现代化水平与农村人口比例的乘积,然后除以城市人口比例。

如果,$M_a \approx M_f \approx R_{uor}$,则有:

$$M_r \approx M_a \tag{7}$$
$$M_n \approx M_u \times P_u + M_a \times P_r \tag{8}$$
$$M_u \approx (M_n - M_a \times P_r)/P_u \tag{9}$$

如果农业现代化、农民现代化和农村城市化改造水平基本相当,那么,城市现代化水平约等于国家现代化水平减去农业现代化水平与农村人口比例的乘积,然后除以城市人口比例。

如果,$M_r \approx M_u$,则有:

$$M_u \approx M_n \tag{10}$$

如果农村现代化与城市现代化水平相当,那么,城市现代化与国家现代化水平相当。

——城市转型具有多样性(图 2-23)。城市转型是城市形态现代化过程的重要内容。城市转型是一个长期和渐进的过程。在这个过程中,不同城市形态所占的比例会发生变化;当新城市形态超过旧城市形态的时候,城市转型就基本完成。

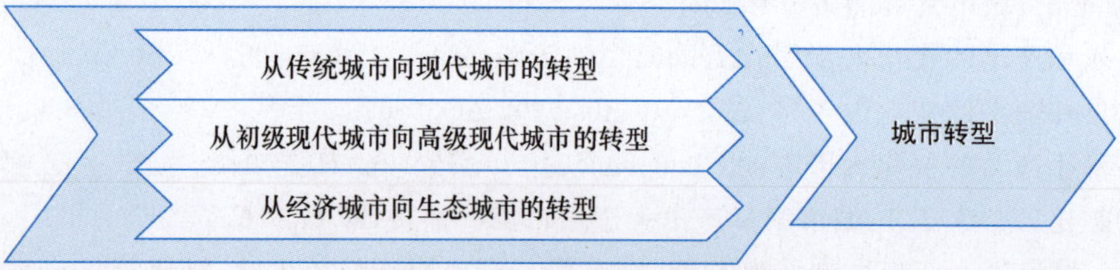

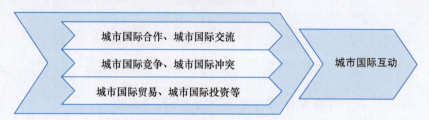

图 2-23 城市转型的主要路径

——城市国际互动具有多样性(图2-24)。城市国际互动是城市形态现代化过程的重要内容。如果国际互动是平等的,那么,国家之间可以相互促进。如果国际互动是不平等的,那么,从短期看,有些国家获利有些国家受损;从长期看,国家之间可能相互抑制。

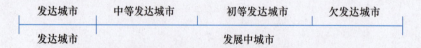

图 2-24 城市国际互动的主要路径

其四,城市国际体系变化的主要机理。城市国际体系变化发生在结构单元和国际体系两个层次上,前者是后者的基础。城市国际体系变化一般遵循四个基本原理,它们分别是:进程不同步、分布不均衡、结构稳定性和地位可变迁等。

城市分化一般指城市生产力和生活质量的国际差距和国际差别扩大、国际地位和国际分工的变化。城市分层主要指城市水平的分层,达到和保持世界城市先进水平的是发达城市,其他是发展中城市;发展中城市包括中等发达、初等发达和欠发达城市。城市流动主要指城市水平的国际地位变化,包括世界排名和分组的变化。

——结构单元层次的变化主要包括城市水平和城市地位的变化等。

城市水平变化:城市现代化水平是时间的函数,随时间而变化。

城市排名变化:每年都有发生,变化比较大。

城市分组变化:是随机的,只能在几种状态之间变动,可以进行马尔科夫链分析(图2-25)。

发达城市	中等发达城市	初等发达城市	欠发达城市
发达城市	发展中城市		

图 2-25 城市水平的国际地位的几种状态(马尔科夫链)

注:随机过程一:城市水平的国际地位的状态有两种(发达城市和发展中城市),某一城市某一时间只能处于其中的一种状态,城市可以随机地从一种状态进入另一种状态。随机过程二:城市水平的国际地位的状态有四种(发达城市、中等发达城市、初等发达城市和欠发达城市),某一城市某一时间只能处于其中的一种状态,城市可以随机地从一种状态进入另一种状态。

——国际体系层次的变化主要包括体系水平和体系结构变化等。

国际体系水平变化:国际体系水平与它的结构单元的现代化水平和阶段正相关。

国际体系结构变化:国际体系结构具有相对稳定性。关于发达城市和发展中城市的比例和转移概率需要专题研究。我们预计:发达城市的比例不到20%,发展中城市的比例超过80%。

上述城市现代化过程的主要原理,一般适用于前沿过程,基本适用于追赶过程;在不同领域和不同阶段的适用性可能有所差别,在不同层次的适用性可能有较大差别,需要专题研究。

3. 城市现代化的结果

城市现代化的结果包括城市现代性、特色性、多样性和副作用的形成,包括城市生产率和生活质量提高、城市生态变化和市民全面发展,包括城市建筑、住房和基础设施的改善、城市公共服务和公共管理的民主化和理性化,包括城市前沿、城市体系和城市状态的变化等。不同国家城市现代化的结果既有共性又有差异;两次城市现代化的结果是不同的。

一般而言,城市现代化过程的结果是时间的函数,随时间而变化,可以从城市前沿、城市体系和城市状态三个层次进行分析。城市现代化结果不仅与城市现代化过程的时间跨度紧密相关,与它的起点截面、终点截面和地理范围紧密相关,还与城市现代化目标紧密相关。

(1) 城市前沿的变化

在城市现代化过程中,城市发展的世界前沿就是城市现代化的前沿,它与城市现代性紧密相关。关于城市现代性没有统一定义。1970年以前,城市现代性(第一城市现代性)是完成第一次城市现代化的城市的城市结构和特征的一种理论概括,可以简称为初级现代城市;1970年以来,第二城市现代性是对世界城市前沿的结构和特征的一般理论概括,可以简称为高级现代城市(表2-28)。城市现代性的研究方法大致有两种方法:思辨方法、实证方法。

表 2-28 城市现代性(内容和特征举例)

项 目	第一城市现代性	第二城市现代性
	1970年初级现代城市的特点	2010年高级现代城市的特点
城市层面	城市的工业化、机械化、电气化、自动化、标准化、民主化、理性化、世俗化、福利化等,普及义务教育和中等教育,城市生产力和市民收入达到1960年工业化国家水平等	城市的信息化、智能化、生态化、绿色化、知识化、文化产业化、国际化等,普及高等教育,城市生活质量和市民发展水平达到世界先进水平等
国家和地区层面	同上,还具有专业化、集中化、城市化、郊区化等,城市化率达到60%左右	同上,还具有分散化、多样化、个性化等,城乡动态平衡,城市化率超过70%

注:第二城市现代性是一幅没有完全展开的图画。两种现代性分别反映了两次现代化的部分内容和特点。

一般而言,城市发展的世界前沿的变化主要是发达城市的前沿变化的一个集合。通过比较发达城市的城市现代化过程的起点截面和终点截面(分析截面)的前沿差别,可以认识世界前沿的变化。这种变化主要表现在六个方面(表2-29)。

表 2-29 城市现代化的前沿变化

序 号	内 容
1	城市化率的提高,两次城市转型的完成
2	城市生产率和市民收入的大幅提高
3	市民的社会福利、生活质量和发展水平的提高
4	城市建筑和住房、基础设施、公共服务和公共管理的全面发展
5	城市科技、城市制度和城市观念的进步
6	国际城市体系和城市地位的变化

在1763~1970年期间,世界城市现代化的前沿过程是第一次城市现代化。第一次城市现代化的

结果是第一城市现代性、特色性和多样性的形成,包括城市劳动生产率、土地生产率和市民收入的提高,城市建筑和住房的电气化和自动化,城市基础设施、公共服务和公共管理的标准化和理性化,副作用包括城市污染、贫困和犯罪等。

完成第一次城市现代化的主要标志是:城市化率达到60%左右(国家和地区层次),实现城市的工业化、民主化、理性化和福利化,普及义务教育和中等教育,城市生产率和居民收入达到工业化城市的先进水平(20世纪60年代的世界先进水平)。

在1970~2100年期间,世界城市现代化的前沿过程是第二次城市现代化。第二次城市现代化的结果是第二城市现代性、特色性和多样性的形成,包括城市生活质量和国际竞争力的提高,城市建筑和住房的智能化和绿色化,城市基础设施、公共服务和公共管理的信息化和人性化,副作用包括城市交通堵塞、贫困和犯罪等。

进入第二次城市现代化的主要标志是:完成第一次城市现代化,城市化率超过70%(国家和地区层次),城市废水处理率超过30%,信息普及率(互联网普及率)超过30%,高等教育普及率超过30%。1970~1990年期间的信息普及率指标可以用电话普及率代替。

完成第二次城市现代化的主要标志是:城市的信息普及率超过80%,接受高等教育劳动力比例达到80%左右,完成城市的智能化、绿色化和知识化,城市生活质量和市民发展水平达到知识化城市的先进水平(未来某个时间的)等。

在城市层次上,城市现代化的标准包括:城市生产力和生活质量、城市基础设施、公共服务、公共管理、城市环境和市民发展水平等,达到当时世界先进水平。城市现代化是动态的,不是一劳永逸的。今天的现代化城市,明天有可能下降为发展中城市,反之亦然。

(2) 城市体系的变化

城市体系可以分为三个层次:以国家、地区或城市为单元的国际城市体系。

通过比较城市现代化过程的起点截面和终点截面(分析截面)的国际城市体系的差别,可以认识国际体系的变化。国际城市体系变化包括体系组成、结构、水平和特征的变化等。

在1763~1970年期间,在国际城市体系中,进入第一次城市现代化和完成第一次城市现代化的国家、地区和城市数量逐步增加;第一城市现代性的比例提高,传统城市的比例下降。

1970年以来,在国际城市体系中,进入第二次城市现代化和完成第一次城市现代化的国家、地区和城市的数量和比例增加,传统城市的数量和比例减少;第二城市现代性的比例提高,第一城市现代性的先升后降,传统城市的比例很小。

关于国际城市体系的水平结构、结构变化和国际差距等,需要专题研究。

(3) 城市状态的变化

在城市现代化过程中,城市状态是城市现代化状态的简称,包括它的阶段、前沿、水平和国际地位等。城市状态的变化可以定性和定量分析。通过比较城市现代化过程的起点和终点截面(分析截面)的城市状态的差别,可以分析它的变化。

从城市前沿变化角度分析,城市现代化过程的主要结果包括城市现代性、特色性和副作用的形成,同样反映在六个方面(表2-28)。

第一次城市现代化过程的主要结果是第一城市现代性和特色性的形成,可能还有副作用,不同城市的副作用可能有所差别。第二次城市现代化过程的主要结果是第二城市现代性和特色性的形成,可能还有副作用,不同城市的副作用可能有所差别。综合城市现代化的主要结果包括第一城市现代性、第二城市现代性和特色性的形成;第一城市现代性的比例先升后降,第二城市现代性的比例不断增加;不同城市的副作用可能有所差别。

在城市现代化过程中,一部分城市达到和保持世界先进水平,成为发达城市,其他是发展中城市,两类城市之间可以相互转换,处于动态平衡中。

(4) 城市现代化的目标

城市现代化的目标,可以在国家、地区和城市三个层次上分别讨论。

城市层次:完成第一次城市现代化,实现从传统城市向现代城市的转型;完成第二次城市现代化,实现从现代城市向发达城市的转型;追赶、达到和保持世界城市的先进水平,成为发达城市或缩小国际城市差距。前两个目标的实现是一个"时间问题",所有城市都有可能先后完成;第三个目标的实现是一个"比例和概率问题",只有部分城市能够达到和保持城市现代化的世界先进水平。

国家和地区层次:完成第一次城市现代化,城市化率超过60%,城市生产率和市民收入达到工业化国家的先进水平(1960年工业化国家的平均水平);完成第二次城市现代化,信息化率超过80%,城市生活质量和市民发展水平达到知识化国家的先进水平(未来某个时间);城市生活质量、国际竞争力和市民发展水平达到当时的世界先进水平。

从政策角度看,城市现代化的主要目标有两个:提高城市生产力和生活质量,实现城市的环境优美和市民的全面发展;发达国家、地区和城市的政策目标是保持世界先进水平,发展中国家、地区和城市的政策目标是追赶和达到世界先进水平。

4. 城市现代化的动力

城市现代化过程的动力分析,涉及动力因素和动力机制两个方面。

(1) 城市现代化的动力因素

城市现代化是一个复杂过程,影响因素很多,不同因素的作用不同。有些因素有促进作用,有些有抑制作用。促进作用比较大的影响因素,可以称为现代化过程的动力因素。

首先,微观层次的影响因素。一般而言,微观因素包括个人心理因素和社会因素等。例如,个人的事业心、荣誉感、成就感等,社会的知识、观念、传统、资本、资源、市场、创新、适应、交流、合作、冲突和竞争等。它们影响社会选择和社会行为,影响城市现代化。

其次,宏观层次的影响因素。一般而言,宏观因素包括国内因素和国际因素等。例如,经济增长、农业发展、工业化、民主化、信息化、绿色化、全球化和合理预期,包括自然资源禀赋、技术进步、制度进步、城市结构、城市环境、城市政策和国际城市体系的变化等。

其三,城市现代化的主要动力因素。主要包括城市创新、城市竞争、城市适应、城市交流、城市利益和市场需求等(图2-26)。城市创新是城市现代化的根本来源,城市竞争是城市现代化的激励机制,城市适应是城市现代化的自调机制,城市交流是城市现代化的促进因素,城市利益是城市变迁的引导因子,市场需求是城市产品创新的主导因素。在发达城市,城市创新作用比较突出;在发展中城市,城市交流作用比较突出。

其四,城市现代化的主要制约因素。城市发展和现代化,受到许多因素的制约,例如,自然资源禀赋、地理区位、交通便利条件、国内和国际环境、城市文化、科技水平、人力资源、土地资源、投资、管理、市场和需求等。如能克服制约因素,就能增加动力因素。

(2) 城市现代化的动力模型

城市现代化是现代化的一种表现形式,城市现代化的动力模型可以借鉴现代化的动力模型。当然,城市现代化的动力模型会有一些新特点(表2-30)。

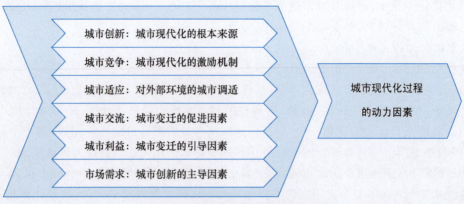

图 2-26　城市现代化过程的动力因素

表 2-30　城市现代化过程的动力模型

编号	动力模型	备注
1	创新驱动模型:创新产生新观念、新制度、新知识和新产品(图 2-27)	
2	三新驱动模型:城市知识创新、制度创新和技术创新的共同作用(图 2-28)	
3	双轮驱动模型:公共利益和市场需求的共同作用(图 2-29)	微观层次模型
4	联合作用模型:创新、竞争、适应、交流的联合作用(图 2-30)	
5	四步超循环模型:城市要素的创新－选择－传播－退出的超循环(图 2-14)	
6	创新扩散模型:重大城市创新的国内扩散和国际扩散(图 2-31)	
7	创新溢出模型:其他领域重大创新对城市创新和城市发展的促进作用	宏观层次模型
8	竞争驱动模型:国际竞争、市场竞争、民主竞选的作用(图 2-32)	
9	经济和社会驱动模型:工业化和城市化的联合效应(图 2-33)	
10	城市生产力函数:城市生产力与技术进步、人均技能和人均资本成正比	定量模型
11	要素优化模型:城市生产率与城市优质资产比例和先进技术比例成正比	
12	城市化的若干模型:二元经济模型、二元社会模型等	现代城市化

资料来源:何传启,2010.

首先,微观层次的动力模型。主要包括创新驱动模型、三新驱动模型、双轮驱动模型、联合作用模型、四步超循环模型等。

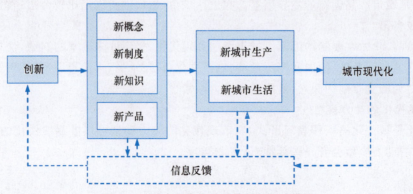

图 2-27　城市现代化过程的创新驱动模型

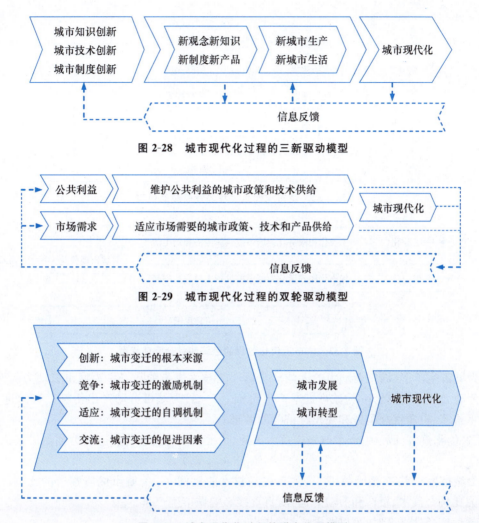

图 2-28 城市现代化过程的三新驱动模型

图 2-29 城市现代化过程的双轮驱动模型

图 2-30 城市现代化过程的联合作用模型

其次,宏观层次的动力模型。主要包括创新扩散模型、创新溢出模型、竞争驱动模型、经济和社会驱动模型等。

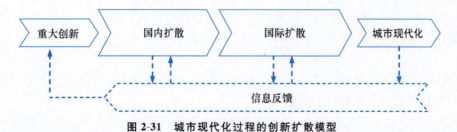

图 2-31 城市现代化过程的创新扩散模型

其三,城市现代化动力的定量模型。

城市生产率是城市现代化的一个关键指标。城市生产率函数可以用来定量分析城市现代化的动力。根据柯布-道格拉斯的生产函数,可以推导出城市生产率函数。

- 城市生产率函数:城市生产率与城市技术、城市劳动力人均资本和人均技能成正比。

$$P_u = A \times K_L^\alpha \times S^{1-\alpha}$$

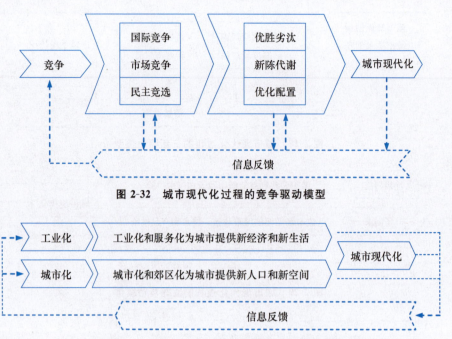

图 2-32 城市现代化过程的竞争驱动模型

图 2-33 城市现代化过程的经济和社会驱动模型

其中,P_u 为城市生产率(城市劳动力的人均产出),A 为技术进步乘数,K_L 为城市劳动力的人均资本,S 为城市劳动力的人均技能;α 为城市资本产出份额,$(1-\alpha)$ 为城市劳动产出份额。技术进步乘数反映城市技术进步、资源优化配置和规模经济等的效果。

- 要素优化模型:城市生产率与先进技术比例、优质资产比例和优质劳动力比例成正比。

$$P_u = F(T_a, C_a, L_a)$$

其中,P_u 为城市生产率,F 为函数,T_a 为城市先进技术的比例,C_a 为城市优质资产的比例,L_a 为城市优质劳动力比例。技术、资产和劳动力选择,将直接影响城市生产率。

当其他生产条件不变时,可以假设:

$$Y = aX^b + c$$

其中,Y 为城市生产率;X 为城市先进技术比例、优质资产比例或优质劳动力比例;a, b, c 为常数且大于零,分别与城市生产率的增长速度、增长形式和起点有关,通过回归分析计算。

如果先进技术比例的数据难以获得,可以引入假设来进行估算。

假设:新产品全部为先进技术产品,原有产品为非先进技术产品,

先进技术比例≈新产品/(原有产品+新产品)

上述估算有误差,因为原有产品可能是技术先进的,新产品可能是非先进的。其他类推。

其四,城市化和城市发展的若干模型。

18 世纪以来城市化是现代城市化,它是城市现代化的组成部分。关于城市化和城市发展,有许多理论模型,它们可以用来解释城市现代化过程中的城市现代化。

二元经济模型:发展经济学认为,农业和工业是国民经济的两个重要部门;随着农业劳动生产率提高,农业用地有限,农业需要劳动力下降,出现农村富余劳动力,它们会进入工业和服务部门;与此同时,工业劳动生产率和收入比较高,会吸引农业劳动力向工业部门转移。

二元社会模型:发展社会学认为,城市社会拥有更高的收入和更好的基础设施,包括就业、教育、医疗和自来水等,农村社会则比较贫穷,于是农村居民向城市移民,形成城乡移民潮。

城市经济学、城市地理学、城市化研究等领域的有关模型:先发优势、中心地理论、增长极模型、集聚效应、规模效应、累积因果模型、地方专业化、地方化经济、乘数效应、扩散效应、回波效应、涓流效应、核心-边缘模型、边缘城市化模型、进口替代、工业园区、产品周期模型、逆城市化、反城市化、城市更新和再城市化等(诺克斯,迈克卡西,2009)。

5. 城市现代化的模式

城市现代化是一个历史过程,具有时间跨度和发展路径。不同国家、地区和城市的城市现代化,有自己的发展路径和阶段模式。发展路径指在城市现代化的起点与终点(目标)之间的道路,它具有方向性、阶段性和结构特征。城市现代化的模式是城市现代化的发展路径的一段历史截段,是城市现代化的关键要素的一种组合(配方),具有时效性和针对性。一般而言,城市现代化模式是城市现代化的实践经验的代名词。

(1) 城市现代化的路径

一般而言,城市现代化是多路径的。根据路径的性质,可以把路径分为三类。第一类是基本路径,指城市现代化的主要路径,每条主要路径的方向和结构特征是独特的。第二类是细分路径,指基本路径中存在的方向一致但结构特点不同的一组路径,又称为亚路径。第三类是分叉路径,指看似可以通向现代化目标,但实际上是不可能达到目标的路径。

21世纪城市现代化大致有三条基本路径(图 2-34),不同国家和地区可以选择不同路径。

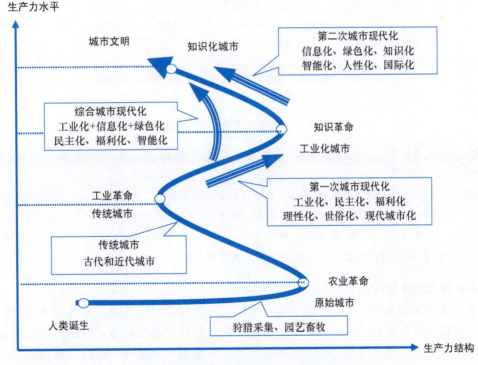

图 2-34 21世纪城市现代化的三条路径

注:21世纪第一次城市现代化路径将受到第二次城市现代化的影响,多少具有综合城市现代化的特点。综合城市现代化路径具有多样性,与起点和目标选择紧密相关。

一般而言,城市现代化没有最佳路径,只有合适路径。基本路径可以选择,细分路径可以选择。每一条细分路径的适用性不同,同一条细分路径对不同国家是不等价的。

21世纪城市现代化有三种路径选择。

选择一,第二次城市现代化路径。适合于已经完成或基本完成第一次城市现代化的国家、地区和城市。

选择二,追赶城市现代化路径。先完成第一次城市现代化,后推进第二次城市现代化。适合于没有完成第一次城市现代化的国家、地区和城市,特别是城市现代化刚刚起步的地区。

选择三,综合城市现代化路径,两次城市现代化协调发展,并持续向第二次城市现代化转型。适合于没有完成第一次城市现代化的国家、地区和城市,特别是第一次城市现代化实现程度较高的国家、地区和城市。

在城市层次上,城市空间变化主要有三条路径(图 2-35):

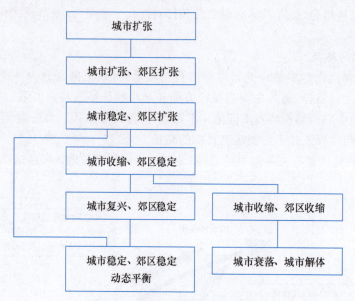

图 2-35 城市空间变化的三条路径

- 路径一:城市扩张——城市扩张、郊区扩张——城市稳定、郊区扩张——城市稳定、郊区稳定,城乡动态平衡;
- 路径二:城市扩张——城市扩张、郊区扩张——城市稳定、郊区扩张——城市收缩、郊区稳定——城市复兴、郊区稳定——城市稳定、郊区稳定,城乡动态平衡;
- 路径三:城市扩张——城市扩张、郊区扩张——城市稳定、郊区扩张——城市收缩、郊区稳定——城市收缩、郊区收缩——城市衰落、城市解体。

(2)城市现代化的模式

城市现代化模式是城市现代化过程中某一个历史截段的典型特征的一种抽象表述,或者说是城市现代化路径的一个历史截段的"名称"。城市现代化包括许多基本要素,如城市生活、城市结构、城市制度和城市观念等。城市现代化模式就是这些基本要素的某种组合。不同国家、地区和城市的不同历史时期具有不同的条件和环境,需要不同的要素组合。如果城市现代化的某一个阶段取得明显的成功或失败,人们就会把这个阶段的路径及其特征归结为"一种模式"。先行者的城市现代化过程的一些成功模式,往往成为后发者的参照。

首先,城市现代化具有模式多样性(表 2-31,图 2-36)。一般而言,不同国家、地区和城市,不同阶段可以选择不同模式,可以创造不同的模式。它们与资源禀赋和政策选择紧密相关。关于具体选择什么模式、为什么要选择哪种模式、选择某种模式的条件等,则需要专题研究。

表 2-31 城市现代化的组合模式(举例)

编号	第一次城市现代化的组合模式 要素组合	模式	第二次城市现代化的组合模式 要素组合	模式	综合城市现代化的组合模式 要素组合	模式
1	城市化与城市现代化	城市化优先	城市化与城市现代化	城市化优先	城市化与城市现代化	城市化优先
2		城市现代化优先		城市现代化优先		城市现代化优先
3		协调发展		协调发展		协调发展
4	城市规模与城市质量	规模扩大优先	城市规模与城市质量	规模扩大优先	城市规模与城市质量	规模扩大优先
5		质量提升优先		质量提升优先		质量提升优先
6		协调发展		协调发展		协调发展
7	城市化与工业化	城市化优先	信息化与城市化	信息化优先	城市化与工业化	城市化优先
8		工业化优先		城市化优先		工业化优先
9		协调发展		协调发展		协调发展
10	城市化与民主化	城市化优先	绿色化与城市化	绿色化优先	城市化与民主化	城市化优先
11		民主化优先		城市化优先		民主化优先
12		协调发展		协调发展		协调发展
13	城区与郊区	城区发展优先	城市与郊区	城市发展优先	信息化与城市化	信息化优先
14		郊区发展优先		郊区发展优先		城市化优先
15		协调发展		协调发展		协调发展
16	大城市比例	集中型城市化	城市化率	高度城市化	绿色化与城市化	绿色化优先
17		过渡型城市化		中度城市化		城市化优先
18		分散型城市化		低度城市化		协调发展
19	小城市变化	小城市扩张型	大城市比例	小城市扩张型	城区与郊区	城区发展优先
20		小城市收缩型		过渡型城市化		郊区发展优先
21		小城市波动型		分散型城市化		协调发展
22	城市类型	大城市主导型	小城市变化	小城市扩张型	城市化率	高度城市化
23		过渡型		小城市收缩型		中度城市化
24		小城市主导型		小城市波动型		低度城市化
25			城市类型	大城市主导型	大城市比例	集中型城市化
26				过渡型		过渡型城市化
27				小城市主导型		分散型城市化
28					小城市变化	小城市扩张型
29						小城市收缩型
30						小城市波动型
31					城市类型	大城市主导型
32						过渡型
33						小城市主导型

注:模式是相对的,不同模式可以交叉进行。几个模式可以组合成一种复合模式。

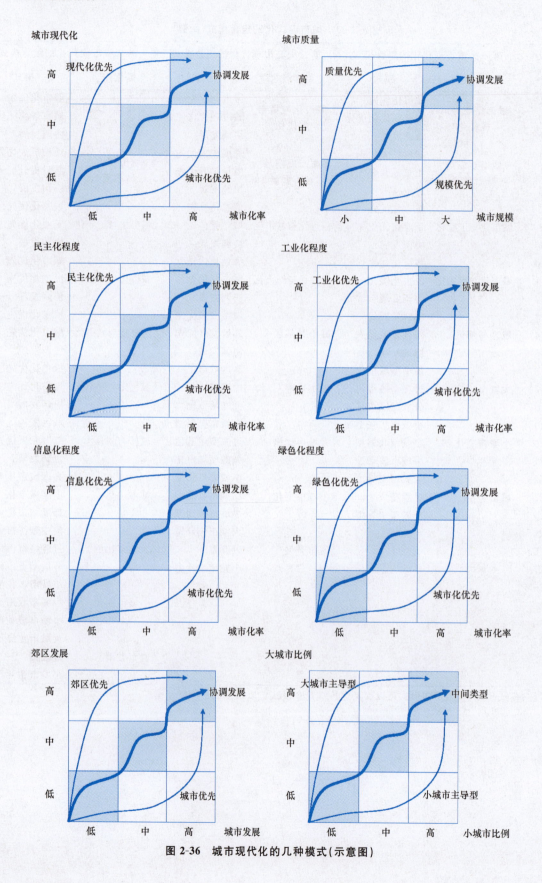

图 2-36 城市现代化的几种模式（示意图）

其次,城市现代化没有标准模式,没有最佳模式,只有合适模式。可以选择或创造模式。模式的创造和选择,受客观条件和国际环境的影响,需要专题研究。

一般而言,第一次城市现代化的模式选择,更多受自身条件的影响。第二次城市现代化的模式选择,更多受科技水平和国际环境的影响。

6. 综合城市现代化

综合城市现代化是 21 世纪城市现代化的一条基本路径,它包括两次城市转型(从传统城市向现代城市、从现代城市向发达城市的转型)的联动和持续向发达城市转变,包括城市的三化(工业化+信息化+绿色化)整合和六化(工业化,信息化,绿色化、智能化、民主化和福利化)协调,包括城市生产率和市民收入的大幅提高、社会福利和生活质量的不断改善、城市建筑、住房和基础设施的智能化和绿色化、城市公共服务和公共管理的民主化和信息化、城市竞争力和城市地位的提高等。

综合城市现代化是两次城市现代化的协调发展并持续向第二城市现代化转型的历史过程,它包括城市生活、城市结构、城市制度和观念的变化,包括城市政治、经济、社会、文化、环境和市民的变化,包括城市功能和形态、建筑和住房、基础设施、公共服务、公共管理和国际联系的变化,包括追赶和达到世界城市先进水平的国际竞争。实现综合城市现代化的标志是城市生产率和生活质量、城市制度和观念、市民发展水平等达到当时的世界先进水平。

第四节 城市现代化的政策研究

城市现代化的政策研究,是城市现代化研究的一个重要领域,已经有大量学术文献。目前大致有两种方法。其一是历史分析,对过去 300 年的城市现代化进行研究,寻找它的成功经验和失败教训,从中归纳出一些城市政策。其二是理论分析,利用城市现代化理论,推导出一些城市政策。这里我们采用第二种思路。这种分析与城市发展的政策分析有所不同,前者更多是城市现代化理论导向的,后者更多是城市发展问题导向的;两者可以互补。从理论角度分析城市政策,大都属于政策观念,而不是具体政策。具体政策需要专题研究。

一、城市现代化的政策取向

城市现代化的政策分析,必须尊重城市现代化的客观规律,必须适合国家、地区或城市的客观条件。很显然,不同国家、地区和城市的城市现代化的客观条件和发展阶段是不同的,需要专门研究。这里简要讨论不同城市现代化路径的政策取向(表 2-32)。

表 2-32 城市现代化的主要路径

项　　目	20 世纪 70 年代以前	20 世纪后 30 年	21 世纪前 50 年
发达城市	第一次城市现代化路径	第二次城市现代化路径	第二次城市现代化路径
发展中城市	第一次城市现代化路径	第一次城市现代化路径 对第二次城市现代化的响应	追赶城市现代化路径 综合城市现代化路径

注:追赶城市现代化路径是先推进第一次城市现代化,然后再推进第二次城市现代化。

1. 第一次城市现代化的政策取向

第一次城市现代化是从传统城市向现代城市的转型过程及其深刻变化,它包括城市劳动生产率、土地生产率和居民收入水平的提高,城市建筑、住房和基础设施的不断完善,城市公共服务和公共管

理的理性化和民主化等。它的政策取向如下:

城市政治:民主化、法治化等,城市管理的多样性等。
城市经济:工业化、专业化、标准化、规模化等,提高城市生产率。
城市社会:福利化、城市化、郊区化等,促进社会公平。
城市文化:理性化、世俗化、大众化、自由化等。
城市居民:普及义务教育和中等教育,提高识字率,提高可支配收入等。
城市建筑:标准化、机械化、电气化和自动化等,提高建筑质量和高度。
城市住房:标准化、机械化、电气化和自动化等,提高居住面积和拥有率。
城市基础设施:交通、能源、给排水、卫生、教育、通讯、文化设施等。
城市公共服务:大众化、民主化、普及化、标准化、多样化、高效率等。
城市公共管理:预算管理、规划管理、税收管理、治安、公共项目和公共设施管理等。

2. 第二次城市现代化路径的政策取向

第二次城市现代化是从现代城市向发达城市的转型过程及其深刻变化,它包括城市生活质量、创造力和竞争力的提高,城市建筑、住房和基础设施的智能化和绿色化,城市公共服务和公共管理的人性化和公平性等。它的政策取向如下:

城市政治:民主化、个性化、绿色化等,城市管理的多样性等。
城市经济:知识化、信息化、服务化、绿色化、全球化等,提高城市效益。
城市社会:信息化、智能化、郊区化、绿色化和国际化等,促进城乡平衡。
城市文化:网络化、多样化、个性化、产业化、创造性等。
城市环境:绿色化、生态化、节能减排低碳等,环境友好型。
城市居民:普及高等教育和终身学习,提高生活质量,市民全面发展等。
城市建筑:信息化、智能化、绿色化和人性化等,提高建筑质量和宜居性。
城市住房:信息化、智能化、绿色化和人性化等,提高居住质量和便捷性。
城市基础设施:公共基础设施、信息设施、知识设施、环境保护设施等。
城市公共服务:普及化、均等化、民主化、高质量、满意度等。
城市公共治理:新公共管理、应急管理、社会参与、信息化、透明性等。
城市国际联系:平等、互愿、丰富和广泛的国际合作。

3. 综合城市现代化路径的政策取向

综合城市现代化的政策取向,包含第一次城市现代化和第二次城市现代化的政策选择和优势集成,形成组合优势和竞争优势。

综合城市现代化是一个持续转型的演变过程。在它的早期,第一次城市现代化的要素的比重会多一些,第二次城市现代化的要素的比重会少一些。在中期,两次城市现代化的要素的比例会大体平衡。在后期,第一次城市现代化的要素的比重会少一些,第二次城市现代化的要素的比重会多一些(图2-37)。加强城市政策研究尤为重要。

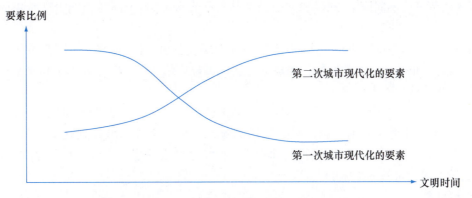

图 2-37 综合城市现代化的要素配方的变化(示意图)

二、城市现代化的战略选择

战略是实现目标的方法。城市现代化战略是实现城市现代化目标的方法。发达城市的目标是保持世界城市领先水平或先进水平,发展中城市的目标是追赶和达到世界城市先进水平,发达城市和发展中城市的城市现代化战略有很大差别。

一般而言,城市现代化战略是基于城市现代化理论的战略,城市发展战略是基于发展理论的战略。前者适合于所有城市,后者常见于发展中城市。城市现代化包括城市发展、城市转型、国际竞争和国际分化。城市现代化战略与城市发展战略既有联系又有区别(表 2-33)。

表 2-33 城市现代化战略与城市发展战略的比较(城市层次)

项目	城市现代化战略	城市发展战略
目标	客观目标:根据城市现代化水平设置目标 发达城市:世界城市最高水平、世界城市先进水平 发展中城市:世界城市先进水平、世界城市平均水平	主观目标:根据研究者预期设置目标 发达城市:根据城市需求设置目标 发展中城市:根据城市期望设置目标
路径	客观路径:城市现代化三条基本路径 发达城市:第二次城市现代化路径 发展中城市:追赶城市现代化或综合城市现代化路径	主观路径:研究者描述的路径 发达城市:没有统一认识 发展中城市:研究者提出的不同设想
重点	发达城市:规律导向、前沿创新、竞争分析 发展中城市:规律导向、模式创新、竞争分析	发达城市:问题导向、政策创新 发展中城市:问题导向、跟踪模仿、政策分析
特点	科学思维:规律—比较—对策 发达城市:城市现代化原理—保持发达水平—对策 发展中城市:城市现代化原理—现代化差距—对策	实用逻辑:趋势—现状—对策 发达城市:发展趋势—城市现状—对策 发展中城市:发展趋势—城市现状—对策
基础	城市现代化理论、战略学等	城市发展理论、城市经济学、区域经济学、战略学等

1. 城市现代化目标

城市现代化目标是未来一段时间城市现代化的目标。它有许多类型,例如,战略目标和计划目标、长期目标和近期目标、动态目标和固定目标、理论性目标和政策性目标、国家目标、地区目标和城市目标等。城市现代化目标的制定,需要遵循城市现代化规律,把握世界城市发展趋势,认清自身水平和客观条件。这里讨论 21 世纪的城市现代化目标。

(1) 目标分析

一般而言,城市现代化目标包含三类目标:共性目标、个性目标和减少副作用。共性目标包括完成两次城市现代化,追赶、达到或保持世界城市先进水平。个性目标包括形成、保持和扩展自己的特色,强化竞争优势等。不同国家、地区和城市的个性目标有所不同,不同时期减少副作用的要求也是不同的。

固定目标:完成第一次城市现代化,形成第一城市现代性和自己的特色,减少第一次城市现代化的副作用。发达城市在20世纪60年代完成第一次城市现代化,它们60年代的平均水平可以作为完成第一次城市现代化的参考标准。

动态目标:完成第二次城市现代化,形成第二城市现代性和竞争优势,追赶、达到和保持世界城市先进水平,减少副作用等。目前,没有国家、地区和城市完成了第二次城市现代化。预计21世纪后期,发达城市能够完成第二次城市现代化。那个时候,发达城市的第二次城市现代化水平,可以作为完成第二次城市现代化的参考标准。

(2) 目标制定

城市现代化目标有不同类型和特点,它们的制定方法有所不同(表2-34)。一般而言,固定目标的参考标准是已知的,可以采用标杆法、城市现代化水平评价和城市现代化阶段评价等来制定相关的政策目标;动态目标的参考标准是世界城市先进水平,可以采用标杆法和目标预测评价等来制定相关的战略目标和政策目标。

表2-34 城市现代化目标的制定方法

目标类型	内容和特点	制定方法
共性目标	第一城市现代性,第二城市现代性,追赶、达到或保持世界城市先进水平	标杆法、城市现代化水平评价、城市现代化阶段评价、实际进展评价、目标预测评价等
个性目标	形成、保持和扩展特色,强化竞争优势	国际比较分析、竞争优势分析等
避免副作用	减少两次城市现代化的副作用	个案分析
固定目标	完成第一次城市现代化	标杆法、水平评价、阶段评价
动态目标	完成第二次城市现代化,追赶、达到或保持世界城市先进水平	标杆法、目标预测评价等
长期目标	战略目标,时间跨度可以10年以上	标杆法、目标预测评价、竞争优势分析等
近期目标	政策目标,时间跨度一般5年以内	标杆法、目标预测评价、竞争优势分析等

一般而言,战略目标的制定大致包括三个内容:战略定位、战略分析和综合目标。战略定位是对现代化的水平、阶段和国际地位的判断。战略分析包括国际环境、客观条件和竞争优势分析等。综合目标包括三类目标(共性目标、个性目标和减少副作用)的综合集成。

首先,战略定位。包括现代化阶段和水平评价。确定现代化的阶段、水平和国际地位。

其次,战略分析。包括世界趋势、世界前沿、国际环境、客观条件和竞争优势分析等。

其三,选择共性目标。可以采用标杆法、实际进展评价和目标预测评价等方法。

其四,选择个性目标。可以采用国际比较分析和竞争优势分析等方法。

其五,减少副作用目标。需要个案分析。

其六,提出综合政策目标。包括共性目标、个性目标和减少副作用等。

(3) 注意事项

制定城市现代化目标,一般需要注意如下问题。

首先,尊重规律。政策目标应该符合城市现代化原理和世界城市发展趋势。

其次,符合国情。政策目标不能脱离实际,必须考虑国情和国际环境的制约。

其三,适度超前。战略目标的时间跨度可以长一些,政策目标的时间跨度不超过5年。

其四,可行性。通过努力能够实现,不努力实现不了。社会可以接受,国力可以支撑。

其五,特色性。不同地区和城市的政策目标,可以相互借鉴,不宜相互攀比。

其六,开放性。关注新潮流、新生长点、新科技等的影响,保持目标的弹性。

一般而言,城市现代化目标的不同类型目标,需要分别制定和分类管理。第一次城市现代化、第二次城市现代化、综合城市现代化的政策目标,发达城市和发展中城市的政策目标,城市不同领域和行业的政策目标,都会有自己的特点和要求,需要区别对待。

2. 城市现代化规划

城市现代化规划是未来一段时期的城市现代化建设蓝图,是实现城市现代化目标的计划。它是一项系统工程,是城市现代化战略的具体化和操作化。城市现代化规划有多种类型,例如,战略规划和实施计划、国家规划、地区规划、城市规划、领域规划和专项规划等。城市现代化规划的制定,需要遵循现代化规律,需要考虑客观条件和国际环境,需要量力而行。

(1) 规划制定

城市现代化规划包括许多基本内容,如战略目标、基本任务、分段目标和任务、路径选择、模式选择、重点选择、政策和措施选择等(表2-35)。一般而言,规划制定过程是一个目标导向的开放过程,目标分析、任务分析和各种选择是交互进行的。

表2-35 城市现代化规划的制定方法

规划内容	内容和特点	制定方法
战略目标	长期目标	见表2-34
基本任务	实现长期目标所需要完成的任务	任务分析
分段目标和任务	分段目标、年度目标和任务	目标和任务的分解
共性目标的实现	提高现代化水平的途径和方法	根据国家发达的原理和方法,提出对策
个性目标的实现	强化特色和竞争优势的途径和方法	专题研究,提出强化特色和竞争优势的对策
避免副作用	减少现代化的副作用的途径和方法	专题研究,提出解决或抑制副作用的对策
路径选择	三条基本路径的选择、路径的细化	路径分析,路径创新,提出具体指标
模式选择	不同路径的模式选择、模式的细化	模式分析,模式创新,模式选择
重点选择	明确实现战略目标的关键点	比较分析,主成分分析法等
政策选择	根据理论和目标,进行政策创新和选择	政策分析,政策创新,政策和措施选择
成本效益分析	预算投入,估算产出,绩效分析	绩效评价方法

注:战略目标和分段目标都包括共性目标、个性目标和避免副作用三个部分。基本和分段任务分别指实现战略目标和分段目标所需要完成的任务。参考《现代化科学:国家发达的科学原理》(何传启,2010)。

首先,目标分析。解析战略目标,明确基本任务,提出分段目标和年度目标等。

其次,路径选择。选择基本路径,选择实现三个目标的细分路径。

其三,模式选择。选择三个目标相关的合适的模式,或者进行模式创新。

其四,重点选择。选择三个目标相关的重点,明确重中之重,相应配置资源。

其五,政策选择。包括政策分析、政策创新、政策和措施选择等。

其六,形成完整规划。包括目标、路径、模式、重点、政策和绩效评价等。

城市现代化战略规划,一般包括战略目标、任务、原则、布局、重点和措施等。

城市现代化实施计划,应该包括年度目标、任务、要求、重点和措施等。

(2) 注意事项

首先,一个重点。共性目标的实现途径和方法,是现代化规划成败的关键环节。目标是提高现代化水平,追赶、达到或保持世界先进水平。发达和发展中城市有所差别。

其次,四个选择。路径选择、模式选择、政策选择和重点选择要慎重。

其三,分段规划。第一次、第二次和综合城市现代化的战略规划是不同的。

其四,分类规划。发达与发展中国家、国家、地区、城市与领域的战略规划等有所不同。

其五,国家规划。特别关注国家的城市体系、城市创新和城市国际竞争力等。

其六,地区规划。特别关注地区城市现代化水平、特色和竞争优势等。

一般而言,城市现代化规划,发达国家可以比较多地关注城市创新、城市生态和城市国际竞争力等;发展中国家可以比较多地关注城市投资、城市合作和城市技术等。

三、城市现代化的政策措施

城市现代化政策措施的突出特点是针对性和时效性等。不同国家、地区和城市可以根据自身条件,创新和选择合适的政策和措施。政策创新与措施选择,需要遵循现代化规律,需要适合基本国情和国际环境。两次城市现代化和综合城市现代化路径的政策和措施有所不同。城市现代化过程的政策创新和措施选择是城市现代化战略和规划的组成部分。

1. **城市政策和措施的来源**

一般而言,政策和措施主要有三个来源:理论来源、国际借鉴和政策创新。

首先,理论来源。城市现代化理论和相关理论有多种,每一种理论都有政策含义。

其次,国际借鉴。过去 300 年的城市现代化实践,积累了丰富的成功经验。

其三,政策创新。政策创新是制度创新的一种表现形式。

2. **城市政策创新和选择的周期**

城市现代化包括城市制度现代化。城市政策的创新、选择、传播和退出是城市制度现代化的重要途径。城市政策从创新到退出有一个周期(图 2-38)。

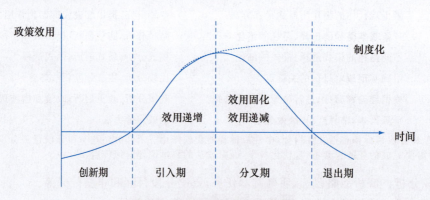

图 2-38 城市政策创新的生命周期

注:创新期,政策没有效用,负效用表示制度缺失的负面效果。引入期,政策效用递增。分叉期,政策效用已经饱和;有些政策转变为制度,长期发挥作用,效用被固化;有些政策出现效用递减。退出期,有些政策完成历史使命,失去效用,自动退出;有些政策如果不退出,可能产生负面作用。有些政策,出台时就发挥最大效用,然后效用递减;或者效用被固化。

一项城市政策的政策效用,从效用递增、效用饱和、效用固化(制度化)、效用递减、效用丧失到效用转负(负面效应),是一个自然的演变过程。

一般而言,在效用递减后期,需要考虑采取措施,让政策退出;避免出现负面效应。

3. 城市政策创新和政策选择的原则

城市政策创新和措施选择,一般遵循五个原则。

首先,有利于城市生产力的解放和提高。

其次,有利于城市社会的公平和进步。

其三,有利于市民生活质量提高和市民全面发展。

其四,有利于城市生态系统的平衡和稳定。

其五,有利于城市科技进步和提高国际竞争力等。

本 章 小 结

本章集中讨论了城市现代化的相关研究、专题研究、基本原理和政策选择等。城市现代化的相关研究涉及城市经济学、城市地理学、经济地理学、城市化和城市发展研究等。城市现代化的专题研究包括理论研究、实证研究和应用研究等。现代化理论、城市化理论等与城市现代化紧密相关。本章重点讨论了城市现代化的一般理论和政策选择。

一般而言,城市现代化是城市和城市体系的现代化,是现代化的一种表现形式。

1. 城市现代化的操作性定义

在现代化科学里,城市现代化没有统一定义,但有多种操作性定义。

定义一,城市现代化是18世纪以来城市文明的一种前沿变化和国际竞争,是现代城市的形成、发展、转型和国际互动的前沿过程,是城市要素的创新、选择、传播和退出交替进行的复合过程,是追赶、达到和保持世界城市先进水平的国际竞争和国际分化等;达到和保持世界城市先进水平的城市是发达城市,其他城市是发展中城市,城市地位可以发生变化。

定义二,城市现代化是城市文明的世界前沿,以及达到和保持世界前沿的行为和过程。

定义三,城市现代化是城市发展、城市转型、城市国际互动的交集。

概括地说,城市现代化是18世纪以来城市文明的一种深刻变化,它既包括城市政治、经济、社会、文化等各个领域从传统向现代的转变,目前也包括城市环境的优质化和城市居民的全面发展、城市生产力和生活质量的提高、城市国际地位和城市体系的变化等。在18～21世纪期间,城市现代化的前沿过程大致分为第一次城市现代化和第二次城市现代化两个阶段,两次城市现代化的协调发展是综合城市现代化;22世纪城市还会有新变化。

通俗地说,城市现代化是从传统城市向现代城市和发达城市的转型过程和深刻变化,它包括城市政治、经济、社会、文化、生态和市民的现代化,包括城市形态和功能、建筑和住房、基础设施、公共服务、公共管理和国际联系的现代化,包括城市生活、城市结构、城市制度和城市观念的现代化等。

城市现代化的四个判断标准是:有利于城市生产力和生活质量的提高、有利于城市社会的公平和进步、有利于城市居民的全面发展、有利于城市生态系统的平衡和安全。

不同类型的城市现代化,既有共性又有差别,而且有不同要求。第一次城市现代化的基本要求是:城市工业化、民主化、福利化、提高城市生产力和生活水平等;第二次城市现代化的基本要求是:城市信息化、绿色化、知识化、提高城市生活质量和城市竞争力等。

城市现代化既是一种文明变迁,也是一种国际竞争;既需要国内视角,也需要国际视角;既有城市进步,也有副作用;既有共性,也有多样性;既有国际城市趋同,也有国际城市分化;城市现代化不是一劳永逸的,而是不进则退。

从城市变迁和城市转型角度看,在城市层次上,每一个城市的城市现代化都会进步和有可能成功,但城市进步有快慢,城市水平有高低,成功时间有先后;在国家和地区层次上,城市现代化都有可能成功,但成功有先后,水平有高低,城市现代化是不同步的。

从世界前沿和国际竞争角度看,在城市层次上,只有部分城市能够达到和保持世界先进水平,不同城市成功的概率有差异;在国家和地区层次上,同样只有部分国家和地区的城市能够达到和保持世界先进水平。关于城市现代化的成功概率,需要专题研究。

2. 城市现代化的过程

城市现代化过程大致分为两类:前沿过程和追赶过程。前沿过程是发达国家的城市现代化,追赶过程是发展中国家的城市现代化。它们既有联系又有区别,而且相互影响

在1763~1970年期间,城市现代化的前沿过程是第一次城市现代化。

第一次城市现代化是从传统城市向现代城市、从农业社会的城市向工业社会的城市的转型,它包括从手工业城市向工业化城市、封建城市向民主城市、宗教城市向世俗城市、军事城市向市民城市的转型等。它包括城市劳动生产率、土地生产率和居民收入水平的提高,城市建筑、住房和基础设施的不断完善,城市公共服务和公共管理的理性化和民主化等。

在1970~2100年期间,城市现代化的前沿过程是第二次城市现代化。

第二次城市现代化是从现代城市向发达城市、从工业社会的城市向知识社会的城市的转型,它包括从工业城市向信息城市(数字城市和智慧城市)、经济城市向生态城市(绿色城市和低碳城市)、生产型城市向服务型城市、资本密集型城市向知识密集型城市、单一性城市向多元化城市、粗放型城市向节约型城市的转型等。它包括城市生活质量、创造力和竞争力的提高,城市建筑、住房和基础设施的智能化和绿色化,城市公共服务和公共管理的人性化和公平性等。

如果说,第一次城市现代化是初级城市现代化,是从传统城市向初级现代城市的转变;那么,第二次城市现代化是高级城市现代化,是从初级现代城市向高级现代城市的转变;两次城市现代化的协调发展是综合城市现代化。

在1970~2100年期间,发展中国家可以选择综合城市现代化路径。

综合城市现代化是两次城市现代化的协调发展和持续向第二次城市现代化转变,它包括两次城市转型(从传统城市向现代城市、从现代城市向发达城市的转型)的联动和持续向发达城市转变,包括城市的三化(工业化+信息化+绿色化)整合和六化(工业化、信息化、绿色化、智能化、民主化和福利化)协调,包括城市生产率和市民收入的大幅提高、社会福利和生活质量的不断改善、城市建筑、住房和基础设施的智能化和绿色化、城市公共服务和公共管理的民主化和信息化、城市竞争力和城市地位的提高等。

城市现代化具有现代化的一些普遍特点,例如,长期性、复杂性、不平衡性、不同步性、局部可逆性、风险性、进步性、部分指标的国际分化、部分指标的国际趋同、副作用等。与此同时,城市现代化有自己的一般特点和分阶段特点。

城市现代化是现代化的一种表现形式,遵循现代化的基本原理。它们分别是:进程不同步、分布不均衡、结构稳定性、地位可变迁、行为可预期、路径可选择、需求递进、效用递减、状态不重复、中轴转变原则。

城市现代化包括城市内涵、城市形态和城市体系的现代化等。城市现代化的基本原理还包括城市内涵、城市形态和城市体系现代化的主要机理和基本原则。

城市内涵现代化是城市要素的创新、选择、传播和退出交互进行的复合过程,它包括城市要素的创新、选择、传播的双向循环和城市要素的可逆退出过程,这些过程共同组成一个超循环。每一个过

程都具有路径多样性。

城市形态现代化是现代城市的形成、发展、转型和国际互动的前沿过程,每个方面都具有路径、内容或形式的多样性。城市化理论、城市发展的收支平衡模型、城市现代化的城乡二元模型等,解释了城市发展的原理。相对而言,城市第一生产力影响城市发展、城市第二生产力影响城市生活、城市第三生产力影响城市财富,城市第一产出超过城市第一消费是城市发展的重要条件之一。城市第一产出是城市为城外居民生产和提供的产品和服务的净收入,城市第一消费则是城市居民购买城外生产和提供的产品和服务的消费支出。

城市体系变化发生在结构单元和国际体系两个层次上,前者是后者的基础。城市体系变化遵循四个基本原理,分别是:进程不同步、分布不均衡、结构稳定性和地位可变迁等。

3. 城市现代化的结果

城市现代化的结果包括城市现代性、特色性、多样性和副作用的形成,包括城市生产率和生活质量提高、城市生态变化和市民全面发展;包括城市建筑、住房和基础设施的改善、城市公共服务和公共管理的民主化和理性化;包括城市前沿、城市体系和城市状态的变化等。不同国家城市现代化的结果既有共性又有差异;两次城市现代化的结果是不同的。

城市现代化过程的结果是时间的函数,随时间而变化,可以从城市前沿、城市体系和城市状态三个层次进行分析。城市现代化结果不仅与城市现代化过程的时间跨度紧密相关,与它的起点截面、终点截面和地理范围紧密相关,还与城市现代化目标紧密相关。

第一次城市现代化的结果是第一城市现代性、特色性和多样性的形成,包括城市劳动生产率、土地生产率和市民收入的提高,城市建筑和住房的电气化和自动化,城市基础设施、公共服务和公共管理的标准化和理性化,副作用包括城市污染、贫困和犯罪等。

完成第一次城市现代化的主要标志是:城市化率达到 60% 左右(国家和地区层次),实现城市的工业化、民主化、理性化和福利化,普及义务教育和中等教育,城市生产率和居民收入达到工业化城市的先进水平(20 世纪 60 年代的世界先进水平)。

第二次城市现代化的结果是第二城市现代性、特色性和多样性的形成,包括城市生活质量和国际竞争力的提高,城市建筑和住房的智能化和绿色化,城市基础设施、公共服务和公共管理的信息化和人性化,副作用包括城市交通堵塞、贫困和犯罪等。

进入第二次城市现代化的主要标志是:完成第一次城市现代化,城市化率超过 70%(国家和地区层次),城市废水处理率超过 30%,信息普及率(互联网普及率)超过 30%,高等教育普及率超过 30%。1970~1990 年期间的信息普及率指标可以用电话普及率代替。

完成第二次城市现代化的主要标志是:城市的信息普及率超过 80%,接受高等教育劳动力比例达到 80% 左右,完成城市的智能化、绿色化和知识化,城市生活质量和市民发展水平达到知识化城市的先进水平(未来某个时间的)等。

在城市层次上,城市现代化的基本标准包括:城市生产力和生活质量、城市基础设施、公共服务、公共管理、城市环境和市民发展水平等,达到当时世界先进水平。城市现代化是动态的。今天的现代化城市,明天有可能下降为发展中城市,反之亦然。

在城市层次上,城市现代化的基本目标包括:完成第一次城市现代化,实现从传统城市向现代城市的转型;完成第二次城市现代化,实现从现代城市向发达城市的转型;追赶、达到和保持世界城市的先进水平,成为发达城市或缩小国际城市差距。

从政策角度看,城市现代化的主要目标有两个:提高城市生产力和生活质量,实现城市的环境优美和市民的全面发展;发达国家、地区和城市的政策目标是保持世界先进水平,发展中国家、地区和城市的政策目标是追赶和达到世界先进水平。

4. 城市现代化的动力

城市现代化过程的动力分析,涉及动力因素和动力机制两个方面。

城市现代化的动力因素非常多,主要因素包括城市创新、城市竞争、城市适应、城市交流、城市利益和市场需求等。城市创新是城市现代化的根本来源,城市竞争是城市现代化的激励机制,城市适应是城市现代化的自调机制,城市交流是城市现代化的促进因素,城市利益是城市变迁的引导因子,市场需求是城市创新的主导因素。在发达城市,城市创新作用比较突出;在发展中城市,城市交流作用比较突出。城市现代化的制约因素亦有不少。

城市现代化的微观动力模型:创新驱动模型、三新驱动模型、双轮驱动模型、联合作用模型、四步超循环模型等。

城市现代化的宏观动力模型:创新扩散模型、创新溢出模型、竞争驱动模型、经济和社会驱动模型等。

城市现代化的定量动力模型:城市生产力函数、要素优化模型等。城市生产率与城市技术、劳动力人均资本和人均技能成正比,与先进技术、优质资产和优质劳动力比例成正比。

城市化的若干模型:二元经济模型、二元社会模型、先发优势、中心地理论等。

5. 城市现代化的模式

城市现代化是一个历史过程,具有时间跨度和发展路径。不同国家、地区和城市的城市现代化,有自己的发展路径和阶段模式。发展路径指在城市现代化的起点与终点(目标)之间的道路,它具有方向性、阶段性和结构特征。城市现代化的模式是城市现代化的发展路径的一段历史截段,是城市现代化的关键要素的一种组合(配方),具有时效性和针对性。

21世纪城市现代化大致有三条基本路径:第一次城市现代化路径、第二次城市现代化路径和综合城市现代化路径。发达国家、地区和城市,可以选择第二次城市现代化路径,发展中国家、地区和城市,可以选择三种路径中的一种路径。

城市现代化没有标准模式,没有最佳模式,只有合适模式。一般而言,第一次城市现代化的模式选择,更多受自身条件的影响,大约有24种模式;第二次城市现代化的模式选择,更多受科技水平和国际环境的影响,大约有27种模式;综合城市现代化的模式选择,更多受国际环境和政策预期的影响,大约有33种模式。

例如,集中型与分散型、大城市主导型与小城市主导型、小城市扩张型与小城市收缩型、城市优先型与郊区优先型、工业化优先型、城市化优先型、民主化优先型、信息化优先型、绿色化优先型、城市规模优先型、城市质量优先型的城市现代化等。

6. 城市现代化的政策选择

城市现代化的政策分析,必须尊重城市现代化的客观规律,必须适合国家、地区和城市的客观条件。不同国家、地区和城市的城市现代化的政策选择,需要专门研究。

从战略分析角度看,城市现代化目标包含三类目标:共性目标、个性目标和减少副作用。共性目标包括完成两次城市现代化,追赶、达到或保持世界城市先进水平。个性目标包括形成、保持和扩展自己的特色,强化竞争优势等。不同国家、地区和城市的个性目标有所不同,不同时期减少副作用的要求也是不同的。一般而言,目标制定需要注意五个方面,即尊重规律、符合国情、适度超前、可行性、特色性、开放性。

城市现代化政策措施的突出特点是针对性和时效性等。不同国家、地区和城市可以根据现代化规律、自身条件,创新和选择合适的政策和措施。两次城市现代化和综合城市现代化路径的政策和措施有所不同。

城市政策创新和措施选择,一般遵循五个原则,即有利于城市生产力的解放和提高、有利于城市社会的公平和进步、有利于市民生活质量提高和市民全面发展、有利于城市生态系统的平衡和稳定、有利于城市科技进步和提高国际竞争力等。

第三章 中国城市现代化的理性分析

中国是城市文明的发源地之一,中国原始城市大致出现于4000多年前。中国城市现代化的起步,可以追溯到19世纪中叶(表3-1)。在19~20世纪期间,中国一直是世界上人口最多的国家,中国城市化和城市现代化的任务超过发达国家的总和。本章沿用世界城市现代化的分析逻辑,先开展时序分析、截面分析和过程分析,然后讨论中国城市现代化的理性选择(图3-1)。前两章曾介绍过中国城市研究的丰硕成果。这里仅从现代化角度,拓展对中国城市的认知。在本章里,如果没有特别说明,"城市"是"城市和镇"的一种简称;有些城市发展指标非常重要,但缺少城市层次的统计数据,我们暂时采用国家层次数据来代替,这会产生一定的系统误差。

表3-1　1800~2100年中国城市化和城市体系

项　　目	1800	1900	1950	2000	2010	2020	2050	2100
城市化率/(%)	3.8	4.4	11.2	36.2	49.7	61.0	77.3	85.6
大城市人口比例/(%)	—	—	23.6	37.4	41.8	50.2	60.0	—
中城市人口比例/(%)	—	—	10.9	13.2	14.6	16.4	19.0	—
小城市人口比例/(%)	—	—	65.6	49.4	43.6	33.3	21.0	—

注:1900年数为1890年值。城市分类和数据来源,见表3-2、表3-76、表3-77。

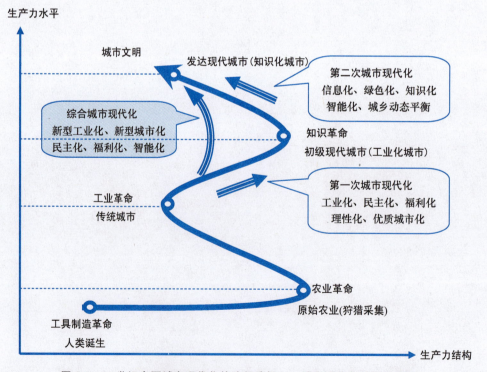

图3-1　21世纪中国城市现代化的路径选择——城市现代化的运河路径

注:关于中国城市现代化的路径选择,必然见仁见智。运河路径是一种理性选择。中国不同地区和城市的城市现代化水平有所不同,他们可以选择适合自己的城市现代化路径。

第一节 中国城市现代化的时序分析

中国城市现代化的时序分析,是对中国城市现代化的全过程的时间序列数据和资料进行分析(表3-2),试图去发现和归纳它的事实和特点。这里,我们简要讨论中国城市的六个系统、六个领域和四个要素的时序分析(图3-2),分析内容包括长期趋势和国际比较等。关于中国城市现代化的地区和城市差异与多样性,需要专题研究。

城市是一个有机体,从城市边界到城市内涵,都在发生变化。城市数据的历史可比性和横向可比性都是有争议的。2011年中国城市人口比例首次超过50%,城市数量超过650个,全国进入城市社会成为社会主体的发展阶段。城市现代化的时序分析,面临数据量大、覆盖面宽、城市差异大和城市数据可比性比较差等困难。在本报告里,我们采用举例分析方法,重点讨论政策意义比较明显的指标,而不是全面时序分析。全面时序分析需要巨大篇幅和专题研究。

表3-2 1900～2010年中国城市化进程和城市规模结构

项 目	1900	1950	1960	1970	1980	1990	2000	2010
城市化率/(%)	4.4	11.2	16.2	17.4	19.4	26.4	36.2	49.7
大城市/个	1	8	12	15	20	34	64	94
中城市/个	9	11	14	27	32	38	90	141
小城市/个	25	124	173	135	171	395	509	422
城市总数/个	—	143	199	177	223	467	663	657
大城市比例/(%)	—	23.6	26.2	23.9	23.5	24.6	37.4	41.8
中城市比例/(%)	—	10.9	9.6	12.6	12.1	8.8	13.2	14.6
小城市比例/(%)	—	65.6	64.2	63.5	64.4	66.5	49.4	43.6

注:数据不包括中国的港澳台地区。大城市:人口超过100万的城市;中城市:人口为50万～100万的城市;小城市:人口少于50万的城市。1900年数据为估计数,参考《帕尔格雷夫世界历史统计:亚洲、非洲和大洋洲卷》。"—"为没有数据,后同。表中城市数量数据来源于联合国《世界城市化展望报告》,根据《中国城市统计年鉴2011》的城市辖区年平均人口数,2010年中国大城市、中城市和小城市分别为125个、108个和424个,人口比例分别为43%、12%和45%。

资料来源:United Nations,2012;中国统计年鉴(历年).

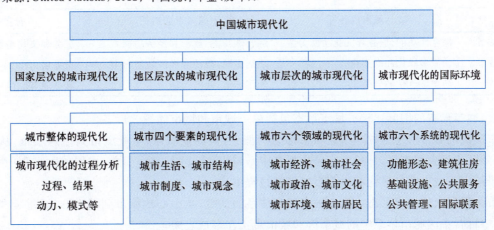

图3-2 城市现代化研究的一种分析框架

一、中国城市六个系统的时序分析

1. 中国城市功能和形态(综合指标)的时序分析

(1) 中国城市功能和形态(综合指标)的变化趋势

首先,城市功能的变化。中国城市功能的变化趋势,与世界城市功能的变化趋势,是基本一致的。城市功能在扩展,城市差异比较大。

其次,城市形态的变化。中国城市形态的变化趋势,与世界城市形态的变化趋势,没有显著差别,只是进程比较慢,有比较大的时间差。城市形态在演化,城市差异比较大。

其三,城市综合指标的变化。城市现代化水平、城市人文发展水平、城市创新能力、城市生活条件、城市生活质量等,属于上升变量,但城市差异比较大。城市竞争力属于波动变量。

(2) 中国城市功能和形态(综合指标)的国际比较

首先,城市功能的国际比较。城市功能包括共性功能和个性功能。从共性功能看,世界城市功能的演变具有一定的规律性,从传统城市、工业化城市到知识化城市(表1-19)。目前,中国部分城市具有传统城市的特点,部分城市属于工业城市或服务城市(表3-3)。它们的功能定位与发达城市(知识化城市),存在一定的差距(发展阶段的差别)。

表3-3 中国城市共性功能的国际比较

项　目	传统城市	工业化城市	知识化城市
世界城市的共性功能的演变	政治功能和贸易功能为主 生产功能和文化功能为辅	经济功能和社会功能为主 政治功能和文化功能并存	服务功能和文化功能为主 政治功能和生态功能并存
目前中国城市的共性功能	部分城市以政治功能和贸易功能为主,具有传统城市的部分特点 部分城市以经济功能和社会功能为主,属于工业城市 部分城市以服务功能和文化功能为主,属于服务城市		

注:有些城市始终以服务和文化功能为主。

在现代化过程中,大型、中型、小型城市的个性功能有不同特点(表1-19、表1-20)。目前中国大型城市,服务和文化功能不强;中型城市,服务功能比较弱,分工不明,城市产业雷同;小型城市,服务功能比较弱,功能定位不清,缺少城市特色(表3-4)。

表3-4 中国城市个性功能的国际比较

类　型	发达城市的特征	中国城市的特征	中国的差距
大型城市	综合性功能,服务和文化功能为主	综合性功能,政治和经济功能为主	服务和文化功能弱
中型城市	功能多样化和专业化	功能雷同,政治和经济功能为主	服务弱,分工不明
小型城市	功能特色化和专业化	功能不清,政治功能为主	服务弱,没有特色

其次,城市形态的国际比较。城市形态包括单个城市和城市体系的形态。

城市层次的城市形态。发达国家城市形态的演变,从商业城市、工业城市到信息城市,从中心城市、城市郊区化到大都市区,从单中心城市到多中心城市(表1-21)等。目前,中国的大型和中型城市,许多处于从中心城市向郊区化和大都市的转变过程中。

城市体系层次的城市形态。发达国家城市体系的演变,从中心地城市到城市群、城市带和城市绵延区等。目前,中国城市体系中的城市群和城市带正在形成之中。

其三,城市综合指标的国际比较。关于中国城市现代化水平、城市人文发展水平、城市创新能力和城市生活条件等的国际比较,需要专题研究。美世公司(Mercer)的调查评价显示,在全球221个城市中,2012年中国有3个城市(香港、台北和上海)生活质量进入前100名,排名前10名的城市全部来自发达国家(表3-5);倪鹏飞和克拉索主编的《全球城市竞争力报告(2011~2012)》提供了全球500个城市的综合竞争力评价数据,他们发现2012年中国有6城市(香港、台北、上海、北京、深圳和澳门)综合竞争力排名进入前100名,中国城市综合竞争力指数低于主要发达国家,但高于巴西、俄罗斯和印度等发展中国家(表3-6)。

表3-5 2011~2012年中国11个城市的生活质量和综合竞争力排名的国际比较

城市	生活质量排名 2011	生活质量排名 2012	综合竞争力排名 2009~2010	综合竞争力排名 2011~2012	城市	生活质量排名 2012	综合竞争力排名 2011~2012	城市	生活质量排名 2012	综合竞争力排名 2011~2012
香港	70	70	12	9	维也纳	1	27	纽约	44	1
台北	85	85	39	32	苏黎世	2	23	伦敦	38	2
上海	95	95	37	36	奥克兰	3	103	东京	44	3
北京	109	109	60	55	慕尼黑	4	35	巴黎	29	4
广州	119	118	120	109	温哥华	5	44	旧金山	29	5
成都	127	127	221	213	杜塞尔多夫	6	90	芝加哥	42	6
南京	134	130	247	249	法兰克福	7	45	洛杉矶	58	7
深圳	132	132	71	67	日内瓦	8	12	新加坡	25	8
青岛	137	137	246	228	哥本哈根	9	70	香港	70	9
沈阳	146	145	243	235	伯尔尼	10	—	首尔	76	10
吉林	160	161	—	—						

注:生活质量排名:美世公司(Mercer)提供全球221个城市的生活质量排名。综合竞争力排名:《全球城市竞争力报告(2011~2012)》提供全球130个国家500个城市的综合竞争力排名(倪鹏飞,克拉索,2012)。有些城市如瑞士的日内瓦市,生活质量和综合竞争力的排名基本相当;有些城市如新西兰的奥克兰市,生活质量排名远远高于综合竞争力排名;有些城市如美国的纽约,生活质量排名远远低于综合竞争力排名。

表3-6 2011~2012年中国城市综合竞争力排名的国际比较

国家	前10名	1~100名	101~200名	201~300名	301~400名	401~500名	合计	综合竞争力平均指数
中国	1	6	7	28	28	0	69	0.312
美国	4	42	36	20	6	3	65	0.417
英国	1	10	6	0	0	0	17	0.414
法国	1	2	6	0	0	0	8	0.386
德国	0	7	7	2	0	0	16	0.385
日本	1	9	9	9	0	0	27	0.372
澳大利亚	0	2	1	3	0	0	6	0.359
韩国	1	1	3	6	1	0	11	0.338
巴西	0	0	1	1	13	0	15	0.280
俄罗斯	0	1	0	1	7	38	37	0.240
印度	0	0	0	4	7	30	31	0.234

注:中国排前100名的城市是:香港(9)、台北(32)、上海(36)、北京(54)、深圳(67)、澳门(79)。
资料来源:倪鹏飞,克拉索,2012.

2. 中国城市建筑和住房的时序分析

(1) 中国城市建筑和住房的变化趋势

首先,城市建筑的变化。中国城市建筑的变化趋势,与世界城市建筑的变化趋势,既有一致性,也有差异性。人均城市建筑面积、人均公共建筑面积、人均住房建筑面积和城市建筑高度等,都是上升变量,城市最高建筑的记录被不断刷新;城区建筑密度、城区平均容积率等,是转折变量;城市街道景观、人均绿地面积等,因城市而异;城市建筑质量,部分城市和部分建筑的建筑质量提高,部分建筑的建筑质量下降,"豆腐渣工程"的报道屡见不鲜。

其次,城市住房的变化。中国城市住房的变化趋势,与世界城市住房的变化趋势,基本一致。人均住房间数和人均住房面积等是上升变量(表3-7)。住房拥挤比例,是转折变量,先升后降。在许多城市,城市房价收入比(房屋售价与年收入比、房屋租价与月收入比)在提高。

表3-7　1980～2010年中国城市人均住房面积

项　目	1980	1985	1990	1995	2000	2005	2010
人均居住面积/平方米	3.9	5.2	6.7	8.1	10.3	—	—
人均使用面积/平方米	—	8.8(1986)	9.9	11.8	14.9	—	—
人均建筑面积/平方米	—	—	13.7	16.3	20.3	26.1	31.6

资料来源:中国统计年鉴的数据汇编.

(2) 中国城市建筑和住房的国际比较

首先,城市建筑的国际比较。中国城市建筑的国际差距是一个普遍现象(表3-8),不同城市的国际差距的大小和分布是不同的。在中国的发达城市,主要差距是质量和观念的差距;在比较落后的城市,既有数量差距,也有质量和观念差距。以摩天大楼建设为例,20世纪80年代以来,世界发达城市基本不再建设摩天大楼(少数例外),中国城市则进入摩天大楼建设的高潮,摩天大楼数量快速增加(图3-3),摩天大楼的高度记录被不断刷新(图3-4)。

表3-8　中国城市建筑的国际比较

项　目	发达城市的特征	中国城市的特征	中国的差距
建筑面积	人均建筑面积提高	人均建筑面积提高	趋势一致,数量差距
建筑高度	20世纪80年代以来,很少盖高楼	高楼建设的竞赛,记录刷新快	观念落后一个时代
建筑密度	先升后降,郊区化	多数城市在上升,拥挤堵塞	观念落后一个时代
建筑质量	电气化、智能化、绿色化,不断提高 住房质量寿命一般超过70年	部分提高,部分下降,"豆腐渣工程"多 有些住房寿命只有30年左右	有进步的,有落后的 建筑质量差距较大
建筑文化	民族文化和现代文化的融合	标准化建筑,缺少文化特色	观念落后一个时代
土地利用	人均公共建筑面积上升	城市差别很大	城市规划的差距

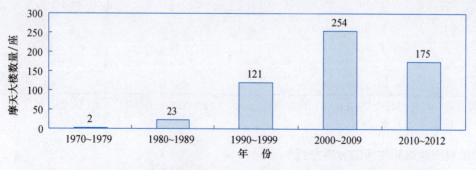

图3-3　1973～2012年中国城市摩天大楼(高度超过152米的非住宅大楼)的数量
资料来源:摩天城市网,http://www.motiancity.com/,2013-1-25.

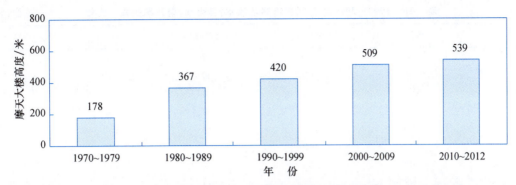

图 3-4　1973~2012 年中国城市摩天大楼(高度超过 152 米的非住宅大楼)的最大高度
资料来源:摩天城市网,http://www.motiancity.com/,2013-1-25.

其次,城市住房的国际比较。关于中国城市住房的国际比较需要专题研究。目前,中国城市住房的国际差距,不仅有数量差距(人均居住面积和人均房间数等),而且有房屋质量差距;住房质量差距是非常突出的。例如,中国城市的多层建筑(4~6 层),一般没有电梯,不太适合于老龄人和残疾人居住;有些学者认为,有些城市住房使用寿命只有 30 年左右等。

3. 中国城市基础设施的时序分析

(1) 中国城市基础设施的变化趋势

中国城市基础设施的变化趋势,与世界城市基础设施的变化趋势,既有一致性,也有差异性。其中,硬性基础设施包括给排水、能源、交通、通信和环保设施等,有比较大的发展;软性基础设施包括部分市政设施、经济设施(如金融和工业园等)、社会设施(如教育、医疗和社会福利系统等)、文化设施、体育设施和娱乐设施等,也有长足的进步。

上升变量:安全饮水普及率、城市排水系统、电力普及率、煤气普及率、轿车普及率、人均城市道路面积、电话普及率、电视普及率、互联网普及率、公共教育基础设施、每千人医院病床数、卫生设施、公共文化设施等(表 3-9)。

表 3-9　1990~2010 年中国城市基础设施

项　目	1990	2000	2005	2010
自来水普及率/(%)	48.0	63.9	91.1	96.7
燃气普及率/(%)	19.1	45.4	82.1	92.0
城市每万人拥有公共车辆/标台	2.2	5.3	8.6	9.7
城市人均拥有道路面积/平方米	3.1	6.1	10.9	13.2
每万人拥有公厕/座	3.0	2.7	3.2	3.0
人均公园绿地面积/平方米	1.8	3.7	7.9	11.2

资料来源:中国统计年鉴的数据汇编.

(2) 中国城市基础设施的国际比较

关于中国城市基础设施的国际比较需要专题研究,这里举例说明。

首先,给排水设施。1990 年以来,中国城市自来水普及率超过世界平均水平,达到 98%;但自来水质量没有达到直接饮用的水平(表 3-10);中国不少城市的排水设施落后于供水设施,城市内涝现象比较普遍,卫生设施(抽水马桶)普及率低于世界平均水平(表 3-11)。

表 3-10　1990～2010 年中国城市清洁饮水（自来水）普及率的国际比较　　　单位：%

地区	1990	1995	2000	2005	2010
中国	97	97	98	98	98
美国	100	100	100	100	100
英国	100	100	100	100	100
德国	100	100	100	100	100
法国	100	100	100	100	100
日本	100	100	100	100	100
高收入国家	99	99	99	100	100
中收入国家	93	94	95	95	96
低收入国家	85	82	84	85	87
世界	95	95	96	96	96

资料来源：World Bank，2013.

表 3-11　1990～2010 年中国城市卫生设施（抽水马桶）普及率的国际比较　　　单位：%

地区	1990	1995	2000	2005	2010
中国	48	54	61	68	74
美国	100	100	100	100	100
英国	100	100	100	100	100
德国	100	100	100	100	100
法国	100	100	100	100	100
日本	100	100	100	100	100
高收入国家	97	97	97	97	97
中收入国家	67	69	71	73	76
低收入国家	38	43	44	46	47
世界	76	77	77	78	80

资料来源：World Bank，2013.

其次，通信设施。1970～2000 年中国电话普及率低于世界平均水平，2005 年以来超过世界平均水平（表 3-12）。1990 年以来，中国移动电话普及率低于世界平均水平（表 3-13）。1990～2009 年中国互联网普及率低于世界平均水平，2010 年超过世界平均水平，但低于发达国家（表 3-14）。

表 3-12　1960～2010 年中国普通电话普及率的国际比较　　　单位：%

地区	1960	1970	1980	1990	2000	2005	2010
中国	—	—	0	1	11	27	22
美国	26	33	41	54	68	59	49
英国	10	17	32	44	60	57	54
德国	4	11	26	40	61	66	64
法国	5	8	30	50	58	55	56
日本	4	16	35	45	49	46	52
高收入国家	12	18	29	42	56	52	48
中收入国家	—	—	2	3	9	15	14
低收入国家	—	0	0	1	1	1	1
世界	—	6	8	10	16	19	18

注：发展指标的国家层次统计数据，只能"间接"反映城市的发展水平和国际差距。后同。
资料来源：World Bank，2013.

表 3-13 1980～2012 年中国移动电话（手机）普及率的国际比较   单位：%

地　　区	1990	1995	2000	2005	2010	2011	2012
中国	0.0	0.3	7	30	64	73	81
美国	2.1	12.7	39	69	92	95	98
英国	1.9	9.9	74	109	131	131	131
德国	0.3	4.5	59	96	127	132	131
法国	0.5	2.3	49	79	92	95	98
日本	0.7	9.4	53	76	97	105	109
高收入国家	1.0	6.7	44	84	117	122	
中收入国家	0.0	0.3	5	25	74	83	
低收入国家	0.0	0.0	0	5	33	41	
世界	0.2	1.6	12	34	77	85	

资料来源：World Bank, 2013.

表 3-14 1980～2012 年中国互联网普及率的国际比较   单位：%

地　　区	1990	1995	2000	2005	2010	2011	2012
中国	0.0	0.0	2	9	34	38	42
美国	0.8	9.2	43	68	74	78	81
英国	0.1	1.9	27	70	85	87	87
德国	0.1	1.8	30	69	82	83	84
法国	0.1	1.6	14	43	80	80	83
日本	0.0	1.6	30	67	78	79	79
高收入国家	0.2	3.2	27	54	70	73	75
中收入国家	0.0	0.0	2	8	23	26	30
低收入国家	0.0	0.0	0	1	5	6	7
世界	0.0	0.8	7	16	30	33	36

资料来源：World Bank, 2013.

其三，地下基础设施的发展。中国城市地下基础设施的发展，落后于地面设施的发展。发达国家如法国和英国，在 19 世纪就开始建设"地下管廊"或公共沟（utility tunnel），系统规划地下基础设施。我国城市的"地下管廊"建设，大约是 20 世纪 90 年代开始的。例如，1993 年上海规划建设了浦东新区张扬路共同沟，2003 年建设了松江新城示范性地下共同沟等。目前，上海、北京、深圳、宁波、沈阳、杭州、大连、兰州等城市，已经采用这种方法。

其四，卫生设施。中国卫生设施的发展不平衡，不同指标有不同表现。例如，中国每千人拥有的病床数，1970～1990 年低于世界平均水平，但 2010 年高于美国和英国（表 3-15）；中国每千人拥有的护士数，1992 年以来低于发达国家和许多发展中国家（表 3-16）；中国每千人拥有的医生数，1990 年以来超过世界平均水平，但低于发达国家水平（表 3-17）。

表 3-15　1960～2010 年中国医疗条件的国际比较　　　　　　单位：病床/千人

地　区	1960	1970	1980	1990	2000	2010
中国	—	1.5	2.2	2.6	2.5	3.6
美国	9.2	7.9	6.0	4.9	3.5	3.0
英国	10.7	9.6	8.1	5.9	4.2	3.0
德国	10.5	11.3	11.5	10.4	9.1	8.3
法国	—	—	11.1	9.7	8.1	6.6
日本	9.0	12.5	13.7	—	14.7	—
高收入国家	9.0	9.1	8.4	7.3	7.0	4.3
中收入国家	1.3	1.0	—	1.0	—	—
低收入国家	—	1.4	2.2	2.7	—	—
世界	—	3.1	3.6	3.6	—	—

资料来源：World Bank，2013.

表 3-16　1992～2011 年中国医疗条件的国际比较　　　　　　单位：护士/千人

地　区	1992～1995	2000	2010	2011
中国	0.9	—	1.5	1.7
美国	8.8	9.4	9.8	—
英国	—	—	10.1	9.5
德国	—	—	11.4	—
法国	3.9	—	9.3	9.3
日本	6.4	—	4.1	—
瑞士	—	11.0	17.5	—
以色列	6.7	—	5.2	5.0
韩国	2.3	—	5.3	—
巴西	0.4	3.8	6.4	—

资料来源：World Bank，2013.

表 3-17　1960～2010 年中国医疗条件的国际比较　　　　　　单位：医生/千人

地　区	1960	1970	1980	1990	2000	2010
中国	—	0.9	1.2	1.5	1.6	1.4
美国	1.1	1.2	1.5	1.8	2.6	2.4
英国	0.8	0.9	1.3	1.6	1.9	2.7
德国	—	—	—	—	3.3	3.6
法国	—	1.2	1.9	3.1	3.3	3.4
日本	1	1.1	1.3	1.7	1.9	2.1
高收入国家	—	—	—	2	—	2.8
中收入国家	—	—	—	1.1	—	1.2
低收入国家	—	—	—	0.2	—	0.2
世界	—	—	—	1.2	—	1.4

资料来源：World Bank，2013.

4. 中国城市公共服务的时序分析

（1）中国城市公共服务的变化趋势

中国城市公共服务的变化趋势，与世界城市公共服务的变化趋势，既有一致性，也有差异性。一般而言，城市公共服务与城市基础设施和公共管理紧密相关，它们是部分交叉的。

上升变量：公共交通服务、人均电力消费（表 3-18）、人均能源消费（表 3-19）、电话普及率（表 3-12）、移动电话普及率（表 3-13）、互联网普及率（表 3-14）、信息消费比例、有机食品比例、公共教育费比例（表 3-20）、护士比例（表 3-16）、医生比例（表 3-17）、社区医疗服务、卫生费比例（表 3-21）、人均卫生经费（表 3-22）、科技投入比例等。

波动变量：公费医疗比例（表 3-23）等。

转折变量：人均生活用水（图 3-5）等。

表 3-18　1960~2010 年中国人均电力消费的国际比较　　　　单位：千瓦时

地　区	1960	1970	1980	1990	2000	2005	2010
中国	—	—	282	511	993	1784	2944
美国	4050	7237	9862	11 713	13 671	13 705	13 395
英国	2412	4167	4684	5357	6115	6289	5745
德国	1587	3834	5797	6640	6635	7113	7162
法国	1462	2630	4417	5951	7238	7655	7735
日本	1110	3222	4718	6486	7974	8213	8378
高收入国家	2274	4439	5821	7226	8405	8874	9010
中收入国家	—	—	381	708	921	1236	1689
低收入国家	—	—	135	222	171	211	227
世界	—	—	1586	2121	2385	2663	2981

资料来源：World Bank，2013.

表 3-19　1960~2010 年中国人均能源消费的国际比较　　　　单位：千克标准油

地　区	1960	1970	1980	1990	2000	2005	2010
中国	—	—	610	767	920	1362	1881
美国	5642	7569	7942	7672	8057	7847	7162
英国	3033	3685	3524	3597	3786	3697	3241
德国	1953	3861	4562	4421	4094	4064	4033
法国	1698	2955	3473	3835	4137	4284	4016
日本	874	2458	2950	3556	4091	4074	3916
高收入国家	2765	4284	4452	4776	4985	5094	4969
中收入国家	—	—	606	820	849	1030	1237
低收入国家	—	—	392	396	332	346	357
世界	—	—	1454	1665	1650	1775	1881

资料来源：World Bank，2013.

表 3-20　1970~2010 年中国公共教育经费占 GDP 比例的国际比较　　　单位:%

地区	1970	1975	1980	1985	1990	1995	2000	2005	2010
中国	1.3	1.7	2.5	2.5	2.3	2.5	2.6	2.8	3.1
美国	7.4	7.3	6.6	4.8	5.1	5.2	4.9	5.3	5.6
英国	5.3	6.6	5.6	4.9	4.8	5.2	4.5	5.4	6.3
德国	—	—	—	—	—	4.7	4.5	4.8	5.1*
法国	4.7	5.1	4.9	5.6	5.3	6.0	5.8	5.7	5.9
日本	3.9	5.4	5.7	5.0	5.5**	3.5	3.6	3.5	3.8
高收入国家	4.6	5.6	5.5	5.1	4.9	5.2	5.2	5.1	5.5
中收入国家	3.5	3.8	3.8	3.8	4.0	4.5	4.1	4.2	4.8
低收入国家	—	—	3.1	2.8	3.2	3.5	3.1	3.2***	4.2
世界	3.7	3.9	3.8	4.0	4.0	4.6	4.1	4.4	4.7

注:关于公共教育经费占 GDP 比例,不同来源的数据有一些差别。本表数据,仅供参考。* 为 2009 年的数值,** 为1989 年的数值,*** 为 2004 年的数值。

资料来源:World Bank,2004,2013;OECD,2013.

表 3-21　1995~2010 年中国卫生经费占 GDP 比例的国际比较　　　单位:%

地区	1995	2000	2005	2006	2007	2008	2009	2010
中国	3.5	4.6	4.7	4.6	4.4	4.6	5.1	5.0
美国	13.6	13.4	15.8	15.9	16.2	16.6	17.7	17.6
英国	6.8	7.0	8.2	8.4	8.4	8.7	9.7	9.6
德国	10.1	10.4	10.8	10.6	10.5	10.7	11.7	11.5
法国	10.4	10.1	11.2	11.1	11.1	11.0	11.7	11.7
日本	6.8	7.6	8.2	8.2	8.2	8.6	9.5	9.2
高收入国家	9.5	10.0	11.2	11.2	11.1	11.3	12.4	12.2
中收入国家	4.9	5.3	5.5	5.4	5.4	5.5	5.8	5.7
低收入国家	4.0	4.1	4.9	5.3	5.3	5.1	5.5	5.6
世界	8.8	9.2	10.1	9.9	9.8	10.0	10.6	10.3
世界/中国	2.5	2.0	2.1	2.2	2.2	2.1	2.1	2.1

资料来源:World Bank,2013.

表 3-22　1995~2010 年中国人均卫生经费的国际比较　　　单位:美元

地区	1995	2000	2005	2006	2007	2008	2009	2010
中国	21	43	80	93	114	157	191	219
美国	3748	4703	6728	7107	7482	7760	7990	8233
英国	1362	1765	3122	3415	3910	3760	3445	3495
德国	3124	2386	3625	3747	4230	4716	4724	4654
法国	2741	2203	3785	3947	4483	4862	4765	4618
日本	2891	2834	2928	2796	2806	3253	3736	3958
高收入国家	2047	2233	3340	3522	3838	4119	4169	4303
中收入国家	56	70	106	122	148	177	185	215
低收入国家	12	12	15	18	20	24	26	28
世界	459	487	708	751	825	894	905	946
世界/中国	21.7	11.2	8.8	8.0	7.2	5.7	4.7	4.3

资料来源:World Bank,2013.

表 3-23 1995～2010 年中国公费医疗占全部医疗费用比例的国际比较   单位：%

地 区	1995	2000	2005	2006	2007	2008	2009	2010
中国	51	38	39	41	47	50	52	54
美国	45	43	44	45	45	46	47	48
英国	84	79	82	81	81	82	83	83
德国	81	80	77	76	76	77	77	77
法国	80	79	79	79	78	77	77	77
日本	82	81	82	79	80	81	81	80
高收入国家	63	59	60	60	61	62	63	63
中收入国家	47	45	44	46	48	50	51	52
低收入国家	43	37	38	39	38	38	39	37
世界	62	58	58	59	59	60	61	61

资料来源：World Bank，2013.

图 3-5 1985～2010 年中国城市人均生活用水

（2）中国城市公共服务的国际比较

关于中国城市公共服务的国际比较需要专题研究，这里举例分析。

首先，能源服务。1980 年以来，中国人均电力消费低于世界平均水平（表 3-18），人均交通能耗低于世界平均水平（表 3-24）。2010 年中国人均能源消费达到世界平均水平（表 3-19）。

表 3-24 1960～2010 年中国人均交通能耗的国际比较   单位：千克标准油

地 区	1960	1970	1980	1990	2000	2005	2010
中国	—	—	10	15	26	35	50
美国	889	1167	1229	1203	1257	1253	1108
英国	148	256	340	425	367	311	241
德国	77	217	336	391	348	278	223
法国	116	237	317	308	221	166	113
日本	47	141	218	265	339	348	336
高收入国家	321	487	515	488	523	516	475
中收入国家	—	—	30	38	43	49	58
低收入国家	—	—	8	9	5	6	7
世界	—	—	138	136	138	138	133

资料来源：World Bank，2013.

其次，通信服务。1990年以来，中国信息基础设施逐步接近或达到世界平均水平（表3-12、表3-13、表3-14），但信息服务质量和性价比仍然不高，信息服务价格高于发达国家。

其三，教育服务。1980~2010年期间，中国公共教育经费占GDP比例低于世界平均水平，低于高收入国家、中收入国家和低收入国家的平均水平（表3-20）。

其四，卫生服务。1995年以来，中国卫生经费占GDP比例低于世界平均值的1/2（表3-21），人均卫生经费低于世界平均值的1/4（表3-22），公费医疗占全部医疗经费的比例低于世界平均值（表3-23）。中国医疗卫生服务水平低于世界平均水平。

5. 中国城市公共管理的时序分析

（1）中国城市公共管理的变化趋势

中国城市公共管理的变化趋势，与世界城市公共管理的变化趋势基本一致，但与发达国家和发达城市的公共管理水平、公共治理观念有比较大的差距。

上升变量：城市人口（有些城市下降）、城市职工平均工资、公共管理质量、城市规划质量、城市最低工资、平均上班路途时间、城市交通堵塞、城区人口密度（图3-6）等。

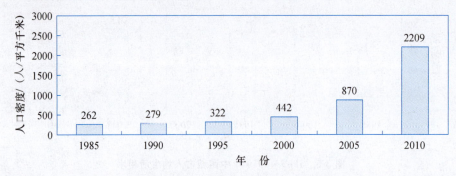

图3-6　1985~2010年中国城市人口密度

（2）中国城市公共管理的国际比较

关于中国城市公共管理的国际比较需要专题研究，这里举例分析。

首先，城市交通管理。20世纪90年代以来，城市交通管理逐步成为一个严峻挑战。一方面城市家庭汽车普及率不断提高（表3-25），公路汽车密度上升（表3-26）；另一方面城市流动人口增加，人口密度提高，公共交通持续发展，城市交通堵塞现象日益普遍和严重。

表3-25　1960~2010年中国轿车普及率的国际比较　　　　　　　　　单位：辆/千人

地区	1960	1980	1990	2000	2005	2009	2010
中国	—	—	1	7	15	34	44
美国	341	536	573	475	462	439	423
英国	106	268	341	389	457	460	457
德国	62	297	386	516	493	510	517
法国	121	355	405	476	494	496	481
日本	5	203	283	492	447	451	453
高收入国家	—	338	396	443	399	418	446
中收入国家			25	49	35	48	—
低收入国家			6	—	—	—	—
世界	—	—	91	141	116	124	NA

资料来源：World Bank, 2013.

表 3-26 2003～2010 年中国公路汽车密度的国际比较　　　　　　　单位：辆/千米

地区	2003	2004	2005	2006	2007	2008	2009	2010
中国	11	14	9	10	12	13	16	19
美国	36	37	37	—	38	38	38	38
英国	75	79	80	75	76	77	77	77
德国	—	69	70	70	71	71	—	—
法国	38	38	38	39	39	39	39	37
日本	—	63	63	63	63	63	—	—
韩国	149	149	151	156	159	161	—	—
墨西哥	88	58	60	68	72	77	81	84
高收入国家	—	40	43	—	40	39	—	—
OECD 国家	37	40	43	41	40	39	37	—

资料来源：World Bank, 2013.

事实上，2009 年中国家庭汽车普及率约为世界平均值的 1/3，为美国的 1/10（表 3-25）；公路汽车密度约为世界平均值的 1/2，低于美国的 1/2（表 3-26）；2009 年中国城市人口密度（2209 人/平方千米）略高于 1990 年美国城市的平均水平（2172 人/平方千米）（图 1-16）。这说明，中国城市的交通堵塞，不仅与交通压力有关，而且与交通管理有关。中国城市交通管理水平亟待提高。

其次，城市公共行政管理。发达国家和发达城市的公共行政管理，以法律为依据，以服务为宗旨，以市民满意为导向，合作共赢，已经进入公共治理的新阶段。我国许多城市的公共行政管理，以条例为依据，以稳定为宗旨，以领导满意为导向，维和维稳，仍然停留在行政管理阶段，城市管理引发的社会矛盾时有爆发等。

6. 中国城市国际联系的时序分析

(1) 中国城市国际联系的变化趋势

中国城市国际联系的变化趋势，与世界城市国际联系的变化趋势基本一致。

上升变量：人均国际贸易、人均文化贸易、人均国际通话、国际会议、国际组织、外籍人口比例、出境旅游比例、入境旅游比例、跨国公司、人均外国投资、国际友好城市等。

波动变量：国际贸易比例、外国投资比例等。

(2) 中国城市国际联系的国际比较

关于中国城市国际联系的国际比较需要专题研究，这里举例讨论。

首先，经济联系。中国城市在争取国际投资方面有比较好的表现，国际贸易的发展比较快。

其次，社会联系。中国许多城市，外籍人口比例非常低，国际社会联系不多。

其三，文化联系。中国许多城市，鼓励文化贸易和国际会议，但国际组织很少。

其四，政治联系。中国有些城市，与许多国际城市建立了友好城市关系等。

二、中国城市六个领域的时序分析

关于城市现代化六个领域的时序分析，同样采用举例说明，而不是全面的时序分析。

1. 中国城市经济的时序分析

(1) 中国城市经济的变化趋势

中国城市经济的变化趋势，与世界城市经济的变化趋势基本一致，但发展水平和发展阶段与发达国家和发达城市的差距仍然比较大，中国城市之间的城际差距也比较大。

上升变量：人均 GDP、人均居民收入、人均可支配收入（图 3-7）、人均购买力、劳动生产率、服务业劳动力比例、服务业增加值比例、企业管理水平等。

下降变量：农业增加值比例、农业劳动力比例等。

转折变量：制造业增加值比例、工业增加值比例、工业劳动力比例等。

波动变量：人均GDP增长率、GDP增长率等。

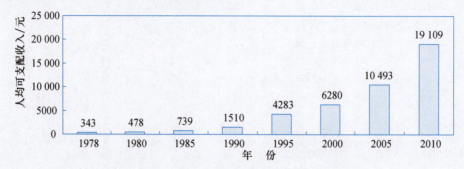

图 3-7 1978~2010年中国城镇居民人均可支配收入

(2) 中国城市经济的国际比较

关于中国城市经济的国际比较需要专题研究，这里简要讨论。

首先，经济效率的国际比较。如果按1990年不变价格国际美元(PPP)计算，1980年以来中国劳动生产率低于世界平均水平，1995年以来中国劳动生产率与世界平均水平的相对差距缩小，2000年以来中国劳动生产率与世界平均水平的绝对差距缩小(表3-27)。

表 3-27 1980~2010年中国劳动生产率(GDP/劳动力)的国际比较

单位：1990年价格国际美元

地 区	1980	1985	1990	1995	2000	2005	2010
中国	1655	2180	2562	3941	4660	7825	13 045
美国	41 649	45 091	47 907	51 578	58 601	63 741	67 319
英国	28 753	32 882	35 070	39 631	44 075	47 617	47 986
德国	—	—	—	37 952	39 949	41 583	42 560
法国	35 958	39 065	43 517	46 435	49 131	51 650	52 331
日本	26 780	30 384	36 173	37 378	39 790	43 109	44 702
高收入国家	—	—	—	36 715	41 029	44 274	45 793
中收入国家	—	—	—	6179	6911	8921	11 984
低收入国家	—	—	—	1916	2208	2554	3181
世界	—	—	—	12 638	13 884	15 642	17 926
世界/中国	—	—	—	3.2	3.0	2.0	1.4
世界－中国	—	—	—	8697	9224	7817	4881

资料来源：World Bank, 2013.

其次，经济结构的国际比较。以北京市和美国都市区平均值的比较为例。在2001~2010年期间，美国都市区农业增加值占GDP比例在0.5%左右波动，工业比例在19%左右波动，服务业比例在80%左右波动；北京市农业比例从约3%下降到约1%，工业比例从36%下降到24%，服务业比例从61%上升到75%(表3-28)。北京市与美国都市经济结构的主要差别是：工业比例比较高，服务业比例比较低。中国城市服务经济的发展落后于发达国家。

其三,经济发展模式的国际比较。中国城市经济发展模式,大致经历了市场经济(1949年前)、计划经济(1949~1978年)、市场经济改革(1978~2001年)和经济全球化(2002年以来)四个阶段。发达国家城市经济主要是市场经济或混合经济。

表 3-28 2001~2010年北京与美国都市区的经济结构的比较   单位:%

产业	2001	2002	2003	2004	2005	2006	2007	2008	2009	2010
美国都市区										
农业	0.6	0.5	0.6	0.7	0.6	0.5	0.6	0.6	0.5	0.6
工业	20	19	19	19	19	20	19	19	18	18
服务业	80	80	81	80	80	80	80	81	82	81
北京市										
农业	3.3	3.0	2.6	2.4	1.4	1.3	1.1	1.1	1.0	0.9
工业	36	35	36	38	30	28	27	26	24	24
服务业	61	62	62	60	69	71	72	73	76	75

2. 中国城市社会的时序分析

(1) 中国城市社会的变化趋势

中国城市社会的变化趋势,与世界城市社会的变化趋势,既有一致性,也有差异性。

上升变量:城市人口比例、百万级城市人口比例(表3-29)、小学入学率、中学入学率、大学入学率、医疗保险覆盖率、养老保险覆盖率、基尼系数、郊区人口比例等。

下降变量:城市贫困人口比例、家庭平均规模、最大城市人口比例(表3-30)等。

波动变量:失业率、城市犯罪率、城市自杀率等。

表 3-29 1960~2010年中国百万级城市人口比例的国际比较   单位:%

地区	1960	1980	1990	1995	2000	2005	2010
中国	7.7	7.6	9	10.8	13.7	16.2	17.7
美国	38.7	40.7	41.6	42.1	43.1	44.4	44.7
英国	31.4	27.2	26	26.1	26.2	26.1	25.6
德国	8.4	7.7	7.9	7.9	7.7	7.7	8.1
法国	21.6	22	22.1	22.1	22.1	22.1	22.2
日本	32.1	43.2	46.2	46.8	47.3	48.2	49.5
高收入国家	—	—	—	—	—	—	—
中收入国家	9.9	12.7	13.9	14.7	16	17.1	17.9
低收入国家	3.7	6.8	8.3	8.9	9.5	10.4	11.1
世界	13.4	15.9	16.7	17.4	18.3	19.3	19.9

资料来源:World Bank, 2013.

表 3-30 1960～2010 年中国最大城市人口比例的国际比较　　　　　　　　单位：%

地区	1960	1980	1990	1995	2000	2005	2010
中国	6.4	3.1	2.8	2.5	2.7	2.9	2.9
美国	11.2	9.3	8.9	8.6	8.2	8	7.8
英国	19.9	15.5	15.3	15.1	15.3	15.6	15.7
德国	6.3	5.4	5.4	5.9	5.8	5.6	5.6
法国	25.7	21.4	21.4	21.6	21.3	21.1	20.9
日本	41.8	41	41.4	41.7	41.4	41.6	42.2
高收入国家	19	19.4	19.5	19.6	19.4	19.3	19.3
中收入国家	15.6	16	15.2	14.5	14.1	13.7	13.4
低收入国家	29.5	31.9	32.9	34.3	33.7	33.6	34.1
世界	17.5	17.9	17.5	17	16.6	16.3	16.2

资料来源：World Bank, 2013.

(2) 中国城市社会的国际比较

关于中国城市社会的国际比较需要专题研究，这里举两个例子。

首先，城市就业结构的国际比较。以北京市和美国都市区平均值的比较为例。

在 1970～2010 年期间，美国都市区农业就业比例从约 3% 下降到 1%，工业就业比例从约 27% 下降到约 12%，服务业就业比例从 70% 上升到约 87%；北京市农业就业比例从约 43% 下降到约 5%，工业就业比例从约 25% 上升到约 45%，然后下降到约 21%，服务业就业比例从约 32% 上升到 74%（表 3-31）。北京发展经历了工业化和非工业化两个阶段。

表 3-31 2001～2010 年北京与美国都市区的就业结构的比较　　　　　　　单位：%

产业	1970	1980	1990	2000	2005	2010
美国都市区						
农业	2.7	2.6	2.1	2.1	1.2	1.2
工业	27.3	23.8	19.3	16.8	14.9	12.3
服务业	70.0	73.7	78.5	81.1	83.9	86.5
北京市						
农业	42.6(1963)	24.4	14.5	11.7	6.8	4.9
工业	25.2(1963)	42.8	44.9	32.4	24.6	20.9
服务业	32.2(1963)	32.8	40.6	55.9	68.6	74.1

北京市与美国都市就业结构的主要差别是：农业就业比例，美国都市和北京市都下降，2010 年北京农业就业比例高于 1970 年美国都市的农业就业比例；工业就业比例，美国都市持续下降（非工业化），北京市先升后降（先工业化、后非工业化）；服务业就业比例，美国都市和北京市都上升，2010 年北京服务业就业比例与 1980 年美国都市服务业就业比例大致相当。由此可见，2010 年北京就业结构水平大约相当于美国都市 1970～1980 年的水平。

其次，城市发展模式的国际比较。在 1960～2010 年期间，中国百万级城市人口比例上升，但低于世界平均值和中等收入国家平均值（表 3-29），属于分散型城市化；中国最大城市人口比例下降，而且低于高收入国家、中收入国家、低收入国家和世界的平均值（表 3-30）。

在1950~2010年期间,中国大型城市(人口超过100万的城市)人口比例上升,达到42%;中型城市(人口为50万~100万的城市)人口比例上升,达到15%;小型城市(人口少于50万的城市)人口比例下降,达到44%(图3-8)。这与比较不发达国家的发展趋势基本一致(图1-25,表1-52),与比较发达国家的发展趋势略有差别(图1-24,表1-52),比较发达国家中型城市人口比例波动(略有下降),大型城市人口比例上升,小型城市人口比例下降。

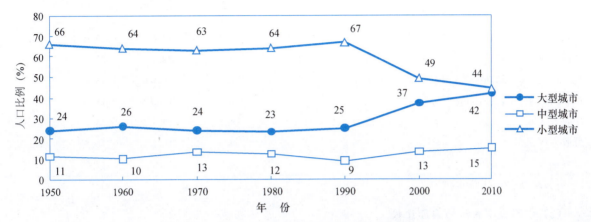

图3-8 1950~2010年中国的城市结构(人口结构)

注:大型城市,人口超过100万;中型城市,人口为50万~100万;小型城市,人口少于50万。
数据来源:United Nations, 2012.

3. 中国城市政治的时序分析

(1) 中国城市政治的变化趋势

中国城市政治的变化趋势,与世界城市政治的变化趋势,既有一致性,也有差异性。

上升变量:政府收入比例(表3-32)等。
转折变量:政府消费比例(表3-33)等。

表3-32 1990~2010年中国政府收入比例的国际比较　　　　　　　　　　　单位:%

地区	1990	1995	2000	2005	2010
中国	6.3	5.4	7.1	9.5	11.5
美国	—	—	—	18.5	16.8
英国	—	34.8	37.1	36.6	36.2
德国	—	30.2	30.3	28.6	28.5
法国	—	42.5	43.2	43.3	42.9
日本	—	—	—	11.8	11.2
高收入国家	—	—	—	24.8	24.0
中收入国家	13.1	—	13.8	16.8	18.0
低收入国家	—	—	—	—	—
世界	—	—	—	23.6	23.0

资料来源:World Bank, 2013.

表 3-33 1960~2010 年中国政府消费比例的国际比较   单位：%

地 区	1960	1970	1980	1990	1995	2000	2005	2010
中国	7.2	7.8	14.9	14.1	13.8	15.8	14.3	13.2
美国	16.4	18.3	16.8	17.0	15.4	14.3	15.8	17.9
英国	16.7	18.2	21.7	19.6	19.3	18.7	21.2	22.8
德国	—	16.4	21.1	19.3	19.4	19.0	18.8	19.5
法国	16.7	17.3	21.4	21.7	23.6	22.9	23.8	24.9
日本	11.5	10.7	14.1	13.3	15.2	16.9	18.4	19.7
高收入国家	14.6	16.2	17.6	17.8	17.5	16.9	18.0	19.6
中收入国家	8.9	10.0	12.8	13.2	13.6	14.2	13.6	14.0
低收入国家	—	—	—	10.9	9.5	10.3	10.6	10.9
世界	13.5	15.1	16.8	17.0	16.7	16.4	17.2	18.6

资料来源：World Bank, 2013.

（2）中国城市政治的国际比较

关于中国城市政治的国际比较需要专题研究，这里以政府收入和消费比例为例。

首先，政府收入的国际比较。1990年以来，中国政府收入占GDP比例，低于高收入国家、中收入国家和世界的平均值。发达国家政府收入比例下降，中国政府收入比例上升。

其次，政府消费的国际比较。1960年以来，中国政府消费占GDP比例，低于高收入国家和世界平均值，与中收入国家平均值大致相当。中国政府消费比例，先升后降。高收入国家、中收入国家和世界政府消费比例的平均值在上升等。

4. 中国城市文化的时序分析

（1）中国城市文化的变化趋势

中国城市文化的变化趋势，与世界城市文化的变化趋势，既有一致性，也有差异性。

上升变量：成人识字率、文化消费比例（表3-34）、文化产业比例、文化遗产保护、研究人员比例、科技论文比例、发明专利比例、妇女避孕率、离婚率、信教人口比例等。

下降变量：家庭消费比例（反映消费观念变化）（表3-35）等。

表 3-34 1990~2010 年中国城镇家庭文化消费

项 目	1990	1995	2000	2005	2010
文教娱乐支出比重/(%)	11.1	9.4	13.4	13.8	12.1
交通通信比重/(%)	1.2	5.2	8.5	13.7	14.7
人均文教娱乐支出/元	112	331	670	1097	1628
人均交通通信支出/元	40	183	427	997	1984
人均国内旅游花费/元	—	—	679	737	883

资料来源：中国统计年鉴的数据汇编.

表 3-35　1970～2010 年中国家庭消费比例的国际比较　　　　　　　　　　　　　　单位：%

地　　区	1970	1980	1990	1995	2000	2005	2010
中国	63	50	47	43	47	38	35
美国	63	63	67	68	69	70	71
英国	61	58	62	63	66	65	64
德国	55	58	58	58	58	59	57
法国	56	57	57	57	56	57	58
日本	49	55	53	55	57	58	59
高收入国家	59	59	60	61	61	61	62
中收入国家	68	61	60	59	59	55	54
低收入国家	—	—	81	81	79	80	77
世界	60	60	60	60	61	60	61

资料来源：World Bank，2013.

(2) 中国城市文化的国际比较

关于中国城市文化的国际比较需要专题研究，这里举例说明。

首先，消费文化的比较。1970 年以来，中国家庭消费占 GDP 比例，从 63% 下降到 35%；高收入国家平均值从 59% 上升到 62%，中收入国家平均值从 68% 下降到 54%，世界平均值为 60%～61%。中国家庭消费比例远远低于世界平均水平，不到世界平均值的 60%。

其次，家庭文化的比较。20 世纪后期以来，中国城市家庭文化发生很大变化，一个突出现象是离婚率上升，结婚率下降。1985 年中国离婚率（离婚结婚比）约为 6%，2010 年上升到 22%。中国发达地区和城市的离婚率，正在向发达国家水平靠近，例如，2010 年上海离婚率达到 36%，与 2005 年日本离婚率持平；2010 年天津离婚率为 35%，北京为 32%（表 3-36）。

表 3-36　中国城市离婚率的国际比较　　　　　　　　　　　　　　单位：%

国　　家	1970	1980	1990	2000	2005	中国地区	2010
中国	—	6(1985)	8	14	22	中国	22
美国	33	49	48	49	47	上海	36
英国	13	38	44	51	50	天津	35
德国	18	28	29	47	51	北京	32
法国	10	24	38	40	55	黑龙江	45
日本	9	18	22	33	36	吉林	42
韩国	4	6	12	36	40	辽宁	40
比利时	9	22	31	60	70	新疆	37
爱沙尼亚	35	47	49	77	66	重庆	36
捷克	24	34	35	54	61	四川	30
匈牙利	24	35	38	49	57	内蒙古	28

注：离婚率＝(当年离婚人数/当年结婚人数)×100%。

资料来源：OECD，2009；中华人民共和国国家统计局，2011.

5. 中国城市环境的时序分析

(1) 中国城市环境的变化趋势

中国城市环境的变化趋势,与世界城市环境的变化趋势,存在一定差异性。

上升变量:人均城市废物、人均 CO_2 排放(表 3-37)、生活废水处理率(表 3-38)、固体废物处理率、人均公园绿地面积(表 3-9)、建成区绿化率等。

下降变量:单位 GDP 的 CO_2 排放、工业废水 BOD 排放密度、单位 GDP 的能源消耗等。

表 3-37　1960~2010 年中国人均 CO_2 排放的国际比较　　　单位:吨/人

地　　区	1960	1970	1980	1990	2000	2005	2010
中国	1.2	0.9	1.5	2.2	2.7	4.4	6.2
美国	16.0	21.1	20.8	19.1	20.2	19.7	17.6
英国	11.2	11.7	10.3	10.0	9.2	9.0	7.9
德国	—	—	—	—	10.1	9.8	9.1
法国	5.8	8.5	9.2	6.8	6.0	6.2	5.6
日本	2.5	7.4	8.1	8.9	9.6	9.7	9.2
高收入国家	7.7	11.4	12.3	11.9	12.1	12.3	11.6
中收入国家	1.0	1.1	1.6	2.0	2.2	2.8	3.5
低收入国家	—	—	0.5	0.7	0.3	0.3	0.3
世界	3.1	4.0	4.4	4.2	4.1	4.6	4.9

资料来源:World Bank, 2013.

表 3-38　1990~2010 年中国城市废水处理率的国际比较　　　单位:%

地　　区	1990	1995	2000	2010
中国	—	—	34	77
美国	66	71	75	74
英国	—	83	95	97
德国	80	89	96	97
法国	57	11	96	96
日本	30	44	71	86
韩国	8	33	71	89

注:中国数据为城市废水处理率,其他国家数据为全国废水处理覆盖的人口比例。

(2) 中国城市环境的国际比较

关于中国城市国际环境的国际比较需要专题研究,这里举例讨论。

首先,城市废物处理的国际比较。2001 年中国城市垃圾处理率达到 58%,2010 年约为 64%(城市约为 78%,县城约为 27%),距离发达国家的差距非常明显(表 3-39)。

表 3-39　中国城市废物处理率的国际比较　　　　　　　　　　　　　单位:%

国家	年份	废物收集率	掩埋率	焚烧率	再利用率	废物处理率
中国	2001	—	—	—	—	58
美国	2001	100	56	15	30	100
英国	2001	100	80	7	12	100
德国	2001	100	25	22	42	89
法国	2001	100	43	32	25	100
日本	2000	100	6	77	15	98
韩国	2002	99.3	42	13	44	98

资料来源:OECD,2004.

其次,城市空气质量的国际比较。2000年以来,中国空气中可吸入颗粒物(PM10)浓度,高于高收入国家、中收入国家、低收入国家和世界平均值(表3-40)。最近几年,中国城市出现大规模雾霾天气,PM2.5浓度严重超标。中国城市空气质量明显低于世界平均水平。

表 3-40　1990～2010 年中国空气中可吸入颗粒物浓度(PM10)的国际比较

单位:毫克/立方米

地区	1990	1995	2000	2005	2010
中国	114	88	88	78	59
美国	30	26	24	22	18
英国	24	21	17	14	13
德国	27	23	22	18	16
法国	18	16	16	14	12
日本	42	36	33	30	24
高收入国家	39	33	31	27	22
中收入国家	99	85	77	63	48
低收入国家	128	104	88	70	54
世界	78	68	63	52	41

资料来源:World Bank,2013.

6. 中国城市居民的时序分析

(1) 中国城市居民的变化趋势

中国城市居民的变化趋势,与世界城市居民的变化趋势,既有一致性,也有差异性。

上升变量:平均预期寿命、老龄人口比例(表3-41)、劳动力文化素质、儿童肥胖率等。

下降变量:童工比例、总和生育率、恩格尔系数、婴儿死亡率、儿童死亡率等。

表 3-41　1961～2010 年中国老龄人口比例的国际比较　　　　　　　单位:%

地区	1961	1970	1980	1990	2000	2005	2010
中国	3.9	3.9	5.1	5.8	6.9	7.7	8.4
美国	9.2	9.8	11.3	12.5	12.4	12.3	13.1
英国	11.8	13.0	14.9	15.7	15.8	16.0	16.6
德国	11.6	13.6	15.6	15.0	16.3	18.9	20.8
法国	11.7	12.9	14.0	14.1	16.0	16.4	16.8
日本	5.8	7.0	9.0	11.9	17.2	19.8	23.0

(续表)

地区	1961	1970	1980	1990	2000	2005	2010
高收入国家	8.5	9.6	11.2	12.0	13.7	14.5	15.3
中收入国家	3.8	4.0	4.5	4.8	5.5	6.0	6.3
低收入国家	3.1	3.1	3.3	3.3	3.5	3.6	3.7
世界	5.1	5.4	6.0	6.2	6.9	7.3	7.7

注：老龄人口为年龄 65 岁和 65 岁以上人口。

资料来源：World Bank, 2013.

(2) 中国城市居民的国际比较

关于中国城市居民的国际比较需要专题研究，这里举两个例子。

首先，城市人口老龄化的国际比较。1970 年以来，中国老龄人口（年龄达到或超过 65 岁人口）比例逐步上升，2001 年达到 7%，开始进入老龄社会。2010 年中国老龄人口比例约为 8.4%，与 1961 年高收入国家平均值（8.5%）基本相当。中国老龄化进程，比发达国家平均晚 50 年。

2010 年城市老龄人口比例约 7.7%，镇老龄人口比例约 8%，农村老龄人口比例约 10%。

其次，城市人口结构的国际比较。1980 年以来，中国进入城市化发展时期，城市化率快速提高，导致城市人口结构的巨大变化（表 3-42）。如果以 1980 年为基点，2010 年城市人口的 61% 为新增人口；以 1990 年为基点，2010 年城市人口的 46% 为新增人口；以 2000 年为基点，2010 年城市人口的 23% 为新增人口；而发达国家和世界平均的新增人口比例要少很多。中国城市新增居民的市民化和福利化，是一个非常严峻的挑战。

表 3-42　1960～2010 年中国城市人口比例和人口结构的国际比较　　　　单位：%

地区	1960	1980	1990	2000	2010	2010－1980*	2010－1990*	2010－2000*
中国	16	19	26	36	49	30(61%)	23(46%)	13(23%)
美国	70	74	75	79	82	8(10%)	7(8%)	3(4%)
英国	78	79	78	79	80	1(1%)	1(2%)	1(1%)
德国	71	73	73	73	74	1(1%)	1(1%)	1(1%)
法国	62	73	74	77	85	12(14%)	11(13%)	8(10%)
日本	63	76	77	79	91	14(16%)	13(15%)	12(13%)
高收入国家	64	72	74	77	80	8(10%)	6(8%)	4(5%)
中收入国家	25	33	38	43	49	16(33%)	11(23%)	6(12%)
低收入国家	11	19	22	24	28	9(33%)	6(22%)	3(12%)
世界	34	39	43	47	52	12(24%)	9(17%)	5(10%)

注：* 括号内数据为在相应时间里，新增城市人口占总城市人口的比例。

资料来源：World Bank, 2013.

三、中国城市四个要素的时序分析

中国城市现代化四个要素的时序分析，涉及城市六个系统和六个领域的许多指标，它们在前面的分析中已有涉及。这里进行一些简要归纳，并用例子进行说明。

1. 中国城市生活的时序分析

中国城市生活的变化趋势，包括经济生活、社会生活、政治生活和文化生活等的变化，与世界城市生活的变化趋势，既有一致性，也有差异性。1980 年以来，中国城市居民的生活条件（表 3-43）、生活方式（表 3-44）和生活质量（图 3-9）发生了很大变化。

表 3-43　1990～2010 年中国城镇居民年末平均每百户家庭拥有的耐用消费品拥有量(城市生活"三化")

方面	指标	1990	1995	2000	2005	2010
机械化	摩托车/辆	2	6	19	25	23
	家用汽车/辆	—	—	1	3	13
电气化	洗衣机/台	78	89	91	96	97
	电冰箱/台	42	66	80	91	97
	彩色电视机/台	59	90	117	135	137
	固定电话/部	—	—	—	94	81
	照相机/架	19	31	38	47	44
	空调器/台	0	8	31	81	112
	淋浴热水器/台	—	30	49	73	85
信息化	移动电话/部	—	—	20	137	189
	家用电脑/台	—	—	10	42	71

注：机械化与电气化有许多交叉；例如，洗衣机既是一种机器，也是一种电器。

资料来源：中华人民共和国国家统计局，2011.

表 3-44　1990～2010 年中国城镇家庭的人均收入和消费结构

项目	1990	1995	2000	2005	2010	2010−1990
人均年收入/元	1516	4279	6296	18 858	21 033	19 517
人均年消费性支出/元	1279	3538	4998	12 265	13 471	12 192
人均消费性支出构成						
(1) 食品/(%)	54.3	50.1	39.4	36.7	35.7	−18.6
(2) 衣着/(%)	13.4	13.5	10.0	10.1	10.7	−2.7
(3) 居住/(%)	7.0	8.0	11.3	10.2	9.9	2.9
(4) 家庭设备用品及服务/(%)	10.1	7.4	7.5	5.6	6.7	−3.4
(5) 医疗保健/(%)	2.0	3.1	6.4	7.6	6.5	4.5
(6) 交通和通信/(%)	1.2	5.2	8.5	12.5	14.7	13.5
(7) 教育文化娱乐服务/(%)	11.1	9.4	13.4	13.8	12.1	1
(8) 其他商品和服务/(%)	0.9	3.2	3.4	3.5	3.7	2.8
(1)+(2)	67.7	63.6	49.4	46.8	46.4	−21.3
(5)+(6)+(7)	14.3	17.7	28.3	33.9	33.3	19

资料来源：中华人民共和国国家统计局，2007，2011.

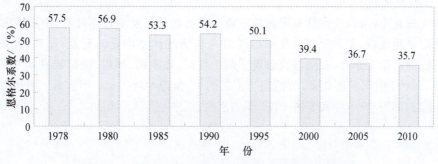

图 3-9　1978～2010 年中国城镇居民家庭恩格尔系数

注：恩格尔系数为食物消费支出占家庭支出的比例(%)。发达国家城市恩格尔系数为 10 左右。

资料来源：中华人民共和国国家统计局，2011.

首先,生活条件的变化。1990年以来,中国城市生活条件发生了"三化":机械化、电气化和信息化(表 3-43)。其中,电气化水平比较高,进步比较快;机械化水平比较低,进步比较慢;信息化起步比前两者晚,但呈现爆发性增长,与国际趋势一致。

其次,生活方式的变化。1978年以来,中国城镇居民消费,食物消费比例从约58%下降到约36%,交通和通信消费比例从约1%上升到约15%,医疗保健消费比例从约2%上升到约7%,教育文化娱乐服务消费比例约为9%~14%,衣着和家庭设备用品及服务消费比例下降,住房和其他服务消费比例上升(表 3-44)。在1990~2010年期间,中国城镇家庭衣食消费比例,从约68%下降到约46%,下降了约21个百分点;卫生、交通通信、教育文化娱乐消费比例,约14%上升到33%,上升了约19个百分点。中国城镇居民生活方式发生很大变化。

其三,生活质量的变化。1980年以来,中国城镇家庭恩格尔系数下降了约21个百分点(从57%下降到36%),中国人平均预期寿命延长了7.9岁(从67岁延长到74.9岁),显示中国城市居民的生活质量已经有大幅提高(表 3-45)。

表 3-45 1960~2010年中国人平均预期寿命的国际比较   单位:岁

地 区	1960	1970	1980	1990	2000	2005	2010
中国	43.5	62.9	67.0	69.5	72.1	74.1	74.9
美国	69.8	70.8	73.7	75.2	76.6	77.3	78.5
英国	71.1	72.0	73.7	75.9	77.7	79.0	80.4
德国	69.3	70.6	72.7	75.2	77.9	78.9	80.0
法国	69.9	71.7	74.1	76.6	79.0	80.1	81.4
日本	67.7	72.0	76.1	78.8	81.1	81.9	82.8
高收入国家	68.1	70.2	72.4	74.6	76.1	77.2	78.6
中收入国家	46.8	57.1	61.6	64.6	67.1	68.6	69.7
低收入国家	41.8	45.7	50.0	53.4	55.7	58.0	60.7
世界	52.5	59.6	63.2	65.7	67.7	69.0	70.3

资料来源:World Bank,2013.

2. 中国城市结构的时序分析

中国城市结构的变化,既包括城市经济、社会、政治、文化、环境和人口结构等的变化,也包括城市空间结构和城市体系的变化,与世界城市结构的变化趋势,具有一致性。

(1) 城市化的变化

现代城市化的起步,可以从定性和定量两个角度进行讨论。从定性角度看,中国城市化起点是19世纪中叶。从定量角度看,如果把城市化率超过10%作为现代城市化的起点,那么,中国现代城市化的起步,大致是20世纪上半叶,比英国大致晚了两个世纪,比美国、德国、法国和日本大致晚了一个世纪(表 3-46)。2010年中国城市化率,大约相当于英国19世纪中叶(1850年前后)、美国1920年左右、法国1930年左右、德国1900年和日本1950年的水平。

表 3-46 1700~2010 年中国城市化率的国际比较　　　　单位：%

地区	1700	1800	1900	1950	2000	2010	1800—1700	1900—1800	1950—1900	2000—1950	城市化起步
中国	4.0*	3.8	4.4**	11	36	49	—	0.6	6.6	25.0	20 世纪
美国	—	—	6.1	40	64	79	82	—	33.9	24.0	15.0	19 世纪
英国	13	20	69	84	79	80	7.0	49.0	15.0	−5.0	18 世纪
德国	4.8	5.5	49	72	73	74	0.7	43.5	23.0	1.0	19 世纪
法国	9.2	8.8	39	56	77	85	−0.4	30.2	17.0	21.0	19 世纪
日本	—	—	12	16**	50	79	91	—	4.0	34.0	29.0	19 世纪
世界	—	—	3	14	28	47	52	—	11.0	14.0	19.0	19 世纪

注：城市化起步从城市化率超过10%算起。* 为1650年的值，** 为1890年的值。1700~1900年为规模在万人以上城市的人口占总人口比例。英国、德国和法国1900年的数据，来自网上文献资料整理，仅供参考。

资料来源：Vries，1984；Woude，Hayami，Vries，1990；United Nations，2012；麦迪森，2003。

19世纪，英国、德国、美国和法国的城市化比较快，日本城市化比较慢，中国城市化没有起步。20世纪上半叶，日本、美国、德国、法国和英国城市化比较快，中国城市化比较慢。20世纪下半叶，日本、中国、法国和美国城市化比较快，英国进入"逆城市化"。

(2) 城市体系结构的变化

20世纪50年代以来，中国城市体系结构的变化趋势，与世界发展趋势基本一致（表3-47、表1-51），与发展中国家的趋势基本一致（表3-47，图 3-8，表1-52，图 1-23），与发达国家的趋势有所差别（表3-47，图 3-8，表1-52，图 1-22）。

表 3-47 1950~2010 年中国城市体系的规模结构

项目	城市人口规模	1950	1960	1970	1980	1990	2000	2010
城市个数/个	1000 万以上	—	—	—	—	—	2	4
	500 万~至 1000 万	—	1	1	2	2	5	10
	100 万~500 万	8	11	14	18	32	57	80
	50 万~100 万	11	14	27	32	38	90	141
占城市人口比例/(%)	1000 万以上	—	—	—	—	—	5	8
	500 万~1000 万	—	6	4	6	5	8	10
	100 万~500 万	24	20	20	18	20	25	23
	50 万~100 万	11	10	13	12	9	13	15
	50 万以下	66	64	63	64	67	49	44

注：占城市人口比例指某类城市的总人口占全部城市人口的比例。加和不等于100，是因为四舍五入。根据《2011年中国城市统计年鉴》的城市辖区年平均人口，2010年中国五类城市数分别为3个、8个、114个、108个和424个，人口比例分别为6%、7%、30%、12%和45%。这些数据与联合国数据有所差别。

资料来源：United Nations，2012。

中国城市数量的变化：1950年以来，大型城市和中型城市的城市数量，都在增加。

中国城市人口结构的变化：1950年以来，人口超过500万的城市，城市人口比例上升；人口在100万到500万的城市，城市人口比例在波动；人口在50万到100万的城市，城市人口比例上升；人口在50万以下的城市，城市人口比例下降。

3. 城市制度的时序分析

关于中国城市制度的时序分析需要专题研究。一般而言，19世纪以来，中国城市逐步从封建城市向大众城市、从传统城市向现代城市转变,城市制度的演进有快有慢。

城市经济制度的变化,比较快,从传统经济、计划经济到市场经济。

城市社会制度的变化,逐步展开,现代教育、卫生和福利制度基本建立。

城市政治制度的变化,比较慢,目前仍然保留一些传统城市的特点。

城市文化制度的变化,官方文化制度变化较慢,民间文化习惯变化较快。

城市环境制度的变化,20世纪后期,开始建立和形成现代环境保护制度。

城市居民制度的变化,20世纪采用"户籍制度"和"计划生育制度"等。

4. 城市观念的时序分析

关于中国城市观念的时序分析需要专题研究。目前,中国城市观念已是开放多元。

城市经济观念的变化,从传统经济、计划经济到市场经济,市民经济意识很浓厚。

城市社会观念的变化,逐步接受现代福利观、家庭观、教育观和卫生观等。

城市政治观念的变化,官方观念变化比较慢,民间观念变化比较快且多元化。

城市文化观念的变化,从封建文化走向市场文化,国际化、科学化和物质主义流行。

城市环境观念的变化,现代生态意识和环境保护观念,逐步成为社会主流观念等。

关于城市发展的观念,发展模式从"限制发展"(限制城市发展)、"控大发小"(控制大城市和发展小城市)到"大中小协调发展",从标准化到摩天大楼、"标新立异"和追逐时尚等。例如,卫星城市、文明城市、宜居城市、创新城市、绿色城市、生态城市、花园城市、世界城市、国际城市、信息城市、数字城市、智慧城市、低碳城市、城市群、城市带、城市圈等。

在一定程度上,中国城市已经成为世界城市发展观念的一个"大拼盘"。

第二节 中国城市现代化的截面分析

中国城市现代化的截面分析,是对它的历史过程的关键时期的截面数据和资料进行分析,时间跨度约为300年(1700~2010年),分析对象选择4个历史截面(1800年、1900年、1970年和2010年),并以2010年截面为重点。目前,中国是一个发展中国家,中国城市现代化的国际差距是全方位的。全面系统的截面分析,需要专门研究和巨大篇幅。这里,我们选择若干方面和若干实例,简要讨论中国城市现代化的截面特征,而不是进行全面分析。

一、中国城市六个系统的截面分析

中国城市六个领域的截面分析,可以用2010年截面为代表,并用若干例子来说明。

1. 中国城市功能和形态的2010年截面

首先,城市功能与城市的行政地位有关。中国城市的行政地位大致有六级:省级城市(直辖市)、副省级城市(省会城市和计划单列城市)、地级城市、县级城市、县城和镇。中国城市的功能与行政地位正相关,行政地位越高,行政功能越强。

目前,中国城市的首要功能是行政功能,然后是经济功能和服务功能等。行政和经济功能比较强,服务和文化功能比较弱,是中国城市功能的普遍现象。

在经济全球化背景下,中国城市纷纷提出建设"世界城市"或"国际城市"的发展目标,以此提升城市经济功能和服务功能,具有一定的合理性。但是,世界城市毕竟是少数。中国绝大多数的城市,不可能成为真正的"世界城市"或"国际城市"。

在经济功能定位方面,有些中国城市没有特色,出现发展战略雷同、发展模式雷同、产业结构雷同、主导产业雷同、经济问题雷同和环境问题雷同等现象。

其次,城市形态与城市政府和城市文化有关。现代中国城市,既是计划经济的产物,也是行政管理的产物。在现行行政管理体制下,城市政府的目标和追求趋同,城市空间结构趋同,城市建设结构趋同,城市建筑文化趋同,标志性建筑、仿古建筑和摩天大楼等大量涌现。

关于城市形态,凤凰网有一个专题:"千城一面:中国城市的悲剧",发人深省。

- 中小城市模仿大城市,大城市模仿外国城市。看到外国城市有标志性建筑,我们的城市也忙不迭地建造标志性建筑;看到大城市流行大厦加广场的建筑模式,中小城市也急匆匆地克隆。
- "南方北方一个样,大城小城一个样,城里城外一个样"。千城一面,不只是物质空间形式上的雷同,而且显示城市文化个性的贫乏。"200个中国城市如同一母同胞",这是中国城市的悲剧!
- 2012年9月,"摩天城市网"发布的《2012摩天城市报告》显示,按照"152米以上的建筑为摩天建筑"的美国标准,根据现有各地的规划,未来十年内,中国将有1318座摩天大楼。摩天大楼建设风潮,已经从一二线城市蔓延到三四线城市。
- 一些古城镇资源丰富的地方,大搞"破旧立新"和"拆旧建新",已经堕入了"千城一面,万屋一貌"的境地。历史文化名城最大的特点就是"多样性",城和城、镇和镇不一样。
- 国家文物局局长单霁翔感叹:"今天,一些城市已经很难找到层次清晰、结构完整、布局生动、充满人性的城市文化形象。"

——凤凰网(http://city.ifeng.com/special/qianchengyimian/)

其三,城市综合指标。城市综合指标有很多,如城市发展指数、城市现代化指数、城市竞争力指数(表3-5)、城市生活质量指数(表3-5)、城市创新能力指数、宜居城市指数、文明城市指数和城市影响力指数等,与城市功能和城市行政地位有关,不同城市差别比较大。

2. 中国城市建筑和住房的2010年截面

首先,城市建筑。2010年中国城市建筑,既有获得各种建筑奖励的精品建筑,也有大量的各类普通建筑(表3-48),高质量建筑和普通建筑并存。在一些传统文化名城,仿古建筑大量涌现。在中国63个城市(包括港澳台),2012年已有摩天大楼575座,在建和待建摩天大楼747座,合计1322座(表3-49)。其中,中国大陆内地的58个城市,2012年已有摩天大楼488座,在建和待建摩天大楼743座,合计1231座。

表3-48 中国建筑的四种分类

分类方法	主要类型
建筑层数	低层(1~3层)、多层(4~6层)、中高层(7~9层)、高层(10层以上)、超高层(100米以上)
建筑用途	民用建筑(居住建筑和公共建筑)、生产建筑(工业建筑、农业建筑)、特殊建筑(国防建筑等)
建筑结构	砖木结构、砖混结构、钢筋混凝土结构、钢结构、其他结构
耐久年限	100年以上(重要建筑)、50~100年(一般建筑)、25~50年(次要建筑)、25年以下(临时建筑)

注:城市住房的使用年限,一般应超过70年。

表 3-49 中国和美国城市的摩天大楼

序号	中国城市	2012年已建摩天大楼/座	在建或待建摩天大楼/座	合计	北美城市	1985年摩天大楼/座
1	上海	88	55	143	纽约	117
2	深圳	56	70	126	芝加哥	39
3	广州	70	46	116	休斯顿	26
4	天津	17	59	76	达拉斯	18
5	香港	67	1	68	旧金山	15
6	南京	27	32	59	波士顿	13
7	沈阳	6	49	55	洛杉矶	13
8	重庆	27	21	48	多伦多	10
9	武汉	12	35	47	匹兹堡	9
10	成都	10	28	38	西雅图	8
11	北京	21	16	37	亚特兰大	8
12	杭州	20	12	32	费城	8
13	贵阳	5	24	29	丹佛	6
14	无锡	7	22	29	明尼阿波利斯	6
15	大连	12	16	28	哥伦布	6
16	苏州	6	15	21	卡尔加里	5
17	南昌	3	17	20	圣路易斯	4
18	厦门	8	12	20	新奥尔良	4
19	长沙	6	12	18	哈特福德	4
20	青岛	10	8	18	印第安阿波利斯	4
21	合肥	5	12	17	图尔撒	4
22	常州	3	12	15	蒙特利尔	3
23	宁波	2	12	14	迈阿密	3
24	昆明	NA	13	13	克里夫兰	3
25	福州	3	9	12	堪萨斯城	3
26	南宁	2	10	12	波特兰	3
27	石家庄	1	11	12	沃思堡	3
28	东莞等36城	81	118	199	底特律等10城	16
29	合计	575	747	1322	合计	361

注：中国大陆：已建 488 座，在建待建 743 座，合计 1231 座。中国澳门：已建 8 座，在建 1 座，合计 9 座。中国台湾：已建 12 座，在建 2 座，合计 14 座。摩天大楼：楼高超过 152 米的非住宅大楼（美国标准）。

资料来源：万斯，2007；摩天城市网(http://www.motiancity.com/)，检索时间：2013-11-10.

其次，城市住房（表 3-50）。20 世纪 90 年代以来，中国城市人均住房面积迅速提高（表 3-7）。目前，中国城市人均住房面积的国际差距依然明显，住房质量和住房价格的差距同样很大。例如，中国城市平均房价收入比（住宅房价中间值与家庭平均年收入之比），2001 年约为 6 倍，已经高于工业化国家 1998 年平均值，高出美国 2000 年平均值的 1 倍多。2005 年北京、上海和天津等 10 个城市平均月供收入比（住房贷款平均月还款占家庭平均月收入的比例），达到 35%，2000 年美国平均值为 21%（表

1-26)。2013年6月《人民日报》报道,北京等一线城市房租收入比(住房平均月租金占平均月收入的比例)达到40%,2000年美国平均值为26%。中国房价过高已经引起全社会的普遍关注,房价问题引发金融危机和社会危机的风险在扩大。

表 3-50 中国城市住房的国际比较

项 目	人均住房面积/平方米	年份	房价收入比/倍(单元房价中间值/家庭平均年收入)	年份	房租收入比/(%)(单元房月租金/家庭平均月收入)	年份
中国城市	31.6(建筑面积)	2010	6.1	2001	40(北京等地)	2013
美国城市	55.1(使用面积)	1999	2.7	2000	25.5	2000
工业化国家城市	—	—	5.8	1998	19.1	1998
发展中国家城市	—	—	8.3	1998	30.4	1998

注:网上资料整理,仅供参考。

3. 中国城市基础设施的 2010 年截面

中国城市基础设施包括硬性基础设施和软性基础设施,这里进行举例分析(表 3-51)。

表 3-51 2010 年中国城市基础设施的国际比较

项 目	自来水普及率/(%)	卫生设施普及率/(%)	普通电话普及率*/(%)	移动电话普及率*/(%)	互联网普及率*/(%)	病床*/(张/千人)	护士*/(个/千人)	医生*/(个/千人)
中国	98	74	22	64	34	3.6	1.5	1.4
美国	100	100	49	92	74	3	9.8	2.4
英国	100	100	54	131	85	3	10.1	2.7
德国	100	100	64	127	82	8.3	11.4	3.6
法国	100	100	56	92	80	6.6	9.3	3.4
日本	100	100	52	97	78	—	4.1	2.1
高收入国家	100	97	48	117	70	4.3	—	2.8
中收入国家	96	76	14	74	23	1.0**	—	1.2
低收入国家	87	47	1	33	5	2.7**	—	0.2
世界	96	80	18	77	30	3.6**	—	1.4
中国与世界平均值的比较								
绝对差距	−2	6	−4	13	−4	—	—	0
相对差距	0.98	1.08	0.82	1.20	0.88	—	—	1.00
中国与高收入国家平均值的比较								
绝对差距	2	23	26	53	36	0.7	—	1.4
相对差距	1.02	1.31	2.18	1.83	2.06	1.19	—	2.00

注:* 为全国平均数,可以"间接"反映城市发展水平。** 为 1990 年的数据。绝对差距=世界平均值−中国值。相对差距=世界平均值/中国值。后同

资料来源:World Bank, 2013.

首先,给排水设施。2010年,中国城市自来水普及率接近发达国家平均水平,但自来水质量没有达到直接饮用标准;中国部分城市的排水设施比较落后,难以应对暴风雨的考验;卫生设施普及率低于世界平均水平,大约26%的城市居民没有抽水马桶。

其次,通信设施。2010年,中国电话普及率和互联网普及率超过世界平均水平,移动电话普及率低于世界平均水平。2010年中国通信基础设施水平,基本达到世界平均水平。

其三,卫生设施。2010年,中国每千人拥有的病床数接近高收入国家平均水平,高于美国和英国;每千人的护士数,低于发达国家和许多发展中国家;每千人医生数,达到世界平均水平。2010年中国卫生设施水平,基本达到世界平均水平,但护士比例太低,管理水平不高。2010年美国、英国和德国每千人约有10个护士,日本有4个护士,中国仅有1.5个护士。

其四,地下基础设施建设。目前,中国城市地下基础设施的发展,虽然受到重视,但起步比较晚,整体水平不高。例如,"地下管廊"或公共沟建设,城市地铁建设等,时间比较短。

其五,基础设施的维护和更新。中国许多城市的历史悠久,基础设施老化和破损现象比较严重。城市基础设施的维护和更新,将是日益严峻的挑战等。

4. 中国城市公共服务的2010年截面

中国政府提出了九类基本公共服务:基本公共教育、劳动就业服务、社会保险、基本社会服务、基本医疗卫生、人口和计划生育、基本住房保障、公共文化体育和残疾人基本公共服务。中国城市公共服务发展不均衡,这里进行举例讨论(表3-52)。

表3-52 2010年中国城市公共服务的国际比较

项 目	人均电力消费/千瓦时	人均能源消费/千克标准油	人均交通能耗/千克标准油	公共教育经费占GDP比例/(%)	高等教育入学率/(%)	公费医疗占全部医疗费用的比例/(%)	卫生经费用占GDP的比例/(%)	人均卫生费用/美元
中国	2944	1881	50	3.1	26	54	5	219
美国	13 395	7162	1108	5.6	95*	48	17.6	8233
英国	5745	3241	241	6.3	60	83	9.6	3495
德国	7162	4033	223	5.1*	NA	77	11.5	4654
法国	7735	4016	113	5.9	57	77	11.7	4618
日本	8378	3916	336	3.8	60	80	9.2	3958
高收入国家	9010	4969	475	5.5	73	63	12.2	4303
中收入国家	1689	1237	58	4.8	25	52	5.7	215
低收入国家	227	357	7	4.2	9	37	5.6	28
世界	2981	1881	133	4.7	30	61	10.3	946
中国与世界平均值的比较								
绝对差距	37	0	83	1.6	4	7	5.3	727
相对差距	1.01	1.00	2.66	1.52	1.14	1.13	2.06	4.32
中国与高收入国家平均值的比较								
绝对差距	6066	3088	425	2.4	47	9	7.2	4084
相对差距	3.06	2.64	9.50	1.77	2.81	1.17	2.44	19.65

注:所有指标为全国平均数,可以"间接"反映城市发展水平。*为2009年的数据。
资料来源:World Bank, 2013.

首先,能源服务。2010年,中国人均能源消费达到世界平均水平,中国人均电力消费低于世界平均水平,人均交通能耗约为世界平均水平的38%。

其次,教育服务。2010年,中国公共教育经费占GDP比例低于世界平均水平,高等教育毛入学率低于世界平均水平。2010年中国公共教育服务低于世界平均水平。

其三,卫生服务。2010年,中国公费医疗占全部医疗经费的比例比世界平均值低7个百分点,卫生经费占GDP比例约为世界平均值的49%,人均卫生经费约为世界平均值的23%。2010年中国医疗卫生服务水平低于世界平均水平等。

5. 中国城市公共管理的2010年截面

中国城市公共管理,既是社会热门话题,也是一个复杂问题。

这里以城市交通管理为例(表3-53)。2010年,中国家庭轿车普及率约为发达国家的10%,公路汽车密度约为美国和法国的50%,城市人口密度大约相当于1990年美国城市平均水平。但是,中国城市交通堵塞现象,从大型城市蔓延到中型城市。这种现象,与城市居民素质有关,与城市交通结构有关;城市交通管理水平不高,也是重要原因。

表3-53 2010年中国交通管理的国际比较

地区	轿车普及率/(辆/千人)	地区	公路汽车密度/(辆/千米)
中国	44	中国	19
美国	423	美国	38
英国	457	英国	77
德国	517	德国	71**
法国	481	法国	37
日本	453	日本	63**
高收入国家	446	韩国	161**
中收入国家	48*	墨西哥	77**
低收入国家	—	高收入国家	39**
世界	124*	OECD国家	39**

注:* 为2009年的数据。** 为2008年的数据。
资料来源:World Bank,2013。

6. 中国城市国际联系的2010年截面

在经济全球化和改革开放的政策背景下,中国城市具有加强国际联系的强大动力。目前,中国城市的国际联系比较多,国际社会联系和文化联系比较少,一些条件比较好的城市与许多国家的城市建立了友好城市关系等。

二、中国城市六个领域的截面分析

中国城市六个领域的截面分析,以2010年截面为代表,同样采用举例说明(表3-54)。

表 3-54 2010 年中国城市六个领域的国际比较

项　　目	人均 GDP /美元	城市人口比例 /(%)	婴儿死亡率 /(‰)	政府消费比例 /(%)	家庭消费比例 /(%)	科研经费比例* /(%)	人均 CO_2 排放 /(吨/人)	老龄人口比例 /(%)
中国	4448	49	13.7	13.2	35	1.7	6.2	8.4
美国	46 616	82	6.3	17.9	71	2.9	17.6	13.1
英国	36 233	80	4.4	22.8	64	1.9	7.9	16.6
德国	40 164	74	3.5	19.5	57	2.8	9.1	20.8
法国	39 186	85	3.5	24.9	58	2.3	5.6	16.8
日本	43 118	91	2.4	19.7	59	3.4	9.2	23
高收入国家	34 927	80	5.6	19.6	62	2.5	11.6	15.3
中收入国家	3792	49	36.0	14	54	1.2	3.5	6.3
低收入国家	515	28	60.1	10.9	77	NA	0.3	3.7
世界	9224	52	37.2	18.6	61	2.2	4.9	7.7
中国与世界平均值的比较								
绝对差距	4776	3	23.5	5.4	26	0.5	−1.3	−0.7
相对差距	2.07	1.06	2.72	1.41	1.74	1.30	0.79	0.92
中国与高收入国家平均值的比较								
绝对差距	30 479	31	−8.1	6.4	27	0.8	5.4	6.9
相对差距	7.85	1.63	0.41	1.48	1.77	1.46	1.87	1.82

注：所有指标为全国平均数，可以"间接"反映城市发展水平。* 为 2009 年数据。
资料来源：World Bank, 2013.

1. 中国城市经济的 2010 年截面

首先，2010 年中国城市经济是一种混合经济，包括农业经济、工业经济、服务经济和知识经济等。与世界发达城市经济相比，中国城市经济的服务密集度、知识密集度、信息密集度和劳动生产率要低很多。中国许多城市的经济特征，与发展中城市相似，包括生产密集、劳动密集、资源密集、中低技术、低生产率、环境退化、规模驱动和投资驱动等。

其次，2010 年中国城市经济效率低于世界平均水平。中国劳动生产率低于世界平均水平（表 3-27），人均国民收入低于世界平均水平，人均 GDP 约为世界平均值的 48%（表 3-54）。

其三，2010 年中国城市经济结构水平不高。例如，北京市与美国都市经济结构的主要差别是：工业比例较高，服务业比例较低（表 3-28）。中国城市服务经济的发展落后于发达国家。

其四，中国城市经济发展模式正在转型。中国政府已经提出了绿色发展和创新驱动战略等。中国城市经济发展模式，正在向市场化、全球化和绿色化转变等。

2. 中国城市社会的 2010 年截面

首先，2010 年中国城市化率低于世界平均水平（表 3-54）。中国百万级城市人口比例和最大城市人口比例都低于世界平均值（表 3-29、表 3-30），属于分散型城市化。

其次，2010 年中国城市社会部分指标已经达到世界平均水平。例如，2010 年中国婴儿死亡率低于世界平均值，但远远高于发达国家平均值。2010 年每千个新生儿的死亡率，中国约为 14 个，美国约为 6 个，英国约为 4 个，世界平均为 37 个。

其三，2010 年中国城市就业结构水平比较低。例如，2010 年北京服务业就业比例与 1980 年美国都市服务业就业比例大致相当,就业结构水平约相当于美国都市1980年水平等。

其四,中国城市社会发展模式正在转变。中国政府提出了新型城镇化战略,智慧城市和低碳城市等新概念被广为接受,大型城市人口比例上升,小型城市人口比例下降等。

目前,中国城市社会的不平等现象比较普遍,例如,教育机会不平等、就医机会不平等、社会福利不平等、贫富差距扩大和收入差距扩大等,社会政策改革势在必行。

3. 中国城市政治的2010年截面

首先,中国城市政治具有明显的中国特色,与发达国家和多数发展中国家有很大不同。

其次,2010年中国政府收入比例低于世界平均值(表3-32)。

其三,2010年中国政府消费比例低于世界平均值(表3-54)等。

4. 中国城市文化的2010年截面

首先,2010年中国城市文化既有共性又有多样性。共性部分包括科学文化、生态文化、网络文化和文化产业发展等。多样性部分涉及文化观念和文化习惯等。

其次,2010年中国城市消费文化依旧保守。2010年中国家庭消费比例,在世界上排倒数第8位(158个国家和地区有统计数据),中国家庭消费比例约为世界平均值的57%(表3-54)。

其三,2010年中国家庭文化在向发达国家靠近。例如,2010年中国离婚率达到22%,中国部分城市如上海、北京和天津等的离婚率,达到或接近日本水平(表3-36)。

其四,中国部分城市科学文化比较发达。例如,2009年中国科研经费占GDP比例,在世界上排名第22位,高于意大利和西班牙等。中国科学研究活动,主要集中在大中城市。

5. 中国城市环境的2010年截面

首先,2010年中国人均CO_2排放超过世界平均水平(表3-54)。中国城市的"热岛效应"非常明显,城区温度高于郊区温度。

其次,2010年中国城市废水处理率达到77%(表3-38)。发达国家废水处理已经从城市扩展到农村,OECD国家统计数据为废水处理的人口覆盖率。

其三,2010年中国城市废物处理率为64%。发达国家废物处理率一般超90%(表3-39)。

其四,2010年中国多数城市的空气质量比较差。例如,2010年中国空气中可吸入颗粒物(PM10)浓度,高于高收入国家和世界平均值(表3-40);许多城市出现大规模雾霾天气,PM2.5浓度严重超标。中国城市平均的空气质量,低于世界平均水平等。

6. 中国城市居民的2010年截面

首先,2010年中国城市平均进入老龄社会。2001年中国老龄人口比例超过7%,全国平均进入老龄社会。2010年中国老龄人口比例约为8.4%,高于世界平均值(表3-54)。

其次,2010年中国城市新增人口多数来自农村。如果以2000年为基点,2010年中国城市人口的23%为新增人口,新增人口中绝大多数是农村移民,是城市新居民。

其三,2010年中国城市外来务工人员多数来自农村。随着城市化和工业化推进,越来越多中国农民进入城市务工。这些农村来的工人,并没有获得"市民待遇"等。

2010年中国城市的人口结构非常复杂,既有原有城市居民,又有来自农村和其他城市的新增城市居民,还有大量流动人口和进城务工的农民。

三、中国城市四个要素的截面分析

中国城市四个要素的截面分析选择4个截面为对象,重点是2010年截面。其中,1800年和1900年截面,反映从传统城市向现代城市的转变过程的截面特点,1970年截面反映现代城市的特征;2010

年截面大致可以反映信息城市的特征。

1. 中国城市四个要素的 2010 年截面

一般而言,2010 年截面反映 21 世纪初的特征,可以采用 2000~2010 年期间的数据。

(1) 中国城市生活的 2010 年截面

2010 年中国城市生活涉及方方面面,包括经济生活、社会生活、政治生活、文化生活和家庭生活等,大中城市和发达地区的城市生活具有电气化、信息化、绿色化和国际化等特点。中国城市生活的生活条件和生活质量,既有国际差距,又有地区和城际差别,需要专题研究。

首先,2010 年中国城市生活条件。中国城市电视、空调和移动电话(手机)的家庭拥有率已经达到 100%,洗衣机、电冰箱和热水器家庭拥有率分别达到 97%、97% 和 85%,电脑家庭拥有率达到 71%,汽车家庭拥有率约为 13%(表 3-55)。汽车拥有率大大低于发达国家水平。

表 3-55 2010 年中国城市生活的基本情况

地区	平均预期寿命/岁	中国城镇居民家庭平均每百户年底耐用消费品拥有量		中国城镇家庭的收入和消费结构	
中国	74.9	摩托车/辆	23	人均年收入/元	21 033
美国	78.5	家用汽车/辆	13	人均年消费性支出/元	13 471
英国	80.4	洗衣机/台	97	人均消费性支出构成	
德国	80.0	电冰箱/台	97	食品/(%)	35.7
法国	81.4	彩色电视机/台	137	衣着/(%)	10.7
日本	82.8	固定电话/部	81	居住/(%)	9.9
高收入国家	78.6	照相机/架	44	家庭设备用品及服务/(%)	6.7
中收入国家	69.7	空调器/台	112	医疗保健/(%)	6.5
低收入国家	60.7	淋浴热水器/台	85	交通和通信/(%)	14.7
世界	70.3	移动电话/部	189	教育文化娱乐服务/(%)	12.1
中国-世界	4.6	家用电脑/台	71	其他商品和服务/(%)	3.7

注:资料来源同表表 3-43,表 3-44,表 3-45。

其次,2010 年中国城市生活方式。2010 年中国城镇家庭的消费比例,衣食约占 46%,交通和通信约占 15%,教育文化娱乐消费约占 12%,住房约占 10%,医疗保健约占 7%,家庭设备用品及服务约占 7%,其他约占 4%(表 3-55)。

其三,2010 年中国城市生活质量。2010 年中国城镇家庭人均收入达到 21 000 多元人民币,人均消费性支出达到 13 000 多元人民币,城镇家庭恩格尔系数约为 36%,中国人平均预期寿命约为 74.9 岁,比世界平均值多 4.6 岁。中国城市生活质量的部分指标达到世界平均水平。

(2) 中国城市结构的 2010 年截面

根据《2011 年中国城市统计年鉴》,2010 年中国有城市 657 个,其中,超大城市(人口超过 1000 万) 3 个,特大城市(人口 500 万~1000 万)8 个,大型城市(人口 100 万~500 万)114 个,中型城市(人口 50 万~100 万)108 个,小城市(人口少于 50 万)424 个;大城市(超大、特大和大型城市)人口约占全部城市人口的 43%,中城市人口约占 12%,小城市人口约占 45%。

根据《联合国城市化展望 2011》,2010 年中国大城市(人口超过 100 万)人口约占城市人口的 42%,中城市(人口为 50 万~100 万)人口约占 15%,小城市(人口少于 50 万)人口约占 44%(表 3-56)。中国城市结构与美国比较相似,与英国、德国、法国和日本有比较大的差别。

表 3-56 2010 年中国城市体系结构的国际比较

项目	城市人口规模	中国	美国	英国	德国	法国	日本	世界	中国/世界
城市个数/个	1000 万以上	4	2	0	0	1	2	23	0.17
	500 万~1000 万	10	4	1	0	0	0	38	0.26
	100 万~500 万	80	38	4	4	3	6	388	0.21
	50 万~100 万	141	36	6	10	6	3	513	0.27
占城市人口比例/(%)	1000 万以上	8.4	13.1	0.0	0.0	19.7	42.2	21.4	0.39
	500 万~1000 万	10.4	10.4	18.1	0.0	0.0	0.0	9.9	1.01
	100 万~500 万	23.0	33.7	14.7	12.5	7.4	13.2	7.5	3.07
	50 万~100 万	14.6	10.1	8.5	9.3	8.2	1.5	9.9	1.47
	50 万以下	43.6	32.8	58.7	78.2	64.7	43.0	51.3	0.85

注：根据《2011 年中国城市统计年鉴》的城市辖区年平均人口数，2010 年中国五类城市数分别为 3 个、8 个、114 个、108 个和 424 个，人口比例分别为 6%、7%、30%、12%和 45%。它们与联合国数据有些差别。

资料来源：United Nations, 2012.

(3) 中国城市制度的 2010 年截面

2010 年中国城市经济制度，属于一种混合经济制度，包括计划经济和市场经济。

2010 年中国城市社会制度，现代教育、卫生和福利制度已经基本建立。

2010 年中国城市政治制度，中国特色的社会主义"民主集中制"。

2010 年中国城市文化制度，包括文化审查制度和文化产业制度等。

2010 年中国城市环境制度，现代环境保护制度已经建立。

2010 年中国城市居民制度，包括"户籍制度"和"计划生育制度"等。

(4) 中国城市观念的 2010 年截面

2010 年中国城市经济观念，属于计划经济与市场经济的混合体。

2010 年中国城市社会观念，已经具有现代福利观、家庭观、教育观和卫生观等。

2010 年中国城市政治观念，多种观念并存，主流观念、民间观念和学术观点等。

2010 年中国城市文化观念，多种文化并存，包括传统文化、现代文化和网络文化等。

2010 年中国城市环境观念，现代生态意识和环境保护观念，成为社会主流观念等。

关于城市发展的观念，同样是多种观念并存。例如，摩天大楼、"标新立异"、文明城市、宜居城市、创新城市、绿色城市、生态城市、花园城市、世界城市、国际城市、数字城市、智慧城市、低碳城市、城市群、城市带、城市圈等。

2. 中国城市四个要素的 1970 年截面

(1) 中国城市生活的 1970 年截面

1970 年中国城市人口比例约为 17%，大约 83%的中国人生活在农村（表 3-57）。1970 年中国人平均预期寿命约为 63 岁，家庭消费比例为 63%，它们都超过世界平均水平。1970 年中国老龄人口比例约为 4%，婴儿死亡率为 79‰，每千人拥有不到 1 个医生，大学入学率约为 1‰，公共教育经费比例约为 1.3%，政府消费比例为 7.8%，它们都低于世界平均水平。

表 3-57　1970 年中国城市生活的国际比较

地　区	城市化率 /(%)	老龄人口比例 /(%)	平均预期寿命 /(岁)	婴儿死亡率 /(‰)	医生 /(个/千人)	大学入学率 /(%)	公共教育经费比例 /(%)	政府消费比例 /(%)	家庭消费比例 /(%)
中国	17	3.9	62.9	79.0	0.9	0.1	1.3	7.8	63
美国	74	9.8	70.8	19.9	1.2	47.1*	7.4	18.3	63
英国	77	13	72	18.0	0.9	14.5*	5.3	18.2	61
德国	72	13.6	70.6	22.0	—	—	—	16.4	55
法国	71	12.9	71.7	15.1	1.2	18.6*	4.7	17.3	56
日本	72	7	72	13.4	1.1	17.6*	3.9	10.7	49
高收入国家	69	9.6	70.2	24.8	—	28.6	4.6	16.2	59
中收入国家	29	4	57.1	104.4	—	4.3	3.5	10	68
低收入国家	15	3.1	45.7	143.4	—	1.6			
世界	37	5.4	59.6	97.6		10.0	3.7	15.1	60

注：* 为 1971 年数据。所有指标为全国平均数，可以"间接"反映城市发展水平。

资料来源：World Bank, 2013.

1970 年中国城市处于计划经济时期，"文化大革命"尚未结束。城市生活是"国家计划"的，生活用品凭票购买，包括粮票、肉票、布票、糖票、肥皂票和自行车票等。城市居民的日常生活贫困，政治生活挂帅，文化生活贫乏。城市普通家庭没有电话、电视、洗衣机、电冰箱等。

(2) 中国城市结构的 1970 年截面

1970 年中国城市体系中，特大城市（人口为 500 万～1000 万）1 个，大型城市（人口为 100 万～500 万）14 个，中型城市（人口为 50 万～100 万）27 个，小型城市（人口少于 50 万）人口约占全部城市人口的 64%（表 3-58）。

表 3-58　1970 年中国城市体系结构的国际比较

项　目	城市人口规模	中国	美国	英国	德国	法国	日本	世界	中国/世界
城市个数 /个	1000 万以上	0	10	0	0	0	10	20	0.00
	500 万～1000 万	1	20	10	0	10	10	150	0.01
	100 万～500 万	14	22	50	30	20	60	1280	0.01
	50 万～100 万	27	23	40	100	40	00	1860	0.01
占城市人口比例 /(%)	1000 万以上	0.0	10.5	0.0	0.0	0.0	31.3	2.9	0.00
	500 万～1000 万	4.3	10.0	17.5	0.0	22.8	12.6	8.0	0.54
	100 万～500 万	19.7	27.2	22.1	11.1	6.4	12.2	18.0	1.09
	50 万～100 万	12.6	10.6	6.5	11.2	7.4	0.0	9.4	1.34
	50 万以下	63.5	41.6	53.9	77.6	63.5	44.0	61.6	1.03

资料来源：United Nations, 2012.

(3) 中国城市制度和观念的 1970 年截面

1970 年中国城市制度为计划经济制度，城市观念为计划经济观念等。

3. 中国城市四个要素的其他截面

(1) 中国城市四个要素的 1900 年截面

根据《世界经济千年史》（麦迪森，2003），1890 年中国城市化率约为 4.4%。根据《帕尔格雷夫世界历史统计》(米切尔,2002),1900年中国城市人口超过50万的城市大约有:西安、广州、武汉、天津、北京、上海、福州和重庆市等;城市人口达到或超过20万的城市大约有:常州、苏州、成都、杭州、兰州、南阳、南昌、长沙、太原、南京和无锡市等(表3-59)。

表3-59　1900年中国的城市人口

城　市	人口/千人	城　市	人口/千人	城　市	人口/千人
西安	1000	兰州	337	厦门	96
广州	900	南阳	260	汕头	60
武汉	870	南昌	233	大连	54
天津	750	长沙	230	齐齐哈尔	50
北京	700	太原	230	张家口	47
上海	651	南京	208	伊春	45
福州	624	无锡	200	乌鲁木齐	40
重庆	620	沈阳	180	徐州	40
常州	500	青岛	121	南宁	25
苏州	500	贵阳	100	包头	20
成都	475	吉林	100	哈尔滨	20
杭州	350	济南	100		

资料来源:米切尔,2002.

1900年中国社会为传统农业社会,除少数城市(如沿海沿江城市和台北市等)具有一些现代气息外,其他城市都是传统城市,沿袭传统生活方式,没有自来水、电灯、电话和电车等。一般而言,传统城市的生活、结构、制度和观念都是传统的;部分具有现代气息的城市,在城市生活、结构、制度和观念等方面,多少具有一些现代要素。

(2) 中国城市四个要素的1800年截面

根据《世界经济千年史》(麦迪森,2003),1800年中国城市化率约为3.8%。1800年中国处于传统农业社会,所有城市都没有现代气息,城市生活、结构、制度和观念都属于传统性的。1800年中国大城市有:北京、广州、杭州、苏州、西安和南京市等(表3-60)。

表3-60　1600～1800年中国的城市人口　　　　　　　　　　　　　单位:千人

城　市	1600	1650	1700	1750	1800
北京	706～1000	470	650	900	1100
杭州	270	281	303	340	387
南京	194	178	—	—	—
广州	180	200	200	400	800～1000
西安	138	—	167	195	224
苏州	—	—	—	—	243

注:网上资料整理。http://en.wikipedia.org/wiki/Historical_urban_community_sizes. 检索时间:2013-8-15.

第三节 中国城市现代化的过程分析

中国城市现代化包括国家、地区和城市三个层次的城市现代化。在本报告里,我们重点关注国家层次的城市现代化,主要讨论它的历史进程(1860~2010年)、客观现实(2010年)和未来前景(2010~2100年)。关于地区和城市层次的城市现代化,需要专门研究。

一、中国城市现代化的历史进程

中国城市现代化是中国现代化的一个组成部分。事实上,中国现代化的早期进程,主要发生在城市地区。在一定程度上,中国现代化的早期进程,就是中国城市现代化的早期进程。从定性分析角度看,中国现代化的起步,就是中国城市现代化的起步;从定量分析角度看,中国城市现代化的起步,大致发生在20世纪(表3-46)。1950年前,中国现代化进程与中国城市现代化进程相比,两者有很大的重合度。从这个角度看,中国城市现代化的过程分析,可以先讨论中国现代化进程,然后讨论中国城市现代化进程。

1. 中国现代化的历史进程

关于中国现代化的历史分析已有不少研究,例如,罗兹曼(1988),张琢(1992),罗荣渠和牛大勇(1992),胡福明等(1994),许纪霖和陈达凯(1995),周积明(1996),虞和平(2002)等。历年的《中国现代化报告》,分别对中国现代化历史进程的不同领域有系统分析。

这里简要介绍《中国现代化报告2010:世界现代化概览》关于中国现代化进程研究的部分内容,主要涉及中国现代化进程的四个因素:阶段、特点、动力和模式。

(1) 中国现代化的主要阶段

目前,中国学术界比较普遍的看法是,中国现代化可以分为三个阶段,它们是1840/60~1911年、1912~1949年、1949年至今。第一个阶段是清朝末年的现代化起步,第二个阶段是民国时期的局部现代化,第三个阶段是新中国(中华人民共和国)的全面现代化(表3-61)。

表 3-61 中国现代化的历史阶段

阶段	时期	大致时间	历史阶段	经济	社会	政治	文化
现代化起步 (清朝末年)	准备	1840~1860	鸦片战争	外资造船和银行	引进科学知识	封建制	师夷制夷
	起步	1860~1894	洋务运动	外资和官办工业	现代运输和教育	政府改革	中体西用
	调整	1895~1911	维新新政	民办轻工业	现代教育和卫生	维新立宪	启蒙思想
局部现代化 (民国时期)	探索	1912~1927	北洋政府时期	民办工业化	现代教育的发展	共和制	新文化运动
	探索	1928~1936	国民政府早期	官办工业化	交通运输和教育	权威政治	三民主义
	调整	1937~1949	战争时期	战时工业化	局部社会现代化	战时政治	现代文化
全面现代化 (新中国)	探索	1949~1977	计划时期	工业化和计划性	教育、卫生和福利	共和制	新民主主义
	市场化	1978~2001	改革时期	工业化和市场化	城市化和信息化	改革开放	大众文化
	全球化	2002~至今	追赶时期	新型工业化 绿色化、知识化	新型城市化 福利化、信息化	政治文明 民主化	文化产业化 网络文化

注:本表内容只是一个提纲,是从现代化角度看历史,不是对历史阶段的全面阐述。
参考资料:罗荣渠,1993;许纪霖和陈达凯,1995;周积明,1996;虞和平,2002;冯天瑜、何晓明,周积明,2005;袁行霈等,2006;中国现代化战略研究课题组等,2005,2006,2007,2008,2009,2010.

关于中国现代化的起步时间,目前仍然有争议。一般而言,中国现代化起步大致发生在19世纪中叶。有人认为,中国现代化的启蒙思想可以追溯到16世纪(许苏民,2006)。

如果说,16世纪是中国现代化的萌动,17~18世纪是中国现代化的中断,19世纪是中国现代化的起步,那么,20~21世纪是中国现代化的全面展开。从19世纪算起,中国现代化将是一个持续约300年的历史过程(19~21世纪)。从文明进步的角度看,如果说,18世纪是中华文明失落的100年,19世纪是中华文明觉醒的100年,20世纪是中华文明奋起的100年,那么,21世纪将是中华文明复兴的100年。城市现代化将在其中发挥重要作用。

(2) 中国现代化的主要特点

关于中国现代化的特点,需要专题研究,而且见仁见智。一般而言,国家现代化既有共性也有个性(多样性)。中国现代化的特点,既有世界范围的国家现代化的共性特点,也有中国的特色,而且不同阶段有不同特点(表3-62)。

表3-62 中国现代化的类型和特点

项目	观察角度	中国现代化的类型和特点	注
一般特点	起步时间	后发型现代化	1840~2012年期间
	人口规模	人口规模最大的现代化	
	现代化性质	追赶型现代化	
	现代化过程	曾经多次中断或倒退的现代化	
	现代化模式	工业化优先(城市化和民主化滞后)	
起步阶段的特点	起步原因	被动型现代化	1840~1911年期间
	知识来源	外源型现代化、学习型现代化	
	现代化阶段	第一次现代化(经典现代化)	
	现代化性质	封建王朝主导的现代化	
局部现代化阶段	知识来源	外源型现代化、学习型现代化	1911~1949年期间
	现代化阶段	第一次现代化(经典现代化)	
	现代化性质	集权政府主导的现代化	
全面现代化阶段	知识来源	跟进型现代化(创新和学习)	1949~2005年期间
	现代化阶段	第一次现代化(经典现代化)	1949~1997年期间
	现代化阶段	综合现代化(两次现代化并存)	1998~2005年期间
	现代化性质	计划型现代化(计划经济模式)	1949~1977年期间
	现代化性质	市场型现代化(市场经济模式)	1978~2012年期间

资料来源:中国现代化战略研究课题组,中国科学院中国现代化研究中心,2010.

(3) 中国现代化的主要动力

中国现代化是后发型现代化,在不同阶段的动力有所不同(表3-63)。一般而言,后发型现代化的动力来源于外部和内部,民族独立和国际追赶是重要的动力因素。

表3-63 中国现代化的主要动力

项目	现代化起步阶段	局部现代化阶段	全面现代化阶段
外部动力因素	西方经济扩张、外国租界和西方文化的双重效应等(周积明,1996),国际战争和国际竞争的压力可以部分转化为动力	西方经济扩张的双重效应,维护国家主权的需要等	国际技术援助,国际技术扩散和国际竞争等
内部动力因素	清朝的自我拯救,传统文化中的忧患意识、民族意识和变革思想,民族资本主义的发展,现代科技和教育思想的传播等	局部工业化,资本积累,市场竞争,实业救国和战时经济等	追赶战略,资本积累,工业化,市场化,改革开放和技术创新等

资料来源:中国现代化战略研究课题组,中国科学院中国现代化研究中心,2010.

(4) 中国现代化的路径和模式

中国现代化进程大致分为三个阶段,不同阶段的现代化路径和模式有所不同(表3-64)。

表 3-64 中国现代化的路径和模式

项　　目	现代化起步阶段	局部现代化阶段	全面现代化阶段
路径	第一次现代化	第一次现代化	1949~1977年,第一次现代化 1977~2001年,第一次现代化 2002年以来,综合现代化(两次现代化的协调发展)
主要模式	工业化优先模式,追赶型工业化,进口替代	工业化优先模式,追赶型工业化,战时工业化,进口替代	1949~1977年,工业化优先,计划经济,进口替代 1977~2001年,工业化优先,市场化,出口导向 2002年以来,新型工业化,新型城市化,民主化,知识化,信息化,绿色化和全球化

资料来源:中国现代化战略研究课题组,中国科学院中国现代化研究中心,2010.

2. 中国城市现代化的进程概述

中国城市现代化进程是中国城市史的一个组成部分,涉及中国城市史、中国城市化和中国城市现代化等。中国学者在这些领域做了大量研究(表3-65)。例如,城市史论著有:《中国城市发展与建设史》(庄林德等,2002)、《中国城市发展史》(傅崇兰等,2009)、《中国城市史》(何一民,2012)等;城市化论著有:《中国城市化之路》(叶裕民,2001)、《中国区域发展报告2006:城镇化进程及空间扩张》(陆大道,2007)、《中国城市化》(顾朝林等,2008)、《中国城市化进程》(范恒山,2009)、《中国城市化道路新论》(陈甬军等,2009)、《中国新型城市化报告2009》(牛文元,2009)、《中国数字城市发展研究报告》(仇保兴,2011)等;城市现代化论著有:《中国沿海发达地区现代化带动战略研究》(樊杰,陆大道等,2001)、《城市现代化研究》(朱铁臻,2002)、《中国城市化和城市现代化》(陈颐,1998)等。

表 3-65 中国国家图书馆收藏的三种图书

图书检索	中国城市史	中国城市化	中国城市现代化
题名检索的检索结果/部	19	230	17
关键词检索的检索结果/部	130	450	36
全部字段检索的检索结果/部	460	960	110

注:检索时间:2013-11-20。

这里简要介绍中国城市现代化进程的三个问题:起点、阶段和主要特点。

(1) 中国城市现代化的起步

关于中国城市现代化的起点没有统一认识。城市现代化涉及城市政治、经济、社会和文化等各个领域的变化,涉及城市体系结构的变化,可以从定性和定量两个角度进行分析。

首先,从定性分析角度看,中国城市现代化起步于19世纪中期。城市政治领域的现代变迁,可能发生在20世纪初,第一个市政机构的成立,可以作为一个标志;城市经济领域的现代转变,可以追溯到19世纪60年代,第一家机械工业企业的建立,可以作为一个标志;城市社会领域的现代转变,可以追溯到19世纪后期,第一次发电照明和第一个自来水厂,可以作为标志;城市文化领域的现代转变,可以追溯到19世纪60年代前后,第一台蒸汽机的制造和第一份报纸的发行,可以作为标志(表3-66)。由此可见,中国城市现代化的发端,可以追溯到19世纪中期,大致可以1860年为起点。

表 3-66 中国城市现代化的起步

领 域	典型事件	发生时间、地点或人物
政治	第一个市政机构:上海城厢内外工程总局	1905年,上海
	上海城自治公所	1909年,上海
	上海市政厅	1911年,上海
	第一个警察机构:保定警务总局	1902年,保定
	第一个地方自治法规:《城镇乡地方自治章程》	1909年,清政府颁布
经济	第一个制造近代兵器的部门:安庆内军械所	1861年,安庆
	第一家机械工业企业:江南制造局	1865年,上海
	第一家棉纺织工业企业:上海机器织布局	1880年,上海
	第一条自建铁路:唐胥铁路	1881年,唐山—胥各庄
	第一家钢铁工业企业:青溪铁厂	1890年,贵州
	第一家水泥厂:唐山细棉土厂	1890年,唐山
	第一个政府工商管理机构:农工商总局	1898年,清政府
	第一个工商企业注册制度:《公司注册试办章程》	1904年,清政府
社会	第一次发电照明:兴市公司	1888年,台北
	第一家自来水厂:上海内地自来水公司	1897年,上海
	第一所大学:天津北洋西学学堂(现为天津大学)	1895年,天津
	第一所国立大学:京师大学堂(现为北京大学)	1898年,北京
	第一个电话局:南京电话局	1900年,南京
	第一个公共卫生管理机构:天津卫生总局	1902年,天津
	第一家公立医院:京师内外城官医院	1906年,北京
	第一个实施义务教育的法令:《强迫教育章程》	1906年,清政府
	第一家城市公共交通公司:华商电车公司	1912年,上海
文化	第一份自办报纸:《香港船头货价报》、《中外新报》	1857年,香港
	第一台蒸汽机:火轮船汽机	1862年,安庆市,徐寿、华蘅芳
	第一个科学教育机构:格致书院	1876年,上海
	第一部电影:《定军山》	1905年,北京
	第一次全国扫盲教育:设立简易识字学塾	1910年,清政府
	第一个公共体育场:上海公共体育场	1917年,上海

资料来源:汪林茂,1998.

其次,从定量分析角度看,中国现代城市化的起步大致是 20 世纪上半叶(表 3-46)。中国城市化率,在 1500~1890 年期间,在 390 年里仅提高了 0.6 个百分点,几乎没有什么变化(表 3-67)。在 1890~1949 年期间,近 60 年里,中国城市化率从 4.4% 提高到 10.6%,提高了 6.2 个百分点。现代城市化是城市现代化的重要内涵。从定量分析角度看,现代城市化的起点可以看成是城市现代化的起点,中国城市现代化的起点大致是 20 世纪上半叶。

表 3-67　1500～2012 年中国城市化率的国际比较　　　　　　　　　单位:%

地　区	1500	1600	1700	1800	1900	1950	2000	2012
中国	3.8	4.0*	4.0*	3.8	4.4**	11	36	52
比利时	21	19	24	19	57	92	97	98
荷兰	16	24	34	29	33	83	77	84
意大利	15	17	15	18	40	54	67	69
西班牙	6.1	11	9	11.1	32	52	76	78
法国	4.2	5.9	9.2	8.8	44	56	77	86
德国	3.2	4.1	4.8	5.5	56	72	73	74
英国	3.1	5.8	13	20	69	84	79	80
葡萄牙	3	14	12	8.7	13**	19	54	62
日本	2.9	4.4	—	12	16**	50	79	92
美国	—	—	—	6.1	40	64	79	83
世界				3	14	28	47	53

注:* 为 1650 年的值,** 为 1890 年的值。1500～1900 年为规模在万人以上城市的人口占总人口比例。英国、德国和法国 1900 年的数据,来自网上文献资料整理,仅供参考。
资料来源:Vries,1984; Woude, Hayami, Vries, 1990; United Nations, 2012;麦迪森,2003。

(2) 中国城市现代化的发展阶段

中国城市现代化的阶段划分,可以参照中国现代化的阶段划分。19 世纪中期以来,中国城市现代化的前沿过程大致分为三个阶段:清朝末年的城市现代化起步、民国时期的局部城市现代化、新中国的全面城市现代化(表 3-68)。

表 3-68　中国城市现代化的发展阶段

阶　段	大致时间	历史阶段	城市现代化的主要内容和特点(举例)
城市现代化起步 (清朝末年)	1840～1860 1860～1894 1895～1911	鸦片战争 洋务运动 维新新政	城市工业化、电气化、自来水、铁路交通、公共卫生、公共教育、义务教育、城镇自治等
局部城市现代化 (民国时期)	1912～1927 1928～1936 1937～1949	北洋政府时期 国民政府早期 战争时期	城市化、工业化、机械化、电气化、自来水、公共交通、公共卫生、公共教育、科学事业、大众文化等
全面城市现代化 (新中国)	1949～1977 1978～2001 2002 至今	计划时期 改革时期 全球化时期	城市化、工业化、义务教育、计划经济、户籍管理 城市化、工业化、市场化、福利化、信息化等 新城市化、新工业化、信息化、生态化、国际化等

注:本表内容只是一个提纲,不是全面阐述。2001 年中国成为 WTO 正式成员,参与经济全球化。

首先,清朝末年的城市现代化起步(约 1860～1911)。清朝末年的城市现代化,在经济、社会和文化等领域有一些作为,政治变化比较少,变化主要发生在有限的几个城市。根据《中国走向近代化的里程碑》一书(汪林茂,1998)的记录,下面简要介绍各个领域的进展。

政治领域:政治改革起步。清政府颁布了第一个《城镇乡地方自治章程》(1909),上海建立了第一个城市市政机构(1905～1909),保定建立了第一个警务总局(1902)等。

经济领域:工业化和经济现代化起步。清政府设立了农工商总局(1898),颁布了《公司注册试办章程》(1904)、《大清商律》(1904)和《商标注册试办章程》(1904)等。现代工业开始起步,如第一个制造近代兵器企业——安庆内军械所(1861)、第一家机械工业企业——江南制造局(1865)、第一家近代造船厂——福州船政局(1866)、第一座近代煤矿——基隆煤矿(1878)、第一家棉纺织企业——上海机器织布局(1880)、第一家机器造纸厂——上海机器造纸局(1884)、第一家钢铁企业——青溪铁厂(1890)、第一家水泥厂——唐山细棉土厂(1890)、第一家百货公司——香港先施公司(1900)、上海开办第一家自办银行——中国通商银行(1897)等。第一条自建铁路开通——唐胥铁路(1881)等。

社会领域:社会现代化起步。清政府制订了第一个全国实施的近代学制——癸卯学制(1904),第一个实施义务教育的法令:《强迫教育章程》(1906)等。现代教育起步,例如,建立第一所普通小学——上海正蒙书院(1887)、第一所普通中学——天津北洋西学学堂二等学堂(1895)、第一所大学——天津北洋西学学堂(1895),第一所国立大学——京师大学堂(1898)等。现代城市公共卫生起步,例如,第一个公共卫生管理机构——天津卫生总局(1902)、第一家公立医院——京师内外城官医院(1906)等。现代城市基础设施建设起步,如第一次发电照明——台北兴市公司(1888)、第一家自来水厂——上海内地自来水公司(1897)、第一条电报线——台北到高雄电报线(1877)、第一个电报局——天津电报总局(1880)、第一个电话局——南京电话局(1900)等。

文化领域:文化现代化起步。清政府建立了第一个专利制度——《振兴工艺给奖章程》(1898),颁布了第一部版权法——《大清著作权律》(1910),开展了全国第一次扫盲教育活动——设立简易识字学塾活动(1910)等。科学事业和科学文化起步,例如,制造了第一台蒸汽机——火轮船汽机(1862)、建立第一个科学教育机构——格致书院(1876)等。现代公共文化设施和文化产业起步,例如,发行第一份自办报纸——《香港船头货价报》(1857)、建立第一个邮政局——台湾邮政局(1888)、建立第一家近代大型出版社——商务印书馆(1897)、开办第一家公共图书馆——湖南图书馆(1906)、摄制第一部电影:《定军山》(1905)等。

其次,民国时期的局部城市现代化(1912~1949)。如果说,清朝末年的城市现代化只是星星之火,那么,民国时期的城市现代化就是条条块块。条条指沿海和沿江地区的城市现代化,块块指东北地区和其他地区的局部城市现代化。城市现代化已经扩展到全部领域。民国时期是中国战争频发时期,战争对城市现代化的影响和破坏作用显而易见。

政治领域:政治现代化起步,上海建立了第一个城市政府(1911)等。

经济领域:工业化和电气化取得进展,如第一家用电器工厂——华生电器厂(1916)等。

社会领域:城市化起步,城市化率从约4%提高到约11%。城市公共教育、公共卫生和公共交通有所发展,第一家城市公共交通公司——华商电车公司(1912)在上海开业等。

文化领域:文化现代化继续推进。成立了第一个科学团体——中国科学社(1915),建立第一座博物馆——南通博物苑(1913),建设第一个公共体育场——上海公共体育场(1917),成立第一家通讯社——广州中兴通讯社(1935)等(汪林茂,1998)。

其三,新中国的全面城市现代化(1949年以来)。1949年新中国成立后,城市发展受到重视。新中国城市现代化的发展可以分为三个小阶段(表3-68)。

- 计划时期的城市现代化(1949~1977)。中国城市化率从约11%提高到约18%,28年提高了约7个百分点,属于中国城市化的平缓增长期。城市工业化全面推进,义务教育得到有限发展,城市现代基础设施建设全面展开。实行计划经济和户籍管理制度。"文化大革命"带来文化大破坏。
- 改革时期的城市现代化(1978~2001)。中国城市化率从1977年约18%提高到约38%,24年提高了约20个百分点,属于中国城市化的快速增长期。中国实行改革开放政策,逐步建立市场经济制度、现代企业制度、现代科技、教育和文化体制等,城市工业化、市场化和福利化等全面推进,城市信息化、绿色化和国际化已经起步。

- 全球化时期的城市现代化(2002年至今)。中国城市化率从2001年约38%提高到2012年约52%,11年提高了约14个百分点,属于中国城市化的高速增长期。2011年中国城市化率首次超过50%,全国平均进入城市社会。中国城市参与经济全球化,城市现代化的各个方面都取得进展,城市福利化、信息化、智能化、绿色化和国际化全面发展,城市居民生活质量提高,但城市不平等现象比较普遍等。

(3) 中国城市现代化的主要特点

关于中国城市现代化的特点,可以和需要从不同角度进行分析。一般而言,城市现代化包括城市政治等六个领域的现代化,包括城市功能等六个系统的现代化,包括城市生活等四个要素的现代化。很显然,在不同领域和不同方面,城市现代化有不同特点。历年《中国现代化报告》分别讨论了中国经济、社会、文化和环境等领域现代化的特点,可以部分适用于中国城市现代化。全面总结和归纳中国城市现代化的特点需要专题研究,这里谈几点认识。

首先,中国城市现代化遵循世界城市现代化的基本规律。中国城市现代化包括从传统城市向现代城市和发达城市的转变,包括城市生活、结构、制度和观念的现代化,城市功能和形态、建筑和住房、基础设施、公共服务、公共管理和国际联系的现代化,城市政治、经济、社会、文化、环境和居民的现代化等,这些与世界城市现代化是一致的。一般而言,城市现代化既有共性原理,也有多样性。中国城市现代化既要遵循基本规律,也要适当保持个性。

其次,中国城市现代化是一种后发追赶型城市现代化。中国城市现代化起步比较晚。首先,从定性角度看,中国城市现代化的起步比世界城市现代化的起步要晚约100多年。英国城市现代化可以追溯到18世纪中期,中国城市现代化起步可以追随到19世纪中期,中英相差100多年。其次,从定量角度看,中国城市现代化起步大约是20世纪上半叶,英国城市现代化可以追溯到18世纪初(表3-67),中英相差200多年。

其三,中国城市现代化是一种工业化优先型城市现代化。在1900~2000年期间,中国工业增加值占GDP比例(工业化水平)始终高于中国城市人口占全国人口比例(城市化率),中国工业化速度快于中国城市化速度(表3-69)。2009年,中国工业增加值比例为47.4%,中国城市人口比例为47.9%,中国城市化率首次超过工业化水平。

表3-69 1900~2010年中国城市人口比例与工业增加值比例的差别

项目	1900	1950	1960	1970	1980	1990	2000	2005	2010
工业增加值比例/(%)	10	21	45	40	48	41	46	47	47
城市人口比例/(%)	4	11	16	17	19	26	36	43	49
工业比例-城市比例	6	10	29	23	29	15	10	4	-2

其四,中国城市现代化是一种城乡分割型城市现代化。新中国成立以来,采用户籍管理制度,严格限制城市和农村之间的人口流动。1960年以来,中国现代化实际上采取了"以农养工"的非平衡产业发展战略,中国工业化快于中国城市化和农业现代化,中国工农差距在扩大,中国城乡差距在扩大。例如,中国农业劳动生产率和工业劳动生产率的绝对差距,从400多美元扩大到5600多美元,相对差距从5倍扩大到12倍(表3-70)。工农业劳动生产率差距的扩大,必然导致工人和农民收入差距的扩大,导致城乡差距的扩大。

表 3-70　1960~2008 年中国农业和工业劳动生产率的差距

项　目	1960	1970	1980	1990	2000	2005	2008	2008/1960
农业劳动生产率/2000 年美元	110	164	183	263	364	439	504	4.6
工业劳动生产率/2000 年美元	547	609	681	1263	4382	5060	6141	11.2
工业－农业	437	445	498	1000	4018	4621	5637	12.9
工业/农业	5	4	4	5	12	12	12	2.4

资料来源：中国现代化战略研究课题组，中国科学院中国现代化研究中心，2012.

其五，中国城市现代化的任务超过发达国家的总和，国际经验不足以解决中国问题。迄今为止，中国现代化是世界最大人口规模的现代化。2010 年高收入国家人口约 12.9 亿，中国人口约 13.4 亿，中国人口超过高收入国家约 0.5 亿。从人口规模的角度看，中国城市现代化的任务超过发达国家的总和，约是美国的 4 倍，英国的 22 倍，德国的 16 倍，法国的 21 倍和日本的 10 倍。在世界城市现代化的先行国家之中，没有一个国家具有中国的人口规模，没有一个国家具有中国的悠久历史。中国城市现代化的复杂性和艰巨性是前所未有的。照搬先行国家的经验是不够的，中国城市现代化需要深入研究和创新。

其六，中国城市现代化面临双重压力，需要选择适合自己的路径。世界城市现代化进程分为第一次和第二次现代化，世界城市现代化是非线性的，第二次现代化是对第一次现代化的部分继承和发展、部分否定和转向。目前世界城市现代化是两次现代化并存：发达国家已经进入第二次城市现代化，城市化任务已经完成，发展中国家处于第一次城市现代化，城市化任务尚没有完成，但同时必然受到第二次城市现代化的影响。目前中国城市现代化也是两次现代化并存：中国第一次城市现代化和城市化尚没有完成，但已经包含第二次城市现代化的要素，部分城市已经进入第二次城市现代化。中国面临完成第一次城市现代化和城市化的压力和加快进入并努力完成第二次城市现代化的压力。这是发达国家所没有面临的挑战。中国城市现代化只能选择适合自己的路径，综合城市现代化的运河战略将是一个合理选择。

其七，中国部分城市的现代化面临资源枯竭或资源不足（如缺水等）的挑战。中国有一部分城市是资源依赖型城市。目前，部分资源依赖型城市的资源已经枯竭或难以为继。这些城市的现代化将面临巨大挑战，城市现代化模式需要根本性转变。

其八，中国城市现代化不能忽视制度和观念现代化。世界城市现代化不仅包括生活和结构的现代化，也包括制度和观念的现代化。在知识经济时代，知识、制度和观念的现代化更为重要。在过去的 100 多年里，在很多时候，中国现代化的模式大体属于工业化优先模式；从洋务运动以来，物质和技术层面的现代化受到持续重视，这是比较合理的；但是，制度和观念的现代化则波澜起伏，摇摆不定。制度和观念现代化滞后的负面效应，会随着物质和技术现代化的推进而逐步显露，逐步成为影响中国现代化成败的关键因素。重视制度和观念现代化，已经成为不可回避的战略选择。中国社会的封建观念历史悠久，消除封建意识的任务非常艰巨。如果不彻底消除封建观念，就不能真正解放思想，中国城市现代化就难以完成。

其九，中国城市现代化不能忽视城市差异和文化多样性。世界城市现代化具有进程不同步性和多样性。在现代化过程中，地区和贫富差距的扩大是一种自然现象。但是，要实现现代化，就需要把地区和贫富差距控制在最小范围内。目前，中国城市发展不同步，城市间差距和贫富差距非常大。中国是一个多民族国家，不同民族的文化具有不同特点。文化现代化是一种世界潮流，文化多样性同样是一种世界趋势。中国城市现代化需要理性面对发展不同步性和文化多样性，在发展先进主流文化的同时,尊重和保护文化多样性,缩小城市和贫富差距。

其十,中国城市现代化是中华民族伟大复兴的一个决定性因素。在1700~2100年期间,中国的国际地位经历下降和上升两个阶段,从相对衰落走向伟大复兴。1700年中国人均GDP(PPP)排名世界第18位(如果爱尔兰和希腊不参加排名,中国排第16位)。2100年中国现代化水平的排名有可能进入世界前20名。如果说,18和19世纪是中国衰落的200年,那么,20世纪是中国觉醒的100年,21世纪将是中国复兴的100年。21世纪将是中国伟大复兴的世纪。目前,全国平均已经进入城市社会,中国城市经济已经成为国民经济的主体。中国城市现代化的成败,将直接决定中国现代化的成败,将影响中华民族伟大复兴的历史进程。

二、中国城市现代化的国际比较

在本报告里,中国城市现代化的客观现实以2010年截面为样本,我们在本章第二节进行了专门讨论,涉及城市现代化的四个要素、六个领域和六个系统,涉及各个方面的100多个具体指标。这里,我们仅就中国城市化和城市现代化水平,进行国际比较。

1. 中国城市现代化水平的国际比较

(1) 中国城市现代化的整体水平

首先,大体而言,2008年中国综合城市现代化指数为45,排世界131个国家的第79位,低于世界平均水平和中等收入国家平均水平(表3-71)。

表3-71 2008年中国城市现代化水平的国际比较

项目	2000年综合城市现代化指数	2005年综合城市现代化指数	2008年综合城市现代化指数	2000年综合现代化指数	2005年综合现代化指数	2008年综合现代化指数
中国指数	32	43	45	31	38	41
中国排名	102	77	79	79	72	73
高收入国家	100	100	100	100	100	100
中等收入国家	65	55	51	42	41	40
低收入国家	46	51	33	24	26	24
世界平均	68	63	70	50	53	54
国家样本数	131	131	131	131	131	131

注:$M_u \approx (M_n - M_r \times P_r)/P_u \approx (M_n - M_a \times P_r)/P_u$,假设:$M_r \approx M_a$。其中,$M_u$为国家的城市现代化指数,$M_n$为国家现代化指数,$P_u$为城市人口占全国人口比例;$M_r$为国家的农村现代化指数,$P_r$为农村人口占全国人口比例,$M_a$为国家的农业现代化指数。见附表1-1-4,1-1-5,1-1-6。

其次,在2000~2008年期间,中国综合城市现代化指数高于国家综合现代化指数,但综合城市现代化指数的排名低于国家综合现代化指数的排名,中国城市现代化表现并不理想。

其三,在2000~2008年期间,中国综合城市现代化指数与高收入国家平均值和世界平均值的差距都在缩小。

(2) 中国城市现代化的发展速度

在2000~2008年期间,中国综合城市现代化指数年增长率约为4.36%,高于世界平均值,高于美国和法国等(表3-72)。

表 3-72 2000～2008 年中国城市现代化速度的国际比较

地 区	2000 年综合城市现代化指数	2008 年综合城市现代化指数	年均增长率/(%)	国 家	2000 年综合城市现代化指数	2008 年综合城市现代化指数	年均增长率/(%)
中国	32	45	4.36	美国	98	101	0.38
高收入国家	100	100	−0.01	英国	89	87	−0.19
中等收入国家	65	51	−2.87	德国	94	93	−0.12
低收入国家	46	33	−4.16	法国	86	90	0.56
世界平均	68	70	0.49	日本	96	95	−0.09

注：见附表 1-1-4,1-1-5,1-1-6。

2. 中国城市化水平的国际比较

(1) 中国城市化率与世界水平的比较

首先，在 1960～2012 年期间，中国城市化率与高收入国家平均城市化率相比，绝对差距从扩大到缩小，相对差距不断缩小（表 3-73）。其中，在 1960～1980 年期间，城市化率的绝对差距扩大；在 1980～2012 年期间，城市化率的绝对差距缩小。

表 3-73 1800～2012 年中国城市化率的国际差距 单位:%

项 目	1800	1900	1950	1960	1970	1980	1990	2000	2010	2012
中国	3.8	4.4*	11	16	17	19	26	36	49	52
高收入国家	—	—	62	62	68	72	74	76	80	80
中等收入国家	—	—	23	27	31	36	42	48	50	
低收入国家	—	—	11	15	19	21	24	27	28	
世界平均	3	14	28	34	37	39	43	47	52	53
高收入国家与中国比较										
绝对差距			51	46	51	52	48	40	30	28
相对差距			5.54	3.85	3.91	3.70	2.81	2.13	1.62	1.55
世界平均与中国比较										
绝对差距	−1	9	17	17	19	20	17	11	2	1
相对差距	0.79	3.09	2.52	2.07	2.10	2.03	1.62	1.30	1.05	1.01

注：* 为 1890 年的数值。

其次，在 1900～2012 年期间，中国城市化率与世界平均城市化率相比，绝对差距从扩大到缩小，相对差距不断缩小（表 3-73）。其中，在 1900～1980 年期间，城市化率的绝对差距扩大；在 1980～2012 年期间，城市化率的绝对差距缩小。

(2) 中国城市化率与典型国家的比较

2012 年中国城市化率，比英国、德国和比利时大约落后 100 多年，比美国和法国大约落后 80 多年，比日本、瑞典、意大利和西班牙落后约 60 年，比芬兰、俄罗斯和墨西哥约落后 50 年，比巴西、希腊和波兰约落后 40 多年，比韩国落后约 35 年（表 3-74）。

表 3-74 2012 年中国城市化率的国际年代差

地区	城市化率/(%)	年份	年差	地区	城市化率/(%)	年份	年差
中国	52	2012		中国	52	2012	
英国	51	1851	161	墨西哥	51	1960	52
德国	56	1900	112	挪威	51	1961	51
比利时	57	1900	112	巴西	52	1966	46
美国	51	1920	92	希腊	52	1969	43
法国	51	1930	82	波兰	52	1970	42
日本	50	1950	62	爱尔兰	52	1970	42
瑞典	56	1950	62	韩国	52	1977	35
加拿大	61	1950	62	土耳其	52	1985	27
智利	58	1950	62	南非	52	1989	23
意大利	54	1950	62	葡萄牙	52	1996	16
西班牙	52	1950	62	世界平均	52	2010	2
匈牙利	56	1960	52	高收入国家	62	1950	62
芬兰	55	1960	52				
俄罗斯	54	1960	52				
瑞士	51	1960	52				

注：年差＝2012－对比国年份。

三、中国城市现代化的前景分析

关于中国城市现代化的前景分析，属于一种预测研究。在本报告里，中国城市现代化的前景分析，时间跨度为 2010～2100 年（90 年），分析对象包括中国城市化和城市现代化的整体前景等。这种前景分析，只是提出一种可能性，而不是精确预见。

1. 中国城市现代化的整体前景

（1）21 世纪中国城市现代化的路径分析

《中国现代化报告 2003》建议，21 世纪中国现代化路径将是综合现代化路径，不同地区可以选择合适的路径：比较发达的地区选择第二次现代化路径，其他地区选择第一次现代化路径或综合现代化路径，全国将是两次现代化的协调发展，并持续向第二次现代化转型。

21 世纪中国城市现代化的路径，将是中国现代化路径在城市现代化过程中的体现，将是综合城市现代化路径，将是两次城市现代化的协调发展，并持续向第二次城市现代化转型（图 3-1）。发达城市可以采用第二次城市现代化路径，其他城市可以分别采用第一次城市现代化路径或综合城市现代化路径等。

（2）21 世纪中国城市现代化的预期水平

假设：21 世纪科技突破的频率、创新扩散的速率和国际竞争的合理程度不低于 20 世纪后 50 年，21 世纪不发生改变人类命运的重大危机（如核危机、能源、粮食和宇宙危机等）。那么，可以根据 20 世纪后期世界和中国城市现代化水平和速度，外推 21 世纪世界和中国城市现代化水平。21 世纪有很多不确定因素，基于外推分析的预测只是提供一种可能性。

中国综合城市现代化水平的情景分析。分别参考 1990～2008 年、2000～2008 年和 2005～2008 年综合城市现代化指数的年均增长率进行估算（表 3-75）。

表 3-75 21世纪中国综合城市现代化指数的三种估算

项目	年均增长率/(%)	2008	2010	2020	2030	2040	2050	2080	2100
中国	3.00(A)	45	48	65	87	117	157	382	690
高收入国家	2.00(A)	100	104	127	155	188	230	416	618
中等收入国家	2.00(A)	51	53	65	79	97	118	214	318
低收入国家	2.00(A)	33	34	41	50	61	75	135	201
世界平均值	2.00(A)	70	73	89	109	133	162	293	436
中国	4.00(B)	45	49	73	108	160	236	766	1679
高收入国家	0.50(B)	100	101	106	112	117	123	143	158
中等收入国家	0.50(B)	51	52	55	57	60	63	74	81
低收入国家	0.50(B)	33	33	35	36	38	40	47	51
世界平均值	0.49(B)	70	71	75	78	82	87	100	110
中国	1.51(C)	45	47	54	63	73	85	133	180
高收入国家	3.00(C)	100	106	143	192	258	346	840	1517
中等收入国家	3.00(C)	51	55	73	99	132	178	432	780
低收入国家	3.00(C)	33	35	46	62	84	113	273	493
世界平均值	3.00(C)	70	75	100	135	181	244	592	1069

注:A为参照1990~2008年年均增长率计算,B为参照2000~2008年年均增长率计算,C为参照2005~2008年年均增长率计算。这种估算只有一定参考意义。

如果参考1990~2008年或2000~2008年年均增长率估算,中国综合城市现代化指数有可能在2030~2050年期间超过世界平均水平,有可能在21世纪末超过高收入国家平均水平。如果参考2005~2008年年均增长率估算,中国综合城市现代化指数有可能在21世纪下半叶超过世界平均水平,有可能在21世纪末赶上高收入国家平均水平。

2. 中国城市化的整体前景

(1) 21世纪中国城市化率的预测

根据联合国《世界人口展望2008》和《世界城市化展望2011》进行估算,2050年中国人口有可能约为14~15亿,城市化率约为77%~81%,城市人口约为11~12亿;2100年中国人口有可能约为12~16亿,城市化率约为86%~89%,城市人口约为10~14亿(表3-76)。

表 3-76 21世纪中国人口、城市人口和城市化率的估算

项目	2000	2010	2020	2030	2040	2050	2060	2070	2080	2090	2100
人口(1)	1266	1340	1431	1462	1455	1395	1350	1306	1263	1222	1181
人口(2)	1266	1340	1398	1445	1481	1510	1532	1550	1563	1573	1581
城市化率(1)	36.2	49.7	61.0	68.7	73.4	77.3	80.2	82.3	83.8	84.8	85.6
城市化率(2)	36.2	49.7	61.2	69.4	74.1	80.8	83.8	86.0	87.6	88.7	89.5
城市人口(1)	458	666	873	1005	1068	1079	1082	1075	1058	1037	1011
城市人口(2)	458	666	876	1015	1078	1128	1132	1123	1107	1084	1057
城市人口(3)	458	666	853	993	1087	1167	1229	1275	1309	1335	1354
城市人口(4)	458	666	856	1003	1098	1221	1285	1333	1369	1396	1415

注:人口单位:百万。城市化率单位:%。各种预测的参考资料:人口预测(1):United Nations,2004,2009;人口预测(2):中国现代化战略研究课题组,中国科学院中国现代化研究中心,2012;城市化率(1):United Nations,2012;城市化率(2):中国现代化战略研究课题组,中国科学院中国现代化研究中心,2006,对联合国预测的一种调整。城市人口(1):人口(1)与城市化率(1)的乘积;城市人口(2):人口(1)与城市化率(2)的乘积;城市人口(3):人口(2)与城市化率(1)的乘积;城市人口(4):人口(2)与城市化率(2)的乘积。2000年和2010年数据来自《中国统计年鉴2011》的表3-5。

(2) 21世纪中国城市化的结构预测

根据联合国《世界城市化展望2011》和相关估算,2050年中国有可能超大城市达到11个,特大城市36个,大型城市291个,中型城市358个;超大城市人口比例约为14%,特大城市人口比例约为16%,大型城市人口比例30%,中型城市人口比例19%,小型城市人口比例21%(表3-77)。在2010~2050年期间,中国大城市(人口超过100万)从125个增加到338个,新增213个;中城市(人口50万~100万)从108个增加到358个,新增250个。新增城市的来源,有可能是原来较小规模城市,经过扩张以后成为更大城市。

表3-77 1950~2050年中国城市体系的规模结构

项目	城市人口规模	1950	2000	2010	2015	2020	2025	2030	2040	2050
城市数量/个	1000万以上	0	2	4	6	7	7	8	9	11
	500万至1000万	0	5	10	9	11	17	20	26	36
	100万至500万	8	57	80	97	121	139	161	217	291
	50万至100万	11	90	141	173	198	218	241	293	358
占城市人口比例/(%)	1000万以上	0	5	8	11	13	13	13	14	14
	500万至1000万	0	8	10	8	9	13	14	15	16
	100万至500万	24	25	23	25	28	28	28	29	30
	50万至100万	11	13	15	16	16	17	17	18	19
	50万以下	66	49	44	39	33	29	27	24	21

注:1950~2025年数据来自联合国的《世界城市化展望2011》(United Nations,2012)。2030~2050年数据是根据2000~2025年的年均增长率估算。根据《中国城市统计年鉴2011》的城市辖区年平均人口数,2010年中国五类城市数分别为3个、8个、114个、108个和424个,人口比例分别为6%、7%、30%、12%和45%。加和不等于100,是因为四舍五入。

根据《中国现代化报告2006》的估算,2050年中国城镇人口比例大约为80%,农村人口比例约为20%;如果把城市郊区(城市郊区指城市连续建成区周围的、城市公交车可以到达的区域,这些区域的工作和生活直接依赖于城市)的农村人口(社区人口)和镇人口定义为郊区人口,那么,2050年郊区人口比例约为30%~50%,中心城市(城市连续建成区)人口比例约为30%~50%,乡镇人口比例约为20%左右(表3-78)。

表3-78 2000~2050年中国人口空间结构的情景分析

项目	2000~2010年均增长率	2010~2050年均预测增长率	2000	2010	2020	2030	2040	2050
城镇人口比例/(%)	3.2	1.2	36	50	56	63	71	80
农村人口比例/(%)	−2.3	−2.3*	64	50	44	37	29	20
情景一								
城区人口比例/(%)	2.6	—	23	30	41	45	42	30
郊区人口比例/(%)	4.7	4.7	5	8	13	20	31	50
乡镇人口比例/(%)	−1.4	−2.8	72	62	47	35	27	20
情景二								
城区人口比例/(%)	2.6	—	23	30	41	47	47	40
郊区人口比例/(%)	4.7	4.1	5	8	12	18	27	40
乡镇人口比例/(%)	−1.4	−2.8	72	62	47	35	27	20

(续表)

项　　目	2000~2010年均增长率	2010~2050年均预测增长率	2000	2010	2020	2030	2040	2050
情景三								
城区人口比例/(%)	2.6	—	23	30	42	49	52	50
郊区人口比例/(%)	4.7	3.4	5	8	11	15	22	30
乡镇人口比例/(%)	−1.4	−2.8	72	62	47	35	27	20

注：城区指城市的连续建成区。郊区指城市连续建成区周围的、城市通勤车(公交车)可以到达的区域，这些区域的工作和生活直接依赖于城市。郊区人口比例包括城市郊区的乡村人口(社区人口)和镇人口的比例。乡镇人口比例包括非城市郊区的乡村人口和镇人口的比例。＊实际计算时有所调整。2000年美国人口空间结构大致为中心城市、城市郊区和非都市区(乡镇)各占30％、50％和20％。

资料来源：中国现代化战略研究课题组，中国科学院中国现代化研究中心，2006.

3. 中国城市三大方面现代化的前景分析

中国城市三大方面的前景分析需要专题研究，可以参考本报告第一章第四节的"世界城市三大方面现代化的前景分析"的有关内容。这里略作补充讨论。

首先，中国城市六个系统的前景分析。根据中国城市特点，中国城市功能可以分为五级：世界城市、国际城市、区域中心城市、普通城市和镇。其中，世界城市和国际城市是少数。参考美国经验（表1-56），中国能够成为世界城市的城市可能不会超过5个，国际城市可能不会超过10个。根据发达国家经验，城市标志性建筑和摩天大楼建设需要理性对待；没有必要年年建标志性建筑，如果需要可以考虑每十年左右建设一次；摩天大楼建设还会继续，大约在2030年前后结束。城市住房的质量和价格，都会发生很大变化。中国城市基础设施将面临巨大风险和挑战。特别是地下基础设施，将面临设施老化、结构不合理、重建成本激增和基础设施危机不断发生的局面。中国城市将全面提高公共服务的效率、质量、公平和满意度，逐步走向公共治理，建设智慧城市。中国城市的国际联系将会加强。

其次，中国城市六个领域的前景分析。《中国现代化报告2010》系统分析了21世纪中国现代化的前景，包括中国六个领域现代化的前景，即中国经济、社会、政治、文化、环境和人的现代化前景，其主要观点基本适用于中国城市六个领域现代化。

其三，中国城市四个要素的前景分析。关于城市生活、制度和观念，可以参考本报告第一章第四节有关内容。关于城市结构，请参考本节前面关于"中国城市化"的前景分析。

其四，新科技革命的影响。18世纪以来，世界科技发生了三次技术革命，包括蒸汽机和机械革命、电力和运输革命、电子和信息革命；世界经济发生了三次产业革命，包括机械化、电气化、自动化和信息化；它们深刻改变了世界城市的经济结构和生活方式。在21世纪里，信息革命还会持续一段时间，新生物学和再生革命、新物理学和时空革命有可能先后发生(何传启，2012)，它们将对世界城市和中国城市产生重大影响。

4. 中国城市现代化的机遇和挑战

在21世纪前50年，中国城市现代化将面临什么样的机遇和挑战呢？我们认为，中国城市现代化的机遇和挑战，除了新科技革命的影响外，至少有如下9个方面。

首先，人口压力。2050年中国城市人口有可能达到11亿左右，超过发达国家城市人口总和。中国城市化和城市现代化的任务超过发达国家的总和。

其次，资源和环境。目前，中国大约有118个资源型城市，其中大约44个为资源枯竭型城市；中国缺水城市大约有400多个，其中严重缺水城市约为114个等。中国城市污染已经非常突出，雾霾天气频繁出现，城市环境治理面临巨大挑战。

其三,自然灾害。2011年在人口超过75万的城市中,中国有54个城市为沿海城市,90个为内地城市,24个城市位于干旱和半干旱地区;大约有93个城市有比较严重的自然灾害,主要灾害包括飓风、干旱、洪水、地震和滑坡等(表3-79)。

表3-79 中国144个城市的自然灾害和分布(2011年人口超过75万的城市)

灾害程度	城市/个	灾害程度	城市/个					
			飓风	干旱	地震	洪水	滑坡	火山
一级灾害	57	1~4级	24	36	6	41	0	0
二级灾害	33	5~7级	16	32	0	14	2	0
三级灾害	3	8~10级	34	20	9	67	2	0
无灾害	51	无	70	56	129	22	140	144

资料来源:United Nations,2012.

其四,户籍制度。人口流动是城市现代化的动力因素,户籍制度制约城市现代化。《中国现代化报告2006》建议建立"信用管理制度",以取代户籍管理制度。

其五,城市住房。在2010~2050年期间,中国要为4~5亿城市新居民提供住房。

其六,基础设施。中国城市基础设施的更新和维护,将是长期而艰巨的任务。

其七,公共服务。全面提高公共服务的质量和均等性,建设绿色智慧城市。

其八,公共管理。全面改革现行的城市行政管理,走向现代公共治理,走向和谐安全社会。

其九,城市贫困现象。缩小贫富差距,完善福利制度,消灭绝对贫困现象等。

第四节 中国城市现代化的战略分析

2011年中国城市化率超过50%,城市社会成为中国社会的主体部分。对于多数中国人来说,城市是共同家园,城市现代化是家园现代化;关心城市现代化,就是关心家园现代化。关于中国城市现代化,必然见仁见智。下面简介我们的初步认识,以抛砖引玉。

根据邓小平同志"三步走"发展战略,中国现代化的国家目标是在2050年前后,达到世界中等发达水平,基本实现现代化。我们预计在21世纪末,中国将达到世界发达水平,全面实现现代化。中国城市现代化的国家目标,应该适度超前于中国现代化的国家目标。据此可以推论,中国城市现代化的目标包括:在2050年前达到世界城市中等发达水平,基本实现城市现代化;在21世纪末达到世界城市发达水平,全面实现城市现代化。这里根据现代化科学和城市现代化原理,谈谈对中国城市现代化战略的认识,请大家指正。

一、中国城市现代化的目标分析

2012年中国人口约为13.5亿,城市人口约为7亿,城市人口比例约为52%,城市化建设取得巨大成绩。2050年中国人口有可能达到14亿左右,城市人口为11亿左右,城市人口比例为80%左右(表3-76)。21世纪中国城市现代化的任务非常艰巨。

中国城市现代化的目标分析,可以从理论和政策两个角度展开。本报告第二章第四节讨论了城市现代化的目标和规划,以及制定方法(表2-33和表2-34)。一般而言,城市现代化的目标制定,需要遵循城市现代化的规律,需要重视城市现代化的多样性,需要符合中国的基本国情。城市规模有大小,城市水平有高低。城市现代化的政策选择必然有所差别。

1. 国家和地区层次的城市现代化的目标分析

国家和地区层次的城市现代化,可以依据现代化科学和城市现代化理论,结合基本国情和地区条件,从理论和政策两个角度,分析和明确自己的发展目标。

首先,从理论角度分析。在 21 世纪,中国城市现代化的理论目标有三个。目前,第一个目标是固定目标,第二个和第三个目标是动态目标。

- 第一个目标:实现从传统城市向现代城市的转变,实现城市的工业化、民主化和福利化,城市现代化主要指标达到 20 世纪 60 年代城市现代化的世界先进水平(发达国家平均水平);
- 第二个目标:实现从现代工业城市向发达知识城市的转变,实现城市信息化、绿色化和知识化,城市现代化主要指标达到 21 世纪后期城市现代化的世界先进水平;
- 第三个目标:迎头赶上世界城市先进水平,成为实现城市现代化的国家。

其次,从政策角度分析。一般而言,城市现代化的政策目标包含三类目标:共性目标、个性目标和减少副作用,它们可以是定量目标,也可以是定性目标(表 2-34)。一般而言,共性目标作为城市现代化的评价指标,个性目标和减少副作用可以作为监测指标;有些指标很重要但缺少系统统计数据,可以作为观察指标。

- 共性目标:完成两次城市现代化,追赶、达到或保持城市现代化的世界先进水平;
- 个性目标:形成、保持和扩展城市特色和多样性,提高城市竞争力;
- 减少副作用:不同地区和不同时期的副作用有所差别,需要专题分析。

21 世纪中国城市现代化的政策目标可以分为两大阶段目标。第一阶段目标是:在 21 世纪前 50 年,在 2050 年前达到城市现代化的世界中等水平,全面完成从传统城市向现代城市的转变,城市现代化水平超过世界平均水平。第二大阶段目标是:在 21 世纪后 50 年,在 2100 前达到城市现代化的世界先进水平,全面实现城市现代化(表 3-80)。

表 3-80　21 世纪中国城市现代化的政策目标的时间分解(一种可选的方案)

两大阶段	时间分期	共性目标	个性目标	减少副作用
第一大阶段 2010~2050	2010~2020 2020~2030 2030~2050	完成从传统城市向现代城市的转变,城市现代化水平超过当年世界平均值,达到 2010 年世界城市先进水平	基础设施和公共服务超过 2050 年世界平均水平,达到 2010 年发达城市的水平等	减少城市环境污染、缩小贫富差距等
第二大阶段 2050~2100	2050~2060 2060~2080 2080~2100	全面完成从现代工业城市向发达知识城市的转变,城市现代化水平达到当年世界城市先进水平	城市国际竞争力达到世界先进水平等	提高城市安全性等

2. 城市层次的城市现代化的目标分析

城市层次的城市现代化,可以依据现代化科学和城市现代化理论,结合基本国情、地区条件和城市状态,从理论和政策两个角度,分析和明确自己的发展目标。

首先,从理论角度分析。在 21 世纪,某个城市的城市现代化,理论目标有三个。

- 第一个目标:实现从传统城市向现代城市的转变,实现城市的工业化、民主化和福利化,市民人均收入和生活水平等主要发展指标达到 20 世纪 60 年代发达城市的平均水平;
- 第二个目标:实现从现代工业城市向发达知识城市的转变,实现城市信息化、绿色化和知识化,市民生活质量和人文发展水平达到 21 世纪后期发达城市的世界先进水平;
- 第三个目标:实现从现代城市向发达城市的转变,主要指标达到城市现代化的世界先进水平。

其次,从政策角度分析。某个城市的城市现代化,政策目标主要有三类:共性目标、个性目标和减少副作用,它们可以是定量目标,也可以是定性目标(表2-34)。

- 共性目标:完成两次城市现代化,追赶、达到或保持城市现代化的世界先进水平;
- 个性目标:形成、保持和扩展自己的城市特色,强化城市竞争优势;
- 减少副作用:减少城市现代化过程的副作用,避免出现重大城市危机等。

其三,专题研究。每个城市都是一个有机体,都有自己的特质和限制。每个城市的城市现代化,都需要专门进行研究,而且需要定期更新观念和发展战略。

世界是变化的。在变化的世界中,不变和慢变,无异于退步。城市发展,不进则退。

二、中国城市现代化的路线图

城市现代化的路线图,是城市现代化的一种规划方法(表2-35),是城市现代化的战略目标、基本任务、基本路径、监测指标和战略措施的一种系统集成。中国城市现代化发生在国家、地区和城市三个层次上。中国城市现代化的路线图,可以分为国家层次的路线图、某个地区的路线图和某个城市的路线图。这里简要讨论中国城市现代化的国家层次的路线图,关于地区和城市层次的路线图需要专题研究,不同学者可能有不同的观点。

我们认为,中国城市现代化的路线图,是中国城市现代化的战略目标和基本路径等的一种系统集成;它的基本思路是:根据综合城市现代化原理,协调推进两次城市现代化,加速从传统城市向现代城市和发达城市的转型,迎头赶上发达国家城市现代化的先进水平;在2050年前,达到世界城市中等发达水平,基本实现城市现代化;在21世纪末,达到世界城市先进水平,全面实现城市现代化,城市居民全面享受世界先进水平的生活质量。

1. 中国城市现代化路线图的战略目标

前面已经分析了中国城市现代化的理论目标和政策目标。政策目标包括共性目标、个性目标和减少副作用等。由于篇幅有限,下面讨论它的共性目标,以及相关的基本任务。

简要地说,21世纪中国城市现代化的政策目标是:在2020~2030年期间,完成从传统城市向现代城市的转变,综合城市现代化指数进入世界前50名;在2050年前,基本实现城市现代化,达到城市现代化的世界中等发达水平,综合城市现代化指数进入世界前40名;在2060~2080年期间,完成从现代工业城市向发达知识城市的转变,综合城市现代化指数进入世界前30名;在21世纪末,达到城市现代化的世界先进水平,综合城市现代化指数进入世界前20名,全面实现城市现代化(表3-81)。

表3-81 中国城市现代化路线图的战略目标

两大阶段	时间分期	阶段目标
2010~2050	2010~2020	中国城市现代化水平:世界初等发达水平,进入世界前60名
	2020~2030	中国城市现代化水平:世界初等发达水平,进入世界前50名
	2030~2050	中国城市现代化水平:世界中等发达水平,进入世界前40名
2050~2100	2050~2060	中国城市现代化水平:世界中等发达水平,进入世界前40名
	2060~2080	中国城市现代化水平:接近世界发达水平,进入世界前30名
	2080~2100	中国城市现代化水平:世界发达水平,进入世界前20名

注:根据131个国家2000~2008年综合城市现代化指数的年均增长率进行估算和排名,增长率有调整。这种估算和排名,只是提供一种参考。

2. 中国城市现代化路线图的基本任务

第一项基本任务：中国城市现代化要上三个台阶。第一个台阶：完成从传统城市向现代城市的转变，达到1960年发达国家城市现代化的平均水平。第二个台阶：从初等发达水平升级为中等发达水平。第三个台阶：从中等发达水平升级为发达水平。

第二项基本任务：中国城市现代化水平的世界排名提高50位左右，中国城市化率与主要发达国家的年代差要逐步缩小并消失。2008年，中国综合城市现代化指数的世界排名为第79位，2050年前将达到世界前40位，2100年前将达到世界前20位。

3. 中国城市现代化路线图的运河路径

根据广义城市现代化理论，21世纪城市现代化有三条基本路径：第一次城市现代化路径、第二次城市现代化路径和综合城市现代化路径。2010年中国城市实际上已经是两次城市现代化并存，城市水平地区差异比较大。从理论和实际角度考虑，综合城市现代化路径是中国的合理选择，这种路径可以简称为城市现代化的运河路径（图3-1）。

中国城市现代化的运河路径是：协调推进两次城市转型（从传统城市向现代城市、从现代城市向发达城市的转型）并持续向发达城市转变，推进新型城市化和城市现代化的协调发展，推进城市建设的三化（工业化+信息化+绿色化）整合和九化（城市化、郊区化、工业化、服务化、信息化、智能化、绿色化、民主化和福利化）协调，大幅度提高城市生产率和生活质量，提高城市竞争力和城市国际地位，迎头赶上发达城市的现代化水平；在2050年达到城市现代化的世界中等发达水平，在21世纪末达到城市现代化的世界先进水平，包括城市生产率和生活质量、城市制度和观念、市民发展水平等达到当时世界先进水平（图3-10）。

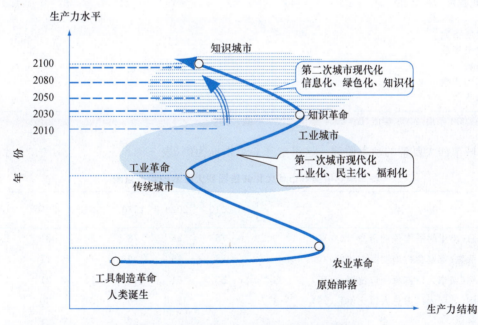

图3-10　中国城市现代化路线图的运河路径

4. 中国城市现代化路线图的监测指标

中国城市现代化的监测指标，可以从4个方面进行选择：综合指标、城市四个要素指标（生活、结构、制度和观念）、六个领域指标（经济、社会、政治、文化、环境和居民）和六个系统指标（功能和形态、建筑和住房、基础设施、公共服务、公共管理和国际联系）。

这里提出的 36 个指标,可以作为中国城市现代化路线图的监测指标(表 3-82),它们涉及城市生活、城市结构、城市制度、城市经济、城市社会、城市文化、城市环境、城市住房、基础设施、公共服务和公共管理。更多城市指标见表 1-14。

表 3-82 中国城市现代化路线图的监测指标体系

综合指标	四种要素	六个领域指标		六个系统指标	
城市现代化指数	平均预期寿命	人均国民收入	高等学历人口比例	人均住房面积	公共教育费比例
城市人类发展指数	恩格尔系数	职工平均工资	科技经费比例	安全饮水普及率	公共卫生费比例
城市生活质量指数	城市人口比例	城市最低工资	科研人员比例	卫生设施普及率	医生比例
宜居城市指数	郊区人口比例	老龄人口比例	城市空气质量	轿车普及率	护士比例
城市创新能力指数	基尼系数	养老保险覆盖率	生活废水处理率	人均能源消费	政府消费比例
城市竞争力指数	转移支付比例	医疗保险覆盖率	固体废物处理率	互联网普及率	家庭消费比例

5. 中国城市现代化路线图的动态监测

关于中国城市现代化的动态监测需要专题研究。这里以监测指标的监测为例。

首先,综合指标的动态监测。这里以综合城市现代化指数为例(表 3-83)。

表 3-83 中国城市现代化路线图综合指标的动态监测

项目	增长率/(%)	2008	2010	2020	2030	2040	2050	A	B
城市现代化指数	3.00	45	48	65	87	117	157	1.8	1.8
城市人类发展指数 城市生活质量指数 宜居城市指数 城市创新能力指数 城市竞争力指数				需要专题研究					

注:A=2030 年值/2008 年值,B=2050 年值/2030 年值,后同。

其次,城市四大要素的动态监测。这里选择 6 个指标为例(表 3-84)。

表 3-84 中国城市现代化路线图四大要素的动态监测

指标	增长率/(%)	2010	2020	2030	2040	2050	A	B
平均预期寿命(出生时平均预期寿命)/(岁)*	0.2	75	76	78	80	81	1.0	1.0
城镇恩格尔系数(家庭食物消费所占比例)/(%)	−3	36	26	19	14	11	0.5	0.5
城市人口比例(城市人口占总人口比例)/(%)	G_{10}^{***}	50	61	69	74	81	1.4	1.2
郊区人口比例(郊区人口占总人口比例)/(%)	4.7	8	13	20	31	50	2.5	2.5
基尼系数/(%)*	−2	48	39	32	26	21	0.7	0.7
转移支付比例(转移支付占政府支出比例)/(%)**	2	9	11	13	16	20	1.5	1.5

注:* 为全国平均值。** 转移支付占政府支出比例,全国平均值。基尼系数反映收入分配的公平性。*** 增长率根据联合国预测值每 10 年调整一次,分别为 2.17%、1.2%、0.65%、0.87%,平均约为 1.2%。

其三,城市六个领域的动态监测。这里选择 12 个指标为例(表 3-85)。

表 3-85　中国城市现代化路线图六个领域的动态监测

项目	增长率/(%)	2010	2020	2030	2040	2050	A	B
城镇人均收入/(2010年价格,万美元)*	7	0.31	0.61	1.20	2.37	4.65	3.9	3.9
城镇职工平均工资/(2010年价格,万美元)	6	0.54	0.97	1.73	3.10	5.55	3.2	3.2
城镇职工最低工资/(2010年价格,元/月)**	6	960	1719	3079	5514	9874	3.2	3.2
城镇老龄人口比例/(%)	3	7.8	10	14	19	25	1.8	1.8
城镇养老保险覆盖率(参保人数/成人数)/(%)	3	45.0	60	81	100	100	1.8	1.2
城镇医疗保险覆盖率(参保人数/人口)/(%)	2	65.0	79	97	100	100	1.5	1.0
城镇拥有高等学历人口比例/(%)***	3	14	19	25	34	46	1.8	1.8
科研经费比例/(%)*	1.5	1.8	2.0	2.4	2.8	3.2	1.3	1.3
科研人员比例/(%)*	2	8.6	10	13	16	19	1.5	1.5
城镇空气质量/(年均PM2.5 微克/立方米)**	−5	75	45	27	16	10	0.4	0.4
城镇生活废水处理率/(%)	1.5	74	86	100	100	100	1.3	1
城镇固体废物处理率/(%)	2	64	77	94	100	100	1.5	1

注:* 为全国平均值。** 北京数据。*** 为估计数。老龄人口指65岁及以上人口。

其四,城市六个系统的动态监测。这里选择12个指标为例(表3-86)。

表 3-86　中国城市现代化路线图六个系统的动态监测

项目	增长率/(%)	2010	2020	2030	2040	2050	A	B
城镇人均住房面积/平方米	1.2	32	36	40	45	51	1.3	1.3
城镇安全饮水普及率/(%)	0.1	98	99	100	100	100	1.0	1.0
城镇卫生设施普及率/(%)	1.2	74	83	94	100	100	1.3	1.0
城镇轿车普及率/(辆/百户)	6	13	23	42	75	135	3.2	3.2
人均能源消费/千克石油当量*	2.5	1881	2408	3083	3946	5052	1.6	1.6
互联网普及率/(%)*	4	34	51	75	100	100	2.2	1.2
公共教育费比例/(%)*	2~3	3.1	4.2	4.6	5.6	6.8	1.5	1.5
公共卫生费比例/(%)**	1	54	60	66	73	81	1.2	1.2
医生比例/(个/千人)*	2.2	1.5	1.9	2.3	2.9	3.6	1.5	1.5
护士比例/(个/千人)*	5.5	1.4	2.4	4.1	7.0	11.9	2.9	2.9
政府消费比例/(%)*	0.8	13	14	15	17	18	1.2	1.2
家庭消费比例/(%)*	1.4	35	40	46	53	61	1.3	1.3

注:* 为全国平均值。** 公共卫生经费占全部卫生经费的比例,全国平均值。

三、中国城市现代化的战略要点

关于我国城市现代化的战略要点,专家学者见仁见智。下面是我们的初步思考。

在国家和地区层次上,城市现代化至少包括5个内涵:① 从传统城市向现代城市和发达城市的转型;② 城市生产率和生活质量的提高;③ 城市公共服务和公共管理的改进;④ 城市制度和城市观念的发展;⑤ 国际城市地位的变化等。如果不考虑第5个内涵,其他内涵可以归纳为三个重点。第一个重点是城市发展模式转型,包括城市结构和发展模式的变化等。第二个重点是提高城市生产率,包括城市劳动生产率、资本生产率和城市贡献比等。第三个重点是市民生活质量,涉及市民收入和公共服务等。由此可见,在21世纪前50年,中国城市现代化至少有三大重点:其一是加快城市战略转型,建设绿色智慧城市;其二是提高城市生产率和城市贡献比,建设创新型城市;其三是提高生活质量,建设发达宜居城市(图3-11)。简单地说,三个重点分别是城市战略现代化、城市生产现代化和城市生活现代化。

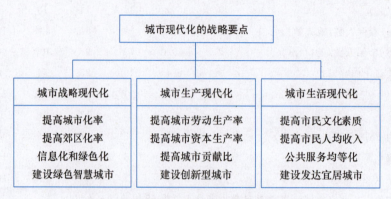

图3-11 中国城市现代化路线图的战略要点

注:城市现代化包括城市生活、结构、制度和观念现代化,包括城市经济、社会、政治、文化、环境和居民现代化,包括城市功能和形态、建筑和住房、基础设施、公共服务、公共管理和国际联系现代化。在这些方面,都可以分别遴选出一些战略重点。不同时期和不同城市的城市现代化,可以选择不同重点。

在21世纪前50年,中国城市现代化需要全方位的推进,需要系统设计和战略指引。城市战略、城市生产和城市生活现代化,只是中国城市现代化的三个要点,而不是全部。中国城市现代化建设,需要在国家、地区和城市三个层次上协调推进,并形成强大合力。

1. 加快城市战略现代化是重中之重

2011年中国城市人口比例首次超过50%,全国迈入"城市社会"阶段。城市发展战略和发展模式的选择,不仅决定城市现代化的成败,而且影响中国现代化和民族复兴的进程。

一般而言,城市战略现代化,涉及城市战略、城市体系、城市要素、城市六个领域和六个系统的现代化(表3-87);五个方面可以进行不同组合,形成不同的城市发展战略,不同城市和不同时期可以选择适合自己的发展战略。这里提五条建议供参考(表3-88)。

表3-87 城市战略现代化的主要途径

主要途径	主要内容
1. 城市战略现代化	城市战略目标、发展模式、战略管理的现代化
2. 城市体系现代化	城市体系的空间结构、城市分工、城际互动的现代化
3. 城市要素现代化	城市生活、结构、制度和观念的现代化
4. 城市六个领域现代化	城市经济、社会、政治、文化、环境和居民的现代化
5. 城市六个系统现代化	城市功能和形态、建筑和住房、基础设施、公共服务、公共管理和国际联系的现代化

表 3-88　中国城市战略现代化的政策建议

编号	政策建议	主要内容
1	新型城市化战略	城市化和城市现代化的协调发展,建立城乡平衡社会
2	城市体系现代化规划	城市体系的系统预测和科学规划,促进城区、郊区与城市系统的协调发展
3	基础设施现代化规划	覆盖城区和郊区的基础设施的现代化,优化地下基础设施
4	城区现代化工程	现代化的城区建设和城市更新,建设发达现代城市
5	郊区现代化工程	现代化的郊区建设和城市扩展,建设发达城市郊区

城市战略现代化,可以发生在城市层次和城市体系层次。在城市层次上,它包括战略目标、发展模式和战略管理的现代化,包括城市的福利化、民主化、郊区化、服务化、信息化、智能化、绿色化和国际化的协调发展等。在城市体系层次上,它主要指城市体系现代化,包括新型城市化、郊区化、大城市、中城市和小城市的协调发展等。

在国家和地区层次上,城市战略现代化要求:采用综合城市现代化路径,新型城市化与城市现代化协调发展,城区现代化与郊区现代化协调发展,城市现代化与农村现代化协调发展,城市建设的三化(工业化＋信息化＋绿色化)整合和城市发展的九化(城市化、郊区化、工业化、服务化、信息化、智能化、绿色化、民主化和福利化)协调等。

(1) 实施新型城市化战略,城市化与城市现代化协调发展,建立城乡平衡社会

《中国现代化报告 2006:社会现代化研究》提出了中国社会现代化路径图。它建议:在 2010 年实施"新型城市化战略",实现中国人口空间结构的两次转变;第一次是从农村社会向城市社会的转变,第二次是从城市社会向信息化、知识化的城乡动态平衡社会的转变。

基本目标是:在 2020 年前完成城市化,实现人口空间结构的第一次转变;在 2050 年前实现郊区化,实现人口空间结构的第二次转变(图 3-12)。城乡平衡社会,人口自由迁徙,城市与乡村之间的双向人流达到动态平衡;各有所好,各取所需;各尽所能,各得其所。

基本任务是:在 2020 年城市化率提高到 60% 左右,郊区化率提高到 12% 左右;在 2050 年,城市化率提高到 80% 左右,郊区化率提高到 50% 左右。

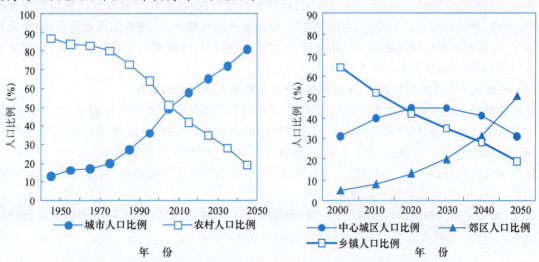

图 3-12　1950～2050 年中国城市化和新型城市化(城镇化和郊区化)

资料来源:中国现代化战略研究课题组,中国科学院中国现代化研究中心,2006.

《中国现代化报告2006》认为,面对新时代、新目标和新任务,中国传统的城市化发展模式已经难以适应,需要进行战略调整。中国需要从传统城市化转到新型城市化。相对于传统城市化,新型城市化要实现10个协调发展。

第一:城市化与人口流动协调发展,走全面的城市化之路。
第二:城市化与城市现代化协调发展,走高质量的城市化之路。
第三:城市化与农村现代化协调,走城乡协调发展的城市化之路。
第四:城市现代化与传统文化保护协调发展,走文化多元的城市化之路。
第五:城市化与生态环境管理协调发展,走绿色化的城市化之路。
第六:城市化与信息化协调发展,走数字化和智能化的城市化之路。
第七:城市化与国际化协调发展,走面向世界的城市化之路。
第八:城市化与郊区化协调发展,大中小城镇协调发展,促进从城市化向城乡动态平衡的转型,走战略目标导向的城市化之路。
第九:城市化与经济现代化协调发展,走经济社会协调的城市化之路。
第十:城市化与地区现代化协调发展,走地区和谐发展的城市化之路。

2012年,中国统计城市化率达到52%,基本完成从农村社会向城市社会的转变。在未来40年里,中国将完成从城市社会向城乡动态平衡社会和郊区社会的转变。

在未来一段时间里,新型城市化的城市理念是:绿色、智慧、宜居。

相对于过去的城市化,新型城市化战略,要求实现六个转变:

- 从简单城市化和重视规模,向城市化与城市现代化协调发展、质量与规模并重转变
- 从城市优先和城乡分割,向城市现代化与农村现代化协调发展、城乡互动和自由流动转变
- 从城区优先和郊区滞后,向城区现代化与郊区现代化协调发展转变
- 从工业化优先和城市化滞后,向新型工业化与新型城市化协调发展转变
- 从工业和经济优先,向工业与服务业协调发展、经济与环境双赢转变
- 从重视地面设施和轻视地下设施,向地面基础设施和地下基础设施并重转变

实施新型城市化战略,走质量与规模并重、经济与环境双赢、城市化与城市现代化协调发展的新路,可在国家、地区和城市三个层次上协同推进。在国家和地区层次上,城市体系现代化、新城市化与新工业化、经济与环保协调发展是一个关键环节;在城市层次上,城区现代化和郊区现代化、工业与服务业、经济与环保协调发展是一个关键环节。

(2) 研制城市体系现代化规划,促进城区、郊区和城市系统的协调发展

实施新型城市化战略,在国家和地区层次,要求研制和落实城市体系现代化规划,促进城区、郊区和城市体系的协调发展,优化国民经济和人力资源的地理布局。根据《中国统计年鉴2011》,2010年中国城市化率约为49.7%,共有657个城市(地级以上城市287个和县级城市370个)和19410个镇。城市体系现代化规划,就是在此基础上,规划未来40年的城市结构和城市布局,重点解决四个问题:城市化率、郊区化率、城市结构和城市分布。

首先,城市化率。根据国际经验(表1-106和表1-117)和中国国情(表3-76),中国可以选择中度城市化模式,2050年城市人口比例将达到80%左右(表3-89)。

表 3-89 2010~2050 年中国城市体系现代化的一种估算

项目	人口占全国人口比例/(%)					人口/百万				
	2010	2020	2030	2040	2050	2010	2020	2030	2040	2050
全国	100	100	100	100	100	1340	1431	1462	1455	1395
城镇	50	61	69	74	81	666	876	1015	1078	1128
城区	30	41	45	42	30	399	581	657	612	424
郊区	8	13	20	31	50	106	179	289	456	692
超大城市	3	8	9	10	11	39	114	136	148	158
特大城市	3	6	9	11	13	46	82	138	162	180
大型城市	15	17	20	22	24	200	245	289	313	334
中型城市	6	10	12	14	16	78	144	176	197	217
小型城市	23	20	19	18	17	302	292	275	258	238

注:超大城市:人口超过 1000 万。特大城市:人口为 500 万~1000 万。大型城市:人口 100 万~500 万。中型城市:人口为 50 万~100 万。小型城市:人口少于 50 万。参考表 3-76、表 3-77 和表 3-78。小城市总人口下降的原因很多,例如,一些规模比较大的小城市上升为中型城市等。

其次,郊区化率。根据国际经验(表 1-53 和表 1-91)和中国国情(表 3-78),中国郊区化可以有三种选择,2050 年郊区人口比例将达到 30%~50%(表 3-89)。

其三,城市结构。根据国际经验(表 1-119、图 1-36 和图 1-37)和中国国情(表 3-77),在 2010~2050 年期间,中国大城市(超大、特大、大型城市)、中城市和小城市的城市数量将增加(表 3-90);大城市和中城市人口比例将上升,小城市人口比例将下降(图 3-13)。

表 3-90 2010~2050 年中国城市体系的城市规模分布估算

项目	增长率/(%)	2010	2020	2030	2040	2050	新增
超大城市/个	2	3	7	8	9	11	8
特大城市/个	3	8	11	20	26	36	28
大型城市/个	3	114	121	161	217	291	177
中型城市/个	2	108	198	241	293	358	250
小型城市*/个	2	424	517	630	768	936	512
镇/个	—	19 410					—

注:参考表 3-77。* 2010 年小型城市包括 54 个地级市(人口少于 50 万的城市)和 370 个县级市。新增=2050 年城市数量-2010 年城市数量。

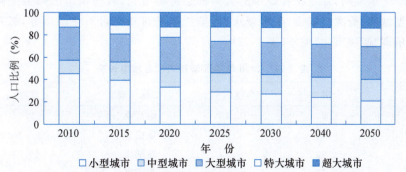

图 3-13 2010~2050 年中国城市体系的城市人口分布估算(一)
资料来源:同表 3-77.

在 2010~2050 年期间,中国有可能新增城市 975 个,其中,大城市 213 个,中城市 250 个,小城市 512 个(表 3-90)。2050 年中国城市总数有可能达到 1632 个,其中,大城市 338 个,中城市 358 个,小城市 936 个(表 3-90)。

其四,城市化模式。根据国际经验(表 1-108 和表 1-109)和中国国情(表 3-77),中国可以选择大城市主导型城市化模式,在 2010~2050 年期间,大城市数量将从 125 个上升到 338 个(表 3-90),大城市人口占城市人口比例将从 43%上升到 60%(图 3-14)。

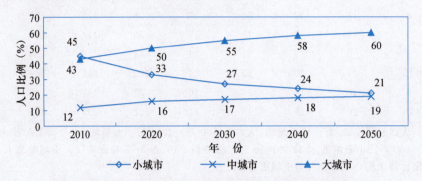

图 3-14　2010~2050 年中国城市体系的城市人口分布估算(二)

注：大城市：人口超过百万的城市,包括大城市、特大城市和超大城市；中城市：人口为 50 万~100 万的城市。小城市：人口少于 50 万的城市。参考表 3-77。

其五,城市地理分布。城市体系的地理布局,需要专题研究,可参考国家有关规划。

其六,地区层次的城市体系。城市化率、郊区化率和城市结构,可以因地制宜。

在 2010~2050 年期间,中国城镇居民人均住房面积将从约 32 平方米上升到 51 平方米(表 3-86),这意味着未来 40 年要为城镇居民增加约 364 亿平方米住房(表 3-91)。

表 3-91　2010~2050 年中国城市体系现代化的住房估算

项　　目	2010	2020	2030	2040	2050
城镇人口/百万	666	876	1015	1078	1128
人均住房建筑面积/平方米	32	36	40	45	51
总住房面积/百万平方米	21 041	31 184	40 714	48 730	57 422
新增加面积/百万平方米	—	10 143	9530	8016	8692
平均每年新增面积/百万平方米		1014	953	802	869

在 2010~2050 年期间,并非所有城市的人口都会持续增长,有些城市人口会下降。根据城市化的国际经验,大型城市、资源型城市、缺水城市、污染严重城市和交通不便城市等,都有可能出现城市人口下降,就是所谓"逆城市化"现象(表 3-92)。

表 3-92　2010 年中国城市人口自然增长率　　　　　　　　　　　　　　　单位:‰

城　市	全市	市辖区	城　市	全市	市辖区
广元市	-6.20	-10.42	丽江市	-0.61	-2.07
荆州市	-4.54	-7.24	乐山市	-0.90	-1.55
泰州市	-1.92	-4.99	曲靖市	15.27	-1.36
锦州市	-5.53	-4.88	雅安市	0.62	-1.35
宁德市	3.67	-4.30	鹤岗市	-1.07	-0.95

(续表)

城　市	全市	市辖区	城　市	全市	市辖区
自贡市	−5.30	−4.21	思茅市	−2.09	−0.84
眉山市	1.24	−4.12	双鸭山市	0.38	−0.65
本溪市	−4.45	−3.92	葫芦岛市	−3.91	−0.60
抚顺市	−5.69	−3.70	沈阳市	−0.59	−0.55
伊春市	−2.53	−3.35	舟山市	−1.21	−0.54
德阳市	−1.20	−3.30	四平市	2.59	−0.44
宜昌市	−4.72	−3.15	上海市	−0.60	−0.42
广安市	2.04	−3.03	徐州市	0.93	−0.42
鞍山市	−1.65	−3.01	南通市	−0.89	−0.38
赤峰市	−2.02	−2.85	黄山市	−1.44	−0.23
铁岭市	−1.72	−2.77	肇庆市	18.11	−0.08
宜宾市	2.91	−2.67	遂宁市	−4.64	−0.07
齐齐哈尔市	−4.33	−2.55	大庆市	−3.73	−0.05
丹东市	−5.12	−2.14			

资料来源：国家统计局城市社会经济调查司，2011.

(3) 研制基础设施现代化规划，全面优化地下基础设施，建设绿色智慧城市

城市基础设施现代化规划，可以在城市体系和城市两个层次上分别制定，或者在国家、地区和城市三个层次上分别制定。城市基础设施现代化规划，重点是硬性基础设施，包括给排水、交通、能源、电信和环保基础设施等，同时兼顾软性基础设施建设。

首先，城市体系层次的基础设施现代化规划，可以分为国家层次和地区层次，重点关注地上基础设施和硬性基础设施，如城际交通、区域性能源和电信基础设施等。

城际交通基础设施：飞机场、火车站、铁路和高铁、高速公路、船运等。

区域性能源供应：电力（发电、输电和配电）、燃油、天然气等。

区域性电信基础设施：数字电视、移动通信、互联网等。

其次，城市层次的基础设施现代化规划，需要全面规划，重点关注地下基础设施。

地下基础设施：全面规划和更新地下基础设施，建设"地下综合廊道"（公共沟）。

给排水基础设施：自来水普及率达到100%，卫生设施普及率达到100%。定期维护和更新给排水管道，提高供水质量和排洪能力等。

交通基础设施：重点发展轨道交通和公共交通。借鉴国际经验，城区人口超过100万、人口密度高、经济和人口持续增长的城市，可以修建地铁或城铁。

能源基础设施：为城市发展和城市现代化提供能源保障。

电信基础设施：为建设绿色智慧城市提供电信设施支撑。

环保基础设施：全面控制空气质量，废水和废物处理率达到100%。

软性基础设施：为城市化和城市现代化，提供全面支持。

(4) 实施城区现代化工程，启动城区现代化试点工作，建设发达现代城市

城区现代化工程，主要发生在城市层次。根据欧美发达国家的城市经验，城区现代化工程，包括老城区的城市更新（老城改造）和新城区的城市建设。

首先，研究制定新型城市化战略和城区现代化规划。城区现代化规划是新型城市化战略的一种具体化,规划内容涉及:城市经济、社会、政治、文化、环境和居民的现代化,城市功能和形态、建筑和住房、基础设施、公共服务、公共管理和国际联系的现代化等。

其次,研究和明确城市功能定位和规模目标。一般而言,中国未来城市功能可以实行五级定位:世界级、国际级、区域中心、专业城市、县城和镇。大体而言,世界级城市不超过5个,国际级城市不超过10个,区域中心城市一般不超过50个(估计数)。

其三,选择城区现代化的国际标杆。可以选择具有相似规模和自然条件的2~3个发达国家的城市,作为城区现代化工程的国际参照,借鉴国际经验。

其四,老城区的城市更新。按照新型城市化的城市理念,推进城区改造和升级。合理保护和利用城市文化遗产,是城区现代化的重要内容,是提高城市竞争力的关键要素。

其五,新城区的城市建设。按照新型城市化的城市理念,规划和建设新城区等。

在国家和地区层次,启动"城区现代化试点"工作;条件成熟后,建立城区现代化示范区,向其他城市推广。城区现代化示范区的经验,可以借鉴,而不应简单模仿或照搬。

(5) 实施郊区现代化工程,启动郊区现代化试点工作,建设发达城市郊区

郊区现代化工程,主要发生在城市层次。根据欧美发达国家的城市经验,郊区现代化工程,涉及郊区卫星城、郊区工业中心、郊区服务中心、郊区住宅社区和郊区农村等。

首先,大中城市研制新型城市化战略和郊区现代化规划。郊区现代化规划是新型城市化战略的一种具体化,规划内容应该涉及:郊区经济、社会、文化、环境和居民的现代化,郊区住房、基础设施、公共服务和公共管理的现代化等。

其次,选择郊区现代化的国际标杆。可以选择具有相似规模和自然条件的2~3个发达国家的城市郊区,作为郊区现代化工程的国际参照,借鉴国际经验。

其三,郊区卫星城建设。按照新型城市化的理念,规划和建设卫星城、城际交通等。

其四,郊区工业中心建设。按新型工业化思路,建设郊区工业园区、工业中心等。

其五,郊区服务中心建设。按照绿色和便捷的理念,规划和建设郊区服务中心,包括商业服务、教育服务、医疗服务和休闲娱乐服务等。

其六,郊区住宅社区建设。按照新型城市化的城市理念,规划和建设郊区住宅社区。

其七,郊区农村的现代化。按照新型城市化的城市理念,进行农村的城市化改造等。

在国家和地区层次,启动"郊区现代化试点"工作;条件成熟后,建立郊区现代化示范区,向其他郊区推广。同样,郊区现代化示范区的经验,可以借鉴,而不应简单模仿。

2. 提高城市生产力和城市贡献比是关键所在

城市生产率是城市现代化的经济基础,城市生产现代化是城市现代化的必然要求。根据创新驱动模型、生产力函数和城市收支平衡模型,中国城市经济发展至少有十条基本路径:创新驱动、技术更替、扩大投入规模、提高投入效率、提高投入质量、优化资源配置和调整产业结构、扩大城市产出、增加城市消费、提高城市生产力和城市贡献比等。其中,城市生产力与城市技术水平、城市劳动力人均资本和人均技能成正比;城市贡献比是城市第一产出与城市第一消费之比,城市贡献比大于1是城市发展的一个重要条件。一般而言,提高城市生产力和城市贡献比主要有五条路径(表3-93),这里提五条建议供讨论(表3-94)。

表 3-93　提高城市生产力和贡献比的主要途径

主要途径	主要内容
1. 提高人均资本	市民人均固定资产、运输、信息、资金等
2. 提高人均技能	市民人均受教育程度、科技知识的普及、城市政策和市场信息获取等
3. 加快技术进步	科技投入比例、人均科技投入、人均专利、人均商标、技术服务、技术退出等
4. 调整产业结构	高附加值的产业、知识密集、资本密集、文化密集、服务密集产业等
5. 提高第一产出	城市为城外居民生产和提供的产品和服务等

表 3-94　提高中国城市生产力和贡献比的政策建议

政策建议	主要内容
1. 城市产出指南	编制城市产出指南，提高城市生产力和城市贡献比（率）
2. 城市创新工程	继续推进城市创新工程，完善创新统计制度，建设创新型城市
3. 制造业现代化指南	发展高技术产业，继续建设科技园区和创新园区等，提高城市生产率
4. 服务业现代化指南	发展现代服务业，建设知识密集和资本密集的服务园区等，提高城市竞争力
5. 大力发展文化产业	发展创意产业、旅游产业、网络文化产业等，提高城市影响力，建设文化强国

注：城市产出指南、制造现代化指南和服务现代化指南，不是指令性计划，而是服务性指南。

（1）研制城市产出指南，提高城市生产力和城市贡献比（率）

根据城市现代化理论的收支平衡模型，城市是一个经济体，城市经济与城市外部环境构成一个经济系统，城市生产与消费将影响城市发展。根据收支平衡模型，城市发展大致有四条路径：提高城市产出、提高城市消费、提高城市生产力和城市贡献比（率）；城市第一产出大于城市第一消费是城市发展的关键因素，城市生产力和城市贡献比决定城市未来。

首先，明确城市产出和消费的分类。城市收支模型的基本概念：

- 城市第一产出：指城市为城外居民生产和提供的产品和服务。例如，矿产品、对外的工业制成品、入境旅游服务等。
- 城市第二产出：指城市为城内居民生产和提供的产品和服务。例如，都市农业、建筑和房地产、公共事业服务、基础教育服务、社会福利等。
- 城市混合产出：有些产品和服务，可供城内居民和城外居民消费，需要进行细分和估算。例如，高等教育服务、医疗服务、电信服务、商业服务、餐饮酒店服务、交通运输服务等。
- 城市第一消费：指城市居民购买城外生产和提供的产品和服务的消费。例如，城市不能生产的农业产品、工业制成品、能源产品、出境旅游服务等。
- 城市第二消费：指城市居民购买城内生产和提供的产品和服务的消费。例如，建筑和住房、公共事业服务、基础教育服务、社会福利等。
- 城市生产力：第一生产力指城市人均第一产出，第二生产力指城市人均第二产出等。
- 城市贡献比（率）：指城市第一产出与第一消费之比，贡献比大于1是城市发展的重要条件之一。
- 城市外循环：城市第一产出与城市第一消费构成的价值流循环，影响城市发展。
- 城市内循环：城市第二产出与城市第二消费构成的价值流循环，影响城市生活。

其次，研制城市产出指南。按照产出的最终用途，研制城市产出指南，包括城市纯粹第一产出、城市纯粹第二产出和城市混合产出,提出城市混合产出的细分和估算方法。

其三,研制城市消费指南。按照消费品的来源,研制城市消费指南,包括城市第一消费和第二消费。

其四,研制提高城市第一产出、城市生产力和城市贡献比(率)的政策措施。

如果城市没有第一产出,就没有对外的购买力,就不可能生存和发展。因为,城市的生存和发展,离不开外部资源和物品的流入。例如,没有粮食流入,城市就没有粮食。

城市为社会提供的产品和服务越多,城市贡献就越大,城市发展就越快,反之则反。

(2) 实施城市创新工程,完善创新统计制度,建设创新型城市

2008年深圳市启动"国家创新型城市试点"。2010年,国家科技部批准北京海淀区等20个城市(区)进入国家创新型城市(区)试点,国家发展与改革委员会批准大连等16个城市的国家创新型城市试点方案。目前已有约57个城市成为国家创新型城市试点市。

首先,在未来40年,继续推进"创新型城市试点"工作;在条件成熟后,建立"创新型城市示范市",向其他城市推广经验。

其次,完善新产品和创新统计制度,建立创新型城市管理的统计基础。

其三,定期交流创新型城市试点的经验,不断提高城市创新能力。

(3) 研制制造业现代化指南,发展高技术产业,提高城市生产力

制造业是城市第一产出的主体。研制制造业现代化指南,引导城市企业的技术升级,可以大幅度提高城市生产力、城市第一生产力和城市贡献比。

首先,研制现代制造技术指南,明确需要淘汰的制造技术。

其次,研制绿色制造技术指南,促进绿色制造和企业生态化。

其三,研制智能化制造指南,促进制造业的信息化和智能化(如3D打印)等。

其四,研制高技术产业指南,促进高新技术产业的发展。

其五,研制制造现代化指南,提出制造业现代化的发展战略。

其六,有都市农业的城市,可以研制都市农业现代化的发展战略等。

(4) 研制服务业现代化指南,发展现代服务业,提高城市竞争力

服务业是城市第二产出的主体。研制服务业现代化指南,引导城市企业的服务转型,可以大幅度提高城市竞争力、城市生活质量和城市第二生产力。

首先,研制现代服务技术指南,明确需要淘汰的服务技术和服务模式。

其次,研制绿色服务技术指南,促进绿色服务和环境友好的服务。

其三,研制智能化服务指南,促进服务业的信息化、网络化和智能化等。

其四,研制知识型服务指南,促进高附加值、知识密集型服务业的发展。

其五,研制服务现代化指南,提出服务业现代化的发展战略等。

(5) 大力发展文化产业,加速文化产业现代化,提高城市影响力

文化产业是知识经济的重要产业,是21世纪世界经济的战略产业。中国的人均自然资源相对比较少,文化历史和文化资源比较丰富,发展文化产业对中国现代化具有战略意义。文化产业既是中国的战略机遇,也是中国的战略挑战。《中国现代化报告2009:文化现代化研究》建议,实施文化产业强国战略,提升文化产业竞争力,加速文化产业现代化。

首先,研究制定《中国文化产业发展政策纲要》,提升文化产业战略地位。中国文化产业的发展,既要打造文化产业的龙头企业和世界品牌,也要鼓励中小文化企业的发展,还要鼓励文化自由职业者、文化志愿者和文化爱好者的文化创造活动。

其次,继续促进国家重点文化产业的发展。《国家"十一五"时期文化发展规划纲要》提出的重点文化产业包括:影视制作业、出版业、发行业、印刷复制业、广告业、演艺业、娱乐业、文化会展业、数字内容、动漫产业等。

其三,促进文化产业的市场化和网络化。促进文化要素、文化产品的市场化和网络化,研究实施网络文化精品工程、休闲文化精品工程、国际旅游精品工程等。

其四,促进文化产业的国际化和理性化。鼓励中国文化企业建立跨国公司,进行海外直接文化投资,直接进军国际文化市场。建立亚洲文化合作中心和文化交易中心、亚欧文化合作中心、亚美文化合作中心、亚非文化合作中心,促进中国文化企业的国际化等。

3. 提升城市生活质量和市民发展水平是最终目标

市民是城市现代化的行为主体,市民现代化是城市现代化的必然要求。市民现代化涉及众多因素。从城市现代化角度考虑,市民现代化应该包括市民素质、市民收入、生活水平、生活条件、生活方式和社会保障的现代化等。这里我们重点关注市民生活质量的提高,它们涉及五个方面(表 3-95)。结合中国国情,我们提出五点建议供大家讨论(表 3-96)。

表 3-95　提高城市生活质量的主要途径

编号	主要途径	主要内容
1	提高市民素质	提高市民受教育水平和教育公平性,建立终生学习制度,普及科技知识等
2	提高物质生活水平	提高人均收入和人均住房面积,维持合理的物价、房价收入比等
3	提高文化生活水平	丰富文化活动,增加文化可选择性,促进旅游文化和网络文化等
4	提高环境质量	提高空气质量,废水和废物处理,自然灾害的应急管理等
5	提高社保水平	完善城镇社保制度,提高养老金支付比例,消灭绝对贫困现象等

表 3-96　提高城市生活质量的政策建议

编号	政策建议	主要内容
1	实施三项工程	实施市民待遇、社区养老和家庭小康工程,提高物质生活水平,建设文明城市
2	提升文化生活品质	提高文化生活品质,促进文化生活现代化,建设魅力城市
3	研制清洁城市规划	研制清洁城市规划,实施绿色发展战略,建设生态文明和清洁城市
4	全程社保指南	研制"从胎儿到墓地"的社会保障和社会福利指南,建设新型福利城市
5	城市生活指南	研制城市生活指南,促进城镇生活方式现代化,建设发达宜居城市

(1) 实施三项工程,提高物质生活水平,建设文明城市

首先,实施市民待遇工程,逐步取消户籍制度,建设公平诚信城市。

——在 2020 年前逐步取消户籍制度。《中国现代化报告 2006:社会现代化研究》建议,逐步取消户籍制度,建立信用管理制度。采用现代信息技术,建立数字化的全民信用管理制度;以身份证或社会保障卡为基础和纽带,为全民建立"数字化身份",以代替传统的"居住地户口",允许公民自由选择居住地,享受平等的居民待遇。

——研制和公示城市新增居民的"市民化"规划。根据新型城市化战略和城市现代化规划,提出城市规模的发展目标,明晰城市的年度发展目标和"新增市民"目标。在 2010~2050 年期间,中国城市将新增 4.62 亿新居民(表 3-97)。

表 3-97　2010~2050 年中国城市的新增人口

项　目	2010~2020	2020~2030	2030~2040	2040~2050	2010~2050
城市人口/百万	210	139	63	49	462
超大城市/百万	75	21	12	11	119
特大城市/百万	35	56	24	19	134
大城市/百万	45	45	24	21	135
中城市/百万	66	32	21	20	139

注:数据估算,见表 3-89.

——简化和公开城市新增居民的"市民化"程序,落实"市民待遇"。
——研制和公示"市民待遇",明确城市居民的权利和义务。
——研究解决城市"扩容"的相关问题,如就业、住房、教育、基础设施和社会保障等。
——妥善解决人口迁移相关的历史遗留问题等。

其次,实施社区养老工程,建设和谐文明城市。

2010 年全国城市 65 岁及以上人口约为 3102 万,老龄人口比例约为 7.7%,已经进入老龄社会,老年人生活和养老问题受到广泛关注(表 3-98)。2010 年居住在 4~6 层楼房的城市家庭约 5310 万户,占全部城市家庭的 42.7%;这些住房一般没有电梯,居住在这些楼房的老龄人生活非常不便;特别是 80 岁以上老龄人和生活不能自理的老龄人生活非常困难。

表 3-98　2010 年中国城市老龄人口和家庭住房

项　目	城市人口	65 岁以上人口	80 岁以上人口	90 岁以上人口	居住在 4—6 层楼房的家庭户数
数量/万	40376	3102	535	51	5310
比例/(%)	100	7.7	1.3	0.1	42.7

注:本表不含镇人口。根据《中国 2010 年人口普查资料》的计算结果。2010 年城市家庭住房为 10% 抽样调查数据。

——在城市老龄人比较集中的住宅小区,建立养老社区。
——养老社区的基础设施,进行无障碍改造,便于老龄人出行。
——养老社区与附近的医院,建立长期合作医疗关系,建立老龄人卫生服务专案。
——养老社区的 4~6 层楼房,统一安装电梯,方便老龄人生活,可参考广州经验。

- 2012 年 7 月《广州市既有住宅增设电梯试行办法》正式施行。《办法》规定,既有住宅增设电梯的意向和建筑设计方案,应当充分听取拟增设电梯所在物业管理区域范围内业主的意见,并应当经专有部分占建筑物总面积 2/3 以上的业主且占总人数 2/3 以上业主同意。
- 《办法》规定,既有住宅增设电梯所需资金,可以按照以下方式筹集:(一)根据所在楼层等因素,由业主按照一定的分摊比例共同出资,分摊比例由共同出资业主协商确定;(二)属于房改房的,可以申请使用单位住房维修基金;(三)可以申请使用房屋所有权人名下的住房公积金、专项维修资金;(四)原产权单位或者原房改售房单位(不包括财政拨款的预算单位)出资;(五)社会投资等其他合法资金来源。

其三,实施"家庭小康工程",建设全面小康城市。

全面小康社会的标准包括,城镇居民家庭人均可支配收入超过 1.8 万元,农村家庭人均纯收入超过8千元。根据《中国统计年鉴2011》的数据,按2000～2010年年均增长率估算,2010年大约有5%的城镇家庭的人均可支配收入,在2020年低于1.8万元;大约有20%的农村家庭的人均纯收入,在2020年低于8千元(表3-99);它们没有达到全面小康社会的收入标准。如果要在2020年建成全面小康社会,这部分家庭的收入必须提高。

表3-99 2010～2020年中国全面小康社会的缺口估算和对策分析

项　目	城镇	农村	项　目	城镇	农村
2010年全国人均收入/元	19 109	5919	2010年预计将来不能达标家庭比例/(%)	5	20
2020年全面小康标准/元	18 000	8000	2010年预计将来不能达标家庭/百万	12	34
人均收入分组	苦难户	低收入户	2010年预计将来不能达标人口/百万	33	135
2010年人均收入/元	4739	1869	2010年帮扶条件,人均收入/元	3822	1184
人均收入的增长率/(%)	11.77	10.14	2010年符合帮扶条件的家庭比例/(%)	2	3
2020年人均收入/元	14 420	4910	2010年符合帮扶条件的人口/百万	13	20

注:城镇人均收入为家庭人均可支配收入,农村人均收入为家庭人均纯收入。2020年人均收入为按2000～2010年人均收入的年均增长率计算的估算值。根据《中国统计年鉴2011》数据的计算结果。

《中国现代化报告2011》建议,实施"家庭小康工程",为人均收入低于小康水平的家庭提供爱心帮扶;实现人人小康,家家小康,建设全面小康社会。

- 制定帮扶条件。考虑到国家财力有限和鼓励自力更生,建议在国家层次上,把全国平均城镇人均可支配收入和农村人均纯收入的20%,作为帮扶条件(表3-99)。城镇家庭人均可支配收入没有达到全国城镇人均可支配收入平均值的20%的家庭,农村家庭人均纯收入没有达到全国农村人均纯收入平均值的20%的家庭,符合帮扶条件。
- 制定帮扶标准。帮扶标准可以分为三级:国家级帮扶标准,适用于所有城镇;地方级帮扶标准,适用于所在地区;城镇级帮扶标准,适用于所在城镇。
- 国家级城镇小康工程,对贫困家庭提供五项爱心帮扶:一是发放年度小康券;二是提供教育帮助,包括免费义务教育,高中和大学助学金;三是提供免费大病医疗保险,避免因病致贫的现象;四是提供住房租房补贴;五是就业保障,保证每个家庭至少有一人就业。一是生活帮助,二是教育扶持,三是社会保险,四是住房保障,五是就业保障。
- 国家级农村小康工程,对贫困家庭提供三项爱心帮扶:一是发放年度小康券;二是提供教育帮助,包括免费义务教育,高中和大学助学金;三是提供免费大病医疗保险,避免因病致贫的现象。一是生活帮助,二是教育扶持,三是社会保险。
- 制定科学的管理方法。年度小康券的使用,有效期为一年,一次性使用;它的适用范围是:仅限于购买生活用品和农用品。
- 经费来源采用分摊制。分摊比例是:中央财政80%,省财政20%。
- 地方和城镇帮扶标准,超出国家标准部分所产生的费用,完全由地方财政负担。
- 研制"最低生活保障制度"、"扶贫工程"与"家庭小康工程"合并的实施方案,并付诸实施。

(2) 提高文化生活品质,促进文化生活现代化,建设魅力城市

《中国现代化报告2009:文化现代化研究》认为,随着物质生活的极大丰富,精神生活的需求与日俱增,文化现代化的重要性日益突显;中国文化现代化建设,可以优先考虑文化生活现代化、文化内容现代化和文化竞争力,并且以文化生活现代化为重中之重。

首先,文化生活是日常生活的一个组成部分,文化生活现代化是文化现代化的一种表现形式。文化生活指与文化的生产、传播、消费和服务等相关的日常生活,是文化商品、文化服务和文化活动的供给、消费和参与的相关活动。文化生活现代化,需要关注三个重点:尊重文化规律、保证文化供给和提升文化消费。

其次,文化供给现代化需要关注:推动文化生产现代化,奠定文化供给的基础;推动文化传播现代化,扩展文化供给的途径;推动文化服务现代化,扩大文化服务的可选择性和可参与性;推动文化政策现代化,提高文化供给满意度。

其三,文化消费现代化需要关注:推动文化需求现代化,建立健康的文化消费观念;推动文化消费模式现代化,提升文化生活的品质;推动职业文化现代化,塑造知识时代的职业信誉;推动行为文化现代化,塑造知识时代的礼仪之邦。

其四,建立免费开放的消夏文化节制度。全国的大中城市集中了丰富的文化资源。提供文化表演机会,发挥文化资源作用,有利于文化人才成长,有利于居民文化生活。借鉴国际经验,在全国大中城市逐步建立免费开放的消夏文化节制度(表3-100)。目前,有些地区已经举办各种形式的消夏文化节。在此基础上,建立完全免费开发的消夏文化节制度,是一种合理选择。

表3-100　免费开放的消夏文化节制度

开放分类	适用范围	注
时间	每年夏秋两季,星期一到星期五的晚上、星期六、星期天、国家节假日	具体时间因地制宜,可以不定期
地点	大中型城市的城市公园、文化广场、露天文化场所、露天体育场所等	一般在露天场所进行
组织者	免费组织。当地政府有关文化部门、文化组织、文化团体、社区文化中心等	因地制宜、文化志愿者
表演者	免费表演。文化爱好者、文化志愿者、政府资助的文化团体(有义务参加)、文艺专业的在校师生、文化机构、文化企业、民间文化组织、民间文化团体等	因地制宜、自愿表演,政府资助文化团体有表演义务
参与者	免费参加。自由参加、自由参与、自由观赏、自由退场	自愿、自觉、自律、大众化
节目	征集表演内容,自由申报节目,定期(每月或每周)公布表演安排	民主、透明、健康、娱乐性
内容	音乐、舞蹈、戏剧、曲艺、书画、杂技、电影、手工艺、文化展览等	非正式的表演,因地制宜
特点	免费、开放、自愿、娱乐、健康、公益、大众化、非正式	城市文化品牌
费用	免费表演、免费观看、免费参与。接受赞助,有关文化部门适度支持	接受文化赞助,政府适度资助
秩序	表演者的参与者的自觉自律。如果有需要,请当地公安部门,维持秩序	起步阶段需要加强安全管理

资料来源:中国现代化战略研究课题组,中国科学院中国现代化研究中心,2009.

全国大中城市,可以依据气候特点,在每年的夏秋两季的周末和休闲时间,在城市露天文化场所,举办自愿参加的免费文化节。消夏文化节的特点是:开放性、公益性、自愿性和娱乐性。逐步把消夏文化节办成城市的文化品牌,提高城市吸引力和文化竞争力。

- 免费文化节实行两自愿(自愿表演和自愿参与)和两免费(免费表演和免费参加)。
- 文化节邀请本地区的文艺演出机构、文化教育和研究机构、文化组织和文化团体、文化企业、文化爱好者和文化志愿者等,举行非正式的、健康的、开放的、免费的、自愿的文艺演出、文化展览等文化活动。
- 政府资助的文化团体和文化机构,有义务参加文化节的表演。
- 城市政府的文化管理机构或文化组织,负责征集、安排、组织和协调文化节的活动计划。地方公安部门负责维持文化节的正常秩序。

其五,建立文化设施的分类开放和免费开放制度。免费开放:公共投资兴建的城市公共文化场所,一般可以免费开放。定量开放:世界文化遗产和重点文物保护单位,可以定量适度开放,减少对遗产和文物的损害。定时开放:一些公共科研机构、公共文化机构和文化单位,可以定时定期开放。商业开放:其他文化场所和文化设施,可以施行商业开放。免费开放的公共文化设施,可以按非营利机构模式进行管理;城市财政可以提供运营补贴,公共文化设施管理机构可以开展相关商业服务增加收入等。

(3) 研制清洁城市规划,实施绿色发展战略,建设生态文明和清洁城市

目前,中国城市普通面临五大环境压力:废气污染、废水污染、废物污染、噪音污染、建筑和装修污染等,雾霾天气频繁出现,城市饮水质量不高等。《中国现代化报告2007:生态现代化研究》提出,实施生态现代化和绿色发展战略,建设生态文明和清洁城市。

首先,研制清洁城市规划,走绿色城市化道路,建设生态文明。绿色城市化道路的十要点是:① 新建城区和房地产开发项目,必须进行环境影响评价;② 新建城区如果有污染密集项目,必须实行建设项目与环保设施的"三同时";③ 新建城区必须实行供水、排水和废水处理的"三同时",同时设计、施工和投产;④ 新建城区必须建立废物收集和处理机制和基础设施,废物处理率达到100%;⑤ 新建城区必须建立城市环境质量监测、评价和预报制度;新建城区的各项环境质量指标,必须达到或高于国家二级标准;⑥ 新建城区的公共卫生设施、城市绿化和环境设施必须达到国家环保标准;⑦ 鼓励新建城区采用清洁能源、可再生能源、绿色交通和废物循环利用;⑧ 鼓励新建城区采用"环境优美乡镇"、生态示范区和环保模范城市等标准;⑨ 鼓励新建城区建立环境信息公开制度;⑩ 建立和实施环境责任制度,鼓励市民和非政府环保组织发挥监督作用等。

其次,全面清理和治理城市空气污染。全面清理城市空气污染源,提出治理空气污染源的政策措施,制定相关法规,明确城市空气质量的发展战略和战略目标。

其三,继续实施重点地区和重点产业的环境污染综合防治工程。在传统工业和污染工业集中的地区和流域,实施污染治理工程,清除历史遗留环境污染,并控制和减少新的污染。传统工业,特别是资源密集、能源密集和污染密集的传统工业,需要进行工业流程的环保再造,以控制和降低工业污染。继续实施污染总量控制和排放许可证制度。建立有毒物和污染物排放的企业档案和企业排行榜,并定期向社会公布。

其四,实施绿色家园工程,普及城镇安全饮水和卫生设施,提高城镇生活废水和废物处理率,提高城镇人均绿化面积,提高城镇清洁能源比例,逐步达到安全饮水、卫生设施、废水处理和废物处理率的百分之百,空气质量达到国家一级标准,彻底改善人居环境。

其五,实施绿色服务工程,鼓励现代绿色服务业的发展,促进经济的轻量化、绿色化和生态化。基本内容包括:① 加快绿色服务业的发展;② 降低服务业的能源和资源消耗;③ 提高服务业的劳动和资源生产率;④ 改善和提高服务业的工作环境质量;⑤ 控制和降低服务业的废物和有毒有害物的排放;⑥ 促进服务业废物的循环利用等。

其六,实施绿色消费工程,鼓励企业开发和生产绿色产品(如有机食品等)和绿色服务,鼓励有经济能力和环保意识的居民购买和消费绿色产品和绿色服务,鼓励政府机构采用绿色采购政策,是扩大绿色市场的基础工程。绿色消费工程的关键是诚信。绿色生产者必须保证绿色产品质量,政府和市场必须形成防止"假冒绿色产品"的机制,绿色消费者才会愿意支付绿色消费的"绿色费用"。

(4) 研制《全程社会保障指南》,建立先进福利制度,建设新型福利社会

借鉴城市现代化的国际经验和北欧国家的实践,建立"全程覆盖、全员覆盖、公平透明、强度递进"的"全程社会保障体系",是中国城市和社会现代化的一个最终目标。这种"从胎儿到墓地"的终生社会保障制度,将根据社会承受能力,逐步提高福利强度。

首先,在2020年前研制和实施《全程社会保障指南》,全面解除社会发展和家庭生活的后顾之忧。

建议全面和系统理清中国现有的社会保障制度,包括社会保险、商业保险、社会福利、单位福利、社会救助、其他形式的社会保障(住房保障、优抚安置、社会互助等),弥补社会保障的"制度漏洞",形成覆盖全体公民和人生全程的社会保障制度,制定《全程社会保障指南》(表3-101),分步实施到位。

其次,系统测算和制定社会保障的支付强度、支付能力等。

其三,研制和预测社会保障的经费来源,提出扩大社保经费的措施等。

其四,研制社会保障经费的支付方式,降低社会保障制度的运行成本。

其五,研制和建立"失能老人"的养老和护理机制,保障老人基本权益。

其六,简化、规范和公示社会保障的管理机制,提高社会效益等。

表3-101 中国《全程社会保障指南》(概要)

种类	保障内容	胎儿 0岁	幼儿 0~6岁	青少年 6~18岁	成年人 18~60岁	老年人 60岁以上	离世 安葬
社会保险 商业保险	生育保险				√		
	医疗保险		√	√	√	√	
	养老保险			(√)	√	√	
	失业保险				√		
	工伤保险				√		
	交通保险		汽车相关保险、航运保险等				
	商业保险		财产保险、住房保险、灾害险等				
社会福利 单位福利	义务教育			√	√		
	学生福利(营养餐等)			√	√		
	卫生福利(疫苗等)		√	√			
	儿童福利		√				
	妇女福利(孕妇福利)	√		√	√	√	
	老年人福利					√	√
	残疾人福利		√	√	√	√	√
	公共假期		√	√	√	√	
	职工福利				√		
	公务员福利				√		
	其他单位福利				√		
社会救助	最低生活保障		√	√	√	√	
	灾害和险情救助		√	√	√	√	
	流浪乞讨人员救助		√	√	√	√	
	其他救助		√	√	√	√	
其他	住房保障		住房公积金、廉租住房、住房补贴				
	优抚安置		特殊贡献者、革命烈士、伤残军人、退伍军人等				
	农村社会保障		农村养老保险、大病统筹、五保供养等				
	社会互助		慈善事业、社会捐助、职工互助、志愿者等				

注:城镇和农村社会保障体系可以并轨,公务员和职工的社会保障可以并轨。

(5)研制《城市生活指南》,促进城镇生活方式现代化,建设发达宜居城市

根据发达国家的城市经验,市民有照章纳税和遵纪守法的义务,政府有依法行政和公共服务的义务。城市政府需要向纳税人提供政府收支和公共服务的相关信息,接受市民监督;市民需要系统了解自己的权利和义务,争做合格和模范市民。

首先,研制《城市生活指南》,主要包括三大版块(表 3-102)。① 公共服务指南,提供城市收支信息、公共服务年度报告、公共服务重要法规等。② 市民生活指南,提供城市生活主要领域的相关信息和专家建议。③ 权利与义务,提供政府和市民的权利与义务等。《城市生活指南》的文字长度,一般控制在 5 万字以内,以便于传播和阅读。

表 3-102　中国《城市生活指南》(提纲)

项　　目	主要内容	主要功能
公共服务指南	政府收支信息、公共服务年度报告、重要法规等	服务监督
市民生活指南	公共假期、住房和交通、营养和健康、旅游和环境、教育和就业、儿童和老人、慈善和救助指南等	专家建议
权利与义务	政府权利与义务、市民权利与义务、城市概况	市民须知

其次,发布《城市生活指南》。每年 12 月 30 日前,电子版在政府网站发布,文字版在公共媒体公布,并寄送给每个纳税家庭。

其三,征集《城市生活指南》的改进意见,不断发展和完善其内容和形式。

案例一:营养和健康指南。定期更新营养指南,提倡合理饮食;定期研制医疗和卫生指南,改善公共卫生和医疗服务,逐步消除"看病不易、医患不和"等不正常现象。

案例二:住房和交通指南。研制城市交通指南,鼓励理性选择出行时间和出行方式,缓解交通压力;研制城市住房指南,促进理性的住房消费,降低住房的投资风险等。

根据联合国的人居环境调查和国际经验(表 1-58),城市家庭收入与房价房租的合理比例为:房价中间值与家庭年均收入之比:3~8 倍,推荐值为 5 倍;房租占家庭月收入比例:20%~30%,推荐值为 25%;家庭收入与房价房租的比例关系的计算方法见表 3-103。

表 3-103　家庭收入与房价、房租的计算方法(举例)

家庭平均年收入与单元房房价中间值/万元				家庭平均月收入与单元房平均月租金/千元			
年收入	房价下限 HPIR:3 倍	中间房价 HPIR:5 倍	房价上限 HPIR:8 倍	月收入	房租下限 HRIR:20%	中间房租 HRIR:25%	房租上限 HRIR:30%
1*	3*	5*	8*	1*	0.20*	0.25*	0.30*
5	15	25	40	2	0.40	0.50	0.60
10	30	50	80	3	0.60	0.75	0.90
15	45	75	120	4	0.80	1.00	1.20
20	60	100	160	5	1.00	1.25	1.50
30	90	150	240	10	2.00	2.50	3.00

注:* 为基数。HPIR 为房价收入比。HRIR 为房租收入比。根据联合国人居环境调查结果计算(表 1-58)。

本 章 小 结

城市是一个有机体,从城市边界到城市内涵,都在发生变化。城市数据的历史可比性和横向可比性都有争议。城市研究必然见仁见智。2011 年中国城市人口比例超过 50%,城市人口超过 6.7 亿人,城市数量超过 650 个,中国进入城市社会成为社会主体的新阶段。

中国城市现代化是一种后发追赶型城市现代化,也是世界上最大规模的城市现代化。本章关于中国城市现代化的时序分析、截面分析和过程分析,加深了对中国城市现代化的理性认识。关于中国城市现代化的战略分析,可以为制定中国城市现代化政策提供参考。

1. 中国城市六个系统现代化的基本事实

首先,城市功能和形态。中国城市功能和形态的变化趋势,与世界发展趋势基本一致。中国大型和中型城市,许多处于从中心城市向郊区化和大都市的转变过程中,城市群和城市带正在形成之中。中国城市功能与城市行政地位正相关,行政地位越高,行政功能越强。中国城市行政地位大致有六级:省级城市(直辖市)、副省级城市(省会城市和计划单列城市)、地级城市、县级城市、县城和镇。

目前,中国城市的首要功能是行政功能,然后是经济功能和服务功能等。行政和经济功能比较强,服务和文化功能比较弱,是中国城市功能的特点。

在经济全球化背景下,中国城市纷纷提出建设"世界城市"或"国际城市"的发展目标,以此提升城市经济功能和服务功能,具有一定的合理性。但是,世界城市毕竟是少数。中国绝大多数的城市,不可能成为真正的"世界城市"或"国际城市"。

在经济功能定位方面,有些中国城市没有特色,出现发展战略雷同、发展模式雷同、产业结构雷同、主导产业雷同、经济问题雷同和环境问题雷同等现象。

现代中国城市,既是计划经济的产物,也是行政管理的产物。在现行行政管理体制下,城市政府的目标和追求趋同,城市空间结构趋同,城市建设结构趋同,城市建筑文化趋同,标志性建筑、仿古建筑和摩天大楼等大量涌现,形成"千城一面"的社会印象。

其次,城市建筑和住房。中国城市建筑和住房的变化趋势,与世界变化趋势,既有一致性,也有差异性。人均城市建筑面积、人均公共建筑面积、人均住房建筑面积和城市建筑高度等,都是上升变量,城市最高建筑记录被不断刷新,同时"豆腐渣工程"报道屡见不鲜。

2010年中国城市建筑,既有获得各种建筑奖励的精品建筑,也有大量的各类建筑,高质量建筑和普通建筑并存。在一些传统文化名城,仿古建筑大量涌现。在中国63个城市(包括港澳台),2012年已有摩天大楼575座,在建和待建摩天大楼747座,合计1322座。

2001年中国城市房价收入比(住宅房价中间值与家庭平均年收入之比)约为6,已高于工业化国家1998年平均值,高出美国2000年平均值的1倍多。2005年北京等10个城市平均月供收入比(住房贷款平均月还款占家庭平均月收入的比例)达到35%,2000年美国平均值为21%。2013年北京等一线城市房租收入比(住房平均月租金占平均月收入的比例)达到40%,2000年美国平均值为26%。中国房价问题引发社会危机的风险在扩大。

其三,城市基础设施。不同方面发展水平有所差别,这里举几个例子。

给排水设施。2010年中国城市自来水普及率约为98%,接近发达国家平均水平,但自来水质量没有达到直接饮用标准;中国部分城市的排水设施比较落后,城市内涝现象比较普遍;卫生设施普及率低于世界平均水平,大约26%的城市居民没有抽水马桶。

电信设施。2010年中国电话普及率和互联网普及率超过世界平均水平,手机普及率低于世界平均水平。2010年中国通信基础设施水平,基本达到世界平均水平。

地下设施。中国城市地下基础设施的发展,虽然受到重视,但起步比较晚,整体水平不高。例如,"地下管廊"或公共沟建设,城市地铁建设等,时间都比较短。

设施老化。中国许多城市的历史悠久,基础设施老化和破损现象比较严重。城市基础设施的维护和更新,将是日益严峻的挑战等。

其四,城市公共服务。中国政府提出了九类基本公共服务:基本公共教育、劳动就业服务、社会保险、基本社会服务、基本医疗卫生、人口和计划生育、基本住房保障、公共文化体育和残疾人基本公共服务。中国城市公共服务发展不均衡。

能源服务。2010年中国人均能源消费达到世界平均水平,人均电力消费低于世界平均水平,人均交通能耗低于世界平均水平。2010年中国能源服务接近世界平均水平。

教育服务。2010年中国公共教育经费占GDP比例低于世界平均水平,高等教育毛入学率低于世界平均水平。2010年中国公共教育服务低于世界平均水平。

卫生服务。2010年中国公费医疗占全部医疗经费的比例比世界平均值低7个百分点,卫生经费占GDP比例约为世界平均值的49%,人均卫生经费约为世界平均值的23%。2010年中国医疗卫生服务水平低于世界平均水平等。

其五,城市公共管理。城市公共管理既是社会热门话题,也是一个复杂问题。

这里以城市交通管理为例。2010年中国家庭轿车普及率约为发达国家的10%,公路汽车密度约为美国和法国的50%,城市人口密度大约相当于1990年美国城市平均水平。但是,中国城市交通堵塞现象,从大型城市蔓延到中型城市。这种现象,与城市居民行为习惯有关,与城市交通结构有关;城市交通管理水平不高,也是重要原因。

发达国家的城市公共管理,以法律为依据,以服务为宗旨,以市民满意为导向,合作共赢,已经进入公共治理的新阶段。我国许多城市的公共管理,以条例为依据,以稳定为宗旨,以领导满意为导向,维和维稳,仍然停留在行政管理阶段等。

其六,城市国际联系。在经济全球化和改革开放的政策背景下,中国城市具有加强国际联系的强大动力。目前,中国城市的国际联系比较多,国际社会联系和文化联系比较少,一些条件比较好的城市与许多国家的城市建立了友好城市关系等。

2. 中国城市六个领域现代化的基本事实

首先,城市经济。中国城市经济的变化趋势,与世界变化趋势基本一致,但发展水平和发展阶段与发达国家和发达城市的差距仍然比较大,中国城市之间的城际差距也比较大。

2010年中国城市经济是一种混合经济,包括农业经济、工业经济、服务经济和知识经济等。与世界发达城市经济相比,中国城市经济的服务密集度、知识密集度、信息密集度和劳动生产率要低很多。中国许多城市的经济特征,与发展中城市相似,包括生产密集、劳动密集、资源密集、中低技术、低生产率、环境退化、规模驱动和投资驱动等。

2010年中国城市经济效率低于世界平均水平。中国劳动生产率低于世界平均水平,人均国民收入低于世界平均水平,人均GDP约为世界平均值的48%。

2010年中国城市经济结构水平不高。例如,北京市与美国都市经济结构的主要差别是:工业比例较高,服务业比例较低。中国城市服务经济的发展落后于发达国家。

中国城市经济发展模式正在转型。中国政府已经提出了绿色发展和创新驱动战略等。中国城市经济发展模式,正在向市场化、全球化和绿色化转变等。

其次,城市社会。中国城市社会的变化趋势,与世界趋势基本一致,也有一些差异。

2010年中国城市化率低于世界平均水平。中国百万级城市人口比例和最大城市人口比例都低于世界平均值,属于分散型城市化。

2010年中国城市社会部分指标已经达到世界平均水平。例如,2010年中国婴儿死亡率低于世界平均值,但远远高于发达国家平均值。2010年每千个新生儿的死亡率,中国约为14个,美国约为6个,英国约为4个,世界平均为37个。

2010年中国城市就业结构水平比较低。例如,2010年北京服务业就业比例与1980年美国都市服务业就业比例大致相当,就业结构水平约相当于美国都市1980年水平等。

中国城市社会发展模式正在转变。中国政府提出了新型城镇化战略,智慧城市和低碳城市等新概念被广为接受,大型城市人口比例上升,小型城市人口比例下降等。

目前,中国城市社会的不平等现象比较普遍,例如,教育机会不平等、就医机会不平等、社会福利不平等、贫富差距扩大和收入差距扩大等,社会政策改革势在必行。

其三,城市政治。中国城市政治具有明显的中国特色,与发达国家和多数发展中国家有很大不同。根据统计数据,2010年中国政府收入占GDP比例和政府消费占GDP比例,都低于世界平均值等。

其四,城市文化。中国城市文化的变化趋势,与世界趋势既有一致性,也有差异性。

2010年中国城市文化既有共性又有多样性。共性部分包括科学文化、生态文化、网络文化和文化产业发展等。多样性部分涉及文化观念和文化习惯等。

2010年中国城市消费文化依旧保守。2010年中国家庭消费比例,在世界上排倒数第8位(158个国家和地区有统计数据),中国家庭消费比例约为世界平均值的57%。

2010年中国家庭文化在向发达国家靠近。例如,2010年中国离婚率达到22%,中国部分城市如上海、北京和天津等的离婚率,达到或接近日本水平(36%)。

中国部分城市科学文化比较发达。例如,2009年中国科研经费占GDP比例,在世界上排名第22位,高于意大利和西班牙等。中国科学研究活动,主要集中在大中城市等。

其五,城市环境。中国城市环境的变化趋势,与世界趋势存在一定差异性。

温室效应。2010年中国人均CO_2排放超过世界平均水平。中国城市的"热岛效应"非常明显,城区温度高于郊区温度。

三废治理。2010年中国城市废水处理率达到77%。发达国家废水处理已经从城市扩展到农村,OECD国家统计数据为废水处理的人口覆盖率。2010年中国城市废物处理率为64%。发达国家废物处理率一般超90%。

空气质量。2010年中国多数城市的空气质量比较差。例如,2010年中国空气中可吸入颗粒物(PM10)浓度,高于高收入国家和世界平均值;许多城市出现大规模雾霾天气,PM2.5浓度严重超标。中国城市平均的空气质量,低于世界平均水平等。

其六,城市居民。中国城市居民的变化趋势,与世界趋势,既有一致性,也有差异性。

2010年中国城市平均进入老龄社会。2010年中国老龄人口比例约为8.4%,高于世界平均值;城市老龄人口比例约7.7%,镇老龄人口比例约8%,农村老龄人口比例约10%。

2010年中国城市新增人口多数来自农村。如果以2000年为基点,2010年中国城市人口的23%为新增人口,新增人口中绝大多数是农村移民,是城市新居民。

2010年中国城市外来务工人员多数来自农村。随着城市化和工业化推进,越来越多中国农民进入城市务工。这些农村来的工人,并没有获得"市民待遇"等。

2010年中国城市的人口结构非常复杂,既有原有城市居民,又有来自农村和其他城市的新增城市居民,还有大量流动人口和进城务工的农民等。

3. 中国城市四个要素现代化的基本事实

首先,城市生活。城市生活涉及方方面面,包括经济、社会、政治、文化和家庭生活等。目前,中国大中城市和发达地区的城市生活具有电气化、信息化、绿色化和国际化等特点。中国城市生活的生活条件和生活质量,既有国际差距,又有地区和城际差别。

城市生活条件。2010年中国城市电视、空调和移动电话(手机)的家庭拥有率已经达到100%,洗衣机、电冰箱和热水器家庭拥有率分别达到97%、97%和85%,电脑家庭拥有率达到71%,汽车家庭拥有率约为13%。汽车拥有率大大低于发达国家水平。

城市生活方式。2010年中国城镇家庭的消费比例，衣食约占46%，交通和通信约占15%，教育文化娱乐消费约占12%，住房约占10%，医疗保健约占7%，家庭设备用品及服务约占7%，其他约占4%。

城市生活质量。2010年中国城镇家庭人均收入达到21 000多元人民币，人均消费性支出达到13 000多元人民币，城镇家庭恩格尔系数约为36%，中国人平均预期寿命约为74.9岁，比世界平均值多4.6岁。中国城市生活质量的部分指标达到世界平均水平。

其次，城市结构。中国城市结构的变化，与世界变化趋势，具有一致性。

根据《2011年中国城市统计年鉴》，2010年中国拥有城市657个，其中，超大城市（人口超过1000万）3个，特大城市（人口500万~1000万）8个，大型城市（人口100万~500万）114个，中型城市（人口50万~100万）108个，小城市（人口少于50万）424个。

根据《中国城市统计年鉴2011》，2010年中国大城市（人口超过100万）人口约占城市人口的43%，中城市（人口为50万~100万）人口约占12%，小城市（人口少于50万）人口约占45%。中国城市结构与美国比较相似，与英国、德国、法国和日本有较大的差别。

中国城市人口结构的变化：1950年以来，人口超过500万的城市，城市人口比例上升；人口在100万到500万的城市，城市人口比例在波动；人口在50万到100万的城市，城市人口比例上升；人口在50万以下的城市，城市人口比例下降。

其三，城市制度。19世纪以来，中国城市逐步从封建城市向大众城市、从传统城市向现代城市转变，城市制度的演进有快有慢。例如，城市经济制度变化比较快，从传统经济、计划经济到市场经济；城市社会制度变化，逐步展开，现代教育、卫生和福利制度基本建立；20世纪采用"户籍制度"和"计划生育制度"等。

其四，城市观念。目前，中国城市观念已是开放多元。例如，摩天大楼、文明城市、宜居城市、卫星城市、工业城市、创新城市、绿色城市、生态城市、低碳城市、花园城市、世界城市、国际城市、数字城市、智慧城市、城市群、城市带、城市圈等。在一定程度上，中国城市已经成为世界城市发展观念的一个"大拼盘"。

4. 中国城市现代化的基本事实

首先，中国城市现代化起步于19世纪中期。例如，城市经济现代化可以追溯到19世纪60年代，第一家机械工业企业的建立，可以作为一个标志；城市社会现代化可以追溯到19世纪后期，第一次发电照明和第一个自来水厂，可以作为标志；城市文化现代化可以追溯到19世纪60年代前后，第一台蒸汽机的制造和第一份报纸的发行，可以作为标志。由此可见，中国城市现代化的发端，可以追溯到19世纪中期，大致可以以1860年为起点。

其次，19世纪中期以来，中国城市现代化的前沿过程大致分为三个阶段：清朝末年的城市现代化起步、民国时期的局部城市现代化、新中国的全面城市现代化。

其三，2008年中国综合城市现代化指数为45，排世界131个国家的第79位，低于世界平均水平和中等收入国家平均水平。在2000~2008年期间，中国综合城市现代化指数与高收入国家平均值和世界平均值的差距都在缩小。

其四，中国城市现代化的特点。① 遵循世界城市现代化的基本规律；② 是一种后发追赶型城市现代化；③ 是一种工业化优先型城市现代化；④ 是一种城乡分割型城市现代化；⑤ 任务超过发达国家的总和，国际经验不足以解决中国问题；⑥ 面临双重压力，需要选择适合自己的路径；⑦ 面临资源枯竭或资源不足（如缺水等）的挑战；⑧ 不能忽视制度和观念现代化；⑨ 不能忽视城市差异和文化多样性;⑩是中华民族伟大复兴的一个决定性因素。

其五,中国城市化率,在1500～1890年期间,在390年里仅提高了0.6个百分点,几乎没有什么变化。在1890～1949年期间,在近60年里,中国城市化率从4.4%提高到10.6%,提高了6.2个百分点。从定量分析角度看,现代城市化的起点可以看成是城市现代化的起点,中国城市现代化的起点大致是20世纪上半叶。

其六,在1960～2012年期间,中国城市化率与高收入国家平均城市化率相比,绝对差距从扩大到缩小,相对差距不断缩小。其中,在1960～1980年期间,城市化率的绝对差距扩大;在1980～2012年期间,城市化率的绝对差距缩小。

其七,2012年中国城市化率,比英国、德国和比利时大约落后100多年,比美国和法国大约落后80多年,比日本、瑞典、意大利和西班牙落后约60年,比芬兰、俄罗斯和墨西哥约落后50年,比巴西、希腊和波兰约落后40多年,比韩国落后约35年。

5. 中国城市现代化的前景分析

如果参考1990～2008年或2000～2008年年均增长率估算,中国综合城市现代化指数有可能在2030～2050年期间超过世界平均水平,在21世纪末超过高收入国家平均水平。

2050年中国城市人口比例约为77%～81%,城市人口约为11亿～12亿。2100年中国城市人口比例约为86%～89%,城市人口约为10亿～14亿。

根据联合国《世界城市化展望2011》和相关估算,在2010～2050年期间,中国新增城市数量有可能为975个,其中,大城市(超大、特大、大型城市)213个,中城市250个,小城市512个;2050年中国城市总数有可能达到1632个,其中,大城市338个(超大城市11个,特大城市36个,大型城市291个),中城市358个,小城市936个;大城市人口占全部城市人口比例约为60%,中城市人口比例约为19%,小城市人口比例约为21%。

根据《中国现代化报告2006》的估算,如果把城市郊区(城市郊区指城市连续建成区周围的、城市公交车可以到达的区域,这些区域的工作和生活直接依赖于城市)的农村人口(社区人口)和镇人口定义为郊区人口,那么,2050年郊区人口比例约为30%～50%,中心城市(城市连续建成区)人口比例约为30%～50%,其他乡镇人口比例约为20%左右。

21世纪新科技革命,将对世界城市和中国城市产生重大影响。

6. 中国城市现代化的战略分析

2012年中国人口约为13.5亿,城市人口约为7亿,城市人口比例约为52%,城市化建设取得巨大成绩。2050年中国人口有可能达到14亿左右,城市人口为11亿左右,城市人口比例为80%左右。21世纪中国城市现代化的任务非常艰巨。

中国城市现代化的路线图,是中国城市现代化的战略目标和基本路径等的一种系统集成。它的基本思路是:根据综合城市现代化原理,加速从传统城市向现代城市和发达城市的转型,迎头赶上发达国家城市现代化的世界先进水平;在2050年前,基本实现城市现代化,达到世界城市中等发达水平,城市现代化水平进入世界前40名;在21世纪末,达到世界城市先进水平,全面实现城市现代化,城市居民全面享受世界先进水平的生活质量。

中国城市现代化要上三个台阶。第一个台阶:完成从传统城市向现代城市的转变,达到1960年发达国家城市现代化的平均水平。第二个台阶:从初等发达水平升级为中等发达水平。第三个台阶:完成从现代城市向发达城市的转变,从中等发达升级为发达水平。

在21世纪前50年,中国城市现代化需要全方位的推进,需要关注三大重点。其一,加快城市战略转型,建设绿色智慧城市;其二,提高城市生产力和城市贡献比(率),建设创新型城市;其三,提高生活质量,建设发达宜居城市。简单地说,三个重点分别是城市战略现代化、城市生产现代化和城市生活现代化。

关于中国城市现代化的政策措施,我们提出三个方面的十五条建议:

- 城市战略现代化方面

① 实施新型城市化战略,城市化与城市现代化协调发展,建立城乡平衡社会;
② 研制城市体系现代化规划,促进城区、郊区和城市系统的协调发展;
③ 研制基础设施现代化规划,全面优化地下基础设施,建设绿色智慧城市;
④ 实施城区现代化工程,启动城区现代化试点,建设发达现代城市;
⑤ 实施郊区现代化工程,启动郊区现代化试点,建设发达城市郊区。

- 城市生产现代化方面

⑥ 研制城市产出指南,提高城市生产力和城市贡献比(率);
⑦ 实施城市创新工程,完善创新统计制度,建设创新型城市;
⑧ 研制制造业现代化指南,发展高技术产业,提高城市生产力;
⑨ 研制服务业现代化指南,发展现代服务业,提高城市竞争力;
⑩ 大力发展文化产业,加速文化产业现代化,提高城市影响力。

- 城市生活现代化方面

⑪ 实施三项工程(市民待遇工程、社区养老工程和家庭小康工程),提高物质生活水平,建设文明城市;
⑫ 提高文化生活品质,促进文化生活现代化,建设魅力城市;
⑬ 研制清洁城市规划,实施绿色发展战略,建设生态文明和清洁城市;
⑭ 研制《全程社会保障指南》,建立先进福利制度,建设新型福利社会;
⑮ 研制《城市生活指南》,促进城镇生活方式现代化,建设发达宜居城市。

实施中国城市现代路线图和新型城市化战略,走质量与规模并重、经济与环境双赢、城市化与城市现代化协调发展的新路,要求实现城市发展模式的六个转变:

- 从简单城市化向城市化与城市现代化协同推进转变;
- 从城市优先向城市现代化与农村现代化协同推进转变;
- 从城区优先向城区现代化与郊区现代化协调发展转变;
- 从工业化优先向新型工业化与新型城市化协调发展转变;
- 从工业和经济优先向工业与服务业协调发展、经济与环境双赢转变;
- 从重视地面设施向地面基础设施和地下基础设施并重转变。

一个现代化城市,一般会具有一些基本特点(表 3-104),例如,城市建筑优质美观,城市街道整洁通畅,城市服务公平高效,城市生活舒适便利;城市设施世界一流,城市环境世界一流,城市收入世界一流,城市福利世界一流等;而且这些特点是与时俱进的。

表 3-104 现代化城市的基本特点(举例)

项 目	主要内容或特点
综合指标	城市现代化指数、宜居城市指数等达到世界先进水平
功能和形态	城市功能科学合理,服务和文化功能比较发达,城市形态具有文化特色
建筑和住房	建筑质量和住房面积达到世界先进水平,街道美观清洁通畅,住房使用寿命一般超 70 年

(续表)

项　　目	主要内容或特点
基础设施	基础设施达到世界先进水平,基础设施布局合理,功能齐全,安全高效,满足需要
公共服务	公共服务达到世界先进水平,公共服务优质公平高效,公共服务满意度超过80%,自来水达到直接饮用标准
公共管理	公共管理人性化和民主化,公共管理效率达到世界先进水平
国际联系	国际联系广泛,国际交流频繁
城市政治	民主政治,政务透明,司法公正,政治稳定
城市经济	城市生产力和人均收入达到世界先进水平,城市经济富有创造力和竞争力
城市社会	城市卫生服务和社会福利达到世界先进水平,没有绝对贫困,犯罪率很低
城市文化	城市文化生活达到世界先进水平,电视和互联网普及率达到100%,具有文化特色
城市环境	城市环境质量达到世界先进水平,城区优美整洁,空气清新宜人
城市居民	平均预期寿命超过80岁,成人平均受教育年限超过16年
城市生活	城市生活质量达到世界先进水平,生活舒适便利,物价比较稳定,没有后顾之忧
城市结构	城市规划和布局合理,城市天空没有电线,城市地面没有堵塞,城市地下没有隐患等
城市制度	现代城市制度,城市经济、社会和环境制度等达到世界先进水平
城市观念	现代城市观念,城市经济、社会和环境观念等达到世界先进水平

21世纪中国城市现代化的任务超过发达国家的总和,国际经验不足以解决中国问题。

毫无疑问,世界是变化的。在变化的世界中,不变和慢变,无异于退步。

没有城市现代化,就没有中国现代化。实现城市现代化,需要群策群力。

上述研究结果和政策建议,反映课题组目前研究水平。不妥之处,敬请指正。

下 篇

世界和中国现代化评价

"人不能两次踏入同一条河"。变化是永恒的存在。通过对世界现代化进程的客观评价,可以动态监测世界和中国现代化进程。在《中国现代化报告》中,我们提出了国家、地区、经济、社会、文化、生态和国际现代化的评价方法,建立了现代化指数等(图二)。

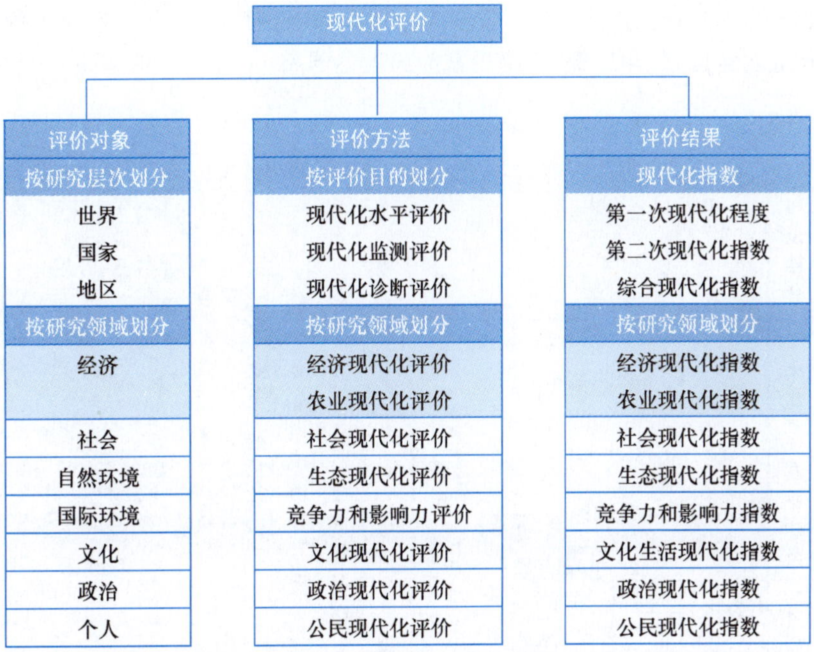

现代化评价		
评价对象	**评价方法**	**评价结果**
按研究层次划分	按评价目的划分	现代化指数
世界	现代化水平评价	第一次现代化程度
国家	现代化监测评价	第二次现代化指数
地区	现代化诊断评价	综合现代化指数
按研究领域划分	按研究领域划分	按研究领域划分
经济	经济现代化评价	经济现代化指数
	农业现代化评价	农业现代化指数
社会	社会现代化评价	社会现代化指数
自然环境	生态现代化评价	生态现代化指数
国际环境	竞争力和影响力评价	竞争力和影响力指数
文化	文化现代化评价	文化生活现代化指数
政治	政治现代化评价	政治现代化指数
个人	公民现代化评价	公民现代化指数

图二 现代化评价的结构

注释:现代化水平评价主要反映国家现代化的实际进展和国际相对水平,现代化监测评价主要反映国家现代化的政策目标的实际进展,现代化诊断评价反映国家现代化过程中的优劣和得失;第一次现代化实现程度主要反映工业化和城市化的实际水平,第二次现代化指数主要反映知识化和信息化的实际水平,综合现代化水平指数主要反映现代化水平的国际相对差距;各领域的现代化评价,反映该领域现代化的实际进展和国际相对水平;本报告不包含政治和国防等的现代化,这些内容需要专门研究。

《中国现代化报告》是一个年度系列报告,它将连续评价和动态监测世界现代化进程和趋势,为那些希望成为赢家和希望保持优势的国家提供一面数字化"镜子"。虽然目前这面镜子还不够明亮,但可以大致照出她们的"现代化倩影"。而且我们将不断改进和完善这面镜子的功能。

世界现代化指数主要反映现代化在经济、社会和知识等领域的综合成就和相对水平。事实上,现代化不仅包括经济、社会和知识领域的变化,也包括政治和文化等各个领域的变化。所以,现代化指数,只是反映了现代化的部分内容,而不是全部内容。目前的现代化指数,没有包含政治等领域的指标,在引用时需要谨慎对待。此外,官方统计机构有时会对历史数据进行调整,这些对评价结果的历史可比性可能产生一些影响。

第四章 2010年世界和中国现代化指数

2010年,美国等30个国家已经进入第二次现代化,中国等95个国家处于第一次现代化,中非共和国等6个国家仍然处于传统农业社会,有些原住民族仍然生活在原始社会(图4-1)。根据第二次现代化指数的国家分组,2010年美国等22个国家为发达国家,希腊等26个国家为中等发达国家,中国等38个国家为初等发达国家,印度等45个国家为欠发达国家。

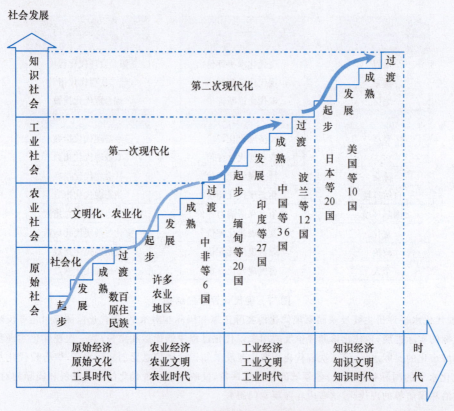

图4-1 2010年世界现代化水平的坐标图

2010年中国属于初等发达国家,处于发展中国家的中间水平,与发达国家的差距仍然较大。2010年中国第一次现代化程度达到92%,排名世界131个国家的第62位;第二次现代化指数和综合现代化指数分别为47和46,分别排名第59位和第70位。

第一节 2010年世界现代化指数

世界现代化指数反映世界131个国家、不同组国家和世界平均的现代化水平,包括世界第一次现代化程度(实现程度)、第二次现代化指数和综合现代化指数(表4-1)。它体现世界现代化在经济、社会和知识等领域的综合水平,它没有包括政治等领域的现代化水平。关于现代化指数的评价方法,请阅读技术注释。关于现代化指数的评价数据,请阅读附录二。

表 4-1 世界现代化指数的组成

项目	第一次现代化程度	第二次现代化指数	综合现代化指数
用途	反映不同国家和地区完成第一次现代化的进展(第一次现代化是以工业化、城市化和民主化为典型特征的经典现代化)	反映不同国家和地区第二次现代化的进展(第二次现代化是以知识化、信息化和绿色化为典型特征的新现代化)	反映不同国家和地区现代化水平与世界先进水平的相对差距(综合现代化是以两次现代化协调发展为主要特征的新型现代化)
特点	① 比较好地表征发展中国家的实际水平 ② 不能完全反映发达国家的实际水平 ③ 随着越来越多国家完成第一次现代化,其适用对象减少 ④ 指标和标准值是固定的	① 比较好地表征发达国家的实际水平 ② 不能完全反映发展中国家的实际水平 ③ 随着越来越多国家进入第二次现代化,其适用对象增多 ④ 指标和基准值是可变的	① 同时表征发达国家和发展中国家的相对水平 ② 适用范围比较广 ③ 与前两者有一些重复 ④ 与前两者有所衔接 ⑤ 指标和参考值是可变的 ⑥ 可称为相对现代化指数
性质	主要反映"绝对水平"	主要反映"绝对水平"	主要反映"相对水平"

一、2010 年世界现代化的总体水平

2010 年参加评价的 131 个国家中(表 4-2),进入第二次现代化的国家有 30 个,约占国家样本数的 23%;第一次现代化程度达到 100 的国家有 42 个,第一次现代化程度大于 90 小于 100 的国家有 27 个,已经完成和基本实现第一次现代化的国家有 69 个,约占国家样本数的 53%。

表 4-2 2000~2010 年的世界现代化进程 单位:国家个数

项目	2000	2005	2007	2008	2009	2010
已经完成第一次现代化的国家	27	34	38	40	43	42
其中:进入第二次现代化的国家	24	28	29	28	29	30
没有完成第一次现代化的国家	104	97	93	91	89	89
其中:基本实现第一次现代化的国家	31	27	27	26	27	27
处于传统农业社会的国家	13	13	12	9	10	6

注:第一次现代化程度达到 100,表示达到 1960 年工业化国家平均水平,完成第一次现代化。第一次现代化程度超过 90 但低于 100,表示基本实现第一次现代化。2001~2008 年的《中国现代化报告》认为,第一次现代化评价的 10 个指标中,如果有 6 个及以上的指标达到评价标准,表示基本实现第一次现代化。

2010 年根据第二次现代化指数分组,发达国家、中等发达国家、初等发达和欠发达国家分别占国家样本数的 17%、20%、29% 和 34%(表 4-3)。

表 4-3 2000~2010 年根据第二次现代化水平的国家分组

项目	2000	2005	2006	2007	2008	2009	2010
发达国家/个	17	20	20	21	21	21	22
中等发达国家/个	30	25	25	25	28	33	26
初等发达国家/个	33	39	37	36	33	32	38
欠发达国家/个	51	47	49	49	49	45	45
发达国家/(%)	13	15	15	16	16	16	17
中等发达国家/(%)	23	19	19	19	21	25	20
初等发达国家/(%)	25	30	28	27	25	24	29
欠发达国家/(%)	39	36	37	37	37	34	34

2010年，发达国家基本进入第二次现代化，有19个处于起步期，有10个处于发展期；中等发达国家有9个进入第二次现代化，有17个处于第一次现代化；初等发达国家全部处于第一次现代化；欠发达国家有39个处于第一次现代化，有6个处于传统农业社会（表4-4）。

表4-4 2010年国家现代化的水平与阶段的关系

国家现代化水平	国家现代化阶段							合计
	传统社会	F起步期	F发展期	F成熟期	F过渡期	S起步期	S发展期	
发达国家/个	—	—	—	1	11	10		22
中等发达国家/个	—	—	—	10	7	9	—	26
初等发达国家/个	—	—	11	23	4	—	—	38
欠发达国家/个	6	20	16	3	—	—	—	45
第一次现代化程度	43~55	32~78	55~90	63~100	92~100	100	100	
第二次现代化指数	13~19	11~27	17~48	19~72	43~82	60~103	83~109	
综合现代化指数	18~24	15~29	23~52	26~73	46~78	65~95	85~97	

注：国家现代化的阶段是根据产业结构和就业结构的划分。其中，传统社会指传统农业社会，F代表第一次现代化，S代表第二次现代化。国家水平分组是根据第二次现代化指数的国家分组。

2010年，进入第二次现代化的国家，第一次现代化程度都达到100，第二次现代化指数约为60~109，综合现代化指数为65~97；处于第一次现代化的国家，第一次现代化程度约为32~100，第二次现代化指数约为11~82，综合现代化指数为15~78；处于传统农业社会的国家，第一次现代化程度约为43~55，第二次现代化指数约为13~19，综合现代化指数为18~24。处于相同现代化阶段的国家，它们的现代化水平有一定的变化幅度（表4-4）。

1. 2010年发达国家水平

根据2010年第二次现代化水平分组，美国等22个发达国家的第二次现代化指数在82~109之间，排名顺序与2009年排名顺序略有不同，但都是排在前22名；它们均已全面完成第一次现代化，它们的综合现代化指数在78~97之间，2010年排名顺序与2009年排名顺序有所不同（表4-5）。

表4-5 22个发达国家的现代化指数

国家	第一次现代化程度	排名		第二次现代化指数	排名		综合现代化指数	排名	
		2010	2009		2010	2009		2010	2009
美国	100	1	1	109	1	1	97	1	1
丹麦	100	1	1	104	2	3	95	3	4
瑞典	100	1	1	104	3	2	94	5	3
芬兰	100	1	1	103	4	4	93	6	6
日本	100	1	1	102	5	7	95	4	5
韩国	100	1	1	100	6	9	86	18	16
德国	100	1	1	100	7	5	97	2	2
挪威	100	1	1	99	8	6	90	12	10
新加坡	100	1	1	99	9	8	87	16	15
澳大利亚	100	1	1	99	10	10	92	7	14

(续表)

国家	第一次现代化程度	排名 2010	排名 2009	第二次现代化指数	排名 2010	排名 2009	综合现代化指数	排名 2010	排名 2009
奥地利	100	1	1	96	11	11	92	8	7
瑞士	100	1	1	96	12	13	91	10	9
比利时	100	1	1	95	13	15	91	11	12
法国	100	1	1	95	14	17	91	9	13
加拿大	100	1	1	93	15	16	84	21	17
荷兰	100	1	1	92	16	14	90	13	11
英国	100	1	1	92	17	12	90	14	8
新西兰	100	1	1	90	18	18	87	17	21
以色列	100	1	1	89	19	19	85	19	19
爱尔兰	100	1	1	87	20	20	87	15	18
西班牙	100	1	1	83	21	21	85	20	20
斯洛文尼亚	100	1	1	82	22	22	78	23	25

注：第一次现代化程度达到100时，排名都为1，不分先后。后同。本表、表4-5和表4-6的排名都是131个国家的排名。2001~2008年的《中国现代化报告》中的排名为108个国家的排名。

2. 2010年中等发达国家水平

希腊等26个中等发达国家的第二次现代化指数在51~79之间（第二次现代化指数世界平均值为51），排名顺序与2009年排名顺序略有不同；它们中有18个国家全面完成了第一次现代化，8个国家已基本实现了第一次现代化；它们的综合现代化指数在52~83之间，排名顺序与2009年排名顺序有所不同（表4-6）。

表4-6 26个中等发达国家的现代化指数

国家	第一次现代化程度	排名 2010	排名 2009	第二次现代化指数	排名 2010	排名 2009	综合现代化指数	排名 2010	排名 2009
葡萄牙	100	1	1	79	23	23	77	24	24
意大利	100	1	1	78	24	24	83	22	22
爱沙尼亚	100	1	1	77	25	27	71	29	27
科威特	100	1	1	76	26	36	74	25	33
捷克	100	1	1	76	27	26	73	27	28
希腊	100	1	1	72	28	25	73	26	23
俄罗斯	99.8	43	1	71	29	30	66	36	38
黎巴嫩	100	1	1	70	30	38	70	30	36
立陶宛	100	1	1	69	31	29	69	31	31
匈牙利	100	1	1	67	32	31	68	33	30
斯洛伐克	100	1	1	65	33	34	66	37	35
拉脱维亚	100	1	1	65	34	32	68	32	26

（续表）

国　家	第一次现代化程度	排名 2010	排名 2009	第二次现代化指数	排名 2010	排名 2009	综合现代化指数	排名 2010	排名 2009
波兰	100	1	1	64	35	33	65	38	37
克罗地亚	100	1	1	63	36	35	67	35	34
白俄罗斯	97	53	51	61	37	39	55	51	45
阿根廷	100	1	1	60	38	37	65	40	32
乌拉圭	100	1	1	58	39	40	68	34	29
保加利亚	98	51	50	58	40	42	59	47	42
乌克兰	94	61	62	57	41	41	54	53	48
沙特阿拉伯	97	52	48	56	42	28	52	56	51
多米尼加	95	55	54	54	43	44	60	45	43
智利	100	1	1	54	44	43	61	42	44
委内瑞拉	99	45	45	53	45	48	72	28	49
罗马尼亚	99.8	44	1	52	46	45	56	49	46
巴西	100	1	1	52	47	47	60	43	39
土耳其	100	1	1	51	48	50	60	46	41

3. 2010年初等发达国家水平

中国等38个初等发达国家的第二次现代化指数在30至51之间，排名顺序与2009年排名顺序略有不同；其中，有2个国家全面完成了第一次现代化，有19国家已基本实现了第一次现代化；它们的综合现代化指数在32~65之间，排名顺序与2009年有所不同（表4-7）。

表4-7　38个初等发达国家的现代化指数

国　家	第一次现代化程度	排名 2010	排名 2009	第二次现代化指数	排名 2010	排名 2009	综合现代化指数	排名 2010	排名 2009
马来西亚	99	47	44	51	49	46	52	55	54
约旦	95	56	59	50	50	53	54	54	55
牙买加	100	1	53	50	51	61	63	41	60
哥斯达黎加	98	50	49	49	52	62	60	44	50
巴拿马	99	49	47	49	53	51	65	39	40
亚美尼亚	88	75	75	48	54	66	48	62	65
马其顿	96	54	55	48	55	55	52	57	53
哈萨克斯坦	99	46	46	48	56	54	48	65	59
墨西哥	100	1	1	48	57	56	55	50	47
突尼斯	94	59	60	47	58	59	48	63	62
中国	92	62	67	47	59	65	46	70	73
伊朗	99	48	56	47	60	60	54	52	64
土库曼斯坦	86	78	83	46	61	83	30	95	100

(续表)

国家	第一次现代化程度	排名 2010	排名 2009	第二次现代化指数	排名 2010	排名 2009	综合现代化指数	排名 2010	排名 2009
摩尔多瓦	91	64	70	46	62	58	48	64	57
南非	92	63	64	45	63	57	46	69	68
玻利维亚	86	79	77	45	64	81	48	61	76
阿塞拜疆	89	74	74	44	65	67	47	66	67
尼加拉瓜	87	77	81	43	66	95	40	80	85
秘鲁	95	58	57	43	67	68	56	48	56
格鲁吉亚	89	71	73	43	68	70	46	67	61
阿尔巴尼亚	90	68	78	42	69	52	52	58	58
洪都拉斯	90	67	69	42	70	85	42	75	82
哥伦比亚	88	76	52	42	71	63	50	59	52
蒙古	89	73	76	41	72	71	45	72	70
厄瓜多尔	95	57	58	41	73	72	49	60	63
埃及	90	66	72	40	74	76	44	73	75
叙利亚	89	72	71	38	75	78	39	81	79
纳米比亚	81	85	85	38	76	75	42	77	81
泰国	82	84	82	37	77	74	36	84	83
萨尔瓦多	94	60	61	37	78	49	46	68	66
吉尔吉斯斯坦	85	80	84	37	79	73	40	79	74
摩洛哥	82	82	79	37	80	80	42	76	72
巴拉圭	89	70	65	36	81	79	45	71	69
阿尔及利亚	91	65	63	35	82	77	37	82	77
菲律宾	90	69	66	33	83	82	43	74	78
乌兹别克斯坦	78	89	88	33	84	69	32	88	87
博茨瓦纳	84	81	80	32	85	64	41	78	71
越南	79	88	89	30	86	87	33	86	94

4. 2010 年欠发达国家水平

印度等 45 个欠发达国家的第二次现代化指数在 11～30 之间,排名顺序与 2009 年排名顺序略有不同;它们中没有一个国家全面完成或基本实现第一次现代化。它们的综合现代化指数均在 15～36 之间,排名顺序与 2009 年排名顺序有所不同(表 4-8)。

表 4-8 45个欠发达国家的现代化指数

国家	第一次现代化程度	排名		第二次现代化指数	排名		综合现代化指数	排名	
		2010	2009		2010	2009		2010	2009
塔吉克斯坦	76	91	90	30	87	89	32	90	89
印度尼西亚	82	83	87	29	88	91	32	92	90
斯里兰卡	80	87	86	28	89	86	32	87	91
危地马拉	81	86	68	28	90	84	36	83	80
老挝	67	95	97	27	91	93	27	104	103
印度	71	92	91	27	92	97	30	94	93
安哥拉	66	97	103	27	93	104	34	85	96
津巴布韦	68	94	96	26	94	117	28	100	104
喀麦隆	71	93	98	26	95	98	31	93	99
刚果共和国	60	105	101	26	96	92	32	89	86
柬埔寨	59	109	108	26	97	107	22	118	122
缅甸	78	90	92	25	98	101	28	99	84
塞内加尔	64	100	94	25	99	109	32	91	92
贝宁	56	112	116	24	100	96	25	110	102
巴基斯坦	66	98	93	24	101	99	29	98	88
尼泊尔	60	106	115	24	102	114	25	107	113
加纳	62	103	99	22	103	90	29	97	101
厄立特里亚	62	102	110	22	104	118	27	103	118
肯尼亚	59	107	114	22	105	94	27	101	114
毛里塔尼亚	56	111	107	22	106	100	23	115	116
也门共和国	67	96	100	21	107	111	30	96	110
几内亚	52	116	118	20	108	108	21	123	124
尼日利亚	57	110	104	20	109	88	25	108	97
海地	60	104	112	20	110	122	25	111	126
孟加拉国	65	99	95	20	111	102	27	102	95
刚果民主共和国	49	121	123	19	112	126	20	125	129
坦桑尼亚	50	118	113	19	113	106	22	121	120
中非	44	126	131	19	114	129	24	114	130
多哥	55	114	119	19	115	113	25	109	111
莱索托	63	101	102	19	116	123	26	105	98
马达加斯加	55	115	111	19	117	121	24	113	115
布隆迪	47	123	124	18	118	128	21	124	121
乍得	49	120	121	18	119	115	22	119	117
马里	43	128	127	18	120	110	22	120	119
乌干达	50	119	122	18	121	124	22	117	123

(续表)

国家	第一次现代化程度	排名 2010	排名 2009	第二次现代化指数	排名 2010	排名 2009	综合现代化指数	排名 2010	排名 2009
科特迪瓦	59	108	105	17	122	119	25	112	106
赞比亚	55	113	106	17	123	112	23	116	125
塞拉利昂	41	130	129	16	124	103	25	106	107
卢旺达	51	117	117	16	125	125	22	122	105
布基纳法索	42	129	130	15	126	131	20	126	128
埃塞俄比亚	44	127	128	14	127	130	17	129	127
莫桑比克	47	122	120	14	128	120	18	127	108
马拉维	46	124	109	13	129	105	18	128	109
巴布亚新几内亚	46	125	125	12	130	127	15	131	131
尼日尔	32	131	126	11	131	116	15	130	112

二、2010年世界现代化的国际差距

1. 2010年世界现代化的前沿水平

世界现代化的前沿水平可以从两个方面来反映,一是现代化阶段,一是现代化指数。

2010年世界现代化前沿已经到达第二次现代化的发展期。2010年处于第二次现代化发展期的国家大约有10个,它们的现代化水平是世界前沿水平的一种反映(表4-9)。

表4-9 2009年处于第二次现代化发展期的国家

国家	知识创新指数	知识传播指数	生活质量指数	经济质量指数	第二次现代化指数	排名
美国	116	104	97	120	109	1
丹麦	94	106	103	115	104	2
瑞典	91	104	112	108	104	3
新加坡	86	99	105	107	99	9
澳大利亚	73	104	110	109	99	10
比利时	60	100	112	110	95	13
法国	72	96	106	106	95	14
荷兰	56	103	106	105	92	16
英国	69	98	95	107	92	17
西班牙	48	100	99	87	83	21

2010年,第二次现代化指数和综合现代化指数排世界前10名的国家水平,可以反映世界现代化的先进水平(表4-10)。

表4-10 2010年世界现代化的前沿国家

项目	第二次现代化的发展期	第二次现代化指数的前10名	综合现代化指数的前10名
国家	美国、丹麦、瑞典、新加坡、澳大利亚、比利时、法国、荷兰、英国、西班牙	美国、丹麦、瑞典、芬兰、日本、韩国、德国、挪威、新加坡、澳大利亚	美国、德国、丹麦、日本、瑞典、芬兰、澳大利亚、奥地利、法国、瑞士

2. 2010年世界现代化的末尾水平

世界现代化的末尾水平可以从两个方面来反映,一是现代化阶段,一是现代化指数。

2010年有6个国家仍然是传统农业社会,没有进入现代化行列(表4-11)。

表4-11 2010年世界现代化的后进国家

项　　目	传统农业社会	第一次现代化程度的后10名	第二次现代化指数的后10名	综合现代化指数的后10名
国家	马达加斯加、中非、布隆迪、布基纳法索、莫桑比克、马拉维	莫桑比克、布隆迪、马拉维、巴布亚新几内亚、中非、埃塞俄比亚、马里、布基纳法索、塞拉利昂、尼日尔	科特迪瓦、赞比亚、塞拉利昂、卢旺达、布基纳法索、埃塞俄比亚、莫桑比克、马拉维、巴布亚新几内亚、尼日尔	卢旺达、几内亚、布隆迪、刚果民主共和国、布基纳法索、莫桑比克、马拉维、埃塞俄比亚、尼日尔、巴布亚新几内亚

2010年第一次现代化程度、第二次现代化指数和综合现代化指数排世界后10名的国家,它们的水平,反映了世界现代化的最低水平(表4-11)。

3. 2010年世界现代化的国际差距

2010年世界现代化水平的国际差距比2000年略有缩小,比1990年有所扩大。

第一次现代化水平,2010年的绝对差距比2000年有所减小,相对差距没有变化;第二次现代化水平,2010年的绝对差距和相对差距比2000年有所减小,比1990年有所加大;综合现代化水平,2010年的绝对差距和相对差距比2000年有所减少,但比1990增加(表4-12)。

表4-12 世界现代化水平的国际差距

项　　目	第一次现代化程度			第二次现代化指数			综合现代化指数		
	2010	2000	1990	2010	2000	1990	2010	2000	1990
最大值	100	100	100	109	109	98	97	98	98
最小值	32	31	32	11	9	16	15	14	20
平均值	83	77	72	48	42	42	50	44	48
绝对差距	68	69	68	98	100	82	82	84	78
标准差	20	22	23	27	26	23	24	23	22
相对差距	3	3	3	10	12	6	6	7	5
变异系数	0.24	0.29	0.32	0.56	0.62	0.55	0.48	0.53	0.46

注:平均值为131个国家的平均值。

4. 2010年世界现代化的地理分布

2010年世界现代化的地理分布不平衡,世界五大洲的平均现代化水平是不同的。相对而言,欧洲和北美水平比较高,南美和亚洲相当,非洲比较落后。

三、2010年世界现代化的国际追赶

1. 2010年世界现代化的国际体系变化

在2000~2010年期间,根据第二次现代化水平分组,在131个参加评价的国家中,有22个国家的分组发生了变化,其中,组别上升国家有17个,组别下降国家有5个(表4-13)。

表 4-13　2000～2010 年世界现代化的国际地位发生变化的国家

升级的国家			降级的国家		
国　　家	2000 年分组	2010 年分组	国　　家	2000 年分组	2010 年分组
新加坡	2	1	格鲁吉亚	2	3
新西兰	2	1	巴拿马	2	3
爱尔兰	2	1	哥伦比亚	2	3
西班牙	2	1	牙买加	2	3
斯洛文尼亚	2	1	塔吉克斯坦	3	4
罗马尼亚	3	2			
委内瑞拉	3	2			
多米尼加	3	2			
巴西	3	2			
土耳其	3	2			
阿尔巴尼亚	4	3			
玻利维亚	4	3			
纳米比亚	4	3			
洪都拉斯	4	3			
尼加拉瓜	4	3			
越南	4	3			
叙利亚	4	3			

注：1 代表发达国家，2 代表中等发达国家，3 代表初等发达国家，4 代表欠发达国家。

在 1960～2010 年期间，有 27 个国家的分组发生了变化（表 4-14）。其中，地位上升的国家有 16 个，地位下降的国家有 11 个。

表 4-14　1960～2010 年世界现代化的国际地位发生变化的国家

升级的国家			降级的国家		
国　　家	1960 年分组	2010 年分组	国　　家	1960 年分组	2010 年分组
韩国	3	1	俄罗斯	1	2
沙特阿拉伯	4	2	墨西哥	2	3
新加坡	2	1	南非	2	3
爱尔兰	2	1	蒙古	2	3
西班牙	2	1	津巴布韦	3	4
多米尼加	3	2	斯里兰卡	3	4
巴西	3	2	刚果共和国	3	4
土耳其	3	2	赞比亚	3	4
洪都拉斯	4	3	危地马拉	3	4
越南	4	3	巴拿马	2	3
芬兰	2	1	牙买加	2	3
日本	2	1			
奥地利	2	1			
葡萄牙	3	2			
博茨瓦纳	4	3			
中国	4	3			

注：1 代表发达国家，2 代表中等发达国家，3 代表初等发达国家，4 代表欠发达国家。1960 年根据第一次现代化实现程度分组，2010 年根据第二次现代化指数分组。

2. 2010年世界现代化的世界排名变化

根据综合现代化指数的变化,从2000年到2010年,在参加评价的131个国家中,综合现代化水平上升的国家有34个(指数上升在5以上的),下降的国家有42个(指数下降在5以上的),变化不大的国家约有55个(指数变化在±5之内的)。

3. 2010年世界现代化的国际转移概率

在1960~2010年期间,大约80%~94%的发达国家一直是发达国家,大约79%~94%的欠发达国家一直是欠发达国家;中等发达国家升级为发达国家的概率约为26%~44%;初等发达国家升级为中等发达国家的概率约为14%~23%,升级为发达国家的概率为0~8%;欠发达国家升级为初等发达国家的概率约为6%~19%,升级为中等发达国家的概率约为0~2%(表4-15)。

表4-15 世界现代化的国家地位的转移概率(马尔科夫链分析)

分组	国家数	发达	中等	初等	欠发达	国家数	发达	中等	初等	欠发达
	1960	1960~2010年转移概率/(%)				1970	1970~2010年转移概率/(%)			
发达	15	93	7	0	0	15	80	20	0	0
中等	23	26	52	22	0	16	44	44	13	0
初等	29	3	14	66	17	26	8	23	54	15
欠发达	40	0	3	10	88	47	0	2	19	79
	1980	1980~2010年转移概率/(%)				1990	1990~2010年转移概率/(%)			
发达	17	88	12	0	0	16	94	6	0	0
中等	13	31	54	15	0	18	33	50	17	0
初等	41	5	22	56	17	37	0	19	59	22
欠发达	39	0	0	8	92	35	0	0	6	94

注:发达代表发达国家,中等代表中等发达国家,初等代表初等发达国家,欠发达代表欠发达国家。1960年根据第一次现代化程度分组的分组标准:发达国家>90%,中等发达60%~90%,初等发达40%~60%,欠发达<40%。1970~2010年根据第二次现代化指数分组的分组标准:发达国家的指数大于高收入平均值的80%,中等发达国家的指数高于世界平均值但低于发达国家,初等发达的指数低于世界平均值但高于欠发达国家,欠发达国家的指数低于高收入国家平均值的30%;高收入国家平均值为100。数值差异是因为四舍五入的原因。

第二节 2010年中国现代化指数

中国现代化指数包括中国第一次现代化程度、第二次现代化指数和综合现代化指数,它反映了中国现代化在经济、社会、文化和环境等领域的综合水平。关于中国政治等领域的现代化水平,需要专门研究。中国现代化指数的评价方法和评价数据来源,与世界现代化指数相同,请阅读技术注释和附录二。

一、2010年中国现代化的总体水平

2010年中国属于初等发达国家,大约处于发展中国家的中间水平;中国现代化水平与世界中等发达国家和发达国家的差距仍然较大。

2010年,中国第一次现代化程度约为92%,在世界131个国家中排第62位,比2009年提高5位;中国第二次现代化指数为47,世界排名第59位,比2009年提高6位;综合现代化指数为46,世界排名第70位,比2009年提高3位(表4-16)。

表 4-16　2000～2010 年中国现代化指数

年份	第一次现代化程度/(%)	排名	第二次现代化指数	排名	综合现代化指数	排名
2010	92	62	47	59	46	70
2009	90	67	43	65	43	73
2008	89	69	43	60	41	69
2007	87	70	42	63	40	72
2006	87	68	40	70	38	75
2005	86	69	40	71	38	72
2004	86	66	39	69	35	77
2003	82	73	33	75	33	80
2002	81	75	32	76	33	79
2001	78	75	31	79	32	78
2000	76	80	31	78	31	79

注：本表为 131 个国家(2000 年人口超过 100 万和统计数据比较齐全的国家)的排名。

1. 2010 年中国第一次现代化程度

2010 年中国进入第一次现代化的成熟期，第一次现代化程度为 92%，比 2009 年提高 2 个百分点。2009 年中国第一次现代化程度在 131 个国家中排名第 67 位。

2010 年中国第一次现代化 10 个指标发展不平衡。6 个指标已经达标，分别是医生比例、平均预期寿命、婴儿存活率、成人识字率、大学普及率和农业增加值比例。4 个指标没有达到标准，分别是人均国民收入、农业劳动力比例、服务业增加值比例和城市人口比例(图 4-2)。

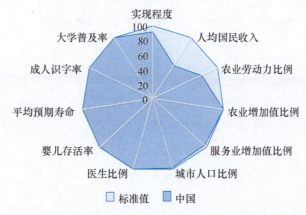

图 4-2　2010 年中国第一次现代化的特点

中国第一次现代化程度达到 100 所需要的时间，与第一次现代化程度的年均增长率正相关。如果按照 1960～2000 年速度估算，中国第一次现代化程度达到 100% 约需 15 年(从 2000 年算起)。如果按 1990～2010 年速度估算，中国第一次现代化程度达到 100% 约需 4 年(从 2010 年算起)。中国有可能在 2015 年前后完成第一次现代化，达到 1960 年发达国家水平。

2. 2010 年中国第二次现代化指数

2010 年中国尚没有完成第一次现代化，也没有进入第二次现代化。由于中国参与全球化进程，第二次现代化的许多要素已经传入中国。如果按第二次现代化评价模型进行评价，可以大概了解中国第二次现代化的进展。这种评价，仅有参考意义。

2010年中国第二次现代化指数为47,在131个国家中排第59位。中国第二次现代化4类指标发展不平衡,生活质量指数和知识传播达到或接近世界平均水平(图4-3)。以2010年高收入国家平均值100为对照,2010年中国知识创新指数为41(世界平均47),知识传播指数为64(世界平均59),生活质量指数为55(世界平均50),经济质量指数为29(世界平均46)。2010年中国经济质量水平与发达国家的差距最大。

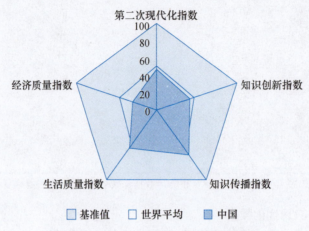

图4-3　2010年中国第二次现代化的特点

在2000~2010年期间,中国知识创新指数提高了20,知识传播指数提高了32,生活质量指数提高了9,经济质量指数提高了2(表4-17);中国经济质量的国际地位变化不明显。改革开放以来,中国经济的年增长率比较大,但年增长量比较小,经济结构转变仍然比较慢。中国经济建设仍然需要快马加鞭。

表4-17　2000~2010年中国第二次现代化指数

年　份	知识创新指数	知识传播指数	生活质量指数	经济质量指数	第二次现代化指数
2010	41	64	55	29	47
2009	38	51	53	29	43
2008	36	57	53	28	43
2007	32	57	53	25	42
2006	28	54	51	27	40
2005	28	52	50	28	40
2004	25	50	50	30	39
2003	24	38	43	26	33
2002	21	37	45	26	32
2001	19	32	45	26	31
2000	21	32	46	27	31

注:各年评价的基准值为当年高收入国家平均值,高收入国家平均值的指数为100。2010年知识传播评价,用移动通讯普及率代替电视普及率,后者没有统计数据。

3. 2010年中国综合现代化评价

综合现代化指数反映国家水平与世界先进水平的相对差距。2010年中国综合现代化指数为46,比2000年提高了15,比1990年提高18,比1980年提高25。2010年中国综合现代化指数在世界131个国家中排名第70位,比2000年提高了9位,比1980年上升33位(表4-18)。

表 4-18　1980~2010 年中国综合现代化指数

项　　目	2010	2009	2008	2007	2006	2005	2000	1990	1980
中国指数	46	43	41	40	38	38	31	28	21
中国排名	70	73	69	72	75	72	79	103	103
高收入国家平均值	100	100	100	100	100	100	100	100	100
中收入国家平均值	42	40	40	40	42	41	42	44	52
低收入国家平均值	22	24	24	24	26	26	24	32	28
世界平均值	53	53	54	54	53	53	50	53	60

注：统计数据比较齐全的国家，2000~2009 年为 131 个，1980 年为 114 个，1990 年为 124 个。

二、2010 年中国现代化的国际差距

2010 年，中国第一次现代化程度为 92％，与已经完成第一次现代化的国家相差 8 个百分点；第二次现代化指数为 47，与高收入国家平均值(100)相差 53；综合现代化指数为 46，与高收入国家平均值(100)相差 54。2010 年，中国第二次现代化指数与世界平均值(51)相差 4，中国综合现代化指数与世界平均值(53)相差 7。

中国现代化的不平衡同样表现在几个方面，如地区不平衡和指标不平衡。第一次现代化 10 个指标发展不平衡，2010 年有 6 个指标已经达到标准，表现最差的指标(人均国民收入)达标程度仅为 53％。第二次现代化的四大类指标也不平衡。

三、2010 年中国现代化的国际追赶

2010 年和 2000 年，中国都属于初等发达国家。2010 年第一次现代化程度比 2000 年提高了 16 个百分点，综合现代化指数比 2000 年提高了 15。2010 年与 2000 年相比，中国现代化水平有较大提高(表 4-16)。2010 年中国现代化的国际差距小于 2000 年。

2010 年，中国第二次现代化指数为 47，在 131 个国家中排名第 59 位。在未来 100 年里，如果 131 个国家能够按照它们的 1990~2010 年第二次现代化指数的年均增长率估算它们的现代化水平，那么，中国有可能在 2020 年为 50 名左右，2040 年进入世界前 40 名，2080 年为前 20 名，2100 年前进入前 10 名左右。如果实现这个目标，届时中国就是一个现代化国家。

2010 年，中国为初等发达国家。根据 1960~2010 年的世界经验(表 4-15)，在 50 年里，初等发达国家升级的概率约为 14％~23％，中等发达国家升级的概率约为 26％~44％。如果沿用世界历史经验，那么，2050 年中国成为中等发达国家的概率为 20％左右。如果 2050 年中国成为中等发达国家，那么，2100 年中国成为发达国家的概率为 30％左右。

第三节　2010 年中国地区现代化指数

中国地区现代化指数包括中国 34 个省级地区的第一次现代化程度、第二次现代化指数和综合现代化指数，它反映了 34 个省级地区现代化在经济、社会、文化和环境等领域的综合水平。关于评价方法，请阅读技术注释；关于评价数据，请阅读附录三。

一、2010 年中国地区现代化的总体水平

2010 年，中国北京、香港、澳门和台湾进入第二次现代化，其他地区处于第一次现代化；根据第二

次现代化指数分组,北京等 12 个地区为发达地区或中等发达地区,福建等 22 个地区为初等发达地区(表 4-19)。2010 年中国多数内地地区属于发展中地区。

表 4-19 2010 年中国地区现代化指数

分组	地区	SMI	FMI	IMI	人均 GDP	分组	地区	SMI	FMI	IMI	人均 GDP
发达地区	北京	93	100	82	11 218		宁夏	46	91	38	3968
	上海	89	100	76	11 237		四川	43	87	40	3129
	台湾	86	100	76	19 155		河北	43	90	38	4235
	香港	84	100	83	32 558		湖南	42	88	40	3651
	澳门	81	100	79	53 046		新疆	41	84	38	3698
中等发达地区	天津	79	100	70	10 782	初等发达地区	海南	41	86	41	3520
	江苏	67	99	59	7805		青海	41	86	37	3562
	浙江	66	99	58	7638		安徽	41	87	39	3085
	广东	62	98	56	6608		河南	40	85	36	3611
	辽宁	61	96	53	6256		甘肃	38	84	36	2380
	陕西	52	89	48	4008		江西	36	88	38	3139
	山东	52	94	47	6072		广西	36	84	34	2987
	世界平均	51	96	55	9076		贵州	33	85	33	1938
初等发达地区	福建	51	96	48	5912		云南	32	85	32	2327
	黑龙江	50	90	45	3999		西藏	32	81	34	2558
	湖北	50	94	46	4122						
	吉林	49	91	46	4668		中国	49	93	48	4430
	山西	49	91	43	3882	对照	高收入国家	100	100	100	38 811
	内蒙古	49	93	42	6994		中等收入国家	40	91	42	3728
	重庆	47	92	44	4076		低收入国家	21	56	22	533

注:FMI 为第一次现代化程度,SMI 为第二次现代化指数,IMI 为综合现代化指数。中国 34 个地区的"人均 GDP"为各地区的人均居民生产总值(美元)。

1. 2010 年中国内地地区第一次现代化水平

2010 年中国内地 31 个地区中,有 15 个地区已经完成或基本实现第一次现代化,它们是北京、上海、天津(第一次现代化程度达到 100%)和浙江、江苏、广东、福建、辽宁、山东、湖北、内蒙古、重庆、宁夏、吉林、山西(第一次现代化程度达到或超过 90%)。

如果北京、天津、上海、香港、澳门和台湾不参加排名,2010 年第一次现代化程度排名前 10 位的地区为:浙江、江苏、广东、福建、辽宁、山东、湖北、内蒙古、重庆、宁夏(图 4-4)。

图 4-4 2010 年中国地区第一次现代化程度

如果按照 1990~2010 年年均增长率估算,全国多数地区有可能用 10 年左右的时间完成第一次现代化(表 4-20)。完成第一次现代化,表示大约达到 1960 年发达工业化国家的平均水平。

表 4-20　中国内地地区完成第一次现代化的时间估算

地区	第一次现代化程度/(%)			程度达到 100%		程度达到 100%	
	1980 年	1990 年	2010 年	1990~2010 年均增长率	需时/年	1980~2010 年均增长率	需时/年
北京	82.9	90.5	100.0	0.50		0.63	
天津	77.7	84.2	100.0	0.86		0.84	
河北	56.4	62.9	89.6	1.78	6	1.55	7
山西	62.5	69.0	90.5	1.37	7	1.24	8
内蒙古	58.8	65.3	93.0	1.78	4	1.54	5
辽宁	69.5	79.2	95.7	0.95	5	1.07	4
吉林	64.7	68.6	90.9	1.42	7	1.14	8
黑龙江	63.7	72.0	90.0	1.12	9	1.16	9
上海	82.3	89.4	100.0	0.56		0.65	
江苏	56.3	64.2	99.0	2.19	0	1.90	1
浙江	52.7	66.3	99.2	2.04	0	2.13	0
安徽	51.5	56.7	87.5	2.19	6	1.78	8
福建	54.8	65.0	96.2	1.98	2	1.89	2
江西	51.6	56.2	88.0	2.26	6	1.79	7
山东	51.2	63.4	94.1	2.00	3	2.05	3
河南	50.5	59.1	85.3	1.85	9	1.76	9
湖北	53.8	62.7	93.5	2.02	3	1.86	4
湖南	50.8	57.5	88.5	2.18	6	1.87	7
广东	59.2	69.2	98.3	1.77	1	1.70	1
广西	53.4	56.4	83.8	2.00	9	1.51	12
海南	31.3	61.7	86.1	1.68	9	3.43	4
重庆			92.3				
四川	48.8	57.0	86.8	2.12	7	1.94	7
贵州	45.4	51.3	85.2	2.57	6	2.12	8
云南	44.1	49.8	84.7	2.69	6	2.20	8
西藏	38.4	44.3	81.2	3.08	7	2.53	8
陕西	53.5	64.3	89.1	1.64	7	1.71	7
甘肃	46.0	59.9	84.3	1.72	10	2.04	8
青海	53.1	57.0	86.0	2.08	7	1.62	9
宁夏	54.2	61.7	91.4	1.99	5	1.76	5
新疆	50.6	60.2	83.8	1.67	11	1.70	10
中国	54.0	63.0	93.2	1.98	4	1.84	4

注:完成第一次现代化表示达到 1960 年发达工业化国家的平均水平。

2. 2010 年中国内地地区第二次现代化水平

根据第二次现代化指数分组,2010 年,北京和上海第二次现代化指数的数值已经达到发达国家组的水平,天津、江苏、浙江、广东、辽宁、陕西和山东7个地区已经达到中等发达国家组的水平,黑龙江等22个地区达到初等发达国家组的水平(图4-5)。

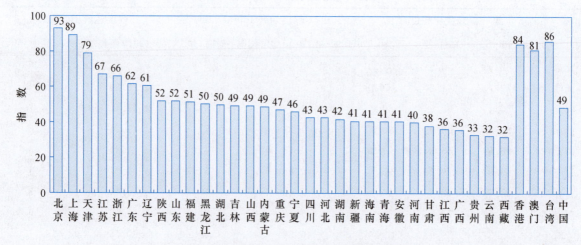

图 4-5　2010 年中国地区第二次现代化指数

3. 2010 中国内地地区综合现代化水平

根据综合现代化指数分组,2010年,北京综合现代化指数的数值已经达到发达国家组的水平,上海、天津、江苏、浙江和广东5个地区已经达到中等发达国家组的水平,陕西等25个地区达到初等发达国家组的水平(图4-6)。

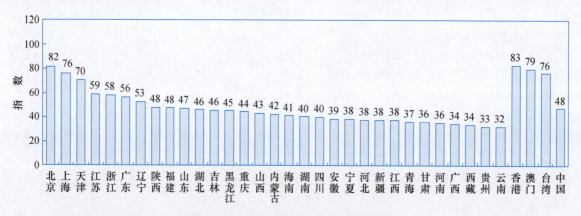

图 4-6　2010 年中国地区综合现代化指数

4. 中国内地不同区域的现代化水平

关于中国区域划分有多种方案。这里采用"三带、三片和八区"的划分(表4-21)。

表 4-21　2010 年中国内地不同区域的现代化水平的比较

地　　区	第一次现代化程度/(%)	第二次现代化指数	综合现代化指数	人均 GDP/美元
东部	95	62	55	7022
中部	90	45	42	4128
西部	87	40	38	3105

(续表)

地区	第一次 现代化程度/(%)	第二次 现代化指数	综合 现代化指数	人均 GDP/(美元)
北方片	93	56	50	5975
南方片	93	53	49	5428
西部片	86	39	37	3071
东北地区	92	53	48	4974
华北沿海	96	67	59	8076
黄河中游	89	47	42	4624
华东沿海	99	74	64	8893
华南沿海	91	47	45	4757
长江中游	89	42	41	3499
西南地区	86	37	37	2806
西北地区	86	41	37	3402
中国	93	49	48	4430

注：三大带、三大片和八大区的数值为该区有关地区数值的简单算术平均值。中国指标的数据来自《中国统计年鉴 2011》，它的评价结果与采用《世界发展指标》数据的评价结果略有不同。

首先，2010 年中国内地，东部现代化水平高于中部，中部现代化水平高于西部。

其次，2010 年中国内地，北方片和南方片现代化水平大体相当，都高于西部片。2010 年北方片第一次现代化程度平均值为 93%，南方片平均为 93%，西部片平均为 86%。如果把港澳台计算在南方片内，2010 年南方片第一次现代化程度平均为 94%。

其三，2010 年中国内地八大地区中，华东沿海和华北沿海是现代化水平较高的地区，东北地区和华南沿海是现代化水平的第二集团，长江中游、黄河中游、西北地区和西南地区是现代化水平较低的地区。华东和华北地区高于全国平均水平，其他地区低于全国平均水平。

其四，2010 年中国华东和华北现代化水平超过世界平均水平，是中国内地现代化水平最高的地区；但它们的人均 GDP 都低于世界平均水平。

5. 中国港澳台地区的现代化水平

中国香港、澳门和台湾地区的现代化水平处于中国地区水平的前列。

2010 年中国香港、澳门和台湾都已经进入第二次现代化，其中，香港和澳门进入第二次现代化的发展期，台湾进入第二次现代化的起步期。2010 年，香港、澳门和台湾第二次现代化指数超过 80；香港综合现代化指数超过 80，澳门和台湾综合现代化指数低于 80。

2010 年中国香港、澳门和台湾的第一次现代化程度都早已达到 100%。

二、2010 年中国地区现代化的国际差距

1. 2010 年中国内地地区现代化的前沿水平

2010 年，中国内地地区现代化的前沿已经进入第二次现代化的发展期，地区现代化的前沿水平接近发达国家的底线，部分指标达到发达国家的底线。例如，2010 年北京处于第二次现代化的发展期，北京和上海的部分指标接近或达到意大利和西班牙的水平（表 4-22）。

表 4-22　2010 年中国内地地区现代化的前沿水平和国际比较

指　标	北京	上海	天津	浙江	江苏	广东	西班牙	意大利	希腊	葡萄牙	匈牙利	俄罗斯
第一次现代化程度/(%)	100	100	100	99	99	98	100	100	100	100	100	99.8
第二次现代化指数	93	89	79	66	67	62	78	83	72	79	67	71
综合现代化指数	82	76	70	58	59	56	83	85	73	77	68	66
人均 GDP	11 218	11 237	10 782	7638	7805	6608	35 150	31 750	27 260	21 850	12 980	9910
人均 GDP(PPP)	18 938	18 971	18 203	12 896	13 177	11 156	31 130	31 640	27 380	24 710	19 270	19 190
城市化水平	86.0	89.3	79.4	61.6	60.2	66.2	68.2	77.3	61.2	60.5	69	73.7
平均预期寿命	80	80	79	78	77	76	82	82	80	79	74	69
互联网普及率	69.4	64.5	52.7	53.8	42.8	55.3	53.7	65.8	44.6	51.3	52.9	43.3

注：意大利等 6 个国家人均 GDP(PPP) 的数据为人均 GNI(PPP) 的数值。

2. 2010 年中国内地地区现代化的地区差距

在 2000~2009 年期间，中国内地地区现代化的地区差距有所扩大。其中，第一次现代化程度的地区差距缩小；第二次现代化指数的绝对差距扩大，相对差距缩小；综合现代化指数的绝对差距扩大，相对差距缩小（表 4-23）。

表 4-23　1990~2010 年中国内地地区现代化的地区差距

项　目	第一次现代化程度/(%)			第二次现代化指数			综合现代化指数		
	2010	2000	1990	2010	2000	1990	2010	2000	1990
最大值	100	97	91	93	74	55	82	65	52
最小值	81	59	44	32	22	19	32	24	23
平均值	91	75	64	50	33	28	46	33	31
绝对差距	19	37	46	61	53	36	49	42	29
标准差	6	9	10	15	12	8	12	9	7
相对差距	1.2	1.6	2.0	2.9	3.4	2.9	2.5	2.8	2.3
变异系数	0.06	0.12	0.16	0.30	0.35	0.29	0.27	0.28	0.21

注：绝对差距＝最大值－最小值。数值差异是因为四舍五入的原因。

3. 2010 年中国内地地区现代化的国际差距

中国内地省级 31 个地区中，2010 年地区第一次现代化水平与已经完成第一次现代化的国家的最大差距约为 19 个百分点，平均差距为 9 个百分点；地区第二次现代化水平与世界先进水平的最大差距是 68，最小差距是 7，平均差距是 50；地区综合现代化水平与世界先进水平的最大差距是 68，最小差距 18，平均差距 54（表 4-24）。

表 4-24　1990~2010 年中国内地地区现代化的国际差距

项　目		第一次现代化程度/(%)			第二次现代化指数			综合现代化指数		
		2010	2000	1990	2010	2000	1990	2010	2000	1990
与发达国家的差距	最小差距	0	6	10	7	26	34	18	35	48
	最大差距	19	41	56	68	78	70	68	76	77
	平均差距	9	24	40	50	69	63	54	68	72
与世界平均值的差距	最小差距	—	—	—	—	—	—	—	—	—
	最大差距	13	30	37	18	24	28	21	26	30
	平均差距	3	23	21	0	15	21	8	18	25

4. 中国地区现代化的不平衡性

中国地区现代化的不平衡性是非常突出的,包括地区现代化进程的不同步、地区现代化速度有快有慢、地区现代化水平差距比较大、地区现代化指标的表现差别比较大、地区现代化水平的地理分布不均衡等。2010 年北京等 4 个地区已经进入第二次现代化,上海等 4 个地区已经达到第一次现代化的过渡期,江苏等 16 个地区已经进入第一次现代化的成熟期,湖南等 10 个地区处于第一次现代化的发展期(表 4-25)。

表 4-25　2010 年中国 34 个地区现代化的阶段和不平衡性

第二次现代化的发展阶段			过渡期	
			成熟期	
			发展期	香港、澳门、北京
		起步期	台湾	
第一次现代化的发展阶段		过渡期	上海、天津、浙江、广东	
		成熟期	江苏、辽宁、山东、福建、河北、山西、内蒙古、安徽、江西、河南、湖北、重庆、陕西、青海、宁夏、吉林	
	发展期	黑龙江、湖南、广西、新疆、甘肃、四川、海南、西藏、云南、贵州		
	起步期	无		
传统农业社会	无			

三、2010 年中国地区现代化的国际追赶

根据第二次现代化水平分组,2010 年与 2009 年相比,中国内地省级地区分组的变化是:陕西从中等发达地区下降为初等发达地区;2008 年陕西为初等发达地区,陕西水平有波动。

根据综合现代化水平分组,2010 年与 2009 年相比,中国内地省级地区分组的变化是:上海水平有波动;辽宁从初等发达地区升级为中等发达地区。

本 章 小 结

本章完成了 2010 年世界 131 个国家和中国 34 个地区的现代化水平评价。

1. 2010 年世界现代化水平

2010 年,美国等 30 个国家已经进入第二次现代化,中国等 95 个国家处于第一次现代化,中非共和国等 6 个国家仍然处于传统农业社会,有些原住民族仍然生活在原始社会。

2010 年,美国等 22 个国家属于发达国家,希腊等 26 个国家属于中等发达国家,中国等 38 个国家属于初等发达国家,印度等 45 个国家属于欠发达国家。

2010 年第二次现代化指数排世界前 10 名的国家是:美国、丹麦、瑞典、芬兰、日本、韩国、德国、挪威、新加坡、澳大利亚。

2010 年,美国等 30 个国家已经进入第二次现代化,约占国家样本数的 23%;巴西等 42 个国家全面完成第一次现代化,马来西亚等 27 个国家基本实现第一次现代化,全面完成和基本实现第一次现代化的国家约占国家样本的 53%。

2. 2010 年中国现代化水平

2010 年中国属于初等发达国家,处于发展中国家中的中间水平。

2010年中国第一次现代化程度为92%,第二次现代化指数为47,综合现代化指数为46;分别在世界131个国家中排第62位、第59位和第70位。

2010年与2009年相比,中国第一次现代化程度、第二次现代化指数和综合现代化指数的排名,分别提高了5位、6位和3位。

3. 2010年中国地区现代化水平

2010年,中国北京、香港、澳门和台湾进入第二次现代化,其他地区处于第一次现代化;根据第二次现代化指数分组,北京等12个地区为发达地区或中等发达地区,黑龙江等22个地区为初等发达地区。2010年中国多数内地地区属于发展中地区。

2010年,中国内地地区现代化的前沿水平已经接近发达国家的底线,部分指标达到发达国家的底线。例如,北京和上海的部分指标接近或达到意大利和西班牙的水平。

2010年,中国华东地区和华北地区现代化水平超过世界平均水平,是中国内地现代化水平最高的地区;但它们的人均GDP都低于世界平均水平。

2010年中国内地31个地区中,有15个地区已经完成或基本实现第一次现代化,它们是北京、上海、天津(第一次现代化程度达到100%)和浙江、江苏、广东、福建、辽宁、山东、湖北、内蒙古、重庆、宁夏、吉林、山西(第一次现代化程度达到或超过90%)。

如果北京、天津、上海、香港、澳门和台湾不参加排名,2010年中国地区现代化排名如下:

(1)第一次现代化程度排名前10位的地区:浙江、江苏、广东、福建、辽宁、山东、湖北、内蒙古、重庆、宁夏;

(2)第二次现代化指数排名前10位的地区:江苏、浙江、广东、辽宁、陕西、山东、福建、黑龙江、湖北、吉林;

(3)综合现代化指数排前10位的地区:江苏、浙江、广东、辽宁、陕西、福建、山东、湖北、吉林、黑龙江。

技 术 注 释

《中国现代化报告 2013》采用国际机构、有关国家官方统计机构公布的数据,它包括世界 131 个国家和中国 34 个地区 2010 年的发展数据和评价数据等。由于世界不同国家的统计方法不完全相同,统计方法在不断发展,统计数据的可比性和一致性问题需要特别关注。

一、资料来源

世界现代化的 300 年的历史数据主要来自米切尔的《帕尔格雷夫世界历史统计》、麦迪森的《世界经济千年史》、库兹涅茨的《各国的经济增长》、世界银行的《世界发展指标》、联合国统计年鉴、联合国贸易与发展会议(UNCTAD)统计数据、世界贸易组织(WTO)、经济合作与发展组织(OECD)的数据等。

现代化进程评价所用数据,除少数年份的几个指标的中国数据(世界银行数据集中缺少的数据)来自《中国统计年鉴》外,其他全部采用世界银行出版的 2012 年《世界发展指标》网络版数据、联合国出版的《统计年鉴》、联合国粮农组织的网络数据库、联合国贸易与发展会议的《世界投资报告》、世界贸易组织的《国际贸易统计》等。

中国地区现代化评价所用数据,主要来自《中国统计年鉴 2011》。

二、数据一致性和可靠性

世界现代化进程评价,以世界银行出版的《世界发展指标》的系列数据为基本数据来源;部分年份的数据来自联合国贸易与发展会议的《世界投资报告》、世界贸易组织的《国际贸易统计》、联合国《统计年鉴》、联合国教科文组织《统计年鉴》、国际劳工组织《劳动力统计年鉴》、OECD 出版物;少数几个中国数据来自《中国统计年鉴》。

许多发展中国家的统计制度还很薄弱,统计方法在不断发展,统计指标的概念存在差异,统计方法在国与国之间差别较大,它们会影响数据的一致性和可靠性。许多国家的统计机构常常修改其历史统计数据。世界银行在历年《世界发展指标》中对数据来源、数据一致性和可靠性进行了说明。世界银行有时根据一些国家提供的新数据,对过去年份的数据进行调整。在不同年份出版的《世界发展指标》中,关于某年的数据不完全一致。如果出现这种情况,一般采用最近年份《世界发展指标》中公布的数据。2010 年世界现代化评价统一采用 2012 年《世界发展指标》网络版数据。数据汇总方法在《世界发展指标》中有专门说明。

中国地区现代化进程评价,以 2011 年《中国统计年鉴》的系列数据为基本数据来源;《中国统计年鉴》中没有的数据,采用《中国科技统计年鉴》、《中国能源统计年鉴》和中国 31 个省级行政地区统计机构出版的地方《统计年鉴》的数据等。

在世界银行和联合国有关机构出版的统计资料中,中国数据的数值一般为中国大陆内地 31 个省级行政地区统计数据的加总;在《中国统计年鉴》中,香港特区、澳门特区和台湾地区的统计数据单列,全国的加总数在数值上为大陆内地 31 个省级行政地区统计数据的加和。

苏联和东欧国家(捷克斯洛伐克等),1990 年前后发生变化。1990 年前采用原国家数据。1990 年后,分别为俄罗斯、捷克和斯洛伐克的数据。1990 年前德国数据采用联邦德国的值。

三、国家分组

关于国家分组的方法有很多。《中国现代化报告2003》对此进行了专门分析。例如,世界银行根据人均收入大小分组、联合国开发计划署根据人类发展指数分组、联合国工作分组、联合国地区分组、《中国现代化报告》根据第二次现代化指数分组等。一般而言,国家分组是相对的,更多是为了分析和操作的方便。本报告沿用《中国现代化报告2003》国家分组方法。

《中国现代化报告2003》采用四种国家分组方法,① 工业化国家和发展中国家,② 发达国家和发展中国家,③ 高收入国家、中等收入国家和低收入国家,④ 发达国家、中等发达国家、初等发达国家和欠发达国家。四种方法具有一定可比性(表a)。

表a 《中国现代化报告2003》的国家分组

国家分组方法	类别	分组方法或标准
按地区分组	发达国家[a] OECD国家 比较发达国家 比较不发达国家(发展中国家) 最不发达国家(发展中国家)	高收入国家(不含石油输出国) OECD国家 按联合国统计署的划分 按联合国统计署的划分 按联合国统计署的划分
按人均国民收入分组 (2000年)	高收入国家 中等收入国家(中高、中低收入国家) 低收入国家	人均GNI大于9266美元 人均GNI为756~9265美元 人均GNI小于755美元
按第一次现代化实现程度分组 (2000年)	工业化国家 发展中国家	完成第一次现代化的国家 没有完成第一次现代化的国家
按第二次现代化指数分组 (2000年)	发达国家[a](高现代化水平) 中等发达国家(中等现代化水平) 初等发达国家(初等现代化水平) 欠发达国家(低现代化水平)	第二次现代化指数大于80 第二次现代化指数46~79.9 第二次现代化指数30~45.9 第二次现代化指数小于30

注:a. "发达国家"有两种划分方法:按第二次现代化指数划分的发达国家、按人均收入划分(习惯分法)的发达国家(一般指不包含石油输出国家的高收入国家),它们(划分的结果)是基本一致的。

四、第一次现代化程度的评价方法和评价指标

第一次现代化进展评价方法主要有三种:定性评价、定量评价和综合评价(定性和定量相结合)。本报告主要进行经济和社会第一次现代化的实现程度的定量评价。

1. 评估模型

参考20世纪80年代美国学者英克尔斯教授提出的评价指标(孙立平,1988),参考1960年19个工业化国家发展指标的平均值,设计"第一次现代化评价模型",包括10个社会和经济指标,以及评价标准和评价方法。

$$\begin{cases} FMI = \sum S_i / n \quad (i = 1, 2, \cdots, n) \\ S_i = 100 \times i_{\text{实际值}} / i_{\text{标准值}} \quad (\text{正指标}, S_i \leqslant 100) \\ S_i = 100 \times i_{\text{标准值}} / i_{\text{实际值}} \quad (\text{逆指标}, S_i \leqslant 100) \end{cases}$$

其中,FMI为第一次现代化程度,n为参加评价的指标总个数,S_i为第i项指标的达标程度($S_i \leqslant 100$);i为评价指标的编号;$i_{\text{实际值}}$为i号指标的实际值,$i_{\text{标准值}}$为i号指标的标准值(具体数值见表b)。

表 b 第一次现代化评价指标的标准值(1960年工业化国家指标平均值)

项 目	指标、单位和指标编号	标 准	备注[b]
经济指标	1. 人均国民收入(人均 GNI),美元	逐年计算[a]	正指标
	2. 农业劳动力比例(农业劳动力占总劳动力比例),%	30%以下	逆指标
	3. 农业增加值比例(农业增加值占国内生产总值比例),%	15%以下	逆指标
	4. 服务业增加值比例(服务业增加值占国内生产总值比例),%	45%以上	正指标
社会指标	5. 城市人口比例(城市人口占总人口比例),%	50%以上	正指标
	6. 医生比例(每千人口中的医生人数),‰	1‰以上	正指标
	7. 婴儿存活率[c],‰	970‰以上	正指标
	(婴儿死亡率),‰	(30‰以下)	(逆指标)
	8. 预期寿命(出生时平均预期寿命),岁	70岁以上	正指标
知识指标	9. 成人识字率,%	80%以上	正指标
	10. 大学普及率(在校大学生占20～24岁人口比例),%	15%以上	正指标

注:参考英克尔斯教授的评价指标(孙立平,1988)。a. 以1960年19个市场化工业国家人均国民收入平均值1280美元为基准值,以后逐年根据美元通货膨胀率计算标准值。例如,1960年标准值为1280美元,1970年为1702美元,1980年为3411美元,1990年为5147美元,2000年为6399美元,2009年为7870美元,2010年为8000美元。b. 正指标,评价对象数值等于或大于标准值时,表示它达到或超过经典现代化标准;逆指标,评价对象数值等于或小于标准值时,表示它达到或超过经典现代化标准。c. "婴儿死亡率"用作评价指标不符合中国文化,用"婴儿存活率"代替它;婴儿存活率=1-婴儿死亡率;实际评价,仍然用婴儿死亡率数据进行评价,按逆指标计算方法进行评价。

2. 评估过程和方法

首先,检验评价指标的相关性。在地区现代化评价时,可以调整部分评价指标。其次,计算人均GNI的标准值。其三,采用"比值法"计算单个指标达标程度。单个指标达标程度最大值为100%(如果超过100%,取值100%),达到100%表明该指标已经达到第一次现代化水平。其四,采用"简单算术平均值"法,计算第一次现代化实现程度。

评价的有效性。如果参加评价的有效指标个数占指标总数的比例低于60%(即指标个数少于6个),则视为无效样本,不进行评价。

计算方法。所有评价由计算机自动完成。计算机计算数据时,计算机内部保留小数点后12位小数;显示数据结果时,一般保留整数或1~2位小数。在阅读和利用评价数据和结果时,需要特别注意小数"四舍五入"带来的影响。第二次现代化和综合现代化评价也是如此。

3. 第一次现代化的阶段评价

$$\begin{cases} P_{FM} = (P_{农业增加值比例} + P_{农业/工业增加值} + P_{农业劳动力比例} + P_{农业/工业劳动力})/4 \\ P_{农业增加值比例} = (4,3,2,1,0),根据实际值与标准值的比较判断阶段并赋值 \\ P_{农业/工业增加值} = (4,3,2,1,0),根据实际值与标准值的比较判断阶段并赋值 \\ P_{农业劳动力比例} = (4,3,2,1,0),根据实际值与标准值的比较判断阶段并赋值 \\ P_{农业/工业劳动力} = (4,3,2,1,0),根据实际值与标准值的比较判断阶段并赋值 \end{cases}$$

其中,P_{FM}代表第一次现代化的阶段,$P_{农业增加值比例}$代表根据农业增加值比例判断的阶段和赋值,$P_{农业/工业增加值}$代表根据农业增加值比例与工业增加值比例的比值判断的阶段和赋值,$P_{农业劳动力比例}$代表根据农业劳动力比例判断的阶段和赋值,$P_{农业/工业劳动力}$代表根据农业劳动力比例与工业劳动力比例的比值判断的阶段和赋值。

首先,根据信号指标实际值与标准值的比较判断阶段并赋值。其次,计算赋值的平均值。其三,综合判断第一次现代化的阶段。第一次现代化阶段评价的4个信号指标的标准值和赋值见表c。第一次现代化阶段评价的信号指标的变化如图a所示。

表c 第一次现代化信号指标的划分标准和赋值

	农业增加值占GDP比例/(%)	农业增加值/工业增加值	赋值	说　　明
过渡期	<5	<0.2	4	农业增加值占GDP比例低于15%为完成第一次现代化的标准,结合工业化国家200年经济史制定
成熟期	<15,≥5	<0.8,≥0.2	3	
发展期	<30,≥15	<2.0,≥0.8	2	
起步期	<50,≥30	<5.0,≥2.0	1	
传统社会	≥50	≥5.0	0	
	农业劳动力占总劳动力比例/(%)	农业劳动力/工业劳动力	赋值	
过渡期	<10	<0.2	4	农业劳动力占总劳动力比例低于30%为完成第一次现代化的标准,结合工业化国家200年经济史制定
成熟期	<30,≥10	<0.8,≥0.2	3	
发展期	<50,≥30	<2.0,≥0.8	2	
起步期	<80,≥50	<5.0,≥2.0	1	
传统社会	≥80	≥5.0	0	

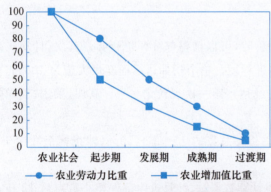 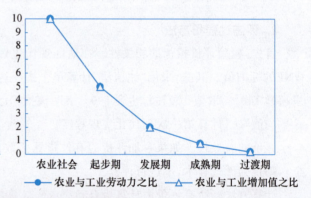

图a 第一次现代化阶段评价的信号指标变化

有些时候,可能是统计数据或者国家差异的原因,产业结构和就业结构的分析结果与现代化总体水平不协调,需要根据第一次现代化实现程度对发展阶段进行调整。

五、第二次现代化指数的评价方法和评价指标

第二次现代化进展评价同样有定性评价、定量评价和综合评价等三种方法。第二次现代化启动不过30多年,它的特点和规律正在形成过程中。随着第二次现代化的发展,第二次现代化评价指标和评价方法应该作相应的调整。

1. 评估模型

第二次现代化理论认为,知识的创新、传播和应用是第二次现代化的动力,知识创新、知识传播和知识应用的水平反映了第二次现代化的水平。第二次现代化评价包括知识创新、知识传播、知识应用Ⅰ和Ⅱ(生活质量和经济质量)四大类指标和16个具体指标。

$$\begin{cases} \text{SMI} = (\text{KII} + \text{KTI} + \text{LQI} + \text{EQI})/4 \\ \text{KII} = \sum D_i/3 \quad (i=1,2,3) \\ \text{KTI} = \sum D_i/4 \quad (i=4,5,6,7) \\ \text{LQI} = \sum D_i/5 \quad (i=8,9,10,11,12) \\ \text{EQI} = \sum D_i/4 \quad (i=13,14,15,16) \\ D_i = 100 \times i_{\text{实际值}}/i_{\text{基准值}} \quad (\text{正指标}, D_i \leqslant 120) \\ D_i = 100 \times i_{\text{基准值}}/i_{\text{实际值}} \quad (\text{逆指标}, D_i \leqslant 120) \\ (i=1,2,3,4,5,6,7,8,9,10,11,12,13,14,15,16) \end{cases}$$

其中,SMI 是第二次现代化指数,KII 是知识创新指数,KTI 是知识传播指数,LQI 是生活质量指数,EQI 是经济质量指数,D_i 是第 i 号评价指标的发展指数($D_i \leqslant 120$,避免单个指标数值过高影响总评价结果);i 为 16 个评价指标的编号,从 1 至 16;$i_{\text{实际值}}$ 为 i 号指标的实际值,$i_{\text{基准值}}$ 为 i 号指标的基准值。16 个评价指标的基准值为最新年发达国家指标的平均值。

2. 评估过程

首先,检验评价指标的相关性。在地区现代化评价时,可以调整部分评价指标。

其次,确定评价的基准值,为最新年发达国家平均值。

其三,采用"比值法"计算单个指标的发展指数。单个指标的发展指数的最高值为 120 点(如果超过 120 点,取值 120 点),避免单个指标过高造成评价"失真"。中学普及率和移动通讯普及率指标的基准值为 100,它们的发展指数的最高值设为 100。

其四,采用"简单算术平均值"法,分别计算知识创新指数、知识传播指数、生活质量指数和经济质量指数。

其五,采用"简单算术平均值"法计算第二次现代化指数。

评价的有效性。如果参加评估的有效指标个数占指标总数的比例低于 60%,则视为无效样本,不进行评价。

由于评价基准值不同,《中国现代化报告 2013》与前面的 12 份报告关于第二次现代化进程的评价结果,只具有相对可比性。

3. 第二次现代化的阶段评价

$$\begin{cases} P_{\text{SM}} = (P_{\text{物质产业增加值比例}} + P_{\text{物质产业劳动力比例}})/2 \\ P_{\text{物质产业增加值比例}} = (3,2,1), \text{根据实际值与标准值的比较判断阶段并赋值} \\ P_{\text{物质产业劳动力比例}} = (3,2,1), \text{根据实际值与标准值的比较判断阶段并赋值} \end{cases}$$

其中,P_{SM} 代表第二次现代化的阶段,$P_{\text{物质产业增加值比例}}$ 代表根据物质产业增加值比例判断的阶段的赋值,$P_{\text{物质产业劳动力比例}}$ 代表根据物质产业劳动力比例判断的阶段的赋值。

首先,筛选出处于第一次现代化的过渡期的国家。其次,根据这些国家信号指标实际值与标准值的比较,判断这些国家的阶段并赋值。其三,计算赋值的平均值,判断第二次现代化的阶段。第二次现代化阶段的信号指标的标准值和赋值见表 d。

表 d　第二次现代化信号指标的标准和赋值

阶　段	物质产业增加值比例/(%)	物质产业劳动力比例/(%)	赋　值	备注(前提条件)
成熟期	<20	<20	3	
发展期	<30, ≥20	<30, ≥20	2	处于第一次现代化过渡期
起步期	<40, ≥30	<40, ≥30	1	处于第一次现代化过渡期
准备阶段	<50, ≥40	<50, ≥40	0	

注：进入第一次现代化过渡期的国家，才进一步判断它第二次现代化的阶段。

有些时候，可能是统计数据或者国家差异的原因，产业结构和就业结构的分析结果与现代化总体水平不协调，需要根据第二次现代化总体水平对发展阶段进行调整。

4. 评价指标

第二次现代化进程评价包括知识创新、知识传播、生活质量(知识应用改进生活质量)、经济质量(知识应用改进经济质量)四大类指标和 16 个具体指标(表 e)，还有物质产业增加值比例、物质产业劳动力比例等 2 个信号指标。知识创新指在世界上首次发现、发明、创造或应用某种新知识，包括科学发现、技术发明、知识创造和新知识首次应用。

表 e　第二次现代化评价指标

二级指标	三级指标和指标编号	指标解释和单位
知识创新	1. 知识创新经费投入	研究与发展经费占国内生产总值的比例(R&D/GDP)，%
	2. 知识创新人员投入	从事研究与发展活动的研究人员/万人，人/万人
	3. 知识创新专利产出	居民申请国内发明专利数/万人，项/万人
知识传播	4. 中学普及率	在校中学生人数占适龄人口(一般为 12~17 岁)比例，%
	5. 大学普及率	在校大学生人数占适龄人口(一般为 20~24 岁)比例，%
	6. 移动通讯普及率	移动通讯用户/百人口，%
	7. 互联网普及率	互联网用户/百人口，%
生活质量	8. 城镇人口比例	城市人口占总人口比例，%
	9. 医生比例	每千人口中的医生数，‰
	10. 婴儿死亡率	每千例活产婴儿在 1 岁内的死亡率，‰
	11. 预期寿命	新生儿平均预期寿命，岁
	12. 人均能源消费	人均商业能源消费，千克石油当量
经济质量	13. 人均国民收入	人均国民收入(人均 GNI)，美元
	14. 人均购买力	按购买力平价 PPP 计算的人均国民收入(人均 PPP)，国际美元
	15. 物质产业增加值比例	农业和工业增加值占国内生产总值的比例，%
	16. 物质产业劳动力比例	农业和工业劳动力占总劳动力比例，%

注：电视普及率指标用移动通讯普及率代替，前者数据很难获取。中国地区大学普及率为大学在校学生人数占 18~21 岁人口比例。

六、综合现代化指数的评价方法和评价指标

综合现代化指数，主要反映被评价对象的现代化水平与世界先进水平的相对差距。世界第一次现代化是经典的，第二次现代化是新的。随着第二次现代化的发展，综合现代化水平的评价指标和评价方法应该作相应的调整。

1. 评估模型

第二次现代化理论认为，综合现代化是两次现代化的协调发展。综合现代化指数评价，要选择两

次现代化的典型特征指标和两次现代化都适用的指标作为评价指标。综合现代化评价包括经济、社会和知识等三大类指标和12个具体指标。

$$\begin{cases} IMI = (EI + SI + KI)/3 \\ EI = \sum D_i/4 \quad (i=1,2,3,4) \\ SI = \sum D_i/4 \quad (i=5,6,7,8) \\ KI = \sum D_i/4 \quad (i=9,10,11,12) \\ D_i = 100 \times i_{实际值}/i_{参考值} \quad (正指标,D_i \leqslant 100) \\ D_i = 100 \times i_{参考值}/i_{实际值} \quad (逆指标,D_i \leqslant 100) \\ (i=1,2,3,4,5,6,7,8,9,10,11,12) \end{cases}$$

其中,IMI是综合现代化指数,EI是综合现代化经济指数,SI是综合现代化社会指数,KI是综合现代化知识指数,D_i是第i号评价指标的相对发展水平($D_i \leqslant 100$);i为12个评价指标的编号,从1至12;$i_{实际值}$为i号指标的实际值,$i_{参考值}$为i号指标的参考值。12个评价指标的参考值为当年发达国家指标的平均值。

2. 评估过程

首先,检验评价指标的相关性。在地区现代化评价时,可以调整部分评价指标。

其次,确定评价的参考值,为当年发达国家的平均值。

其三,采用"比值法"计算单个指标的发展水平。单个指标的发展水平的最高值为100点(如果超过100点,取值100点),达到100点表明该指标已经达到世界前沿水平。

其四,采用"简单算术平均值"法,分别计算经济发展、社会发展和知识发展指数。

其五,采用"简单算术平均值"法计算综合现代化水平。

评价的有效性。如果参加评估的有效指标个数占指标总数的比例低于60%,则视为无效样本,不进行评价。

3. 评价指标

综合现代化水平评价包括经济、社会和知识三大类指标和12个具体指标(表f)。

表f 综合现代化评价指标

二级指标	三级指标和指标编号	指标解释和单位
经济指标	1. 人均国民收入	人均国民收入(人均GNI),美元
	2. 人均购买力	按购买力平价PPP计算的人均国民收入(人均PPP),国际美元
	3. 服务业增加值比例	服务业增加值占国内生产总值的比例,%
	4. 服务业劳动力比例	服务业劳动力占总劳动力比例,%
社会指标	5. 城镇人口比例	城市人口占总人口比例,%
	6. 医生比例	每千人口中的医生数,‰
	7. 预期寿命	新生儿平均预期寿命,岁
	8. 生态效益	能源效率,人均GDP/人均能源消费,美元/千克标准油
知识指标	9. 知识创新经费投入	研究与发展经费占国内生产总值的比例(R&D/GDP),%
	10. 知识创新专利产出	居民申请国内发明专利数/万人,项/万人
	11. 大学普及率	在校大学生人数占适龄人口(一般为20~24岁)比例,%
	12. 互联网普及率	互联网用户/百人,%

注:中国地区大学普及率为大学在校学生人数占18~21岁人口比例。

七、综合城市现代化指数的评价方法

城市现代化水平评价,可以在国家、地区和城市层次上分别进行。

城市层次的城市现代化评价,由于城市的设置标准不同,城市边界是变化,城市数据的历史可比性和国际可比性有争议。关于城市的统计数据,目前比较难以获取。

关于国家和地区层次的城市现代化评价,主要困难是数据获取。许多国家和地区,城市指标的统计数据不完整,难以进行世界范围的城市现代化水平的精确评价。

这里,采用城市现代化的城乡二元模型,进行估算。

假设:

$$M_n = M_u \times P_u + M_r \times P_r$$
$$M_r = (M_a \times M_f \times R_{uor})^{1/3}$$

其中,M_n 为国家现代化水平指数,M_u 为国家的城市现代化水平指数,P_u 为城市人口占全国人口比例;M_r 为国家的农村现代化水平指数,P_r 为农村人口占全国人口比例;M_a 为国家的农业现代化水平,M_f 为国家的农民现代化水平,R_{uor} 为农村城市化改造的水平。

国家现代化水平,等于城市现代化水平乘以城市人口比例,加上农村现代化水平乘以农村人口比例。一般而言,农村现代化水平等于农业现代化水平、农民现代化水平和农村的城市化改造水平的几何平均值。

根据上面的假设,可以推出:

$$M_u \approx (M_n - M_r \times P_r)/P_u \tag{6}$$

城市现代化水平等于:国家现代化水平减去农村现代化水平与农村人口比例的乘积,然后除以城市人口比例。

如果,$M_a \approx M_f \approx R_{uor}$,则有:

$$M_r \approx M_a \tag{7}$$
$$M_n \approx M_u \times P_u + M_a \times P_r \tag{8}$$
$$M_u \approx (M_n - M_a \times P_r)/P_u \tag{9}$$

如果农业现代化、农民现代化和农村城市化改造水平基本相当,那么,城市现代化水平约等于:国家现代化水平减去农业现代化水平与农村人口比例的乘积,然后除以城市人口比例(表 g)。

表 g 城市现代化指数的估算方法

评价模型	$M_u \approx (M_n - M_a \times P_r) \div P_u$
指标含义	M_u 为城市现代化指数,M_n 为国家现代化指数,M_a 为农业现代化指数,P_r 为农村人口比例,P_u 为城市人口比例

参 考 文 献

Salat S. 2012. 城市与形态. 北京：中国建筑工业出版社.
艾博特. 1998. 大都市边疆. 王旭,等,译. 北京:商务印书馆.
艾恺. 1991. 世界范围内的反现代化思潮:论文化守成主义. 贵阳:贵州人民出版社.
艾森斯塔特. 2006. 反思现代性. 旷新年,王爱松,译. 北京:生活·读书·新知三联书店.
奥德查,费尔德曼,2012. 知识溢出和区域创新.//亨德森,蒂斯. 区域和城市经济学手册. 郝寿义,等,译·北京：经济科学出版社,604—629.
奥莎利文. 2008. 城市经济学. 周京奎,译. 北京:北京大学出版社.
巴尔赞. 2002. 从黎明到衰落：西方文化生活五百年. 林华,译. 北京:世界知识出版社.
白友涛. 2005. 盘根草 城市现代化背景下的回族社区. 银川:宁夏人民出版社.
柏拉图. 1986. 理想国. 郭斌和,张竹明,译. 北京:商务印书馆.
鲍宗豪. 2003. 中国城市现代化的理性审视. 开放导报,8:8—12.
贝尔. 1997 [1973]. 后工业社会的来临——对社会预测的一项探索. 高铦,王宏周,魏章玲,译.北京:新华出版社.
贝克,吉登斯,拉什. 2001 [1994]. 自反性现代化：现代社会秩序中的政治、传统与美学. 赵书文,译. 北京：商务印书馆.
贝克,威尔姆斯. 2001[2000]. 自由与资本主义——与著名社会学家乌尔里希·贝克对话. 路国林,译. 杭州：浙江人民出版.
贝利. 2010. 比较城市史. 北京:商务印书馆.
贝纳沃罗. 2000. 世界城市史. 北京:科学出版社.
比特利. 2011. 绿色城市主义——欧洲城市的经验. 邹越,李吉涛,译. 北京:中国建筑工业出版社.
波普诺. 1999. 社会学. 李强,等,译. 北京:中国人民大学出版社.
伯恩斯,拉尔夫. 1987—1988. 世界文明史. 罗经国,等,译. 北京：商务印书馆.
布莱克. 1989 [1966]. 现代化的动力:一个比较史的研究. 景跃进,张静,译. 杭州:浙江人民出版社.
布莱克编. 1996 [1976]. 比较现代化. 杨豫,陈祖洲,译. 上海:上海译文出版社.
布朗,迪克森,吉勒姆. 2011. 城市化时代的城市设计：营造人性场所. 奚雪松,陈琳,许立言,译. 北京：电子工业出版社.
布朗. 1999. 原始社会的结构与功能. 潘蛟,王贤海,刘文远,译. 北京:中国民族大学出版社.
布鲁格曼. 2011. 城变:城市如何改变世界. 董云峰,译. 北京:中国人民大学出版社.
布罗代尔. 2002. 十五至十八世纪的物质文明、经济和资本主义. 顾良,施康强,译. 北京:三联书店.
布罗代尔. 2003. 文明史纲. 肖昶,等,译. 桂林：广西师范大学出版社.
布野修司. 2010. 亚洲城市建筑史. 胡惠琴,沈瑶,译. 北京:中国建筑工业出版社.
查尔斯沃思. 2007. 城市边缘:当代城市化案例研究. 夏海山,刘茜,等,译. 北京:机械工业出版社.
查普夫. 2000. 现代化与社会转型(第二版). 陈黎,陆志宏,译. 北京:社会科学文献出版社.
车效梅. 2003. 开罗、上海城市现代化进程比较研究. 史林,5:52—55.
车效梅. 2008. 挑战与应战 冲突与融合——伊斯坦布尔城市现代化历程. 世界历史,3:59—70.
陈颐. 1998. 中国城市化和城市现代化. 南京:南京出版社.
陈剑. 2001. 设立城市现代化指标的若干问题. 北京行政学院学报,6:60—64.
陈柳钦. 2011. 构建城市现代化指标体系新框架. 江海纵横,7:15—21.
陈述彭. 2003. 城市化区域发展. 北京:科学出版社.

陈甬军,陈爱民. 2002. 中国城市化:实证分析与对策研究. 厦门:厦门大学出版社.
程萍. 2010. 城市现代化建设中的工业文化遗产保护与合理利用. 理论与现代化,6:17—20.
程安东. 2007. 走向城市现代化. 北京:红旗出版社.
仇保兴. 2004. 中国城镇化——机遇与挑战. 北京:中国建筑工业出版社.
仇保兴. 2011. 中国数字城市发展研究报告. 北京:中国建筑工业出版社.
崔大树. 2003. 经济全球化与城市现代化的联动效应. 经济学家,1:57—63.
崔功豪. 1992. 城市地理学. 南京:江苏教育出版社.
达尔文. 2005[1859]. 物种起源. 舒德干,等,译. 北京:北京大学出版社.
邓小平. 1993. 邓小平文选(第三卷). 北京:人民出版社.
丁任重,吴波. 2012. 城市现代化的特征与路径. 城市问题,6:24—29(46).
董正华. 2009. 世界现代化进程十五讲. 北京:北京大学出版社.
多德. 2002. 社会理论与现代性. 陶传进,译. 北京:社会科学文献出版社.
恩力斯,仲斯. 1966. 市和镇. //朱铁臻. 2002. 城市现代化研究. 北京:红旗出版社,234.
发达城市现代化评价指标体系研究课题组. 2011. 中国发达城市现代化评价指标体系的建立. 调研世界,11:47—50
法雷尔. 2010. 伦敦城市构型:形成与发展. 杨至德,杨军,魏彤春,译. 武汉:华中科技大学出版社.
樊纲,武良成. 2010. 城市化:一系列公共政策的集合. 北京:中国经济出版社.
樊杰,陆大道等. 2001. 中国沿海发达地区现代化带动战略研究. 北京:中国友谊出版公司.
范恒山. 2003. 中国城市现代化进程的五大战略. 中国经贸导报,15:14.
菲茨杰拉德. 2011. 翡翠城市——欧美城市发展启示录. 温莹莹,乔坤,译. 北京:中国商业出版社.
弗兰克. 1999. 依附性积累与不发达. 高铦,高戈,译. 南京:译林出版社.
弗里曼,卢桑. 2007. 光阴似箭:从工业革命到信息革命. 沈宏亮,沈由佳,译. 北京:中国人民大学出版社.
富永健. 2004. 日本的现代化与社会变迁. 李国庆,刘畅,译. 北京:商务印书馆.
高洪深编. 2002. 区域经济学. 北京:中国人民大学出版社.
高文杰,高旭. 2010. 基于SEM的我国重要城市现代化水平综合评价模型研究. 数学的实践与认识,18:67—74.
格莱泽,卡恩,2012. 蔓延与城市增长. 亨德森,蒂斯. 区域和城市经济学手册. 郝寿义,等,译. 北京:经济科学出版社,387—432.
耿建敏,张瑞兰,龙文研. 2007. 城市现代化水平综合评价方法研究. 数学的实践与认识,7:48—53.
贡培兴. 2012. 城市与现代化. 北京:新华出版社.
顾朝林,黄春晓,吴骏莲. 2000. 江苏省城市现代化水平评价及预测. 城市规划汇刊,6:34—39.
顾介康. 2000. 江苏农村城镇化和城市现代化的战略与对策研究. 南京:南京师范大学出版社.
关晓天. 2011. 城市现代化发展的几个理论问题. 中国建筑科学,4:24—25(70).
郭爱军,王贻志,王汉栋. 2012. 2030年的城市发展. 上海:上海人民出版社.
郭大松. 2011. 开放与城市现代化. 济南:山东人民出版社.
国家统计局城市社会经济调查司. 2011. 中国城市统计年鉴2011. 北京:中国统计出版社.
哈维. 2003. 后现代的状况. 阎嘉,译. 北京:商务印书馆.
何磊. 2010. 工业化国家城镇化的三次革命与中国城镇化道路创新. 上海经济研究,7:94—101.
何传启. 1998a. 知识经济与中国现代化. 光明日报. 1998年4月7日.
何传启. 1998b. 知识经济与第二次现代化. 科技导报,6:3~4.
何传启. 1999. 第二次现代化——人类文明进程的启示. 北京:高等教育出版社.
何传启. 2003. 东方复兴:现代化的三条道路. 北京:商务印书馆.
何传启. 2007. 中国生态现代化的战略思考. 中国科学基金,21(6):333—339
何传启. 2009. 中国山区现代化的三种模式. 中国科学院院刊,24(3):256—264.
何传启. 2010. 现代化科学:国家发达的科学原理. 北京:科学出版社.
何传启. 2010. 中国现代化报告概要:2001—2010. 北京:北京大学出版社.

何传启. 2011. 中国现代化报告 2011:现代化科学概论. 北京:北京大学出版社.
赫尔德等. 2001. 全球大变革:全球化时代的政治、经济与文化. 杨雪冬,等,译. 北京:社会科学文献出版社.
亨廷顿. 1989 [1968]. 变化社会中的政治秩序. 王冠华,等,译,北京:三联书店.
亨廷顿. 1998b. 文明冲突与世界秩序的重建. 周琪,等,译. 北京:上新华出版社.
侯惠勤,辛向阳,易定宏. 2012. 中国城市基本公共服务力评价 2011—2012. 北京:社会科学文献出版社.
胡福明. 1994. 中国现代化的历史进程. 合肥:安徽人民出版社.
胡兆量编. 2000. 中国区域发展导论. 北京:北京大学出版社.
皇甫晓涛. 2004. 中国城市化与现代化发展研究报告. 北京:中国物资出版社.
黄镠. 2013. 城市经济学文献综述研究:基于城市经济学研究的基本问题的视角. 环渤海经济瞭望,2:56—59.
黄乃文. 2001. 城市现代化:基本内涵与指标体系. 暨南学报(哲学社会科学版),4:18—23.
霍恩伯格,利斯. 2009. 都市欧洲的形成:1000—1994. 阮岳湘,译. 北京:商务印书馆.
霍姆斯,史蒂文斯,2012. 北美经济活动的空间分布. 亨德森,蒂斯. 区域和城市经济学手册. 郝寿义,等,译. 北京:经济科学出版社,689—736.
霍普金斯,沃勒斯坦,等. 2002. 转型时代:世界体系的发展轨迹 1945—2025. 吴英,译. 北京:高等教育出版社.
吉尔平. 2006. 国际关系政治经济学. 杨宇光等译. 上海:上海人民出版社.
贾奇,斯托克,沃尔曼. 2009. 城市政治学理论. 刘晔,译. 上海:上海人民出版社.
焦新龙. 2012. 城市交通现代化管理战略研究. 杭州:浙江大学出版社.
金南顺. 2009. 城市公共服务理论与实践. 北京:中国社会科学出版社.
科特金. 2006. 全球城市史. 王旭,等,译. 北京:社会科学文献出版社.
肯尼迪. 2006 [1987]. 大国的兴衰:1500—2000 年的经济变迁与军事冲突. 陈景彪,等,译. 北京:国际文化出版公司.
肯伍德,洛赫德. 1996. 国际经济的成长:1820—1990. 王春法,译. 北京:经济科学出版社.
孔多塞. 1998 [1795]. 人类精神进步史表纲要. 何兆武,何冰,译. 北京:生活.读书.新知三联书店.
库恩. 2004 [1962]. 科学革命的结构. 金吾伦,胡新,译. 北京:北京大学出版社.
库兹涅茨. 1999. 各国的经济增长. 常勋,等,译. 北京:商务印书馆.
兰德斯. 2001. 国富国穷. 门洪华,等,译. 北京:新华出版社.
雷迅马. 2003. 作为意识形态的现代化:社会科学与美国对第三世界政策. 牛可,译. 北京:中央编译出版社.
李锋. 2004. 略论城市化与城市现代化的关系. 开封大学学报,18(4):33—35.
李瑕,胡磊. 2002. 城市现代化水平的模糊综合评判. 东南大学学报(自然科学版),32(2):297—300.
李嘉图. 2009. 政治经济学及赋税原理. 丰俊功,译,北京:光明日报出版社.
李京文,甘德安. 2002. 数字城市:城市现代化的基础. 经济工作导刊,13:7.
李梦白. 1999. 城市的现代化与可持续发展. 科学决策,3:30—34.
李平生;赵秀芳. 2004. 城市现代化中的历史文化保护问题——以济南为例. 东岳论丛,5:185—188.
厉有为. 2001. 城市现代化指标体系探讨. 北京:红旗出版社.
利奥塔尔. 1997 [1979]. 后现代状态:关于知识的报告. 车槿山,译. 北京:三联书店.
连玉明. 2006. 中国城市生活质量报告 NO.1. 北京:中国时代经济出版社.
联合国开发计划署. 中国人类发展报告 2013:可持续与宜居城市. 中国对外翻译出版有限公司,译. 北京:中国对外翻译出版有限公司.
联合国人居署. 2004. 全球化世界中的城市——全球人类住区报告 2001. 司然,等,译. 北京:中国建筑工业出版社.
林奇. 2003. 城市形态. 林庆怡,译. 北京:华夏出版社.
林星. 2009. 城市发展与社会变迁. 天津:天津古籍出版社.
林皆敏. 2006. 城市现代化水平的综合评价——以福建省 9 个地级市为例. 福建论坛(人文社会科学版),S1:38—39.
刘洪奎. 1991. 城市现代化建设与管理. 天津:天津科学技术出版社.
刘金石,石弘华. 2006. 城市现代化研究:理论与实证——以广州市为例. 城市管理与科技,8(2):57—60.

刘景华. 2011. 英国城市现代化的准备阶段——老城市的转型与新城市的兴起(1500—1750年). 天津师范大学学报(社会科学版),1:29—33.

刘易斯. 1990 [1955]. 经济增长理论. 梁小民,译. 上海:三联书店上海分店.

龙东林. 2005. 昆明城市现代化建设研究. 昆明:云南科技出版社.

龙飞,程永生. 2007. 外资区域聚集与区域城市现代化的联动效应. 商业时代,20:33—34.

陆大道等. 1997. 1997中国区域发展报告. 北京:商务印书馆.

陆大道等. 2000. 1999中国区域发展报告. 北京:商务印书馆.

陆大道等. 2001. 2000中国区域发展报告. 北京:商务印书馆.

陆大道等. 2007. 中国区域发展报告—2006—城镇化进程及空间扩张. 北京:商务印书馆.

陆化普. 1999. 城市交通现代化管理. 北京:人民交通出版社.

陆伟芳,余大庆. 2003. 19世纪英国城市政府改革与民主化进程. 史学集刊,6:106:111.

陆伟芳. 2006. 19世纪英国城市现代化初探. 史学集刊,1:60—65.

罗翠芳. 2011. 西方学者论20世纪上半期中国城市化与城市现代化. 西南大学学报(社会科学版),37(4):190—195.

罗清泉. 2010. 城市基础设施现代化指标体系. 重庆:重庆大学出版社.

罗荣渠,牛大勇. 1992. 中国现代化历程的探索. 北京:北京大学出版社.

罗荣渠. 1993. 现代化新论. 北京:北京大学出版社.

罗森塔尔,斯特兰奇,2012. 城市集聚经济性质和来源的证据. //亨德森,蒂斯. 区域和城市经济学手册. 郝寿义,等,译. 北京:经济科学出版社,53—101.

罗斯. 2002. 后现代与后工业. 张月,译. 沈阳:辽宁教育出版社.

罗斯托. 2001 [1960]. 经济增长的阶段:非共产党宣言. 郭熙保,王松茂,译. 北京:中国社会科学出版社.

罗斯托. 2001. 经济增长的阶段. 郭熙保,王松茂,译. 北京:中国社会科学出版社.

马扬,马静,陈刚,张玉璐. 2001. 城市现代化度的计量模型研究. 科学学与科学技术管理,6:36—37(80).

马克思. 1975 [1867]. 资本论(第一卷). 北京:人民出版社.

马林青. 2002. 城市化与现代化. 郑州:河南大学出版社.

马志强,张蕾. 2011. 城市现代化视野下我国政府公共服务供给研究. 行政论坛,6:16—19.

麦迪森. 1997 [1995]. 世界经济二百年回顾. 李德伟,盖建玲,译. 北京:改革出版社.

麦迪森. 2003 [2001]. 世界经济千年史. 伍晓鹰,等,译. 北京:北京大学出版社.

麦吉尔. 2009. 制度发展:第三世界城市管理透视. 姜杰,杜增杰,黄晴,译. 北京:北京大学出版社.

芒福德, 2009. 城市文化. 刘易斯·芒福德经典著作系列. 宋俊岭,等,译. 北京:中国建筑工业出版社.

芒福德. 2005. 城市发展史:起源演变和前景. 宋俊岭,倪文彦,译. 北京:中国建筑工业出版社.

芒福德. 2009. 城市文化. 刘易斯·芒福德经典著作系列. 宋俊岭,等,译. 北京:中国建筑工业出版社.

梅多斯等. 1983 [1979]. 增长的极限:罗马俱乐部关于人类困境的研究报告. 李宝恒,译. 成都:四川人民出版社.

美国加州大学柏克利分校. 1997. 现代化城市管理-1. 北京:中央广播电视大学出版社.

米切尔. 2002. 帕尔格雷夫世界历史统计. 贺力平,译. 北京:经济科学出版社.

摩尔根. 1971 [1877]. 古代社会. 杨东莼,等,译. 北京:商务印书馆.

摩根,英格兰,佩利塞罗,2011. 城市管理学:美国视角. 杨宏山,陈建国,北京:中国人民大学出版社.

莫里斯. 2011. 城市形态史——工业革命以前. 成一农,等,译. 北京:商务印书馆.

倪鹏飞,克拉索. 2012. 全球城市竞争力报告2011—2012. 北京:社会科学文献出版社.

牛文元. 2009. 中国新型城市化报告—2009. 北京:科学出版社.

牛文元. 2010. 中国新型城市化报告—2010. 北京:科学出版社.

纽曼,索恩利. 2012. 规划世界城市:全球化与城市政治. 刘晔,汪洋俊,杜晓馨,译. 上海:上海人民出版社.

诺克斯,迈克卡西,2009. 城市化. 顾朝林,汤培源,杨兴柱,等,译. 北京:科学出版社.

诺思,1999 [1981]. 经济史上的结构和变革. 厉以平,译. 北京:商务印书馆.

帕森斯. 2003 [1937]. 社会行动的结构. 张明德,夏遇南,彭刚,译. 北京:译林出版社.

佩鲁. 1987. 新发展观. 张宁,丰子义,译. 北京:华夏出版社.
彭志宏,陈志刚,张国林,陈海亭,王克强. 2012. 城市现代化模型的建立及实证. 上海经济研究,7:102—110.
钱乘旦,陈意新. 1987. 走向现代国家之路. 成都:四川人民出版社.
钱乘旦,杨豫,陈晓律. 1997. 世界现代化进程. 南京:南京大学出版社.
钱乘旦,刘金源. 1999. 寰球透视:现代化的迷途. 杭州:浙江人民出版社.
钱纳里,鲁宾逊,赛尔奎因. 1995 [1986]. 工业化和经济增长的比较研究. 吴奇,王松宝,等,译. 上海:上海三联书店.
青岛市社会科学院. 2001. 青岛城市现代化研究. 青岛:青岛海洋大学出版社.
丘劲生. 2004. 三个文明与城市现代化. 贵阳:贵州人民出版社.
邱国盛. 2002. 1949 年以来中国城市现代化与城市化关系探讨. 当代中国史研究,9(5):51—57.
饶会林. 2002. 关于城市现代化若干理论与实践问题的思考. 市长参考,2:43—46.
饶会林. 2003. 中国城市管理新论. 北京:经济科学出版社.
任银睦. 2007. 青岛早期城市现代化研究. 北京:三联书店.
任远,陈向明,(德)Dieter Lapple. 2009. 全球城市—区域的时代. 上海:复旦大学出版社.
阮正福. 2008. 城市现代化研究. 上海:上海辞书出版社.
萨缪尔森,诺德豪斯. 1996. 经济学. 14 版. 胡代光,等,译. 北京:北京经济学院出版社.
邵益生,石楠等. 2006. 中国城市发展问题观察. 北京:中国建筑工业出版社.
邵颖萍. 2012. 中国城市现代化的内涵与核心. 城市问题,11:15—21.
盛宇华. 2001. 城市现代化研究. 北京:中央文献出版社.
施冬健. 2005. 城市知识化是城市现代化的必经之路. 科技进步与对策,11:46—48.
世界银行. 2003. 全球化、增长与贫困:建设一个包容性的世界经济. 北京:中国财政经济出版社.
世界银行. 2006. 通畅的城市:世界银行城市交通战略评估报告. 北京:中国财政经济出版社.
斯密. 1997. 国民财富的性质和原因的研究. 北京:商务印书馆.
斯宾格勒. 2006 [1918]. 西方的没落. 吴琼,译. 上海:上海三联书店.
斯科特. 2010. 城市文化经济学. 董树宝,张宁,译. 北京:中国人民大学出版社.
斯塔夫里阿诺斯. 1992. 全球通史:1500 年以后的世界. 吴象婴,梁赤民,译. 上海:上海社会科学院出版社.
斯特恩斯,等. 2006. 全球文明史. 赵铁峰,等,译. 北京:中华书局.
斯特尔. 1998. 知识社会. 殷晓蓉,译. 上海:上海译文出版社.
宋林飞. 2002. 区域现代化的探索. 南京:河海大学出版社.
宿鹏. 2004. 山东省城市现代化水平的分析与评价. 现代城市研究,8:65—68.
孙革. 1996. 我国城市现代化与国际化研究述评. 北方论丛,6:12—14.
孙群郎. 2005. 美国城市郊区化研究. 北京:商务印书馆.
泰勒. 2005 [1871]. 原始文化:神话、哲学、宗教、语言、艺术和习俗发展之研究. 连树声,译. 桂林:广西师范大学出版社.
谭崇台编. 2001. 发展经济学. 太原:山西经济出版社.
谭维克. 2002. 城市管理现代化的理论与实践. 北京:北京出版社.
汤因比. 1997 [1934~1961]. 历史研究. 曹未风,等,译. 上海:上海人民出版社.
唐航浩. 2005. 城市现代化与青少年素质. 广州:广州出版社.
滕尼斯. 1999 [1887]. 共同体和社会. 林荣远,译. 北京:商务印书馆.
藤田昌久,克鲁格曼,维纳布尔斯. 空间经济学:城市、区域与国际贸易. 梁琦,译. 北京:中国人民大学出版社.
童林旭. 2005. 地下空间与城市现代化发展. 北京:中国建筑工业出版社.
涂尔干(爱弥尔·迪尔凯姆). 2000 [1893]. 社会分工论. 渠东,译. 北京:生活.读书.新知三联书店.
涂文学. 2008. 城市早期现代化的黄金时代. 北京:中国社会科学出版社.
屠启宇. 2012. 国际城市发展报告 2012. 北京:社会科学文献出版社.

万斯. 2007. 延伸的城市——西方文明中的城市形态学. 凌霓，潘荣，译. 北京：中国建筑工业出版社.
汪涛,上官浩峰. 2003. 城市现代化发展及演进规律研究. 城市发展研究,10(5)：43—48.
王放. 2000. 中国城市化与可持续发展. 北京：科学出版社.
王旭. 2000. 美国城市史. 北京：中国社会科学出版社.
王旭. 2006. 美国城市发展模式：从城市化到大都市区化. 北京：清华大学出版社.
王铮,丁金宏. 1994. 区域科学原理. 北京：科学出版社.
王茂林. 2000. 新中国城市经济50年. 北京：经济管理出版社.
韦伯. 1987［1904］. 新教伦理与资本主义精神. 于晓,等,译. 北京：三联书店.
韦统郡. 2012. 农村城市化与城市现代化进程的比较分析——以江苏省为例. 安徽农业科学,11：6873—6876.
维柯. 1997［1725］. 新科学（关于民族共同性的新科学原理）. 朱光潜,译. 北京：人民文学出版社.
沃克. 2009. 消失的城市. 大陆桥翻译社,译. 南京：江苏人民出版社.
沃尔曼,波科特. 2010. 居于"地域性"和"功能性"之间的国家组织——基于法国和德国的比较研究. 经济社会体制比较，5：122—132.
沃尔曼,波科特. 2010. 居于"地域性"和"功能性"之间的国家组织——基于法国和德国的比较研究. 经济社会体制比较，5：122—132.
沃勒斯坦. 1998a. 现代世界体系：第一卷：16世纪的资本主义农业与欧洲世界经济体的起源. 罗荣渠,等,译. 北京：高等教育出版社.
沃勒斯坦. 1998b. 现代世界体系：第二卷：重商主义与欧洲世界经济体的巩固（1600—1750）. 庞卓恒,等,译. 北京：高等教育出版社.
沃勒斯坦. 2000. 现代世界体系：第三卷：资本主义世界经济大扩张的第二个时代（18世纪30年代至19世纪40年代）. 庞卓恒,等,译. 北京：高等教育出版社.
吴承明. 2001. 中国的现代化：市场与社会. 北京：生活·读书·新知三联书店.
吴良镛. 2003. 城市化与城市现代化. 苏南科技开发,4：8—9.
吴世昌. 1948. 中国文化与现代化问题. 上海：观察社.
武树帜. 1998. 县级市城市管理现代化. 北京：知识出版社.
西尔弗曼. 2008. 地下世界. 刘贵志,译. 哈尔滨：哈尔滨工业大学出版社
夏有才. 1998. 城市现代化的内涵和外延目标. 城市研究,3：56—58.
谢利. 1996. 犯罪与现代化. 北京：群众出版社.
谢文蕙,邓卫. 1996. 城市经济学. 北京：清华大学出版社.
熊彼特. 1997. 经济发展理论. 何畏等译. 北京：商务印书馆.
徐衡,许凌,计志鸿. 2006. 论城市现代化评价指标体系之构建. 现代财经（天津财经大学学报）,1：60—65.
徐理明. 1996. 城市现代化的"金角匙"——中国市政. 北京：中国人事出版社.
许纪霖,陈达凯. 1995. 中国现代化史. 上海：上海三联书店.
雅各布斯. 2006. 美国大城市的死与生. 金衡山,译. 南京：译林出版社.
亚历山大. 2003. 世纪末社会理论. 张旅平,等,译. 上海：上海人民出版社.
阎小培,翁计传. 2002. 现代化与城市现代化理论问题探讨. 现代城市研究,1：40—46.
阳建强. 2012. 西欧城市更新. 南京：东南大学出版社.
杨琴. 2012. 城市现代化评价指标体系构建. 商业时代,30：19—20.
杨青,张莉萍. 2005. 城市现代化指标体系研究. 商业研究,22：131—133.
杨立勋. 2009. 世界先进城市管理研究. 北京：中国社会科学出版社.
杨上广. 2006. 中国大城市社会空间的演化. 上海：华东理工大学出版社.
杨学文. 2007. 中国现代化进程中城市信息化研究. 武汉：武汉出版社.
杨允中. 2007. 澳门现代化进程与城市规划. 澳门：澳门大学澳门研究中心.
杨重光. 2004. 中国城市现代化战略研究. 理论与现代化,4：9—14.

杨重光. 2007. 中国城市现代化的特征与阶段分析. 上海城市管理, 3: 5—11.
杨重光. 2007. 中国城市现代化建设的阶段特点和地区差异. 中国城市经济, 10: 22—25.
姚士谋;汤茂林. 1999. 中国城市现代化概念及指标体系. 城市规划, 1: 60—61.
姚士谋;朱英明;汤茂林;管驰明. 1999. 城市现代化基本概念与指标体系. 地域研究与开发, 3: 58—61.
叶美兰. 2004. 近代扬州城市现代化缓慢原因分析. 扬州大学学报(人文社会科学版), 8(4): 91—96.
叶南客. 2002. 城市现代化的趋势. 宁波经济, 12: 35—36.
叶南客. 2006. 和谐社会与城市现代化研究丛书. 南京: 东南大学出版社.
叶裕民. 2001 中国城市化之路. 北京: 商务印书馆.
尹保云. 1999. 现代化通病——二十多个国家和地区的经验与教训. 天津: 天津人民出版社.
虞和平编. 2002. 中国现代化历程. 南京: 江苏人民出版社.
詹克斯,伯顿,威廉姆斯. 2004. 紧缩城市——一种可持续发展的城市形态. 周玉鹏,龙洋,楚先锋,译. 北京: 中国建筑工业出版社.
詹正茂,陈刚. 2003. 我国城市现代化发展进程的评价与分析. 科学管理研究, 6: 9—13.
张琢. 1992. 九死一生——中国现代化的坎坷历程和中长期预测. 北京: 社会科学出版社.
张爱珠,苏明君. 1998. 中国城市现代化指标体系及理论模型探析. 数量经济技术经济研究, 10: 42—45.
张海林. 1999. 苏州早期城市现代化研究. 南京: 南京大学出版社.
张红樱,张诗雨. 2012. 国外城市治理变革与经验. 北京: 中国言实出版社.
张鸿雁,谢静. 2011. 城市进化论. 南京: 东南大学出版社.
张鸿雁. 2002. 论城市现代化的动力与标志. 江海学刊, 3: 60—65.
张鸿雁. 2002. 中国城市社会来临论——城市化与城市现代化是人类现代化的形式和结果. 中外企业, 3: 78—90.
张同功. 2011. 城市现代化进程与水平比较的实证研究——以济南和青岛为例. 青岛科技大学学报(社会科学版), 27(4): 23—26.
张卫国. 2003. 沿海中小城市的现代化. 南京: 江苏人民出版社.
章开沅,罗福惠. 1993. 比较中的审视: 中国早期现代化研究. 北京: 人民出版社.
章友德. 2006. 城市现代化指标体系研究. 北京: 高等教育出版社.
赵茜. 2009. 广东省城市现代化水平的综合分析. 特区经济, 10: 50—51.
甄江红,杜淑芳. 2008. 内蒙古城市现代化水平综合评价与分析. 干旱区地理, 31(1): 149—154.
中国电信智慧城市研究组. 2010. 智慧城市之路. 北京: 电子工业出版社.
中国现代化报告课题组. 2001. 中国现代化报告2001. 北京: 北京大学出版社.
中国现代化战略研究课题组,中国科学院中国现代化研究中心. 2003—2010. 中国现代化报告2003—2010. 北京: 北京大学出版社.
中国现代化战略研究课题组. 2002. 中国现代化报告2002. 北京: 北京大学出版社.
周游. 2006. 城市化与城市现代化读本. 南京: 江苏人民出版社.
周积明. 1996. 最初的纪元: 中国早期现代化研究. 北京: 高等教育出版社.
周明洁;张建新. 2007. 中国社会现代化进程和城市现代化水平与中国人群体人格变化模式. 心理科学进展, 15(2): 203—210.
朱光磊. 2010. 城市公共服务体系建设纲要. 北京: 中国经济出版社.
朱庆芳,吴寒光. 2001. 社会指标体系. 北京: 中国社会科学出版社.
朱庆芳,莫家豪,麦法新. 1997. 世界大城市社会指标比较. 北京: 中国城市出版社.
朱铁臻. 2001. 城市现代化指标体系设计. 南方经济, 8: 14—18.
朱铁臻. 2002. 城市现代化研究. 北京: 红旗出版社.
朱铁臻. 2003. 城市现代化发展中的几个理论问题. 当代贵州, 3: 10—12.
朱铁臻. 2004. 城市现代化与文化化. 中国建设信息, 1: 35—37.
朱艳科,杨辉耀. 2002. 中国城市现代化水平的综合评价. 商业研究, 23: 64—67.

朱英明,姚士谋,李玉见. 2000. 我国城市现代化指标体系有关问题研究. 人文地理. 4:16—19.

邹农俭. 2007. 城市化与城市现代化. 城市问题,10:7—10.

ADB. 2012. The State of Pacific Towns and Cities: Urbanization in ADB's Pacific Developing Member Countries. Philippines: Asian Development Bank.

Almond G A, Coleman J S. (eds.) 1960. The Politics of the Developing Areas. Princeton, N. J.: Princeton University Press.

Anand S, Sen A, 2000. Human Development and Economic Sustainability. World Development, 28 (12): 2029—2049.

Andersson H. et al. 2001. Change and Stability in Urban Europe: Form, Quality and Governance. Aldershot: Asgate.

Antrop M. 2004. Landscape Change and the Urbanization Process in Europe. Landscape and Urban Planing, 67(1—4): 9—26.

Apter D E. 1965. The Politics of Modernization. Chicago: Chicago University Press.

ARDA (The Association of Religion Data Archives). 2008. National Profiles. http://www.thearda.com/internationalData/

Armer M, Schnaiberg A. 1972. Measuring Individual Modernity: A Near Myth. American Sociological Review, 37: 301—16.

Arnott R, McMillen D P. (eds.) 2006. A Companion to Urban Economics. Blackwell Publishing.

Asian Development Bank. 2012. The State of Pacific Towns and Cities: Urbanization in ADB's Pacific Developing Member Countries. Mandaluyong City, Philippines: Asian Development Bank, 2012.

Atkinson T. 2002. Social Indicators: the EU and Social Inclusion. Oxford, New York: Oxford University Press.

Backhaus G, Murungi J. 2002. Transformation of Urban and Suburan Landscapes. Maryland: Lexington Books.

Bairoch P, Levy-Leboyer M. (eds.) 1981. Disparities in Economic Development since the Industrial Revolution. London: Macmillan.

Bairoch P. et al. 1988. The Population of European Cities: Data Bank and Short Summary of Results, 800—1850. Geneva: droz.

Bairoch P. 1988. Cities and Economic Development: From the Dawn of History to the Present. Chicago: University of Chicago Press.

Bairoch P. 1993. Economics and World History: Myths and Paradoxes. Chicago: University of Chicago Press.

BEA (U.S.). 2012. U.S. Economic Accounts. http://www.bea.gov/

Beck U, Giddens A, Lash S. 1994. Reflexive Modernization: Politics, Tradition and Aesthetics in the Modern Social Order. Stanford, California: Stanford University Press.

Beck U. 1992 [1986]. Risk Society: Toward a New Modernity. London: Sage.

Bell D. 1973. The Coming of Postindustrial Society. New York: Penguin.

Bendix R. 1964. Nation-building and Citizenship. New York and London: Wiley.

Bendix R. 1967. Tradition and Modernity Reconsidered. Comparative Studies in Society and History, IX (3): 292—346.

Berliant M, Yu C. 2013. Rational Expectations in Urban Economics. Regional Science and Urban Economics, 43(2): 197—208.

Black C E. (ed.) 1976. Comparative Modernization: A Reader. New York: The Free Press.

Black C E. 1966. The Dynamics of Modernization: A Study in Comparative History. New York, Evanston, and London: Harper & Row, Publishers.

Black D, Henderson V. 1997. Urban Growth. NBER Working Paper No. 6008.

Black D, Henderson V. 1999. Spatial Evolution of Population and Industry in the United States. The American Economics Review, 89(2): 321—327.

Booz & Company Inc, the Confederation of Indian Industry (CII). 2010. A Report on Intelligent Urbanization Roadmap for India. http://www.cii.in/

Brenner N. 2013. Theses on Urbanization. Public Culture, 25(1): 85—114.

Brooks A C. 2008. Gross National Happiness: Why Happiness Matters for America and How We Can Get More of It. New York: Basic Books.

Brown D E. 1991. Human Universals. New York: McGraw-Hill

Buck G. 1969. A Quantitative Analysis of Modernization. El Paso: Texas University at El Paso.

Buckley P J, Pass C L, Prescott K. 1988. Measure of International Competitiveness: A Critical Survey. Journal of Marketing Management, 4(2): 175—200.

Burns E M, et al.. 1955. World Civilizations. 6th ed. New York: W. W. Norton & Company.

Buzan B, Little R. 2000. International System In World History—Remaking the Study of International Relations. London: Oxford University Press.

Cantril H. 1965. The Patterns of Human Concerns. New Brunswick: Rutgers University Press.

Capello R, Nijkamp P. 2004. Urban Dynamics and Growth: Advances in Urban Economics. Elsevier Inc.

Cardoso F H, Faletto E. 1979. Dependency and Development in Latin American. Berkeley: University of California Press.

Carleheden M, Jacobsen M H. 2002. The Transformation of Modernity: Aspects of the Past, Present and Future of an Era. Burlington VT: Ashgate.

Castells M. 2000 [1996]. The Rise of the Network Society, The Information Age: Economy, Society and Culture Vol. I. Cambridge, MA; Oxford, UK: Blackwell.

Champion T, Hugo G. 2004. New Forms of Urbanization: Beyond the Urban-rural Dichotomy. Aldershot: Asggate.

Chenery H B, Syrquin M. 1975. Patterns of Development, 1950—1970. London: Oxford University Press.

Cheshire P. 1995. A New Phase of Urban-Development in Western-Europe-The Evicence for the 1980s. Urban Studies, 32(7): 1045—1063.

Chuanqi He. 2012. Modernization Science: The Principles and Methods of National Advancement. Heidelberg: Springer.

City-data.com. 2013. City-data. http://www.city-data.com/. [Databases] 2013-2-20.

Coetzee J K et al.. (eds.) 2001. Development: Theory, Policy, and Practice. Oxford: University Press.

Cohen B. 2006. Urbanization in Developing Countries: Current Trends, Future Projections, and Key Challenges for Sustainability. Technology in Society, 28:63—80.

Cohen M J. 2006. Ecological Modernization and its Discontents: The American Environmental Movement's Resistance to an Innovation-driven Future. Futures, 38: 528—547.

Coughenour C M, Stephenson J B. 1972. Measures of Individual Modernity: Review and Commentary. International Journal of Comparative Sociology, 13(2): 81—98.

Crittenden J. 1967. Dimensions of Modernization in the American States. American Political Sciences Review, 61(12): 989—1001.

Crook S, Pakulski J, Waters M. 1992. Post-Modernization: Change in Advanced Society. London: Sage.

Cuadrado-Roura J R. 2001. Regional Convergence in the European Union: From Hypothesis to the Actual Trends. Ann Regional Science 35:333—356.

Cutright P. 1963. National Political Development: Measurement and Analysis. American Sociological Review, 28(2): 253—264.

Dahl R. 1998. On Democracy. New Haven, Conn. And London: Yale University Press.

David F R. 1997. Concepts of Strategic Management, Sixth ed.. Englewood Cliffs, N. J. : Prentice Hall Inc.

Deutsch K. 1961. Social Mobilization and Political Development. American Political Science Review, 55: 493—514.

Diamond L. 1992. Economic Development and Democracy Reconsidered. American Behavioral Scientist, 35: 450—499.

Divale W, Seda A. 2001. Modernization As Changes in Cultural Complexity: New Cross-Cultural Measurements. Cross-Cultural Research, 35(2): 127—153.

Dobkins L H, Ioannides Y M. 2001. Spatial Interaction Among U. S. Cities: 1900—1990. Regional Science and Urban Economics, 31:701—731.

Dube S C. 1998. Modernization and Development: In Search for Alternative Paradigms (Unu Studies in Socio-Cultural Development). London: Zed Books.

Durkheim E. 1964 [1893]. The Division of Labour in Society. New York: Free Press.

Easton D. 1953. The Political System: An Inquiry into the State of Political Science. New York: Alfred A. Knopf.

Easton D. 1965. A Systems Analysis of Political Life. New York: John Wiley.

Eisenstadt S N. 1966. Modernization, Protest and Change. Englewood Cliffs, N. J. : Prentice-Hall.

Eisenstadt S N. 1998. Multiple and Changing Modernities in Settings of Globalization, Paper Given at the 34th World Congress of the International of Sociology, Tel Aviv, July 11—15.

Eisenstadt S N. 2003. Comparative Civilizations and Multiple Modernities. Leiden: Brill.

Ember C R. 1978. Myths About Hunter-Gatherers. Ethnology, 17: 439—48.

Emes J, Hahn T. 2001. Measuring Development: An Index of Human Progress [R/OL]. Public Policy Sources 36. [http://canstats.org/admin/books/files/MeasuringDevelopmentIHP.pdf]. Oct. 2007.

Engerman D C, Gilman N, Haefele M H. 2003. Staging Growth: Modernization, Development, and the Global Cold War. Amherst and Boston: University of Massachusetts Press.

Estes R J. 1984. The Social Progress of Nation. New York: Praeger.

Evans P B. 1979. Dependent Development: The Alliance of Multinational, State, and Local Capital in Brazil. Princeton, NJ: Princeton University Press.

Farnham D, Horton S. (eds.) 1996. Managing the New Public Services, Second Edition, Basingstoke: MacMillan Press.

Farnham D, Horton S. 1996. Managing People in The Public Services. London: Macmillan Press, 259—260.

Ferlie E, Ashburner L, Fitzgerald L, Pettigrew A. 1996. New Public Management in Action. Oxford: Oxford University Press.

Flood J. 2001. Analysis of Urban Indicators. The Global Urban Observatory Databases: Monitoring the Implementation of the Habitat Agenda. http://ww2.unhabitat.org/programmes/guo/guo_analysis.asp

Frank A G. 1967. Capitalism and Underdevelopment in Latin America. New York: Monthly Review Press.

Gales P L. 2002. European Cities: Social Conflicts and Governance. New York: Oxford University Press.

Gerhards J, Hackenbroch R. 2000. Trends and Causes of Cultural Modernization: An Empirical Study of First Names. International Sociology, 15(3): 501—531.

Germani G. 1981. The Sociology of Modernization. New Brunswick, N. J. : Transaction Books.

Gibbs J P, Martin W T. 1962. Urbanization, Technology, and the Division of Labor-International Patterns. American Sociological Review, 27(5): 667—677.

Giddens A. 1990. The Consequences of Modernity. Stanford: Stanford University Press.

Gilman N. 2007. Mandarins of the Future: Modernization Theory in Cold War America. Baltimore and London: The Johns Hopkins University Press.

Glaeser E L, Kahn M E. 2001. Decentralized Employment and the Transformation of the America City. NBER Working Paper No. 8117. Cambridge, MA: National Bureau of Economic Research.

Gobble F G. 1970. The Third Force: The Psychology of Abraham Maslow. New York: Grossman Publishers.

Habermas J. 1981. Modernity versus Postmodernity. New German Critique, 22: 3—14.

Habermas J. 1987. The Philosophical Discourse of Modernity: Twelve Lecture. Cambridge, U. K.: Cambridge University Press.

Harbison F H, Maruhnic J, Resnick J R. 1970. Quantitative Analyses of Modernization and Development. Princeton, N. J.: Princeton University.

Harrison D. 1988. The Sociology of Modernization and Development. London: Unwin Hyman.

Hassan I. 1987. The Postmodern Turn: Essays in Postmodern Theory and Culture. Columbus: Ohio State University Press.

Hastaoglou-Martinidis V, Kafkoula K, Papamichos N. 1993. Urban Modernization and National Renaissance: Town Planning in 19th Century Greece. Planning Perspectives, 8(4): 427—469.

He C. 2010. China Modernization Report Outlook: 2001—2010. Beijing: Peking University Press.

Henderson V. 2000. The Effects of Urban Concentration on Economic Growth. NBER Working Paper Series No. 7503.

Hobbs F, Stoops N. 2002. U. S. Census Bureau, Census 2000 Special Reports, Series CENSR-4, Demographic Trends in the 20th Century, U. S. Government Printing Office, Washington, D. C.

Hohenberg P M, Lees L H. 1985. The Making of Urban Europe 1000—1950. Cambridge: Harvard University Press.

Hood C. 1991. A Public Management for All Seasons. Public Administration, 69 (Spring): 3—19.

Houghton J. 2013. Entanglement: the Negotiation of Urban Development Imperatives in Durban's Public-Private Partnerships. Urban Studies, 50(13): 2791—2808.

Huber J. 1985. Die Regenbogengesellschaft: Okologie und Sozialpolitik (The Rainbow Society: Ecology and Social Politics). Frankfurt am Main: Fisher Verlag.

Huber J. 2000. Towards Industrial Ecology: Sustainable Development as a Concept of Ecological Modernization. Journal of Environmental Policy & Planning, 2, 269—285.

Huntington S P. 1968. Political Order in Changing Societies. New Haven, CT: Yale University Press.

Huntington S P. 1991. The Third Wave: Democratization in the Late Twentieth Century. Norman: University of Oklahoma Press.

Huntington S P. 1996. The Clash of Civilizations and the Remaking of the World Order. New York: Simon & Schuster.

ICMA (International City/County Management Association). (Various years). Municipal Year Book. Washington, D. C.: ICMA.

IMD. 2007. The IMD World Competitiveness Yearbook 2007 [R/OL]. (2008—10) http://www.imd.ch/research/publications/wcy/index.cfm.

Imrie R, Raco M. 2003. Urban Renaissance? New Labour, Community and Urban Policy. Bristol: The Policy Press.

Inglehart R, Baker W E. 2000. Modernization, Cultural Change and the Persistence of Traditional Values. American Sociological Review, 65(February): 19—51.

Inglehart R, Welzel C. 2005. Modernization, Cultural Change, and Democracy: The Human Development Sequence. New York: Cambridge University Press.

Inglehart R. 1977. The Silent Revolution. Princeton, NJ: Princeton University Press.

Inglehart R. 1997. Modernization and Postmodernization: Cultural, Economic and Political Change in 43 Societies. Princeton: Princeton University Press.

Inkeles A, Smith D H. 1974. Becoming Modern: Individual Change in Six Developing Countries. Cambridge: Harvard University Press.

Inkeles A. 1966. The Modernization of Man, in Weiner, M. (ed.) Modernization: The Dynamics of Growth. New York: Basic Books.

Inkeles A. 1983. Exploring Individual Modernity. New York: Columbia University Press.
Irrgang B. 2007. Technology Transfer and Modernization: What Can Philosophers of Technology Contribute? ACM Ubiquity. 8 (48): 3—10.
Janicke M. 1985. Preventive Environmental Policy as Ecological Modernisation and Structural Policy, Discussion Paper Berlin: Berlin Science Center.
Kahl L A. 1968. The Measurement of Modernism: A Study of Values in Brazil and Mexico. Austin: University of Texas Press.
Kavolis V. 2006. Modernization, Globality, and Nationalism as Cultural Endeavours. (2008—10) http://www.eurozine.com/articles/2006-05-26-kavolis-en.html.
Kim S, Margo R A. 2003. Historical Perspectives on U.S. Economic Geography. NBER Working Paper No. 9594.
Kim S. 1997. Economic Integration and Convergence: U.S. Regions 1840—1987. NBER Working Paper No. 6335.
Kim S. 2000. Urban Development in the United States, 1690—1990. Southern Economic Journal, 66(. 4):855—880.
Kim S. 2002. The Reconstruction of the American Urban Landscape in the Twentieth Century. NBER, Working Paper 8857.
Kuznets S. 1955. Economic Growth and Income Inequality. American Economic Review, 45(1): 1—28.
Kuznets S. 1971. Economic Growth of Nations. Combridge, MA: Harvard University Press.
Lach S. 1990. Sociology of Postmodernism. New York: Routledge.
Latham M E. 2000. Modernization as Ideology: American Social Science and "Nation Building" in the Kennedy Era. Chapel Hill: The University of North Carolina Press.
Leakey R. 1994. The Origin of Humankind. New York, New York: Basic Books.
Lee R B. 2004. The Cambridge Encyclopedia of Hunters and Gatherers. Cambridge Univ Press.
Lerner D. 1958. The Passing of Traditional Society: Modernizing the Middle East. New York: Free Press.
Levy M J. 1966. Modernization and the Structure of Societies. Princeton, N.J.: Princeton Univ. Press.
Lewis C M. 1986. North-American Automobiles, Roads and Urban Modernization in Argentina, 1918—1939, Spanish-Heras, R.G. Journal of Latin American Studies, 18:477—480.
Lewis W A. 1955. The Theory of Economic Growth. Homewood, N.J.: Richard D. Irvin.
Li X, Yeh AGO. 2000. Modelling Sustainable Urban Development by the Integration of Constrained Cellular Automata and GIS. International Journal of Geographical Information Science, 14(2): 131—152.
Lijphart A. 1999. Patterns of Democracy: Government Forms and Performance in Thirty-Six Countries. New Haven: Yale University Press.
Lipset S M. 1960. Political Man: The Social Bases of Politics. Garden City: Doubleday.
Lyotard Jean-Francois. 1984 [1979]. The Postmodern Condition: A Report on Knowledge. Minneapolis: University of Minnesota.
Maddison A. 2001: The World Economy: A Millennial Perspective. OECD Development Centre Studies. Paris: OECD.
Mansell R, When U. 1998. Knowledge Societies: Information Technology for Sustainable Development. New York: United States, Oxford University Press.
Markusen A. 2006. Urban Development and the Politics of a Creative Class: Evidence from a Study of Artists. Environmental and Planning, A 38(10): 1921—1940.
Martinelli A. 2005. Global Modernization: Rethinking the Project of Modernity. London, Thousand Oaks, New Delhi: Sage Publications.
Marx K. 1954 [1867]. Capital, Volume I. London: Lawrence and Wishart.
McCann P. 2001. Urban and Regional Economics. Oxford University Press.
McClelland D C. 1961. The Achieving Society. Princeton, N.J.: Van Nostrand.

McKinney M L. 2002. Urbanization, Biodiversity, and Conservation. Bioscience, 52(10): 883—890.

Meadows D H et al. 1972. The Limits to Growth. New York: New American Library.

Miranda A C, Schielzeth H, Sonntag T. 2013. Urbanization and its Effects on Personality Traits: a Result of Microevolution or Phenotypic Plasticity? Global Change Biology, 19(9): 2634—2644.

Mol A P J, Sonnenfeld D A, Spaargaren G. (eds.) 2009. The Ecological Modernisation Reader: Environmental Reform in Theory and Practice. London: Routledge.

Mol A P J, Sonnenfeld D A. (Eds.) 2000. Ecological Modernization around the World: Perspectives and Critical Debates. London: Frank Cass.

Mol A P J. 1995. The Refinement of Production: Ecological Modernization Theory and the Chemical Industry. Utrecht, Netherlands: Van Arkel.

Mol A P J. 2001. Globalization and Environmental Reform: the Ecological Modernization of the Global Economy. Cambridge: MIT Press.

Moore B. 1966. The Social Origins of Democracy and Dictatorship: Lord and Peasant in the Making of the Modern World. Boston: Beacon Press.

Morgan D R, Kickham K. 1997. Modernization among the U. S. States: Change and Continuity from 1960 to 1990. The Journal of Federalism, 27(3): 23—40.

Morgan L H. 1964 [1877]. Ancient Society. (White L A, ed.) Cambridge, Mass.: Harvard University Press.

Morse E L. 1976. Modernization and the Transformation of International Relations. New York: The Free Press.

Murphy K D. 2011. The Historic Building in the Modernized City: The Cathedrals of Paris and Rouen in the Nineteenth Century. Journal of Urban History, 37(2): 278—296.

Nardo M et al.. 2005. Handbook on Constructing Composite Indicators: Methodology and User Guide. OECD Statistics Working Paper. STD/DOC(2005)3. http://www.oecd.org/std/research.

Nelson K L. 2002. Structure of American Municipal Government: Special Data Issue. Washington D. C.: International City/County Management Association.

North D C. 1981. Structure and Change in Economic History. New York: W. W. Norton.

O'Rourke K H. 2001. Globalization and Inequality: Historical Trends. NBER Working Paper No. 8339. [http://www.nber.org/papers/w8339]. Sep. 2004.

OECD. 1976. Measuring Social Well-Being: A Progress Report on the Development of Social Indicators. Paris: OECD.

OECD. 1996. Science, Technology and Industry Outlook. Paris: OECD.

OECD. 2001. OECD Environmental Outlook. Paris: OECD

OECD. 2002. Indicators to Measure Decoupling of Environmental Pressure from Economic Growth. Paris: OECD.

OECD. 2003. Managing Decentralisation: A New Role for Labour Market Policy. OECD, Local Economic and Employment Development (Program). OECD Publishing.

OECD. 2003. OECD Environmental Indicators, Development, Measurement and Use, Reference Paper. Paris: OECD.

OECD. 2004. OECD Environmental Data, Compendium 2002—2004. Paris: OECD

OECD. 2005. Society at a Glance 2005: OECD Social Indicators. Paris: OECD.

OECD. 2008. OECD Environmental Data, Compendium 2006—2008. Paris:OECD.

OECD. 2009. Society at a Glance 2009. http://www.oecd.org/

OECD. 2013. Education at a Glance. Paris:OECD.

O'Sullivan A. 2003. Urban Economics. Boston, Mass: McGraw-Hill/Irwin.

Palmqvist R. 2006. Having Fun in the Second Modernization. Journal of Drug Education, 36: 1—14.

Pandey R. 1988. Modernisation and Social Change. New Delhi: Criterion Publications.

Parsons T, Shils E. (eds.) 1962. Towards a General Theory of Action. New York: Harper & Row.

Parsons T, Smelser N J. 1956. Economy and Society. New York: Free Press.

Parsons T. 1951. The Social System. Glencoe, Ill.: Free Press.

Parsons T. 1971. The System of Modern Society. Englewood Cliffs, N. J.: Prentice-Hall.

Pattnayak S R. 1996. Modernization, Dependency, and the Stage in Asia, Africa, and Latin America. International Journal of Comparative Sociology, 37(3—4): 274—289.

Peet J R, Hartwick E. 2009. Theories of Development: Contentions, Arguments, Alternatives. Second Edition. New York: Guilford Press.

Pieterse J N. 2009. Development Theory, 2nd ed. London: Sage publications Ltd.

Porat M U. 1977. The Information Economy. Washington, D. C.: DOC. GPO.

Porter M E, Stern S. 1999. The New Challenge to America's Prosperity: Findings from the Innovation Index. Washington: Council on Competitiveness.

Porter M E. 1990. Competitive Advantage of Nations. New York: The Free Press.

Prebisch R. 1950. The Economic Development of Latin American and its Principal Problems. New York: United Nations.

Przeworski A, Limongi F. 1997. Modernization: Theories and Facts. World Politics, 49 (Jan.): 155—183.

Pye L W, Verba S. (eds.) 1965 [1963]. Political Culture and Political Development. Princeton, NJ: Princeton University Press.

Ralph P L. 1991. World Civilizations: their History and their Culture. New York: W. W. Norton & Company Inc.

Rattso J. 2012. Lectures on Urban Economics. Urban Studies, 49(15): 3473—3474.

Roberts J T, Hite A, 2000. From Modernization to Globalization. Malden, Mass.: Blackwell Publishers.

Roberts J. 2001. The Failure of Modernization: Globalization and Culture. (2008—10) http://www.apexart.org/conference/Roberts.htm].

Ross S L. 2013. Lectures on Urban Economics. Journal of Economic Geography, 13(3): 535—536.

Rostow W W. 1960. The Stages of Economic Growth: A Non-Communist Manifesto. Cambridge: Cambridge University Press.

Russell C A. 1983. Science and Social Change 1700—1900. London: The MacMillan Press Ltd.

Samuelson P A, Nordhaus W D. 1992. Economics. Fourteenth Edition. New York: McGraw-Hill, Inc.

Sayer A. 1992. Method in Social Science: A Realist Approach. London: Routledge.

Schelkle W et al., (ed.) 2000. Paradigms of Social Change: Modernization, Development, Transformation, Evolution, Campus Verlag, Frankfurt, New York: St. Martin's Press.

Sen A. 2001. Development as Freedom. New York: Alfred Knopf.

Sieben I, Graaf P M. 2001. Testing the Modernization Hypothesis and the Socialist Ideology Hypothesis: a Comparative Sibling Analysis of Educational Attainment and Occupational Status. British Journal of Sociology, 52 (3): 441—467.

Sjoberg G. 1960. The Preindustrial City. New York: Free Press.

Sjoberg W. 1965. The Origin and Evolution of Cities. Scientific American, September: 55—56.

Smelser N J, 1959. Social Change in the Industrial Revolution. London: Routledge.

So A Y. 1990. Social Change and Development. Newbury Park: Sage Publications.

Stanilov K, Scheer B C. 2004. Suburban Form: An International Perspective. New York: Routledge.

Stavrianos L S. 1982. The World Since 1500: A Global History. Englewood Cliffs, N. J.: Prentice-Hall.

Swyngedouw E, Moulaert F, Rodriguez A. 2002. Neoliberal Urbanization in Europe: Large-scale Urban Development Projects and the New Urban Policy. Antipode, 34(3): 542—577.

Taylor J G. 1979. From Modernization to Modes of Production: A Critique of the Sociologies of Development and Underdevelopment. Atlantic Highlands, NJ: Humanities Press.

Tilley C et al., (eds.) 2006. Handbook of Material Culture. London: Sage.

Tiryakian E. 1991. Modernization: Exhumetur in Pace (Rethinking Macrosociology in the 1990s). International Sociology, 6(2): 165—80.

Toffler A. 1980. The Third Wave. New York, NY: Bantam Books.

Turner J C. 1968. Housing Priorities, Settlement Patterns, and Urban Development in Modernizing Countries. Journal of the American Institute of Planners, 34(6): 354—363.

Tylor E. 1871. Primitive Culture. London: John Murray.

UNDP(United Nations Development Programme). (various years). Human Development Report. New York: Oxford University Press.

UNDP. 2003. Human Development Report 2003. http://www.undp.org.

UNESCO. 2003. Measuring and Monitoring the Information and Knowledge Societies: a Statistical Challenge. Paris: UNESCO.

UNESCO. 2005. Towards Knowledge Societies. Paris: UNESCO.

UN-Habitat (United Nations Human Settlements Programme). 2002. Global Urban Indicators Database, Version 2. United Nations Publication, HS/637/01E, ISBN 92-1-131627-8.

UN-HABITAT (United Nations Human Settlements Programme). 2009. Global Urban Indicators—Selected statistics. Monitoring the Habitat Agenda and the Millennium Development Goals. http://www.unhabitat.org.

UN-HABITAT(United Nations Human Settlements Programme). 2004. Urban Indicators Guidelines: Monitoring the Habitat Agenda and the Millennium Development Goals. Nairobi: United Nations Human Settlements Programme. http://ww2.unhabitat.org/programmes/guo/urban_indicators.asp. 2013-1-12.

UN-HABITAT(United Nations Human Settlements Programme). 2009. Urban Indicators Guidelines: "Better Information, Better Cities". Monitoring the Habitat Agenda and the Millennium Development Goals-Slums Target. Nairobi: United Nations Human Settlements Programme.

UN-HABITAT(United Nations Human Settlements Programme). 2013. UrbanInfo v2.0. http://www.devinfo.info/urbaninfo/DIWizard/DIWizardHome.aspx. 2013-1-20.

UN-HABITAT(United Nations Human Settlements Programme). 2013. GUO City Profiles. http://ww2.unhabitat.org/programmes/guo/guo_cityprofiles.asp.

UN-HABITAT(United Nations Human Settlements Programme). 2008. State of World's Cities 2010/2011: Bridging the urban divide. Nairobi: United Nations Human Settlements Programme.

U.S. Census Bureau. 2002. Census of Governments. Washingdon D.C.: GPO.

United Nations. 2004. World Population to 2300. New York: United Nations.

United Nations. 2008. World Urbanization Prospects, The 2007 Revision. New York: United Nations.

United Nations. 2009. World Population Prospects: The 2008 Revision. New York: United Nations.

United Nations. 2012. World Urbanization Prospects, The 2011 Revision. New York: United Nations.

Vago S. 2005. Social Change. Beijing: Beijing University Press.

Valenzuela J S, Valenzuela A. 1978. Modernization and Dependency: Alternative Perspectives in the Study of Latin American Underdevelopment. Comparative Politics, 10(4): 535—557.

Venetoulis J, Cobb C. 2004. The Genuine Progress Indicator 1950—2002 (2004 Update). [2006—09]. http://www.rprogress.org/projects/gpi/.

Vries J. 1984. European Urbanization 1500—1800. Cambridge: Harvard University Press.

Waddell P. 2002. Urban Sim—Modeling Urban Development for Land Use, Transportation, and Environmental Planning. Journal of the American Planning Association, 68(3): 297—314.

Wallerstein I M. 1974. The Modern World-system I: Capitalist Agriculture and the Origins of the European World-Economy in the Sixteenth Century. New York: Academic Press.

Wallerstein I. 1976. Modernization: Requiescat in Pace // Coser L, Larse O. (eds.) The Uses of Controversy in Sociology. New York: Wiley.

Walter R J. 1986. North-American Automobiles, Roads and Urban Modernization in Argentina, 1918—1939, Spanish-Garciaheras, R. American Historical Review, 91(2):499—499.

Ward S C. 2003. Modernizing the Mind: Psychological Knowledge and the Remaking of Society. Westport, CT: Praeger.

WCED (World Commission on Environment and Development). 1987. Our Common Future: The World Commission on Environment and Development. Oxford: Oxford University Press.

Weber M. 1958 [1904]. The Protestant Ethic and the Spirit of Capitalism. Boston: Allen and Unwin.

Weiner M. (ed.) 1966. Modernization: The Dynamics of Growth, New York: Basic Books.

Welzel C, Inglehart R, Klingemann H-D, 2003. The Theory of Human Development: A Cross-Cultural Analysis. European Journal of Political Research, 42: 341—379.

Wernic I K et al.. 1997. Materialization and Dematerialization: Measures and Trends. Daedalus, 125(3): 171—198.

William H L, Phillips D L. 2001 Suburbs and the Census: Patterns of Growth and Decline. December 2001. The Brookings Institution Survey Series. CENTER ON URBAN & TROPOLITAN POLICY.

World Bank. (various years). World Development Report. (1978—2013). Washington D.C.: World Bank. New York: Oxford University Press.

World Bank. 2002—2012. World Development Indicators. CD-ROM. (2002—2012). Washington D.C.: World Bank.

World Bank. 2005. World Development Indicators 2005 CD-RUM. World Bank.

World Bank. 2007. World Development Indicators 2007 CD-RUM. World Bank.

World Bank. 2012. World Development Indicators Online. World Bank.

World Bank. 2013. World Development Indicators Online Database. World Bank.

Woude A D, Hayami A, Vries J. 1990. Urbanization in History. Oxford: Clarendon Press.

Wu Ping-Sheng. 2010. Walking in Colonial Taiwan: A Study on Urban Modernization of Taipei, 1895—1945. Journal of Asian Architecture and Building Engineering, 9(2):307—314.

Young S. (Ed.) 2000. The Emergence of Ecological Modernization: Integrating the Environment and the Economy? New York: Routledge.

Zapf W. (ed.) 1991. Die Modernisierung Moderner Gesellschaften. Verhandlungen des 25. Deutschen Soziologentages, Frankfurt, New York: Campus.

Zapf W. 1999. Modernisierung, Wohlfahrtsentwicklung und Transformation. Berlin: Sigma.

Zhao X Q. 2012. The Transformation Research of Village in City in Urban Modernization Process—Example to Hohhot. Li, H., Xu, Q. J., Zhang, D. (ed). 2012. Progress in Environmental Science and Engineering (ICEESD2011), PTS1-5, Advanced Materials Research, Vol. 355—360, 2991—2994.

Ziehe T. 2000. Engagement and Abstention: Youth and the School in the Second Modernization. European Education, 31: 6—22.

数据资料来源

本报告的统计数据和资料主要来自世界组织、有关国家和地区的官方统计出版物。如果没有相关世界组织、国家和地区的统计专家和工作人员通过长期的、艰苦的、系统的努力而积累的高质量的统计数据,本报告是无法完成的。特此向他们表示最诚挚的感谢!

本报告的数据资料来源主要包括:

1. International Labor Office. Yearbook of Labor Statistics,1945~2004. http://www.ilo.org/
2. OECD. 2000. OECD Historical Statistics 1970~1999. Paris:OECD.
3. UNCTAD. World Investment Report,1997~2012. New York and Geneva:United Nations.
4. UNCTAD. 2008. Creative Economy Report 2008. New York and Geneva:United Nations.
5. UNDP. Human Development Report,1990~2012. http://www.undp.org/
6. UNESCO. Statistics Yearbook,1974~1999. http://www.unesco.org/
7. UNESCO Institute for Statistics. 2005. International Flows of Selected Cultural Goods and Services,1994~2003. Montreal,Quebec(Canada):UNESCO Institute for Statistics.
8. United Nations. Statistics Yearbook,1951~2005. New York:United Nations.
9. World Bank. World Development Indicators,1997~2012. Washington D.C.:World Bank.
10. World Bank. World Development Report,1978~2012. Washington D.C.:World Bank.
11. World Resources Institute et al. World Resources 1986~2005. http://www.wri.org/
12. World Trade Organization. International Trade Statistics,2003~2005. Geneva:WTO.
13. 国家统计局. 中国统计年鉴,1982~2012. 北京:中国统计出版社.
14. 国家统计局、国家科技部. 中国科技统计年鉴,1991~2011. 北京:中国统计出版社.
15. 国家统计局. 中国能源统计年鉴,1991~2005. 北京:中国统计出版社.
16. 国家统计局国民经济综合统计司. 新中国五十年统计资料汇编,1999. 北京:中国统计出版社.

附录

附录一 城市现代化研究的资料集

附录 1-1	城市指标和城市现代化评价	296
附表 1-1-1	世界不同国家关于城市的定义	296
附表 1-1-2	城市现代化研究的定量指标	300
附表 1-1-3	宜居城市科学评价标准	302
附表 1-1-4	2008 年综合城市现代化指数	305
附表 1-1-5	2005 年综合城市现代化指数	307
附表 1-1-6	2000 年综合城市现代化指数	309
附录 1-2	美国城市体系	311
附表 1-2-1	1900~2000 年美国 50 个州的城市人口比例(%)	311
附表 1-2-2	1900~2000 年美国 50 个州的都市人口比例(%)	312
附表 1-2-3	2000 年美国 24 个城市的交通	313
附表 1-2-4	1970~2012 年美国 381 个大都市区人均收入(美元)	314
附录 1-3	中国城市化的挑战	323

附录 1-1　城市指标和城市现代化评价

附表 1-1-1　世界不同国家关于城市的定义

国家	编号	城市定义	人口标准	人口密度
瑞典	1	2003 年行政规定：具有 200 或以上居民的建成区（built-up areas），房子之间的最大间隔不超过 200 米	200	
美国	2	城市区域（urban areas），人口密集的居住地，居民达到和超过 2500 人，城区人口密度超过 1000 人/平方英里，郊区人口密度超过 500 人/平方英里。2000 年的人口统计有所调整	2500	
芬兰	3	城市行政区（urban communes）		
澳大利亚	4	居民达到和超过 1000 人的城市中心（urban centres）	1000	
瑞士	5	拥有 10 000 居民的行政区（communes），包括城区和郊区（including suburbs and urban），连续建成区（contiguous built-up area）至少有 2000 居民	10 000	
挪威	6	具有 2000 以上居民的定居点（localities）	2000	
日本	7	城市的三个标准：居民达到或超过 5 万，60％或以上的房子位于主要的建成区，60％以上的人口（包括他们的养护者）从事制造业、商业或城市的主要产业	50 000	
丹麦	8	拥有 200 或以上居民的定居地（localities）	200	
德国	9	人口密度达到或超过每平方千米 150 居民的行政区（communes）		150
荷兰	10	居民达到或超过 20 000 人的市镇（municipalities）	20 000	
加拿大	11	居民在 1000 人及以上、人口密度至少每平方千米 400 人的区域（areas）	1000	400
新加坡	12	新加坡是一个城市国家，包括居民和非居民		
英国	13	1974 年以前，城市是一个行政区（urban was based on administrative boundaries）。1981 年以来，城市区域指居民在 10 000 人及以上的居住区（settlement）	10 000	
法国	14	居民达到或超过 2000 人的行政区（communes），房子最大间隔不超过 200 米	2000	
比利时	15	联合国估计：居民达到或超过 5000 人的行政区（communes）	5000	
奥地利	16	包括一个城市核心区（an urban core area）和周围郊区（surrounding urban areas）。周围郊区是至少有 30％的成年人每天到城市核心区工作的区域		
新西兰	17	居民达到或超过 1000 人的市镇	1000	
韩国	18	通常说，居民达到或超过 50 000 人。统计数据的城市人口，指城市行政区的人口（administrative division for urban areas）	50 000	
以色列	19	居民超过 2000 人的定居地，但不包括 1/3 以上的家庭的民用劳动力从事农业的区域	2000	
意大利	20	拥有 10 000 人或更多居民的行政区（communes）	10 000	
爱尔兰	21	居民达到或超过 1500 人的聚居地（population clusters），包括城区和郊区人口	1500	
西班牙	22	居民达到和超过 10 000 人的市镇（municipalities）	10 000	
爱沙尼亚	23	官方规定的城市定居区（officially designated urban settlements），包括城市、没有市政府的城市和镇		
斯洛文尼亚	24	居民超过 3000 人的定居地（settlements）；居民为 2000～3000 人，同时有一个工作地（workplaces）；居民至少 1400 人、具有市政府和一个工作地；郊区定居点，居民比较少，但在空间和功能上与城市整合	3000	
乌拉圭	25	官方规定的		
俄罗斯	26	官方规定的城市（cities and urban-type localities），通常根据居民人数、比较多的非农业工人和家庭的比例		
斯洛伐克	27	居民达到或超过 5000 人	5000	
希腊	28	居民达到或超过 10 000 人的市镇和行政区（municipalities and communes），18 个城市集聚区（18 urban agglomerations）	10 000	
匈牙利	29	法定的镇		
捷克	30	居民达到或超过 2000 人的市镇（municipalities）	2000	

(续表)

国家	编号	城市定义	人口标准	人口密度
葡萄牙	31	居民达到或超过2000人的集聚地(agglomerations)	2000	
白俄罗斯	32	官方规定的,包括城镇、半城市中心、工业社区、卫生社区(health resort communities)等		
拉脱维亚	33	官方规定的城市(cities and urban-type localities),通常根据居民人数、比较多的非农业工人和家庭的比例		
立陶宛	34	官方规定的城市(cities and urban-type localities),通常根据居民人数、比较多的非农业工人和家庭的比例		
格鲁吉亚	35	官方规定的城市(cities and urban-type localities),通常根据居民人数、比较多的非农业工人和家庭的比例		
乌克兰	36	官方规定的城市(cities and urban-type localities),通常根据居民人数、比较多的非农业工人和家庭的比例		
保加利亚	37	符合法律规定的镇		
黎巴嫩	38	拥有5000或更多居民的定居地(localities)	5000	
哈萨克斯坦	39	官方规定的城市(cities and urban-type localities),通常根据居民人数、比较多的非农业工人和家庭的比例		
波兰	40	镇和具有城市特点的定居地,例如,工人定居地、渔民定居地、卫生社区		
阿根廷	41	拥有2000或以上居民的人口中心(population centres)	2000	
巴拿马	42	拥有1500或以上居民的定居地(localities),并具有城市特点:电力、供水和排水体系、铺路、商业中心、中学、社会和娱乐中心	1500	
克罗地亚	43	无资料		
沙特阿拉伯	44	居民达到或超过5000人	5000	
哥伦比亚	45	核心区居民达到或超过2000人的定居地(population living)	2000	
科威特	46	科威特市、居民达到或超过10 000人的定居地(localities)	10 000	
智利	47	具有城市特点的人口中心(populated centres),例如,公共和市政服务		
马其顿	48	官方规定的城市居住地		
阿塞拜疆	49	官方规定的城市(cities and urban-type localities),通常根据居民人数、比较多的非农业工人和家庭的比例		
摩尔多瓦	50	官方规定的城市(cities and urban-type localities),通常根据居民人数、比较多的非农业工人和家庭的比例		
罗马尼亚	51	具有城市经济和社会特点的市镇(municipalities and towns)		
委内瑞拉	52	居民达到或超过2500人的地区(places)	2500	
乌兹别克斯坦	53	官方规定的城市(cities and urban-type localities),通常根据居民人数、比较多的非农业工人和家庭的比例		
多米尼加	54	行政中心和市政区		
亚美尼亚	55	官方规定的城市(cities and urban-type localities),通常根据居民人数、比较多的非农业工人和家庭的比例		
巴拉圭	56	官方规定的行政中心		
哥斯达黎加	57	行政中心,具有明显的城市特点,如街道、城市服务和电力		
巴西	58	地区的行政中心,包括城市和郊区		
墨西哥	59	居民达到或超过2500人的定居地(localities)	2500	
博茨瓦纳	60	居民超过5000人的集聚地,75%的经济活动是非农业的	5000	
秘鲁	61	地区的行政中心,住房超过100的人口中心(populated centres)		
牙买加	62	金斯顿都市区和主要的镇		
约旦	63	居民达到或超过5000人的定居地(localities),以及不考虑人口规模的行政地区和亚地区中心	5000	
南非	64	根据定居类型和土地利用来分类,包括城市、镇、郊区等		
土耳其	65	省和地区的行政中心		

(续表)

国家	编号	城市定义	人口标准	人口密度
厄瓜多尔	66	省和州的首府		
伊朗	67	地区的首府,县的中心,人口达到或超过5000的居住地	5000	
蒙古	68	首都城市和地区中心		
摩洛哥	69	居民超过370人的定居点(1994),超过250的定居点(1982)		
马来西亚	70	居民达到或超过10 000人的建成区,60%的人口(10岁以上的)从事非农业劳动,住房有现代卫生设施	10 000	
萨尔瓦多	71	行政中心		
埃及	72	首都,几个大城市,地区的首府等		
中国	73	城市的最少人口是10万人。镇的要求是:居民达到或超过3000人,70%的居民为"非农业户口";或者居民为2500—3000人,85%的居民为"非农业户口"	3000	1500
阿尔及利亚	74	每个行政区有一个城市、一个农村镇或郊区		
土库曼斯坦	75	官方规定的城市(cities and urban-type localities),通常根据居民人数、比较多的非农业工人和家庭的比例		
突尼斯	76	行政区(communes)		
阿尔巴尼亚	77	居民达到或超过400人的镇和工业中心	400	
吉尔吉斯	78	官方规定的城市(cities and urban-type localities),通常根据居民人数、比较多的非农业工人和家庭的比例		
塔吉克斯坦	79	官方规定的城市(cities and urban-type localities),通常根据居民人数、比较多的非农业工人和家庭的比例		
玻利维亚	80	居民达到或超过2000人的定居地(localities)	2000	
缅甸	81	无资料		
菲律宾	82	人口密度至少为每平方千米1000人,居民达到或超过2000人的行政中心等	2000	1000
泰国	83	官方规定的市镇(municipalities)		
纳米比亚	84	地区首府,其他人口快速增长的定居地,鼓励居民从事非农业活动		
津巴布韦	85	官方规定的城市,以及居民至少为2500人,50%以上劳动力从事非农业的定居地(settlement)	2500	
洪都拉斯	86	居民至少有2000人的人口中心,同时满足条件:有供水管道、交通服务、初级教育、邮政和电报服务,具有电灯、排水系统或医疗中心	2000	
尼加拉瓜	87	居民至少为1000人的定居地,具有城市特征,如电力、工业和商业中心	1000	
越南	88	居民至少为4000人的居住地(places)	4000	
肯尼亚	89	居民至少在2000人以上的城市、镇和城市中心	2000	
斯里兰卡	90	官方规定的城镇(municipalities and urban councils)		
刚果共和国	91	6个城镇		
印度尼西亚	92	城镇、地区首府和具有城市特点的居住地(places)		
赞比亚	93	居民至少在5000人以上,多数劳动力从事非农业	5000	
危地马拉	94	官方规定的市镇和中心		
毛里塔尼亚	95	居民达到或超过5000人的定居地(localities)	5000	
科特迪瓦	96	居民超过10 000人的城市;居民为4000至10 000人,50%以上家庭从事非农业;行政中心,人口一般超过11 000人	4000	
印度	97	具有政府、法规和议会的市镇,人口超过5000人,75%以上的劳动力从事非农业,人口密度达到或超过每平方千米400人(或每平方英里1000人)	5000	400
巴基斯坦	98	具有政府、法规、镇委员会或州政府的地方(places)		
莱索托	99	地区首府,其他人口快速增长的定居地,鼓励居民从事非农业活动		
柬埔寨	100	人口密度超过每平方千米200人,从事农业劳动的男性劳动力的比例低于50%,居民超过2000人	2000	200

(续表)

国家	编号	城市定义	人口标准	人口密度
喀麦隆	101	地区的行政中心,其他居民达到或超过5000人,具有有效的社会、经济和行政基础设施的定居地(locality)	5000	
厄立特里亚	102	居民达到或超过2000人的定居地(localities)	2000	
叙利亚	103	城市、地区中心、居民达到或超过20000人的社区(communities)	20000	
加纳	104	居民达到或超过5000人的定居地(localities)	5000	
乍得	105	行政中心		
莫桑比克	106	官方规定的,23个城市和68个镇(1997)		
几内亚	107	行政中心		
也门共和国	108	17个省的首府和其他镇		
巴布亚新几内亚	109	居民达到或超过500人的中心(centres),不包括学校、医院、军队、农村定居点和村庄	500	
海地	110	行政区的行政中心		
尼泊尔	111	居民达到或超过5000人的定居地(1961),后来调整为9000人;关于人口规模、密度、连续性和职业的规定,在不断变化	5000	
塞内加尔	112	居民达到或超过10 000人的聚居地(agglomerations)	10 000	
塞拉利昂	113	居民达到或超过2000人的镇(towns)	2000	
刚果民主共和国	114	居民达到或超过2000人的居住地(places),主要经济活动是非农业的;其他人口较少但从事非农业的城市地区	2000	
老挝	115	居民达到或超过600人和100户的市镇中心,具有城市特点,如道路、电力、市场和供水	600	
马拉维	116	市镇、镇规划区和地区中心		
多哥	117	7个市政(1970),21个行政中心(1981)		
马达加斯加	118	居民达到或超过5000人的中心(centres)		
马里	119	1987年前,居民达到或超过5000人的定居地(localities)和地区中心。1998年,居民人数标准为30 000人以上。2009年,居民人数标准为40 000人以上	5000	
尼日利亚	120	居民达到或超过20 000人的市镇,主要劳动力从事非农业	20 000	
孟加拉国	121	居民达到或超过5000人的社区,房子分布是连续的,具有公共设施,如道路、街道路灯、供水和卫生设施,主要从事非农业劳动,通常是商业中心	5000	
坦桑尼亚	122	地区的首府,具有城市特点,居民主要从事非农业活动镇		
贝宁	123	居民达到或超过10 000人的定居地(localities)	10 000	
尼日尔	124	行政的首府,居民达到或超过2500人	2500	
安哥拉	125	居民达到或超过2000人的定居地(localities)	2000	
乌干达	126	居民超过2000人的镇、市镇和城市	2000	
中非	127	居民超过3000人的20个行政中心	3000	
布基纳法索	128	居民达到或超过10 000人的定居地(localities),具有相应的经济、社会和行政设施	10 000	
埃塞俄比亚	129	居民达到或超过2000人的定居地(localities)	2000	
布隆迪	130	Bujumbura行政区		
卢旺达	131	Kigali市,行政中心		

资料来源:United Nations,2012.

附表 1-1-2　城市现代化研究的定量指标

城市层次的城市指标	解释和单位	来源	国家层次的城市指标	解释和单位	来源
(1) 功能和形态	8 个指标(综合指标)		人均能源消费	千克标准油	统计
城市功能	专家评价和分类	评价	人均生活用水	吨	统计
城市形态	专家评价和分类	评价	有机食品比例	有机食品消费/家庭食物消费,%	统计
城市现代化	城市现代化指数	评价	公共教育费比例	公共教育经费/GDP,%	统计
城市人的发展	城市人类发展指数	评价	公共教育费占政府支出比例	公共教育经费/政府支出,%	统计
城市生活质量	城市生活质量指数	评价			
城市生活条件	宜居城市指数	评价	公共卫生费比例	公共卫生费/GDP,%	统计
城市创新能力	城市创新能力指数	评价	公费医疗比例	公共卫生费/总卫生费,%	统计
城市竞争力	城市竞争力指数	评价	医生比例	医生/1000 人	统计
(2) 建筑和住房	12 个指标		护士比例	护士和助产士/1000 人	统计
城区建筑密度	城区建筑占地面积/城区土地面积,%	统计	社区医疗服务	社区医务人数/1000 人	统计
城区平均容积率	城区建筑总面积/城区土地面积	统计	科技投入比例	研究与发展经费/GDP,%	统计
			移动电话普及率	移动电话用户/100 人,%	统计
城市最高建筑	米	统计	信息消费比例	信息和通信支出/GDP,%	统计
城市建筑质量	优、良、一般、差	调查	(5) 公共管理	12 个指标	
城市街道景观	优、良、一般、差	评价	城市人口	百万	统计
人均城市建筑面积	平方米	统计	城市人口增长率	%	统计
人均公共建筑面积	平方米	统计	城区人口密度	城区人口/城区土地面积,人/平方千米	统计
人均绿地面积	平方米	统计			
人均住房建筑面积	平方米	统计	公共管理质量	专家评价,1~6 分	评价
人均住房房间数	间	统计	城市规划质量	专家评价,1~6 分	评价
住房拥挤比例	每间房住有 3 人以上家庭比例,%	统计	企业注册所需时间	天	统计
			获得许可证所需时间	天	统计
城市房价收入比	平均房价/平均年收入、平均房租/平均月收入	统计	平均上班路途时间	分钟/天	统计
			城市交通堵塞	主要交通干道堵塞,小时/天	统计
(3) 基础设施	13 个指标		妇女就业比例	%	统计
人均城市道路面积	平方米	统计	城市职工平均工资	美元	统计
轿车普及率	私人汽车/1000 人	统计	城市最低工资比例	最低工资/平均工资	统计
电力普及率	%	统计	(6) 国际联系	13 个指标	
燃气普及率	%	统计	人均国际贸易	美元	统计
城市排水系统	管道完好率,%	调查	国际贸易比例	国际贸易/GDP,%	统计
安全饮水普及率	%	统计	人均文化贸易	美元	统计
公共教育基础设施	各类学校数/万人	统计	人均外国投资	美元	统计
卫生设施普及率	%	统计	外国投资比例	外国直接投资/GDP,%	统计
每千人医院病床数	张	统计	出境旅游比例	出境旅游人次/人口,%	统计
公共文化设施	影剧院、图书馆、体育场所数/万人	统计	入境旅游比例	入境旅游人次/人口,%	统计
			外籍人口比例	外籍人口/总人口,%	统计
电话普及率	%	统计	人均国际通话	分钟	统计
电视普及率	%	统计	国际会议	次/万人	统计
互联网普及率	%	统计	跨国公司	个/万人	统计
(4) 公共服务	15 个指标		国际组织	个/万人	统计
公共交通服务	每万人拥有公共汽车,辆/万人	统计	国际友好城市	个/万人	统计
人均电力消费	千瓦时	统计			

(续表)

城市层次的城市指标	解释和单位	来源	国家层次的城市指标	解释和单位	来源
(7) 城市经济	16 个指标		政府支出比例	政府支出/GDP,%	统计
人均 GDP	人均国内生产总值,美元	统计	政府消费比例	政府消费/GDP,%	统计
人均 GDP 增长率	%	统计	政府债务比例	政府债务/GDP,%	统计
劳动生产率	美元	统计	转移支付比例	转移支付/政府支出,%	统计
人均国民收入	美元	统计	(10) 城市文化(科技)	11 个指标	
人均可支配收入	美元	统计	成人识字率	%	统计
人均购买力	按 PPP 计算的人均国民收入,国际美元	统计	城市文化遗产保护	专家评价,1~6 分	评价
			城市文化产业比例	文化产业增加值/GDP,%	统计
农业增加值比例	农业增加值/GDP,(%)	统计	研究人员比例	研究人员/百万人	统计
工业增加值比例	工业增加值/GDP,(%)	统计	科技论文比例	篇/万人	统计
服务业增加值比例	服务业增加值/GDP,(%)	统计	发明专利比例	项/万人	统计
制造业增加值比例	%	统计	信教人口比例	信教人口/总人口,%	统计
农业劳动力比例	农业劳动力/就业劳动力,(%)	统计	妇女避孕率	15~49 岁妇女避孕率,%	统计
工业劳动力比例	工业劳动力/就业劳动力,(%)	统计	离婚率	年离婚人数/100 位结婚者	统计
服务业劳动力比例	服务业劳动力/就业劳动力,(%)	统计	家庭消费比例	家庭消费/GDP,%	统计
			文化消费比例	家庭文化消费/家庭消费,%	统计
高技术出口比例	高技术出口/制造业出口,%	统计	(11) 城市环境	11 个指标	
企业管理水平	获得 ISO 认证的企业比例,%	统计	城市灾害防治	专家评价,1~6 分	评价
新企业比例	新企业/全部企业,%	统计	建成区绿化率	%	统计
(8) 城市社会	16 个指标		城市空气质量	可吸入颗粒物浓度(PM10)和细颗粒物(PM2.5)浓度,微克/立方米	统计
城市人口比例	城市人口/全国人口,%	统计			
最大城市人口比例	最大城市人口/城市人口,%	统计			
百万级城市人口比例	百万级城市人口/全国人口,%	统计	人均城市废物	千克/年	统计
			CO_2 排放密度	CO_2 排放/GDP,千克/美元(2000 年价格)	统计
郊区人口比例	郊区人口/城市人口,%	统计	有机废水排放密度	有机废水 BOD/GDP,千克/千美元(2000 年价格)	统计
家庭平均规模	人	统计			
小学入学率	毛入学率,%	统计			
中学入学率	毛入学率,%	统计	能源消费密度	能源消费/GDP,千克标准油/美元(2000 年价格)	统计
大学入学率	毛入学率,%	统计			
失业率	失业劳动力/总劳动力,%	统计	废纸循环利用率	纸和纸板循环利用率,%	统计
不稳定就业比例	%	统计	生活废水处理率	%	统计
基尼系数	收入分配的基尼系数	统计	固体废物处理率	%	统计
城市贫困人口比例	%	统计	家庭废物收集比例	%	统计
医疗保险覆盖率	%	统计	(12) 城市居民	10 个指标	
养老保险覆盖率	参加养老保险的劳动力比例,%	统计	平均预期寿命	新生儿平均预期寿命,岁	统计
			老龄人口比例	65 岁及以上人口/总人口,%	统计
城市犯罪率	在押犯人数/10 万人	统计	劳动力文化素质	劳动力平均受教育年数,年	统计
城市自杀率	自杀人数/1 万人	统计	艾滋病感染率	15~49 岁人口感染率,%	统计
(9) 城市政治	9 个指标		总和生育率	妇女平均一生生育孩子个数	统计
民主化程度	发言权和问责度指数	调查	童工比例	10~14 岁儿童工作的比例,(%)	统计
选举投票比例	%	统计	婴儿死亡率	‰	统计
社会组织化	非营利组织数/万人	统计	儿童死亡率	‰	统计
政府雇员比例	政府雇员/全部劳动力,%	统计	儿童肥胖率	‰	统计
政府收入比例	政府收入/GDP,%	统计	恩格尔系数	食物消费/家庭消费,%	统计

附表 1-1-3　宜居城市科学评价标准

(2007 年 4 月 19 日通过中华人民共和国建设部科技司验收)

序号	指标	权重	分值	标准(定性标准见原文)
1	社会文明度	0.1	10 分	
1.1	政治文明	0.3	3 分	定性分析
1.1.1	科学民主决策	0.3	0.9 分	定性分析
1.1.2	政务公开	0.2	0.6 分	定性分析
1.1.3	民主监督	0.2	0.6 分	定性分析
1.1.4	行政效率	0.3	0.9 分	定性分析
1.1.5	政府创新	加分	1 分	中央文件
1.2	社会和谐	0.2	2 分	
1.2.1	贫富差距	0.2	0.4 分	基尼系数(0.3,0.3~0.4,0.4)
1.2.2	社会保障覆盖率	0.15	0.3 分	100%
1.2.3	社会救助	0.15	0.3 分	定性分析
1.2.4	刑事案件发案率和刑事案件破案率	0.3	0.6 分	0%,100%
1.2.5	文化包容性	0.1	0.2 分	定性分析
1.2.6	流动人口就业服务	0.1	0.2 分	定性分析
1.2.7	加分、扣分项目		加 1 分	中央媒体表扬报道 3 次/年
			扣 1 分	中央媒体批评报道 3 次/年
1.3	社区文明	0.2	2 分	
1.3.1	社区管理	0.25	0.5 分	定性分析、社区抽样调查
1.3.2	物业管理	0.25	0.5 分	抽样调查
1.3.3	社区服务	0.5	1 分	抽样调查
1.3.4	扣分项目		扣 1 分	省级及以上媒体多次曝光
1.4	公众参与	0.3	3 分	
1.4.1	阳光规划	0.5	1.5 分	定性分析
1.4.2	价格听证	0.5	1.5 分	定性分析
2	经济富裕度	0.1	10 分	
2.1	人均 GDP/万元	0.2	2 分	大城市 4 万元、中小城市 2.5 万元(2005 年价格)
2.2	城镇居民人均可支配收入/元	0.3	3 分	大城市 2.5 万元、中小城市 2 万元(2005 年价格)
2.3	人均财政收入/元	0.1	1 分	大城市 0.4 万元、中小城市 0.2 万元(2005 年价格)
2.4	就业率/(%)	0.25	2.5 分	96%
2.5	第三产业就业人口占就业总人口的比重/(%)	0.15	1.5 分	70%
3	环境优美度	0.3	30 分	
3.1	生态环境	0.8	24 分	
3.1.1	空气质量好于或等于二级标准的天数	0.2	4.8	365 天
3.1.2	集中式饮用水水源地水质达标率/(%)	0.2	4.8 分	100%
3.1.3	城市工业污水处理率/(%)	0.1	2.4 分	100%
3.1.4	城镇生活垃圾无害化处理率/(%)	0.1	2.4 分	100%
3.1.5	噪声达标区覆盖率/(%)	0.15	3.6 分	100%
3.1.6	工业固体废物处置利用率	0.1	2.4 分	100%
3.1.7	人均公共绿地面积/平方米	0.05	1.2 分	10 平方米(得 80%分,正相关指标)
3.1.8	城市绿化覆盖率/(%)	0.1	2.4 分	35%(得 80%分,正相关指标)
3.1.9	加分项目		加 2 分	水质良好的自然环境

(续表)

(2007年4月19日通过中华人民共和国建设部科技司验收)

序 号	指 标	权 重	分 值	标准(定性标准见原文)
3.2	气候环境			
3.2.1	加分项		加1分	全年15℃至25℃气温天数超过180天
3.2.2	扣分项		扣2分	全年灾害性气候天数超过36天
3.3	人文环境	0.1	3分	
3.3.1	文化遗产与保护	0.4	1.2分	定性分析
3.3.2	城市特色和可意向性	0.2	0.6分	定性分析
3.3.3	古今建筑协调	0.2	0.6分	定性分析
3.3.4	建筑与环境协调	0.2	0.6分	定性分析
3.4	城市景观	0.1	3分	
3.4.1	城市中心区景观	0.4	1.2分	较好,一般,较差
3.4.2	社区景观	0.4	1.2分	较好,一般,较差
3.4.3	市容市貌	0.2	0.6分	较好,一般,较差
4	资源承载度	0.1	10分	
4.1	人均可用淡水资源总量/立方米	0.5	5分	1000立方米
4.2	工业用水重复利用率/(%)	0.1	1分	100%
4.3	人均城市用地面积/立方米	0.2	2分	大城市80平方米;中小城市100平方米
4.4	食品供应安全性	0.2	2分	
4.5	加分项目		加1分	形成全套建设节约型城市经验
4.6	扣分项目		扣2分	在禁止开发区域内开发建设
5	生活便宜度	0.3	30分	
5.1	城市交通	0.2	6分	
5.1.1	居民对城市交通的满意率/(%)	0.2	1.2分	问卷调查,100%
5.1.2	人均拥有道路面积/(立方米/人)	0.1	0.6分	15平方米/人
5.1.3	公共交通分担率/(%)	0.2	1.2分	大中城市35%,小城市直接得分
5.1.4	居民工作平均通勤(单向)时间(分钟,负指标)	0.2	1.2分	问卷调查,30分钟
5.1.5	社会停车泊位率/(%)	0.2	1.2分	大城市150%;中等城市100%,小城市直接得分
5.1.6	市域内主城区与区县乡镇、旅游景区的城市公交线路通达度	0.1	0.6分	100%
5.2	商业服务	0.1	3分	
5.2.1	居民对商业服务质量的满意度/(%)	0.4	1.2分	问卷调查,100%
5.2.2	人均商业设施面积/平方米	0.2	0.6分	1.2平方米
5.2.3	居住区商业服务设施配套率/(%)	0.2	0.6分	抽样调查,100%
5.2.4	1000米范围内拥有超市的居住区比例/(%)	0.2	0.6分	100%
5.3	市政设施	0.2	6分	
5.3.1	居民对市政服务质量的满意度/(%)	0.4	2.4分	100%
5.3.2	城市燃气普及率/(%)	0.1	0.6分	100%
5.3.3	有线电视网覆盖率/(%)	0.1	0.6分	100%
5.3.4	互联网光缆到户率/(%)	0.1	0.6分	100%
5.3.5	自来水正常供应情况/(天/年)	0.1	0.6分	365天/年
5.3.6	电力(北方城市包含热力)正常供应情况/(天/年)	0.1	0.6分	365天/年,(北方城市热力供应情况标准值为当地政府规定天数)
5.3.7	环保型公共厕所区域分布合理性	0.1	0.6分	现场考察

(续表)

(2007年4月19日通过中华人民共和国建设部科技司验收)

序号	指标	权重	分值	标准(定性标准见原文)
5.4	教育文化体育设施	0.1	3分	
5.4.1	500米范围内拥有小学的社区比例/(%)	0.2	0.6分	抽样调查,100%
5.4.2	1000米范围内拥有初中的社区比例/(%)	0.2	0.6分	抽样调查,100%
5.4.3	每万人拥有公共图书馆、文化馆(群艺馆)、科技馆数量/个	0.2	0.6分	0.3个
5.4.4	1000米范围内拥有免费开放体育设施的居住区比例/(%)	0.2	0.6分	抽样调查,100%
5.4.5	市民对教育文化体育设施的满意率/(%)	0.2	0.6分	抽样调查,100%
5.5	绿色开敞空间	0.1	3分	
5.5.1	市民对城市绿色开敞空间布局满意度/(%)	0.4	1.2分	抽样调查,100%
5.5.2	拥有人均2平方米以上绿地的居住区比例/(%)	0.3	0.9分	抽样调查,100%
5.5.3	距离免费开放式公园500米的居住区比例/(%)	0.3	0.9分	抽样调查,100%
5.6	城市住房	0.2	6分	
5.6.1	人均住房建筑面积/平方米	0.3	1.8分	26平方米
5.6.2	人均住房建筑面积10平方米以下的居民户比例/(%)	0.4	2.4分	0%(负指标)
5.6.3	普通商品住房、廉租房、经济适用房占本市住宅总量的比例/(%)	0.3	1.8分	70%
5.7	公共卫生	0.1	3分	
5.7.1	市民对公共卫生服务体系满意度/(%)	0.4	1.2分	抽样调查,100%
5.7.2	社区卫生服务机构覆盖率/(%)	0.3	0.9分	100%
5.7.3	人均寿命指标/岁	0.3	0.9分	75岁
5.7.4	扣分项目		扣1分	省级以上新闻媒体曝光食品安全问题
6	公共安全度	0.1	10分	
6.1	生命线工程完好率/(%)	0.4	4分	100%
6.2	城市政府预防、应对自然灾难的设施、机制和预案	0.2	2分	定性分析
6.3	城市政府预防、应对人为灾难的机制和预案	0.2	2分	定性分析
6.4	城市政府近三年来对公共安全事件的成功处理率/(%)	0.2	2分	100%
7	综合评价否定条件			

宜居指数即累计得分≥80分的城市,如果有以下任何一项否定条件,不能确认为"宜居城市":

1. 社会矛盾突出,刑事案件发案率明显高于全国平均水平的
2. 基尼系数大于0.6,导致社会贫富两级严重分化的
3. 近三年曾被国家环保局公布为年度"十大污染城市"的
4. 区域淡水资源严重缺乏或生态环境严重恶化的
(1) 区域淡水资源严重缺乏
标准:人均淡水资源500立方米以下。
(2) 区域生态环境严重恶化
标准:城区河流水质普遍劣于4类,或二级以上空气质量天数不足260天/年,或沙漠流动沙丘逼近城市边缘5000米以内。

资料来源:网络资料,http://news.xinhuanet.com/politics/2007-05/30/content_6175236.htm。

附表1-1-4　2008年综合城市现代化指数

国家	编号	综合现代化指数	排名	综合农业现代化指数	排名	综合城市现代化指数	排名	城市化率/(%)
瑞典	1	94	3	99	3	94	4	85
美国	2	98	1	87	14	101	1	82
芬兰	3	92	6	90	12	92	6	83
澳大利亚	4	91	8	84	17	91	8	89
瑞士	5	91	7	95	8	89	11	74
挪威	6	90	13	96	6	88	15	78
日本	7	94	5	85	16	95	2	89
丹麦	8	95	2	100	1	94	3	86
德国	9	94	4	99	2	93	5	74
荷兰	10	90	11	95	7	89	14	82
加拿大	11	86	16	79	20	87	17	80
新加坡	12	85	18	98	5	85	19	100
英国	13	90	12	98	4	87	16	79
法国	14	90	10	91	11	90	9	84
比利时	15	89	14	94	9	89	13	97
奥地利	16	90	9	92	10	90	10	67
新西兰	17	84	19	70	27	86	18	86
韩国	18	86	15	74	24	89	12	82
以色列	19	83	20	79	18	84	20	92
意大利	20	81	22	89	13	77	23	68
爱尔兰	21	85	17	74	25	91	7	61
西班牙	22	83	21	86	15	82	22	77
爱沙尼亚	23	70	29	73	26	69	29	69
斯洛文尼亚	24	75	23	77	21	74	26	50
乌拉圭	25	66	31	55	35	67	33	92
俄罗斯	26	63	36	47	45	68	30	73
斯洛伐克	27	65	35	76	22	56	54	55
希腊	28	74	24	60	34	83	21	61
匈牙利	29	70	27	74	23	68	31	68
捷克	30	70	26	79	19	67	35	74
葡萄牙	31	72	25	66	32	77	24	59
白俄罗斯	32	56	44	52	42	57	49	74
拉脱维亚	33	70	28	67	28	72	27	68
立陶宛	34	66	32	66	30	67	36	67
格鲁吉亚	35	47	59	41	57	52	60	53
乌克兰	36	53	51	42	56	57	48	68
保加利亚	37	55	45	54	38	56	52	72
黎巴嫩	38	66	34	51	43	68	32	87
哈萨克斯坦	39	46	62	33	76	57	50	54
波兰	40	63	37	51	44	70	28	61
阿根廷	41	62	38	66	29	61	42	92
巴拿马	42	58	39	38	66	66	37	73
克罗地亚	43	66	33	54	36	75	25	57
沙特阿拉伯	44	52	53	66	31	49	70	82
哥伦比亚	45	54	48	38	63	60	44	74
科威特	46	67	30	61	33	67	34	98
智利	47	58	41	54	37	58	46	88
马其顿	48	51	54	52	41	51	65	59
阿塞拜疆	49	42	68	32	80	50	68	53
摩尔多瓦	50	47	61	40	59	55	55	45
罗马尼亚	51	54	47	45	49	62	40	53
委内瑞拉	52	55	46	45	50	56	53	93
乌兹别克斯坦	53	33	84	36	68	29	114	36
多米尼加	54	53	50	52	40	53	59	68
亚美尼亚	55	44	63	41	58	45	80	64
巴拉圭	56	41	75	30	84	48	74	60
哥斯达黎加	57	52	52	43	52	57	47	63
巴西	58	58	40	39	62	61	41	84
墨西哥	59	57	42	45	48	61	43	77
博茨瓦纳	60	39	78	32	77	43	86	60
秘鲁	61	49	55	43	54	51	62	76
牙买加	62	47	60	36	69	56	51	52
约旦	63	53	49	53	39	54	56	82
南非	64	41	71	45	47	38	92	61
土耳其	65	56	43	39	61	64	39	69
厄瓜多尔	66	49	56	46	46	51	66	66
伊朗	67	44	64	35	71	48	75	68

(续表)

国家	编号	综合现代化指数	排名	综合农业现代化指数	排名	综合城市现代化指数	排名	城市化率/(%)
蒙古	68	42	66	32	78	47	76	66
摩洛哥	69	41	74	25	94	53	58	56
马来西亚	70	49	57	43	53	52	61	70
萨尔瓦多	71	43	65	34	73	49	71	63
埃及	72	41	72	43	55	38	95	43
中国	73	41	69	38	65	45	79	47
阿尔及利亚	74	40	77	34	74	42	87	70
土库曼斯坦	75	33	85	28	89	38	93	48
突尼斯	76	48	58	38	64	53	57	66
阿尔巴尼亚	77	42	67	39	60	44	84	50
吉尔吉斯斯坦	78	41	73	35	70	51	64	35
塔吉克斯坦	79	31	88	29	87	37	98	26
玻利维亚	80	41	70	25	95	50	69	66
缅甸	81	26	102	26	91	25	120	31
菲律宾	82	40	76	29	86	51	63	48
泰国	83	36	81	29	88	50	67	33
纳米比亚	84	35	82	28	90	47	77	37
津巴布韦	85	27	96	16	109	46	78	37
洪都拉斯	86	33	83	31	81	36	101	50
尼加拉瓜	87	32	87	31	82	33	105	57
越南	88	27	97	32	79	15	128	29
肯尼亚	89	26	101	23	98	34	104	23
斯里兰卡	90	30	91	33	75	11	130	15
刚果共和国	91	26	100	44	51	15	129	62
印度尼西亚	92	29	92	26	92	33	106	48
赞比亚	93	18	123	13	120	26	118	38
危地马拉	94	37	80	30	83	45	81	48
毛里塔尼亚	95	23	111	19	102	28	116	41
科特迪瓦	96	25	105	16	108	34	103	49
印度	97	28	93	24	96	38	91	30
巴基斯坦	98	31	89	35	72	23	121	35
莱索托	99	21	114	23	99	17	127	25
柬埔寨	100	19	119	17	105	26	119	20
喀麦隆	101	27	95	13	121	41	88	50
厄立特里亚	102	21	115	12	127	59	45	20
叙利亚	103	33	86	36	67	30	111	55
加纳	104	24	106	16	107	31	109	50
乍得	105	18	125	17	104	18	125	22
莫桑比克	106	20	117	8	131	45	83	31
几内亚	107	21	116	16	110	30	113	34
也门共和国	108	26	99	16	106	48	72	31
巴布亚新几内亚	109	17	128	15	116	32	108	12
海地	110	39	79	14	119	65	38	49
尼泊尔	111	23	108	25	93	11	131	16
塞内加尔	112	31	90	18	103	48	73	42
塞拉利昂	113	18	121	10	129	32	107	38
刚果民主共和国	114	19	118	9	130	39	90	33
老挝	115	25	104	20	101	38	97	31
马拉维	116	16	131	15	113	19	124	15
多哥	117	22	112	11	128	40	89	37
马达加斯加	118	23	110	13	122	45	82	31
马里	119	23	109	13	124	44	85	33
尼日利亚	120	26	98	15	112	38	94	48
孟加拉国	121	28	94	24	97	38	96	27
坦桑尼亚	122	17	126	13	126	30	112	25
贝宁	123	24	107	14	118	36	102	43
尼日尔	124	17	129	14	117	28	115	17
安哥拉	125	25	103	30	85	22	123	57
乌干达	126	21	113	22	100	17	126	14
中非	127	18	124	13	123	27	117	39
布基纳法索	128	19	120	13	125	36	100	24
埃塞俄比亚	129	16	130	15	114	22	122	16
布隆迪	130	17	127	15	115	37	99	10
卢旺达	131	18	122	16	111	31	110	18
高收入国家		100		100		100		79
中等收入国家		40		29		51		47
低收入国家		24		21		33		27
世界平均		54		36		70		51

附表 1-1-5 2005 年综合城市现代化指数

国家	编号	综合现代化指数	排名	综合农业现代化指数	排名	综合城市现代化指数	排名	城市化率/(%)
瑞典	1	95	3	99	2	94	4	84
美国	2	96	1	87	14	98	1	81
芬兰	3	92	7	90	11	92	6	83
澳大利亚	4	92	6	83	16	93	5	88
瑞士	5	91	8	96	5	89	11	73
挪威	6	90	9	95	7	89	10	77
日本	7	94	4	86	15	95	2	86
丹麦	8	95	2	100	1	95	3	86
德国	9	93	5	99	4	91	7	73
荷兰	10	90	11	93	8	90	8	80
加拿大	11	84	16	79	18	86	17	80
新加坡	12	80	21	96	6	80	21	100
英国	13	90	10	99	3	88	13	79
法国	14	90	12	89	12	90	9	82
比利时	15	89	14	92	9	89	12	97
奥地利	16	89	13	92	10	87	14	67
新西兰	17	85	15	69	27	87	15	86
韩国	18	83	19	70	26	86	16	81
以色列	19	83	17	68	28	85	19	92
意大利	20	83	18	88	13	81	20	68
爱尔兰	21	81	20	74	21	85	18	60
西班牙	22	80	22	79	17	80	22	77
爱沙尼亚	23	67	26	72	24	64	32	69
斯洛文尼亚	24	74	23	78	19	71	26	50
乌拉圭	25	59	37	56	34	59	43	92
俄罗斯	26	58	39	45	46	63	33	73
斯洛伐克	27	59	36	73	23	49	70	56
希腊	28	71	24	61	32	78	23	60
匈牙利	29	66	27	74	22	62	35	66
捷克	30	63	30	76	20	59	45	74
葡萄牙	31	69	25	62	30	74	24	58
白俄罗斯	32	54	43	42	51	58	46	72
拉脱维亚	33	65	28	62	31	67	28	68
立陶宛	34	62	31	57	33	65	31	67
格鲁吉亚	35	44	64	41	52	46	74	52
乌克兰	36	53	45	40	57	60	40	68
保加利亚	37	52	49	49	41	54	57	70
黎巴嫩	38	64	29	53	35	65	30	87
哈萨克斯坦	39	46	58	28	84	61	37	55
波兰	40	60	35	49	40	66	29	61
阿根廷	41	60	34	66	29	59	44	91
巴拿马	42	55	40	36	66	63	34	71
克罗地亚	43	61	33	50	39	70	27	56
沙特阿拉伯	44	49	54	72	25	43	79	81
哥伦比亚	45	46	60	35	67	49	66	74
科威特	46	61	32	46	45	62	36	98
智利	47	58	38	52	37	59	41	88
马其顿	48	45	61	49	42	43	78	59
阿塞拜疆	49	37	76	26	85	47	72	52
摩尔多瓦	50	43	65	37	61	50	64	43
罗马尼亚	51	46	57	43	48	49	69	53
委内瑞拉	52	49	53	40	56	50	65	92
乌兹别克斯坦	53	33	84	29	79	39	89	37
多米尼加	54	54	41	52	36	55	52	66
亚美尼亚	55	41	68	39	58	42	83	64
巴拉圭	56	37	75	23	95	48	71	58
哥斯达黎加	57	53	47	40	55	60	38	62
巴西	58	52	50	37	60	55	55	83
墨西哥	59	53	46	39	59	58	48	76
博茨瓦纳	60	35	79	32	72	37	94	57
秘鲁	61	50	51	41	53	53	59	75
牙买加	62	44	63	36	65	52	61	52
约旦	63	53	44	50	38	54	56	81
南非	64	42	67	47	43	38	91	59
土耳其	65	50	52	36	63	56	51	67
厄瓜多尔	66	42	66	42	50	42	81	64
伊朗	67	38	73	34	69	40	88	68

(续表)

国家	编号	综合现代化指数	排名	综合农业现代化指数	排名	综合城市现代化指数	排名	城市化率/(%)
蒙古	68	48	55	31	74	59	42	62
摩洛哥	69	39	70	24	89	51	62	55
马来西亚	70	52	48	47	44	55	54	68
萨尔瓦多	71	46	59	31	73	55	53	62
埃及	72	34	80	43	47	22	120	43
中国	73	38	72	34	68	43	77	43
阿尔及利亚	74	38	71	32	70	41	85	67
土库曼斯坦	75	33	82	24	91	44	75	47
突尼斯	76	48	56	30	76	57	49	65
阿尔巴尼亚	77	37	74	40	54	34	101	47
吉尔吉斯斯坦	78	45	62	37	62	60	39	35
塔吉克斯坦	79	29	87	25	86	37	93	26
玻利维亚	80	54	42	23	96	71	25	64
缅甸	81	28	93	25	87	35	98	29
菲律宾	82	39	69	29	80	50	63	48
泰国	83	35	78	28	82	49	68	32
纳米比亚	84	34	81	24	88	52	60	35
津巴布韦	85	24	101	17	108	38	92	36
洪都拉斯	86	32	86	29	78	34	100	49
尼加拉瓜	87	32	85	29	81	34	102	56
越南	88	26	97	30	75	14	125	27
肯尼亚	89	24	100	15	111	58	47	22
斯里兰卡	90	28	92	32	71	6	129	15
刚果共和国	91	28	94	43	49	18	123	61
印度尼西亚	92	29	88	24	90	33	104	46
赞比亚	93	19	116	13	121	30	112	37
危地马拉	94	36	77	24	92	49	67	47
毛里塔尼亚	95	23	106	17	107	32	106	40
科特迪瓦	96	24	102	17	105	32	108	47
印度	97	28	90	21	98	46	73	29
巴基斯坦	98	28	91	36	64	14	126	34
莱索托	99	17	123	21	97	2	130	23
柬埔寨	100	21	110	17	104	36	95	19
喀麦隆	101	25	99	15	114	36	96	49
厄立特里亚	102	20	113	12	126	57	50	19
叙利亚	103	33	83	30	77	36	97	54
加纳	104	23	103	16	109	31	111	48
乍得	105	15	128	20	102	−4	131	22
莫桑比克	106	19	114	9	131	43	80	30
几内亚	107	21	112	15	113	32	105	33
也门共和国	108	26	98	23	94	32	109	29
巴布亚新几内亚	109	17	122	17	106	18	124	13
海地	110	27	96	20	101	35	99	44
尼泊尔	111	22	108	21	99	26	115	15
塞内加尔	112	27	95	16	110	42	82	41
塞拉利昂	113	17	120	10	128	28	113	37
刚果民主共和国	114	14	129	10	130	24	118	31
老挝	115	19	118	19	103	18	122	27
马拉维	116	14	130	12	125	24	117	15
多哥	117	21	109	10	129	42	84	35
马达加斯加	118	22	107	15	112	41	86	29
马里	119	19	117	13	123	32	107	31
尼日利亚	120	23	104	14	117	34	103	46
孟加拉国	121	28	89	23	93	44	76	26
坦桑尼亚	122	15	127	11	127	28	114	24
贝宁	123	23	105	12	124	38	90	41
尼日尔	124	16	124	14	115	25	116	17
安哥拉	125	18	119	28	83	9	127	54
乌干达	126	21	111	20	100	23	119	13
中非	127	16	126	13	119	20	121	38
布基纳法索	128	19	115	14	118	40	87	22
埃塞俄比亚	129	13	131	14	116	7	128	16
布隆迪	130	17	121	13	120	53	58	9
卢旺达	131	16	125	13	122	31	110	18
高收入国家		100		100		100		78
中等收入国家		41		30		55		45
低收入国家		26		18		51		26
世界平均		53		43		63		49

附表 1-1-6　2000 年综合城市现代化指数

国家	编号	综合现代化指数	排名	综合农业现代化指数	排名	综合城市现代化指数	排名	城市化率/(%)
瑞典	1	98	1	99	1	98	1	84
美国	2	95	3	86	15	98	2	79
芬兰	3	89	9	91	8	89	9	82
澳大利亚	4	86	13	82	18	87	12	87
瑞士	5	96	2	99	2	95	5	73
挪威	6	90	7	93	6	89	8	76
日本	7	94	6	87	14	96	3	79
丹麦	8	95	4	92	7	96	4	85
德国	9	95	5	98	4	94	6	73
荷兰	10	90	8	90	10	90	7	77
加拿大	11	82	17	87	13	81	18	79
新加坡	12	88	11	98	3	88	11	100
英国	13	88	10	87	12	89	10	79
法国	14	86	15	84	17	86	13	77
比利时	15	86	14	91	9	86	14	97
奥地利	16	87	12	97	5	82	16	66
新西兰	17	74	21	71	22	75	23	86
韩国	18	79	18	67	24	82	17	80
以色列	19	84	16	85	16	83	15	91
意大利	20	78	19	90	11	72	27	67
爱尔兰	21	75	20	74	20	76	22	59
西班牙	22	74	22	75	19	74	25	76
爱沙尼亚	23	62	27	68	23	60	35	69
斯洛文尼亚	24	65	24	73	21	56	42	51
乌拉圭	25	63	26	58	31	63	32	91
俄罗斯	26	54	37	42	49	58	36	73
斯洛伐克	27	53	40	63	27	45	74	56
希腊	28	60	28	54	35	65	30	60
匈牙利	29	58	30	62	28	56	44	65
捷克	30	57	31	67	25	54	51	74
葡萄牙	31	69	23	59	30	78	20	54
白俄罗斯	32	47	52	37	61	51	57	70
拉脱维亚	33	56	33	56	32	56	43	68
立陶宛	34	54	38	47	43	57	40	67
格鲁吉亚	35	41	61	33	70	48	70	53
乌克兰	36	46	53	38	59	50	64	67
保加利亚	37	48	48	47	44	48	68	69
黎巴嫩	38	57	32	53	36	57	38	86
哈萨克斯坦	39	43	55	30	79	54	50	56
波兰	40	53	39	49	39	56	45	62
阿根廷	41	64	25	63	26	64	31	90
巴拿马	42	51	42	39	54	57	39	66
克罗地亚	43	49	45	48	40	51	56	56
沙特阿拉伯	44	43	57	55	33	40	84	80
哥伦比亚	45	46	54	38	58	49	66	72
科威特	46	54	36	54	34	54	49	98
智利	47	54	35	50	37	55	46	86
马其顿	48	47	50	48	41	46	72	59
阿塞拜疆	49	38	67	26	87	50	60	51
摩尔多瓦	50	40	63	35	64	46	71	45
罗马尼亚	51	39	66	37	60	40	83	53
委内瑞拉	52	50	43	48	42	50	58	90
乌兹别克斯坦	53	29	89	25	89	36	93	37
多米尼加	54	60	29	40	53	72	26	62
亚美尼亚	55	37	70	32	71	40	87	65
巴拉圭	56	55	34	30	76	74	24	55
哥斯达黎加	57	47	51	42	48	50	65	59
巴西	58	48	49	35	63	51	55	81
墨西哥	59	51	41	39	55	55	47	75
博茨瓦纳	60	37	71	34	67	39	91	53
秘鲁	61	50	44	42	50	53	52	73
牙买加	62	42	59	33	68	50	61	52
约旦	63	49	47	61	29	45	73	80
南非	64	36	73	41	52	32	104	57
土耳其	65	42	58	38	57	45	78	65
厄瓜多尔	66	38	68	45	45	34	100	60
伊朗	67	33	76	29	80	36	94	64

（续表）

国家	编号	综合现代化指数	排名	综合农业现代化指数	排名	综合城市现代化指数	排名	城市化率/(%)
蒙古	68	35	74	28	82	40	82	57
摩洛哥	69	37	69	17	103	55	48	53
马来西亚	70	43	56	49	38	39	88	62
萨尔瓦多	71	49	46	31	72	61	33	59
埃及	72	40	64	43	47	35	96	43
中国	73	31	79	31	73	32	102	36
阿尔及利亚	74	30	84	31	74	30	108	61
土库曼斯坦	75	26	93	21	96	32	103	46
突尼斯	76	42	60	26	85	51	53	63
阿尔巴尼亚	77	30	85	34	66	24	118	42
吉尔吉斯斯坦	78	36	72	36	62	36	95	35
塔吉克斯坦	79	30	83	29	81	34	99	26
玻利维亚	80	41	62	25	88	50	63	62
缅甸	81	24	100	27	83	16	125	27
菲律宾	82	39	65	31	75	48	69	48
泰国	83	32	78	33	69	30	109	31
纳米比亚	84	31	82	25	90	43	80	32
津巴布韦	85	24	97	18	101	35	97	34
洪都拉斯	86	33	77	23	93	45	77	45
尼加拉瓜	87	34	75	26	84	41	81	55
越南	88	22	104	30	78	−1	129	24
肯尼亚	89	26	92	14	111	78	21	20
斯里兰卡	90	28	91	26	86	39	92	16
刚果共和国	91	25	95	44	46	11	127	59
印度尼西亚	92	30	86	23	92	39	89	42
赞比亚	93	19	117	13	118	30	110	35
危地马拉	94	31	81	30	77	32	106	45
毛里塔尼亚	95	26	94	16	106	40	86	40
科特迪瓦	96	23	101	16	104	32	101	44
印度	97	29	87	24	91	45	75	28
巴基斯坦	98	31	80	42	51	9	128	33
莱索托	99	19	119	19	100	19	124	20
柬埔寨	100	20	111	20	98	21	123	19
喀麦隆	101	21	108	16	107	28	114	46
厄立特里亚	102	20	112	12	124	58	37	18
叙利亚	103	29	88	35	65	24	120	52
加纳	104	19	114	13	114	27	116	44
乍得	105	24	99	11	125	69	29	22
莫桑比克	106	22	107	10	129	51	54	29
几内亚	107	28	90	14	109	60	34	31
也门共和国	108	23	102	21	97	29	111	26
巴布亚新几内亚	109	19	115	16	105	40	85	13
海地	110	22	103	19	99	28	113	36
尼泊尔	111	17	125	21	95	−12	131	13
塞内加尔	112	24	98	14	112	39	90	40
塞拉利昂	113	15	128	11	126	23	122	36
刚果民主共和国	114	14	131	10	130	24	121	29
老挝	115	18	122	16	108	25	117	22
马拉维	116	19	113	13	116	56	41	15
多哥	117	21	109	10	128	44	79	33
马达加斯加	118	22	105	14	113	45	76	27
马里	119	18	121	12	123	32	105	28
尼日利亚	120	19	116	13	119	28	115	42
孟加拉国	121	24	96	22	94	31	107	24
坦桑尼亚	122	16	127	12	122	29	112	22
贝宁	123	21	110	13	120	34	98	38
尼日尔	124	17	123	18	102	14	126	16
安哥拉	125	15	130	39	56	−11	130	49
乌干达	126	22	106	14	110	78	19	12
中非	127	17	124	13	115	24	119	38
布基纳法索	128	19	118	12	121	49	67	18
埃塞俄比亚	129	15	129	9	131	50	62	15
布隆迪	130	18	120	13	117	70	28	8
卢旺达	131	16	126	11	127	50	59	14
高收入国家		100		100		100		76
中等收入国家		42		26		65		42
低收入国家		24		17		46		24
世界平均		50		35		68		47

附录 1-2 美国城市体系

附表 1-2-1 1900～2000 年美国 50 个州的城市人口比例 (%)

地区	地区编号	1900	1910	1920	1930	1940	1950	1960	1970	1980	1990	2000
美国	102	40	46	51	56	57	64	70	74	74	75	79
阿拉巴马	10201	12	17	22	28	30	44	55	59	60	60	55
阿拉斯加	10202	25	10	6	13	24	27	38	57	64	68	66
亚利桑那	10203	16	31	36	34	35	56	75	80	84	88	88
阿肯色	10204	9	13	17	21	22	33	43	50	52	54	53
加利福尼亚	10205	52	62	68	73	71	81	86	91	91	93	94
科罗拉多	10206	48	50	48	50	53	63	74	79	81	82	85
康涅迪格	10207	60	66	68	70	68	78	78	78	79	79	88
特拉华	10208	46	48	54	52	52	63	66	72	71	73	80
哥伦比亚特区	10209	100	100	100	100	100	100	100	100	100	100	100
佛罗里达	10210	20	29	37	52	55	66	74	82	84	85	89
佐治亚	10211	16	21	25	31	34	45	55	60	62	63	72
夏威夷	10212	26	31	36	54	63	69	77	83	87	89	92
爱达荷	10213	6	22	28	29	34	43	48	54	54	57	66
伊利诺伊	10214	54	62	68	74	74	78	81	83	83	85	88
印第安纳	10215	34	42	51	56	55	60	62	65	64	65	71
爱荷华	10216	26	31	36	40	43	48	53	57	59	61	61
堪萨斯	10217	22	29	35	39	42	52	61	66	67	69	71
肯塔基	10218	22	24	26	31	30	37	45	52	51	52	56
路易斯安那	10219	27	30	35	40	42	55	63	67	69	68	83
缅因	10220	34	35	39	40	41	52	51	51	48	45	40
马里兰	10221	50	51	60	60	59	69	73	77	80	81	86
马萨诸塞	10222	86	89	90	90	89	84	84	85	84	84	91
密歇根	10223	39	47	61	68	66	71	73	74	71	71	75
明尼苏达	10224	34	41	44	49	50	55	62	67	67	70	71
密西西比	10225	8	12	13	17	20	28	38	45	47	47	49
密苏里	10226	36	42	47	51	52	62	67	70	68	69	69
蒙大拿	10227	35	36	31	34	38	44	50	53	53	53	54
内布拉斯加	10228	24	26	31	35	39	47	54	62	63	66	70
内华达	10229	17	16	20	38	39	57	70	81	85	88	92
新罕布什尔	10230	47	52	57	59	58	58	58	56	52	51	59
新泽西	10231	71	76	80	83	82	87	89	89	89	89	94
新墨西哥	10232	14	14	18	25	33	50	66	70	72	73	75
纽约	10233	73	79	83	84	83	86	85	86	85	84	88
北卡罗来纳	10234	10	14	19	26	27	34	40	46	48	50	60
北达科他	10235	7	11	14	17	21	27	35	44	49	53	56
俄亥俄	10236	48	56	64	68	67	70	73	75	73	74	77
俄克拉荷马	10237	7	19	27	34	38	51	63	68	67	68	65
俄勒冈	10238	32	46	50	51	49	54	62	67	68	71	79
宾夕法尼亚	10239	55	60	65	68	67	71	72	72	69	69	77
罗得岛	10240	88	91	92	92	92	84	86	87	87	86	91
南卡罗来纳	10241	13	15	18	21	25	37	41	48	54	55	61
南达科他	10242	10	13	16	19	25	33	39	45	46	50	52
田纳西	10243	16	20	26	34	35	44	52	59	60	61	64
得克萨斯	10244	17	24	32	41	45	63	75	80	80	80	83
犹他	10245	38	46	48	52	56	65	75	80	84	87	88
佛蒙特	10246	22	28	31	33	34	36	39	32	34	32	38
弗吉尼亚	10247	18	23	29	32	35	47	56	63	66	69	73
华盛顿	10248	41	53	55	57	53	63	68	73	74	76	82
西弗吉尼亚	10249	13	19	25	28	28	35	38	39	36	36	46
威斯康星	10250	38	43	47	53	54	58	64	66	64	66	68
怀俄明	10251	29	30	29	31	37	50	57	61	63	65	65

附表 1-2-2　1900—2000 年美国 50 个州的都市人口比例（%）

地区	地区编号	1900	1910	1920	1930	1940	1950	1960	1970	1980	1990	2000
美国	102		28	34	45	48	56	63	69	75	78	80
阿拉巴马	10201		10	12	15	22	35	46	52	62	67	70
阿拉斯加	10202									43	41	42
亚利桑那	10203					24	44	71	75	75	79	88
阿肯色	10204		0	0	6	7	10	19	31	39	40	49
加利福尼亚	10205		47	52	71	73	80	87	93	95	96	97
科罗拉多	10206		27	28	32	40	49	68	72	81	82	84
康涅迪格	10207		34	56	79	78	69	78	83	88	92	96
特拉华	10208			77	63	63	69	69	70	67	66	80
哥伦比亚特区	10209		100	100	100	100	100	100	100	100	100	100
佛罗里达	10210				31	35	48	66	69	88	91	93
佐治亚	10211		8	9	17	26	36	46	50	60	65	69
夏威夷	10212								79	82	79	76	72
爱达荷	10213								16	18	20	39
伊利诺伊	10214		44	48	62	64	72	77	80	81	83	85
印第安纳	10215		13	18	34	37	45	48	62	70	69	72
爱荷华	10216		2	8	11	21	27	33	36	40	44	45
堪萨斯	10217		5	7	14	20	29	37	42	47	54	57
肯塔基	10218		16	17	22	21	28	34	40	45	47	49
路易斯安那	10219		21	22	24	28	38	50	55	63	70	75
缅因	10220					13	13	20	22	33	36	37
马里兰	10221		52	57	63	65	72	78	84	89	93	93
马萨诸塞	10222		68	77	86	86	82	85	85	85	90	96
密歇根	10223		23	36	52	58	66	73	77	83	80	82
明尼苏达	10224		25	26	37	37	44	51	57	65	68	70
密西西比	10225			0		4	7	9	18	27	30	36
密苏里	10226		30	36	42	46	53	58	64	65	66	68
蒙大拿	10227							23	24	24	24	34
内布拉斯加	10228		14	16	17	25	31	38	43	44	49	53
内华达	10229								74	81	82	83	88
新罕布什尔	10230		7	8		17	17	18	27	51	56	60
新泽西	10231		65	74	89	88	90	88	88	91	100	100
新墨西哥	10232						21	28	31	42	48	57
纽约	10233		69	73	80	81	84	86	87	90	91	92
北卡罗来纳	10234					12	22	25	37	53	57	68
北达科他	10235							11	12	36	40	44
俄亥俄	10236		35	47	55	58	68	70	78	80	79	81
俄克拉荷马	10237			16	18	26	44	50	59	59	61
俄勒冈	10238		32	37	38	35	41	50	61	65	69	73
宾夕法尼亚	10239		41	45	66	66	78	78	79	82	85	85
罗得岛	10240		74	75	93	92	85	86	85	92	93	94
南卡罗来纳	10241					11	25	32	39	60	61	70
南达科他	10242					0	11	13	14	16	30	35
田纳西	10243		15	16	30	31	41	46	49	63	68	68
得克萨斯	10244			15	21	32	47	63	74	80	82	85
犹他	10245			33	36	37	52	68	78	79	78	77
佛蒙特	10246									22	23	28
弗吉尼亚	10247		9	24	27	30	37	51	61	70	73	78
华盛顿	10248		32	37	46	44	55	63	66	80	82	83
西弗吉尼亚	10249				18	18	32	31	31	37	36	42
威斯康星	10250		18	20	31	33	40	46	58	67	67	68
怀俄明	10251									15	30	30

附表 1-2-3　2000 年美国 24 个城市的交通

城市名称	所在州	雇员人数/千人	出行方式/(%)						路途时间/分钟
			自己开车	集体乘车	公交车	步行	其他	在家上班	
美国	美国	128 279	75.7	12.2	4.7	2.9	1.2	3.3	25.5
奥斯汀市	得克萨斯州	353	73.6	13.9	4.5	2.5	2.1	3.4	22.4
巴尔的摩市	马里兰州	249	54.7	15.2	19.5	7.1	1.1	2.3	31.1
波士敦市	马萨诸塞州	279	41.5	9.2	32.3	13	1.6	2.4	28.8
芝加哥市	伊利诺伊州	1192	50.1	14.5	26.1	5.7	1.3	2.4	35.2
哥伦比亚市	俄亥俄州	367	79	10.8	3.9	3.2	0.8	2.3	21.9
达拉斯市	得克萨斯州	537	70.8	17.8	5.5	1.9	1.2	2.8	26.9
丹佛市	科罗拉多州	279	68.3	13.5	8.4	4.3	1.8	3.7	24.5
底特律市	密歇根州	319	68.6	17.1	8.7	2.8	1.1	1.8	28.4
俄尔帕梭市	得克萨斯州	208	76.5	15.8	2.3	2	1.2	2.2	22.4
休斯顿市	得克萨斯州	842	71.8	15.9	5.9	2.3	1.7	2.3	27.4
印第安纳波利斯市	印第安纳州	385	80	12.3	2.4	2	0.8	2.5	22.7
杰克逊韦勒市	佛罗里达州	351	79.2	13.4	2.1	1.8	1.6	1.9	25.2
洛杉矶市	加利福尼亚州	1495	65.7	14.7	10.2	3.6	1.6	4.1	29.6
孟菲斯市	田纳西州	275	76.6	15.7	3	1.9	1	1.7	23
米尔瓦肯市	威斯康星州	250	68.8	13.6	10.3	4.7	0.9	1.7	22.5
纳什韦勒-达韦逊市	田纳西州	274	78.5	13.5	1.8	2.4	0.9	3	23.3
纽约市	纽约州	3192	24.9	8	52.8	10.4	1	2.9	40
费城	宾夕法尼亚州	570	49.2	12.8	25.4	9.1	1.6	1.9	32
凤凰城	亚利桑那州	600	71.7	17.4	3.3	2.2	2.2	3.3	26.1
圣安东尼奥市	得克萨斯州	491	75.6	15.2	3.8	2.2	1.1	2.2	23.8
圣地亚哥市	加利福尼亚州	580	74	12.2	4.2	3.6	2	4	23.2
旧金山市	加利福尼亚州	419	40.5	10.8	31.1	9.4	3.6	4.6	30.7
圣何塞市	加利福尼亚州	428	76.4	14.1	4.1	1.4	1.5	2.5	27.8
西雅图市	华盛顿州	317	56.5	11.2	17.6	7.4	2.7	4.6	24.8
华盛顿特区	首都	261	38.4	11	33.2	11.8	1.9	3.8	29.7

附表1-2-4 1970～2012年美国381个大都市区人均收入（美元）

编号	地区	1970	1980	1990	2000	2005	2010	2012
00998	United States (Metropolitan Portion)	4290	10 576	20 316	31 816	37 465	41 603	45 188
10180	Abilene, TX	3368	9660	15 374	23 464	28 331	34 143	37 918
10420	Akron, OH	4147	10 158	18 802	30 005	34 033	38 153	41 981
10500	Albany, GA	2760	7081	14 186	21 979	27 097	30 452	33 956
10540	Albany, OR	3253	8417	15 149	23 028	26 557	29 050	30 984
10580	Albany-Schenectady-Troy, NY	4296	9812	20 347	30 368	37 670	45 195	47 763
10740	Albuquerque, NM	3448	8923	16 857	26 447	31 628	34 177	36 272
10780	Alexandria, LA	2801	7421	14 473	22 926	30 648	35 986	37 442
10900	Allentown-Bethlehem-Easton, PA-NJ	4113	10 586	19 713	30 398	34 886	39 723	42 865
11020	Altoona, PA	3414	8311	15 033	24 504	29 140	34 088	36 570
11100	Amarillo, TX	3792	9906	16 711	24 715	29 518	35 633	38 340
11180	Ames, IA	3398	8807	16 265	26 035	32 828	40 772	44 568
11260	Anchorage, AK	6047	15 938	24 635	32 911	40 600	48 442	52 360
11460	Ann Arbor, MI	4666	12 027	22 854	34 892	38 520	39 950	43 202
11500	Anniston-Oxford-Jacksonville, AL	2789	7580	14 637	21 571	28 096	31 768	32 883
11540	Appleton, WI	3736	9726	17 837	29 577	34 783	38 032	41 799
11700	Asheville, NC	3120	8178	17 084	26 895	30 610	33 653	36 125
12020	Athens-Clarke County, GA	2883	7340	15 650	23 145	27 847	30 648	33 073
12060	Atlanta-Sandy Springs-Roswell, GA	4026	10 029	20 510	33 764	37 672	37 605	40 963
12100	Atlantic City-Hammonton, NJ	4345	12 088	23 032	31 858	36 223	39 711	42 099
12220	Auburn-Opelika, AL	2655	7307	14 019	20 591	25 478	28 734	30 236
12260	Augusta-Richmond County, GA-SC	3178	7756	17 034	24 351	29 617	33 437	35 949
12420	Austin-Round Rock, TX	3455	9297	17 791	32 760	35 355	39 118	42 902
12540	Bakersfield, CA	3924	10 947	16 255	21 507	26 500	30 584	34 453
12580	Baltimore-Columbia-Towson, MD	4301	10 999	21 663	33 651	43 110	49 646	54 201
12620	Bangor, ME	3167	8048	15 564	24 132	29 307	33 442	35 860
12700	Barnstable Town, MA	4596	10 889	22 862	36 808	45 737	53 646	60 238
12940	Baton Rouge, LA	3203	9408	16 160	24 822	31 234	37 294	40 245
12980	Battle Creek, MI	4041	9407	16 686	24 673	28 901	33 334	35 623
13020	Bay City, MI	3579	9496	16 663	25 814	28 671	32 765	34 757
13140	Beaumont-Port Arthur, TX	3570	10 173	15 877	23 757	28 205	35 292	38 374
13220	Beckley, WV	2817	7628	13 158	20 616	25 399	31 944	35 389
13380	Bellingham, WA	3777	9133	17 016	24 773	31 038	36 740	39 117
13460	Bend-Redmond, OR	3884	9027	17 992	27 752	33 286	35 547	38 448
13740	Billings, MT	3828	10 291	17 162	26 618	32 744	37 535	41 546
13780	Binghamton, NY	4026	9254	18 092	24 924	28 653	35 779	38 365
13820	Birmingham-Hoover, AL	3379	9061	17 911	28 979	36 222	38 705	41 850
13900	Bismarck, ND	3425	9225	15 887	25 573	32 103	40 208	46 262
13980	Blacksburg-Christiansburg-Radford, VA	2862	7176	13 577	20 292	25 345	28 684	31 460
14010	Bloomington, IL	3970	9960	18 405	29 452	34 094	40 188	43 429
14020	Bloomington, IN	2919	7408	14 963	23 193	27 005	30 440	32 837
14100	Bloomsburg-Berwick, PA	3433	8361	16 109	23 897	28 654	33 102	35 887
14260	Boise City, ID	3882	9427	17 307	29 216	33 186	33 771	35 354
14460	Boston-Cambridge-Newton, MA-NH	4686	11 005	24 416	41 944	48 579	55 579	60 387
14500	Boulder, CO	4284	11 389	21 908	41 074	47 243	49 130	53 772
14540	Bowling Green, KY	2608	7173	13 822	23 091	27 005	29 870	32 183

(续表)

编号	地区	1970	1980	1990	2000	2005	2010	2012
14740	Bremerton-Silverdale, WA	4155	9771	18 697	29 961	38 582	42 314	44 547
14860	Bridgeport-Stamford-Norwalk, CT	6076	15 027	33 682	59 589	68 547	74 193	81 068
15180	Brownsville-Harlingen, TX	2153	5706	9817	15 107	18 607	22 821	23 909
15260	Brunswick, GA	3149	8134	16 099	26 293	31 447	31 448	34 478
15380	Buffalo-Cheektowaga-Niagara Falls, NY	4140	9906	18 799	27 076	32 324	39 259	42 788
15500	Burlington, NC	3578	8722	17 242	26 899	28 718	31 022	32 929
15540	Burlington-South Burlington, VT	3732	9006	19 239	30 749	37 001	42 371	47 285
15680	California-Lexington Park, MD	3487	8014	17 522	29 560	36 448	44 566	47 609
15940	Canton-Massillon, OH	3877	9935	17 487	27 057	30 039	33 341	37 115
15980	Cape Coral-Fort Myers, FL	3890	10 153	19 939	29 451	38 743	40 697	43 169
16020	Cape Girardeau, MO-IL	3096	7679	14541	23 969	28 459	33 342	35 545
16060	Carbondale-Marion, IL	3029	8011	14 149	22 158	27 808	33 796	35 745
16180	Carson City, NV	5190	11 990	20 378	32 435	40 222	40 409	42 236
16220	Casper, WY	4615	14 234	21 400	34 529	43 305	51 127	57 522
16300	Cedar Rapids, IA	4185	10 375	18 968	30 534	34 217	40 687	44 131
16540	Chambersburg-Waynesboro, PA	3785	9041	16 903	25 426	30 930	34 143	36 743
16580	Champaign-Urbana, IL	3792	9180	17 490	26 511	31 173	37 266	39 086
16620	Charleston, WV	3729	9673	17 588	27 432	32 631	38 252	42 329
16700	Charleston-North Charleston, SC	3301	8130	16 476	26 142	32 396	37 220	39 444
16740	Charlotte-Concord-Gastonia, NC-SC	3570	8955	18 968	31 299	35 781	37 470	40 465
16820	Charlottesville, VA	3339	8732	18 889	29 584	37 072	41 801	46 667
16860	Chattanooga, TN-GA	3503	8629	17 121	27 438	31 556	34 540	37 228
16940	Cheyenne, WY	4080	11 435	18 651	28 573	38 447	44 734	50 755
16980	Chicago-Naperville-Elgin, IL-IN-WI	4888	11 770	22 507	35 408	40 553	44 294	48 305
17020	Chico, CA	3624	9047	15 348	23 143	28 695	32 736	35 696
17140	Cincinnati, OH-KY-IN	4067	10 117	19 578	31 130	36 620	39 306	43 454
17300	Clarksville, TN-KY	3110	7861	13 648	23 418	31 652	37 165	38 902
17420	Cleveland, TN	3056	7350	15 361	22 914	27 237	29 890	33 148
17460	Cleveland-Elyria, OH	4595	11 362	21 623	32 178	36 188	40 196	44 775
17660	Coeur d'Alene, ID	3461	8576	15 658	23 635	29 477	32 300	34 656
17780	College Station-Bryan, TX	2792	7139	12 929	20 115	24 417	29 753	31 788
17820	Colorado Springs, CO	3729	9362	17 567	30 196	35 104	38 579	40 980
17860	Columbia, MO	3343	8978	16 975	27 431	32 974	36 978	39 557
17900	Columbia, SC	3349	8408	17 491	27 650	31 907	34 811	37 294
17980	Columbus, GA-AL	3231	7537	15 450	24 349	32 180	36 780	39 216
18020	Columbus, IN	4160	9682	18 575	30 510	33 706	37 532	43 419
18140	Columbus, OH	3996	9797	19 124	31 024	35 308	38 547	42 728
18580	Corpus Christi, TX	3401	9284	14 936	23 517	29 689	36 722	40 796
18700	Corvallis, OR	3216	8947	16 848	29 458	33 925	36 776	39 880
18880	Crestview-Fort Walton Beach-Destin, FL	3065	7545	16 350	25 863	37 097	40 949	43 078
19060	Cumberland, MD-WV	3296	7994	14 592	20 841	26 000	31 606	34 431
19100	Dallas-Fort Worth-Arlington, TX	4245	11 358	20 580	34 130	37 872	41 462	46 136
19140	Dalton, GA	3269	8010	15 931	23 933	26 777	26 325	28 548
19180	Danville, IL	3769	9039	15 396	22 076	26 304	31 469	33 937
19300	Daphne-Fairhope-Foley, AL	2825	7661	15 534	26 531	32 000	36 464	38 548

(续表)

编号	地区	1970	1980	1990	2000	2005	2010	2012
19340	Davenport-Moline-Rock Island, IA-IL	4171	10 516	18 177	27 498	33 657	40 367	43 847
19380	Dayton, OH	4373	10 387	19 198	29 196	32 837	36 629	39 891
19460	Decatur, AL	3195	7886	16 266	23 890	28 518	31 514	33 127
19500	Decatur, IL	4250	9926	18 218	27 849	33 662	38 898	42 287
19660	Deltona-Daytona Beach-Ormond Beach, FL	3596	8706	16 191	23 816	29 936	32 673	34 661
19740	Denver-Aurora-Lakewood, CO	4534	11 986	21 656	38 404	42 697	46 195	50 936
19780	Des Moines-West Des Moines, IA	4338	11 116	20 592	32 088	39 131	43 324	46 753
19820	Detroit-Warren-Dearborn, MI	4626	11 388	21 075	33 735	37 431	38 372	42 261
20020	Dothan, AL	2929	7485	15 375	23 191	29 988	33 951	35 816
20100	Dover, DE	3551	8075	16 238	23 929	30 322	34 235	36 155
20220	Dubuque, IA	3710	9222	16 870	26 335	31 447	36 274	40 371
20260	Duluth, MN-WI	3480	9245	15 995	25 829	30 103	34 997	38 171
20500	Durham-Chapel Hill, NC	3568	8943	19 734	31 520	36 977	41 851	44 294
20700	East Stroudsburg, PA	4177	9530	17 919	25 163	28 562	31 529	33 781
20740	Eau Claire, WI	3647	8665	15 554	26 355	30 579	35 949	39 138
20940	El Centro, CA	3840	9447	15 658	18 971	24 406	28 271	30 894
21060	Elizabethtown-Fort Knox, KY	3542	7550	14 739	24 085	29 523	36 429	38 981
21140	Elkhart-Goshen, IN	4350	9008	17 769	26 714	31 956	31 015	35 550
21300	Elmira, NY	3854	8799	16 258	24 306	28 948	35 654	38 056
21340	El Paso, TX	2975	6484	12 246	18 796	23 126	28 363	30 186
21500	Erie, PA	3868	9207	16 672	24 966	28 988	33 748	36 671
21660	Eugene, OR	3536	9303	16 437	25 989	30 347	33 160	35 941
21780	Evansville, IN-KY	3692	9954	18 123	27 957	33 118	36 790	40 437
21820	Fairbanks, AK	5152	14 466	19 643	28 343	34 768	41 980	45 432
22020	Fargo, ND-MN	3753	9228	16 763	28 246	32 896	40 476	46 384
22140	Farmington, NM	2615	8504	12 691	19 124	24 487	29 507	33 092
22180	Fayetteville, NC	3120	7660	14 746	23 839	33 645	41 907	43 928
22220	Fayetteville-Springdale-Rogers, AR-MO	2680	7442	15 553	23 503	29 772	32 575	35 977
22380	Flagstaff, AZ	3090	7715	13 778	23 782	29 559	33 607	34 820
22420	Flint, MI	3992	10 539	17 331	26 170	27 409	30 052	32 421
22500	Florence, SC	2799	7015	14 830	23 913	28 138	31 833	34 445
22520	Florence-Muscle Shoals, AL	2980	7871	15 634	21 952	26 466	31 322	33 249
22540	Fond du Lac, WI	3814	9751	18 110	28 309	33 015	35 987	39 459
22660	Fort Collins, CO	3251	9275	17 420	30 802	34 833	38 041	41 311
22900	Fort Smith, AR-OK	2838	7543	14 084	22 110	27 091	30 539	33 876
23060	Fort Wayne, IN	4059	10 010	19 388	28 734	31 525	33 701	37 226
23420	Fresno, CA	3919	10 676	16 560	23 001	28 192	31 357	34 074
23460	Gadsden, AL	2901	7953	14 501	21 592	26 673	31 280	32 717
23540	Gainesville, FL	3175	7763	16 584	24 371	31 969	35 488	38 045
23580	Gainesville, GA	3206	8270	16 557	25 240	29 871	30 504	32 789
23900	Gettysburg, PA	3777	9297	17 296	25 939	30 236	33 580	35 720
24020	Glens Falls, NY	3564	7840	16 224	24 129	29 833	36 947	40 058
24140	Goldsboro, NC	3056	7097	14 092	22 548	27 107	30 961	33 620
24220	Grand Forks, ND-MN	3413	8368	15 560	24 264	29 582	37 933	43 916
24260	Grand Island, NE	3773	8110	16 390	24 848	31 238	36 399	41 395

(续表)

编号	地区	1970	1980	1990	2000	2005	2010	2012
24300	Grand Junction, CO	3407	9658	15 217	25 534	30 157	33 330	35 726
24340	Grand Rapids-Wyoming, MI	3924	9734	18 343	28 339	31 909	33 948	37 264
24420	Grants Pass, OR	3370	7780	14 520	22 089	26 426	29 254	31 361
24500	Great Falls, MT	3988	10 117	17 032	24 932	31 314	38 187	40 822
24540	Greeley, CO	3568	8437	15 106	25 552	26 670	28 615	31 657
24580	Green Bay, WI	3549	9709	17 832	29 379	34 072	38 494	41 609
24660	Greensboro-High Point, NC	3907	9358	19 106	28 939	32 579	34 438	36 645
24780	Greenville, NC	2863	7622	16 303	25 181	29 312	32 758	35 743
24860	Greenville-Anderson-Mauldin, SC	3288	8307	16 824	26 789	29 915	33 365	35 696
25060	Gulfport-Biloxi-Pascagoula, MS	3105	7736	14 134	24 101	29 263	35 258	35 448
25180	Hagerstown-Martinsburg, MD-WV	3556	8914	16 104	24 836	29 689	33 831	36 196
25220	Hammond, LA	2280	6676	11 795	19 485	25 098	30 999	32 687
25260	Hanford-Corcoran, CA	3557	10 994	13 185	16 912	24 185	27 874	31 835
25420	Harrisburg-Carlisle, PA	4117	9783	20 526	30 240	36 783	41 287	44 523
25500	Harrisonburg, VA	3317	7654	16 010	22 700	27 711	30 455	32 998
25540	Hartford-West Hartford-East Hartford, CT	4907	11 916	24 979	37 336	43 959	50 869	54 274
25620	Hattiesburg, MS	2664	7088	13 028	21 109	26 400	30 399	32 567
25860	Hickory-Lenoir-Morganton, NC	3400	7887	16 622	25 747	28 398	30 214	32 243
25940	Hilton Head Island-Bluffton-Beaufort, SC	3385	8987	19 366	31 236	38 133	37 933	40 853
25980	Hinesville, GA	2757	6118	10 097	16 702	23 590	28 163	28 348
26140	Homosassa Springs, FL	3151	6925	14 920	22 543	28 135	31 874	34 184
26300	Hot Springs, AR	3128	8524	16 372	24 406	29 316	33 157	36 796
26380	Houma-Thibodaux, LA	2856	9459	13 149	21 928	28 202	40 750	43 631
26420	Houston-The Woodlands-Sugar Land, TX	4175	12 205	20 143	34 249	39 835	44 557	51 004
26580	Huntington-Ashland, WV-KY-OH	3134	8264	14 629	21 833	26 295	32 352	35 059
26620	Huntsville, AL	3621	8707	19 318	27 822	34 143	39 593	41 595
26820	Idaho Falls, ID	3575	8682	16 115	23 299	30 142	32 827	35 292
26900	Indianapolis-Carmel-Anderson, IN	4095	10 262	19 816	31 908	36 121	38 444	42 342
26980	Iowa City, IA	3654	9801	17 878	30 010	34 740	41 048	45 222
27060	Ithaca, NY	3487	7380	16 761	23 859	29 307	35 444	38 852
27100	Jackson, MI	4079	9523	15 946	24 901	27 396	30 301	32 670
27140	Jackson, MS	3154	8373	15 407	25 625	31 444	35 973	39 505
27180	Jackson, TN	2928	7181	15 360	24 946	29 026	32 947	36 721
27260	Jacksonville, FL	3801	9321	19 035	30 136	37 273	39 514	41 900
27340	Jacksonville, NC	3397	7144	13 123	23 314	33 237	44 699	45 953
27500	Janesville-Beloit, WI	3859	9569	17 432	26 349	29 735	32 551	35 855
27620	Jefferson City, MO	3500	8490	15 883	25 071	31 005	35 298	36 537
27740	Johnson City, TN	2943	7451	14 692	22 226	27 259	31 857	34 582
27780	Johnstown, PA	3201	8699	14 989	22 699	27 972	32 687	35 620
27860	Jonesboro, AR	2877	7170	13 537	21 766	26 667	30 651	34 266
27900	Joplin, MO	3086	7599	14 420	23 020	26 855	30 503	33 139
27980	Kahului-Wailuku-Lahaina, HI	4313	10 245	19 213	25 944	31 220	34 714	37 909
28020	Kalamazoo-Portage, MI	3970	9578	17 927	26 490	31 255	34 390	36 916
28100	Kankakee, IL	3807	8979	16 679	25 112	28 442	32 443	34 997
28140	Kansas City, MO-KS	4239	10 758	19 622	32 463	36 697	41 426	44 766

(续表)

编号	地区	1970	1980	1990	2000	2005	2010	2012
28420	Kennewick-Richland, WA	3994	10 868	16 875	25 185	30 322	36 800	37 109
28660	Killeen-Temple, TX	3511	8358	14 507	22 700	30 972	38 174	39 471
28700	Kingsport-Bristol-Bristol, TN-VA	3093	7651	15 634	23 184	27 508	31 710	34 975
28740	Kingston, NY	3976	8908	18 713	25 539	31 951	40 191	42 937
28940	Knoxville, TN	3109	8428	16 745	26 070	30 734	34 704	37 864
29020	Kokomo, IN	3948	9798	18 716	27 777	30 686	30 692	34 107
29100	La Crosse-Onalaska, WI-MN	3569	9317	17 534	26 577	31 992	37 744	40 824
29180	Lafayette, LA	2638	9195	14 280	22 967	29 588	38 374	43 049
29200	Lafayette-West Lafayette, IN	3584	8672	16 058	24 761	28 425	30 956	33 822
29340	Lake Charles, LA	3149	9325	15 381	22 798	27 882	34 317	37 226
29420	Lake Havasu City-Kingman, AZ	3770	7998	14 667	19 216	23 755	26 002	27 220
29460	Lakeland-Winter Haven, FL	3443	9085	15 761	24 161	30 627	32 902	35 746
29540	Lancaster, PA	4286	9998	19 258	29 440	33 936	37 257	40 088
29620	Lansing-East Lansing, MI	3921	9754	17 516	26 798	30 124	33 881	35 459
29700	Laredo, TX	2238	5415	9374	15 371	20 238	24 097	26 120
29740	Las Cruces, NM	3002	6860	12 488	18 090	24 619	29 628	30 862
29820	Las Vegas-Henderson-Paradise, NV	4883	11 152	19 476	30 150	37 601	35 531	36 676
29940	Lawrence, KS	3117	8168	14 554	24 759	29 489	32 895	36 331
30020	Lawton, OK	3259	7820	15 154	21 590	28 999	36 119	36 992
30140	Lebanon, PA	3780	9114	17 506	26 823	32 779	38 444	41 268
30300	Lewiston, ID-WA	3673	9429	16 095	25 203	29 772	34 945	37 080
30340	Lewiston-Auburn, ME	3599	8375	16 464	25 050	30 553	34 963	37 018
30460	Lexington-Fayette, KY	3704	9479	19 409	30 746	34 383	37 027	39 925
30620	Lima, OH	3934	9373	16 534	24 708	27 809	30 513	33 044
30700	Lincoln, NE	4026	9686	18 006	30 047	34 731	37 864	41 584
30780	Little Rock-North Little Rock-Conway, AR	3481	9238	17 274	27 604	33 828	38 062	41 662
30860	Logan, UT-ID	2748	7195	12 900	19 182	23 809	27 236	29 243
30980	Longview, TX	3243	9181	15 939	24 942	29 267	36 510	41 945
31020	Longview, WA	3918	9999	16 654	23 769	27 302	32 215	34 867
31080	Los Angeles-Long Beach-Anaheim, CA	4985	12 325	22 280	31 831	38 976	42 912	46 337
31140	Louisville/Jefferson County, KY-IN	3911	9504	18 562	29 891	34 849	37 675	40 970
31180	Lubbock, TX	3500	8884	16 097	24 490	28 495	33 586	36 074
31340	Lynchburg, VA	3251	8254	16 649	24 763	29 464	33 046	35 243
31420	Macon, GA	3430	8121	16 543	25 971	30 822	34 262	36 879
31460	Madera, CA	3714	10 567	14 710	18 983	24 213	27 471	31 169
31540	Madison, WI	4541	10 997	20 017	33 176	39 901	44 073	48 026
31700	Manchester-Nashua, NH	4150	10 812	21 467	36 818	41 176	46 779	50 806
31740	Manhattan, KS	3607	8482	14 452	22 915	29 893	41 539	42 464
31860	Mankato-North Mankato, MN	3370	8572	16 090	26 419	31 243	35 413	40 052
31900	Mansfield, OH	3953	9196	16 697	23 851	27 453	29 730	32 437
32580	McAllen-Edinburg-Mission, TX	1933	5289	9202	13 842	17 685	21 519	22 400
32780	Medford, OR	3357	8848	16 253	25 561	31 797	33 628	36 289
32820	Memphis, TN-MS-AR	3368	9052	17 758	29 014	34 690	37 011	40 288
32900	Merced, CA	3803	9479	14 975	19 976	24 469	27 706	30 630
33100	Miami-Fort Lauderdale-West Palm Beach, FL	4718	11 399	22 051	31 783	39 653	41 633	44 222

(续表)

编号	地区	1970	1980	1990	2000	2005	2010	2012
33140	Michigan City-La Porte, IN	3808	9817	16 202	24 639	27 474	30 120	33 399
33220	Midland, MI	4368	10 692	21 615	31 399	36 744	41 520	45 423
33260	Midland, TX	4546	14 063	21 853	34 163	43 807	61 260	83 049
33340	Milwaukee-Waukesha-West Allis, WI	4565	11 459	20 552	33 242	38 918	43 582	46 943
33460	Minneapolis-St. Paul-Bloomington, MN-WI	4633	11 652	22 371	37 131	42 209	46 195	50 260
33540	Missoula, MT	3459	9033	15 676	25 029	30 449	33 824	36 584
33660	Mobile, AL	2920	8070	14 410	21 847	26 700	31 332	32 772
33700	Modesto, CA	3975	9694	16 545	24 284	28 851	31 500	34 138
33740	Monroe, LA	2697	7626	14 217	23 024	27 921	32 876	35 482
33780	Monroe, MI	3731	9508	17 187	29 143	32 106	34 217	38 401
33860	Montgomery, AL	3223	8406	17 006	25 855	33 423	36 259	37 905
34060	Morgantown, WV	2898	7224	14 568	22 383	27 558	34 063	36 928
34100	Morristown, TN	2753	6763	14 547	22 311	25 812	28 702	30 925
34580	Mount Vernon-Anacortes, WA	3901	10 024	17 590	27 797	33 663	37 816	40 456
34620	Muncie, IN	3456	8737	16 373	24 713	27 212	29 585	32 318
34740	Muskegon, MI	3686	8842	14 873	23 271	26 284	29 114	31 685
34820	Myrtle Beach-Conway-North Myrtle Beach, SC-NC	2824	7257	15 131	24 539	28 479	30 104	31 678
34900	Napa, CA	4547	11 530	22 812	38 854	46 022	48 875	54 807
34940	Naples-Immokalee-Marco Island, FL	5334	12 263	26 766	39 965	55 626	56 681	60 391
34980	Nashville-Davidson-Murfreesboro-Franklin, TN	3542	9053	18 466	31 398	36 664	40 696	45 213
35100	New Bern, NC	2968	7831	15 184	26 000	32 054	36 527	39 151
35300	New Haven-Milford, CT	4728	11 102	23 082	34 777	40 840	47 476	51 028
35380	New Orleans-Metairie, LA	3660	9873	17 442	26 773	31 254	41 977	43 936
35620	New York-Newark-Jersey City, NY-NJ-PA	5214	11 950	26 270	39 447	46 442	54 322	58 403
35660	Niles-Benton Harbor, MI	4070	8923	16 200	26 274	30 570	35 650	37 764
35840	North Port-Sarasota-Bradenton, FL	4404	11 520	24 071	36 113	45 012	45 976	49 697
35980	Norwich-New London, CT	4069	10 246	21 342	33 214	40 853	46 816	49 468
36100	Ocala, FL	3185	7553	15 330	23 006	29 163	32 298	35 570
36140	Ocean City, NJ	4194	10 685	20 700	32 519	41 727	48 588	52 276
36220	Odessa, TX	3584	11 416	14 184	21 340	26 301	34 117	42 698
36260	Ogden-Clearfield, UT	3457	8354	15 337	24 378	29 446	32 837	35 984
36420	Oklahoma City, OK	3924	10 723	17 200	26 841	34 252	38 313	43 343
36500	Olympia-Tumwater, WA	4280	9860	18 037	29 788	37 326	41 989	43 977
36540	Omaha-Council Bluffs, NE-IA	4107	10 150	19 316	32 414	38 648	42 696	46 575
36740	Orlando-Kissimmee-Sanford, FL	3792	9435	18 212	27 757	33 206	34 425	36 412
36780	Oshkosh-Neenah, WI	3902	10 021	18 340	28 564	33 360	37 675	40 569
36980	Owensboro, KY	3324	8874	15 631	24 540	28 614	33 312	36 641
37100	Oxnard-Thousand Oaks-Ventura, CA	4203	11 300	22 161	34 296	42 079	44 842	48 837
37340	Palm Bay-Melbourne-Titusville, FL	3922	9733	18 348	27 571	34 298	37 452	39 770
37460	Panama City, FL	3078	7867	15 463	23 599	32 036	36 102	37 241
37620	Parkersburg-Vienna, WV	3469	8687	16 163	23 698	26 431	30 595	33 685
37860	Pensacola-Ferry Pass-Brent, FL	3475	8264	15 834	23 987	30 795	35 341	37 538
37900	Peoria, IL	4275	10 818	18 435	28 377	34 431	40 243	46 412
37980	Philadelphia-Camden-Wilmington, PA-NJ-DE-MD	4487	10 836	22 119	34 448	41 824	47 996	51 519
38060	Phoenix-Mesa-Scottsdale, AZ	4078	10 362	18 408	28 954	34 857	35 384	38 006

(续表)

编号	地区	1970	1980	1990	2000	2005	2010	2012
38220	Pine Bluff, AR	2709	7316	13 133	19 745	24 944	29 636	32 776
38300	Pittsburgh, PA	4049	10 499	19 367	30 920	36 807	43 535	47 862
38340	Pittsfield, MA	4104	9463	19 676	30 775	37 354	42 791	46 930
38540	Pocatello, ID	3312	8630	13 915	21 259	27 198	28 671	29 972
38860	Portland-South Portland, ME	3792	9124	19 817	30 521	36 889	42 322	45 752
38900	Portland-Vancouver-Hillsboro, OR-WA	4321	11 111	20 000	32 801	36 028	39 212	43 103
38940	Port St. Lucie, FL	3904	10 702	20 949	30 456	36 692	36 874	39 078
39140	Prescott, AZ	3663	8735	14 794	21 879	27 925	29 602	31 617
39300	Providence-Warwick, RI-MA	3997	9478	19 243	29 268	36 006	42 255	45 392
39340	Provo-Orem, UT	2716	6705	11 964	20 154	23 530	25 117	27 588
39380	Pueblo, CO	3323	8717	14 217	23 459	26 959	30 410	33 218
39460	Punta Gorda, FL	3663	9517	17 685	26 122	32 362	34 321	36 964
39540	Racine, WI	4117	10 997	19 281	29 128	34 437	37 783	40 510
39580	Raleigh, NC	3673	9528	20 807	34 768	37 872	40 520	42 709
39660	Rapid City, SD	3547	9112	16 296	26 070	33 603	39 541	42 669
39740	Reading, PA	4179	10 824	19 795	29 198	32 944	37 462	40 453
39820	Redding, CA	3956	9240	16 863	25 385	31 436	35 063	37 593
39900	Reno, NV	5272	13 248	22 634	36 568	44 998	41 169	43 317
40060	Richmond, VA	3909	10 655	21 291	31 140	38 686	41 741	45 194
40140	Riverside-San Bernardino-Ontario, CA	4122	10 172	17 665	23 530	28 338	29 749	31 900
40220	Roanoke, VA	3660	9110	18 417	27 214	33 711	37 666	40 769
40340	Rochester, MN	3844	9998	19 433	30 609	36 578	42 878	45 702
40380	Rochester, NY	4570	10 722	20 602	28 887	34 027	40 017	43 780
40420	Rockford, IL	4231	10 350	18 788	27 433	30 127	33 377	36 359
40580	Rocky Mount, NC	2923	7616	15 567	24 735	27 844	31 330	32 964
40660	Rome, GA	3326	8117	16 053	23 700	28 860	32 195	34 230
40900	Sacramento-Roseville-Arden-Arcade, CA	4457	10 943	19 820	31 082	37 841	41 080	44 641
40980	Saginaw, MI	3802	9928	16 353	25 182	27 889	31 098	33 079
41060	St. Cloud, MN	2998	7878	15 233	25 484	30 165	34 009	37 756
41100	St. George, UT	2860	6827	12 417	19 786	24 645	26 933	28 597
41140	St. Joseph, MO-KS	3519	8324	14 966	23 333	27 674	33 292	36 068
41180	St. Louis, MO-IL	4284	10 486	20 330	31 872	37 402	41 306	44 625
41420	Salem, OR	3605	9448	16 516	25 047	28 727	32 724	34 711
41500	Salinas, CA	4856	11 473	20 268	31 563	37 921	40 732	43 034
41540	Salisbury, MD-DE	3621	7835	16 936	24 828	32 228	36 064	38 467
41620	Salt Lake City, UT	3740	9477	16 395	28 081	33 734	37 173	40 424
41660	San Angelo, TX	3523	9331	15 691	24 111	30 513	36 018	39 711
41700	San Antonio-New Braunfels, TX	3392	8611	15 902	26 853	31 312	35 481	39 019
41740	San Diego-Carlsbad, CA	4592	11 073	20 625	33 779	42 012	45 431	49 719
41860	San Francisco-Oakland-Hayward, CA	5550	14 043	26 710	49 661	55 110	58 691	66 591
41940	San Jose-Sunnyvale-Santa Clara, CA	4963	13 448	25 700	54 785	51 477	56 649	65 679
42020	San Luis Obispo-Paso Robles-Arroyo Grande, CA	3727	9422	17 400	28 671	36 208	39 498	43 698
42100	Santa Cruz-Watsonville, CA	4369	11 315	21 622	40 958	44 265	46 925	52 442
42140	Santa Fe, NM	3558	9203	19 159	30 930	40 056	41 312	44 098
42200	Santa Maria-Santa Barbara, CA	4818	12 456	22 354	33 317	41 721	43 615	47 862

(续表)

编号	地区	1970	1980	1990	2000	2005	2010	2012
42220	Santa Rosa, CA	4488	11 522	22 124	37 693	42 375	43 482	47 879
42340	Savannah, GA	3390	8883	17 634	27 380	33 747	38 079	40 697
42540	Scranton-Wilkes-Barre-Hazleton, PA	3535	8727	17 009	26 587	31 840	36 707	39 101
42660	Seattle-Tacoma-Bellevue, WA	4527	11 968	22 336	38 578	43 992	48 862	53 328
42680	Sebastian-Vero Beach, FL	4024	11 339	25 013	37 455	50 617	48 378	52 855
42700	Sebring, FL	3419	8560	16 049	20 690	25 530	29 640	31 076
43100	Sheboygan, WI	3945	10 501	18 070	29 327	35 201	39 533	44 779
43300	Sherman-Denison, TX	3277	9037	15 854	23 285	26 895	31 852	34 655
43340	Shreveport-Bossier City, LA	3321	8818	15 819	23 951	31 167	37 922	41 234
43420	Sierra Vista-Douglas, AZ	3553	7672	13 745	20 105	29 274	35 579	36 625
43580	Sioux City, IA-NE-SD	3731	8958	16 749	26 569	31 022	37 309	41 485
43620	Sioux Falls, SD	3687	9694	18 716	30 547	37 816	43 643	47 057
43780	South Bend-Mishawaka, IN-MI	3824	9416	17 018	26 475	31 562	34 535	37 929
43900	Spartanburg, SC	3139	7999	15 664	24 437	27 786	30 803	32 784
44060	Spokane-Spokane Valley, WA	3679	9293	16 050	25 677	29 647	34 533	36 918
44100	Springfield, IL	4520	10 296	20 015	30 412	34 137	39 038	41 606
44140	Springfield, MA	3957	9410	18 829	27 776	33 512	39 050	42 298
44180	Springfield, MO	3262	8147	15 143	24 325	28 925	31 840	33 943
44220	Springfield, OH	3803	9276	16 889	26 159	29 638	33 650	36 572
44300	State College, PA	3009	7897	16 442	24 676	31 426	37 633	40 894
44420	Staunton-Waynesboro, VA	3460	8546	17 068	24 493	30 382	33 250	36 597
44700	Stockton-Lodi, CA	4252	10 469	16 572	25 147	28 278	30 857	33 024
44940	Sumter, SC	2629	6433	13 390	20 882	26 123	29 845	32 973
45060	Syracuse, NY	3954	9418	18 798	26 838	32 034	38 337	41 774
45220	Tallahassee, FL	3016	7580	16 447	25 343	32 223	35 026	37 382
45300	Tampa-St. Petersburg-Clearwater, FL	3778	9602	18 660	29 196	35 156	38 261	40 862
45460	Terre Haute, IN	3382	8632	15 052	22 434	26 509	30 726	33 473
45500	Texarkana, TX-AR	3156	8092	14 727	22 310	27 870	32 611	34 819
45540	The Villages, FL	2618	6362	11 836	15 696	23 440	30 052	35 032
45780	Toledo, OH	4280	10 340	18 807	27 902	31 270	34 607	37 693
45820	Topeka, KS	3860	10 113	17 921	27 330	31 450	36 470	40 132
45940	Trenton, NJ	4827	12 043	25 865	39 739	46 422	52 124	55 714
46060	Tucson, AZ	3821	9043	15 841	24 859	31 482	34 389	36 335
46140	Tulsa, OK	3878	10 913	18 528	28 812	35 635	39 499	45 350
46220	Tuscaloosa, AL	2681	7075	14 750	23 258	29 252	33 218	34 870
46340	Tyler, TX	3541	9896	17 132	28 165	32 578	37 363	41 379
46520	Urban Honolulu, HI	5271	11 741	23 165	30 923	38 126	45 211	48 529
46540	Utica-Rome, NY	3737	8511	16 366	23 550	28 930	35 776	37 949
46660	Valdosta, GA	2968	6728	13 860	21 234	26 377	29 932	32 372
46700	Vallejo-Fairfield, CA	3964	9977	19 261	28 373	35 571	38 417	42 354
47020	Victoria, TX	3215	9977	17 222	26 535	32 309	38 485	43 735
47220	Vineland-Bridgeton, NJ	3892	8609	17 210	23 436	28 683	34 589	36 551
47260	Virginia Beach-Norfolk-Newport News, VA-NC	3611	9464	18 009	26 730	35 618	41 063	44 321
47300	Visalia-Porterville, CA	3627	9324	14 618	20 070	25 851	28 838	31 307
47380	Waco, TX	3269	8387	14 403	22 475	27 260	32 707	34 657

(续表)

编号	地区	1970	1980	1990	2000	2005	2010	2012
47460	Walla Walla, WA	3920	10 468	15 185	23 997	27 693	35 454	37 674
47580	Warner Robins, GA	3565	7712	16 512	24 305	29 941	33 649	35 654
47900	Washington-Arlington-Alexandria, DC-VA-MD-WV	5177	12 869	26 476	41 240	51 388	58 223	61 743
47940	Waterloo-Cedar Falls, IA	3691	10 208	16 490	25 179	31 322	36 946	41 339
48060	Watertown-Fort Drum, NY	3457	7618	15 746	22 672	32 376	43 769	44 301
48140	Wausau, WI	3441	9141	16 680	27 795	33 632	36 820	39 399
48260	Weirton-Steubenville, WV-OH	3613	9559	15 709	22 512	25 755	29 933	33 052
48300	Wenatchee, WA	3901	10 265	16 311	24 159	29 088	34 306	37 067
48540	Wheeling, WV-OH	3517	8886	15 620	23 456	27 251	32 041	36 131
48620	Wichita, KS	3932	11 015	18 958	28 733	33 782	37 057	41 152
48660	Wichita Falls, TX	3748	10 225	16 742	24 815	30 794	35 939	40 379
48700	Williamsport, PA	3583	8682	15 860	23 292	28 212	34 037	38 239
48900	Wilmington, NC	3111	8156	16 817	28 154	31 907	34 544	36 514
49020	Winchester, VA-WV	3207	7574	16 568	26 041	30 663	33 927	36 955
49180	Winston-Salem, NC	3780	9317	19 487	29 514	32 650	34 805	37 625
49340	Worcester, MA-CT	3983	9852	19 832	32 310	36 873	43 436	46 902
49420	Yakima, WA	3446	8919	15 429	22 261	26 351	31 965	34 686
49620	York-Hanover, PA	4331	10 810	19 625	28 919	33 563	37 307	40 124
49660	Youngstown-Warren-Boardman, OH-PA	3859	9810	16 925	24 815	28 688	32 072	35 260
49700	Yuba City, CA	3936	9552	15 160	22 966	27 872	31 691	34 763
49740	Yuma, AZ	3444	8189	13 550	17 888	23 618	26 792	26 995
	最大值	6076	15 938	33 682	59 589	68 547	74 193	83 049
	最小值	1933	5289	9202	13 842	17 685	21 519	22 400
	相对差距	3.14	3.01	3.66	4.30	3.88	3.45	3.71
	绝对差距	4143	10 649	24 480	45 747	50 862	52 674	60 649

附录 1-3

中国城市化的挑战

新中国成立后,我国的城市化经历了曲折的过程。从新中国成立到改革开放初期,城市化进展缓慢,城市化率几经徘徊,到1978年,我国城市化率不到18%。改革开放后,国家经济社会加速发展,特别是工业化迅猛推进,城市化得到前所未有的发展,城市化率从1978年的17.9%提高到2010的49.7%,2011年中国城市人口首次超过农村人口,城市化率达到51.3%,2012年城市化率达到52.6%,34年城市化率提高了34.7个百分点,平均每年提高一个百分点。在我国的经济发达地区,城市化率则更高,已经达到60%~70%。城市化不仅是一个数量概念,而且是一个质量概念。综观新中国成立以来,特别是改革开放以来的城市化进程,确实存在一些问题,影响城市化的质量。

1. 土地城市化快于人口城市化

许多地区通过扩张城市土地面积实现城市化。据统计,从2001年到2010年的10年间,中国城市建成区面积平均年增长5.9%,城市建设用地面积平均年增长6.0%,而城镇人口平均年增长仅有3.8%,中国城镇人口增长速度与城镇用地扩张速度之比,大约1:1.5~1.8。也就是说,城镇人口每增加100%,城镇用地扩张150%~180%。

2. 部分城市形成新的二元结构

随着城市化的推进,产生新的"城市二元结构"。它就是:进入城市的部分农民工,成为城市中的低收入者,甚至变成城市贫民,"候鸟型"的两栖居民。由于被征地农民的补偿不足或安排不到位,许多失地农民就业困难,生活缺乏保障。

3. 部分城市的产业基础比较薄弱

在城市化进程中,有些地方通过行政区域调整、建立开发区、建设新城镇、"改变户籍"手段等,人为增加城市人口,提高城市化率。有些地方搞城镇化建设,出现了"有城无市"和"房地产化"的倾向,缺少产业支撑,进城农民找不到合适的工作。

4. 城市体系发展缺乏科学规划

首先,科学的、合理的、符合国情的城镇体系尚未建立,各城镇基本处于各自为政、独立行事。缺乏上下左右的城镇之间的科学分工、合理布局和相互协调等。

其次,城市建筑追求"高、大、洋"的倾向突出。不仅成本造价高,而且造成资源的浪费,有时还损害城市的形象和传统风格。

第三,重地上轻地下,重进度轻质量、重建筑轻环境是城镇建设中的通病,城镇基础设施建设不配套,出现一些薄弱环节,成为城市发展的瓶颈。

第四,违章建设层出不穷,私搭乱建现象突出,甚至处于无序状态。公共场所被侵占,公共设施遭破坏,历史传统和记忆被抹去,形成千城一面,城镇失去特色。

5. 城市管理水平有待提高

城市管理包括城市的预算管理、规划管理、交通管理和环境管理等。目前,我国城市的管理水平不高,社会矛盾比较多。例如,有些城市排水系统不畅,经常发生堵塞现象,污水处理设施落后;有些城市交通拥挤,噪声超标、严重扰民;有些城市固体垃圾得不到及时有效处理,造成垃圾围城;有些城市雾霾天气频繁产生,空气质量每况愈下;有些城市将污染转嫁给农村,污染河流、地下水、空气和土壤,给农民带来严重损害;有些地方的城市化,主要依靠"土地财政"的支撑,缺少金融和产业支持等。

杨重光
中国社会科学院城市与环境研究所

附录二　世界现代化水平评价的数据集

附表 2-1-1	2010 年世界现代化水平	325
附表 2-1-2	2010 年世界现代化的国家分组	327
附表 2-2-1	2010 年世界第一次现代化程度	329
附表 2-2-2	2010 年世界第一次现代化评价指标	331
附表 2-2-3	2010 年世界第一次现代化发展阶段	333
附表 2-2-4	世界第一次现代化程度增长率和预期完成时间	335
附表 2-2-5	1950～2010 年世界第一次现代化实现程度	337
附表 2-2-6	1950～2010 年世界第一次现代化程度的排名	339
附表 2-3-1	2010 年世界第二次现代化指数	341
附表 2-3-2	2010 年世界知识创新指数	343
附表 2-3-3	2010 年世界知识传播指数	345
附表 2-3-4	2010 年世界生活质量指数	347
附表 2-3-5	2010 年世界经济质量指数	349
附表 2-3-6	2010 年世界第二次现代化发展阶段	351
附表 2-3-7	1970～2010 年世界第二次现代化指数和排名	354
附表 2-4-1	2010 年世界综合现代化水平指数	356
附表 2-4-2	2010 年世界经济发展指数	358
附表 2-4-3	2010 年世界社会发展指数	360
附表 2-4-4	2010 年世界知识发展指数	362
附表 2-4-5	1980～2010 年世界综合现代化指数和排名	364

附表 2-1-1 2010 年世界现代化水平

国家	编号	人口/100万	第一次现代化 程度	第一次现代化 排名[a]	第一次现代化 阶段[b]	第二次现代化 指数	第二次现代化 排名	第二次现代化 阶段[c]	综合现代化 指数	综合现代化 排名	国家阶段[d]	国家分组[e]
瑞典	1	9	100	1	F4	104	3	S2	94	5	6	1
美国	2	309	100	1	F4	109	1	S2	97	1	6	1
芬兰	3	5	100	1	F4	103	4	S1	93	6	5	1
澳大利亚	4	22	100	1	F4	99	10	S2	92	7	6	1
瑞士	5	8	100	1	F4	96	12	S1	91	10	5	1
挪威	6	5	100	1	F4	99	8	S2	90	12	6	1
日本	7	127	100	1	F4	102	5	S1	95	4	5	1
丹麦	8	6	100	1	F4	104	2	S2	95	3	6	1
德国	9	82	100	1	F4	100	7	S1	97	2	5	1
荷兰	10	17	100	1	F4	92	16	S2	90	13	6	1
加拿大	11	34	100	1	F4	93	15	S1	84	21	5	1
新加坡	12	5	100	1	F4	99	9	S2	87	16	6	1
英国	13	62	100	1	F4	92	17	S1	90	14	5	1
法国	14	65	100	1	F4	95	14	S2	91	9	6	1
比利时	15	11	100	1	F4	95	13	S2	91	11	6	1
奥地利	16	8	100	1	F4	96	11	S1	92	8	5	1
新西兰	17	4	100	1	F4	90	18	S1	87	17	5	1
韩国	18	49	100	1	F4	100	6	S1	86	18	5	1
以色列	19	8	100	1	F4	89	19	S1	85	19	5	1
意大利	20	60	100	1	F4	78	24	S1	83	22	5	2
爱尔兰	21	4	100	1	F4	87	20	S1	87	15	5	1
西班牙	22	46	100	1	F4	83	21	S1	85	20	6	1
爱沙尼亚	23	1	100	1	F4	77	25	S1	71	29	5	2
斯洛文尼亚	24	2	100	1	F4	82	22		78	23	4	1
乌拉圭	25	3	100	1	F3	58	39		68	34	3	2
俄罗斯	26	142	100	43	F4	71	29	S1	66	36	5	2
斯洛伐克	27	5	100	1	F4	65	33		66	37	4	2
希腊	28	11	100	1	F3	72	28		73	26	3	2
匈牙利	29	10	100	1	F4	67	32	S1	68	33	5	2
捷克	30	11	100	1	F4	76	27		73	27	4	2
葡萄牙	31	11	100	1	F4	79	23	S1	77	24	5	2
白俄罗斯	32	9	97	53	F3	61	37		55	51	3	2
拉脱维亚	33	2	100	1	F4	65	34	S1	68	32	5	2
立陶宛	34	3	100	1	F4	69	31	S1	69	31	5	2
格鲁吉亚	35	4	89	71	F2	43	68		46	67	2	3
乌克兰	36	46	94	61	F3	57	41		54	53	3	2
保加利亚	37	8	98	51	F4	58	40		59	47	4	2
黎巴嫩	38	4	100	1	F3	70	30		70	30	3	2
哈萨克斯坦	39	16	99	46	F3	48	56		48	65	3	3
波兰	40	38	100	1	F4	64	35		65	38	4	2
阿根廷	41	40	100	1	F4	60	38	S1	65	40	5	2
巴拿马	42	4	99	49	F3	49	53		65	39	3	2
克罗地亚	43	4	100	1	F3	63	36		67	35	3	2
沙特阿拉伯	44	27	97	52	F4	56	42		52	56	4	2
哥伦比亚	45	46	88	76	F3	42	71		50	59	3	3
科威特	46	3	100	1	F4	76	26	S1	74	25	5	2
智利	47	17	100	1	F4	54	44		61	42	4	2
马其顿	48	2	96	54	F3	48	55		52	57	3	3
阿塞拜疆	49	9	89	74	F3	44	65		47	66	3	3
摩尔多瓦	50	4	91	64	F3	46	62		48	64	3	3
罗马尼亚	51	21	100	44	F3	52	46		56	49	3	2
委内瑞拉	52	29	99	45	F4	53	45		72	28	4	2
乌兹别克斯坦	53	28	78	89	F2	33	84		32	88	2	3
多米尼加	54	10	95	55	F3	54	43		60	45	3	3
亚美尼亚	55	3	88	75	F2	48	54		48	62	2	3
巴拉圭	56	6	89	70	F2	36	81		45	71	2	3
哥斯达黎加	57	5	98	50	F3	49	52		60	44	3	3
巴西	58	195	100	1	F3	52	47		60	43	3	2
墨西哥	59	113	100	1	F4	48	57		55	50	4	2
博茨瓦纳	60	2	84	81	F3	32	85		41	78	3	3
秘鲁	61	29	95	58	F4	43	67		56	48	4	3
牙买加	62	3	100	1	F3	50	51		63	41	3	3
约旦	63	6	95	56	F4	50	50		54	54	4	3
南非	64	50	92	63	F4	45	63		46	69	4	3
土耳其	65	73	100	1	F4	51	48		60	46	4	2
厄瓜多尔	66	14	95	57	F3	41	73		49	60	3	3
伊朗	67	74	99	48	F3	47	60		54	52	3	3
蒙古	68	3	89	73	F2	41	72		45	72	2	3
摩洛哥	69	32	82	82	F2	37	80		42	76	2	3
马来西亚	70	28	99	47	F3	51	49		52	55	3	3

(续表)

国家	编号	人口/100万	第一次现代化 程度	第一次现代化 排名[a]	第一次现代化 阶段[b]	第二次现代化 指数	第二次现代化 排名	第二次现代化 阶段[c]	综合现代化 指数	综合现代化 排名	国家阶段[d]	国家分组[e]
萨尔瓦多	71	6	94	60	F3	37	78		46	68	3	3
埃及	72	81	90	66	F3	40	74		44	73	3	3
中国	73	1338	92	62	F3	47	59		46	70	3	3
阿尔及利亚	74	35	91	65	F3	35	82		37	82	3	3
土库曼斯坦	75	5	86	78	F3	46	61		30	95	3	3
突尼斯	76	11	94	59	F3	47	58		48	63	3	3
阿尔巴尼亚	77	3	90	68	F2	42	69		52	58	2	3
吉尔吉斯斯坦	78	5	85	80	F2	37	79		40	79	2	3
塔吉克斯坦	79	7	76	91	F2	30	87		32	90	2	4
玻利维亚	80	10	86	79	F3	45	64		48	61	3	3
缅甸	81	48	78	90	F1	25	98		28	99	1	4
菲律宾	82	93	90	69	F2	33	83		43	74	2	3
泰国	83	69	82	84	F2	37	77		36	84	2	3
纳米比亚	84	2	81	85	F3	38	76		42	77	3	3
津巴布韦	85	13	68	94	F3	26	94		28	100	3	4
洪都拉斯	86	8	90	67	F3	42	70		42	75	3	3
尼加拉瓜	87	6	87	77	F3	43	66		40	80	3	3
越南	88	87	79	88	F2	30	86		33	86	2	3
肯尼亚	89	41	59	107	F1	22	105		27	101	1	4
斯里兰卡	90	21	80	87	F2	28	89		32	87	2	4
刚果共和国	91	4	60	105	F2	26	96		32	89	2	4
印度尼西亚	92	240	82	83	F2	29	88		32	92	2	4
赞比亚	93	13	55	113	F2	17	123		23	116	2	4
危地马拉	94	14	81	86	F2	28	90		36	83	2	4
毛里塔尼亚	95	3	56	111	F2	22	106		23	115	2	4
科特迪瓦	96	20	59	108	F2	17	122		25	112	2	4
印度	97	1171	71	92	F2	27	92		30	94	2	4
巴基斯坦	98	174	66	98	F2	24	101		29	98	2	4
莱索托	99	2	63	101	F3	19	116		26	105	3	4
柬埔寨	100	14	59	109	F1	26	97		22	118	1	4
喀麦隆	101	20	71	93	F2	26	95		31	93	2	4
厄立特里亚	102	5	62	102	F2	22	104		27	103	2	4
叙利亚	103	20	89	72	F3	38	75		39	81	3	3
加纳	104	24	62	103	F1	22	103		29	97	1	4
乍得	105	11	49	120	F1	18	119		22	119	1	4
莫桑比克	106	23	47	122	F0	14	128		18	127	0	4
几内亚	107	10	52	116	F1	20	108		21	123	1	4
也门共和国	108	24	67	96	F2	21	107		30	96	2	4
巴布亚新几内亚	109	7	46	125	F1	12	130		15	131	1	4
海地	110	10	60	104	F1	20	110		25	111	1	4
尼泊尔	111	30	60	106	F1	24	102		25	107	1	4
塞内加尔	112	12	64	100	F2	25	99		32	91	2	4
塞拉利昂	113	6	41	130	F1	16	124		25	106	1	4
刚果民主共和国	114	66	49	121	F1	19	112		20	125	1	4
老挝	115	6	67	95	F1	27	91		27	104	1	4
马拉维	116	15	46	124	F0	13	129		18	128	0	4
多哥	117	6	55	114	F1	19	115		25	109	1	4
马达加斯加	118	21	55	115	F0	19	117		24	113	0	4
马里	119	15	43	128	F1	18	120		22	120	1	4
尼日利亚	120	158	57	110	F2	20	109		25	108	2	4
孟加拉国	121	149	65	99	F2	20	111		27	102	2	4
坦桑尼亚	122	45	50	118	F1	19	113		22	121	1	4
贝宁	123	9	56	112	F1	24	100		25	110	1	4
尼日尔	124	16	32	131	F1	11	131		15	130	1	4
安哥拉	125	19	66	97	F2	27	93		34	85	2	4
乌干达	126	33	50	119	F1	18	121		22	117	1	4
中非	127	4	44	126	F0	19	114		24	114	0	4
布基纳法索	128	16	42	129	F0	15	126		20	126	0	4
埃塞俄比亚	129	83	44	127	F1	14	127		17	129	1	4
布隆迪	130	8	47	123	F0	18	118		21	124	0	4
卢旺达	131	11	51	117	F1	16	125		22	122	1	4
高收入国家		1127	100		F4	100		2	100		6	
中等收入国家		4917	91		F3	40			42		3	
低收入国家		796	56		F2	21			22		2	
世界平均		6841	96		F3	51			55		3	

注：a. 第一次现代化程度达到100%时，排名不分先后。b. F4代表第一次现代化的过渡期，F3代表成熟期，F2代表发展期，F1代表起步期，F0代表传统农业社会。c. S2代表第二次现代化的发展期，S1代表起步期。d. 国家阶段划分：0代表传统农业社会，1代表第一次现代化起步期，2代表第一次现代化发展期，3代表第一次现代化成熟期，4代表第一次现代化过渡期，5代表第二次现代化起步期，6代表第二次现代化发展期，7代表第二次现代化成熟期，8代表第二次现代化过渡期。e. 国家分组为根据第二次现代化指数的分组，1代表发达国家，2代表中等发达国家，3代表初等发达国家，4代表欠发达国家。"—"表示没有数据，后同。

附表 2-1-2 2010 年世界现代化的国家分组

国家	编号	第一次现代化程度	第二次现代化指数	综合现代化指数	人均 GNI/美元	根据第二次现代化指数分组	根据综合现代化指数分组
瑞典	1	100	104	94	50 780	1	1
美国	2	100	109	97	47 360	1	1
芬兰	3	100	103	93	47 130	1	1
澳大利亚	4	100	99	92	45 850	1	1
瑞士	5	100	96	91	73 340	1	1
挪威	6	100	99	90	86 390	1	1
日本	7	100	102	95	42 050	1	1
丹麦	8	100	104	95	59 590	1	1
德国	9	100	100	97	43 280	1	1
荷兰	10	100	92	90	48 580	1	1
加拿大	11	100	93	84	43 250	1	1
新加坡	12	100	99	87	39 410	1	1
英国	13	100	92	90	38 430	1	1
法国	14	100	95	91	42 190	1	1
比利时	15	100	95	91	45 990	1	1
奥地利	16	100	96	92	47 070	1	1
新西兰	17	100	90	87	29 140	1	1
韩国	18	100	100	86	19 720	1	1
以色列	19	100	89	85	27 270	1	1
意大利	20	100	78	83	35 550	2	1
爱尔兰	21	100	87	87	42 370	1	1
西班牙	22	100	83	85	31 450	1	1
爱沙尼亚	23	100	77	71	14 150	2	2
斯洛文尼亚	24	100	82	78	23 910	1	2
乌拉圭	25	100	58	68	10 290	2	2
俄罗斯	26	100	71	66	9930	2	2
斯洛伐克	27	100	65	66	16 030	2	2
希腊	28	100	72	73	26 390	2	2
匈牙利	29	100	67	68	12 860	2	2
捷克	30	100	76	73	18 390	2	2
葡萄牙	31	100	79	77	21 810	2	2
白俄罗斯	32	97	61	55	5990	2	2
拉脱维亚	33	100	65	68	11 850	2	2
立陶宛	34	100	69	69	11 620	2	2
格鲁吉亚	35	89	43	46	2680	3	3
乌克兰	36	94	57	54	2990	2	2
保加利亚	37	98	58	59	6320	2	2
黎巴嫩	38	100	70	70	8580	2	2
哈萨克斯坦	39	99	48	48	7500	3	3
波兰	40	100	64	65	12 450	2	2
阿根廷	41	100	60	65	8620	2	2
巴拿马	42	99	49	65	7000	3	2
克罗地亚	43	100	63	67	13 570	2	2
沙特阿拉伯	44	97	56	52	16 610	2	3
哥伦比亚	45	88	42	50	5480	3	3
科威特	46	100	76	74	48 900	2	2
智利	47	100	54	61	10 750	2	2
马其顿	48	96	48	52	4600	3	3
阿塞拜疆	49	89	44	47	5380	3	3
摩尔多瓦	50	91	46	48	1820	3	3
罗马尼亚	51	100	52	56	7850	2	2
委内瑞拉	52	99	53	72	11 630	2	2
乌兹别克斯坦	53	78	33	32	1300	3	3
多米尼加	54	95	54	60	5030	2	2
亚美尼亚	55	88	48	48	3200	3	3
巴拉圭	56	89	36	45	2720	3	3
哥斯达黎加	57	98	49	60	6860	3	2
巴西	58	100	52	60	9540	2	2
墨西哥	59	100	48	55	8910	3	2
博茨瓦纳	60	84	32	41	6750	3	3
秘鲁	61	95	43	56	4630	3	2
牙买加	62	100	50	63	—	3	2
约旦	63	95	50	54	4140	3	2
南非	64	92	45	46	6090	3	3
土耳其	65	100	51	60	9890	2	2
厄瓜多尔	66	95	41	49	3850	3	3
伊朗	67	99	47	54	—	3	2
蒙古	68	89	41	45	1870	3	3
摩洛哥	69	82	37	42	2850	3	3
马来西亚	70	99	51	52	8090	3	3

(续表)

国家	编号	第一次现代化程度	第二次现代化指数	综合现代化指数	人均GNI/美元	根据第二次现代化指数分组	根据综合现代化指数分组
萨尔瓦多	71	94	37	46	3370	3	3
埃及	72	90	40	44	2420	3	3
中国	73	92	47	46	4240	3	3
阿尔及利亚	74	91	35	37	4390	3	3
土库曼斯坦	75	86	46	30	4070	3	3
突尼斯	76	94	47	48	4140	3	3
阿尔巴尼亚	77	90	42	52	3980	3	3
吉尔吉斯斯坦	78	85	37	40	840	3	3
塔吉克斯坦	79	76	30	32	810	4	3
玻利维亚	80	86	45	48	1810	3	3
缅甸	81	78	25	28		4	4
菲律宾	82	90	33	43	2060	3	3
泰国	83	82	37	36	4150	3	3
纳米比亚	84	81	38	42	4250	3	3
津巴布韦	85	68	26	28	500	4	4
洪都拉斯	86	90	42	42	1860	3	3
尼加拉瓜	87	87	43	40	1410	3	3
越南	88	79	30	33	1160	3	3
肯尼亚	89	59	22	27	810	4	4
斯里兰卡	90	80	28	32	2260	4	3
刚果共和国	91	60	26	32	2240	4	3
印度尼西亚	92	82	29	32	2500	4	3
赞比亚	93	55	17	23	1110	4	4
危地马拉	94	81	28	36	2740	4	3
毛里塔尼亚	95	56	22	23	1000	4	4
科特迪瓦	96	59	17	25	1170	4	4
印度	97	71	27	30	1260	4	4
巴基斯坦	98	66	24	29	1050	4	4
莱索托	99	63	19	26	1100	4	4
柬埔寨	100	59	26	22	760	4	4
喀麦隆	101	71	26	31	1190	4	3
厄立特里亚	102	62	22	27	340	4	4
叙利亚	103	89	38	39	2750	3	3
加纳	104	62	22	29	1250	4	4
乍得	105	49	18	22	710	4	4
莫桑比克	106	47	14	18	440	4	4
几内亚	107	52	20	21	390	4	4
也门共和国	108	67	21	30	1160	4	4
巴布亚新几内亚	109	46	12	15	1300	4	4
海地	110	60	20	25	650	4	4
尼泊尔	111	60	24	25	490	4	4
塞内加尔	112	64	25	32	1080	4	3
塞拉利昂	113	41	16	25	340	4	4
刚果民主共和国	114	49	19	20	180	4	4
老挝	115	67	27	27	1010	4	4
马拉维	116	46	13	18	350	4	4
多哥	117	55	19	25	550	4	4
马达加斯加	118	55	19	24	430	4	4
马里	119	43	18	22	600	4	4
尼日利亚	120	57	20	25	1250	4	4
孟加拉国	121	65	20	27	700	4	4
坦桑尼亚	122	50	19	22	530	4	4
贝宁	123	56	24	25	780	4	4
尼日尔	124	32	11	15	360	4	4
安哥拉	125	66	27	34	3660	4	3
乌干达	126	50	18	22	500	4	4
中非	127	44	19	24	470	4	4
布基纳法索	128	42	15	20	550	4	4
埃塞俄比亚	129	44	14	17	360	4	4
布隆迪	130	47	18	21	230	4	4
卢旺达	131	51	16	22	520	4	4
高收入国家		100	100	100	38811		
中等收入国家		91	40	42	3728		
低收入国家		56	21	22	533		
世界平均		96	51	55	9076		

注:1代表发达国家,2代表中等发达国家,3代表初等发达国家,4代表欠发达国家。

附表 2-2-1　2010年世界第一次现代化程度

国家	编号	经济指标达标程度[a]				社会指标达标程度						实现程度	排名	达标个数
		人均国民收入	农业劳动力比例[b]	农业增加值比例[b]	服务业增加值比例[b]	城市人口比例	医生比例[b]	婴儿存活率[c]	预期寿命	成人识字率	大学入学率[b]			
瑞典	1	100	100	100	100	100	100	100	100	100	100	100	1	10
美国	2	100	100	100	100	100	100	100	100	100	100	100	1	10
芬兰	3	100	100	100	100	100	100	100	100	100	100	100	1	10
澳大利亚	4	100	100	100	100	100	100	100	100	100	100	100	1	10
瑞士	5	100	100			100	100	100	100	100	100	100	1	8
挪威	6	100	100	100	100	100	100	100	100	100	100	100	1	10
日本	7	100	100	100	100	100	100	100	100	100	100	100	1	10
丹麦	8	100	100	100	100	100	100	100	100	100	100	100	1	10
德国	9	100	100	100	100	100	100	100	100	100		100	1	9
荷兰	10	100	100	100	100	100	100	100	100	100	100	100	1	10
加拿大	11	100	100	100	100	100	100	100	100	100		100	1	9
新加坡	12	100	100	100	100	100	100	100	100	100		100	1	9
英国	13	100	100	100	100	100	100	100	100	100	100	100	1	10
法国	14	100	100	100	100	100	100	100	100	100	100	100	1	10
比利时	15	100	100	100	100	100	100	100	100	100	100	100	1	10
奥地利	16	100	100	100	100	100	100	100	100	100	100	100	1	10
新西兰	17	100	100	100	100	100	100	100	100	100	100	100	1	10
韩国	18	100	100	100	100	100	100	100	100	100	100	100	1	10
以色列	19	100	100			100	100	100	100	100	100	100	1	8
意大利	20	100	100	100	100	100	100	100	100	100	100	100	1	10
爱尔兰	21	100	100	100	100	100	100	100	100	100	100	100	1	10
西班牙	22	100	100	100	100	100	100	100	100	100	100	100	1	10
爱沙尼亚	23	100	100	100	100	100	100	100	100	100	100	100	1	10
斯洛文尼亚	24	100	100	100	100	100	100	100	100	100	100	100	1	10
乌拉圭	25	100	100	100	100	100	100	100	100	100	100	100	1	10
俄罗斯	26	100	100	100	100	100	100	98	100	100	100	100	43	9
斯洛伐克	27	100	100	100	100	100	100	100	100	100	100	100	1	10
希腊	28	100	100			100	100	100	100	100	100	100	1	8
匈牙利	29	100	100	100	100	100	100	100	100	100	100	100	1	10
捷克	30	100	100	100	100	100	100	100	100	100	100	100	1	10
葡萄牙	31	100	100	100	100	100	100	100	100	100	100	100	1	10
白俄罗斯	32	75			100	100	100	100	100	100	100	97	53	8
拉脱维亚	33	100	100	100	100	100	100	100	100	100	100	100	1	10
立陶宛	34	100	100	100	100	100	100	100	100	100	100	100	1	10
格鲁吉亚	35	34	56	100	100	100	100	100	100	100	100	89	71	8
乌克兰	36	37	100	100	100	100	100	100	100	100	100	94	61	9
保加利亚	37	79	100	100	100	100	100	100	100	100	100	98	51	9
黎巴嫩	38	100				100	100	100	100	100	100	100	1	9
哈萨克斯坦	39	94	100	100		100	100	100	98	100	100	99	46	8
波兰	40	100	100	100	100	100	100	100	100	100	100	100	1	10
阿根廷	41	100	100	100	100	100	100	100	100	100	100	100	1	10
巴拿马	42	88	100	100	100	100		100	100	100	100	99	49	8
克罗地亚	43	100	100	100	100	100	100	100	100	100	100	100	1	10
沙特阿拉伯	44	100	100	100	84	100	90	100	100	100	100	97	52	8
哥伦比亚	45	69	100	100	100	100	10	100	100	100	100	88	76	8
科威特	46	100	100			100	100	100	100	100		100	1	7
智利	47	100	100	100	100	100	100	100	100	100	100	100	1	10
马其顿	48	58	100	100	100	100	100	100	100	100	100	96	54	9
阿塞拜疆	49	67	78	100	66	100	100	75	100	100	100	89	74	6
摩尔多瓦	50	23	96	100	100	94	100	100	98	100	100	91	64	5
罗马尼亚	51	98	100	100	100	100	100	100	100	100	100	100	44	8
委内瑞拉	52	100	100	100	94	100		100	100	100	100	99	45	8
乌兹别克斯坦	53	16		77	100	72	100	71	97	100	66	78	89	3
多米尼加	54	63	100	100	100	100		100	100	100	100	95	55	7
亚美尼亚	55	40	68	77	99	100	100	100	100	100	100	88	75	6
巴拉圭	56	34	100	100	67	100	100	100	100	100	100	89	70	7
哥斯达黎加	57	86	100	100	100	100		100	100	100	100	98	50	8
巴西	58	100	100	100	100	100	100	100	100	100	100	100	1	10
墨西哥	59	100	100	100	100	100	100	100	100	100	100	100	1	10
博茨瓦纳	60	84	100	100	100	100	30	100	76	100	49	84	81	6
秘鲁	61	58	100	100	100	100	90	100	100	100	100	95	58	8
牙买加	62		100	100	100	100		100	100	100	100	100	1	8
约旦	63	52	100	100	100	100	100	100	100	100	100	95	56	9
南非	64	76	100	100	100	100		85	74	100		92	63	6
土耳其	65	100	100	100	100	100	100	100	100	100	100	100	1	10
厄瓜多尔	66	48	100	100	100	100	100	100	100	100	100	95	57	9
伊朗	67		100	100	100	100	90	100	100	100	100	99	48	8
蒙古	68	23	75	93	100	100	100	100	97	100	100	89	73	6
摩洛哥	69	36	73	97	100	100	60	100	100	70	88	82	82	4
马来西亚	70	100	100	100	100	100	90	100	100	100	100	99	47	9

(续表)

国家	编号	经济指标达标程度[a]				社会指标达标程度						实现程度	排名	达标个数
		人均国民收入	农业劳动力比例[b]	农业增加值比例[b]	服务业增加值比例	城市人口比例	医生比例[b]	婴儿存活率[c]	预期寿命	成人识字率	大学入学率[b]			
萨尔瓦多	71	42	100	100	100	100	100	100	100	100	100	94	60	9
埃及	72	30	95	100	100	87	100	100	100	90	100	90	66	6
中国	73	53	76	100	96	98	100	100	100	100	100	92	62	6
阿尔及利亚	74	55		100	69	100	100	100	100	91	100	91	65	6
土库曼斯坦	75	51		100	82	97	100	66	93	100		86	78	3
突尼斯	76	52		100	100	100	100	100	100	97	100	94	59	7
阿尔巴尼亚	77	50	68	79	100	100	100	100	100	100	100	90	68	7
吉尔吉斯斯坦	78	11	88	77	100	71	100	100	99	100	100	85	80	5
塔吉克斯坦	79	10		70	100	53	100	55	96	100	100	76	91	4
玻利维亚	80	23	83	100	100	100		73	95	100	100	86	79	5
缅甸	81					64	50	61	92	100	99	78	90	1
菲律宾	82	26	85	100	100	97		100	98	100	100	90	69	5
泰国	83	52	72	100	96	67	30	100	100	100	100	82	84	5
纳米比亚	84	53	100	100	100	76	40	94	89	100	60	81	85	4
津巴布韦	85	6		84	100	76		67	71	100	41	68	94	2
洪都拉斯	86	23	87	100	100	100		100	100	100	100	90	67	7
尼加拉瓜	87	18	100	79	100	100		100	100	98		87	77	5
越南	88	15	58	73	85	61	100	100	100	100	100	79	88	5
肯尼亚	89	10	49	60	100	47		60	81	100	27	59	107	2
斯里兰卡	90	28	92	100	100	30	50	100	100	100	100	80	87	6
刚果共和国	91	28	85	100	46	100	10	47	81		43	60	105	2
印度尼西亚	92	31	78	98	84	100	30	100	98	100	100	82	83	3
赞比亚	93	14	42	74	97	77	10	54	69	89	29	55	113	0
危地马拉	94	34	90	39	72	99		100	100	94	100	81	86	3
毛里塔尼亚	95	13		88	86	82	10	40	83	73	29	56	111	0
科特迪瓦	96	15		66	100	100	10	37	78	70	55	59	108	2
印度	97	16	59	85	100	62	60	62	93	79	100	71	92	2
巴基斯坦	98	13	67	71	100	72	80	50	93	69	44	66	98	1
莱索托	99	14		100	100	54		45	68	100	23	63	101	3
柬埔寨	100	10	42	42	90	40	20	77	89	92	86	59	109	2
喀麦隆	101	15		76	100	100		38	73	88	77	71	93	2
厄立特里亚	102	4		100	100	42		63	87	85	16	62	102	2
叙利亚	103	34	100	66	100	100	100	100	100	100		89	72	7
加纳	104	16	52	50	100	100	10	57	91	84	59	62	103	2
乍得	105	9		100	83	43		31	70	43	15	49	120	1
莫桑比克	106	6		47	100	62	0	40	71	70	33	47	122	0
几内亚	107	5		68	74	70	10	37	77	51	73	52	116	0
也门共和国	108	15		100	100	63	30	51	93	80	68	67	96	2
巴布亚新几内亚	109	16		42	43	25		65	89	76		46	125	0
海地	110	8				100		44	88	61		60	104	1
尼泊尔	111	6		41	100	33		74	98	75	49	60	106	1
塞内加尔	112	14	89	86	100	85	10	63	84	62	53	64	100	1
塞拉利昂	113	4		31	68	78	0	25	68	53		41	130	0
刚果民主共和国	114	2		32	70	67		27	69	84	41	49	121	0
老挝	115	13		46	79	66	30	85	96	91	100	67	95	1
马拉维	116	4		50	100	31	0	53	76	94	5	46	124	1
多哥	117	7	55	49	100	75	10	41	81	71	63	55	114	1
马达加斯加	118	5	37	52	100	64	20	68	95	81	25	55	115	1
马里	119	8	45	41	87	69	0	30	73	39	39	43	128	0
尼日利亚	120	16		46	59	98	40	37	73	77	69	57	110	0
孟加拉国	121	9	62	81	100	56	30	78	98	71	71	65	99	1
坦桑尼亚	122	7	39	53	100	53	0	63	82	92	14	50	118	1
贝宁	123	10		47	100	89	10	43	79	53	71	56	112	1
尼日尔	124	5	53			35	0	44	78	36	10	32	131	0
安哥拉	125	46		100	67	100		31	72	88	25	66	97	2
乌干达	126	6	46	62	100	30	10	50	77	92	28	50	119	1
中非	127	6		26	63	78		28	68	70	17	44	126	0
布基纳法索	128	7	35	45	99	51	10	36	78	36	22	42	129	0
埃塞俄比亚	129	5	38	32	96	34	0	56	84	49	49	44	127	0
布隆迪	130	3		43	100	21		34	71	84	21	47	123	1
卢旺达	131	7	38	47	100	38	0	72	79	89	37	51	117	1
高收入国家		100	100	100	100	100	100	100	100	100	100	100		10
中等收入国家		47	85	100	100	98	100	84	99	100	100	91		5
低收入国家		7		58	100	55	20	46	84	79	51	56		1
世界平均		100	86	100	100	100	100	79	99	100	100	96		7

注：a. 为 2005～2010 年期间最近年的数据。b. 评价数据为婴儿死亡率，婴儿存活率=1－婴儿死亡率。

附表 2-2-2　2010 年世界第一次现代化评价指标

国家	编号	经济指标[a]				社会指标					
		人均国民收入	农业劳动力比例[b]	农业增加值比例[b]	服务业增加值比例[b]	城市人口比例	医生比例[b]	婴儿存活率[c]	预期寿命	成人识字率	大学入学率[b]
瑞典	1	50 780	2	2	72	85	3.8	2	82	99	74
美国	2	47 360	2	1	79	82	2.4	7	78	99	95
芬兰	3	47 130	4	3	68	84	2.9	2	80	99	94
澳大利亚	4	45 850	3	2	78	89	3.0	4	82	99	80
瑞士	5	73 340	3			74	4.1	4	82	99	55
挪威	6	86 390	3	2	58	79	4.2	3	81	99	74
日本	7	42 050	4	1	72	91	2.1	2	83	99	60
丹麦	8	59 590	2	1	77	87	3.4	3	79	99	74
德国	9	43 280	2	1	71	74	3.6	3	80	99	
荷兰	10	48 580	3	2	74	83	2.9	4	81	99	65
加拿大	11	43 250	2	2	66	81	2.0	5	81	99	
新加坡	12	39 410	1	0	72	100	1.8	2	82	96	
英国	13	38 430	1	1	78	80	2.7	5	80	99	60
法国	14	42 190	3	2	79	85	3.4	4	81	99	57
比利时	15	45 990	1	1	78	98	3.0	4	80	99	71
奥地利	16	47 070	5	2	69	68	4.9	4	80	99	68
新西兰	17	29 140	7	6	70	86	2.7	5	81	99	83
韩国	18	19 720	7	3	59	83	2.0	4	81	99	103
以色列	19	27 270	2			92	3.7	4	82	99	63
意大利	20	35 550	4	2	73	68	3.5	3	82	99	65
爱尔兰	21	42 370	5	1	67	62	3.2	3	80	99	66
西班牙	22	31 450	4	3	71	77	4.0	4	82	98	78
爱沙尼亚	23	14 150	4	4	68	70	3.3	3	75	100	64
斯洛文尼亚	24	23 910	9	3	66	50	2.5	2	79	100	90
乌拉圭	25	10 290	11	10	64	93	3.7	9	76	98	63
俄罗斯	26	9930	10	4	61	74	4.3	10	69	100	76
斯洛伐克	27	16 030	3	4	61	55	3.0	7	75	99	55
希腊	28	26 390	13			61	6.2	4	80	97	89
匈牙利	29	12 860	5	4	65	69	3.0	6	74	99	61
捷克	30	18 390	3	2	62	74	3.7	4	77	99	64
葡萄牙	31	21 810	11	2	75	61	3.9	3	79	95	66
白俄罗斯	32	5990		9	47	75	5.2	4	70	100	78
拉脱维亚	33	11 850	9	4	74	68	3.0	8	74	100	60
立陶宛	34	11 620	9	4	68	67	3.6	5	73	100	74
格鲁吉亚	35	2680	53	8	69	53	4.8	19	73	100	28
乌克兰	36	2990	16	8	60	69	3.2	9	70	100	80
保加利亚	37	6320	7	5	66	73	3.7	11	74	98	57
黎巴嫩	38	8580		6	71	87	3.5	9	72	90	54
哈萨克斯坦	39	7500	29	5	53	54	4.1	26	68	100	39
波兰	40	12 450	13	4	65	61	2.2	5	76	100	72
阿根廷	41	8620	1	10	59	92	3.2	13	76	98	71
巴拿马	42	7000	18	5	79	75		17	76	94	46
克罗地亚	43	13 570	15	5	68	58	2.6	5	77	99	54
沙特阿拉伯	44	16 610	4	3	38	82	0.9	18	74	87	37
哥伦比亚	45	5480	18	7	58	75	0.1	16	73	93	39
科威特	46	48 900	3			98	1.8	9	75	94	
智利	47	10 750	11	3	57	89	1.0	8	79	99	66
马其顿	48	4600	20	11	61	59	2.6	9	75	97	39
阿塞拜疆	49	5380	39	6	30	53	3.8	40	71	100	19
摩尔多瓦	50	1820	31	11	75	47	2.7	14	69	99	38
罗马尼亚	51	7850	30	7	67	53	2.3	12	74	98	59
委内瑞拉	52	11 630	9	6	42	93		13	74	96	78
乌兹别克斯坦	53	1300		20	45	36	2.6	42	68	99	10
多米尼加	54	5030	15	6	62	69		22	73	90	
亚美尼亚	55	3200	44	20	45	64	3.8	16	74	100	52
巴拉圭	56	2720	27	22	57	61		20	72	94	35
哥斯达黎加	57	6860	12	7	67	64		9	79	96	43
巴西	58	9540	17	5	67	84	1.8	15	73	90	26
墨西哥	59	8910	13	4	61	78	2.0	14	77	93	28
博茨瓦纳	60	6750	30	3	53	61	0.3	21	53	85	7
秘鲁	61	4630	1	7	57	77	0.9	15	74	90	43
牙买加	62		20	6	73	52		16	73	87	26
约旦	63	4140	2	3	66	83	2.5	18	73	93	38
南非	64	6090	5	3	67	62		36	52	89	
土耳其	65	9890	24	10	63	71	1.5	13	74	91	55
厄瓜多尔	66	3850	29	7	55	67	1.7	20	76	92	40
伊朗	67		21	10	45	69	0.9	22	73	85	43
蒙古	68	1870	40	16	46	68	2.8	27	68	97	53
摩洛哥	69	2850	41	15	55	57	0.6	29	72	56	13
马来西亚	70	8090	14	10	49	72	0.9	6	74	93	40

(续表)

国家	编号	经济指标[a]				社会指标					
		人均国民收入	农业劳动力比例[b]	农业增加值比例[b]	服务业增加值比例[b]	城市人口比例	医生比例[b]	婴儿存活率[c]	预期寿命	成人识字率	大学入学率[b]
萨尔瓦多	71	3370	21	13	61	64	1.6	14	72	85	23
埃及	72	2420	32	14	49	43	2.8	19	73	72	32
中国	73	4240	40	10	43	49	1.4	14	73	94	26
阿尔及利亚	74	4390		7	31	72	1.2	27	73	73	31
土库曼斯坦	75	4070		15	37	48	2.4	46	65	100	
突尼斯	76	4140		8	60	66	1.2	15	75	78	34
阿尔巴尼亚	77	3980	44	19	65	52	1.2	13	77	96	44
吉尔吉斯斯坦	78	840	34	19	51	35	2.3	28	69	99	49
塔吉克斯坦	79	810		21	57	27	2.1	55	67	100	20
玻利维亚	80	1810	36	13	50	66		41	66	91	39
缅甸	81					32	0.5	49	65	92	15
菲律宾	82	2060	35	12	55	49		21	69	95	28
泰国	83	4150	42	12	43	34	0.3	11	74	94	46
纳米比亚	84	4250	16	8	73	38	0.4	32	62	89	9
津巴布韦	85	500		18	47	38		45	50	92	6
洪都拉斯	86	1860	35	13	61	52		19	73	85	21
尼加拉瓜	87	1410	30	19	57	57		23	74	78	
越南	88	1160	52	21	38	30	1.2	18	75	93	22
肯尼亚	89	810	61	25	56	24		50	57	87	4
斯里兰卡	90	2260	33	13	58	15	0.5	11	75	91	16
刚果共和国	91	2240	35	4	21	63	0.1	64	57		7
印度尼西亚	92	2500	38	15	38	50	0.3	26	69	93	23
赞比亚	93	1110	72	20	44	39	0.1	56	49	71	4
危地马拉	94	2740	33	39	33	49		25	71	75	18
毛里塔尼亚	95	1000		17	39	41	0.1	76	58	58	4
科特迪瓦	96	1170		23	50	51	0.1	82	55	56	8
印度	97	1260	51	18	55	31	0.6	49	65	63	18
巴基斯坦	98	1050	45	21	53	36	0.8	60	65	55	7
莱索托	99	1100		9	60	27		67	47	90	4
柬埔寨	100	760	72	36	41	20	0.2	39	63	74	13
喀麦隆	101	1190		20	49	52		80	51	71	12
厄立特里亚	102	340		15	63	21		47	61	68	2
叙利亚	103	2750	15	23	47	56	1.5	14	76	83	
加纳	104	1250	57	30	51	51	0.1	53	64	67	9
乍得	105	710		14	38	22		98	49	35	2
莫桑比克	106	440		32	45	31	0.0	76	50	56	5
几内亚	107	390		22	33	35	0.1	81	54	41	11
也门共和国	108	1160		8	63	32	0.3	58	62	64	10
巴布亚新几内亚	109	1300		36	20	12	0.1	46	62	61	
海地	110	650				52		68	62	49	
尼泊尔	111	490		37	48	17		41	68	60	7
塞内加尔	112	1080	34	17	60	42	0.1	48	59	50	8
塞拉利昂	113	340		49	30	39	0.0	121	47	42	
刚果民主共和国	114	180		46	31	34		112	48	67	6
老挝	115	1010		33	36	33	0.3	35	67	73	17
马拉维	116	350		30	50	16	0.0	56	54	75	1
多哥	117	550	54	31	53	38	0.1	73	57	57	10
马达加斯加	118	430	80	29	55	32	0.2	44	67	65	4
马里	119	600	66	37	39	34	0.0	100	51	31	6
尼日利亚	120	1250		33	27	49	0.4	81	51	61	10
孟加拉国	121	700	48	19	53	28	0.3	39	69	57	11
坦桑尼亚	122	530	77	28	47	26	0.0	48	57	73	2
贝宁	123	780		32	54	44	0.1	70	56	42	11
尼日尔	124	360	57			18	0.0	69	54	29	2
安哥拉	125	3660		10	30	58		98	51	70	4
乌干达	126	500	66	24	50	15	0.1	60	54	73	4
中非	127	470		57	28	39		109	48	56	3
布基纳法索	128	550	85	33	44	26	0.1	82	55	29	3
埃塞俄比亚	129	360	79	47	43	17	0.0	54	59	39	7
布隆迪	130	230		35	47	11		88	50	67	3
卢旺达	131	520	79	32	53	19	0.0	42	55	71	6
高收入国家		38811	3	1	75	80	2.8	5	80	98	72
中等收入国家		3728	35	9	65	49	1.2	36	69	83	26
低收入国家		533		26	49	28	0.2	65	59	63	8
世界平均		9076	35	3	71	52	1.4	38	70	84	29
标准值		8000	30	15	45	50	1.0	30	70	80	15

注:a. 为 2005~2010 年期间最近年的数据。b. 评价数据为婴儿死亡率,婴儿存活率=1－婴儿死亡率。

附表 2-2-3 2010 年世界第一次现代化发展阶段

国家	编号	信号指标				信号赋值				平均值	发展阶段*	2010年程度/(%)
		农业增加产值占GDP比例	农业增加值/工业增加值	农业劳动力占总劳动力比例	农业劳动力/工业劳动力	农业增加产值占GDP比例	农业增加值/工业增加值	农业劳动力占总劳动力比例	农业劳动力/工业劳动力			
瑞典	1	2	0.07	2	0.11	4	4	4	4	4.0	4	100
美国	2	1	0.06	2	0.10	4	4	4	4	4.0	4	100
芬兰	3	3	0.10	4	0.19	4	4	4	4	4.0	4	100
澳大利亚	4	2	0.12	3	0.16	4	4	4	4	4.0	4	100
瑞士	5			3	0.16			4	4	4.0	4	100
挪威	6	2	0.04	3	0.13	4	4	4	4	4.0	4	100
日本	7	1	0.04	4	0.15	4	4	4	4	4.0	4	100
丹麦	8	1	0.06	2	0.12	4	4	4	4	4.0	4	100
德国	9	1	0.03	2	0.06	4	4	4	4	4.0	4	100
荷兰	10	2	0.08	3	0.18	4	4	4	4	4.0	4	100
加拿大	11	2	0.06	2	0.11	4	4	4	4	4.0	4	100
新加坡	12	0	0.00	1	0.05	4	4	4	4	4.0	4	100
英国	13	1	0.03	1	0.06	4	4	4	4	4.0	4	100
法国	14	2	0.09	3	0.13	4	4	4	4	4.0	4	100
比利时	15	1	0.03	1	0.06	4	4	4	4	4.0	4	100
奥地利	16	2	0.05	5	0.21	4	4	4	3	3.8	4	100
新西兰	17	6	0.23	7	0.32	3	3	4	3	3.3	4	100
韩国	18	3	0.07	7	0.39	4	4	4	3	3.8	4	100
以色列	19			2	0.08			4	4	4.0	4	100
意大利	20		0.08	4	0.13	4	4	4	4	4.0	4	100
爱尔兰	21	1	0.03	5	0.24	4	4	4	3	3.8	4	100
西班牙	22	3	0.10	4	0.19	4	4	4	4	4.0	4	100
爱沙尼亚	23	4	0.12	4	0.14	4	4	4	4	4.0	4	100
斯洛文尼亚	24	3	0.08	9	0.27	4	4	4	3	3.8	4	100
乌拉圭	25	10	0.36	11	0.51	3	3	3	3	3.0	3	100
俄罗斯	26	4	0.11	10	0.35	4	4	3	3	3.5	4	100
斯洛伐克	27	4	0.11	3	0.09	4	4	4	4	4.0	4	100
希腊	28			13	0.63			3	3	3.0	3	100
匈牙利	29	4	0.11	5	0.15	4	4	4	4	4.0	4	100
捷克	30	2	0.06	3	0.08	4	4	4	4	4.0	4	100
葡萄牙	31	2	0.10	11	0.39	4	4	3	3	3.5	4	100
白俄罗斯	32	9	0.21	22		3	3	3		3.0	3	100
拉脱维亚	33	4	0.19	9	0.37	4	4	4	3	3.8	4	100
立陶宛	34	4	0.12	9	0.37	4	4	4	3	3.8	4	100
格鲁吉亚	35	8	0.38	53	5.13	3	3	1	0	1.8	2	100
乌克兰	36	8	0.27	16	0.68	3	3	3	3	3.0	3	100
保加利亚	37	5	0.17	7	0.20	4	4	4	4	4.0	4	100
黎巴嫩	38	6	0.24	7		3	3	4		3.3	3	100
哈萨克斯坦	39	5	0.11	29	1.56	4	4	3	2	3.3	3	100
波兰	40	4	0.11	13	0.42	4	4	3	3	3.5	4	100
阿根廷	41	10	0.32	1	0.05	3	3	4	4	3.5	4	100
巴拿马	42	4	0.27	18	0.94	3	3	3	3	3.3	3	100
克罗地亚	43	5	0.19	15	0.55	3	3	3	3	3.3	3	100
沙特阿拉伯	44	3	0.04	4	0.20	4	4	4	4	4.0	4	100
哥伦比亚	45	7	0.20	18	0.90	3	3	3	3	3.0	3	99
科威特	46			3	0.13			4	4	4.0	4	99
智利	47	3	0.09	11	0.48	4	4	3	3	3.5	4	99
马其顿	48	11	0.41	20	0.63	3	3	3	3	3.0	3	99
阿塞拜疆	49	6	0.09	39	2.99	3	4	2	1	2.5	3	99
摩尔多瓦	50	11	0.75	31	1.58	3	2	2	3	2.5	3	98
罗马尼亚	51	7	0.27	30	1.05	3	3	2	2	2.5	3	98
委内瑞拉	52		0.11	9	0.37	3	4	4	3	3.5	4	97
乌兹别克斯坦	53	20	0.55	34		2	3	2		2.3	2	97
多米尼加	54	6	0.19	15	0.66	3	3	3	3	3.3	3	96
亚美尼亚	55	20	0.54	44	2.63	2	3	2	1	2.0	2	95
巴拉圭	56	22	1.09	27	1.40	2	2	2	2	2.3	2	95
哥斯达黎加	57	7	0.27	12	0.57	3	3	3	3	3.0	3	95
巴西	58	5	0.19	17	0.77	3	4	3	3	3.3	3	95
墨西哥	59	4	0.11	13	0.43	4	4	3	3	3.5	4	94
博茨瓦纳	60	3	0.06	30	1.97	4	4	3	2	3.3	3	94
秘鲁	61	7	0.19	1	0.03	3	4	4	4	3.8	4	94
牙买加	62	6	0.30	20	1.22	3	3	3	2	2.8	3	92
约旦	63	3	0.11	2	0.11	4	4	4	4	4.0	4	92
南非	64	3	0.08	5	0.20	4	4	4	4	4.0	4	91
土耳其	65	10	0.36	24	0.90	3	3	3	3	2.8	3	91
厄瓜多尔	66	7	0.18	29	1.53	3	4	3	3	3.3	3	90
伊朗	67	10	0.23	21	0.66	3	3	3	3	3.0	3	90
蒙古	68	16	0.43	40	2.68	2	3	2	1	2.0	2	90
摩洛哥	69	15	0.52	41	1.88	2	2	2	2	2.3	2	90
马来西亚	70	10	0.25	14	0.50	3	3	3	3	3.0	3	89

(续表)

国家	编号	信号指标				信号赋值				平均值	发展阶段[a]	2010年程度/(%)
		农业增加产值占GDP比例	农业增加值/工业增加值	农业劳动力占总劳动力比例	农业劳动力/工业劳动力	农业增加产值占GDP比例	农业增加值/工业增加值	农业劳动力占总劳动力比例	农业劳动力/工业劳动力			
萨尔瓦多	71	13	0.47	21	1.01	3	3	3	3	3.0	3	89
埃及	72	14	0.37	32	1.37	3	3	2	2	2.5	3	89
中国	73	10	0.22	40	1.46	3	3	2	2	2.5	3	89
阿尔及利亚	74	7	0.11	21	0.81	3	4	3	2	3.0	3	89
土库曼斯坦	75	15	0.30	49		3	3	2		2.7	3	88
突尼斯	76	8	0.25	21		3	3	3		3.0	3	88
阿尔巴尼亚	77	19	1.19	44	2.22	2	2	2	1	1.8	2	87
吉尔吉斯斯坦	78	19	0.66	34	1.65	2	3	2	2	2.3	2	86
塔吉克斯坦	79	21	0.97	56	3.11	2	2	1	1	1.5	1	86
玻利维亚	80	13	0.35	36	1.83	3	3	2	2	2.5	3	85
缅甸	81			63				1		1.0	1	84
菲律宾	82	12	0.38	35	2.41	3	3	2	1	2.3	2	82
泰国	83	12	0.28	42	2.13	3	3	2	1	2.3	2	82
纳米比亚	84	8	0.38	16	0.92	3	3	3	2	2.8	3	82
津巴布韦	85	18	0.50	29		2	3	3		2.7	3	81
洪都拉斯	86	13	0.47	35	1.56	3	3	2	2	2.5	3	81
尼加拉瓜	87	19	0.78	30	1.46	2	3	3	2	2.5	3	80
越南	88	21	0.50	52	2.56	2	3	1	1	1.8	2	79
肯尼亚	89	25	1.35	61	9.12	2	2	1	0	1.3	1	78
斯里兰卡	90	13	0.44	33	1.30	3	3	2	2	2.5	3	78
刚果共和国	91	4	0.05	35	1.72	3	4	2	2	2.8	3	76
印度尼西亚	92	15	0.33	38	1.98	2	3	2	2	2.3	2	71
赞比亚	93	20	0.57	72	10.17	2	3	1	0	1.5	2	71
危地马拉	94	39	1.34	33	1.46	1	2	2	2	1.8	2	68
毛里塔尼亚	95	17	0.39	55		2	3	1		2.0	2	67
科特迪瓦	96	23	0.84	60		2	2	1		1.7	2	67
印度	97	18	0.65	51	2.28	2	3	1	1	1.8	2	66
巴基斯坦	98	21	0.83	45	2.22	2	2	2	1	1.8	2	66
莱索托	99	9	0.27	40		3	3	2		2.7	3	65
柬埔寨	100	36	1.55	72	8.40	1	2	1	0	1.0	1	64
喀麦隆	101	20	0.64	61	6.78	2	3	1	0	1.5	2	63
厄立特里亚	102	15	0.65	81		3	3	0		2.0	2	62
叙利亚	103	23	0.75	15	0.46	2	3	3	3	2.8	3	62
加纳	104	30	1.56	57	4.21	1	2	1	1	1.3	1	60
乍得	105	14	0.28	83		3	3	0		2.0	1	60
莫桑比克	106	32	1.36	81	27.00	1	2	0	0	0.8	0	60
几内亚	107	22	0.49	87		2	3	0		1.7	1	59
也门共和国	108	8	0.26	54		3	3	1		2.3	2	59
巴布亚新几内亚	109	36	0.80	72		1	3	1		1.7	1	59
海地	110			51				1		1.0	1	57
尼泊尔	111	37	2.34	66	5.08	1	1	1	0	0.8	1	56
塞内加尔	112	17	0.78	34	2.28	2	3	2	1	2.0	2	56
塞拉利昂	113	49	2.37	69	9.86	1	1	1	0	0.8	1	55
刚果民主共和国	114	46	2.06	68		1	1	1		1.0	1	55
老挝	115	33	1.03	78		1	2	1		1.3	1	55
马拉维	116	30	1.51	95		1	2	0		1.0	0	52
多哥	117	31	1.87	54	7.96	1	2	1	0	1.0	1	51
马达加斯加	118	29	1.82	80	21.73	2	2	0	0	1.0	0	50
马里	119	37	1.51	66	11.79	1	2	1	0	1.0	1	50
尼日利亚	120	33	0.80	45	3.75	1	3	2	1	1.8	2	49
孟加拉国	121	19	0.65	48	3.32	2	3	2	1	2.0	2	49
坦桑尼亚	122	28	1.14	77	17.79	2	2	1	0	1.3	1	47
贝宁	123	32	2.40	43	4.30	1	1	2	1	1.3	1	47
尼日尔	124			57	5.13			1	1	0.5	1	46
安哥拉	125		0.16	75		3	4	1		2.7	2	46
乌干达	126	24	0.95	66	10.93	2	2	1	0	1.3	1	44
中非	127	57	3.81	80		0	1	0		0.3	0	44
布基纳法索	128	33	1.49	85	27.35	1	2	0	0	0.8	0	43
埃塞俄比亚	129	47	4.53	79	12.02	1	1	1	0	0.8	1	42
布隆迪	130	35	1.92	92		1	2	0		1.0	0	41
卢旺达	131	32	2.15	79	20.74	1	1	1	0	0.8	1	32
高收入国家		1	0.05	3	0.15	4	4	4	4	4.0	4	100
中等收入国家		9	0.26	35	1.49	3	3	2	2	2.5	3	91
低收入国家		26	1.03	57		2	2	1		1.7	2	56
世界平均		3	0.11	35	1.60	4	4	2	2	3.0	3	96

注：a. 4代表第一次现代化的过渡期，3代表成熟期，2代表发展期，1代表起步期，0代表传统农业社会。

附表 2-2-4　世界第一次现代化程度增长率和预期完成时间

国家	编号	1990 年第一次现代化程度/(%)	2010 年第一次现代化程度/(%)	1990~2010 年均增长率/(%)	程度达到100%需要的年数（按1990~2010年速度）
瑞典	1	100	100	0.0	
美国	2	100	100	0.0	
芬兰	3	100	100	0.0	
澳大利亚	4	100	100	0.0	
瑞士	5	100	100	0.0	
挪威	6	100	100	0.0	
日本	7	100	100	0.0	
丹麦	8	100	100	0.0	
德国	9	100	100	0.0	
荷兰	10	100	100	0.0	
加拿大	11	100	100	0.0	
新加坡	12	94	100	0.3	0
英国	13	100	100	0.0	
法国	14	100	100	0.0	
比利时	15	100	100	0.0	
奥地利	16	100	100	0.0	
新西兰	17	100	100	0.0	
韩国	18	97	100	0.1	0
以色列	19	100	100	0.0	
意大利	20	100	100	0.0	
爱尔兰	21	100	100	0.0	
西班牙	22	100	100	0.0	
爱沙尼亚	23		100		
斯洛文尼亚	24		100		
乌拉圭	25	94	100	0.3	0
俄罗斯	26		100		
斯洛伐克	27		100		
希腊	28	99	100	0.1	0
匈牙利	29	95	100	0.3	0
捷克	30	93	100	0.3	0
葡萄牙	31	95	100	0.2	0
白俄罗斯	32		97		
拉脱维亚	33		100		
立陶宛	34		100		
格鲁吉亚	35		89		
乌克兰	36		94		
保加利亚	37	87	98	0.6	3
黎巴嫩	38		100		
哈萨克斯坦	39		99		
波兰	40	93	100	0.4	0
阿根廷	41	93	100	0.3	0
巴拿马	42	94	99	0.3	5
克罗地亚	43		100		
沙特阿拉伯	44	91	97	0.3	8
哥伦比亚	45	87	88	0.0	
科威特	46	98	100	0.1	0
智利	47	86	100	0.8	0
马其顿	48		96		
阿塞拜疆	49		89		
摩尔多瓦	50		91		
罗马尼亚	51	83	100	0.9	0
委内瑞拉	52	94	99	0.3	2
乌兹别克斯坦	53		78		
多米尼加	54	82	95	0.8	6
亚美尼亚	55		88		
巴拉圭	56	73	89	1.0	11
哥斯达黎加	57	92	98	0.3	5
巴西	58	87	100	0.7	0
墨西哥	59	91	100	0.5	0
博茨瓦纳	60	66	84	1.2	14
秘鲁	61	82	95	0.7	7
牙买加	62	83	100	0.9	0
约旦	63	87	95	0.5	10
南非	64	80	92	0.7	12
土耳其	65	79	100	1.2	0
厄瓜多尔	66	86	95	0.5	11
伊朗	67	65	99	2.1	1

(续表)

国家	编号	1990年第一次现代化程度/(%)	2010年第一次现代化程度/(%)	1990~2010年均增长率/(%)	程度达到100%需要的年数（按1990~2010年速度）
蒙古	68	87	89	0.1	98
摩洛哥	69	66	82	1.1	17
马来西亚	70	77	99	1.3	1
萨尔瓦多	71	81	94	0.7	8
埃及	72	73	90	1.1	10
中国	73	63	92	1.9	4
阿尔及利亚	74	80	91	0.6	16
土库曼斯坦	75		86		
突尼斯	76	78	94	1.0	6
阿尔巴尼亚	77		90		
吉尔吉斯斯坦	78		85		
塔吉克斯坦	79		76		
玻利维亚	80	72	86	0.9	17
缅甸	81		78		
菲律宾	82	71	90	1.2	9
泰国	83	73	82	0.5	38
纳米比亚	84	64	81	1.2	18
津巴布韦	85	59	68	0.7	53
洪都拉斯	86	66	90	1.5	7
尼加拉瓜	87		87		
越南	88		79		
肯尼亚	89	48	59	1.0	52
斯里兰卡	90	66	80	0.9	24
刚果共和国	91	64	60	-0.3	
印度尼西亚	92	59	82	1.7	12
赞比亚	93	52	55	0.3	184
危地马拉	94	65	81	1.1	19
毛里塔尼亚	95	53	56	0.3	215
科特迪瓦	96	51	59	0.7	78
印度	97	51	71	1.7	20
巴基斯坦	98	49	66	1.5	28
莱索托	99	54	63	0.8	61
柬埔寨	100		59		
喀麦隆	101	52	71	1.6	22
厄立特里亚	102		62		
叙利亚	103	79	89	0.6	20
加纳	104	53	62	0.8	62
乍得	105	38	49	1.3	54
莫桑比克	106	36	47	1.4	55
几内亚	107	44	52	0.9	77
也门共和国	108	61	67	0.5	87
巴布亚新几内亚	109	48	46	-0.2	
海地	110	47	60	1.3	41
尼泊尔	111	32	60	3.2	16
塞内加尔	112	48	64	1.5	29
塞拉利昂	113	42	41	-0.1	
刚果民主共和国	114		49		
老挝	115	34	67	3.5	11
马拉维	116	37	46	1.1	69
多哥	117	48	55	0.7	90
马达加斯加	118	47	55	0.8	77
马里	119	37	43	0.8	108
尼日利亚	120	48	57	0.9	65
孟加拉国	121	43	65	2.1	20
坦桑尼亚	122	32	50	2.2	32
贝宁	123	55	56	0.1	639
尼日尔	124	35	32	-0.4	
安哥拉	125	59	66	0.5	80
乌干达	126	33	50	2.1	33
中非	127	43	44	0.2	497
布基纳法索	128	32	42	1.3	66
埃塞俄比亚	129	33	44	1.5	57
布隆迪	130	34	47	1.7	45
卢旺达	131	35	51	1.9	36
高收入国家		100	100	0.0	
中等收入国家		84	91	0.4	22
低收入国家		52	56	0.4	159
世界平均		81	96	0.9	4

附表 2-2-5　1950～2010 年世界第一次现代化实现程度

国家	编号	1950	1960	1970	1980	1990	2000	2005	2009	2010
瑞典	1	81	96	100	100	100	100	100	100	100
美国	2	100	100	100	100	100	100	100	100	100
芬兰	3	61	84	100	100	100	100	100	100	100
澳大利亚	4	86	99	100	100	100	100	100	100	100
瑞士	5	84	93	100	100	100	100	100	100	100
挪威	6	85	91	100	100	100	100	100	100	100
日本	7	63	88	100	100	100	100	100	100	100
丹麦	8	84	97	100	100	100	100	100	100	100
德国	9	75	92	100	100	100	100	100	100	100
荷兰	10	80	97	100	100	100	100	100	100	100
加拿大	11	90	100	100	100	100	100	100	100	100
新加坡	12	55	77	90	94	94	100	100	100	100
英国	13	84	96	100	100	100	100	100	100	100
法国	14	76	97	100	100	100	100	100	100	100
比利时	15	83	95	100	100	100	100	100	100	100
奥地利	16	73	90	100	100	100	100	100	100	100
新西兰	17	85	98	100	100	100	100	100	100	100
韩国	18	35	52	71	87	97	100	100	100	100
以色列	19	85	95	91	100	100	100	100	100	100
意大利	20	63	87	100	100	100	100	100	100	100
爱尔兰	21	65	85	96	100	100	100	100	100	100
西班牙	22	58	73	95	100	100	100	100	100	100
爱沙尼亚	23						95	100	100	100
斯洛文尼亚	24						100	100	100	100
乌拉圭	25		81	85	96	94	99	96	100	100
俄罗斯	26		90				91	96	100	100
斯洛伐克	27						95	100	100	100
希腊	28	63	74	92	100	99	100	100	100	100
匈牙利	29	72	79	92	95	95	97	100	100	100
捷克	30			100	96	93	98	100	100	100
葡萄牙	31	48	60	73	86	95	100	100	100	100
白俄罗斯	32						93	94	97	97
拉脱维亚	33					97	95	99	100	100
立陶宛	34						95	100	100	100
格鲁吉亚	35					92	82	82	89	89
乌克兰	36						90	92	93	94
保加利亚	37		81	95	97	87	92	95	98	98
黎巴嫩	38		77	85	93		96	99	100	100
哈萨克斯坦	39						90	87	98	99
波兰	40	50	80	95	100	93	96	100	100	100
阿根廷	41	81	86	91	94	93	100	96	100	100
巴拿马	42	48	63	83	94	94	95	96	98	99
克罗地亚	43						97	100	100	100
沙特阿拉伯	44		27	52	66	91	99	98	98	97
哥伦比亚	45	36	54	66	78	87	92	93	96	88
科威特	46		77	88	91	98	100	100	100	100
智利	47	68	73	77	92	86	97	98	100	100
马其顿	48						92	94	96	96
阿塞拜疆	49						84	80	88	89
摩尔多瓦	50						79	87	90	91
罗马尼亚	51			68	82	90	83	89	95	100	100
委内瑞拉	52	52	75	89	96	94	96	96	98	99
乌兹别克斯坦	53						77	77	78	78
多米尼加	54	40	48	62	76	82	90	93	96	95
亚美尼亚	55						82	84	88	88
巴拉圭	56	47	56	69	68	73	88	88	91	89
哥斯达黎加	57	55	58	73	90	92	94	97	98	98
巴西	58	53	59	72	81	87	94	95	100	100
墨西哥	59	53	64	79	88	91	98	100	100	100
博茨瓦纳	60		25	29	47	66	70	73	83	84
秘鲁	61	36	59	72	79	82	92	94	95	95
牙买加	62	47	68	78	81	83	90	93	96	100
约旦	63		44	55	85	87	92	93	95	95
南非	64	56	63	76	78	80	80	87	91	92
土耳其	65	34	45	54	61	79	88	97	100	100

(续表)

国家	编号	1950	1960	1970	1980	1990	2000	2005	2009	2010
厄瓜多尔	66	48	53	65	82	86	91	94	95	95
伊朗	67		42	57	72	65	84	87	96	99
蒙古	68			66		87	87	78	83	88	89
摩洛哥	69	36	41	49	54	66	75	76	85	82
马来西亚	70		46	55	69	77	91	93	99	99
萨尔瓦多	71	43	47	54	60	81	92	93	94	94
埃及	72	32	48	60	71	73	84	85	89	90
中国	73	26	37	40	54	63	76	86	90	92
阿尔及利亚	74	38	43	54	72	80	85	88	92	91
土库曼斯坦	75						72	76	81	86
突尼斯	76		43	54	68	78	89	93	95	94
阿尔巴尼亚	77		48		58		75	84	87	90
吉尔吉斯斯坦	78						71	73	81	85
塔吉克斯坦	79						78	72	73	76
玻利维亚	80	37	45	61	61	72	79	86	87	86
缅甸	81		40	25	40		55	61	69	78
菲律宾	82	43	58	53	61	71	88	90	91	90
泰国	83	37	41	55	62	73	77	81	82	82
纳米比亚	84					64	65	71	80	81
津巴布韦	85		44	48	52	59	64	59	63	68
洪都拉斯	86	31	40	52	57	66	82	84	90	90
尼加拉瓜	87		49	65	70		76	83	83	87
越南	88		37				66	72	75	79
肯尼亚	89	24	31	37	42	48	58	54	54	59
斯里兰卡	90		50	54	52	66	72	71	78	80
刚果共和国	91		41	55	62	64	63	63	60	60
印度尼西亚	92	16	30	41	43	59	68	78	78	82
赞比亚	93		42	47	52	52	50	49	56	55
危地马拉	94	27	46	46	62	65	78	80	90	81
毛里塔尼亚	95		26	32	44	53	53	52	55	56
科特迪瓦	96			37	54	51	51	53	57	59
印度	97	30	33	39	44	51	59	65	73	71
巴基斯坦	98	20	34	42	45	49	60	62	66	66
莱索托	99		23	34	49	54	51	51	59	63
柬埔寨	100		25				44	48	55	59
喀麦隆	101		35	35	48	52	52	54	62	71
厄立特里亚	102						48	47	55	62
叙利亚	103		48	62	75	79	79	81	89	89
加纳	104		37	39	42	53	55	53	62	62
乍得	105		26	28	37	38	43	35	49	49
莫桑比克	106		24	13	23	36	48	44	49	47
几内亚	107		15		27	44	47	43	50	52
也门共和国	108		19		26	61	56	60	61	67
巴布亚新几内亚	109		31	36	39	48	46	38	45	46
海地	110	17	31	30	30	47	53	50	54	60
尼泊尔	111		16	23	26	32	39	47	53	60
塞内加尔	112		34	42	47	48	55	54	65	64
塞拉利昂	113		19	39	38	42	34	37	41	41
刚果民主共和国	114				46		42	40	45	49
老挝	115		24	25	34	34	38	47	63	67
马拉维	116		26	28	28	37	37	39	55	46
多哥	117		27	34	42	48	46	46	49	55
马达加斯加	118		33	41	39	47	47	50	54	55
马里	119		24	28	31	37	37	37	43	43
尼日利亚	120	21	25	37	46	48	50	55	57	57
孟加拉国	121		29		32	43	51	56	63	65
坦桑尼亚	122		27	35	39	32	42	41	54	50
贝宁	123		30	38	40	55	46	46	53	56
尼日尔	124		21	24	30	35	37	33	43	32
安哥拉	125		30		29	59	40	48	58	66
乌干达	126		28	24	30	33	39	44	48	50
中非	127		31	35	37	43	38	36	40	44
布基纳法索	128			25	32	32	39	37	40	42
埃塞俄比亚	129		18	26	26	33	33	36	42	44
布隆迪	130		17	21	27	34	31	38	45	47
卢旺达	131		20	24	29	35	34	39	52	51
高收入国家			100	100	100	100	100	100	100	100
中等收入国家			51		84	84	93	92	90	91
低收入国家			34	33	45	52	58	59	57	56
世界平均				68	80	81	89	93	96	96

附表 2-2-6　1950～2010 年世界第一次现代化程度的排名

国家	编号	1950	1960	1970	1980	1990	2000	2005	2009	2010
瑞典	1	12	9	1	1	1	1	1	1	1
美国	2	1	1	1	1	1	1	1	1	1
芬兰	3	23	21	1	1	1	1	1	1	1
澳大利亚	4	3	3	1	1	1	1	1	1	1
瑞士	5	8	12	1	1	1	1	1	1	1
挪威	6	4	14	1	1	1	1	1	1	1
日本	7	22	17	1	1	1	1	1	1	1
丹麦	8	7	5	1	1	1	1	1	1	1
德国	9	15	13	1	1	1	1	1	1	1
荷兰	10	13	7	1	1	1	1	1	1	1
加拿大	11	2	1	1	1	1	1	1	1	1
新加坡	12	27	27	27	31	27	1	1	1	1
英国	13	9	8	1	1	1	1	1	1	1
法国	14	14	6	1	1	1	1	1	1	1
比利时	15	10	1	1	1	1	1	1	1	1
奥地利	16	16	16	1	1	1	1	1	1	1
新西兰	17	5	4	1	1	1	1	1	1	1
韩国	18	46	47	42	40	23	1	1	1	1
以色列	19	6	10	25	1	1	1	1	1	1
意大利	20	21	18	1	1	1	1	1	1	1
爱尔兰	21	19	20	19	1	1	1	1	1	1
西班牙	22	24	32	20	1	1	1	1	1	1
爱沙尼亚	23						39	1	1	1
斯洛文尼亚	24						1	1	1	1
乌拉圭	25		23	30	25	26	28	40	1	1
俄罗斯	26		15				52	41	1	43
斯洛伐克	27						38	1	1	1
希腊	28	20	30	24	1	21	1	1	1	1
匈牙利	29	17	25	23	28	25	32	1	1	1
捷克	30		1		26	30	30	1	1	1
葡萄牙	31	32	39	38	41	24	1	1	1	1
白俄罗斯	32						45	49	51	53
拉脱维亚	33				23		41	1	1	1
立陶宛	34						40	1	1	1
格鲁吉亚	35				33		68	70	73	71
乌克兰	36						57	62	62	61
保加利亚	37		22	22	24	38	47	48	50	51
黎巴嫩	38		26	31	32		37	37	1	1
哈萨克斯坦	39						55	51	46	46
波兰	40	31	24	21	1	32	36	1	1	1
阿根廷	41	11	19	26	29	31	1	43	1	1
巴拿马	42	33	37	32	30	29	42	44	47	49
克罗地亚	43						34	1	1	1
沙特阿拉伯	44		87	63	58	35	29	42	48	52
哥伦比亚	45	43	45	44	48	36	46	50	52	76
科威特	46		28	29	35	22	1	1	1	1
智利	47	18	31	36	34	42	33	36	1	1
马其顿	48						49	52	55	54
阿塞拜疆	49						66	81	74	74
摩尔多瓦	50						73	69	70	64
罗马尼亚	51		34	33	36	43	60	47	1	44
委内瑞拉	52	30	29	28	27	28	35	39	45	45
乌兹别克斯坦	53						79	84	88	89
多米尼加	54	39	52	47	49	46	58	55	54	55
亚美尼亚	55						70	72	75	75
巴拉圭	56	36	44	43	56	56	61	65	65	70
哥斯达黎加	57	26	43	39	37	33	43	45	49	50
巴西	58	29	40	40	44	39	44	46	1	1
墨西哥	59	28	36	34	38	34	31	1	1	1
博茨瓦纳	60		93	88	76	62	87	86	80	81
秘鲁	61	45	41	41	46	45	50	53	57	58
牙买加	62	35	33	35	45	44	56	59	53	1
约旦	63		59	52	42	40	51	58	59	56
南非	64	25	38	37	47	48	71	67	64	63
土耳其	65	47	57	60	64	51	62	38	1	1
厄瓜多尔	66	34	46	46	43	41	53	54	58	57

(续表)

国家	编号	1950	1960	1970	1980	1990	2000	2005	2009	2010
伊朗	67		64	51	52	63	65	61	56	48
蒙古	68		35		39	37	75	76	76	73
摩洛哥	69	44	67	64	68	61	83	83	79	82
马来西亚	70		55	53	55	53	54	56	44	47
萨尔瓦多	71	37	54	59	65	47	48	57	61	60
埃及	72	48	50	50	53	55	67	64	72	66
中国	73	52	72	72	69	67	80	68	67	62
阿尔及利亚	74	40	61	57	51	49	64	66	63	65
土库曼斯坦	75						85	80	83	78
突尼斯	76		62	56	57	52	59	60	60	59
阿尔巴尼亚	77		51		66		82	71	78	68
吉尔吉斯斯坦	78						86	85	84	80
塔吉克斯坦	79						77	88	90	91
玻利维亚	80	42	58	49	62	57	74	74	77	79
缅甸	81		69	95	87		97	93	92	90
菲律宾	82	38	42	61	63	58	63	63	66	69
泰国	83	41	66	55	59	54	78	77	82	84
纳米比亚	84					65	90	89	85	85
津巴布韦	85		60	65	72	70	91	95	96	94
洪都拉斯	86	49	68	62	67	59	69	73	69	67
尼加拉瓜	87		49	45	54		81	75	81	77
越南	88		70				89	87	89	88
肯尼亚	89	53	80	79	85	81	95	102	114	107
斯里兰卡	90		48	58	71	60	84	90	86	87
刚果共和国	91		65	54	60	66	92	97	101	105
印度尼西亚	92	57	84	71	83	71	88	82	87	83
赞比亚	93		63	66	73	76	106	113	106	113
危地马拉	94	51	56	67	61	64	76	78	68	86
毛里塔尼亚	95		90	86	81	74	101	100	107	111
科特迪瓦	96			78	70	78	103	103	105	108
印度	97	50	76	75	82	79	94	91	91	92
巴基斯坦	98	55	75	68	80	80	93	92	93	98
莱索托	99		99	85	74	73	105	104	102	101
柬埔寨	100		95				115	109	108	109
喀麦隆	101		73	81	75	77	102	96	98	93
厄立特里亚	102						109	112	110	102
叙利亚	103		53	48	50	50	72	79	71	72
加纳	104		71	74	84	75	98	105	99	103
乍得	105		92	90	94	92	116	130	121	120
莫桑比克	106		96	101	110	95	108	119	120	122
几内亚	107		107		106	88	110	114	118	116
也门共和国	108		103		109	68	96	94	100	96
巴布亚新几内亚	109		78	80	90	84	114	125	125	125
海地	110	56	79	87	99	86	100	106	112	104
尼泊尔	111		106	99	108	104	121	111	115	106
塞内加尔	112		74	69	77	85	99	101	94	100
塞拉利昂	113		102	73	92	91	128	128	129	130
刚果民主共和国	114				78		117	122	123	121
老挝	115		97	93	95	99	123	110	97	95
马拉维	116		91	89	104	94	126	121	109	124
多哥	117		88	84	86	82	112	116	119	114
马达加斯加	118		77	70	89	87	111	107	111	115
马里	119		98	91	98	93	125	118	127	128
尼日利亚	120	54	94	77	79	83	107	99	104	110
孟加拉国	121		85		96	89	104	98	95	99
坦桑尼亚	122		89	82	91	102	118	120	113	118
贝宁	123		83	76	88	72	113	115	116	112
尼日尔	124		100	97	100	96	127	131	126	131
安哥拉	125		82		102	69	119	108	103	97
乌干达	126		86	96	101	101	120	117	122	119
中非	127		81	83	93	90	124	126	131	126
布基纳法索	128			94	97	103	122	129	130	129
埃塞俄比亚	129		104	92	107	100	130	127	128	127
布隆迪	130		105	100	105	98	131	124	124	123
卢旺达	131		101	98	103	97	129	123	117	117

注：第一次现代化程度达到100%，排名不分先后。排名为131个国家的排名。

附表 2-3-1 2010 年世界第二次现代化指数

国家	编号	知识创新指数	知识传播指数	生活质量指数	经济质量指数	第二次现代化指数	排名
瑞典	1	91	104	112	108	104	3
美国	2	116	104	97	120	109	1
芬兰	3	96	109	110	97	103	4
澳大利亚	4	73	104	110	109	99	10
瑞士	5	78	95	100	110	96	12
挪威	6	76	105	112	104	99	8
日本	7	120	98	98	94	102	5
丹麦	8	94	106	103	115	104	2
德国	9	98	103	102	97	100	7
荷兰	10	56	103	106	105	92	16
加拿大	11	70	104	99	100	93	15
新加坡	12	86	99	105	107	99	9
英国	13	69	98	95	107	92	17
法国	14	72	96	106	106	95	14
比利时	15	60	100	112	110	95	13
奥地利	16	86	99	101	99	96	11
新西兰	17	70	107	99	83	90	18
韩国	18	120	107	99	75	100	6
以色列	19	74	93	103	84	89	19
意大利	20	39	90	97	88	78	24
爱尔兰	21	61	97	95	96	87	20
西班牙	22	48	100	99	87	83	21
爱沙尼亚	23	49	98	100	60	77	25
斯洛文尼亚	24	68	103	88	67	82	22
乌拉圭	25	13	84	82	53	58	39
俄罗斯	26	54	88	89	53	71	29
斯洛伐克	27	29	93	82	57	65	33
希腊	28	27	96	93	73	72	28
匈牙利	29	35	89	85	58	67	32
捷克	30	48	93	102	60	76	27
葡萄牙	31	62	91	92	72	79	23
白俄罗斯	32	26	88	96	33	61	37
拉脱维亚	33	24	94	78	63	65	34
立陶宛	34	34	97	88	59	69	31
格鲁吉亚	35	7	64	64	36	43	68
乌克兰	36	26	84	80	39	57	41
保加利亚	37	22	83	79	48	58	40
黎巴嫩	38		79	82	49	70	30
哈萨克斯坦	39	4	72	77	39	48	56
波兰	40	27	96	80	54	64	35
阿根廷	41	17	85	80	58	60	38
巴拿马	42	6	69	60	61	49	53
克罗地亚	43	27	87	82	56	63	36
沙特阿拉伯	44	3	77	81	63	56	42
哥伦比亚	45	4	73	47	42	42	71
科威特	46	4	95	90	116	76	26
智利	47	9	86	70	51	54	44
马其顿	48	8	77	69	39	48	55
阿塞拜疆	49	8	72	63	31	44	65
摩尔多瓦	50	15	67	58	42	46	62
罗马尼亚	51	18	83	63	45	52	46
委内瑞拉	52	5	84	75	47	53	45
乌兹别克斯坦	53	2	59	53	19	33	84
多米尼加	54		66	55	42	54	43
亚美尼亚	55	9	88	68	28	48	54
巴拉圭	56	2	56	52	34	36	81
哥斯达黎加	57	8	77	64	48	49	52
巴西	58	22	73	64	49	52	47
墨西哥	59	9	67	66	48	48	57
博茨瓦纳	60	21	28	40	41	32	85
秘鲁	61	0	69	54	49	43	67
牙买加	62	1	64	52	82	50	51
约旦	63	9	69	67	55	50	50
南非	64	17	60	53	51	45	63
土耳其	65	20	78	61	47	51	48

(续表)

国家	编号	知识创新指数	知识传播指数	生活质量指数	经济质量指数	第二次现代化指数	排名
厄瓜多尔	66	5	68	56	35	41	73
伊朗	67	21	60	58	48	47	60
蒙古	68	7	68	62	27	41	72
摩洛哥	69	14	61	42	29	37	80
马来西亚	70	13	75	71	43	51	49
萨尔瓦多	71	4	51	55	38	37	78
埃及	72	7	64	58	30	40	74
中国	73	41	64	55	29	47	59
阿尔及利亚	74	3	62	53	23	35	82
土库曼斯坦	75		50	65	24	46	61
突尼斯	76	31	72	54	33	47	58
阿尔巴尼亚	77	6	76	51	37	42	69
吉尔吉斯斯坦	78	6	66	48	27	37	79
塔吉克斯坦	79	2	53	42	22	30	87
玻利维亚	80		57	48	29	45	64
缅甸	81		20	31		25	98
菲律宾	82	2	56	45	31	33	83
泰国	83	6	68	45	30	37	77
纳米比亚	84		31	34	49	38	76
津巴布韦	85		20	34	25	26	94
洪都拉斯	86		46	49	31	42	70
尼加拉瓜	87		50	49	31	43	66
越南	88	1	56	43	22	30	86
肯尼亚	89	6	26	30	26	22	105
斯里兰卡	90	3	43	37	31	28	89
刚果共和国	91		21	34	23	26	96
印度尼西亚	92	2	48	39	26	29	88
赞比亚	93	7	13	27	21	17	123
危地马拉	94	2	39	46	26	28	90
毛里塔尼亚	95		15	34	17	22	106
科特迪瓦	96	2	18	30	20	17	122
印度	97	13	36	33	26	27	92
巴基斯坦	98	8	28	35	26	24	101
莱索托	99	0	17	33	24	19	116
柬埔寨	100		31	26	21	26	97
喀麦隆	101		23	35	22	26	95
厄立特里亚	102		14	29	24	22	104
叙利亚	103	1	66	55	31	38	75
加纳	104	4	28	33	24	22	103
乍得	105		8	31	15	18	119
莫桑比克	106	3	12	23	17	14	128
几内亚	107		17	30	14	20	108
也门共和国	108	0	30	29	26	21	107
巴布亚新几内亚	109	0	6	27	14	12	130
海地	110		19	39	2	20	110
尼泊尔	111		23	31	18	24	102
塞内加尔	112	13	29	29	28	25	99
塞拉利昂	113		7	28	13	16	124
刚果民主共和国	114	21	15	29	13	19	112
老挝	115		28	38	16	27	91
马拉维	116	1	11	24	18	13	129
多哥	117	1	23	27	25	19	115
马达加斯加	118	2	14	35	23	19	117
马里	119	5	18	28	21	18	120
尼日利亚	120	5	29	32	15	20	109
孟加拉国	121	0	24	30	26	20	111
坦桑尼亚	122	17	14	25	21	19	113
贝宁	123		23	29	21	24	100
尼日尔	124	0	6	24	13	11	131
安哥拉	125		21	39	20	27	93
乌干达	126	8	14	25	23	18	121
中非	127		6	38	13	19	114
布基纳法索	128	3	10	28	20	15	126
埃塞俄比亚	129	3	13	22	20	14	127
布隆迪	130		11	27	17	18	118
卢旺达	131	0	14	26	22	16	125
高收入国家		100	100	100	100	100	
中等收入国家		23	58	46	32	40	
低收入国家			19	26	18	21	
世界平均		47	59	50	46	51	

附表 2-3-2　2010 年世界知识创新指数

国家	编号	知识创新指标的实际值			知识创新指标的指数			知识创新指数
		知识创新经费投入[a]	知识创新人员投入[b]	知识创新专利产出[c]	知识创新经费指数	知识创新人员指数	知识创新专利指数	
瑞典	1	3.6	50.2	2.3	120	120	34	91
美国	2	2.8	46.7	7.8	117	117	114	116
芬兰	3	3.8	76.5	3.2	120	120	47	96
澳大利亚	4	2.3	42.6	1.1	96	106	16	73
瑞士	5	3.0	33.2	2.1	120	83	30	78
挪威	6	1.8	55.0	2.3	75	120	33	76
日本	7	3.4	51.9	22.8	120	120	120	120
丹麦	8	3.0	63.9	2.9	120	120	43	94
德国	9	2.8	37.8	5.8	117	95	84	98
荷兰	10	1.8	28.2	1.6	75	70	23	56
加拿大	11	2.0	43.3	1.3	83	108	19	70
新加坡	12	2.7	58.3	1.8	113	120	26	86
英国	13	1.8	37.9	2.5	75	95	36	69
法国	14	2.2	36.9	2.3	92	92	33	72
比利时	15	2.0	34.9	0.6	83	87	8	60
奥地利	16	2.7	41.2	2.9	113	103	42	86
新西兰	17	1.2	43.2	3.6	50	108	53	70
韩国	18	3.4	49.5	26.7	120	120	120	120
以色列	19	4.3		1.9	120		28	74
意大利	20	1.3	16.9	1.5	54	42	21	39
爱尔兰	21	1.8	33.7	1.6	75	84	24	61
西班牙	22	1.4	29.3	0.8	58	73	11	48
爱沙尼亚	23	1.4	32.1	0.6	58	80	9	49
斯洛文尼亚	24	1.9	36.8	2.2	79	92	31	68
乌拉圭	25	0.7	3.5	0.1	29	9	1	13
俄罗斯	26	1.3	30.9	2.0	54	77	29	54
斯洛伐克	27	0.5	24.4	0.4	21	61	6	29
希腊	28	0.6	18.5	0.6	25	46	9	27
匈牙利	29	1.1	20.1	0.6	46	50	9	35
捷克	30	1.5	27.5	0.8	63	69	12	48
葡萄牙	31	1.7	43.1	0.5	71	108	7	62
白俄罗斯	32	0.6		1.9	25		27	26
拉脱维亚	33	0.5	16.0	0.8	21	40	12	24
立陶宛	34	0.8	25.4	0.3	33	64	5	34
格鲁吉亚	35	0.2		0.4	8		6	7
乌克兰	36	0.9	13.5	0.6	38	34	8	26
保加利亚	37	0.5	15.9	0.3	21	40	5	22
黎巴嫩	38							
哈萨克斯坦	39	0.2		0.0	8		0	4
波兰	40	0.7	16.0	0.8	29	40	12	27
阿根廷	41	0.5	10.5	0.2	21	26	3	17
巴拿马	42	0.2	1.1		8	3		6
克罗地亚	43	0.8	15.7	0.6	33	39	8	27
沙特阿拉伯	44	0.1		0.1	4		2	3
哥伦比亚	45	0.2	1.6	0.0	8	4	0	4
科威特	46	0.1	1.5		4	4		4
智利	47	0.4	3.5	0.2	17	9	3	9
马其顿	48	0.2	4.7	0.2	8	12	2	8
阿塞拜疆	49	0.3		0.3	13		4	8
摩尔多瓦	50	0.5	7.9	0.4	21	20	5	15
罗马尼亚	51	0.5	8.9	0.6	21	22	9	18
委内瑞拉	52		1.8			5		5
乌兹别克斯坦	53			0.1			2	2
多米尼加	54							
亚美尼亚	55	0.3		0.4	13		6	9
巴拉圭	56	0.1	0.7	0.0	4	2	0	2
哥斯达黎加	57	0.4	2.6	0.0	17	6	0	8
巴西	58	1.1	7.0	0.1	46	17	2	22
墨西哥	59	0.4	3.5	0.1	17	9	1	9
博茨瓦纳	60	0.5			21			21
秘鲁	61			0.0			0	0
牙买加	62			0.1			1	1
约旦	63	0.4		0.1	17		1	9
南非	64	0.9	4.0	0.2	38	10	2	17
土耳其	65	0.8	8.0	0.4	33	20	5	20
厄瓜多尔	66	0.3	1.1	0.0	13	3	0	5
伊朗	67	0.8	7.5	0.8	33	19	12	21
蒙古	68	0.2		0.4	8		6	7
摩洛哥	69	0.6	6.6	0.0	25	17	1	14
马来西亚	70	0.6	3.6	0.4	25	9	6	13

(续表)

国家	编号	知识创新指标的实际值			知识创新指标的指数			知识创新指数
		知识创新经费投入[a]	知识创新人员投入[b]	知识创新专利产出[c]	知识创新经费指数	知识创新人员指数	知识创新专利指数	
萨尔瓦多	71	0.1			4			4
埃及	72	0.2	4.2	0.1	8	11	1	7
中国	73	1.5	12.0	2.2	63	30	32	41
阿尔及利亚	74	0.1	1.7	0.0	4	4	0	3
土库曼斯坦	75							
突尼斯	76	1.1	18.6	0.1	46	47	1	31
阿尔巴尼亚	77	0.2	1.5		8	4		6
吉尔吉斯斯坦	78	0.2		0.2	8		4	6
塔吉克斯坦	79	0.1		0.0	4		0	2
玻利维亚	80							
缅甸	81							
菲律宾	82	0.1	0.8	0.0	4	2	0	2
泰国	83	0.2	3.2	0.2	8	8	3	6
纳米比亚	84							
津巴布韦	85							
洪都拉斯	86							
尼加拉瓜	87							
越南	88			0.0			1	1
肯尼亚	89	0.4	0.6	0.0	17	1	0	6
斯里兰卡	90	0.1	1.0	0.1	4	2	2	3
刚果共和国	91							
印度尼西亚	92	0.1	0.9	0.0	4	2	0	2
赞比亚	93	0.3	0.4		13	1		7
危地马拉	94	0.1	0.4	0.0	4	1	0	2
毛里塔尼亚	95							
科特迪瓦	96		0.7			2		2
印度	97	0.8	1.4	0.1	33	3	1	13
巴基斯坦	98	0.5	1.6	0.0	21	4	0	8
莱索托	99	0.0	0.2		0	1		0
柬埔寨	100							
喀麦隆	101							
厄立特里亚	102							
叙利亚	103			0.1			1	1
加纳	104	0.2	0.2		8	0		4
乍得	105							
莫桑比克	106	0.2	0.2	0.0	8	0		3
几内亚	107							
也门共和国	108			0.0			0	0
巴布亚新几内亚	109			0.0			0	0
海地	110							
尼泊尔	111							
塞内加尔	112	0.4	3.8		17	10		13
塞拉利昂	113							
刚果民主共和国	114	0.5			21			21
老挝	115							
马拉维	116		0.3			1		1
多哥	117		0.4			1		1
马达加斯加	118	0.1	0.5	0.0	4	1	0	2
马里	119	0.2	0.4		8	1		5
尼日利亚	120	0.2	0.4		8	1		5
孟加拉国	121			0.0			0	0
坦桑尼亚	122	0.4			17			17
贝宁	123							
尼日尔	124		0.1			0		0
安哥拉	125							
乌干达	126	0.4		0.0	17		0	8
中非	127							
布基纳法索	128	0.2	0.5	0.0	8	1	0	3
埃塞俄比亚	129	0.2	0.2	0.0	8	1	0	3
布隆迪	130							
卢旺达	131		0.1			0		0
高收入国家		2.4	39.8	6.9	100	100	100	100
中等收入国家		1.1	5.9	0.6	46	15	8	23
低收入国家								
世界平均		2.1	12.7	1.6	88	32	23	47
标准值		2.4	39.8	6.9				

注:a. 指 R&D 经费/GDP(%),其数据为 2005—2010 年期间最近年的数据。b. 指从事研究与发展活动的科学家和工程师全时当量/万人,其数据为 2005—2010 年期间最近年的数据。c. 指居民申请国内发明专利数/万人,其数据为 2005—2010 年期间最近年数据。

附表 2-3-3　2010 年世界知识传播指数

国家	编号	知识传播指标的实际值				知识传播指标的指数				知识传播指数
		中学普及率[a]	大学普及率[b]	移动通讯普及率	互联网普及率	中学普及指数	大学普及指数	移动通讯指数[c]	互联网普及指数	
瑞典	1	99	74	94	90	99	103	96	120	104
美国	2	96	95	98	74	96	120	100	102	104
芬兰	3	108	94	93	87	100	120	95	119	109
澳大利亚	4	131	80	99	76	100	111	101	104	104
瑞士	5	95	55	94	82	95	76	96	113	95
挪威	6	111	74	95	93	100	103	97	120	105
日本	7	102	60	99	78	100	83	101	106	98
丹麦	8	119	74	98	89	100	103	100	120	106
德国	9	103		95	83	100		97	113	103
荷兰	10	122	65	98	91	100	91	100	120	103
加拿大	11	102		99	80	100		101	110	104
新加坡	12			99	71			101	98	99
英国	13	105	60	99	78	100	83	101	107	98
法国	14	113	57	97	77	100	79	99	106	96
比利时	15	111	71	99	74	100	98	101	101	100
奥地利	16	99	68	97	75	99	95	99	103	99
新西兰	17	119	83	99	83	100	115	101	114	107
韩国	18	97	103	99	82	97	120	101	112	107
以色列	19	102	63	93	66	100	87	94	90	93
意大利	20	100	65	94	54	100	90	96	74	90
爱尔兰	21	121	66	98	70	100	92	100	96	97
西班牙	22	125	78	100	66	100	108	102	90	100
爱沙尼亚	23	107	64	98	74	100	89	100	102	98
斯洛文尼亚	24	97	90	99	69	97	120	101	95	103
乌拉圭	25	90	63	91	47	90	88	93	64	84
俄罗斯	26	89	76	98	43	89	105	100	59	88
斯洛伐克	27	90	55	99	76	90	76	101	105	93
希腊	28	110	89	100	45	100	120	102	61	96
匈牙利	29	100	61	99	53	100	84	101	73	89
捷克	30	90	64	97	69	90	88	99	94	93
葡萄牙	31	109	66	99	51	100	91	101	70	91
白俄罗斯	32	106	78	99	32	100	108	101	44	88
拉脱维亚	33	95	60	99	69	95	83	101	94	94
立陶宛	34	99	74	98	63	99	103	100	86	97
格鲁吉亚	35	86	28	93	26	86	39	95	36	64
乌克兰	36	96	80	95	23	96	110	97	32	84
保加利亚	37	89	57	98	46	89	79	100	63	83
黎巴嫩	38	81	54	97	44	81	75	99	60	79
哈萨克斯坦	39	97	39	95	31	97	53	96	43	72
波兰	40	97	72	98	63	97	101	100	86	96
阿根廷	41	89	71	97	40	89	99	99	55	85
巴拿马	42	74	46	83	40	74	63	84	55	69
克罗地亚	43	96	54	94	60	96	75	96	82	87
沙特阿拉伯	44	101	37	99	41	100	51	101	56	77
哥伦比亚	45	96	39	90	37	96	54	92	50	73
科威特	46	101		100	61	100		102	84	95
智利	47	89	66	100	45	89	92	102	62	86
马其顿	48	84	39	99	52	84	54	101	71	77
阿塞拜疆	49	97	19	100	47	97	27	102	64	72
摩尔多瓦	50	88	38	82	32	88	53	84	44	67
罗马尼亚	51	97	59	97	40	97	82	99	55	83
委内瑞拉	52	83	78	92	38	83	108	93	52	84
乌兹别克斯坦	53	105	10	93	19	100	14	94	26	59
多米尼加	54	76		77	31	76		79	43	66
亚美尼亚	55	92	52	99		92	72	101		88
巴拉圭	56	68	35	79	20	68	48	81	27	56
哥斯达黎加	57	100	43	97	37	100	60	99	50	77
巴西	58	106	26	97	41	100	36	99	56	73
墨西哥	59	89	28	95	31	89	39	97	43	67
博茨瓦纳	60	82	7	10	6	82	10	10	8	28
秘鲁	61	91	43	77	35	91	60	79	48	69
牙买加	62	93	26	87	28	93	36	89	39	64
约旦	63	87	38	96	28	87	52	98	38	69
南非	64	94		59		94		60	25	60
土耳其	65	82	55	98	40	82	77	100	55	78
厄瓜多尔	66	88	40	87	29	88	55	89	40	68
伊朗	67	82	43	77	16	82	59	78	22	60
蒙古	68	89	53	89	13	89	74	91	18	68
摩洛哥	69	56	13	100	49	56	18	102	67	61
马来西亚	70	68	40	95	56	68	56	97	77	75

(续表)

国家	编号	知识传播指标的实际值				知识传播指标的指数				知识传播指数
		中学普及率[a]	大学普及率[b]	移动通讯普及率	互联网普及率	中学普及指数	大学普及指数	移动通讯指数[c]	互联网普及指数	
萨尔瓦多	71	65	23	83	16	65	33	85	22	51
埃及	72	73	32	96	30	73	45	98	41	64
中国	73	81	26	89	34	81	36	91	47	64
阿尔及利亚	74	95	31	90	13	95	43	92	17	62
土库曼斯坦	75			93	3			95	4	50
突尼斯	76	91	34	97	37	91	48	99	50	72
阿尔巴尼亚	77	89	44	90	45	89	61	92	62	76
吉尔吉斯斯坦	78	84	49	85	18	84	68	87	25	66
塔吉克斯坦	79	87	20	79	12	87	27	81	16	53
玻利维亚	80	81	39	63	22	81	54	64	31	57
缅甸	81	54	15	3	0	54	21	3	0	20
菲律宾	82	85	28	63	25	85	39	64	34	56
泰国	83	77	46	98	22	77	64	100	31	68
纳米比亚	84	64	9	29	12	64	13	30	16	31
津巴布韦	85		6	36	12		9	37	16	20
洪都拉斯	86	74	21	64	11	74	29	66	15	46
尼加拉瓜	87	69		66	10	69		67	14	50
越南	88	77	22	70	31	77	31	71	43	56
肯尼亚	89	60	4	19	14	60	6	20	19	26
斯里兰卡	90	100	16	32	12	100	22	33	17	43
刚果共和国	91		7	47	5		9	48	7	21
印度尼西亚	92	77	23	65	11	77	32	67	15	48
赞比亚	93		4	19	10		6	19	14	13
危地马拉	94	65	18	50	11	65	25	51	14	39
毛里塔尼亚	95	24	4	22	4	24	6	22	5	15
科特迪瓦	96		8	38	2		12	39	3	18
印度	97	63	18	46	8	63	25	47	10	36
巴基斯坦	98	34	7	56	8	34	9	57	11	28
莱索托	99	46	4	13	4	46	5	13	5	17
柬埔寨	100	46	13	55	1	46	18	56	2	31
喀麦隆	101	47	12	23	4	47	16	23	6	23
厄立特里亚	102	32	2	13	5	32	3	13	7	14
叙利亚	103	72		95	21	72		97	28	66
加纳	104	59	9	26	10	59	12	27	13	28
乍得	105	25	2	3	2	25	3	3	2	8
莫桑比克	106	26	5	9	4	26	7	9	6	12
几内亚	107	38	11	11	1	38	15	11	1	17
也门共和国	108	44	10	43	12	44	14	43	17	30
巴布亚新几内亚	109			10	1			10	2	6
海地	110			25	8			26	12	19
尼泊尔	111	44	7	28	8	44	10	28	11	23
塞内加尔	112	37	8	43	16	37	11	44	22	29
塞拉利昂	113			7				7		7
刚果民主共和国	114	38	6	14	1	38	9	14	1	15
老挝	115	47	17	30	7	47	23	31	10	28
马拉维	116	33	1	5	2	33	1	5	3	11
多哥	117	57	10	16	3	57	13	16	4	23
马达加斯加	118	31	4	18	2	31	5	18	2	14
马里	119	38	6	22	2	38	8	23	3	18
尼日利亚	120	44	10	25	24	44	14	26	33	29
孟加拉国	121	51	11	23	4	51	15	23	5	24
坦桑尼亚	122	30	2	6	11	30	3	6	15	14
贝宁	123	51	11	23	3	51	15	23	4	23
尼日尔	124	14	2	6	1	14	2	6	1	6
安哥拉	125	31	4	34	10	31	5	35	14	21
乌干达	126	28	4	6	13	28	6	6	17	14
中非	127	14	3	5	2	14	4	5	3	6
布基纳法索	128	21	3	12	2	21	5	12	3	10
埃塞俄比亚	129	36	7	5	1	36	10	5	1	13
布隆迪	130	25	3	14	1	25	4	14	1	11
卢旺达	131	32	6	5	8	32	8	5	11	14
高收入国家	132	101	72	98	73	100	100	100	100	100
中等收入国家	133	71	26	89	23	71	36	91	32	58
低收入国家	134	42	8	16	5	42	11	16	6	19
世界平均	135	70	29	83	30	70	41	85	40	59
标准值			100	72	98	73				

注:a. 为2001—2010年期间最近年的数据。中学普及率数据包括职业培训,中学普及率指数最大值设为100。b. 为2001—2010年期间最近年的数据。c. 移动通讯指数最大值设为100。

附表 2-3-4 2010 年世界生活质量指数

国家	编号	生活质量指标的实际值					生活质量指标的指数					生活质量指数
		城镇人口比例	医生比例[a]	婴儿死亡率[b]	预期寿命	人均能源消费	城镇化指数	医疗服务指数	婴儿存活指数	预期寿命指数	能源消费指数	
瑞典	1	85	3.8	2	82	5468	106	120	120	102	109	112
美国	2	82	2.4	7	78	7165	103	86	78	98	120	97
芬兰	3	84	2.9	2	80	6787	105	104	120	100	120	110
澳大利亚	4	89	3.0	4	82	5593	111	107	120	102	112	110
瑞士	5	74	4.1	4	82	3349	92	120	120	103	67	100
挪威	6	79	4.2	3	81	6637	99	120	120	101	120	112
日本	7	91	2.1	2	83	3898	113	75	120	104	78	98
丹麦	8	87	3.4	3	79	3470	109	120	120	99	69	103
德国	9	74	3.6	3	80	4003	92	120	120	100	80	102
荷兰	10	83	2.9	4	81	5021	103	104	120	101	100	106
加拿大	11	81	2.0	5	81	7380	101	71	102	101	120	99
新加坡	12	100	1.8	2	82	6456	120	64	120	102	120	105
英国	13	80	2.7	5	80	3254	99	96	113	101	65	95
法国	14	85	3.4	4	81	4031	107	120	120	102	81	106
比利时	15	98	3.0	4	80	5586	120	107	120	100	112	112
奥地利	16	68	4.9	4	80	4034	84	120	120	101	81	101
新西兰	17	86	2.7	5	81	4166	108	96	106	101	83	99
韩国	18	83	2.0	4	81	5060	104	71	120	101	101	99
以色列	19	92	3.7	4	82	3005	115	120	120	102	60	103
意大利	20	68	3.5	3	82	2815	85	120	120	102	56	97
爱尔兰	21	62	3.2	3	80	3218	77	114	120	100	64	95
西班牙	22	77	4.0	4	82	2773	97	120	120	102	55	99
爱沙尼亚	23	70	3.3	3	75	4155	87	118	120	94	83	100
斯洛文尼亚	24	50	2.5	2	79	3520	63	89	120	99	70	88
乌拉圭	25	93	3.7	9	76	1241	116	120	56	95	25	82
俄罗斯	26	74	4.3	10	69	4943	92	120	50	86	99	89
斯洛伐克	27	55	3.0	7	75	3281	69	107	75	94	66	82
希腊	28	61	6.2	4	80	2441	77	120	120	101	49	93
匈牙利	29	69	3.0	6	74	2567	86	107	89	93	51	85
捷克	30	74	3.7	3	77	4193	92	120	120	97	84	102
葡萄牙	31	61	3.9	3	79	2213	76	120	120	99	44	92
白俄罗斯	32	75	5.2	4	70	2922	93	120	119	88	58	96
拉脱维亚	33	68	3.0	8	74	1971	85	107	67	92	39	78
立陶宛	34	67	3.6	5	73	2107	84	120	100	92	42	88
格鲁吉亚	35	53	4.8	19	73	700	66	120	27	92	14	64
乌克兰	36	69	3.2	9	70	2845	86	114	55	88	57	80
保加利亚	37	73	3.7	11	74	2370	91	120	46	92	47	79
黎巴嫩	38	87	3.5	9	72	1526	109	120	60	91	31	82
哈萨克斯坦	39	54	4.1	26	68	4595	67	120	20	85	92	77
波兰	40	61	2.2	5	76	2657	76	79	98	95	53	80
阿根廷	41	92	3.2	13	76	1847	115	114	39	95	37	80
巴拿马	42	75		17	76	1073	93		30	95	21	60
克罗地亚	43	58	2.6	5	77	1932	72	93	111	96	39	82
沙特阿拉伯	44	82	0.9	9	74	6168	103	32	60	92	120	81
哥伦比亚	45	75	0.1	16	73	696	94	4	32	92	14	47
科威特	46	98	1.8	9	75	12204	120	64	54	93	120	90
智利	47	89	1.0	8	79	1807	111	36	66	99	36	70
马其顿	48	59	2.6	9	75	1402	74	93	55	93	28	69
阿塞拜疆	49	53	3.8	40	71	1308	67	120	13	88	26	63
摩尔多瓦	50	47	2.7	14	69	731	59	96	36	86	15	58
罗马尼亚	51	53	2.3	12	74	1632	66	82	44	92	33	63
委内瑞拉	52	93		13	74	2669	117		38	93	53	75
乌兹别克斯坦	53	36	2.6	42	68	1533	45	93	12	85	31	53
多米尼加	54	69		22	73	840	86		24	92	17	55
亚美尼亚	55	64	3.8	16	74	791	80	120	31	92	16	68
巴拉圭	56	61		20	72	742	77		26	90	15	52
哥斯达黎加	57	64		9	79	998	80		59	99	20	64
巴西	58	84	1.8	15	73	1363	105	64	34	91	27	64
墨西哥	59	78	2.0	14	77	1570	97	71	36	96	31	66
博茨瓦纳	60	61	0.3	21	53	1128	76	11	24	66	23	40
秘鲁	61	77	0.9	15	74	667	96	32	34	92	13	54
牙买加	62	52		16	73	1130	65		31	91	23	52
约旦	63	83	2.5	18	73	1191	103	89	28	92	24	67
南非	64	62		36	52	2738	77		14	65	55	53
土耳其	65	71	1.5	13	74	1445	88	54	41	92	29	61
厄瓜多尔	66	67	1.7	20	76	836	84	61	25	94	17	56
伊朗	67	69	0.9	22	73	2817	86	32	23	91	56	58
蒙古	68	68	2.8	27	68	1189	85	100	19	85	24	62
摩洛哥	69	57	0.6	29	72	517	71	21	17	90	10	42
马来西亚	70	72	0.9	6	74	2558	90	32	88	93	51	71

(续表)

国家	编号	生活质量指标的实际值					生活质量指标的指数					生活质量指数
		城镇人口比例	医生比例[a]	婴儿死亡率[b]	预期寿命	人均能源消费	城镇化指数	医疗服务指数	婴儿存活指数	预期寿命指数	能源消费指数	
萨尔瓦多	71	64	1.6	14	72	677	80	57	36	90	14	55
埃及	72	43	2.8	19	73	903	54	100	27	91	18	58
中国	73	49	1.4	14	73	1807	62	50	37	92	36	55
阿尔及利亚	74	72	1.2	27	73	1138	90	43	19	91	23	53
土库曼斯坦	75	48	2.4	46	65	4226	61	86	11	81	85	65
突尼斯	76	66	1.2	15	75	913	83	43	34	93	18	54
阿尔巴尼亚	77	52	1.2	13	77	648	65	43	38	96	13	51
吉尔吉斯斯坦	78	35	2.3	28	69	536	44	82	18	87	11	48
塔吉克斯坦	79	27	2.1	55	67	336	33	75	9	84	7	42
玻利维亚	80	66		41	66	737	83		12	83	15	48
缅甸	81	32	0.5	49	65	292	40	18	10	81	6	31
菲律宾	82	49		21	69	434	61		24	86	9	45
泰国	83	34	0.3	11	74	1699	42	11	46	92	34	45
纳米比亚	84	38	0.4	32	62	703	47	14	16	78	14	34
津巴布韦	85	38		45	50	764	48		11	62	15	34
洪都拉斯	86	52		19	73	601	65		27	91	12	49
尼加拉瓜	87	57		23	74	542	72		22	92	11	49
越南	88	30	1.2	18	75	681	38	43	28	94	14	43
肯尼亚	89	24		50	57	483	30		10	71	10	30
斯里兰卡	90	15	0.5	11	75	478	19	18	47	93	10	37
刚果共和国	91	63	0.1	64	57	364	79	4	8	71	7	34
印度尼西亚	92	50	0.3	26	69	867	62	11	20	86	17	39
赞比亚	93	39	0.1	56	49	628	48	4	9	61	13	27
危地马拉	94	49		25	71	713	62		20	89	14	46
毛里塔尼亚	95	41	0.1	76	58		52	4	7	73		34
科特迪瓦	96	51	0.1	82	55	485	63	4	4	68	10	30
印度	97	31	0.6	49	65	566	39	21	10	81	11	33
巴基斯坦	98	36	0.8	60	65	487	45	29	8	82	10	35
莱索托	99	27		67	47		34		8	59		33
柬埔寨	100	20	0.2	39	63	355	25	7	13	78	7	26
喀麦隆	101	52		80	51	363	64		6	64	7	35
厄立特里亚	102	21		47	61	142	26		11	76	3	29
叙利亚	103	56	1.5	14	76	1063	70	54	37	95	21	55
加纳	104	51	0.1	53	64	382	64	4	10	80	8	33
乍得	105	22		98	49		27		5	62		31
莫桑比克	106	31	0.0	76	50	436	39	0	7	62	9	23
几内亚	107	35	0.1	81	54		44	4	6	67		30
也门共和国	108	32	0.3	58	65	298	40	11	9	81	6	29
巴布亚新几内亚	109	12	0.1	46	62		16	4	11	78		27
海地	110	52		68	62	229	65		8	77	5	39
尼泊尔	111	17		41	68	341	21		13	86	7	31
塞内加尔	112	42	0.1	48	59	272	53	4	11	74	5	29
塞拉利昂	113	39	0.0	121	47		49	0	4	59		28
刚果民主共和国	114	34		112	48	360	42		5	60	7	29
老挝	115	33	0.3	35	67		41	11	14	84		38
马拉维	116	16	0.0	56	54		19	0	9	67		24
多哥	117	38	0.1	73	57	446	47	4	7	71	9	27
马达加斯加	118	32	0.2	44	67		40	7	12	83		35
马里	119	34	0.0	100	51		43	0	5	64		28
尼日利亚	120	49	0.4	81	51	714	61	14	6	64	14	32
孟加拉国	121	28	0.3	39	69	209	35	11	13	86	4	30
坦桑尼亚	122	26	0.0	48	57	448	33	0	11	72	9	25
贝宁	123	44	0.1	70	56	413	55	4	7	70	8	29
尼日尔	124	18	0.0	69	54		22	0	7	68		24
安哥拉	125	58		98	51	717	73		5	63	14	39
乌干达	126	15	0.1	60	54		19	4	8	67		25
中非	127	39		109	48		49		5	60		38
布基纳法索	128	26	0.1	82	55		32	4	6	69		28
埃塞俄比亚	129	17	0.0	54	59	400	21	0	9	73	8	22
布隆迪	130	11		88	50		13		6	62		27
卢旺达	131	19		42	55		24		12	69		26
高收入国家	132	80	2.8	5	80	4999	100	100	100	100	100	100
中等收入国家	133	49	1.2	36	69	1310	61	43	14	86	26	46
低收入国家	134	28	0.2	65	59	363	35	7	8	74	7	26
世界平均	135	52	1.4	38	70	1851	64	50	13	87	37	50
标准值		80	2.8	5	80	4999						

注：a. 为2001~2010年期间最近年的数据。b. 评价数据为婴儿死亡率,婴儿存活率＝1－婴儿死亡率。

附表 2-3-5 2010 年世界经济质量指数

国家	编号	经济质量指标的实际值				经济质量指标的指数				经济质量指数
		人均GNI	人均PPP[a]	物质产业增加值比例[b]	物质产业劳动力比例[b]	人均GNI指数	人均PPP指数	物质产业增加值指数	物质产业劳动力指数	
瑞典	1	50780	40070	28	22	120	107	90	116	108
美国	2	47360	47210	21	19	120	120	120	120	120
芬兰	3	47130	36570	32	28	120	98	79	92	97
澳大利亚	4	45850	36430	22	25	118	98	115	106	109
瑞士	5	73340	51600		29	120	120		89	110
挪威	6	86390	57660	42	22	120	120	61	116	104
日本	7	42050	34810	29	30	108	93	89	85	94
丹麦	8	59590	41540	23	22	120	111	111	116	115
德国	9	43280	38410	29	30	112	103	89	86	97
荷兰	10	48580	41010	26	28	120	110	99	91	105
加拿大	11	43250	38370	34	24	111	103	75	110	100
新加坡	12	39410	56790	28	23	102	120	91	113	107
英国	13	38430	35620	22	21	99	95	114	120	107
法国	14	42190	34920	21	26	109	94	120	102	106
比利时	15	45990	38580	22	25	118	103	114	105	110
奥地利	16	47070	40310	31	30	120	108	83	86	99
新西兰	17	29140	28930	31	28	75	78	84	94	83
韩国	18	19720	28870	42	24	51	77	61	110	75
以色列	19	27270	25810		23	70	69		113	84
意大利	20	35550	31960	27	33	92	86	94	80	88
爱尔兰	21	42370	34410	33	25	109	92	78	106	96
西班牙	22	31450	31170	29	27	81	84	89	95	87
爱沙尼亚	23	14150	18970	32	35	36	51	79	74	60
斯洛文尼亚	24	23910	26120	34	42	62	70	75	62	67
乌拉圭	25	10290	13540	36	33	27	36	72	79	53
俄罗斯	26	9930	19290	39	38	26	52	65	69	53
斯洛伐克	27	16030	21770	39	40	41	58	66	64	57
希腊	28	26390	26750		32	68	72		80	73
匈牙利	29	12860	19720	35	35	33	53	74	74	58
捷克	30	18390	23460	39	41	47	63	66	63	60
葡萄牙	31	21810	24670	26	39	56	66	100	67	72
白俄罗斯	32	5990	13560	53		15	36	48		33
拉脱维亚	33	11850	16280	26	33	31	44	98	78	63
立陶宛	34	11620	17970	32	34	30	48	80	77	59
格鲁吉亚	35	2680	4940	31	64	7	13	83	41	36
乌克兰	36	2990	6580	40	39	8	18	64	66	39
保加利亚	37	6320	13460	34	40	16	36	74	65	48
黎巴嫩	38	8580	13790	29		22	37	89		49
哈萨克斯坦	39	7500	10600	47	48	19	28	54	54	39
波兰	40	12450	19310	35	43	32	52	72	60	54
阿根廷	41	8620	15470	41	25	22	41	62	104	58
巴拿马	42	7000	13030	21	37	18	35	120	70	61
克罗地亚	43	13570	18040	32	42	35	48	80	61	56
沙特阿拉伯	44	16610	23100	62	25	43	62	41	106	63
哥伦比亚	45	5480	9000	42	38	14	24	61	68	42
科威特	46	48900	53720		24	120	120		108	116
智利	47	10750	15040	43	34	28	40	59	75	51
马其顿	48	4600	10930	39	51	12	29	65	51	39
阿塞拜疆	49	5380	9230	71	52	14	25	36	50	31
摩尔多瓦	50	1820	3360	25	51	5	9	102	51	42
罗马尼亚	51	7850	14290	33	59	20	38	77	44	45
委内瑞拉	52	11630	11990	58	32	30	32	44	82	47
乌兹别克斯坦	53	1300	3140	55		3	8	46		19
多米尼加	54	5030	8990	38	40	13	24	67	64	42
亚美尼亚	55	3200	5620	56	61	8	15	46	42	28
巴拉圭	56	2720	5020	43	46	7	13	60	57	34
哥斯达黎加	57	6860	11260	33	38	18	30	76	69	48
巴西	58	9540	10980	33	39	25	29	76	66	49
墨西哥	59	8910	14350	39	39	23	38	66	66	48
博茨瓦纳	60	6750	13610	48	45	17	36	54	57	41
秘鲁	61	4630	8790	43	25	12	24	60	103	49
牙买加	62			27	37			94	70	82
约旦	63	4140	5800	34	21	11	16	75	120	55
南非	64	6090	10310	33	30	16	28	77	86	51
土耳其	65	9890	15680	37	30	25	42	70	72	47
厄瓜多尔	66	3850	7830	45	48	10	21	57	55	35
伊朗	67			55	54			47	48	48
蒙古	68	1870	3650	54	55	5	10	47	47	27
摩洛哥	69	2850	4570	45	63	7	12	57	41	29
马来西亚	70	8090	14680	52	41	21	39	50	64	43

(续表)

国家	编号	经济质量指标的实际值				经济质量指标的指数				经济质量指数
		人均GNI	人均PPP[a]	物质产业增加值比例[b]	物质产业劳动力比例[b]	人均GNI指数	人均PPP指数	物质产业增加值指数	物质产业劳动力指数	
萨尔瓦多	71	3370	6450	40	42	9	17	65	62	38
埃及	72	2420	6020	52	55	6	16	50	47	30
中国	73	4240	7520	57	67	11	20	45	39	29
阿尔及利亚	74	4390	8050	69		11	22	37		23
土库曼斯坦	75	4070	7440	63		10	20	40		24
突尼斯	76	4140	8940	40		11	24	63		33
阿尔巴尼亚	77	3980	8560	35	64	10	23	72	40	37
吉尔吉斯斯坦	78	840	2080	49	55	2	6	52	47	27
塔吉克斯坦	79	810	2120	43		2	6	59		22
玻利维亚	80	1810	4610	50	56	5	12	51	46	29
缅甸	81									
菲律宾	82	2060	3950	45	50	5	11	57	52	31
泰国	83	4150	8130	57	61	11	22	45	42	30
纳米比亚	84	4250	6250	27	34	11	17	94	76	49
津巴布韦	85	500		53		1		48		25
洪都拉斯	86	1860	3750	39	57	5	10	65	46	31
尼加拉瓜	87	1410	3480	43	50	4	9	59	52	31
越南	88	1160	3050	62	72	3	9	41	36	22
肯尼亚	89	810	1640	44	68	2	4	58	38	26
斯里兰卡	90	2260	5030	42	60	6	13	60	43	31
刚果共和国	91	2240	3170	79	58	6	8	32	45	23
印度尼西亚	92	2500	4180	62	58	6	11	41	45	26
赞比亚	93	1110	1420	56	79	3	4	45	33	21
危地马拉	94	2740	4620	68	56	7	12	38	46	26
毛里塔尼亚	95	1000	2390	61		3	6	42		17
科特迪瓦	96	1170	1790	50		3	5	51		20
印度	97	1260	3330	45	74	3	9	57	35	26
巴基斯坦	98	1050	2760	47	65	3	7	55	40	26
莱索托	99	1100	1980	41		3	5	63		24
柬埔寨	100	760	2080	59	81	2	6	43	32	21
喀麦隆	101	1190	2240	51		3	6	50		20
厄立特里亚	102	340	540	37		1	1	69		24
叙利亚	103	2750	5080	54	47	7	14	48	55	31
加纳	104	1250	1610	49	71	3	4	52	37	24
乍得	105	710	1360	63		2	4	41		15
莫桑比克	106	440	900	55		1	2	46		17
几内亚	107	390	980	67		1	3	38		14
也门共和国	108	1160	2470	37		3	7	69		26
巴布亚新几内亚	109	1300	2400	81		3	6	32		14
海地	110	650	1120			2	3			2
尼泊尔	111	490	1210	52		1	3	49		18
塞内加尔	112	1080	1910	40	64	3	5	64	41	28
塞拉利昂	113	340	820	70		1	2	37		13
刚果民主共和国	114	180	330	69		0	1	37		13
老挝	115	1010	2390	65		3	6	40		16
马拉维	116	350	840	50		1	2	51		18
多哥	117	550	990	47	63	1	3	54	41	25
马达加斯加	118	430	950	45	84	1	3	57	31	23
马里	119	600	1020	61	72	2	3	42	36	21
尼日利亚	120	1250	2160	73		3	6	35		15
孟加拉国	121	700	1800	47	63	2	5	54	41	26
坦桑尼亚	122	530	1410	53	81	1	4	48	32	21
贝宁	123	780	1580	46		2	4	56		21
尼日尔	124	360	720		69	1	2		38	13
安哥拉	125	3660	5150	70		9	14	37		20
乌干达	126	500	1250	50	72	1	3	51	36	23
中非	127	470	780	72		1	2	36		13
布基纳法索	128	550	1260	56	88	1	3	46	29	20
埃塞俄比亚	129	360	1030	57	87	1	3	45	30	20
布隆迪	130	230	580	53		1	2	48		17
卢旺达	131	520	1180	47	83	1	3	54	31	22
高收入国家	132	38811	37322	26	26	100	100	100	100	100
中等收入国家	133	3728	6701	46	59	10	18	56	44	32
低收入国家	134	533	1296	51		1	3	50		18
世界平均	135	9076	11015	29	57	23	30	88	45	46
标准值		38811	37322	26	26					

注：a. 按购买力平价PPP计算的人均GNI(国际美元)。b. 为2001—2010年期间最近年的数据。

附表 2-3-6　2010 年世界第二次现代化发展阶段

国家	国家编号	第一次现代化阶段	产业结构信号 物质产业增加值占 GDP 比例	赋值	劳动力结构信号 物质产业劳动力占总劳动力比例	赋值	平均值	第二次现代化的阶段[a]	第二次现代化指数
瑞典	1	4	28.2	2	22.3	2	2.0	2	104
美国	2	4	21.2	2	18.8	3	2.5	2	109
芬兰	3	4	32.1	1	28.1	2	1.5	1	103
澳大利亚	4	4	22.1	2	24.5	2	2.0	2	99
瑞士	5	4			29.1	2	1.0	1	96
挪威	6	4	41.8		22.4	2	1.0	1	99
日本	7	4	28.5	2	30.3	1	1.5	1	102
丹麦	8	4	23.0	2	22.3	2	2.0	2	104
德国	9	4	28.8	2	30.0	1	1.5	1	100
荷兰	10	4	25.8	2	28.4	2	2.0	2	92
加拿大	11	4	33.9	1	23.5	2	1.5	1	93
新加坡	12	4	27.9	2	22.9	2	2.0	2	99
英国	13	4	22.3	2	21.1	2	2.0	2	92
法国	14	4	20.8	2	25.5	2	2.0	2	95
比利时	15	4	22.3	2	24.7	2	2.0	2	95
奥地利	16	4	30.6	1	30.1	1	1.0	1	96
新西兰	17	4	30.5	1	27.5	2	1.5	1	90
韩国	18	4	41.5		23.6	2	1.0	1	100
以色列	19	4			22.9	2	1.0	1	89
意大利	20	4	27.1	2	32.5	1	1.5	1	78
爱尔兰	21	4	32.9	1	24.5	2	1.5	1	87
西班牙	22	4	28.8	2	27.4	2	2.0	2	83
爱沙尼亚	23	4	32.4	1	34.9	1	1.0	1	77
斯洛文尼亚	24	4	34.1	1	41.7		0.5		82
乌拉圭	25	3	35.6		32.8				58
俄罗斯	26	4	39.4	1	37.7	1	1.0	1	71
斯洛伐克	27	4	38.8	1	40.4		0.5		65
希腊	28	3			32.3				72
匈牙利	29	4	34.6	1	35.1		1.0	1	67
捷克	30	4	38.5	1	41.1		0.5		76
葡萄牙	31	4	25.5	2	38.6	1	1.5	1	79
白俄罗斯	32	3	53.1						61
拉脱维亚	33	4	25.9	2	33.1	1	1.5	1	65
立陶宛	34	4	31.7	1	33.8	1	1.0	1	69
格鲁吉亚	35	2	30.6		63.8				43
乌克兰	36	3	39.6		39.3				57
保加利亚	37	4	34.4	1	40.1		0.5		58
黎巴嫩	38	3	28.8						70
哈萨克斯坦	39	3	47.2		48.3				48
波兰	40	4	35.2	1	43.1		0.5		64
阿根廷	41	4	40.9		24.8	2	1.0	1	60
巴拿马	42	3	21.1		37.0				49
克罗地亚	43	3	31.8		42.4				63
沙特阿拉伯	44	4	62.2		24.5	2	1.0		56
哥伦比亚	45	3	42.1		38.0				42

(续表)

国家	国家编号	第一次现代化阶段	产业结构信号 物质产业增加值占GDP比例	赋值	劳动力结构信号 物质产业劳动力占总劳动力比例	赋值	平均值	第二次现代化的阶段ᵃ	第二次现代化指数
科威特	46	4			24.0	2	1.0	1	76
智利	47	4	43.0		34.4	1	0.5		54
马其顿	48	3	39.1		50.9				48
阿塞拜疆	49	3	70.5		51.5				44
摩尔多瓦	50	3	25.0		50.7				46
罗马尼亚	51	3	33.3		58.8				52
委内瑞拉	52	4	57.9		31.7	1	0.5		53
乌兹别克斯坦	53	2	54.9						33
多米尼加	54	3	38.3		40.2				54
亚美尼亚	55	2	55.5		61.0				48
巴拉圭	56	2	42.7		45.5				36
哥斯达黎加	57	3	33.4		37.8				49
巴西	58	3	33.4		39.3				52
墨西哥	59	4	38.6	1	39.4	1	1.0		48
博茨瓦纳	60	3	47.5		45.1				32
秘鲁	61	4	42.7		25.2	2	1.0		43
牙买加	62	3	27.2		36.8				50
约旦	63	4	34.1	1	20.8	2	1.5		50
南非	64	4	33.3	1	30.2	1	1.0		45
土耳其	65	3	36.6		49.9				51
厄瓜多尔	66	3	45.1		47.5				41
伊朗	67	3	54.7		53.5				47
蒙古	68	2	53.7		55.0				41
摩洛哥	69	2	45.0		62.8				37
马来西亚	70	3	51.5		40.5				51
萨尔瓦多	71	3	39.5		41.6				37
埃及	72	3	51.5		54.7				40
中国	73	3	56.8		66.8				47
阿尔及利亚	74	3	69.0						35
土库曼斯坦	75	3	63.0						46
突尼斯	76	3	40.3						47
阿尔巴尼亚	77	2	35.2		64.0				42
吉尔吉斯斯坦	78	2	48.6		54.7				37
塔吉克斯坦	79	2	43.4						30
玻利维亚	80	3	50.1		55.8				45
缅甸	81	1							25
菲律宾	82	2	44.9		49.7				33
泰国	83	2	57.0		61.1				37
纳米比亚	84	3	27.1		34.1				38
津巴布韦	85	3	53.0						26
洪都拉斯	86	3	39.1		56.8				42
尼加拉瓜	87	3	43.3		50.2				43
越南	88	2	61.7		71.8				30
肯尼亚	89	1	43.7		67.8				22
斯里兰卡	90	3	42.2		60.4				28

(续表)

国家	国家编号	第一次现代化阶段	产业结构信号 物质产业增加值占GDP比例	赋值	劳动力结构信号 物质产业劳动力占总劳动力比例	赋值	平均值	第二次现代化的阶段a	第二次现代化指数
刚果共和国	91	2	79.2		57.8				26
印度尼西亚	92	2	62.3		57.7				29
赞比亚	93	2	56.4		79.4				17
危地马拉	94	2	67.5		56.0				28
毛里塔尼亚	95	2	61.1						22
科特迪瓦	96	2	50.0						17
印度	97	2	44.9		73.5				27
巴基斯坦	98	2	46.6		64.8				24
莱索托	99	3	40.5						19
柬埔寨	100	1	59.3		80.8				26
喀麦隆	101	2	50.7						26
厄立特里亚	102	2	37.0						22
叙利亚	103	3	53.5		47.2				38
加纳	104	1	48.9		70.9				22
乍得	105	1	62.5						18
莫桑比克	106	0	55.2						14
几内亚	107	1	66.8						20
也门共和国	108	2	37.1						21
巴布亚新几内亚	109	1	80.5						12
海地	110	1							20
尼泊尔	111	1	52.2						24
塞内加尔	112	2	39.8		63.9				25
塞拉利昂	113	1	69.6						16
刚果民主共和国	114	1	68.6						19
老挝	115	1	64.5						27
马拉维	116	0	50.1						13
多哥	117	1	47.4		62.5				19
马达加斯加	118	0	45.1		84.2				19
马里	119	1	60.9		71.7				18
尼日利亚	120	2	73.4						20
孟加拉国	121	2	47.0		62.6				20
坦桑尼亚	122	1	52.8		80.8				19
贝宁	123	1	45.6						24
尼日尔	124	1			68.9				11
安哥拉	125	2	69.8						27
乌干达	126	1	49.7		71.6				18
中非	127	0	71.7						19
布基纳法索	128	0	55.6		87.8				15
埃塞俄比亚	129	1	57.0		87.0				14
布隆迪	130	0	53.4						18
卢旺达	131	1	47.2		83.4				16
高收入国家		4	25.5	2	25.9	2	2.0	2	100
中等收入国家		3	45.5		59.1				40
低收入国家		2	50.7						21
世界平均		3	29.1		57.1				51

注：a. 第一次现代化过渡期时，再判断第二次现代化阶段，并根据第二次现代化指数进行调整（必须大于60分）。2代表发展期，1代表起步期，0代表准备阶段。

附表 2-3-7 1970～2010 年世界第二次现代化指数和排名

国家	编号	指数[a]							排名						
		1970	1980	1990	2000	2005	2009	2010	1970	1980	1990	2000	2005	2009	2010
瑞典	1	58	75	93	109	105	106	104	7	2	3	1	2	2	3
美国	2	71	79	97	108	109	110	109	1	1	2	2	1	1	1
芬兰	3	49	62	85	103	101	104	103	18	15	10	4	6	4	4
澳大利亚	4	54	61	77	99	98	98	99	13	18	15	7	7	12	10
瑞士	5	51	65	98	99	95	96	96	15	11	1	8	8	14	12
挪威	6	56	65	87	100	101	100	99	8	12	7	6	5	7	8
日本	7	58	72	88	103	102	99	102	6	4	6	3	4	8	5
丹麦	8	54	66	87	102	102	105	104	12	10	8	5	3	3	2
德国	9	56	62	80	97	93	103	100	9	16	12	9	10	5	7
荷兰	10	60	68	85	93	93	96	92	3	7	9	10	9	13	16
加拿大	11	59	69	89	92	91	92	93	4	6	5	12	14	16	15
新加坡	12	41	41	69	76	88	101	99	23	32	18	19	18	6	9
英国	13	54	64	75	92	91	98	92	11	14	16	11	15	11	17
法国	14	48	67	78	90	92	92	95	19	9	13	13	13	17	14
比利时	15	53	74	83	90	92	95	95	14	3	11	14	11	15	13
奥地利	16	44	55	78	82	89	98	96	22	20	14	16	17	10	11
新西兰	17	47	62	69	77	91	90	90	20	17	17	18	16	18	18
韩国	18	25	35	55	84	92	98	100	46	41	26	15	12	9	6
以色列	19	45	64	65	81	84	89	89	21	13	20	17	19	19	19
意大利	20	39	47	66	74	78	80	78	26	28	19	21	22	24	24
爱尔兰	21	38	44	59	76	81	84	87	27	30	25	20	20	20	20
西班牙	22	31	55	62	72	78	82	83	35	21	22	22	21	21	21
爱沙尼亚	23		81		66	71	76	77				26	24	27	25
斯洛文尼亚	24				67	76	80	82				25	23	23	22
乌拉圭	25	34	48	59	69	54	61	58	31	27	24	23	44	40	39
俄罗斯	26		97		57	66	73	71				29	29	30	29
斯洛伐克	27				57	63	66	65				30	34	34	33
希腊	28	35	56	52	62	70	78	72	30	19	30	27	25	25	28
匈牙利	29	50	53	51	57	65	69	67	17	24	32	31	31	31	32
捷克	30	66	70	62	60	68	76	76	2	5	23	28	27	26	27
葡萄牙	31	24	28	39	68	68	81	79	51	53	42	24	26	22	23
白俄罗斯	32		70		51	58	63	61				39	38	39	37
拉脱维亚	33		60		56	65	68	65				32	32	32	34
立陶宛	34		79		55	65	73	69				33	30	29	31
格鲁吉亚	35		63		49	46	42	43				43	54	70	68
乌克兰	36		75		49	57	60	57				42	39	42	41
保加利亚	37	50	68	63	48	54	60	58	16	8	21	45	43	41	40
黎巴嫩	38		52		54	64	64	70		25		34	33	38	30
哈萨克斯坦	39		74		41	48	49	48				51	49	54	56
波兰	40	55	51	47	51	60	67	64	10	26	34	38	36	33	35
阿根廷	41	36	40	54	54	56	65	60	29	33	27	35	41	36	38
巴拿马	42	41	48	53	52	45	50	49	24	28	28	37	60	51	53
克罗地亚	43				51	59	66	63				40	37	35	36
沙特阿拉伯	44	26	40	52	50	66	75	56	40	34	29	41	28	28	42
哥伦比亚	45	23	27	43	47	39	44	42	55	55	38	46	73	63	71
科威特	46	59	53	90	54	61	64	76	5	23	4	36	35	37	26
智利	47	30	36	38	48	57	55	54	38	37	45	44	40	44	44
马其顿	48				41	43	48	48				52	63	55	55
阿塞拜疆	49		65		43	40	42	44				48	69	67	65
摩尔多瓦	50		61		39	41	48	46				61	66	58	62
罗马尼亚	51	36	42	41	42	46	55	52	28	31	40	50	52	43	46
委内瑞拉	52	32	34	39	40	46	52	53	34	42	43	56	53	49	45
乌兹别克斯坦	53		60		40	46	42	33				53	55	69	84
多米尼加	54	26	35	44	42	53	55	54	42	39	36	49	45	45	43
亚美尼亚	55				36	43	42	48				67	64	66	54
巴拉圭	56	24	22	31	40	34	36	36	50	72	59	55	80	79	81
哥斯达黎加	57	33	31	35	37	45	44	49	32	47	53	65	58	62	52
巴西	58	30	29	43	40	47	52	52	37	50	37	57	50	47	47
墨西哥	59	26	33	46	40	46	48	48	41	43	35	58	51	56	57
博茨瓦纳	60	11	23	28	33	32	44	32	96	71	69	70	84	64	85
秘鲁	61	25	29	37	38	42	42	43	47	51	49	62	65	68	67
牙买加	62	25	39	42	46	40	45	50	45	36	39	47	67	61	51
约旦	63	20	32	50	38	55	49	50	69	45	33	63	42	53	50
南非	64	39	33	38	37	40	48	45	25	44	47	64	68	57	63
土耳其	65	20	25	32	36	43	55	51	65	63	57	66	62	42	48
厄瓜多尔	66	25	40	28	33	36	40	41	48	35	70	71	75	72	73
伊朗	67	21	22	30	33	40	46	47	61	74	62	73	72	60	60
蒙古	68		55	52	30	40	41	41		22	31	80	70	71	72
摩洛哥	69	23	26	30	33	33	36	37	54	58	61	69	81	80	80

（续表）

国家	编号	指数[a]							排名						
		1970	1980	1990	2000	2005	2009	2010	1970	1980	1990	2000	2005	2009	2010
马来西亚	70	25	24	29	39	48	53	51	44	69	65	60	48	46	49
萨尔瓦多	71	22	25	29	40	35	52	37	57	62	67	54	77	48	78
埃及	72	25	26	35	40	35	37	40	49	57	54	59	78	76	74
中国	73	21	25	26	31	40	43	47	60	66	73	78	71	65	59
阿尔及利亚	74	19	30	39	33	45	37	35	72	48	44	72	57	77	82
土库曼斯坦	75				35	48	33	46				68	47	84	61
突尼斯	76	20	29	28	33	45	46	47	63	49	68	74	61	59	58
阿尔巴尼亚	77		35		22	45	50	42		38		94	59	50	69
吉尔吉斯斯坦	78		56		32	45	39	37				76	56	73	79
塔吉克斯坦	79				32	38	29	30				75	74	89	87
玻利维亚	80	29	25	36	29	50	34	45	39	65	50	81	46	81	64
缅甸	81	16	21	21	27	21	25	25	82	80	91	84	109	101	98
菲律宾	82	25	26	29	32	34	33	33	43	61	66	77	79	82	83
泰国	83	18	26	24	30	36	39	37	74	60	80	79	76	74	77
纳米比亚	84			35	28	33	37	38			51	83	82	75	76
津巴布韦	85	20	21	27	26	26	21	26	64	76	71	86	93	117	94
洪都拉斯	86	17	27	29	28	28	32	42	79	56	64	82	87	85	70
尼加拉瓜	87	22	31	34	25	28	28	43	58	46	56	87	86	95	66
越南	88		17		22	29	29	30		88		95	85	87	86
肯尼亚	89	16	15	24	26	25	28	22	80	98	82	85	94	94	105
斯里兰卡	90	22	21	34	24	26	32	28	56	78	55	89	92	86	89
刚果共和国	91	33	28	23	22	22	29	26	33	54	83	97	106	92	96
印度尼西亚	92	19	19	29	22	27	29	29	73	85	63	93	88	91	88
赞比亚	93	15	22	22	20	20	21	17	86	75	88	100	111	112	123
危地马拉	94	17	25	38	22	27	33	28	78	64	48	96	83	83	90
毛里塔尼亚	95	21	21	25	24	22	25	22	59	79	75	91	108	100	106
科特迪瓦	96	9	28	31	20	22	20	17	98	52	60	99	104	119	122
印度	97	17	19	24	21	26	27	27	77	81	81	98	90	97	92
巴基斯坦	98	16	17	18	25	23	27	24	84	90	95	88	102	99	101
莱索托	99	20	24	32	19	14	19	19	67	68	58	104	129	123	116
柬埔寨	100		4		19	24	24	26		110		101	100	107	97
喀麦隆	101	16	23	24	19	24	27	26	81	70	78	103	99	98	95
厄立特里亚	102				19	21	20	22				102	110	118	104
叙利亚	103	31	35	38	24	33	36	38	36	40	46	90	83	78	75
加纳	104	18	25	22	18	25	29	22	75	67	87	106	95	90	103
乍得	105	16	26	18	16	14	21	18	83	59	94	113	126	115	119
莫桑比克	106	8	11	18	18	15	20	14	100	108	97	107	123	120	128
几内亚	107	8	14	26	18	20	23	20	99	104	72	109	112	108	108
也门共和国	108	4	14	40	23	26	23	21	103	103	41	92	91	111	107
巴布亚新几内亚	109	13	19	19	19	19	16	12	94	84	93	105	114	127	130
海地	110	14	15	24	17	24	19	20	90	95	79	112	98	122	110
尼泊尔	111	15	13	21	18	20	21	24	88	106	90	110	113	114	102
塞内加尔	112	24	19	25	16	25	23	25	53	83	77	117	97	109	99
塞拉利昂	113	24	19	23	14	17	24	16	52	82	86	126	116	103	124
刚果民主共和国	114		17		14	14	18	19		86		127	127	126	112
老挝	115	6	15	17	18	22	28	27	101	100	99	108	103	93	91
马拉维	116	21	15	23	16	16	24	13	62	99	85	118	118	105	129
多哥	117	19	22	23	17	24	21	19	71	73	84	111	101	113	115
马达加斯加	118	18	15	17	16	16	20	19	76	101	100	114	119	121	117
马里	119	20	17	17	16	18	23	18	66	89	101	116	115	110	120
尼日利亚	120	15	16	25	15	25	29	20	87	93	76	123	96	88	109
孟加拉国	121	5	16	21	16	22	24	20	102	92	89	115	105	102	111
坦桑尼亚	122	15	14	17	14	15	24	19	85	105	103	124	122	106	113
贝宁	123	20	21	25	15	22	28	24	68	77	74	120	107	96	100
尼日尔	124	13	16	18	15	14	21	11	97	91	96	119	128	116	131
安哥拉	125	19	16	35	15	17	24	27	70	94	52	121	117	104	93
乌干达	126	11	15	17	14	16	18	18	95	102	102	125	120	124	121
中非	127	13	15	20	12	11	16	19	91	97	92	129	131	129	114
布基纳法索	128	2	17	16	13	14	15	15	104	87	104	128	130	131	126
埃塞俄比亚	129	14	15	15	15	16	15	14	89	96	98	122	121	130	127
布隆迪	130	10	12	16	11	15	16	18	97	107	106	130	124	128	118
卢旺达	131	13	10	16	9	15	18	16	93	109	105	131	125	125	125
高收入国家		72	76	89	100	100	100	100							
中等收入国家		20	36	33	38	41	37	40							
低收入国家		9	20	22	20	22	22	21							
世界平均		33	44	47	46	51	48	51							

注：a. 1970～2000年是以2000年高收入国家平均值为基准值的评价，2001年以来是以当年高收入国家平均值为基准值的评价。1970年和1990年没有知识创新和知识传播的数据，评价结果仅供参考。

附表 2-4-1　2010年世界综合现代化水平指数

国家	编号	经济发展指数	社会发展指数	知识发展指数	综合现代化指数	排名
瑞典	1	99	100	84	94	5
美国	2	100	92	100	97	1
芬兰	3	97	96	87	93	6
澳大利亚	4	99	100	78	92	7
瑞士	5	99	98	77	91	10
挪威	6	95	100	77	90	12
日本	7	96	94	96	95	4
丹麦	8	100	100	86	95	3
德国	9	98	98	95	97	2
荷兰	10	99	100	72	90	13
加拿大	11	97	88	68	84	21
新加坡	12	99	87	74	87	16
英国	13	99	99	74	90	14
法国	14	98	100	76	91	9
比利时	15	100	100	72	91	11
奥地利	16	97	96	84	92	8
新西兰	17	86	99	76	87	17
韩国	18	77	81	100	86	18
以色列	19	80	100	76	85	19
意大利	20	92	96	60	83	22
爱尔兰	21	96	94	72	87	15
西班牙	22	90	99	65	85	20
爱沙尼亚	23	66	81	64	71	29
斯洛文尼亚	24	75	84	76	78	23
乌拉圭	25	60	99	45	68	34
俄罗斯	26	61	76	61	66	36
斯洛伐克	27	66	81	51	66	37
希腊	28	77	94	49	73	26
匈牙利	29	65	86	53	68	33
捷克	30	68	87	64	73	27
葡萄牙	31	76	94	60	77	24
白俄罗斯	32	38	77	49	55	51
拉脱维亚	33	66	87	53	68	32
立陶宛	34	65	86	56	69	31
格鲁吉亚	35	41	76	22	46	67
乌克兰	36	47	72	44	54	53
保加利亚	37	55	79	42	59	47
黎巴嫩	38	52	91	67	70	30
哈萨克斯坦	39	47	69	26	48	65
波兰	40	62	77	57	65	38
阿根廷	41	61	90	44	65	40
巴拿马	42	59	93	42	65	39
克罗地亚	43	63	88	50	67	35
沙特阿拉伯	44	64	65	28	52	56
哥伦比亚	45	50	72	28	50	59
科威特	46	100	76	44	74	25
智利	47	58	81	43	61	42
马其顿	48	47	75	34	52	57
阿塞拜疆	49	36	78	27	47	66
摩尔多瓦	50	45	68	31	48	64
罗马尼亚	51	51	75	42	56	49
委内瑞拉	52	53	86	76	72	28
乌兹别克斯坦	53	24	59	14	32	88
多米尼加	54	50	86	43	60	45
亚美尼亚	55	34	80	30	48	62
巴拉圭	56	43	72	20	45	71
哥斯达黎加	57	55	93	32	60	44
巴西	58	56	89	35	60	43
墨西哥	59	56	85	25	55	50
博茨瓦纳	60	50	60	13	41	78
秘鲁	61	53	80	36	56	48
牙买加	62	92	71	25	63	41
约旦	63	54	82	27	54	54
南非	64	57	59	22	46	69
土耳其	65	55	81	42	60	46
厄瓜多尔	66	44	75	27	49	60
伊朗	67	62	70	32	54	52
蒙古	68	34	74	26	45	72
摩洛哥	69	36	63	28	42	76
马来西亚	70	51	65	41	52	55

(续表)

国家	编号	经济发展指数	社会发展指数	知识发展指数	综合现代化指数	排名
萨尔瓦多	71	46	73	19	46	68
埃及	72	37	71	24	44	73
中国	73	33	59	44	46	70
阿尔及利亚	74	25	69	16	37	82
土库曼斯坦	75	27	60	4	30	95
突尼斯	76	38	70	36	48	63
阿尔巴尼亚	77	42	70	44	52	58
吉尔吉斯斯坦	78	34	59	26	40	79
塔吉克斯坦	79	28	56	12	32	90
玻利维亚	80	36	67	42	48	61
缅甸	81		46	10	28	99
菲律宾	82	39	70	19	43	74
泰国	83	36	45	26	36	84
纳米比亚	84	54	57	14	42	77
津巴布韦	85	32	40	12	28	100
洪都拉斯	86	39	66	22	42	75
尼加拉瓜	87	39	66	14	40	80
越南	88	25	49	25	33	86
肯尼亚	89	31	40	10	27	101
斯里兰卡	90	38	49	11	32	87
刚果共和国	91	25	63	8	32	89
印度尼西亚	92	31	51	13	32	92
赞比亚	93	23	35	11	23	116
危地马拉	94	31	67	11	36	83
毛里塔尼亚	95	20	43	6	23	115
科特迪瓦	96	25	42	7	25	112
印度	97	30	43	17	30	94
巴基斯坦	98	32	45	10	29	98
莱索托	99	29	46	3	26	105
柬埔寨	100	22	35	10	22	118
喀麦隆	101	25	56	11	31	93
厄立特里亚	102	29	46	5	27	103
叙利亚	103	39	63	15	39	81
加纳	104	29	48	11	29	97
乍得	105	19	44	3	22	119
莫桑比克	106	21	28	5	18	127
几内亚	107	16	38	8	21	123
也门共和国	108	31	47	10	30	96
巴布亚新几内亚	109	12	32	1	15	131
海地	110	2	60	12	25	111
尼泊尔	111	23	42	10	25	107
塞内加尔	112	34	45	17	32	91
塞拉利昂	113	15	36		25	106
刚果民主共和国	114	14	36	10	20	125
老挝	115	19	45	16	27	104
马拉维	116	23	29	2	18	128
多哥	117	31	34	9	25	109
马达加斯加	118	25	43	3	24	113
马里	119	24	36	6	22	120
尼日利亚	120	15	41	19	25	108
孟加拉国	121	32	43	7	27	102
坦桑尼亚	122	24	30	12	22	121
贝宁	123	26	38	9	25	110
尼日尔	124	15	30	2	15	130
安哥拉	125	21	71	9	34	85
乌干达	126	28	30	10	22	117
中非	127	14	54	3	24	114
布基纳法索	128	20	35	4	20	126
埃塞俄比亚	129	20	26	5	17	129
布隆迪	130	22	38	3	21	124
卢旺达	131	24	31	9	22	122
高收入国家		100	100	100	100	
中等收入国家		39	57	31	42	
低收入国家		24	33	8	22	
世界平均		51	66	48	55	

附表 2-4-2 2010 年世界经济发展指数

国家	编号	经济发展指标的实际值				经济发展指标的指数				经济发展指数
		人均 GNI	人均 PPP[a]	服务业增加值比例[b]	服务业劳动力比例[b]	人均 GNI	人均 PPP	服务业增加值比例	服务业劳动力比例	
瑞典	1	50 780	40 070	72	78	100	100	96	100	99
美国	2	47 360	47 210	79	81	100	100	100	100	100
芬兰	3	47 130	36 570	68	72	100	98	91	97	97
澳大利亚	4	45 850	36 430	78	76	100	98	100	100	99
瑞士	5	73 340	51 600		71	100	100		96	99
挪威	6	86 390	57 660	58	78	100	100	78	100	95
日本	7	42 050	34 810	72	70	100	93	96	94	96
丹麦	8	59 590	41 540	77	78	100	100	100	100	100
德国	9	43 280	38 410	71	70	100	100	96	94	98
荷兰	10	48 580	41 010	74	72	100	100	100	97	99
加拿大	11	43 250	38 370	66	77	100	100	89	100	97
新加坡	12	39 410	56 790	72	77	100	100	97	100	99
英国	13	38 430	35 620	78	79	99	95	100	100	99
法国	14	42 190	34 920	79	75	100	94	100	100	98
比利时	15	45 990	38 580	78	75	100	100	100	100	100
奥地利	16	47 070	40 310	69	70	100	100	93	94	97
新西兰	17	29 140	28 930	70	73	75	78	93	98	86
韩国	18	19 720	28 870	59	76	51	77	79	100	77
以色列	19	27 270	25 810		77	70	69		100	80
意大利	20	35 550	31 960	73	68	92	86	98	91	92
爱尔兰	21	42 370	34 410	67	76	100	92	90	100	96
西班牙	22	31 450	31 170	71	73	81	84	96	98	90
爱沙尼亚	23	14 150	18 970	68	65	36	51	91	88	66
斯洛文尼亚	24	23 910	26 120	66	58	62	70	88	79	75
乌拉圭	25	10 290	13 540	64	67	27	36	86	91	60
俄罗斯	26	9930	19 290	61	62	26	52	81	84	61
斯洛伐克	27	16 030	21 770	61	60	41	58	82	80	66
希腊	28	26 390	26 750		68	68	72		91	77
匈牙利	29	12 860	19 720	65	65	33	53	88	88	65
捷克	30	18 390	23 460	62	59	47	63	83	79	68
葡萄牙	31	21 810	24 670	75	61	56	66	100	83	76
白俄罗斯	32	5990	13 560	47		15	36	63		38
拉脱维亚	33	11 850	16 280	74	67	31	44	99	90	66
立陶宛	34	11 620	17 970	68	66	30	48	92	89	65
格鲁吉亚	35	2680	4940	69	36	7	13	93	49	41
乌克兰	36	2990	6580	60	61	8	18	81	82	47
保加利亚	37	6320	13 460	66	60	16	36	88	81	55
黎巴嫩	38	8580	13 790	71		22	37	96		52
哈萨克斯坦	39	7500	10 600	53	52	19	28	71	70	47
波兰	40	12 450	19 310	65	57	32	52	87	77	62
阿根廷	41	8620	15 470	59	75	22	41	79	100	61
巴拿马	42	7000	13 030	79	63	18	35	100	85	59
克罗地亚	43	13 570	18 040	68	58	35	48	92	78	63
沙特阿拉伯	44	16 610	23 100	38	76	43	62	51	100	64
哥伦比亚	45	5480	9000	58	62	14	24	78	84	50
科威特	46	48 900	53 720		76	100	100		100	100
智利	47	10 750	15 040	57	66	28	40	77	89	58
马其顿	48	4600	10 930	61	49	12	29	82	66	47
阿塞拜疆	49	5380	9230	30	49	14	25	40	65	36
摩尔多瓦	50	1820	3360	75	49	5	9	100	67	45
罗马尼亚	51	7850	14 290	67	41	20	38	90	56	51
委内瑞拉	52	11 630	11 990	42	68	30	32	57	92	53
乌兹别克斯坦	53	1300	3140	45		3	8	61		24
多米尼加	54	5030	8990	62	60	13	24	83	81	50
亚美尼亚	55	3200	5620	45	39	8	15	60	53	34
巴拉圭	56	2720	5020	57	55	7	13	77	74	43
哥斯达黎加	57	6860	11 260	67	62	18	30	89	84	55
巴西	58	9540	10 980	67	61	25	29	89	82	56
墨西哥	59	8910	14 350	61	61	23	38	82	82	56
博茨瓦纳	60	6750	13 610	52	55	17	36	70	74	50
秘鲁	61	4630	8790	57	75	12	24	77	100	53
牙买加	62			73	63			98	85	92
约旦	63	4140	5800	66	79	11	16	88	100	54
南非	64	6090	10 310	67	70	16	28	90	94	57
土耳其	65	9890	15 680	63	50	25	42	85	68	55
厄瓜多尔	66	3850	7830	55	53	10	21	74	71	44
伊朗	67			45	47			61	63	62
蒙古	68	1870	3650	46	45	5	10	62	61	34
摩洛哥	69	2850	4570	55	37	7	12	74	50	36
马来西亚	70	8090	14 680	49	60	21	39	65	80	51

（续表）

国家	编号	经济发展指标的实际值				经济发展指标的指数				经济发展指数
		人均 GNI	人均 PPP[a]	服务业增加值比例[b]	服务业劳动力比例[b]	人均 GNI	人均 PPP	服务业增加值比例	服务业劳动力比例	
萨尔瓦多	71	3370	6450	61	58	9	17	81	79	46
埃及	72	2420	6020	49	45	6	16	65	61	37
中国	73	4240	7520	43	33	11	20	58	45	33
阿尔及利亚	74	4390	8050	31		11	22	42		25
土库曼斯坦	75	4070	7440	37		10	20	50		27
突尼斯	76	4140	8940	60		11	24	80		38
阿尔巴尼亚	77	3980	8560	65	36	10	23	87	49	42
吉尔吉斯斯坦	78	840	2080	51	45	2	6	69	61	34
塔吉克斯坦	79	810	2120	57		2	6	76		28
玻利维亚	80	1810	4610	50	44	5	12	67	60	36
缅甸	81									
菲律宾	82	2060	3950	55	50	5	11	74	68	39
泰国	83	4150	8130	43	39	11	22	58	52	36
纳米比亚	84	4250	6250	73	66	11	17	98	89	54
津巴布韦	85	500		47		1		63		32
洪都拉斯	86	1860	3750	61	43	5	10	82	58	39
尼加拉瓜	87	1410	3480	57	50	4	9	76	67	39
越南	88	1160	3050	38	28	3	8	51	38	25
肯尼亚	89	810	1640	56	32	2	4	76	43	31
斯里兰卡	90	2260	5030	58		6	13	78	53	38
刚果共和国	91	2240	3170	21	42	6	8	28	57	25
印度尼西亚	92	2500	4180	38	42	6	11	51	57	31
赞比亚	93	1110	1420	44	21	3	4	59	28	23
危地马拉	94	2740	4620	33	44	7	12	44	59	31
毛里塔尼亚	95	1000	2390	39		3	6	52		20
科特迪瓦	96	1170	1790	50		3	5	67		25
印度	97	1260	3330	55	27	3	9	74	36	30
巴基斯坦	98	1050	2760	53	35	3	7	72	48	32
莱索托	99	1100	1980	60		3	5	80		29
柬埔寨	100	760	2080	41	19	2	6	55	26	22
喀麦隆	101	1190	2240	49		3	6	66		25
厄立特里亚	102	340	540	63		1	1	85		29
叙利亚	103	2750	5080	47	53	7	14	62	71	39
加纳	104	1250	1610	51	29	3	4	69	39	29
乍得	105	710	1360	38		2	4	50		19
莫桑比克	106	440	900	45		1	2	60		21
几内亚	107	390	980	33		1	3	45		16
也门共和国	108	1160	2470	63		3	7	84		31
巴布亚新几内亚	109	1300	2400	20		3	6	26		12
海地	110	650	1120			2	3			2
尼泊尔	111	490	1210	48		1	3	64		23
塞内加尔	112	1080	1910	60	36	3	5	81	49	34
塞拉利昂	113	340	820	30		1	2	41		15
刚果民主共和国	114	180	330	31		0	1	42		14
老挝	115	1010	2390	36		3	6	48		19
马拉维	116	350	840	50		1	2	67		23
多哥	117	550	990	53	38	1	3	71	51	31
马达加斯加	118	430	950	55	16	1	3	74	21	25
马里	119	600	1020	39	28	2	3	52	38	24
尼日利亚	120	1250	2160	27		3	6	36		15
孟加拉国	121	700	1800	53	37	2	5	71	50	32
坦桑尼亚	122	530	1410	47	19	1	4	63	26	24
贝宁	123	780	1580	54		2	4	73		26
尼日尔	124	360	720		31	1	2		42	15
安哥拉	125	3660	5150	30		9	14	41		21
乌干达	126	500	1250	50	28	1	3	68	38	28
中非	127	470	780	28		1	2	38		14
布基纳法索	128	550	1260	44	12	1	3	60	16	20
埃塞俄比亚	129	360	1030	43	13	1	3	58	18	20
布隆迪	130	230	580	47		1	2	63		22
卢旺达	131	520	1180	53	17	1	3	71	22	24
高收入国家		38811	37322	75	74	100	100	100	100	100
中等收入国家		3728	6701	55	41	10	18	73	55	39
低收入国家		533	1296	49		1	3	66		24
世界平均		9076	11015	71	43	23	30	95	58	51
标准值	150	38811	37322	74.5	74					

注：a. 按购买力平价 PPP 计算的人均 GNI（国际美元）。b. 为 2001—2010 年期间最近年的数据。

附表 2-4-3 2010 年世界社会发展指数

国家	编号	社会发展指标的实际值				社会发展指标的指数				社会发展指数
		城市人口比例	医生比例[a]	预期寿命	生态效益[b]	城市人口比例	医疗服务	预期寿命	生态效益	
瑞典	1	85	3.8	82	9.0	100	100	100	100	100
美国	2	82	2.4	78	6.5	100	86	98	84	92
芬兰	3	84	2.9	80	6.5	100	100	100	84	96
澳大利亚	4	89	3.0	82	9.1	100	100	100	100	100
瑞士	5	74	4.1	82	21.1	92	100	100	100	98
挪威	6	79	4.2	81	12.9	99	100	100	100	100
日本	7	91	2.1	83	11.0	100	75	100	100	94
丹麦	8	87	3.4	79	16.3	100	100	99	100	100
德国	9	74	3.6	80	10.0	92	100	100	100	98
荷兰	10	83	2.9	81	9.3	100	100	100	100	100
加拿大	11	81	2.0	81	6.3	100	71	100	81	88
新加坡	12	100	1.8	82	6.5	100	64	100	84	87
英国	13	80	2.7	80	11.1	99	96	100	100	99
法国	14	85	3.4	81	9.7	100	100	100	100	100
比利时	15	98	3.0	80	7.7	100	100	100	100	100
奥地利	16	68	4.9	80	11.1	84	100	100	100	96
新西兰	17	86	2.7	81	7.8	100	96	100	100	99
韩国	18	83	2.0	81	4.1	100	71	100	53	81
以色列	19	92	3.7	82	9.5	100	100	100	100	100
意大利	20	68	3.5	82	12.0	85	100	100	100	96
爱尔兰	21	62	3.2	80	14.3	77	100	100	100	94
西班牙	22	77	4.0	82	10.8	96	100	100	100	99
爱沙尼亚	23	70	3.3	75	3.4	87	100	94	44	81
斯洛文尼亚	24	50	2.5	79	6.5	62	89	99	84	84
乌拉圭	25	93	3.7	76	9.5	100	100	95	100	99
俄罗斯	26	74	4.3	69	2.1	92	100	86	28	76
斯洛伐克	27	55	3.0	75	4.9	68	100	94	63	81
希腊	28	61	6.2	80	10.6	76	100	100	100	94
匈牙利	29	69	3.0	74	5.0	86	100	93	65	86
捷克	30	74	3.7	77	4.5	92	100	97	59	87
葡萄牙	31	61	3.9	79	9.7	75	100	99	100	94
白俄罗斯	32	75	5.2	70	2.0	93	100	88	26	77
拉脱维亚	33	68	3.0	74	5.4	84	100	92	71	87
立陶宛	34	67	3.6	73	5.2	84	100	92	68	86
格鲁吉亚	35	53	4.8	73	3.7	66	100	92	48	76
乌克兰	36	69	3.2	70	1.0	86	100	88	14	72
保加利亚	37	73	3.7	74	2.7	90	100	92	35	79
黎巴嫩	38	87	3.5	72	5.8	100	100	91	75	91
哈萨克斯坦	39	54	4.1	68	2.0	67	100	85	26	69
波兰	40	61	2.2	76	4.6	76	79	95	60	77
阿根廷	41	92	3.2	76	4.9	100	100	95	64	90
巴拿马	42	75		76	7.1	93		95	92	93
克罗地亚	43	58	2.6	77	7.0	72	93	96	90	88
沙特阿拉伯	44	82	0.9	74	2.7	100	32	92	35	65
哥伦比亚	45	75	0.1	73	8.9	94	4	92	100	72
科威特	46	98	1.8	75	3.7	100	64	93	48	76
智利	47	89	1.0	79	7.0	100	36	99	91	81
马其顿	48	59	2.6	75	3.2	74	93	93	41	75
阿塞拜疆	49	53	3.8	71	4.5	67	100	88	58	78
摩尔多瓦	50	47	2.7	69	2.2	58	96	86	29	68
罗马尼亚	51	53	2.3	74	4.6	66	82	92	60	75
委内瑞拉	52	93		74	5.1	100		93	66	86
乌兹别克斯坦	53	36	2.6	68	0.9	45	93	85	12	59
多米尼加	54	69		73	6.2	86		92	80	86
亚美尼亚	55	64	3.8	74	3.8	80	100	92	50	80
巴拉圭	56	61		72	3.8	77		90	50	72
哥斯达黎加	57	64		79	7.8	80		99	100	93
巴西	58	84	1.8	73	8.1	100	64	91	100	89
墨西哥	59	78	2.0	77	5.8	97	71	96	75	85
博茨瓦纳	60	61	0.3	53	6.6	76	11	66	86	60
秘鲁	61	77	0.9	74	7.9	96	32	92	100	80
牙买加	62	52		73	4.4	65		91	57	71
约旦	63	83	2.5	73	3.7	100	89	92	48	82
南非	64	62		52	2.7	77		65	34	59
土耳其	65	71	1.5	74	7.0	88	54	92	90	81
厄瓜多尔	66	67	1.7	76	4.8	83	61	94	62	75
伊朗	67	69	0.9	73		86	32	91		70
蒙古	68	68	2.8	68	1.9	84	100	85	25	74
摩洛哥	69	57	0.6	72	5.4	71	21	90	70	63
马来西亚	70	72	0.9	74	3.4	90	32	93	44	65

（续表）

国家	编号	社会发展指标的实际值				社会发展指标的指数				社会发展指数
		城市人口比例	医生比例[a]	预期寿命	生态效益[b]	城市人口比例	医疗服务	预期寿命	生态效益	
萨尔瓦多	71	64	1.6	72	5.1	80	57	90	66	73
埃及	72	43	2.8	73	3.0	54	100	91	39	71
中国	73	49	1.4	73	2.5	61	50	92	32	59
阿尔及利亚	74	72	1.2	73	4.0	90	43	91	52	69
土库曼斯坦	75	48	2.4	65	1.0	60	86	81	13	60
突尼斯	76	66	1.2	75	4.6	82	43	93	60	70
阿尔巴尼亚	77	52	1.2	77	5.7	65	43	96	74	70
吉尔吉斯斯坦	78	35	2.3	69	1.6	44	82	87	21	59
塔吉克斯坦	79	27	2.1	67	2.4	33	75	84	32	56
玻利维亚	80	66		66	2.7	83		83	35	67
缅甸	81	32	0.5	65		40	18	81		46
菲律宾	82	49		69	4.9	61		86	64	70
泰国	83	34	0.3	74	2.7	42	11	92	35	45
纳米比亚	84	38	0.4	62	6.9	47	14	78	90	57
津巴布韦	85	38		50	1	48		62	10	40
洪都拉斯	86	52		73	3.4	64		91	44	66
尼加拉瓜	87	57		74	2.7	71		92	35	66
越南	88	30	1.2	75	1.8	38	43	94	23	49
肯尼亚	89	24		57	1.6	29		71	21	40
斯里兰卡	90	15	0.5	75	5.0	19	18	93	65	49
刚果共和国	91	63	0.1	57	8.2	79	4	71	100	63
印度尼西亚	92	50	0.3	69	3.4	62	11	86	44	51
赞比亚	93	39	0.1	49	2.0	48	4	61	26	35
危地马拉	94	49		71	4.0	61		89	52	67
毛里塔尼亚	95	41	0.1	58		51	4	73		43
科特迪瓦	96	51	0.1	55	2.4	63	4	68	31	42
印度	97	31	0.6	65	2.4	39	21	81	32	43
巴基斯坦	98	36	0.8	65	2.1	45	29	82	27	45
莱索托	99	27		47		33		59		46
柬埔寨	100	20	0.2	63	2.2	25	7	78	29	35
喀麦隆	101	52		51	3.2	64		64	41	56
厄立特里亚	102	21		61	2.8	26		76	37	46
叙利亚	103	56	1.5	76	2.7	69	54	95	35	63
加纳	104	51	0.1	64	3.5	64	4	80	45	48
乍得	105	22		49		27		62		44
莫桑比克	106	31	0.0	50	0.9	39	0	62	12	28
几内亚	107	35	0.1	54		44	4	67		38
也门共和国	108	32	0.3	65	4.3	40	11	81	56	47
巴布亚新几内亚	109	12	0.1	62		15	4	78		32
海地	110	52		62	2.9	65		77	38	60
尼泊尔	111	17		68	1.6	21		86	20	42
塞内加尔	112	42	0.1	59	3.8	53	4	74	49	45
塞拉利昂	113	39	0.0	47		49	0	59		36
刚果民主共和国	114	34		48	0.6	42		60	7	36
老挝	115	33	0.3	67		41	11	84		45
马拉维	116	16	0.0	54		19	0	67		29
多哥	117	38	0.1	57	1.2	47	4	71	15	34
马达加斯加	118	32	0.2	67		40	7	83		43
马里	119	34	0.0	51		43	0	64		36
尼日利亚	120	49	0.4	51	2.0	61	14	64	26	41
孟加拉国	121	28	0.3	69	3.2	35	11	86	42	43
坦桑尼亚	122	26	0.0	57	1.2	33	0	72	15	30
贝宁	123	44	0.1	56	1.8	55	4	70	23	38
尼日尔	124	18	0.0	54		22	0	68		30
安哥拉	125	58		51	5.9	73		63	77	71
乌干达	126	15	0.1	54		19	4	67		30
中非	127	39		48		48		60		54
布基纳法索	128	26	0.1	55		32	4	69		35
埃塞俄比亚	129	17	0.0	59	0.8	21	0	73	10	26
布隆迪	130	11		50		13		62		38
卢旺达	131	19	0.0	55		23	0	69		31
高收入国家	132	80	2.8	80	7.7	100	100	100	99	100
中等收入国家	133	49	1.2	69	3.0	61	43	86	39	57
低收入国家	134	28	0.2	59	1.4	34	7	74	19	33
世界平均	135	52	1.4	70	5.0	64	50	87	64	66
参考值		80	2.8	80	7.7					

注：a. 为 2001—2010 年期间最近年的数据。b. 为 2001—2010 年期间最近年的数据。

附表 2-4-4 2010 年世界知识发展指数

国家	编号	知识发展指标的实际值				知识发展指标的指数				知识发展指数
		知识创新经费投入[a]	知识创新专利产出[b]	大学普及率[c]	互联网普及率	知识创新经费投入	知识创新专利产出	大学普及率	互联网普及率	
瑞典	1	3.6	2.3	74	90	100	34	100	100	84
美国	2	2.8	7.8	95	74	100	100	100	100	100
芬兰	3	3.8	3.2	94	87	100	47	100	100	87
澳大利亚	4	2.3	1.1	80	76	96	16	100	100	78
瑞士	5	3.0	2.1	55	82	100	30	76	100	77
挪威	6	1.8	2.3	74	93	75	33	100	100	77
日本	7	3.4	22.8	60	78	100	100	83	100	96
丹麦	8	3.0	2.9	74	89	100	43	100	100	86
德国	9	2.8	5.8		83	100	84		100	95
荷兰	10	1.8	1.6	65	91	75	23	91	100	72
加拿大	11	2.0	1.3		80	83	19		100	68
新加坡	12	2.7	1.8		71	100	26		98	74
英国	13	1.8	2.5	60	78	75	36	83	100	74
法国	14	2.2	2.3	57	77	92	33	79	100	76
比利时	15	2.0	0.6	71	74	83	8	98	100	72
奥地利	16	2.7	2.9	68	75	100	42	95	100	84
新西兰	17	1.2	3.6	83	83	50	53	100	100	76
韩国	18	3.4	26.7	103	82	100	100	100	100	100
以色列	19	4.3	1.9	63	66	100	28	87	90	76
意大利	20	1.3	1.5	65	54	54	21	90	74	60
爱尔兰	21	1.8	1.6	66	70	75	24	92	96	72
西班牙	22	1.4	0.8	78	66	58	11	100	90	65
爱沙尼亚	23	1.4	0.6	64	74	58	9	89	100	64
斯洛文尼亚	24	1.9	2.2	90	69	79	31	100	95	76
乌拉圭	25	0.7	0.1	63	47	29	1	88	64	45
俄罗斯	26	1.3	2.0	76	43	54	29	100	59	61
斯洛伐克	27	0.5	0.4	55	76	21	6	76	100	51
希腊	28	0.6	0.6	89	45	25	9	100	61	49
匈牙利	29	1.1	0.6	61	53	46	9	84	73	53
捷克	30	1.5	0.8	64	69	63	12	88	94	64
葡萄牙	31	1.7	0.5	66	51	71	7	91	70	60
白俄罗斯	32	0.6	1.9	78	32	25	27	100	44	49
拉脱维亚	33	0.5	0.8	60	69	21	12	83	94	53
立陶宛	34	0.8	0.3	74	63	33	5	100	86	56
格鲁吉亚	35	0.2	0.4	28	26	8	6	39	36	22
乌克兰	36	0.9	0.6	80	23	38	8	100	32	44
保加利亚	37	0.5	0.3	57	46	21	5	79	63	42
黎巴嫩	38			54	44			75	60	67
哈萨克斯坦	39	0.2	0.0	39	31	8	0	53	43	26
波兰	40	0.7	0.8	72	63	29	12	100	86	57
阿根廷	41	0.5	0.2	71	40	21	3	99	55	44
巴拿马	42	0.2		46	40	8		63	55	42
克罗地亚	43	0.8	0.6	54	60	33	8	75	82	50
沙特阿拉伯	44	0.1	0.1	37	41	4	2	51	56	28
哥伦比亚	45	0.2	0.0	39	37	8	0	54	50	28
科威特	46	0.1			61	4			84	44
智利	47	0.4	0.2	66	45	17	3	92	62	43
马其顿	48	0.2	0.2	39	52	8	2	54	71	34
阿塞拜疆	49	0.3	0.3	19	47	13	4	26	64	27
摩尔多瓦	50	0.5	0.4	38	32	21	5	53	44	31
罗马尼亚	51	0.5	0.6	59	40	21	9	82	55	42
委内瑞拉	52			78	38			100	52	76
乌兹别克斯坦	53		0.1	10	19		2	14	26	14
多米尼加	54				31				43	43
亚美尼亚	55	0.3	0.4	52		13	6	71		30
巴拉圭	56	0.1	0.0	35	20	4	0	48	27	20
哥斯达黎加	57	0.4	0.0	43	37	17	0	60	50	32
巴西	58	1.1	0.1	26	41	46	2	36	56	35
墨西哥	59	0.4	0.1	28	31	17	2	39	43	25
博茨瓦纳	60	0.5		7	6	21		10	8	13
秘鲁	61		0.0	43	35		0	60	48	36
牙买加	62		0.1	26	28		1	36	39	25
约旦	63	0.4	0.1	38	28	17	1	52	38	27
南非	64	0.9	0.2		18	38	2		25	22
土耳其	65	0.8	0.4	55	40	33	5	77	55	42
厄瓜多尔	66	0.3	0.0	40	29	13	0	55	40	27
伊朗	67	0.8	0.8	43	16	33	12	59	22	32
蒙古	68	0.2	0.4	53	13	8	6	74	18	26
摩洛哥	69	0.6	0.0	13	49	25	1	18	67	28
马来西亚	70	0.6	0.4	40	56	25	6	56	77	41

(续表)

国家	编号	知识发展指标的实际值				知识发展指标的指数				知识发展指数
		知识创新经费投入[a]	知识创新专利产出[b]	大学普及率[c]	互联网普及率	知识创新经费投入	知识创新专利产出	大学普及率	互联网普及率	
萨尔瓦多	71	0.1		23	16	4		32	22	19
埃及	72	0.2	0.1	32	30	8	1	45	41	24
中国	73	1.5	2.2	26	34	63	32	36	47	44
阿尔及利亚	74	0.1	0.0	31	13	4	0	43	17	16
土库曼斯坦	75				3				4	4
突尼斯	76	1.1	0.1	34	37	46	1	48	50	36
阿尔巴尼亚	77	0.2		44	45	8		61	62	44
吉尔吉斯斯坦	78	0.2	0.2	49	18	8	4	68	25	26
塔吉克斯坦	79	0.1	0.0	20	12	4	0	27	16	12
玻利维亚	80			39	22			54	31	42
缅甸	81			15	0			21	0	10
菲律宾	82	0.1	0.0	28	25	4	0	39	34	19
泰国	83	0.2	0.2	46	22	8	3	64	31	26
纳米比亚	84			9	12			12	16	14
津巴布韦	85			6	12			9	16	12
洪都拉斯	86			21	11			29	15	22
尼加拉瓜	87				10				14	14
越南	88		0.0	22	31		1	31	43	25
肯尼亚	89	0.4	0.0	4	14	17	0	6	19	10
斯里兰卡	90	0.1	0.1	16	12	4	2	21	17	11
刚果共和国	91			7	5			9	7	8
印度尼西亚	92	0.1	0.0	23	11	4	0	32	15	13
赞比亚	93	0.3		4	10	13		6	14	11
危地马拉	94	0.1	0.0	18	11	4	0	25	14	11
毛里塔尼亚	95			4	4			6	5	6
科特迪瓦	96			8	2			12	3	7
印度	97	0.8	0.1	18	8	33	1	25	10	17
巴基斯坦	98	0.5	0.0	7	8	21	0	9	11	10
莱索托	99	0.0		4	4	0		5	5	3
柬埔寨	100			13	1			18	2	10
喀麦隆	101			12	4			16	6	11
厄立特里亚	102			2	5			3	7	5
叙利亚	103		0.1		21		1		28	15
加纳	104	0.2		9	10	8		12	13	11
乍得	105			2	2			3	2	3
莫桑比克	106	0.2	0.0	5	4	8	0	7	6	5
几内亚	107			11	1			15	1	8
也门共和国	108		0.0	10	12		0	14	17	10
巴布亚新几内亚	109		0.0		1		0		2	1
海地	110				8				12	12
尼泊尔	111			7	8			10	11	10
塞内加尔	112	0.4		8	16	17		11	22	17
塞拉利昂	113									
刚果民主共和国	114	0.5		6	1	21		9	1	10
老挝	115			17	7			23	10	16
马拉维	116			1	2			1	3	2
多哥	117			10	3			13	4	9
马达加斯加	118	0.1	0.0	4	2	4	0	5	2	3
马里	119	0.2		6	2	8		8	3	6
尼日利亚	120	0.2		10	24	8		14	33	19
孟加拉国	121			11	4			15	5	7
坦桑尼亚	122	0.4		2	11	17		3	15	12
贝宁	123			11	3			15	4	9
尼日尔	124			2	1			2	1	2
安哥拉	125			4	10			5	14	9
乌干达	126	0.4	0.0	4	13	17	0	6	17	10
中非	127			3	2			4	3	3
布基纳法索	128	0.2	0.0	3	2	8	0	5	3	4
埃塞俄比亚	129	0.2	0.0	7	1	8	0	10	1	5
布隆迪	130			3	1			4	1	3
卢旺达	131			6	8			8	11	9
高收入国家		2.4	6.9	72	73	100	100	100	100	100
中等收入国家		1.1	0.6	26	23	46	8	36	32	31
低收入国家				8	5			11	6	8
世界平均		2.1	1.6	29	30	88	23	40	40	48
参考值		2.4	6.9	72	73					

注:a. 指 R&D 经费/GDP(%),其数据为 2001~2010 年期间最近年的数据。b. 指居民申请国内发明专利数/万人,其数据为 2001~2010 年期间最近年数据。c. 为 2001~2010 年期间最近年的数据。

附表 2-4-5 1980~2010 年世界综合现代化指数和排名

国家	编号	指数						排名					
		1980	1990	2000	2005	2009	2010	1980	1990	2000	2005	2009	2010
瑞典	1	98	98	98	95	95	94	1	1	1	3	3	5
美国	2	92	91	95	96	98	97	6	11	3	1	1	1
芬兰	3	87	92	89	92	93	93	17	9	9	7	6	6
澳大利亚	4	91	88	86	92	90	92	11	14	13	6	14	7
瑞士	5	89	92	96	91	91	91	13	7	2	8	9	10
挪威	6	91	91	90	90	91	90	8	10	7	9	10	12
日本	7	94	93	94	94	93	95	2	6	6	4	5	4
丹麦	8	93	98	95	95	95	95	4	2	4	2	4	3
德国	9	93	94	95	93	98	97	3	5	5	5	2	2
荷兰	10	91	96	90	90	91	90	9	3	8	11	11	13
加拿大	11	93	85	82	84	85	84	5	15	17	16	17	21
新加坡	12	60	64	88	80	88	87	37	25	11	21	15	16
英国	13	88	89	88	90	92	90	14	13	10	10	8	14
法国	14	89	90	86	90	90	91	12	12	15	12	13	9
比利时	15	91	94	86	89	90	91	10	4	14	14	12	11
奥地利	16	87	92	87	89	92	92	16	8	12	13	7	8
新西兰	17	87	78	74	85	83	87	15	19	21	15	21	17
韩国	18	47	63	79	83	85	86	54	27	18	19	16	18
以色列	19	82	81	84	83	84	85	19	18	16	17	19	19
意大利	20	75	85	78	83	82	83	23	16	19	18	22	22
爱尔兰	21	68	71	75	81	85	87	29	20	20	20	18	15
西班牙	22	73	83	74	80	84	85	26	17	22	22	20	20
爱沙尼亚	23	76	56	62	67	71	71	21	38	27	26	25	29
斯洛文尼亚	24		71	65	74	76	78		21	24	23	25	23
乌拉圭	25	64	66	63	59	70	68	33	24	26	37	29	34
俄罗斯	26	85	56	54	58	65	66	18	36	37	39	38	36
斯洛伐克	27		69	53	59	67	66		22	40	36	35	37
希腊	28	69	67	60	71	78	73	28	23	28	24	23	26
匈牙利	29	63	58	58	66	70	68	34	33	30	27	30	33
捷克	30	73	59	57	63	71	73	25	32	31	30	28	27
葡萄牙	31	53	61	69	69	77	77	46	31	23	25	24	24
白俄罗斯	32		63	47	54	58	55		28	52	43	45	51
拉脱维亚	33	75	57	56	65	74	68	22	35	33	28	26	32
立陶宛	34		57	54	62	69	69		34	38	31	31	31
格鲁吉亚	35	77	48	41	44	48	46	20	56	61	64	61	67
乌克兰	36	91	51	46	53	57	54	7	51	53	45	48	53
保加利亚	37	63	52	48	52	58	59	35	47	48	49	42	47
黎巴嫩	38	72	54	57	64	66	70	27	43	32	29	36	30
哈萨克斯坦	39			53	43	46	49	48		46	55	58	59	65
波兰	40	65	51	53	60	65	65	32	50	39	35	37	38
阿根廷	41	67	55	64	60	69	65	30	41	25	34	32	40
巴拿马	42	56	49	51	55	59	65	43	54	42	40	40	39
克罗地亚	43		62	49	61	68	67		29	45	33	34	35
沙特阿拉伯	44	57	56	43	49	54	52	41	40	57	54	51	56
哥伦比亚	45	50	51	46	46	54	50	49	49	54	60	52	59
科威特	46	74	62	54	61	68	74	24	30	36	32	33	25
智利	47	59	48	54	58	58	61	38	57	35	38	44	42
马其顿	48		44	47	45	53	52		61	50	61	53	57
阿塞拜疆	49			38	37	45	47			67	76	67	66
摩尔多瓦	50	59	43	40	43	49	48	39	67	63	65	57	64
罗马尼亚	51	50	40	39	46	58	56	50	69	66	57	46	49
委内瑞拉	52	58	52	50	49	57	72	40	48	43	53	49	28
乌兹别克斯坦	53		20	29	33	33	32		127	89	84	87	88
多米尼加	54	50	63	60	54	58	60	51	26	29	41	43	45
亚美尼亚	55		21	37	41	46	48		122	70	68	65	62
巴拉圭	56	41	40	55	37	44	45	61	68	34	75	69	71
哥斯达黎加	57	54	50	47	53	54	60	45	52	51	47	50	44
巴西	58	51	56	48	52	60	60	47	39	49	50	39	43
墨西哥	59	57	53	51	53	57	55	42	45	41	46	47	50
博茨瓦纳	60	20	33	37	35	44	41	106	90	71	79	71	78
秘鲁	61	47	54	50	50	52	56	53	42	44	51	56	48
牙买加	62	42	44	42	44	48	63	60	63	59	63	60	41
约旦	63	49	56	49	53	52	54	52	37	47	44	55	54
南非	64	51	45	36	42	45	46	48	60	73	67	68	69
土耳其	65	42	45	42	50	59	60	59	58	58	52	41	46
厄瓜多尔	66	56	43	38	42	47	49	44	64	68	66	63	60
伊朗	67	39	37	33	38	47	54	66	82	76	73	64	52
蒙古	68	65	39	35	48	44	45	31	75	74	55	70	72
摩洛哥	69	35	38	37	39	43	42	70	76	69	70	72	76
马来西亚	70	39	37	43	52	53	52	65	79	56	48	54	55

（续表）

国家	编号	指数						排名					
		1980	1990	2000	2005	2009	2010	1980	1990	2000	2005	2009	2010
萨尔瓦多	71	43	49	49	46	46	46	57	55	46	59	66	68
埃及	72	38	40	40	34	42	44	67	73	64	80	75	73
中国	73	21	28	31	38	43	46	103	103	79	72	73	70
阿尔及利亚	74	46	40	30	38	41	37	55	71	84	71	77	82
土库曼斯坦	75			26	33	28	30			93	82	100	95
突尼斯	76	41	40	42	48	47	48	63	72	60	56	62	63
阿尔巴尼亚	77	35	32	30	37	49	52	71	92	85	74	58	58
吉尔吉斯斯坦	78		22	36	45	42	40		120	72	62	74	79
塔吉克斯坦	79		5	30	29	31	32		128	83	87	89	90
玻利维亚	80	33	54	41	54	41	48	77	44	62	42	76	61
缅甸	81	26	30	24	28	35	28	97	100	100	93	84	99
菲律宾	82	40	40	39	39	39	43	64	70	65	69	78	74
泰国	83	34	37	32	35	36	36	73	84	78	78	83	84
纳米比亚	84		32	31	34	37	42		91	82	81	81	77
津巴布韦	85	30	26	24	24	26	28	81	108	97	101	104	100
洪都拉斯	86	37	38	33	32	36	42	68	77	77	86	82	75
尼加拉瓜	87	42	37	34	32	33	40	58	83	75	85	85	80
越南	88		21	22	26	29	33		123	104	97	94	86
肯尼亚	89	26	27	26	24	24	27		94	107	92	100	114	101
斯里兰卡	90	32	35	28	28	31	32	79	86	91	92	91	87
刚果共和国	91	34	37	25	28	33	32	75	80	95	94	86	89
印度尼西亚	92	31	27	30	29	31	32	80	106	86	88	90	92
赞比亚	93	30	21	19	19	20	23	86	124	117	116	125	116
危地马拉	94	41	37	31	36	39	36	62	81	81	77	80	83
毛里塔尼亚	95	33	38	26	23	23	23	78	78	94	106	116	115
科特迪瓦	96	62	50	23	24	25	25	36	53	101	102	106	112
印度	97	30	27	29	28	31	30	82	104	87	90	93	94
巴基斯坦	98	30	26	31	28	32	29	84	109	80	91	88	98
莱索托	99	27	45	19	17	28	26	91	59	119	123	98	105
柬埔寨	100		31	20	21	21	22		96	111	110	122	118
喀麦隆	101	34	32	21	25	28	31	72	94	108	99	99	93
厄立特里亚	102			20	20	22	27			112	113	118	103
叙利亚	103	45	39	29	33	39	39	56	74	88	83	79	81
加纳	104	34	33	19	23	27	29	74	89	114	103	101	97
乍得	105	28	26	24	15	23	22	89	110	99	128	117	119
莫桑比克	106	18	21	22	19	25	18	111	125	107	114	108	127
几内亚	107	14	43	28	21	20	21	113	66	90	112	124	123
也门共和国	108	13	31	23	26	25	30	114	97	102	98	110	96
巴布亚新几内亚	109	26	24	19	17	15	15	96	115	115	122	131	131
海地	110	24	43	22	27	20	25	100	65	103	96	126	111
尼泊尔	111	20	23	17	22	24	25	105	116	125	108	113	107
塞内加尔	112	30	30	24	27	31	32	83	99	98	95	92	91
塞拉利昂	113	27	27	15	17	25	25	92	105	128	120	107	106
刚果民主共和国	114	35	33	14	14	18	20	69	88	131	129	129	125
老挝	115	19	20	18	19	27	27	109	126	122	118	103	104
马拉维	116	21	32	19	14	25	18	104	93	113	130	109	128
多哥	117	29	34	21	21	24	25	88	87	109	109	111	109
马达加斯加	118	27	28	22	22	24	24	90	102	105	107	115	113
马里	119	23	22	18	19	22	22	101	119	121	117	119	120
尼日利亚	120	30	31	19	23	29	25	85	98	116	104	97	108
孟加拉国	121	25	31	24	28	29	27	98	95	96	89	95	102
坦桑尼亚	122	18	23	16	15	22	22	110	117	127	127	120	121
贝宁	123	29	36	21	23	27	25	87	85	110	105	102	110
尼日尔	124	26	24	17	16	24	15	95	114	123	124	112	130
安哥拉	125	20	44	15	18	29	34	107	62	130	119	96	85
乌干达	126	21	24	22	21	21	22	102	111	106	111	123	117
中非	127	27	28	17	16	18	24	93	101	124	126	130	114
布基纳法索	128	33	22	19	19	18	20	76	118	118	115	128	126
埃塞俄比亚	129	17	24	15	13	19	17	112	113	129	131	127	129
布隆迪	130	25	24	18	17	22	21	99	112	120	121	121	124
卢旺达	131	19	21	16	16	26	22	108	121	126	125	105	122
高收入国家		100	100	100	100	100	100						
中等收入国家		52	44	42	41	40	42						
低收入国家		28	32	24	26	24	22						
世界平均		60	53	50	53	53	55						

附录三 中国地区现代化水平评价的数据集

附表 3-1-1	2010 年中国地区现代化水平	367
附表 3-1-2	2010 年中国现代化的地区分组	368
附表 3-2-1	2010 年中国地区第一次现代化实现程度和排名	369
附表 3-2-2	2010 年中国地区第一次现代化评价指标	370
附表 3-2-3	2010 年中国地区第一次现代化发展阶段	371
附表 3-2-4	中国地区第一次现代化程度的增长率和预期完成时间	372
附表 3-2-5	1970~2010 年中国地区第一次现代化程度和排名	373
附表 3-3-1	2010 年中国地区第二次现代化指数和排名	374
附表 3-3-2	2010 年中国地区知识创新指数	375
附表 3-3-3	2010 年中国地区知识传播指数	376
附表 3-3-4	2010 年中国地区生活质量指数	377
附表 3-3-5	2010 年中国地区经济质量指数	378
附表 3-3-6	2010 年中国地区第二次现代化发展阶段	379
附表 3-3-7	1970~2010 年中国地区第二次现代化指数和排名	380
附表 3-4-1	2010 年中国地区综合现代化指数和排名	381
附表 3-4-2	2010 年中国地区经济指数	382
附表 3-4-3	2010 年中国地区社会指数	383
附表 3-4-4	2010 年中国地区知识指数	384
附表 3-4-5	1980~2010 年中国地区综合现代化指数和排名	385

附表 3-1-1 2010 年中国地区现代化水平

地区	编号	人口/万	2010 年第一次现代化				2010 年第二次现代化			2010 综合现代化	
			程度/(%)	排名	达标个数	发展阶段[a]	指数	排名	发展阶段[b]	指数	排名
北京	1	1961	100	1	10	F4	93	1	S2	82	1
天津	2	1294	100	1	10	F4	79	3		70	3
河北	3	7185	90	17	6	F3	43	19		38	22
山西	4	3571	91	15	6	F3	49	14		43	15
内蒙古	5	2471	93	11	7	F3	49	15		42	16
辽宁	6	4375	96	8	7	F3	61	7		53	7
吉林	7	2746	91	14	7	F3	49	13		46	12
黑龙江	8	3831	90	16	7	F2	50	11		45	13
上海	9	2302	100	1	10	F4	89	2		76	2
江苏	10	7866	99	5	8	F3	67	4		59	4
浙江	11	5443	99	4	8	F4	66	5		58	5
安徽	12	5950	87	21	6	F3	41	24		39	20
福建	13	3689	96	7	8	F3	51	10		48	9
江西	14	4457	88	20	6	F3	36	27		38	24
山东	15	9579	94	9	6	F3	52	9		47	10
河南	16	9402	85	25	6	F3	40	25		36	27
湖北	17	5724	94	10	7	F3	50	12		46	11
湖南	18	6568	88	19	6	F2	42	20		40	18
广东	19	10 430	98	6	9	F4	62	6		56	6
广西	20	4603	84	30	5	F2	36	28		34	28
海南	21	867	86	23	6	F2	41	22		41	17
重庆	22	2885	92	12	7	F3	47	16		44	14
四川	23	8042	87	22	6	F2	43	18		40	19
贵州	24	3475	85	26	7	F2	33	29		33	30
云南	25	4597	85	27	2	F2	32	30		32	31
西藏	26	300	81	31	4	F2	32	31		34	29
陕西	27	3733	89	18	6	F3	52	8		48	8
甘肃	28	2558	84	28	6	F2	38	26		36	26
青海	29	563	86	24	5	F3	41	23		37	25
宁夏	30	630	91	13	6	F3	46	17		38	21
新疆	31	2181	84	29	5	F2	41	21		38	23
香港	32	702	100		10	F4	84		S2	83	
澳门	33	53	100		9	F4	81		S2	79	
台湾	34	2316	100		10	F4	86		S1	76	
中国		133 972	93		6	F3	49			48	
高收入国家		112 700	100			F4	100			100	
中等收入国家		491 724	91			F3	40			42	
低收入国家		79 626	56			F2	21			22	
世界平均		684 051	96			F3	51			55	

注:a. F 代表第一次现代化,F4 代表过渡期,F3 代表成熟期,F2 代表发展期,F1 代表起步期。b. S 代表第二次现代化,S2 代表发展期,S1 代表起步期,香港的发展阶段根据第二次现代化指数进行了调整。

附表 3-1-2 2010 年中国现代化的地区分组

地区	编号	第一次现代化程度	第二次现代化指数	综合现代化指数	人均居民收入[a]	阶段[b]	根据第二次现代化指数分组[c]	根据综合现代化指数分组[c]
北京	1	100	93	82	11 218	6	1	1
天津	2	100	79	70	10 782	4	2	2
河北	3	90	43	38	4235	3	3	3
山西	4	91	49	43	3882	3	3	3
内蒙古	5	93	49	42	6994	3	3	3
辽宁	6	96	61	53	6256	3	2	3
吉林	7	91	49	46	4668	3	3	3
黑龙江	8	90	50	45	3999	2	3	3
上海	9	100	89	76	11 237	4	1	2
江苏	10	99	67	59	7805	3	2	2
浙江	11	99	66	58	7638	4	2	2
安徽	12	87	41	39	3085	3	3	3
福建	13	96	51	48	5912	3	3	3
江西	14	88	36	38	3139	3	3	3
山东	15	94	52	47	6072	3	2	3
河南	16	85	40	36	3611	3	3	3
湖北	17	94	50	46	4122	3	3	3
湖南	18	88	42	40	3651	2	3	3
广东	19	98	62	56	6608	4	2	2
广西	20	84	36	34	2987	2	3	3
海南	21	86	41	41	3520	2	3	3
重庆	22	92	47	44	4076	3	3	3
四川	23	87	43	40	3129	2	3	3
贵州	24	85	33	33	1938	2	3	3
云南	25	85	32	32	2327	2	3	3
西藏	26	81	32	34	2558	2	3	3
陕西	27	89	52	48	4008	3	2	3
甘肃	28	84	38	36	2380	2	3	3
青海	29	86	41	37	3562	3	3	3
宁夏	30	91	46	38	3968	3	3	3
新疆	31	84	41	38	3698	2	3	3
香港	32	100	84	83	32 558	6	1	1
澳门	33	100	81	79	53 046	6	1	2
台湾	34	100	86	76	19 155	5	1	2
中国		93	49	48	4430	3	3	3
高收入国家		100	100	100	38 811	6		
中等收入国家		91	40	42	3728	3		
低收入国家		56	21	22	533	2		
世界平均		96	51	55	9076	3		

注：a. 中国内地为人均GDP。b. 阶段划分：0代表传统农业社会，1代表第一次现代化起步期，2代表第一次现代化发展期，3代表第一次现代化成熟期，4代表第一次现代化过渡期，5代表第二次现代化起步期，6代表第二次现代化发展期。c. 分组：1代表发达水平，2代表中等发达水平，3代表初等发达水平，4代表欠发达水平。

附表 3-2-1　2010 年中国地区第一次现代化实现程度和排名

地区	编号	经济指标达标程度				社会指标达标程度						程度	排名	达标个数
		人均居民收入[a]	农业劳动力比例	农业增加值比例	服务业增加值比例	城市人口比例	医生比例	婴儿死亡率[b]	预期寿命	成人识字率	大学入学率[c]			
北京	1	100	100	100	100	100	100	100	100	100	100	100	1	10
天津	2	100	100	100	100	100	100	100	100	100	100	100	1	10
河北	3	53	77	100	78	88	100	100	100	100	100	90	17	6
山西	4	49	78	100	82	96	100	100	100	100	100	91	15	6
内蒙古	5	87	62	100	80	100	100	100	100	100	100	93	11	7
辽宁	6	78	96	100	82	100	100	100	100	100	100	96	8	7
吉林	7	58	71	100	80	100	100	100	100	100	100	91	14	7
黑龙江	8	50	68	100	83	100	100	100	100	100	100	90	16	7
上海	9	100	100	100	100	100	100	100	100	100	100	100	1	10
江苏	10	98	100	100	92	100	100	100	100	100	100	99	5	8
浙江	11	95	100	100	97	100	100	100	100	100	100	99	4	8
安徽	12	39	75	100	75	86	100	100	100	100	100	87	21	6
福建	13	74	100	100	88	100	100	100	100	100	100	96	7	8
江西	14	39	80	100	73	88	100	100	100	100	100	88	20	6
山东	15	76	85	100	81	99	100	100	100	100	100	94	9	6
河南	16	45	67	100	64	77	100	100	100	100	100	85	25	6
湖北	17	52	100	100	84	99	100	100	100	100	100	94	10	7
湖南	18	46	64	100	88	87	100	100	100	100	100	88	19	6
广东	19	83	100	100	100	100	100	100	100	100	100	98	6	9
广西	20	37	56	86	79	80	100	100	100	100	100	84	30	5
海南	21	44	60	57	100	99	100	100	100	100	100	86	23	6
重庆	22	51	91	100	81	100	100	100	100	100	100	92	12	7
四川	23	39	70	100	78	80	100	100	100	100	100	87	22	6
贵州	24	24	60	100	100	68	100	100	100	100	100	85	26	7
云南	25	29	51	98	89	69	100	100	99	117	94	85	27	2
西藏	26	32	56	100	100	45	100	100	97	94	87	81	31	4
陕西	27	50	68	100	81	91	100	100	100	100	100	89	18	6
甘肃	28	30	59	100	83	72	100	100	100	100	100	84	28	6
青海	29	45	72	100	78	89	100	100	100	100	77	86	24	5
宁夏	30	50	76	100	92	96	100	100	100	100	100	91	13	6
新疆	31	46	59	76	72	86	100	100	100	100	100	84	29	5
香港[d]	32	100	100	100	100	100	100	100	100	100	100	100		10
澳门[d]	33	100	100		100	100	100	100	100	100	100	100		9
台湾	34	100	100	100	100	100	100	100	100	100	100	100		10
中国		55	82	100	96	99	100	100	100	100	100	93		6

注：a. 中国内地地区为人均 GDP 值。b. 中国内地地区为 2010 年与 2000 年同比计算后的数据。c. 中国地区为在校大学生占 18～21 岁人口比例，根据在校大学生人数和 2010 年人口普查数据计算，没有考虑出国留学。

附表 3-2-2 2010年中国地区第一次现代化评价指标

地区	编号	经济指标				社会指标					
		人均居民收入[a]	农业劳动力比例	农业增加值比例	服务业增加值比例	城市人口比例	医生比例	婴儿死亡率[b]	预期寿命	成人识字率	大学入学率[c]
北京	1	11 218	5	1	75	86	5.2	1.6	80	98	40
天津	2	10 782	15	2	46	79	2.9	1.7	79	98	43
河北	3	4235	39	13	35	44	1.8	7.5	75	97	21
山西	4	3882	38	6	37	48	2.5	7.1	75	98	21
内蒙古	5	6994	48	9	36	56	2.3	12.1	74	96	25
辽宁	6	6256	31	9	37	62	2.3	4.1	76	98	36
吉林	7	4668	42	12	36	53	2.3	6.8	76	98	33
黑龙江	8	3999	44	13	37	56	2.1	3.9	76	98	32
上海	9	11 237	4	1	57	89	3.8	1.8	80	97	34
江苏	10	7805	19	6	41	60	1.7	5.1	77	96	31
浙江	11	7638	16	5	44	62	2.5	4.7	78	94	26
安徽	12	3085	40	14	34	43	1.3	11.6	75	92	24
福建	13	5912	29	9	40	57	1.7	7.6	76	98	24
江西	14	3139	38	13	33	44	1.3	17.9	74	97	27
山东	15	6072	35	9	37	50	1.9	6.0	76	95	27
河南	16	3611	45	14	29	39	1.4	8.5	75	96	21
湖北	17	4122	30	13	38	50	1.6	7.2	75	95	31
湖南	18	3651	47	15	40	43	1.6	9.9	75	97	25
广东	19	6608	26	5	45	66	2.0	6.1	76	98	16
广西	20	2987	53	18	35	40	1.3	10.3	75	97	19
海南	21	3520	50	26	46	50	1.6	7.4	76	96	24
重庆	22	4076	33	9	36	53	1.5	8.9	76	96	30
四川	23	3129	43	14	35	40	1.6	8.5	75	95	22
贵州	24	1938	50	14	47	34	1.0	24.1	71	91	15
云南	25	2327	59	15	40	35	1.4	25.3	70	94	14
西藏	26	2558	53	14	54	23	1.5	15.9	68	76	13
陕西	27	4008	44	10	36	46	1.7	12.2	75	96	32
甘肃	28	2380	51	15	37	36	1.5	17.6	72	91	20
青海	29	3562	42	10	35	45	1.9	16.6	70	90	12
宁夏	30	3968	39	9	42	48	1.9	9.6	73	94	18
新疆	31	3698	51	20	33	43	2.3	11.4	72	98	16
香港	32	32 558	0.2	0.1	93	100	1.8	1.6	83	100	60
澳门	33	53 046	0.3	0.0	93	100	2.4	2.1	80	100	65
台湾	34	19 155	5.3	1.6	67	83	1.9	5.78	79	100	84
中国		4430	37	10	43	50	1.8	13.7	75	96	25
标准值		8000	30	15	45	50	1.0	30	70	80	15

注：a. 中国内地地区为人均GDP值。b. 中国内地地区为2010年与2000年同比计算后的数据。c. 中国地区为在校大学生占18~21岁人口比例，根据在校大学生人数和2010年人口普查数据计算，没有考虑出国留学。

附表 3-2-3　2010 年中国地区第一次现代化发展阶段

地区	编号	产业结构信号				劳动力结构信号				平均值	发展阶段[a]
		农业增加产值占GDP比例	赋值	农业增加值/工业增加值	赋值	农业劳动力占总劳动力比例	赋值	农业劳动力/工业劳动力	赋值		
北京	1	1	4	0.04	4	5	4	0.24	3	3.8	F4
天津	2	2	4	0.03	4	15	3	0.36	3	3.5	F4
河北	3	13	3	0.24	3	39	2	1.17	2	2.5	F3
山西	4	6	3	0.11	4	38	2	1.45	2	2.8	F3
内蒙古	5	9	3	0.17	4	48	2	2.77	1	2.5	F3
辽宁	6	9	3	0.16	4	31	2	1.19	2	2.8	F3
吉林	7	12	3	0.23	3	42	2	1.97	2	2.5	F3
黑龙江	8	13	3	0.25	3	44	2	2.30	1	2.3	F2
上海	9	1	4	0.02	4	4	4	0.10	4	4.0	F4
江苏	10	6	3	0.12	4	19	3	0.41	3	3.3	F3
浙江	11	5	4	0.09	4	16	3	0.33	3	3.5	F4
安徽	12	14	3	0.27	3	40	2	1.36	2	2.5	F3
福建	13	9	3	0.18	4	29	3	0.78	3	3.3	F3
江西	14	13	3	0.24	3	38	2	1.27	2	2.5	F3
山东	15	9	3	0.17	4	35	2	1.09	2	2.8	F3
河南	16	14	3	0.25	3	45	2	1.55	2	2.5	F3
湖北	17	13	3	0.28	3	30	3	1.01	2	2.8	F3
湖南	18	15	3	0.32	3	47	2	2.17	1	2.3	F2
广东	19	5	4	0.10	4	26	3	0.74	3	3.5	F4
广西	20	18	2	0.37	3	53	1	2.54	1	1.8	F2
海南	21	26	2	0.94	2	50	1	4.15	1	1.5	F2
重庆	22	9	3	0.16	4	33	2	1.14	2	2.8	F3
四川	23	14	3	0.29	3	43	2	1.86	2	2.5	F2
贵州	24	14	3	0.35	3	50	2	4.18	1	2.3	F2
云南	25	15	2	0.34	3	59	1	4.37	1	1.8	F2
西藏	26	14	3	0.42	3	53	1	4.80	1	2.0	F2
陕西	27	10	3	0.18	4	44	2	1.75	2	2.8	F3
甘肃	28	15	3	0.30	3	51	1	3.38	1	2.0	F2
青海	29	10	3	0.18	4	42	2	1.86	2	2.8	F3
宁夏	30	9	3	0.19	4	39	2	1.49	2	2.8	F3
新疆	31	20	2	0.42	3	51	1	3.64	1	1.8	F2
香港	32	0.1	4	0.01	4	0.2	4	0.02	4	4.0	F4
澳门	33	0.0	4	0.00	4	0.35	4	0.02	4	4.0	F4
台湾	34	1.6	4	0.05	4	5.3	4	0.15	4	4.0	F4
中国		10	3	0.35	3	37	2	1.28	2	2.5	F3

注：a. F 代表第一次现代化，F4 代表过渡期，F3 代表成熟期，F2 代表发展期，F1 代表起步期。

附表 3-2-4　中国地区第一次现代化程度的增长率和预期完成时间

地区	编号	1980年实现程度/(%)	1990年实现程度/(%)	2010年实现程度/(%)	1990~2010年均增长率	实现100需要的年数（按1990~2010年速度）	1980~2010年均增长率	实现100需要的年数（按1980~2010年速度）
北京	1	82.9	90.5	100.0	0.50		0.63	
天津	2	77.7	84.2	100.0	0.86		0.84	
河北	3	56.4	62.9	89.6	1.78	6	1.55	7
山西	4	62.5	69.0	90.5	1.37	7	1.24	8
内蒙古	5	58.8	65.3	93.0	1.78	4	1.54	5
辽宁	6	69.5	79.2	95.7	0.95	5	1.07	4
吉林	7	64.7	68.6	90.9	1.42	7	1.14	8
黑龙江	8	63.7	72.0	90.0	1.12	9	1.16	9
上海	9	82.3	89.4	100.0	0.56		0.65	
江苏	10	56.3	64.2	99.0	2.19	0	1.90	1
浙江	11	52.7	66.3	99.2	2.04	0	2.13	0
安徽	12	51.5	56.7	87.5	2.19	6	1.78	8
福建	13	54.8	65.0	96.2	1.98	2	1.89	2
江西	14	51.6	56.2	88.0	2.26	6	1.79	7
山东	15	51.2	63.4	94.1	2.00	3	2.05	3
河南	16	50.5	59.1	85.3	1.85	9	1.76	9
湖北	17	53.8	62.7	93.5	2.02	3	1.86	4
湖南	18	50.8	57.5	88.5	2.18	6	1.87	7
广东	19	59.2	69.2	98.3	1.77	1	1.70	1
广西	20	53.4	56.4	83.8	2.00	9	1.51	12
海南	21	31.3	61.7	86.1	1.68	9	3.43	4
重庆	22			92.3				
四川	23	48.8	57.0	86.8	2.12	7	1.94	7
贵州	24	45.4	51.3	85.2	2.57	6	2.12	8
云南	25	44.1	49.8	84.7	2.69	6	2.20	8
西藏	26	38.4	44.3	81.2	3.08	7	2.53	8
陕西	27	53.5	64.3	89.1	1.64	7	1.71	7
甘肃	28	46.0	59.2	84.3	1.72	10	2.04	8
青海	29	53.1	57.0	86.0	2.08	7	1.62	9
宁夏	30	54.2	61.7	91.4	1.99	5	1.76	5
新疆	31	50.6	60.2	83.8	1.67	11	1.70	10
香港	32		100.0	100.0				
澳门	33		100.0	100.0				
台湾	34		100.0	100.0				
中国		54.0	63.0	93.2	1.98	4	1.84	4

附表 3-2-5　1970～2010 年中国地区第一次现代化程度和排名

地区	编号	第一次现代化程度/(%)							排名						
		1970	1980	1990	2000	2005	2009	2010	1970	1980	1990	2000	2005	2009	2010
北京	1	64	83	91	94	98	100	100	3	1	1	2	2	1	1
天津	2	66	78	84	93	95	100	100	2	3	3	3	3	1	1
河北	3	35	56	63	74	84	89	90	19	10	15	16	16	17	17
山西	4	43	62	69	77	86	89	91	9	7	7	13	13	15	15
内蒙古	5	46	59	65	72	86	92	93	8	9	10	20	15	9	11
辽宁	6	60	69	79	87	90	95	96	4	4	4	4	7	8	8
吉林	7	49	65	69	79	86	90	91	6	5	8	10	12	13	14
黑龙江	8	56	64	72	81	86	89	90	5	6	5	8	11	16	16
上海	9	70	82	89	97	99	100	100	1	2	2	1	1	1	1
江苏	10	41	56	64	83	92	97	99	11	11	13	5	5	6	5
浙江	11	36	53	66	83	94	98	99	17	18	9	6	4	4	4
安徽	12	34	52	57	69	82	87	87	22	20	25	24	19	20	21
福建	13	41	55	65	79	89	95	96	13	12	11	11	8	7	7
江西	14	34	52	56	68	79	86	88	21	19	27	25	23	21	20
山东	15	33	51	63	77	87	91	94	24	21	14	14	10	12	9
河南	16	38	51	59	67	78	84	85	15	24	21	27	24	25	25
湖北	17	38	54	63	79	86	91	94	14	14	16	9	14	10	10
湖南	18	32	51	58	73	81	88	88	26	22	22	18	20	19	19
广东	19	42	59	69	81	91	98	98	10	8	6	7	6	5	6
广西	20	33	53	55	68	76	82	84	23	16	26	26	28	28	30
海南	21			31	62	70	77	85	86		30	17	22	27	24	23
重庆	22				77	87	91	92				15	9	11	12
四川	23	31	49	57	69	80	85	87	27	25	23	23	21	22	22
贵州	24	34	45	51	60	69	81	85	20	27	28	30	30	29	26
云南	25	33	44	50	61	68	81	85	25	28	29	29	31	30	27
西藏	26		38	44	59	69	79	81		29	30	31	29	31	31
陕西	27	37	53	64	78	83	88	89	16	15	12	12	18	18	18
甘肃	28	28	46	60	67	77	84	84	28	26	20	28	26	27	28
青海	29	41	53	57	71	78	85	86	12	17	24	21	25	23	24
宁夏	30	47	54	62	73	84	90	91	7	13	18	17	17	14	13
新疆	31	35	51	60	72	79	84	84	18	23	19	19	22	26	29
香港	32			100	100	100	100	100							
澳门	33			100	100	100	100	100							
台湾	34			100	100	100	100	100							
中国		40	54	63	76	86	90	93							
高收入国家		100	100	100	100	100	100								
中等收入国家			84	84	93	92	90								
低收入国家		33	45	52	58	59	57								
世界平均		68	80	81	89	93	96								

注：此表中国第一次现代化程度与世界第一次现代化评价结果略有不同。原因是数据来源不同，本表采用中国统计年鉴的数据。

附表 3-3-1 2010 年中国地区第二次现代化指数和排名

地区	编号	知识创新指数	知识传播指数	生活质量指数	经济质量指数	第二现代化指数	排名
北京	1	120.0	80.8	101.3	70.5	93	1
天津	2	95.8	75.5	100.9	42.6	79	3
河北	3	19.7	56.3	69.0	26.3	43	19
山西	4	31.0	58.8	79.4	27.0	49	14
内蒙古	5	16.6	64.0	82.6	32.3	49	15
辽宁	6	47.8	70.5	91.2	32.5	61	7
吉林	7	32.5	62.7	73.9	28.4	49	13
黑龙江	8	34.6	59.0	80.6	27.4	50	11
上海	9	119.0	78.4	108.1	50.5	89	2
江苏	10	88.8	67.0	77.6	34.9	67	4
浙江	11	69.9	74.6	85.1	35.0	66	5
安徽	12	32.1	52.6	53.0	24.4	41	24
福建	13	36.7	70.2	67.4	30.8	51	10
江西	14	22.1	48.4	49.7	24.7	36	27
山东	15	44.5	58.6	74.0	30.4	52	9
河南	16	23.9	53.3	58.2	24.1	40	25
湖北	17	42.5	62.2	66.2	28.6	50	12
湖南	18	29.4	52.5	59.0	26.5	42	20
广东	19	66.5	71.4	75.1	34.0	62	6
广西	20	15.3	49.6	54.2	23.9	36	28
海南	21	12.1	59.9	62.1	28.6	41	22
重庆	22	35.8	60.7	62.7	27.7	47	16
四川	23	34.9	51.4	59.9	25.2	43	18
贵州	24	14.2	44.6	46.2	26.1	33	29
云南	25	14.6	44.2	46.4	23.6	32	30
西藏	26	9.6	44.2	46.0	28.5	32	31
陕西	27	57.8	65.0	59.2	26.5	52	8
甘肃	28	24.6	52.3	51.3	24.2	38	26
青海	29	18.3	52.3	65.7	26.1	41	23
宁夏	30	22.0	55.8	78.6	27.8	46	17
新疆	31	14.0	55.9	67.4	25.9	41	21
香港	32	44.7	91.7	89.5	111.0	84	
澳门	33	8.5	90.0	106.4	120.0	81	
台湾	34	102.7	88.4	89.8	63.2	86	
中国		48.5	59.4	58.6	29.0	49	
高收入国家		99.9	100.0	100.0	100.0	100	
中等收入国家		23.0	57.7	46.2	31.9	40	
低收入国家			18.7	26.1	18.4	21	
世界平均		47.3	59.0	50.4	46.5	51	

附表 3-3-2　2010 年中国地区知识创新指数

地区	编号	知识创新指标的实际值			知识创新指标的指数			知识创新指数
		知识创新经费投入[a]	知识创新人员投入[b]	知识创新专利产出[c]	知识创新经费指数	知识创新人员指数	知识创新专利指数	
北京	1	5.5	109.3	17.06	120	120	120	120
天津	2	2.4	42.4	5.68	99	106	83	96
河北	3	0.8	8.0	0.46	33	20	7	20
山西	4	1.1	13.9	0.85	46	35	12	31
内蒙古	5	0.5	8.9	0.38	22	22	5	17
辽宁	6	1.5	18.7	2.26	64	47	33	48
吉林	7	1.1	14.4	1.02	47	36	15	32
黑龙江	8	1.3	14.2	1.06	53	35	15	35
上海	9	2.8	69.2	11.37	117	120	120	119
江苏	10	2.0	35.4	6.39	85	88	93	89
浙江	11	1.7	35.7	3.31	72	89	48	70
安徽	12	1.4	9.7	1.07	56	24	16	32
福建	13	1.1	17.4	1.39	46	44	20	37
江西	14	1.0	7.5	0.44	41	19	6	22
山东	15	1.5	17.4	1.80	64	43	26	44
河南	16	0.9	9.8	0.68	38	24	10	24
湖北	17	1.7	15.9	1.29	69	40	19	42
湖南	18	1.2	10.0	0.98	49	25	14	29
广东	19	1.7	29.4	3.92	69	74	57	66
广西	20	0.6	6.1	0.34	25	15	5	15
海南	21	0.4	4.9	0.66	15	12	10	12
重庆	22	1.2	12.2	1.79	51	31	26	36
四川	23	1.5	10.5	1.04	63	26	15	35
贵州	24	0.7	3.4	0.38	28	9	6	14
云南	25	0.6	4.6	0.51	25	12	7	15
西藏	26	0.3	4.6	0.25	14	11	4	10
陕西	27	2.3	18.0	2.18	97	45	32	58
甘肃	28	1.1	8.0	0.55	46	20	8	25
青海	29	0.7	8.3	0.34	29	21	5	18
宁夏	30	0.8	11.1	0.43	32	28	6	22
新疆	31	0.5	5.9	0.42	21	15	6	14
香港	32	1.2	27.6	1.12	49	69	16	45
澳门	33	0.1	7.3	0.26	3	18	4	8
台湾	34	2.9	67.0	4.67	120	120	68	103
中国		1.7	17.2	2.19	71	43	32	49
高收入国家		2.4	39.8	6.87	100	100	100	100
中等收入国家		1.1	5.9	0.57	46	15	8	23
低收入国家								
世界平均		2.1	12.7	1.56	88	32	23	47
基准值		2.4	39.8	6.87				

注：a. 指 R&D 经费/GDP，单位为％。b. 指从事研究与发展活动的科学家和工程师全时当量/万人口。c. 指知识创新活动中的专利产出，数值为居民申请国内发明专利数/万人。

附表 3-3-3　2010 年中国地区知识传播指数

地区	编号	知识传播指标的实际值				知识传播指标的指数				知识传播指数
		中学普及率[a,d]	大学普及率[b,d]	移动通讯普及率[c]	互联网普及率	中学普及指数	大学普及指数	移动通讯指数	互联网普及指数	
北京	1	71	40	100	69	71	55	102	95	81
天津	2	79	43	89	53	79	60	91	72	75
河北	3	90	21	62	31	90	30	63	43	56
山西	4	90	21	64	37	90	30	66	50	59
内蒙古	5	94	25	84	31	94	34	86	42	64
辽宁	6	93	36	77	44	93	49	79	61	71
吉林	7	94	33	66	32	94	45	67	44	63
黑龙江	8	96	32	54	30	96	45	55	40	59
上海	9	75	34	100	65	75	48	102	88	78
江苏	10	89	31	77	43	89	43	78	59	67
浙江	11	89	26	97	54	89	36	99	74	75
安徽	12	99	24	46	23	99	34	47	31	53
福建	13	92	24	83	51	92	33	85	70	70
江西	14	86	27	41	20	86	38	42	28	48
山东	15	82	27	65	35	82	38	67	48	59
河南	16	101	21	46	26	101	30	47	35	53
湖北	17	98	31	60	33	98	43	62	46	62
湖南	18	86	25	51	27	86	35	52	37	53
广东	19	86	16	100	55	86	22	102	76	71
广西	20	90	19	46	25	90	27	47	35	50
海南	21	88	24	69	35	88	33	70	48	60
重庆	22	95	30	58	35	95	41	59	47	61
四川	23	91	22	51	24	91	30	52	33	51
贵州	24	82	15	47	20	82	21	48	27	45
云南	25	76	14	49	22	76	20	50	31	44
西藏	26	65	13	54	28	65	18	55	38	44
陕西	27	101	32	67	34	101	44	68	47	65
甘肃	28	93	20	53	25	93	28	54	34	52
青海	29	74	12	71	34	74	16	73	46	52
宁夏	30	88	18	70	28	88	25	71	38	56
新疆	31	85	16	63	38	85	23	64	52	56
香港	32	83	60	100	72	83	83	102	99	92
澳门	33	92	65	100	55	92	90	102	76	90
台湾	34	100	84	100	25	100	116	102	35	88
中国		91	25	64	34	91	34	66	47	59
高收入国家		101	72	98	73	100	100	100	100	100
中等收入国家		71	26	89	23	71	36	91	32	58
低收入国家		42	8	16	5	42	11	16	6	19
世界平均		70	29	83	30	70	41	85	40	59
基准值		100	72	98	73					

注：a. 中国地区为在校中学生占 12～17 岁人口比例，根据 2010 年在校中学生人数和 2010 年人口普查数据计算。最大值设为 100。b. 中国地区为在校大学生占 18～21 岁人口比例，根据 2010 年在校大学生人数和 2010 年人口普查数据计算。c. 最大值设为 100。d. 没有考虑出国留学和外地借读的影响。

附表 3-3-4 2010 年中国地区生活质量指数

地区	编号	生活质量指标的实际值					生活质量指标的指数					生活质量指数
		城市人口比例	医生比例	婴儿死亡率[a]	预期寿命	人均能源消费	城镇化指数	医生比例指数	婴儿存活指数	预期寿命指数	能源消费指数	
北京	1	86	5.2	2	80	2932	107	120	120	100	59	101
天津	2	79	2.9	2	79	4122	99	104	120	99	82	101
河北	3	44	1.8	8	75	3145	55	66	68	94	63	69
山西	4	48	2.5	7	75	4031	60	90	72	94	81	79
内蒙古	5	56	2.3	12	74	6333	69	82	42	93	127	83
辽宁	6	62	2.3	4	76	4076	77	81	120	96	82	91
吉林	7	53	2.3	7	76	2530	66	81	76	95	51	74
黑龙江	8	56	2.1	4	76	2190	69	75	120	95	44	81
上海	9	89	3.8	2	80	3717	111	134	120	101	74	108
江苏	10	60	1.7	5	77	2706	75	62	101	96	54	78
浙江	11	62	2.5	5	78	2556	77	91	110	97	51	85
安徽	12	43	1.3	12	75	1409	54	45	44	94	28	53
福建	13	57	1.7	8	76	2189	71	59	68	95	44	67
江西	14	44	1.3	18	74	1254	55	47	28	93	25	50
山东	15	50	1.9	6	76	2934	62	69	84	96	59	74
河南	16	39	1.4	9	75	1917	48	51	60	93	38	58
湖北	17	50	1.6	7	75	2310	62	58	71	94	46	66
湖南	18	43	1.6	10	75	2000	54	56	52	94	40	59
广东	19	66	2.0	6	76	2050	83	73	83	96	41	75
广西	20	40	1.3	10	75	1508	50	47	50	94	30	54
海南	21	50	1.6	7	76	1347	62	58	69	96	27	62
重庆	22	53	1.5	9	76	2167	66	52	58	95	43	63
四川	23	40	1.6	8	75	1907	50	58	60	94	38	60
贵州	24	34	1.0	24	71	2084	42	37	21	89	42	46
云南	25	35	1.4	25	70	1582	43	50	20	87	32	46
西藏	26	23	1.5	16	68	1510	28	54	32	85	30	46
陕西	27	46	1.7	12	75	2143	57	61	42	94	43	59
甘肃	28	36	1.5	18	72	2031	45	52	29	91	41	51
青海	29	45	1.9	17	70	4284	56	69	31	88	86	66
宁夏	30	48	1.9	10	73	6209	56	68	53	92	120	79
新疆	31	43	2.3	11	72	3375	53	81	45	91	68	67
香港	32	100	1.8	1.6	83	1970	120	64	120	104	39	89
澳门	33	100	2.4	2.1	80		120	86	120	100		106
台湾	34	83	1.9	5.8	79	4498	103	68	88	99	90	90
中国		50	1.8	14	75	1807	62	64	37	94	36	59
高收入国家		80	2.8	5	80	4999	100	100	100	100	100	100
中等收入国家		49	1.2	36	69	1310	61	43	14	86	26	46
低收入国家		28	0.2	65	59	363	35	7	8	74	7	26
世界平均		52	1.4	38	70	1851	64	50	13	87	37	50
基准值		80	2.8	5	80	4999						

注:a. 中国内地地区数据为换算数据,根据 2010 年人口普查和 2010 年中国婴儿死亡率的数据换算。

附表 3-3-5　2010 年中国地区经济质量指数

地区	编号	经济质量指标的实际值				经济质量指标的指数				经济质量指数
		人均居民收入[a]	人均购买力[b]	物质产业增加值比例	物质产业劳动力比例	人均居民收入[a]	人均购买力指数	物质产业增加值指数	物质产业劳动力指数	
北京	1	11 218	18 938	25	26	29	51	102	100	71
天津	2	10 782	18 203	54	56	28	49	47	47	43
河北	3	4235	7149	65	72	11	19	39	36	26
山西	4	3882	6554	63	65	10	18	41	40	27
内蒙古	5	6994	11 807	64	66	18	32	40	39	32
辽宁	6	6256	10 562	63	57	16	28	41	45	33
吉林	7	4668	7880	64	63	12	21	40	41	28
黑龙江	8	3999	6752	63	64	10	18	41	41	27
上海	9	11 237	18 971	43	42	29	51	60	62	50
江苏	10	7805	13 177	59	64	20	35	44	41	35
浙江	11	7638	12 896	57	64	20	35	45	41	35
安徽	12	3085	5209	66	69	8	14	39	37	24
福建	13	5912	9981	60	67	15	27	42	39	31
江西	14	3139	5300	67	67	8	14	38	39	25
山东	15	6072	10 251	63	68	16	27	40	38	30
河南	16	3611	6096	71	74	9	16	36	35	24
湖北	17	4122	6959	62	59	11	19	41	44	29
湖南	18	3651	6164	60	68	9	17	42	38	27
广东	19	6608	11 156	55	61	17	30	46	43	34
广西	20	2987	5042	65	74	8	14	39	35	24
海南	21	3520	5943	54	62	9	16	47	42	29
重庆	22	4076	6882	64	62	11	18	40	42	28
四川	23	3129	5282	65	66	8	14	39	39	25
贵州	24	1938	3272	53	61	5	9	48	42	26
云南	25	2327	3928	60	73	6	11	43	35	24
西藏	26	2558	4319	46	64	7	12	56	40	29
陕西	27	4008	6766	64	69	10	18	40	38	27
甘肃	28	2380	4018	63	66	6	11	41	39	24
青海	29	3562	6014	65	65	9	16	39	40	26
宁夏	30	3968	6698	58	66	10	18	44	39	28
新疆	31	3698	6243	68	65	10	17	38	40	26
香港	32	32 558	48 560	7	13	84	120	120	120	111
澳门	33	53 046	58 260	7	16	120	120	120	120	120
台湾	34	19 155		33	41	49		78	63	63
中国		4430	7510	57	65	11	20	45	40	29
高收入国家		38 811	37 322	26	26	100	100	100	100	100
中等收入国家		3728	6701	46	59	10	18	56	44	32
低收入国家		533	1296	51		1	3	50		18
世界平均		9076	11 015	29	57	23	30	88	45	46
基准值		38 811	37 322	26	26					

注：a. 中国内地地区数据为人均GDP的值，单位为当年价格美元。b. 中国内地地区数据为按购买力平价计算的人均GDP，根据人民币与PPP的比例换算，单位为国际美元。

附表 3-3-6　2010 年中国地区第二次现代化发展阶段

地区	编号	第一次现代化的阶段[a]	产业结构信号 物质产业增加值占 GDP 比例	赋值	劳动力结构信号 物质产业劳动力占总劳动力比例	赋值	平均值	第二次现代化的阶段[b]
北京	1	F4	25	2	26	2	2.0	S2
天津	2	F4	54		56			
河北	3	F3	65		72			
山西	4	F3	63		65			
内蒙古	5	F3	64		66			
辽宁	6	F3	63		57			
吉林	7	F3	64		63			
黑龙江	8	F2	63		64			
上海	9	F4	43		42			
江苏	10	F3	59		64			
浙江	11	F4	57		64			
安徽	12	F3	66		69			
福建	13	F3	60		67			
江西	14	F3	67		67			
山东	15	F3	63		68			
河南	16	F3	71		74			
湖北	17	F3	62		59			
湖南	18	F2	60		68			
广东	19	F4	55		61			
广西	20	F2	65		74			
海南	21	F2	54		62			
重庆	22	F3	64		62			
四川	23	F2	65		66			
贵州	24	F2	53		61			
云南	25	F2	60		73			
西藏	26	F2	46		64			
陕西	27	F3	64		69			
甘肃	28	F2	63		66			
青海	29	F3	65		65			
宁夏	30	F3	58		66			
新疆	31	F2	68		65			
香港	32	F4	7	3	13	3	3.0	S2
澳门	33	F4	7	3	16	2	2.5	S2
台湾	34	F4	33	1	41	0	0.5	S1
中国		F3	57		65			
高收入国家		F4	26	2	26	2	2	S2
中等收入国家		F3	46		59			
低收入国家		F2	51					
世界平均		F3	29		57			

注：a. F 代表第一次现代化，F4 代表过渡期，F3 代表成熟期，F2 代表发展期，F1 代表起步期。b. S 代表第二次现代化，S2 代表发展期，S1 代表起步期，香港的发展阶段根据第二次现代化指数进行了调整。

附表 3-3-7　1970～2010 年中国地区第二次现代化指数和排名

地区	编号	指数							排名						
		1970	1980	1990	2000	2005	2009	2010	1970	1980	1990	2000	2005	2009	2010
北京	1	31	44	55	74	90	99	93	3	1	1	1	1	1	1
天津	2	31	40	43	54	70	79	79	2	3	3	3	3	3	3
河北	3	17	29	25	29	37	41	43	23	11	17	16	17	18	19
山西	4	24	36	28	32	39	46	49	9	4	8	12	14	14	14
内蒙古	5	26	31	27	29	37	46	49	6	9	13	17	16	15	15
辽宁	6	28	34	35	40	50	57	61	4	5	4	4	4	7	7
吉林	7	25	34	30	34	42	47	49	8	6	7	9	10	12	13
黑龙江	8	25	33	30	35	43	48	50	7	7	6	7	9	11	11
上海	9	39	44	49	66	80	94	89	1	2	2	2	2	2	2
江苏	10	20	29	32	35	48	62	67	14	12	5	8	6	5	4
浙江	11	17	24	27	35	50	64	66	24	24	10	6	5	4	5
安徽	12	16	25	22	27	33	37	41	26	22	25	21	23	25	24
福建	13	18	26	23	31	40	48	51	18	19	22	14	13	10	10
江西	14	18	25	22	26	33	35	36	20	21	24	26	25	27	27
山东	15	18	26	28	32	42	49	52	17	18	9	11	11	8	9
河南	16	18	27	23	26	32	37	40	16	16	23	25	27	24	25
湖北	17	17	28	27	31	40	47	50	22	14	12	13	12	13	12
湖南	18	17	25	24	28	35	39	42	25	20	21	20	20	20	20
广东	19	22	26	27	34	45	60	62	10	17	11	10	8	6	6
广西	20	17	25	21	25	31	33	36	21	23	27	28	28	28	28
海南	21			21	26	33	38	41			26	27	26	21	22
重庆	22				27	38	43	47				22	15	16	16
四川	23		22	24	30	37	40	43		26	19	15	18	19	18
贵州	24	20	23	19	22	28	30	33	13	25	30	30	31	30	29
云南	25	19	22	20	23	29	30	32	15	27	28	29	29	29	30
西藏	26		15	20	22	29	29	32		29	29	31	30	31	31
陕西	27	22	31	26	39	45	49	52	11	8	15	5	7	9	8
甘肃	28	12	22	24	27	34	36	38	27	28	20	23	21	26	26
青海	29	20	28	24	27	34	38	41	12	15	18	24	22	23	23
宁夏	30	26	28	26	29	36	43	46	5	13	16	18	19	17	17
新疆	31	18	30	26	28	33	38	41	19	10	14	19	24	22	21
香港	32			75	93	93	75	84							
澳门	33			51	79	93	72	81							
台湾	34			65	80	88	89	86							
中国		22	26	26	31	40	43	49							
高收入国家		72	76	89	100	100	100	100							
中等收入国家		20	36	32	38	41	37	40							
低收入国家		9	20	27	20	22	19	21							
世界平均		33	44	47	46	51	48	51							

注：1970～2000 年是以 2000 年高收入国家平均值为基准值的评价，2001 年以来是以当年高收入国家平均值为基准值的评价。此表中国第二次现代化指数与世界第二次现代化评价结果略有不同。原因是数据来源不同，这里采用中国统计年鉴的数据。

附表 3-4-1　2010 年中国地区综合现代化指数和排名

地区	编号	经济发展指数	社会发展指数	知识发展指数	综合现代化指数	排名
北京	1	70	87	88	82	1
天津	2	50	83	78	70	3
河北	3	29	58	28	38	22
山西	4	31	64	35	43	15
内蒙古	5	36	65	26	42	16
辽宁	6	38	69	52	53	7
吉林	7	33	67	38	46	12
黑龙江	8	32	66	38	45	13
上海	9	59	85	84	76	2
江苏	10	40	68	70	59	4
浙江	11	40	76	58	58	5
安徽	12	27	55	34	39	20
福建	13	35	65	42	48	9
江西	14	28	57	28	38	24
山东	15	34	63	44	47	10
河南	16	25	54	28	36	27
湖北	17	34	59	44	46	11
湖南	18	31	57	34	40	18
广东	19	40	73	56	56	6
广西	20	26	54	23	34	28
海南	21	35	62	26	41	17
重庆	22	32	59	41	44	14
四川	23	29	56	35	40	19
贵州	24	32	45	21	33	30
云南	25	27	50	21	32	31
西藏	26	35	47	18	34	29
陕西	27	30	59	55	48	8
甘肃	28	28	51	29	36	26
青海	29	30	56	24	37	25
宁夏	30	33	57	25	38	21
新疆	31	29	60	25	38	23
香港	32	96	91	62	83	
澳门	33	100	95	43	79	
台湾	34	73	81	76	76	
中国		34	63	46	48	
高收入国家		100	100	100	100	
中等收入国家		39	57	31	42	
低收入国家		24	33	8	22	
世界平均		51	66	48	55	

附表 3-4-2 2010 年中国地区经济指数

地区	编号	经济指标的实际值				经济指标的指数				经济发展指数
		人均居民收入[a]	人均购买力[b]	服务业增加值比例	服务业劳动力比例	人均居民收入[a]	人均购买力[b]	服务业增加值比例	服务业劳动力比例	
北京	1	11 218	18 938	75	74	29	51	100	100	70
天津	2	10 782	18 203	46	44	28	49	62	60	50
河北	3	4235	7149	35	28	11	19	47	38	29
山西	4	3882	6554	37	35	10	18	50	48	31
内蒙古	5	6994	11 807	36	34	18	32	48	46	36
辽宁	6	6256	10 562	37	43	16	28	50	57	38
吉林	7	4668	7880	36	37	12	21	48	49	33
黑龙江	8	3999	6752	37	36	10	18	50	49	32
上海	9	11 237	18 971	57	58	29	51	77	79	59
江苏	10	7805	13 177	41	36	20	35	56	49	40
浙江	11	7638	12 896	44	36	20	35	58	49	40
安徽	12	3085	5209	34	31	8	14	46	41	27
福建	13	5912	9981	40	33	15	27	53	45	35
江西	14	3139	5300	33	33	8	14	44	44	28
山东	15	6072	10 251	37	32	16	27	49	43	34
河南	16	3611	6096	29	26	9	16	38	35	25
湖北	17	4122	6959	38	41	11	19	51	56	34
湖南	18	3651	6164	40	32	9	17	53	43	31
广东	19	6608	11 156	45	39	17	30	60	53	40
广西	20	2987	5042	35	26	8	14	48	35	26
海南	21	3520	5943	46	38	9	16	62	51	35
重庆	22	4076	6882	36	38	11	18	49	51	32
四川	23	3129	5282	35	34	8	14	47	46	29
贵州	24	1938	3272	47	39	5	9	63	52	32
云南	25	2327	3928	40	27	6	11	54	36	27
西藏	26	2558	4319	54	36	7	12	73	48	35
陕西	27	4008	6766	36	31	10	18	49	42	30
甘肃	28	2380	4018	37	34	6	11	50	46	28
青海	29	3562	6014	35	35	9	16	47	48	30
宁夏	30	3968	6698	42	34	10	18	56	46	33
新疆	31	3698	6243	33	35	10	17	44	47	29
香港	32	32 558	48 560	92.8	87	84	100	100	100	96
澳门	33	53 046	58 260	92.6	84	100	100	100	100	100
台湾	34	19 155		67	59	49		90	79	73
中国		4430	7510	43	35	11	20	58	47	34
高收入国家		38 811	37 322	75	74	100	100	100	100	100
中等收入国家		3728	6701	55	41	10	18	73	55	39
低收入国家		533	1296	49		1	3	66		24
世界平均		9076	11 015	71	43	23	30	95	58	51
参考值		38 811	37 322	75	74					

注：a. 中国内地地区数据为人均 GDP 的值,单位为当年价格美元。b. 中国内地地区数据为按购买力平价计算的人均 GDP,根据世界银行公布的人民币和 PPP 的比例换算,单位为国际美元。

附表 3-4-3 2010 年中国地区社会指数

地区	编号	社会指标的实际值				社会指标的指数				社会发展指数
		城市人口比例	医生比例	预期寿命	生态效益	城市人口比例	医生比例	预期寿命	生态效益	
北京	1	86	5.2	80	3.8	100	100	100	50	87
天津	2	79	2.9	79	2.6	99	100	99	34	83
河北	3	44	1.8	75	1.3	55	66	94	17	58
山西	4	48	2.5	75	1.0	60	90	94	13	64
内蒙古	5	56	2.3	74	1.1	69	82	93	14	65
辽宁	6	62	2.3	76	1.5	77	81	95	20	69
吉林	7	53	2.3	76	1.8	67	81	95	24	67
黑龙江	8	56	2.1	76	1.8	69	75	95	24	66
上海	9	89	3.8	80	3.0	100	100	100	39	85
江苏	10	60	1.7	77	2.9	75	62	96	37	68
浙江	11	62	2.5	78	3.0	77	91	97	39	76
安徽	12	43	1.3	75	2.2	54	45	94	28	55
福建	13	57	1.7	76	2.7	71	59	95	35	65
江西	14	44	1.3	74	2.5	55	47	93	33	57
山东	15	50	1.9	76	2.1	62	69	96	27	63
河南	16	39	1.4	75	1.9	48	51	93	24	54
湖北	17	50	1.6	75	1.8	62	58	94	23	59
湖南	18	43	1.6	75	1.8	54	56	93	24	57
广东	19	66	2.0	76	3.2	83	73	96	42	73
广西	20	40	1.3	75	2.0	50	47	94	26	54
海南	21	50	1.6	76	2.6	62	58	95	34	62
重庆	22	53	1.5	76	1.9	66	52	95	24	59
四川	23	40	1.6	75	1.6	50	58	93	21	56
贵州	24	34	1.0	71	0.9	42	37	89	12	45
云南	25	35	1.4	70	1.5	43	50	87	19	50
西藏	26	23	1.5	68	1.7	28	54	85	22	47
陕西	27	46	1.7	75	1.9	57	61	93	24	59
甘肃	28	36	1.5	72	1.2	45	52	90	15	51
青海	29	45	1.9	70	0.8	56	69	87	11	56
宁夏	30	48	1.9	73	0.6	60	68	92	8	57
新疆	31	43	2.3	72	1.1	53	81	90	14	60
香港	32	100	1.8	83	16.5	100	64	100	100	91
澳门	33	100	2.4	80		100	86	100		95
台湾	34	83	1.9	79	4.3	100	68	99	55	81
中国		50	1.8	75	2.5	62	64	94	32	63
高收入国家		80	2.8	80	7.7	100	100	100	99	100
中等收入国家		49	1.2	69	3.0	61	43	86	39	57
低收入国家		28	0.2	59	1.4	34	7	74	19	33
世界平均		52	1.4	70	5.0	64	50	87	64	66
参考值		80	2.8	80	7.7					

附表 3-4-4　2010 年中国地区知识指数

地区	编号	知识指标的实际值				知识指标的指数				知识发展指数
		知识创新经费投入[a]	知识创新专利产出[b]	大学普及率[c]	互联网普及率	知识创新经费投入	知识创新专利产出	大学普及率	互联网普及率	
北京	1	5.5	17.06	40	69	100	100	55	95	88
天津	2	2.4	5.68	43	53	99	83	60	72	78
河北	3	0.8	0.46	21	31	33	7	30	43	28
山西	4	1.1	0.85	21	37	46	12	30	50	35
内蒙古	5	0.5	0.38	25	31	22	5	34	42	26
辽宁	6	1.5	2.26	36	44	64	33	49	61	52
吉林	7	1.1	1.02	33	32	47	15	45	44	38
黑龙江	8	1.3	1.06	32	30	53	15	45	40	38
上海	9	2.8	11.37	34	65	100	100	48	88	84
江苏	10	2.0	6.39	31	43	85	93	43	59	70
浙江	11	1.7	3.31	26	54	72	48	36	74	58
安徽	12	1.4	1.07	24	23	56	16	34	31	34
福建	13	1.1	1.39	24	51	46	20	33	70	42
江西	14	1.0	0.44	27	20	41	6	38	28	28
山东	15	1.5	1.80	27	35	64	26	38	48	44
河南	16	0.9	0.68	21	26	38	10	30	35	28
湖北	17	1.7	1.29	31	33	69	19	43	46	44
湖南	18	1.2	0.98	25	27	49	14	35	37	34
广东	19	1.7	3.92	16	55	69	57	22	76	56
广西	20	0.6	0.34	19	25	25	5	27	35	23
海南	21	0.4	0.66	24	35	15	10	33	48	26
重庆	22	1.2	1.79	30	35	51	26	41	47	41
四川	23	1.5	1.04	22	24	63	15	30	33	35
贵州	24	0.7	0.38	15	20	28	6	21	27	21
云南	25	0.6	0.51	14	22	25	7	20	31	21
西藏	26	0.3	0.25	13	28	14	4	18	38	18
陕西	27	2.3	2.18	32	34	97	32	44	47	55
甘肃	28	1.1	0.55	20	25	46	8	28	34	29
青海	29	0.7	0.34	12	34	29	5	16	46	24
宁夏	30	0.8	0.43	18	28	32	6	25	38	25
新疆	31	0.5	0.42	16	38	21	6	23	52	25
香港	32	1.2	1.12	60	72	49	16	83	99	62
澳门	33	0.1	0.26	65	55	3	4	90	76	43
台湾	34	2.9	4.67	84	25	100	68	100	35	76
中国		1.7	2.19	25	34	71	32	34	47	46
高收入国家		2.4	6.87	72	73	100	100	100	100	100
中等收入国家		1.1	0.57	26	23	46	8	36	32	31
低收入国家				8	5			11	6	8
世界平均		2.1	1.56	29	30	88	23	40	40	48
参考值		2.4	6.87	72	73					

注：a. 指 R&D 经费/GDP，单位为%。b. 指知识创新活动中的专利产出，数值为居民申请国内发明专利数/万人。c. 中国地区为在校大学生占 18—21 岁人口比例，根据在校大学生人数和 2010 年人口普查数据计算，没有考虑留学。

附表 3-4-5 1980—2010 年中国地区综合现代化指数和排名

地区	编号	指数						排名					
		1980	1990	2000	2005	2009	2010	1980	1990	2000	2005	2009	2010
北京	1	42	52	65	79	85	82	1	1	1	1	1	1
天津	2	36	43	50	62	71	70	3	3	3	3	3	3
河北	3	25	29	28	32	37	38	16	15	24	23	20	22
山西	4	26	31	32	35	42	43	12	11	13	15	16	15
内蒙古	5	27	31	30	34	42	42	9	12	16	17	15	16
辽宁	6	29	38	39	45	50	53	4	4	4	5	7	7
吉林	7	28	33	35	40	44	46	5	6	8	9	11	12
黑龙江	8	28	34	33	38	43	45	6	5	11	11	13	13
上海	9	42	49	62	71	81	76	2	2	2	2	2	2
江苏	10	28	32	35	43	54	59	8	8	9	7	6	4
浙江	11	23	31	36	46	56	58	19	10	7	4	4	5
安徽	12	22	24	27	32	36	39	22	28	26	24	23	20
福建	13	24	29	34	37	45	48	18	18	10	13	9	9
江西	14	23	26	29	33	36	38	20	25	21	22	24	24
山东	15	20	29	32	38	45	47	26	17	14	12	10	10
河南	16	19	25	25	28	34	36	28	27	28	28	27	27
湖北	17	25	30	33	38	43	46	17	14	12	10	12	11
湖南	18	22	26	30	33	38	40	23	24	20	19	18	18
广东	19	26	32	37	44	55	56	13	9	5	6	5	6
广西	20	22	25	28	30	33	34	21	26	25	27	28	28
海南	21		33	31	34	39	41		7	15	18	17	17
重庆	22			30	37	42	44			18	14	14	14
四川	23	21	28	30	34	38	40	24	22	19	16	19	19
贵州	24	19	23	24	27	31	33	27	30	31	31	31	30
云南	25	21	24	25	28	31	32	25	29	30	30	29	31
西藏	26	27	28	25	28	31	34	11	21	29	29	30	29
陕西	27	27	29	37	40	46	48	10	16	6	8	8	8
甘肃	28	17	26	27	31	34	36	29	23	27	25	26	26
青海	29	28	29	29	31	35	37	7	20	22	26	25	25
宁夏	30	25	29	29	33	37	38	15	19	23	20	21	21
新疆	31	26	31	30	33	37	38	14	13	17	21	22	23
香港	32	64	77	76	76	77	83						
澳门	33		75	65	77	79	79						
台湾	34		74	74	79	81	76						
中国		23	28	32	38	43	48						
高收入国家		100	100	100	100	100	100						
中等收入国家		52	48	43	41	41	42						
低收入国家		28	38	24	26	21	22						
世界平均		60	59	50	52	53	55						

注：此表中国综合现代化指数与世界综合现代化评价结果略有不同。原因是数据来源不同，这里采用中国统计年鉴的数据。